法の経験的社会科学の確立に向けて

謹んで古稀をお祝いし
村山眞維先生に捧げます

執筆者一同

『村山眞維先生古稀記念』

〈執筆者一覧〉（掲載順）
＊は編者

＊太田勝造（おおた・しょうぞう）	東京大学大学院法学政治学研究科教授
木下麻奈子（きのした・まなこ）	同志社大学法学部教授
佐伯昌彦（さえき・まさひこ）	千葉大学大学院社会科学研究院准教授
藤田政博（ふじた・まさひろ）	関西大学社会学部教授
＊濱野　亮（はまの・りょう）	立教大学法学部教授
武士俣敦（ぶしまた・あつし）	福岡大学法学部教授
＊Daniel H. Foote（ダニエル・H・フット）	東京大学大学院法学政治学研究科教授
吉岡すずか（よしおか・すずか）	桐蔭横浜大学大学院法務研究科客員教授
前田智彦（まえだ・ともひこ）	名城大学法学部教授
石田京子（いしだ・きょうこ）	早稲田大学大学院法務研究科准教授
小野理恵（おの・りえ）	千葉大学大学院社会科学研究院准教授
垣内秀介（かきうち・しゅうすけ）	東京大学大学院法学政治学研究科教授
佐藤岩夫（さとう・いわお）	東京大学社会科学研究所教授
阿部昌樹（あべ・まさき）	大阪市立大学大学院法学研究科教授
尾﨑一郎（おざき・いちろう）	北海道大学大学院法学研究科教授
郭　薇（Guo Wei.カク・ビ）	静岡大学情報学部講師
堀田秀吾（ほった・しゅうご）	明治大学法学部教授
李　楊（Li Yang.リ・ヨウ）	メルボルン大学心理科学部研究員
平田彩子（ひらた・あやこ）	岡山大学法学部准教授
飯田　高（いいだ・たかし）	東京大学社会科学研究所准教授
森　大輔（もり・だいすけ）	熊本大学法学部准教授
飯　考行（いい・たかゆき）	専修大学法学部教授
入江秀晃（いりえ・ひであき）	九州大学大学院法学研究院准教授
樫村志郎（かしむら・しろう）	神戸大学大学院法学研究科教授
Ji Weidong（季衛東，キ・エイトウ）	上海交通大学凱原法学院教授
杉野　勇（すぎの・いさむ）	お茶の水女子大学基幹研究院教授
高橋　裕（たかはし・ひろし）	神戸大学大学院法学研究科教授

村山眞維先生 近影

法の経験的社会科学の
確立に向けて

村山眞維先生古稀記念

編 集

ダニエル・H・フット，濱野亮，太田勝造

信 山 社

は し が き

　本書は，村山眞維先生が 2018 年 11 月 6 日にめでたく古稀を迎えられたこと
を祝賀して，先生と親交の深い中堅若手の研究者が中心となって編集・執筆を
した記念論文集である．村山先生は，周知のように国内では，種々の法律関係
の学会の理事を務められただけでなく，日本法社会学会理事長を 2009 年から
2011 年にかけて務められた．また，国外では，International Sociological As-
sociation（ISA）の Research Committee for Sociology of Law（RCSL）の
President にアジアから初めて選出されて 2014 年から 2018 年まで務められた．
研究面では，多数の研究プロジェクトの研究代表者や研究分担者として多大の
貢献をされている．その中でも特筆するべきは，日本学術振興会・科学研究費
補助金・特定領域研究「法化社会における紛争処理と民事司法」（2003 年
〜2008 年）の領域代表者として，この大規模な法社会学研究を統括され，顕
著な業績を挙げて世界に情報発信をしたことである．この多数の法社会学者，
隣接諸社会科学者，および法学者を巻き込んだ一大プロジェクトによって日本
の法社会学は，「プレ村山時代」と「ポスト村山時代」に峻別されるほどのレ
ヴェル・アップを遂げている．

　本書は，書名『法の経験的社会科学の確立に向けて』が示すように，守備範
囲と方法論の点で非常に広大な学問領域である「法社会学（sociology of law;
socio-legal studies）」ないし「法と社会研究（law and society）」の中で，経験
的研究（empirical studies）と呼ぶべき領域の研究を中心として編集されている．
それは，言うまでもなく，村山先生がその生涯を懸けて追究されて来られ，そ
して日本の法社会学研究者はもとより，世界の法社会学研究者に先生が多大の
影響を与えて来られた研究領域こそが，法の経験的社会科学だからである．

　このような経験的社会科学としての法研究は，伝統的な法解釈学とは方法論
の点で大きく異なると言える．伝統的な法解釈学は，アナロジー的に言えば，
公理体系から推論規則を用いて推論することで定理の真偽を証明する数学のよ

ix

うな面があり，法的三段論法のような論理的思考を重視し，法体系からの演繹と概念操作とによって法的判断の結論を導こうとする．これに対し，経験的社会科学としての法社会学は自然科学に近い．すなわち，自然現象を説明するための理論モデルを構築し，その理論から検証可能な仮説を導き，実験によって仮説と現実世界とを照らし合わせて検証してゆく自然科学と同様の方法を用いる．法の経験的社会科学では，法と社会の相互作用について理論とモデルを構築し，その理論やモデルから検証可能な仮説を導き，データとエヴィデンスによって仮説と現実の人間社会とを照らし合わせて検証してゆく．そして，検証結果をフィードバックして，仮説，そして理論とモデルを彫琢してゆく．

とはいえ，本書の諸論考を見れば分かるように，法の経験的社会科学の具体的方法は様々である．理論とモデルの抽象度は千差万別であり，仮説の具体性も多様であり，検証の手法も様々である．データやエヴィデンスとしても，多種多様な諸学問分野の研究機関や調査機関が収集する既存データはもとより，面接調査の結果，社会調査の結果，実験結果など，法社会学研究者によるオリジナルなデータ蒐集がなされている．収集データやエヴィデンスに対する分析方法としても，統計学的分析をはじめ，ネットワーク分析，会話分析，エスノメソドロジーなど，多種多様な分析手法が駆使されている．本書には，そうした経験的社会科学の立場に立つ，それぞれのテーマ・問題領域における最新の研究成果を集めている．

このように，人間と社会の実態に即してものを考え検討してゆく思考様式は，法社会学の揺籃期からすでにそのコアの方法論であったが，伝統的な法解釈学においても存在しなかったわけではない．あたかも伏流水のように法的思考の地表下を脈々と流れていたと言える．例えば，法学者の誰もが尊敬し引用する米国連邦最高裁判所のホームズ判事が，「法の生命が論理であったことはない，それは常に経験である．その時代時代に感じられる必要性，社会で広く認められた道徳理論や政治理論，意識されるされないにかかわらず使われる公共政策上の直感，さらには裁判官が同時代人と共有する偏見でさえもが，人々に対して適用される法規範を決定する上では，法的三段論法などよりは遥かに重要である．何世紀もを通じて国家社会が発展してきた歴史を法は具現したものであり，あたかも数学の書物の中の公理と定理とのみからなるもののように法を扱

うことはできない.」(オリバー・ウェンデル・ホームズ・ジュニア『コモン・ロー』1881 年)と論じたことは広く知られている. ホームズ判事は, 経験的社会科学としての法社会学の, 法発展における重要性を鋭く洞察しているのである.

　厳密な意味での経験科学的社会科学の方法論を, 法社会学研究者が本格的に活用するようになったのは, 実はそれほど古いことではない. 法社会学自体が20 世紀に開花した新しい学問である. 当初は逸話的な事実を非体系的に収集して, 恣意的に解釈するような研究もなかったわけではない. 20 世紀も世紀末を迎えようとするころからやっと, データやエヴィデンスの収集においても, その分析や検証作業においても, 厳格な経験的社会科学の手法を用いることが標準化したと言える. 法社会学をそのように厳密な学問領域として生まれ変わらせたいわば「中興の祖」の一人が他ならぬ村山眞維先生である. そして, データやエヴィデンスなしの理論では法社会学研究として不完全であるというようなパラダイム・シフトを定着させたのも, 村山先生である. 本書の内容が, 村山眞維先生に及第点を付けていただけるものとなっているか甚だ心もとないところではあるが, 深い先生の学恩に報いるため, 本書を献呈し, めでたい古稀のお祝いとさせていただくものである.

　　2019 年 2 月吉日

ダニエル・H・フット

濱 野 　 亮

太 田 勝 造

目　次

はしがき（*ix*）

◆ I ◆ 刑 事 司 法

1 司法取引の利用意欲 ── 社会実験による法社会学的探求
　　……………………………………………………〔太田勝造〕…*5*

　　I　は じ め に（*5*）
　　II　課題設定，仮説構築，リサーチ・デザイン（*8*）
　　III　振り込め詐欺の事例（*10*）
　　IV　殺人事件の事例（*21*）
　　V　お わ り に（*27*）

2 罰を求めるこころ ── 集団規範が刑事裁判手続への評価に与える影響
　　………………………………………………〔木下麻奈子〕…*39*

　　I　問題の所在（*39*）
　　II　研究の目的と構成（*42*）
　　III　実験の方法と結果 ── 刑事裁判手続に関する3つの実験（*43*）
　　IV　考察 ── 実験結果の検討（*55*）

3 少年の刑事責任に関する脳神経科学の知見の政策論上の
　位置付け………………………………………………〔佐伯昌彦〕…*63*

　　I　本稿の問題関心（*63*）
　　II　少年の発達に関する脳神経科学の知見について（*65*）
　　III　脳神経科学の位置付けをめぐる議論（*68*）
　　IV　日本における脳神経科学の政策論上の位置（*73*）

4 司法制度についての人々の社会的態度とパーソナリティ2
　── 量刑判断との関係の検討 ……………………………〔藤田政博〕…*83*

xiii

目　次

Ⅰ　問題と目的 *(83)*
Ⅱ　パーソナリティおよび社会的態度について *(85)*
Ⅲ　本稿での問題と仮説 *(90)*
Ⅳ　第1稿の研究の概要 *(90)*
Ⅴ　本稿での新データ *(92)*
Ⅵ　ま と め *(100)*

◆ Ⅱ ◆ 弁 護 士

5　弁護士急増がもたらしているもの
── 弁護士の地理的分布への影響を中心に……………〔濱野　亮〕…*107*

Ⅰ　は じ め に *(107)*
Ⅱ　近年の弁護士急増 *(108)*
Ⅲ　急増の地理的分布への影響 *(109)*
Ⅳ　むすび ── 要約と課題 *(129)*

6　新人弁護士と弁護士界の構造的変化をめぐって
── 業務分析の知見から……………………………〔武士俣敦〕…*133*

Ⅰ　は じ め に *(133)*
Ⅱ　新人弁護士の地域進出と業務 *(135)*
Ⅲ　新人弁護士と業務の専門化 *(144)*
Ⅳ　結語 ── 要約と若干の考察 *(147)*

7　"Lawyers in Every Corner of Society": A Progress Report
………………………………………………〔Daniel H. Foote〕…*153*

Ⅰ　Overall Size of the Legal Profession *(157)*
Ⅱ　Regional Imbalance: Areas of "Lawyer Scarcity" *(158)*
Ⅲ　Entry into Other Fields and Expansion in Roles of the Bar *(160)*
Ⅳ　Private Companies *(163)*
Ⅴ　Public Bodies *(164)*
Ⅵ　International Institutions, Non-Profit Organizations, and Labor Unions *(167)*
Ⅶ　Concluding Reflections *(168)*

目　次

◆ Ⅲ ◆　法律相談・民事訴訟

8　困りごと解決行動における法テラスの認知
―― 平成 28 年度法テラス認知度状況等調査の分析から
………………………………………………………〔吉岡すずか〕…177

Ⅰ　は じ め に（177）
Ⅱ　分　析（179）
Ⅲ　業務認知尺度の分析（192）
Ⅳ　結　論（197）

9　顧客は弁護士をどう評価するか
―― 法律相談利用者の弁護士に対する関係的側面での評価の
弁護士満足度への影響 ………………………………〔前田智彦〕…201

Ⅰ　は じ め に（201）
Ⅱ　分析対象と調査方法（202）
Ⅲ　本稿の仮説と分析方法（204）
Ⅳ　分 析 結 果（206）
Ⅴ　考　察（210）

10　法律相談者の弁護士利用に関するプロセス的検討
―― 法律相談者追跡調査のデータから ………………〔石田京子〕…215

Ⅰ　は じ め に（215）
Ⅱ　法律相談者の弁護士依頼の規定因（217）
Ⅲ　弁護士に対する満足および再依頼意欲の規定因（224）
Ⅳ　弁護士に依頼しなかった回答者の「依頼しなかった理由」（226）
Ⅴ　弁護士依頼の有無および依頼した弁護士別にみた結果の評価（228）
Ⅵ　まとめにかえて（230）

11　法律相談による弁護士探索のゲーム理論的分析
………………………………………………………〔小野理恵〕…235

Ⅰ　は じ め に（235）
Ⅱ　法律相談の実態（237）

xv

目　次

Ⅲ　弁護士探索モデル（240）

Ⅳ　モデル分析（244）

Ⅴ　結　論（248）

12　日本の民事訴訟事件数の現状をどうみるか………〔垣内秀介〕…251

Ⅰ　はじめに（251）

Ⅱ　日本における戦後の民事訴訟事件数の推移の概観（252）

Ⅲ　今日に至る変化の内容（258）

Ⅳ　民事訴訟以外の事件の動向（270）

Ⅴ　暫定的な結論（272）

13　高齢者をめぐるトラブルと対応行動
　　　── 先行研究の知見と課題……………………………〔佐藤岩夫〕…275

Ⅰ　はじめに（275）

Ⅱ　超高齢社会の到来と政策対応（278）

Ⅲ　高齢者のトラブルに関する先行研究の知見（283）

Ⅳ　むすび（288）

◆ Ⅳ ◆　行 政 規 制

14　ルールからスタンダードへ
　　　── 東京都環境確保条例の改正をめぐって………………〔阿部昌樹〕…295

Ⅰ　東京都環境確保条例の改正（295）

Ⅱ　ルールとスタンダードとの間の選択（300）

Ⅲ　利他主義への法による誘導（304）

15　ヘイト・スピーチの規制と無効化
　　　── 言語行為論からの示唆
　　　　……………………………〔尾﨑一郎・郭薇・堀田秀吾・李楊〕…315

Ⅰ　はじめに ── ヘイト・スピーチの言語表現を検討する必要性（315）

Ⅱ　ヘイト・スピーチと言語学（317）

Ⅲ　ネット上のヘイト・スピーチの実際（322）

Ⅳ　若干の結論（330）

16 プロセスとしての規制遵守
　　　── 規制対象企業の経験的研究に向けて ………………〔平田彩子〕…337

　I　はじめに ── 規制法の実現における被規制者の重要性（337）
　II　被規制者側における法の展開プロセス（341）
　III　むすび ── 今後の実証研究に向けて（354）

◆ V ◆ 法 意 識

17 ルール適用の「融通性」………………………………〔飯田　高〕…359

　I　問題の所在（359）
　II　法社会学と「融通性」── 法意識論との関係（361）
　III　「融通性」再考（366）
　IV　調査データの分析（370）
　V　考察と今後の課題（377）

18 震災後の流言の伝播に影響を与える要因
　　　── 人々の「善意」の影響の検証…………………………〔森　大輔〕…383

　I　は じ め に（383）
　II　先 行 研 究（385）
　III　仮説の設定（386）
　IV　データと方法（387）
　V　分　析（389）
　VI　終 わ り に（396）

19 津波訴訟への接近 ── パブリック法社会学の試み………〔飯　考行〕…399

　I　は じ め に（399）
　II　津波被災者遺族との出会い（400）
　III　閖上訴訟の経過（401）
　IV　裁判への思い（405）
　V　検　討（410）
　VI　お わ り に（416）

xvii

目　次

◆ VI ◆　理　論

20　臨床法社会学の構想
— 当事者性を持って，媒介し，現場に関わる …………〔入江秀晃〕…*421*

I　は じ め に（*421*）

II　臨床法社会学の考え方（*422*）

III　臨床法社会学の活動イメージ（*430*）

IV　お わ り に（*435*）

21　社会構造の産出
— エスノメソドロジーの生成と社会秩序の問題 ………〔樫村志郎〕…*439*

I　は じ め に（*439*）

II　1958〜1962 年の Garfinkel の研究とエスノメソドロジーの
構想（*443*）

III　「コロラド会議」までの事情（*448*）

IV　「模型報告」の議論（*450*）

V　「適切性報告」の議論（*458*）

VI　結　論（*461*）

22　Reconstructing Legal Ideology in China ………〔Ji Weidong〕…*465*

I　An Intellectual Background of Modernising State Governance（*465*）

II　A Genealogical Analysis of Legal Ideology（*469*）

III　A Tripartite Structure of a Republican Conception of State（*481*）

IV　A Reinterpretation of Historical Materialism（*485*）

V　A Procedural Arena for Competing Claims（*493*）

23　定性的社会科学の新たな展開と課題
— 質的比較分析と過程追跡 ……………………………〔杉野　勇〕…*501*

I　「量と質」「定量と定性」（*501*）

II　質的比較分析（QCA）（*507*）

III　過 程 追 跡（*517*）

IV　社会科学のあるべきミクスト・メソッド（*526*）

xviii

目　次

24　経験科学的な法概念に向けて………………………〔高橋　裕〕…531

Ⅰ　は じ め に（531）

Ⅱ　本質主義批判の復活（533）

Ⅲ　社会学的方法 対 哲学的方法（535）

Ⅳ　非本質主義の困難（536）

Ⅴ　経験科学的な法概念をめぐるいくつかの要件（538）

Ⅵ　お わ り に（543）

村山眞維先生　略歴（553）

村山眞維先生　主要業績一覧（557）

事項・人名索引（巻末）

法の経験的社会科学の確立に向けて

Ⅰ 刑事司法

1 司法取引の利用意欲
—— 社会実験による法社会学的探求

太 田 勝 造

I　はじめに

　2016 年 5 月 24 日に刑事訴訟法等改正法が成立し，2018 年 6 月 1 日から施行されている．この改正で導入された新制度として，刑事訴訟法 350 条の 2 以下の「証拠収集等への協力及び訴追に関する合意制度」，いわゆる日本版の「司法取引」が挙げられる．この制度の対象は詐欺，横領，恐喝，公文書・私文書偽造，有価証券偽造，独占禁止法違反，金融商品取引法，税法など一定の財政経済事件，および，薬物・銃器事件や組織犯罪関連の事件などの「特定犯罪」に限定されており（刑事訴訟法 350 条の 2），殺人事件等には適用されない．制度としては，検察官が，弁護人の同意を条件に（刑事訴訟法 350 条の 3），「特定犯罪」にかかる事件の被疑者・被告人との間で以下のような合意を結び，それが一定の法的拘束力を有するというものである[1]．合意内容としては，一方で，被疑者・被告人が，その「特定犯罪」にかかる他人の犯罪事実を明らかにするため，取調べや証言に際して真実の供述をしたり，証拠の収集に関して必要な協力を行い，他方で，検察官が不起訴や特定の訴因および罪条による公訴提起等をし，特定の内容の刑罰を科すことを刑事訴訟法 293 条第 1 項による意見の陳述として述べ，あるいは，即決裁判手続の申立や略式命令の請求等をす

---

[1]　検察官が合意に違反した場合，裁判所は判決で公訴を棄却しなければならず，合意に違反して訴因または罪状の追加または変更を請求しても裁判所はこれを許してはならない（刑事訴訟法 350 条の 13）．検察官が合意に違反した場合，被告人の行為により得られた証拠は，原則として証拠とすることができなくなる（刑事訴訟法 350 条の 14）．被告人が合意に違反した場合には，5 年以下の懲役に処せられる（刑事訴訟法 350 条の 15）．ただし，合意は，裁判所をも拘束するものではない（刑事訴訟法 350 条の 10）．

『法の経験的社会科学の確立に向けて』村山眞維先生古稀記念〔信山社，2019 年 3 月〕

1 司法取引の利用意欲〔太田勝造〕

る，というものである．

このように，捜査公判協力型ないし捜査訴追協力型と呼ばれる，他者を告発して操作・訴追に協力するタイプの司法取引が今回導入された「合意制度」に他ならない（「他者告発型司法取引」と呼ぶこともできよう）．司法取引[2]には，被疑者・被告人が自らの犯罪について事実を認めたり証拠を開示したりすることと引き換えに，捜査機関や訴追機関が，微罪処分や不起訴処分，公訴における訴因や罪条の内容や求刑における便宜を測る，というタイプのものもあり，これは「自己負罪型」の司法取引と呼ばれる．これに対し，捜査訴追協力型司法取引は，共犯者を明かしたり，共犯者の訴追において検察側証人となって供述するなど，他者の犯罪事実についての司法取引である．便宜上本稿では「捜査協力型司法取引」と呼ぶことにする．また，司法取引制度の有無にかかわらず，捜査・訴追機関や裁判所から自己利益を受けるために自白や他者告発などを行う行動を「司法取引的行動」と呼ぶことにする[3]．

この司法取引制度の新設に際しては，刑事手続における証拠の収集方法の適正化，多様化，効率化が目的とされていた（衆議院法務委員会での提案理由書など参照）．とりわけ，企業等の組織ぐるみのホワイトカラー犯罪や暴力団等の組織犯罪など，証拠収集と立証が困難な場合に役立つと考えられている．反面，自己負罪型ではなく，捜査協力型の司法取引であることから，自分の罪や刑期を軽減してもらうために無実の者や，有罪か無罪か不明の者を引きずり込んでしまう虞れも指摘されている[4]．つまり，真実に反する冤罪のリスクも生じう

---

(2) 司法取引と刑事訴訟法の諸原則の関係については川出（2011），宇藤（2011）参照．

(3) 宇川（2011：358）は「『罪を認めれば，事件処理や求刑，ひいては裁判所の量刑が寛大なものとなる』という一般的期待ないし暗黙の了解に基づくプラクティス」について，「このような運用はどこの国にも存在するもの」であるとし，「訴追裁量権の取引的行使」として厳密に定義した司法取引概念の外に置く．本稿では社会的実態を重視する立場から，これらも含む広い概念で司法取引を検討するため「司法取引的行動」を用いている．どこの国にも存在するプラクティスであり，日本の従来の刑事実務でも存在したと考えるからでもある（日本での最判昭和41年7月1日刑集20巻6号537頁を嚆矢とする「約束による自白」の事例も司法取引的行動と位置付けられうるであろう）．宇川（1997-98：(15)は捜査協力型司法取引は日本においても「『以心伝心』の運用を，明示的な取引に高めるだけといっても良いであろう」と論じる（宇川（1997-98：(17)も参照）．なお，宇川（1997-98：(6)の米国の司法取引廃止の社会実験の結果の研究成果も参照．

(4) これは，多くの実務家や研究者が指摘する点である（白取・今村・泉澤（2015），村井・海渡（2017：142），後藤（2018），郷原（2018），笹倉（2018）など）．

I　はじめに

ると批判されている．また，自己負罪型であれ捜査協力型であれ，自分や他者が犯人であることを知っている場合は，罪や刑を軽減してもらおうとして司法取引を利用しようとするインセンティヴが強く生じるが，自分が無実である場合や他者が犯人か否か知らない場合，自己ないし他者の罪を認めることとなり，冤罪となりうる司法取引を利用するインセンティヴは乏しいのではないかという議論も可能である[5]．また，そもそも，捜査機関による微罪処分や訴追機関における起訴便宜主義が従来存在しており，社会的機能としては司法取引と同様の結果をもたらすような実務が可能であり，かつ，従来も行われていたのではないかと指摘されている[6]．このような実務が存在する場合も含め，被疑者・被告人がそれを利用する行動をここでは司法取引的行動と呼んでいる．また，裁判所も被告人の犯行後における被告人の態度などの情状も考慮して刑の量定を行っており，捜査への協力も考慮の要素となりうる．さらに，訴追機関から見ても，合意制度の利用は，文書化を必要とし（刑事訴訟法350条の3，「合意内容書面」），しかも訴追機関をも拘束するので（刑事訴訟法350条の13，同350条の14），より柔軟に運用できる事実上の裁量という従前の実務が選好される可能性もある．以上の点が，もし現実に合致するのであれば，刑事実務における今回の合意制度の導入の影響はそれほど大きくないかも知れない．

　本稿執筆時点では，日本型司法取引制度である合意制度が施行されて間もないため，この制度の運用がどのようになされ，被疑者や被告人がどの程度，どのような形で利用しようとし，導入目的である刑事司法の適正化・多様化・効率化が実現するのか，それとも冤罪等の温床となるのかは全く不明である．今後の実証的研究を待つ他ない．

　したがって，本稿では，人々が，もしも被疑者・被告人の立場に立ったとし

---

[5]　この点は，とりわけ自己負罪型司法取引に当てはまる．また，司法取引的な実践が実務において冤罪を導いたとの批判として，白取他編著（2015：92-94）など参照．

[6]　合意制度導入以前においても微罪処分の実務や起訴便宜主義の実務において，司法取引と位置づけることも可能な実践がなされていたという意見は，筆者が個人的に面接した実務家からも聞いている．この点に関し，村井・海渡（2017：142）および秋田（2018：46）も参照．宇川（1997-98：(2)）および宇川（2011：359）によれば，米国における司法取引の法的根拠は検察官の訴追裁量権であり，その行使に関わるプラクティスとして発達してきたものである．河合（2018）および後藤・郷原・笹倉（2018：37）の郷原発言も参照．

1 司法取引の利用意欲〔太田勝造〕

たとき，司法取引をしようとするのか否か，それはどのようなシチュエイションにおいてか，などについての，一般的な社会実験調査の結果を報告し，もって今後の制度の再検討や見直しへ向けての立法事実を提供することとする．

II 課題設定，仮説構築，リサーチ・デザイン

上記に見たように，日本で導入された合意制度は捜査協力型の司法取引であり，詐欺や汚職，経済犯罪，組織犯罪等を主たる対象として絞り込んでいる．そこで，本稿の課題としては，本制度の対象とする犯罪において人々はもしも被疑者・被告人の立場に立った場合，どの程度司法取引的行動しようとするものであるのか，を第一課題として設定する．制度の改革のためには，他の選択肢との相対的比較によって検討する必要もある．そこで，第二課題として，今回は対象とされなかった他の犯罪へと適用を拡充した場合に，人々が被疑者・被告人の立場に立った場合に，司法取引的行動への意欲において差異が生じるのか，を検討する[7]．

万一被疑者・被告人とされた場合の，人々の司法取引利用意欲についての仮説として，① 従来型の警察・検察・裁判所の裁量的考慮要素のひとつとして司法取引の機能的対応物が存在する場合に比べ，司法取引制度を導入することで，被疑者・被告人に司法取引的行動の意欲が高くなる，というものを構築できる．自ら証拠の収集等に協力したり罪を認めたりすることや，共犯者等について捜査に協力したり証言をしたりすることで，自己に有利に働くことが制度的に保障されれば，自己利益追求型の被疑者・被告人には，この制度利用の意欲が生じると期待されるからである．この仮説に対する否定の仮説は，司法取引制度の有無は人々の司法取引的行動への意欲に変化をもたらさない，ないし，逆に司法取引的行動への意欲が弱くなる，というものである．従来も司法取引の機能的対応物が微罪処分や不起訴処分，起訴便宜主義などを通じて実務上実践されて来ているならば，被疑者・被告人の司法取引的行動への意欲に大きな差異は生じない可能性がある．あるいは，司法取引を正面から法制度化することで拘束力や違反に対する処罰が導入されて，却って司法取引的行動を抑止す

---

(7) 米国における司法取引の社会的影響の経済分析については，舘（2005）参照．

8

Ⅱ　課題設定，仮説構築，リサーチ・デザイン

ることさえ考えられなくもない．

　仮説の②として，自己負罪型の場合と，捜査協力型の場合とでは，捜査協力型の方が司法取引的行動への意欲が強くなる，というものが設定できる．他者の不利益において自己が有利になる場合の方が，自己の不利益と自己の利益を天秤にかける場合よりも，司法取引的行動への意欲が高いであろうと予測されるからである．この仮説②の否定の仮説としては，自己負罪型と捜査協力型の間で，被疑者・被告人の司法取引的行動への意欲に差異が生じない，あるいは，逆に，捜査協力型の場合のほうが司法取引的行動への意欲が小さくなる，というものを考えることができる．いわば「仲間を売る」ようなことをするよりも，自分で自分の責任を取ろうとする方向の考慮が優越する場合や，刑事手続終了後も仲間やその周辺の者との関係が見込まれる場合に，そのことを考慮したりする場合にこのようなことが生じうると考えられる（河合 2018）．

　仮説の③として，自己が犯人であることを自覚している場合や，司法取引の対象である他者が犯人であることを知っている場合の方が，自分が無実であると思っている場合や，他者が犯人・首謀者でないもしくは犯人・首謀者であるか否か分からない場合よりも，司法取引的行動をする意欲が強いというものを構築できる．司法取引は，自己の犯罪をある程度認めて捜査機関や訴追機関から有利な扱いを受けようとするものであるので，自己や他者が無実であると知っている，ないし，そう思っている場合には，司法取引的行動をする意欲は小さいであろうと予測されるからである．この仮説に対する否定の仮説としては，自己が有罪であると自覚しているか否かや，他者が犯人・首謀者であることを知っている，ないし，そう思っているか否かにかかわらず，司法取引的行動への意欲に差異は生じない，あるいは，自己が無罪であると思っている場合や，他者が犯人・首謀者でない，もしくは犯人・首謀者かどうか知らない場合の方が，司法取引的行動を行う意欲が強い，というものが構築できる．このようなことは，たとえば，逮捕されて勾留され，家族や勤め先・事業などのことが非常に心配で，一刻も早く家庭に戻りたいと思う場合や，裁判になれば裁判所が必ず正しい真実を見出して無実にしてくれると確信している場合などに，無実の被疑者や被告人がこのような行動をしないとも限らないかも知れない[8]．

---

[8]　このような行動を採るなら，差異は生じないことも起こりうる．白取他編著（2015：52-53）も参照．

1 司法取引の利用意欲〔太田勝造〕

以上の仮説を検証するために，要因計画法による社会的実験の手法（フィールド実験）を採用し，シナリオを構築して，それを読んだ上で参加者（被験者）に質問に答えてもらうというシナリオ・スタディ（ヴィニエット・スタディ）とした．シナリオに工夫をこらして操作し，シナリオの相違がシステマティックに回答傾向の違いをもたらすならば，その操作を原因として，司法取引的行動への意欲についての回答傾向の違いという結果をもたらしたことになる．こうして，因果関係を同定することができるからである[9]．調査自体は，調査会社に依頼して，そのプールする厖大な人数の登録回答者から，年代と性別で二段階層化抽出をするという割当法によるインターネット調査の形で実施した[10]．

なお，本リサーチ・デザインは，東京大学法科大学院の3年生用の法社会学の授業（演習）への2015年度の参加者であった小宮思帆音氏（現・裁判官），小川彩美氏（現・弁護士），および藤原瞭平氏（現・弁護士）が筆者の指導の下に構築した原案に基づいて2015年7月〜8月に調査実施したものである．

Ⅲ　振り込め詐欺の事例

1　リサーチ・デザイン

今回の刑事訴訟法の改正で導入された合意制度の対象のひとつが詐欺罪である．そこで，振り込め詐欺の事例を作成した．具体的なリサーチ・デザインは以下のようなシナリオと質問文による操作である．

まず，シナリオ操作としては，①司法取引制度利用可能か，検察・裁判所の裁量か，②自己負罪型か捜査協力型か，③自己の有罪ないし他者が首謀者かを知っているか否か，を組み合わせて2×2×2＝8つのヴァージョンを構築した．調査実施においては，各ヴァージョンに200サンプル，合計1600サンプルを蒐集した．

シナリオ提示の前に，「以下の場面を『あなた』になったつもりで思い浮かべてください．そして，後の設問にお答えください．」と導入説明をした．すなわち，被疑者・被告人の立場になって答えてもらうという設計である．その

---

(9)　要因計画法によるフィールド実験とそのデータ分析手法については，太田（2018a），太田（2018b），太田（2018c），太田（2018d）参照．

(10)　調査の実施は一般社団法人中央調査社に依頼した．

上で，ランダムに配布されたシナリオを参加者に読んでもらって答えてもらう
方式の調査を実施した．紙面の都合で，8つのヴァージョンの内の①司法取引
制度利用可能，自己負罪型，無実ヴァージョンを下記に示し，②〜⑧のヴァー
ジョンは《付録》に記載する．

① 司法取引制度利用可能，自己負罪型，無罪ヴァージョン
［第一部］あなたは，勤めていた会社を辞めてしまい，お金に困っていました．こ
のことを知った友人 a は，あなたに対し，「私の所属している組織の仲間が，ある
老人に電話をかけて，その息子に成り済まし，口座にお金を振り込んでくれるよ
う頼んだ．そこで君に，明日の午後3時に〇〇銀行 ATM へ行き，そのお金を引
き出してきてもらいたい．成功したら報酬として5万円を支払う．」と話しました．
　　　［ここに理解支援のための人間関係図を提示（省略）］
　　　［ここで理解確認用の質問挿入（省略）］
［第二部］しかしあなたは，犯罪に加担するようなことはしたくなかったので，a
の頼みを断りました．

　その後，あなたがお金に困っており，詐欺集団のメンバーである a とも友人関
係にあったことなどから，詐欺事件の実行犯としてあなたが逮捕されました．あ
なたは，自分は犯行を行っていないのですから，無罪を主張しました．一方で警
察も，銀行の防犯カメラの映像が不鮮明であなたではなく別人にも見えることか
ら，犯人があなただと確信できませんでした．

　あなたは警察の取り調べにおいて，弁護人を頼むことができると聞かされたの
で，弁護人を依頼し，面会することにしました．その弁護人は，あなたの味方に
なってくれるとは言ったのですが，一応の証拠や動機がある以上，無罪判決を得
るのは非常に困難だろう．また，日本において起訴された場合，有罪となる確率
は97％であること，有罪になった場合，懲役3年の実刑（判決が下されると直ち
に刑務所等に収容される制度）が見込まれることも聞かされました．
　　　［ここに，「以下の場面は，先程の事例の続きです．そして，後の設問にお
　　　答えください．」を挿入］
　　　［ここに理解支援のための人間関係図を提示（省略）］
　　　［ここで理解確認用の質問挿入（省略）］
［第三部］また，その弁護人から，「刑事処分に関する合意制度」があると聞かさ
れました．この制度では，弁護人の同意の下，自ら罪を認めて捜査に協力する代
わりに，検察官は予め示した軽めの刑しか求めないことを合意した場合には，あ
なたも検察官も合意した内容を守る義務を負うとのことです．具体的には，あな
たが自ら罪を認めて捜査に協力すれば，検察官は懲役3年の実刑より軽い執行猶
予付き（刑務所に行かずに済む制度）の刑を求刑することを合意する意向を示し
ているそうです．

　ここまで説明を受けた上で，弁護人から，合意制度の適用を承諾して，自ら罪
を認めて捜査に協力するか，それとも，無実を主張し続けるか，どうしたいか尋
ねられました．

1 司法取引の利用意欲〔太田勝造〕

　従属変数としては，司法取引的行動に対する意欲を，4段階リカート尺度で尋ねた．具体的には，自己負罪型か捜査協力型かの区別と，司法取引制度が存在するか検察・裁判所の事実上の裁量のみかの区別とによって，論理必然的要請として，2×2＝4の4つの形式を使い分けることとした．紙面の都合により，それらの内の，司法取引制度存在，自己負罪型の場合の質問文と選択肢を下記に示し，その他は《付録》に記載する．

　［司法取引制度利用可能，自己負罪型］「あなたなら，合意制度の適用を承諾して罪を認めますか？　最もよくあてはまると思うもの1つを選んでお答えください．」
　　1．合意制度の適用を承諾し，罪を認めたい
　　2．どちらかと言えば，合意制度の適用を承諾し，罪を認めたい
　　3．どちらかと言えば，合意制度の適用を拒み，無罪を主張し続けたい
　　4．合意制度の適用を拒み，無罪を主張し続けたい

　以上のシナリオのヴァージョン操作により，①司法取引制度利用可能か，検察・裁判所の裁量か，による，司法取引的行動への意欲の差異，②自己負罪型か捜査協力型か，による司法取引的行動への意欲の差異，③自己の有罪ないし他者が首謀者であることを知っているか否か，による司法取引的行動への意欲の差異が，参加者（被験者）の間で生じていると統計的に認定できるか否かが，主効果の検討である．さらに，①～③の要因の間に交互作用が生じているかも検討する（三要因，各二水準の分散分析（3-way ANOVA））[11]．

2　調査結果の分析

　本稿では，ベイズ統計学の手法（ベイズ推論とかベイズ推定（Bayesian Inference）と呼ばれる）を用いて分析してゆき，従来の統計学による分析（NHSTによるp値等）は参考として付録Ⅲに記した[12]．なお，頻度論による伝統的統計学による検定の結果と，無情報事前確率分布に基づくベイズ推定の結果とは概ね数値的には大差がないことが多いが，その数理的・統計的意味は大きく異

---

[11]　伝統的な帰無仮説有意性検定による分散分析等については，ボーンシュテット他（1990），フィンケルスタイン（2014），ジャクソン他（2014），太田（2015），山内（2010）など参照．

[12]　ベイズ統計学の手法については，Gill（2015），Kaplan（2014），Kruschke（2015），松原（2010），Ntzoufras（2009），ソーバー（2012），豊田編著（2008），豊田（2015），豊田（2016），McElreath（2016）など参照．

なる[13]. 両者の間に差異が見られた場合は, ベイズ推定の結果を優先して用いることにする[14]. なお, 以下では, 紙面の制約のために, 自己相関関数図（autocorrelation function）, トレース図（trace plots）[history], bgr convergence diagnostic（bgr: Brooks, Gelman, Rubin）などは省略するが, 十分に収斂している[15]. また, 係数 beta[] が 0 と異なる確率も step 関数によって求めた[16]. 1 万1000 回分のチェインを二つ発生させたデータから, 最初の各 1000 回をバー

---

[13] 無情報事前確率分布の場合に, データ数が多いと, 数値的に類似の結果となるのは, 中心極限定理などに基づく.

[14] 筆者が, 帰無仮説有意性検定よりもベイズ推定の結果を優先することの理由については, 太田（2017）, 太田（2018a）, 太田（2018b）, 太田（2018c）, 太田（2018d）参照.

[15] 以下のベイズ分析では一貫して, 統計ソフトとしては WinBUGS を用いた MCMC 法によった. 事前確率分布については,「データをして語らしめる」という趣旨で無情報事前確率分布を用いた. プログラム自体は, NTzoufras（2009：194）の design matrix とパラメタ・ベクトルによるプログラムを改定して用いた. 独立変数のパラメタ化は下記である.

```
X[i,1]<-1.0                    #[1 PleaBargainExists,1 OtherPerson,1 Guilty]
X[i,2]<-equals（pb[i], 2）      #[2 NoPB=> 1, else=> 0]
X[i,3]<-equals（hm[i], 2）      #[2 Self=> 1, else=> 0]
X[i,4]<-equals（kn[i], 2）      #[2 NotG=> 1, else=> 0]
X[i,5]<-X[i,2]*X[i,3]          #[2=NoPB=> 1 & 2=Self=> 1, else=> 0]
X[i,6]<-X[i,2]*X[i,4]          #[2=NoPB=> 1 & 2=NotG=> 1, else=> 0]
X[i,7]<-X[i,3]*X[i,4]          #[2=Self=> 1 & 2=NotG=> 1, else=> 0]
X[i,8]<-X[i,2]*X[i,3]*X[i,4]   #[2=NoPB=> 1 & 2=Self=> 1 & 2=NotG=> 1, else=> 0]
```

すなわち, 司法取引制度利用可能・捜査協力型・有罪（[1,1,1]）を基準として, それとの差異を分析するようにパラメタ化されている（cf., X[i,n]）. なお, 関数 equals（e1, e2）は, e1 = e2 のときに 1 を返し, それ以外の場合は 0 を返す関数である. 正規分布からの無作為抽出によるデータとしてモデル化してある（下記参照）.

```
cf1[i]~dnorm（mu[i], tau）
mu[i]<-inprod（X[i,],beta[]）
```

こうして, いわゆる 3-way ANOVA のベイジアンのモデリングとなっている. なお, inprod（A, B）はベクトル A とベクトル B の内積である.「~」は確率サンプリングに,「<-」は代入に相当する. 係数 beta[] の事前確率分布については, 平均 0.0, 標準偏差 100 の十分広く平たい正規分布とし, 標準偏差（s=SQRT（1/tau））については, 平均 1.0, 標準偏差 100 のガンマ関数からのサンプリングから算出している.

[16] 本稿以下の表の larger.than.zero[x] は係数 beta[x] が 0 よりも大きい確率期待値であり, 確率が 0.95 より大きければ, beta[x]〉0 である確率が 95％より大きく, 0.05 未満であれば, 逆に beta[x] < 0 である確率が 95％より大きいことになる. 以下では, 95％以上の確率で差が見られる場合は 0 とは異なると解釈することにする.

1 司法取引の利用意欲〔太田勝造〕

ン・インとして捨て，1001 回めからをサンプルした（thinning は 3 とした）．この MCMC 法によるサンプリングの合計 2 万データに基づく分析が下記の図表(1)である．

図表(1)

node	mean	sd	MC error	2.50%	median	97.50%	start	sample
beta[1]	1.92	0.06464	4.76E-04	1.794	1.921	2.048	1001	20000
beta[2]	-0.2102	0.09218	6.34E-04	-0.3916	-0.2097	-0.03359	1001	20000
beta[3]	-0.1194	0.09258	6.19E-04	-0.3005	-0.1195	0.06105	1001	20000
beta[4]	0.4842	0.09117	6.65E-04	0.307	0.4837	0.6622	1001	20000
beta[5]	0.0943	0.1304	8.90E-04	-0.1589	0.09451	0.3497	1001	20000
beta[6]	0.07996	0.1299	8.74E-04	-0.1747	0.07964	0.3374	1001	20000
beta[7]	1.07	0.1308	9.38E-04	0.8153	1.07	1.328	1001	20000
beta[8]	-0.009274	0.1842	1.28E-03	-0.3684	-0.00926	0.3512	1001	20000
s	0.9174	0.01616	1.16E-04	0.8862	0.9172	0.9496	1001	20000

図表(1)の beta[1] が「司法取引制度利用可能・捜査協力型・有罪」の場合の従属変数の事後確率分布に対応し，beta[2] から beta[3] が主効果に対応する．beta[5] から beta[7] が二次の交互作用項に対応し，beta[8] が三次の交互作用項に対応する．s は標準偏差の事後確率分布に対応する[17]．見やすくするための箱ひげ図を構成して図表(2)として下に示すことにする．

係数 beta[] が 0 と異なっているかを確認するため，下記の図表(3)で MCMC の結果を示した．

このように，主効果はいずれも 0 と異なっている．それに対し，二次の交互作用項は beta[5]，beta[6] が 0 と区別できず，三次の交互作用項も 0 と区別できない．そこで，これら 0 と区別できない係数をモデルから除いてサンプリ

---

[17] 表の mean は事後確率分布に基づく真なる平均値の期待値（事後平均値（posterior mean））であるが，混乱の虞れのない限り「平均値」と表記する．sd は事後標準偏差，MC error はモンテ・カルロ・エラーで事後標準偏差の 1 ％以下であれば良いとされており，表から見て取れるようにそうなっている．median は事後中央値，2.50％と 97.50％はそれぞれの値の間の中に真の値が存在する事後確率が 95％である確信区間を意味する．start はバーン・イン後のサンプリングの開始点，sample はサンプルの数を意味する．

III　振り込め詐欺の事例

ングをした[18]．今回はチェインを3本としたのでサンプル総数は3万となっている（thinningは同じく3である）．その結果が下記の図表(4)である．なお，この図表(4)のbeta[5]は先程の表のbeta[7]が繰り上がったものである．

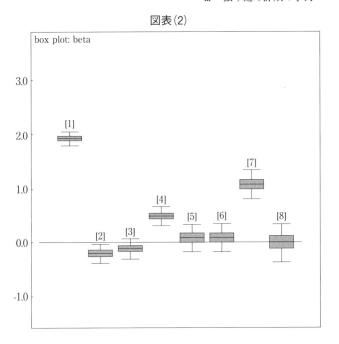

図表(2)

図表(3)

node	mean	sd	MC error	start	sample
larger.than.zero[1]	1	0	5.00E-13	1001	20000
larger.than.zero[2]	0.01075	0.1031	7.32E-04	1001	20000
larger.than.zero[3]	0.09865	0.2982	0.002166	1001	20000
larger.than.zero[4]	1	0	5.00E-13	1001	20000
larger.than.zero[5]	0.7614	0.4262	0.002985	1001	20000
larger.than.zero[6]	0.7322	0.4428	0.002939	1001	20000
larger.than.zero[7]	1	0	5.00E-13	1001	20000
larger.than.zero[8]	0.4803	0.4996	0.003311	1001	20000

---

[18]　係数beta[3]も0と区別できないが，主効果項であるのでモデルには残した．

1 司法取引の利用意欲〔太田勝造〕

図表(4)

node	mean	sd	MC error	2.50%	median	97.50%	start	sample
beta[1]	1.878	0.05128	2.89E-04	1.778	1.878	1.979	1001	30000
beta[2]	-0.1252	0.04596	2.89E-04	-0.216	-0.1253	-0.03505	1001	30000
beta[3]	-0.0724	0.06505	3.92E-04	-0.1997	-0.0725	0.05538	1001	30000
beta[4]	0.5243	0.06472	3.78E-04	0.3973	0.5239	0.6515	1001	30000
beta[5]	1.065	0.09205	5.63E-04	0.8845	1.065	1.246	1001	30000
s	0.9166	0.01636	9.14E-05	0.8851	0.9163	0.9493	1001	30000

これを箱ひげ図および0との差異で見ると下記の図表(5)と図表(6)となる．

図表(5)

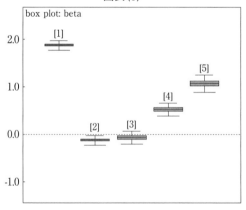

図表(6)

node	mean	sd	MC error
larger.than.zero[1]	1	0	3.33E-13
larger.than.zero[2]	0.003133	0.05589	3.36E-04
larger.than.zero[3]	0.1328	0.3393	2.03E-03
larger.than.zero[4]	1	0	3.33E-13
larger.than.zero[5]	1	0	3.33E-13

これらの図表から明らかなように，主効果項の中の係数 beta[3] が 0 と明確には区別できず，その他は全て区別された．解釈しやすいように，パラメタ化を元に戻して計算した結果が下記の図表(7-1)から図表(7-3)である．

図表(7-1)

司法取引制度利用可能か(7-1)，検察・裁判所の裁量か(7-2)			平均値	計算式
1.司法取引制度利用可能	1.捜査協力	1.自己有罪／他者首謀者を知る(a)	1.878	beta1
		2.自己無実／他者首謀者か不知(b)	2.4023	beta1 + beta4
		総和	2.14015	(a + b)/2
	2.自己負罪	1.自己有罪／他者首謀者を知る(c)	1.8056	beta1 + beta3
		2.自己無実／他者首謀者か不知(d)	3.3949	beta1 + beta3 + beta4 + beta5
		総和	2.60025	(c + d)/2
	総和	1.自己有罪／他者首謀者を知る	1.8418	(a + c)/2
		2.自己無実／他者首謀者か不知	2.8986	(b + d)/2
		総和	2.3702	(a + b + c + d)/4

図表(7-2)

司法取引制度利用可能か(7-1)，検察・裁判所の裁量か(7-2)			平均値	計算式
2.検察・裁判所の裁量	1.捜査協力	1.自己有罪／他者首謀者を知る(e)	1.7528	beta1 + beta2
		2.自己無実／他者首謀者か不知(f)	2.2771	beta1 + beta2 + beta4
		総和	2.01495	(e + f)/2

1 司法取引の利用意欲〔太田勝造〕

2.検察・裁判所の裁量	2.自己負罪	1.自己有罪／他者首謀者を知る(g)	1.6804	beta1 + beta2 + beta3
		2.自己無実／他者首謀者か不知(h)	3.2697	beta1 + beta2 + beta3 + beta4
		総和	2.47505	(g + h)/2
	総和	1.自己有罪／他者首謀者を知る	1.7166	(e + g)/2
		2.自己無実／他者首謀者か不知	2.7734	(f + h)/2
		総和	2.245	(e + f + g + h)/4

図表(7-3)

司法取引制度利用可能かと，検察・裁判所の裁量かの合計(7-3)			平均値	計算式
総和	1.捜査協力	1.自己有罪／他者首謀者を知る	1.8154	(a + e)/2
		2.自己無実／他者首謀者か不知	2.3397	(b + f)/2
		総和	2.07755	(a + b + e + f)/4
	2.自己負罪	1.自己有罪／他者首謀者を知る	1.743	(c + g)/2
		2.自己無実／他者首謀者か不知	3.3323	(d + h)/2
		総和	2.53765	(c + d + g + h)/4
	総和	1.自己有罪／他者首謀者を知る	1.7792	(a + c + e + g)/4
		2.自己無実／他者首謀者か不知	2.836	(b + d + f + h)/4
		総和	2.3076	(a + b + c + d + e + f + g + h)/8

Ⅲ　振り込め詐欺の事例

　主効果としては，第一に，主効果が係数 beta[2]で認められたことと，上記の数値から，司法取引制度が利用可能である場合の方が，司法取引制度が存在せず検察・裁判所の裁量で運用される場合よりも，人々は自分が被疑者・被告人となった場合に司法取引的行動，すなわち自白や他者告発をする意欲が，逆に小さくなるという意外な結果が挙げられる．第二に，主効果が認定されなかった係数 beta[3]と上記の数値から，捜査協力型の場合と自己負罪型の場合とで，自白や他者告発をするという司法取引的行動に対する意欲に差が見られないという結果が得られた[19]．第三に，主効果が係数 beta[4]で認められたことと，上記の数値から，自己が有罪ないし他者が首謀者であることを知っている場合の方が，そうでない場合よりも司法取引的行動をする意欲が大きいという結果となる．数値的には，自己が有罪ないし他者が首謀者であることを知っている場合は，司法取引的行動を積極的に行おうという方向の回答であり，そうではない場合（自己が無罪であるか，他者が首謀者かについて不知の場合）には司法取引的行動をしようとしないという方向の回答である[20]．

　交互作用は「自己負罪型か捜査協力型」と「自己有罪・他者首謀者か否か」の２つの要因の間で生じている．この関係を見るために，これら２要因の組み合わせによる平均値を計算してグラフ化したものが次の図表(8)と図表(9)である．

図表(8)

交互作用	捜査協力型	自己負罪型
自己有罪／他者首謀者	1.8154	1.743
自己無実／他者首謀者か不知	2.3397	3.3323

---

[19]　2.07755 ≒ 2.53765 と評価されたことになる．但し，差が割合あるように見える．事実，０より大の事後確率が13.28％であるから，０より小である確率は86.72％となり，すなわち自己負罪型の場合よりも捜査協力型の場合の方が司法取引的行動をする意欲が若干大きいと解釈することを否定はできない．すなわち，自白よりも他者告発の方をしやすいと解釈することも可能と言えよう．

[20]　自己が有罪，および他者が有罪か不知の場合は平均値が１の台であり（1.7792），そうではない場合は平均値が３に近い（2.836）．

1 司法取引の利用意欲〔太田勝造〕

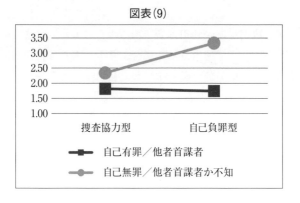

　これら図表(8)と(9)から，人々は自分が被疑者・被告人とされた場合，自己が有罪ないし他者が首謀者であることを知っている場合には，司法取引的行動をする意欲が高く[21]，かつ，その意欲は捜査協力型か自己負罪型かであまり差はないことがまず見て取れる[22]．他方，自己が無罪であったり，他者が首謀者か否か不知である場合には，司法取引行動への意欲が大きく異なることも分かる．そして，この場合，自己負罪の司法取引的行動はしようとしない方向であるのに対し，捜査協力型の司法取引的行動はどちらとも言えない程度である[23]．すなわち，自己が無罪である場合には司法取引型の行動をしようとはしないが，有罪である場合は積極的に利用しようとする．他方，捜査協力型の司法取引の場合，その他者が首謀者であると知っている場合には積極的に司法取引型行動をする意欲が高い反面，他者が首謀者か否か知らない場合に，司法取引制度を利用しようとしなくなるわけではないことになる[24]．

---

[21]　平均すると1.7792となる計算であり，2より小さい．
[22]　各数値は，1.8154と1.743であり，差は0.0724しかない．
[23]　2.3397と，「どちらとも言えない」に相当する2.5よりも小さいようでもある．
[24]　両者の場合の司法取引的行動への意欲の減少度合いは0.5243と，自己負罪の場合の1.5893に比べて3分の1に過ぎない．

Ⅳ　殺人事件の事例

1　リサーチ・デザイン

　今回の刑事訴訟法の改正で導入された合意制度の対象に殺人は含まれていないが，将来の拡張の可能性を検討するために，殺人事件の事例も作成した．具体的なリサーチ・デザインは以下のようなシナリオと質問文による操作であり，事例の内容以外，シナリオ操作項目と質問は上記振り込め詐欺事例と同様である．途中の人間関係図の挿入や理解確認のための質問の挿入なども同様であり，以下では省略している．紙面の都合で，８つのヴァージョンの内の①司法取引制度利用可能，捜査協力型，他者関与不知ヴァージョンを下記に示し，②～⑧のヴァージョンは《付録》に記載する．

①司法取引制度利用可能，捜査協力型，他者関与不知ヴァージョン
［第一部］あなたは，Ａさんの息子Ｂと幼なじみでした．
　また，Ｂの妹でＡさんの娘であるＣも，あなたのことを慕っていました．
　あなたと息子Ｂ・娘Ｃは，幼いころはもちろん，大人になった後も，よく一緒に遊んでいました．
　しかし数年前，娘Ｃが，飲酒運転をしていたＤの車にはねられて死亡しました．Ｄは逮捕・起訴され，有罪判決を受けて服役していましたが，先日，仮放所が決まり，刑務所から出所してきました．しかし，息子Ｂは，娘Ｃを死なしたＤがのうのうと生きていることに納得がいきません．
　そこで，息子ＢはＤを殺害することにしました．しかし，Ａの家には車がなかったため，息子Ｂはあなたに車の運転を頼んできました．
［第二部］あなたは迷いましたが，ＢをＤの殺害現場まで車で送り，殺害を済ませたＢを車に乗せて帰ってきました．
　その後，殺害現場付近での目撃証言から，あなたは警察に逮捕されました．警察は，反社会的な組織とも関わりがあり，Ｄ殺害の動機の強いＡ・Ｂにも容疑を向けていました．しかし，物的証拠が乏しく，両名とも逮捕・訴追されていません．あなたも，ＡがＤの殺害計画に関与していたか否かを知りません．
　あなたは，警察での取調べにおいて，弁護人を頼むことができると聞かされたので，弁護人を依頼し，面会することにしました．その弁護人は，あなたの味方になってくれるとは言ってくれたのですが，有罪になった場合，無期懲役刑が見込まれることも聞かされました．
［第三部］また，その弁護人から，「証拠収集等への協力及び訴追に関する合意制度」があると聞かされました．この制度では，あなたが「Ａの関与があった」と供述する代わりに，検察官は予め示した軽めの刑しか求めないことを合意した場

1 司法取引の利用意欲〔太田勝造〕

合には，あなたも検察官も合意した内容を守る義務を負うとのことです．具体的には，「Aの関与があった」と供述すれば，検察官は無期懲役刑より軽い懲役8年を求刑することを合意する意向を示しているそうです．また，あなたがAに関連して供述した内容は，あなたの裁判では証拠として用いられないとのことです．つまり実際にはAの関与がなかったとしても，あったかのように供述すれば，自分の刑罰が軽くなるというのです．

　ここまで説明を受けた上で，弁護人から，合意制度の適用を承諾して，Aの関与があったかのように供述するか，それとも，Aの関与があったかは知らないと主張し続けるか，どうしたいか尋ねられました．

　従属変数としては，司法取引的行動に対する意欲を，4段階リカート尺度で尋ねた．紙面の都合により，司法取引制度存在，自己負罪型の場合の質問文と選択肢を下記に示し，その他は《付録》に記載する．

　［司法取引制度利用可能，捜査協力型］「あなたなら，合意制度の適用を承諾して捜査に協力しますか？　最もよくあてはまると思うもの1つを選んでお答えください．」
　　1．合意制度の適用を承諾し，Aの関与があったと供述したい
　　2．どちらかと言えば，合意制度の適用を承諾し，Aの関与があったと供述したい
　　3．どちらかと言えば，合意制度の適用を拒み，Aの関与があったか知らないと供述したい
　　4．合意制度の適用を拒み，Aの関与があったか知らないと供述したい

　以上のシナリオのヴァージョン操作により，主効果が生じているか，交互作用が生じているかをベイズ統計学における三要因，各二水準の分散分析（3-way ANOVA）で分析した．

2　調査結果の分析
　上記振り込め詐欺の事例と同様のMCMC法の設定によるベイズ統計学の手法によった．その分析結果が図表(10)である．

図表(10)

node	mean	sd	MC error	2.50%	median	97.50%	start	sample
beta[1]	2.005	0.06801	4.82E-04	1.871	2.005	2.138	1001	20000
beta[2]	-0.2298	0.09542	6.59E-04	-0.417	-0.2301	-0.04216	1001	20000
beta[3]	-0.2599	0.09596	6.97E-04	-0.446	-0.2606	-0.07327	1001	20000

beta[4]	1.134	0.09586	7.36E-04	0.9462	1.134	1.321	1001	20000
beta[5]	0.1646	0.1353	8.82E-04	-0.0994	0.1644	0.4273	1001	20000
beta[6]	0.2113	0.1347	9.81E-04	-0.05153	0.211	0.4749	1001	20000
beta[7]	0.03507	0.1361	1.02E-03	-0.23	0.03556	0.2987	1001	20000
beta[8]	-0.3265	0.1914	1.33E-03	-0.6998	-0.3251	0.05158	1001	20000
s	0.965	0.0172	1.23E-04	0.9319	0.9647	0.9993	1001	20000

beta[1]が「司法取引制度利用可能・捜査協力型・有罪」の場合の従属変数の事後確率分布に対応し，beta[2]からbeta[3]が主効果に対応する．beta[5]からbeta[7]が二次の交互作用項に対応し，beta[8]が三次の交互作用項に対応する．sは標準偏差の事後確率分布に対応する．わかりやすく箱ひげ図を構成して示すことにする．

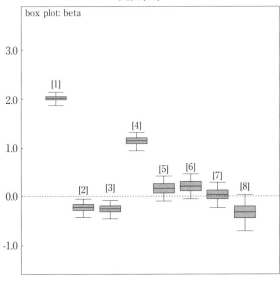

図表（11）

1 司法取引の利用意欲〔太田勝造〕

係数 beta[]が0と異なっているかを見るために下記の図表(12)を構成した.

図表(12)

node	mean	sd	MC error	start	sample
larger.than.zero[1]	1	0	5.00E-13	1001	20000
larger.than.zero[2]	0.0086	0.09234	6.32E-04	1001	20000
larger.than.zero[3]	0.0039	0.06233	4.48E-04	1001	20000
larger.than.zero[4]	1	0	5.00E-13	1001	20000
larger.than.zero[5]	0.8887	0.3145	0.002177	1001	20000
larger.than.zero[6]	0.9414	0.235	0.00156	1001	20000
larger.than.zero[7]	0.6032	0.4892	3.57E-03	1001	20000
larger.than.zero[8]	0.04335	0.2036	0.001311	1001	20000

　これらの図表(11)と図表(12)から明らかなように,主効果はいずれも0と異なっている.それに対し,二次の交互作用項は全て0と区別できない.三次の交互作用項は微妙であるが0と区別しにくい[25].そこで,交互作用は全て無視できるものとして分析することにする.解釈しやすいように,パラメタ化を元に戻して計算した結果が下記の図表(13-1)から図表(13-3)である.

図表(13-1)

司法取引制度利用可能か(1),検察・裁判所の裁量か(2)			平均値	計算式
1.司法取引制度利用可能	1.自己負罪	1.自己有罪／他者首謀者を知る(A)	2.0050	beta1
		2.自己無実／他者首謀者か不知(B)	3.1390	beta1 + beta4
		総和	2.5720	(A + B)/2

---

[25] 念のために,二次の交互作用項を外したモデルでサンプリングしてみたが,その場合は三次の交互作用項も 10.7%と0と区別できなくなった.よって,主効果のみが検出されたと判断して解釈する.

Ⅳ　殺人事件の事例

			平均値	計算式
1.司法取引制度利用可能	2.捜査協力	1.自己有罪／他者首謀者を知る(C)	1.7451	beta1 + beta3
		2.自己無実／他者首謀者か不知(D)	2.9142	beta1 + beta3 + beta4 + beta7
		総和	2.3296	(C + D)/2
	総和	1.自己有罪／他者首謀者を知る	1.8751	(A + C)/2
		2.自己無実／他者首謀者か不知	3.0266	(B + D)/2
		総和	2.4508	(A + B + C + D)/4

図表(13-2)

司法取引制度利用可能か(1)，検察・裁判所の裁量か(2)			平均値	計算式
2.検察・裁判所の裁量	1.自己負罪	1.自己有罪／他者首謀者を知る(E)	1.7752	beta1 + beta2
		2.自己無実／他者首謀者か不知(F)	3.1205	beta1 + beta2 + beta4 + beta6
		総和	2.4479	(E + F)/2
	2.捜査協力	1.自己有罪／他者首謀者を知る(G)	1.6799	beta1 + beta2 + beta3 + beta5
		2.自己無実／他者首謀者か不知(H)	2.7338	beta1 + beta2 + beta3 + beta4 + beta5 + beta6 + beta7 + beta8
		総和	2.2068	(G + H)/2
	総和	1.自己有罪／他者首謀者を知る	1.7276	(E + G)/2
		2.自己無実／他者首謀者か不知	2.9271	(F + H)/2
		総和	2.3273	(E + F + G + H)/4

1 司法取引の利用意欲〔太田勝造〕

図表(13-3)

司法取引制度利用可能かと,検察・裁判所の裁量かとの総和			平均値	計算式
総和	1.自己負罪	1.自己有罪／他者首謀者を知る	1.8901	(A＋E)/2
		2.自己無実／他者首謀者か不知	3.1298	(B＋F)/2
		総和	2.5099	(A＋B＋E＋F)/4
	2.捜査協力	1.自己有罪／他者首謀者を知る	1.7125	(C＋G)/2
		2.自己無実／他者首謀者か不知	2.8240	(D＋H)/2
		総和	2.2682	(C＋D＋G＋H)/4
	総和	1.自己有罪／他者首謀者を知る	1.8013	(A＋C＋E＋G)/4
		2.自己無実／他者首謀者か不知	2.9769	(B＋D＋F＋H)/4
		総和	2.3891	(A＋B＋C＋D＋E＋F＋G＋H)/8

　図表(13-1)から図表(13-3)から明らかなように，第一に，主効果が係数 beta[2]で認められたことと，上記の数値から，司法取引制度が利用可能である場合の方が，司法取引制度が存在せず検察・裁判所の裁量で運用される場合よりも，人々は自分が被疑者・被告人となった場合に司法取引的行動，すなわち自白や他者告発をする意欲が，逆に小さくなるという意外な結果が挙げられる[26]．第二に，主効果が係数 beta[3]でも認められたことと，上記の数値から，捜査協力型の場合の方が，自己負罪型の場合よりも，司法取引的行動をする意欲が大きいことになる[27]．第三に，主効果が係数 beta[4]でも認められたことと，上記の数値から，自己が有罪ないし他者が首謀者であることを知っている場合の方が，そうでない場合よりも司法取引的行動をする意欲が大きいという

[26]　振り込め詐欺事例と同様の結果である．

[27]　2.5099 ＞ 2.2682．振り込め詐欺の場合の傾向性と同様の結果と言える．

結果となる．数値的には，自己が有罪ないし他者が首謀者であることを知っている場合は，司法取引的行動を積極的に行おうという方向の回答であり，そうではない場合（自己が無罪であるか，他者が首謀者かについて不知の場合）には司法取引的行動をしようとしないという方向の回答である[28]．なお，交互作用は検出されなかった．

V　おわりに

　本稿では，被疑者・被告人とされた場合の，人々の司法取引利用意欲についての，シナリオを用いたフィールド実験を試みた．その結果は，振り込め詐欺事例も殺人事例も同様のものとなった．

　すなわち，第一に，従来型の警察・検察・裁判所の裁量的考慮要素のひとつとして司法取引の機能的対応物が存在する場合と，司法取引制度が利用可能な場合の比較では，司法取引制度によって被疑者・被告人に司法取引的行動の意欲が高くなるわけではなく，むしろ逆に，司法取引的行動への意欲が弱くなる，というものである．

　第二に，自己負罪型の場合と，捜査協力型の場合との比較では，捜査協力型のほうが司法取引的行動への意欲が高いという結果であった．

　第三に，自己が犯人である場合や，司法取引の対象である他者が首謀者ないし犯人であることを知っている場合の方が，自分が無実であったり，他者が犯人・首謀者であるか否か知らない場合よりも，司法取引的行動をする意欲が高かった．但し，振り込め詐欺事例では傾向性の程度である．また，自己が有罪である場合と，他者が犯人・首謀者であることを知っている場合，司法取引的行動をする意欲は強く，かつ，両者で同じ程度である．他方，自己が無罪である場合は司法取引的行動をしようとしないが，他者が首謀者や犯人であるかについて不知の場合は，どちらとも言えないから，司法取引的行動をする方向であり，両者の場合は対照的な結果となった．この最後の点は，捜査協力型の司法取引的行動が，引き込みや冤罪を惹起させるリスクを内在させていることを示唆する結果と言える．

---

[28]　自己が有罪，および他者が有罪か不知の場合は平均値が1の台であり（1.8013），そうではない場合は平均値が3に近い（2.9769）．

1 司法取引の利用意欲〔太田勝造〕

本稿の実験は，一般人の行動意欲を問うという，若干間接的な質問方法で，かつ，仮想のシナリオの中の人物になったつもりで，一般人である参加者（被験者）に答えてもらうというものであり，どれほど現実の被疑者や被告人の行動の予測に関連するかについて疑問を持つ読者もおられるであろう．そもそも一般人と被疑者・被告人とでは思考パタンや行動パタンに差異が生じているかも知れない．しかし，誰もが法を犯してしまう可能性は存在するのみならず，軽微な法違反をしたことのない人間は存在しない．痴漢事件の誤認逮捕や美人局などを想起すれば，一般人と被疑者・被告人が思考パタンの点で常に大きく異なるとは考えにくい．また，本稿の実験の設定は一般人にとっても理解しやすく，かつ，被疑者・被告人の心理も想像しやすいものである．しかも，被疑者・被告人の司法取引的行動をするか否かの意思決定には，弁護人はもとより，家族や関係者の考え方や意向も一定以上は反映すると予想され，一般人の意向調査にも一定以上の価値は認められるべきである．これらの点では，本研究は今後の制度の改革へ向けた検討のための1つの立法事実を提供するものとなっていると考えている．

〔文 献〕

秋田真志（2018）「司法取引に弁護士はどう対応すべきか」法学セミナー756号46-51頁.

ボーンシュテット，ジョージ＆デイヴィド・ノーキ（海野道郎＆中村隆監訳）（1990）『社会統計学：社会調査のためのデータ分析入門』，ハーベスト社［Bohrnstedt, George W. & David Knoke（1988）*Statistics for Social Data Analysis*, 2nd Ed., F. E. Peacock Publisher］.

フィンケルスタイン，マイクル・O（太田勝造監訳）（2014）『法統計学入門：法律家のための確率統計の初歩』木鐸社［Finkelstein, Michael O.（2010）*Basic Concepts of Probability and Statistics in the Law*, Springer］.

Gill, Jeff（2015）*Bayesian Methods: A Social and Behavioral Sciences Approach*（3rd ed.）, CRC Press.

郷原信郎（2018）「美濃加茂市長事件：『逆転有罪』不当判決の検討」法学セミナー756号28-35頁.

後藤昭（2018）「日本型司法取引とは何か」法学セミナー756号22-27頁.

後藤昭・郷原信郎・笹倉香奈（2018）「パネルディスカッション：日本型司法取引とその課題」法学セミナー756号36-45頁.

ジャクソン，ハウェル他（神田秀樹＆草野耕一訳）（2014）『数理法務概論』有斐閣.

Kaplan, David（2014）*Bayesian Statistics for the Social Science*, Guilford Press.

V　おわりに

河合幹雄（2018）「司法取引導入と司法の文化：現場の実態は変わるのか」法学セミナー
　　756 号 52-56 頁.

Kruschke, John K.（2015）*Doing Bayesian Data Analysis: A Tutorial with R, JAGS, and Stan*（2nd ed.）, Elsevier［1st ed. 2011］［前田和寛・小杉考司監訳『ベイズ統計モデリング』共立出版，2017］.

笹倉香奈（2018）「冤罪防止と日本型司法取引」法学セミナー 756 号 57-61 頁.

松原望（2010）『ベイズ統計学概説：フィッシャーからベイズへ』培風館.

McElreath, Richard（2016）*Statistical Rethinking: A Bayesian Course with Examples in R and Stan*, CRC Press.

マグレイン，シャロン・B（冨永星訳）（2013）『異端の統計学ベイズ』草思社
［McGrayne, Sharon Bertsch（2011）*The Theory That Would Not Die: How Bayes' Rule Cracked the Enigma Code, Hunted Down Russian Submarines, and Emerged Triumphant from Two Centuries of Controversy*, Yale U.P.］.

村井敏邦・海渡雄一（2017）『可視化・盗聴・司法取引を問う』日本評論社.

Ntzoufras, Ioannis（2009）*Bayesian Modeling Using WinBUGS*, Wiley & Sons.

太田勝造（2015）「統計学の考え方と事実認定」高橋宏志他編『伊藤眞先生古稀祝賀論文集・民事手続の現代的使命』有斐閣，71-95 頁.

太田勝造（2017）「経験則と事実推定：ベイズ推論と統計的証拠」上石圭一他編『宮澤節生先生古稀記念・現代日本の法過程（下巻）』信山社，581-611 頁.

太田勝造（2018a）「社会科学方法論としてのベイズ推定：帰無仮説反証から研究仮説検証へ」法と社会研究 3 号，25-46 頁.

太田勝造（2018b）「裁判と ADR 判断のインパクト：要介護高齢者の事故の法的責任の社会的影響」高田裕成他『高橋宏志先生古稀祝賀論文集・民事訴訟法の理論』有斐閣，29-59 頁.

太田勝造（2018c）「統計学の考え方と事実認定の構造：頻度論の p 値主義からベイズ統計学へ」田高寛貴他編『加藤雅信先生古稀記念論文集・21 世紀民事法学の挑戦（上巻）』信山社，127-159 頁.

太田勝造（2018d）「認知症高齢者への介護行動と法的判断 —— 要介護者の遺族の評価と態度への影響」太田勝造=垣内秀介編，ADR 調査研究会著『利用者からみた ADR の現状と課題』法と実務 14 号 243-286 頁.

川出敏裕（2011）「司法取引と刑事訴訟法の諸原則」刑法雑誌 50 巻 3 号，346-356 頁.

白取祐司=今村核=泉澤章編著（2015）『日本版「司法取引」を問う』旬報社.

ソーバー，エリオット（2012）『科学と証拠：統計の哲学入門』（松王政浩訳，名古屋大学出版会）［Sober, Elliot（2008）*Evidence and Evolution: The Logic Behind the Science*, Cambridge U.P.］.

舘健太郎（2005）「司法取引の社会的影響：論点の整理」日本福祉大学経済論集 30 号 115-123 頁.

1 司法取引の利用意欲〔太田勝造〕

豊田秀樹編著（2008）『マルコフ連鎖モンテカルロ法』朝倉書店.

豊田秀樹（2015）『基礎からのベイズ統計学：ハミルトニアン・モンテカルロ法による実践的入門』朝倉書店.

豊田秀樹（2016）『はじめての統計データ分析：ベイズ的＜ポスト p 値時代＞の統計学』朝倉書店.

宇川晴彦（1997-98）「司法取引を考える（1）－（17・完）」判例時報 1583 号 31-47 頁，1584 号 27-36 頁，1586 号 23-31 頁，1587 号 15-23 頁，1590 号 33-47 頁，1592 号 21-30 頁，1593 号 20-31 頁，1596 号 29-36 頁，1598 号 21-32 頁，1599 号 24-32 頁，1601 号 34-46 頁，1602 号 30-38 頁，1604 号 28-38 頁，1613 号 26-35 頁，1614 号 28-35 頁，1616 号 28-33 頁，1627 号 36-44 頁.

宇川晴彦（2011）「米国における司法取引」刑法雑誌 50 巻 3 号 357-380 頁.

宇藤崇（2011）「司法取引と量刑的考慮について」刑法雑誌 50 巻 3 号 346-356 頁・

山内光哉（2010）『心理・教育のための統計法』サイエンス社.

〔付記〕日本法社会学会会長と欧州中心の RCSL（Research Committee of Sociology of Law）の会長を務められ，世界的に活躍しておられる村山眞維先生は，その強いリーダーシップによって日本の法社会学を世界の最高水準にまで高められた立役者である．筆者は法社会学（Law & Social Science）の研究を始めて以来，村山先生のご指導を賜ることができ，多くの恩恵を人間的にも学術的にも戴いて来た．この度，敬愛する村山眞維先生が目出度く古稀を迎えられたことにつき，衷心よりお慶び申し上げる次第である．

《付録》

Ⅰ．振り込め詐欺事例

Ⅰ．Ⅰ．ヴァージョン②〜ヴァージョン⑧のシナリオ構成

② 司法取引制度利用可能，自己負罪型，有罪ヴァージョン

［第一部］①ヴァージョンと同一ゆえに省略

［第二部］あなたはとにかくお金が欲しかったので，この仕事を引き受けました．翌日，あなたは頼まれた仕事を遂行し，a から約束通り報酬 5 万円を受け取りました．この仕事の後も 2 回，あなたは a から同様の仕事を頼まれ，これを実行しそれぞれ 5 万円の報酬を受け取りました．

　その後，被害者の供述や防犯カメラの映像から，詐欺事件の実行犯としてあなたが逮捕されました．しかし，あなたは刑務所へは行きたくないので無罪を主張しました．［以下は①ヴァージョンと同一ゆえに省略］

［第三部］「つまり実際には A の関与がなかったとしても，あったかのように供述すれば，自分の刑罰が軽くなるというのです．」が無い以外は，①ヴァージョンと同一ゆえに省略

③ 司法取引制度利用可能，捜査協力型，他者首謀者か不知のヴァージョン

V おわりに

[第一部] あなたは，勤めていた会社を辞めてしまい，お金に困っていました．このこと
を友人 *a* に相談すると，*a* は，「いい仕事を知っている先輩がいる．」と言い，あなたと
その先輩 *β* を引き合わせてくれました．*β* は，ある詐欺集団のメンバーの一人でした．
β はあなたに，「私の所属している組織の仲間が，ある老人に電話をかけて，その息子に
成り済まし，口座にお金を振り込んでくれるよう頼んだ．そこで君に，明日の午後3時
に○○銀行 ATM へ行き，そのお金を引き出してきてもらいたい．成功したら報酬とし
て5万円を支払う．」と話しました．

[第二部] あなたはとにかくお金が欲しかったので，この仕事を引き受けました．翌日，
あなたは頼まれた仕事を遂行し，*β* から約束通り報酬5万円を受け取りました．この仕
事の後も2回，あなたは *β* から同様の仕事を頼まれ，これを実行しそれぞれ5万円の報
酬を受け取りました．

その後，被害者の供述や防犯カメラの映像から，詐欺事件の実行犯としてあなたが逮
捕されました．また，警察は *γ* という人物を一連の事件の首謀者として疑い捜査してい
ましたが，証拠をつかめなかったため，*γ* が本当に首謀者か明らかにできていませんで
した．あなたも，*γ* が首謀者か否かを知りません．

あなたは警察から弁護人を頼むことができると聞かされたので，弁護人を依頼し，面
会することにしました．その弁護人は，あなたの味方になってくれると言ったのですが，
有罪になった場合，懲役3年の実刑（判決が下されると直ちに刑務所等に収容される制
度）が見込まれることも聞かされました．

[第三部] また，その弁護人から，「証拠収集等への協力及び訴追に関する合意制度」が
あると聞かされました．この制度では，あなたが「事件の首謀者は *γ* である」と供述す
る代わりに，検察官は予め示した軽めの刑しか求めないことを合意した場合には，あな
たも検察官も合意した内容を守る義務を負うとのことです．具体的には，*γ* が事件の首
謀者である事実を供述すれば，検察官は懲役3年の実刑より軽い執行猶予付き（刑務所
に行かずに済む制度）の刑を求刑することを合意する意向を示しているそうです．また，
あなたが *γ* に関連して供述した内容は，あなたの裁判では証拠として用いられないとの
ことです．つまり事件の首謀者は実際には *γ* ではなかったとしても，*γ* であるかのよう
にのように供述すれば，自分の刑罰が軽くなるというのです．

ここまで説明を受けた上で，弁護人から，合意制度の適用を承諾して，*γ* が首謀者で
あるかのように供述するか，それとも，*γ* が首謀者であるかは知らないと主張し続ける
か，どうしたいか尋ねられました．

④ 司法取引制度利用可能，捜査協力型，他者首謀者ヴァージョン

[第一部] あなたは，勤めていた会社を辞めてしまい，お金に困っていました．このこと
を友人 *a* に相談すると，*a* は，「いい仕事を知っている先輩がいる．」と言い，あなたと
その先輩 *β* を引き合わせてくれました．*β* は，*γ* が率いる詐欺集団のメンバーの一人で
した．*β* は，あなたに首謀者 *γ* を紹介し，*γ* は，「私の部下がある老人に電話をかけて，
その息子に成り済まし，口座にお金を振り込んでくれるよう頼んだ．そこで君に，明日
の午後3時に○○銀行 ATM へ行き，そのお金を引き出してきてもらいたい．成功した
ら報酬として5万円を支払う．」と話しました．その際，*γ* は，自分が首謀者であること
は隠し続けるようあなたに指示しました．そして，あなたが刑務所に行くことになって

31

1 司法取引の利用意欲〔太田勝造〕

も，γが首謀者であることを否定し続けた時には，出所後に，褒美を与えることを約束する一方，γが首謀者であることを供述したら，怖い人たちを使って制裁を加えると脅してきました．

［第二部］あなたはとにかくお金が欲しかったので，この仕事を引き受けました．翌日，あなたは頼まれた仕事を遂行し，βから約束通り報酬5万円を受け取りました．この仕事の後も2回，あなたはβから同様の仕事を頼まれ，これを実行しそれぞれ5万円の報酬を受け取りました．

　その後，被害者の供述や防犯カメラの映像から，詐欺事件の実行犯としてあなたが逮捕されました．しかし，γの関与の証拠がなく，γは逮捕・訴追されていません．［以下は③ヴァージョンと同一ゆえに省略］

［第三部］具体的には，γが事件の首謀者である事実を供述すれば，検察官は懲役3年の実刑より軽い執行猶予付き（刑務所に行かずに済む制度）の刑を求刑することを合意する意向を示しているそうです．また，あなたがγに関連して供述した内容は，あなたの裁判では証拠として用いられないとのことです．

　ここまで説明を受けた上で，弁護人から，合意制度の適用を承諾して，γが首謀者であるかのように供述するか，それとも，γが首謀者であるかは知らないと主張し続けるか，どうしたいか尋ねられました．

⑤　司法取引制度なく検察・裁判所裁量，自己負罪型，無罪ヴァージョン
［第一部］①ヴァージョンと同一ゆえに省略
［第二部］①ヴァージョンと同一ゆえに省略
［第三部］他方で，一般的に，自ら罪を認めて警察の捜査に協力した者に対しては，検察や裁判所の対応も寛大になるということも聞かされました．具体的には，あなたが自ら罪を認めて捜査に協力するなら，懲役3年の実刑より軽い執行猶予付き（刑務所に行かずに済む制度）の判決になる可能性があることを聞かされました．もっとも，このような減刑は，裁判所の判断次第の所があって，そこまで大幅に減刑されないかもしれないとのことです．

　ここまで説明を受けた上で，弁護人から，自ら罪を認めて捜査に協力するか，それとも，無実を主張し続けるか，どうしたいか尋ねられました．

⑥　司法取引制度なく検察・裁判所裁量，自己負罪型，有罪ヴァージョン
［第一部］①ヴァージョンと同一ゆえに省略
［第二部］②ヴァージョンと同一ゆえに省略
［第三部］⑤ヴァージョンと同一ゆえに省略

⑦　司法取引制度なく検察・裁判所裁量，捜査協力型，他者首謀者か不知のヴァージョン
［第一部］③ヴァージョンと同一ゆえに省略
［第二部］③ヴァージョンと同一ゆえに省略
［第三部］また，その弁護人から，一般的に警察の調査に協力した者に対しては，検察や裁判所の対応も寛大になるということも聞かされました．具体的には，γが今回の詐欺事件の首謀者であるかのように供述すれば，懲役3年の実刑より軽い執行猶予付き（刑務所に行かずに済む制度）の判決になる可能性があることを聞かされました．もっとも，

Ⅴ　おわりに

このような減刑は，裁判所の判断次第の所があって，そこまで大幅に減刑されないかもしれないとのことです．

　ここまで説明を受けた上で，弁護人から，捜査に協力することにして，γが首謀者であるかのように供述するか，それとも，γが首謀者であるかは知らないと主張し続けるか，どうしたいか尋ねられました．

⑧　司法取引制度なく検察・裁判所裁量，捜査協力型，他者首謀者ヴァージョン
［第一部］④ヴァージョンと同一ゆえに省略
［第二部］④ヴァージョンと同一ゆえに省略
［第三部］また，その弁護人から，一般的に警察の調査に協力した者に対しては，検察や裁判所の対応も寛大になるということも聞かされました．具体的には，あなたが「事件の首謀者はγである」と供述すれば，懲役3年の実刑より軽い執行猶予付き（刑務所に行かずに済む制度）の判決になる可能性があることを聞かされました．もっとも，このような減刑は，裁判所の判断次第の所があって，そこまで大幅に減刑されないかもしれないとのことです．

　ここまで説明を受けた上で，弁護人から，捜査に協力することにして，γが首謀者であると供述するか，それとも，γが首謀者であるかは知らないと主張し続けるか，どうしたいか尋ねられました．

Ⅰ．Ⅱ．従属変数の質問と回答選択肢
［司法取引制度利用可能，捜査協力型］「あなたなら，合意制度の適用を承諾して警察の捜査に協力しますか？　最もよくあてはまると思うもの1つを選んでお答えください．」
　　1．合意制度の適用を承諾し，γが首謀者だと供述したい
　　2．どちらかと言えば，合意制度の適用を承諾し，γが首謀者だと供述したい
　　3．どちらかと言えば，合意制度の適用を拒み，γが首謀者か知らないと供述したい
　　4．合意制度の適用を拒み，γが首謀者か知らないと供述したい

［司法取引制度なく検察・裁判所裁量，自己負罪型］「あなたなら，説得に応じて，罪を認めますか？　最もよくあてはまると思うもの1つを選んでお答えください．」
　　1．説得に応じて，罪を認めたい
　　2．どちらかと言えば，説得に応じて，罪を認めたい
　　3．どちらかと言えば，説得に応じず，無罪を主張し続けたい
　　4．説得に応じず，無罪を主張し続けたい

［司法取引制度なく検察・裁判所裁量，捜査協力型］「あなたなら，説得に応じて警察の捜査に協力しますか？　最もよくあてはまると思うもの1つを選んでお答えください．」
　　1．説得に応じて，γが首謀者だと供述したい
　　2．どちらかと言えば，説得に応じて，γが首謀者だと供述したい
　　3．どちらかと言えば，説得に応じず，γが首謀者か知らないと供述したい
　　4．説得に応じず，γが首謀者か知らないと供述したい

Ⅱ．殺人事例

1 司法取引の利用意欲〔太田勝造〕

Ⅱ．Ⅰ．ヴァージョン②〜ヴァージョン⑧のシナリオ構成

②司法取引制度利用可能，捜査協力型，他者関与既知ヴァージョン

[第一部] あなたは，Aさんの息子Bと幼なじみでした．

　　[①ヴァージョンと同一部分省略]

　そこで，Aと息子Bは共同してDを殺害することにしました．しかし，Aの家には車がなかったため，Aはあなたに車の運転を頼んできました．

[第二部] ①ヴァージョンと同一ゆえ省略

[第三部] また，その弁護人から，「証拠収集等への協力及び訴追に関する合意制度」があると聞かされました．この制度では，あなたが「Aの関与があった」と供述する代わりに，検察官は予め示した軽めの刑しか求めないことを合意した場合には，あなたも検察官も合意した内容を守る義務を負うとのことです．具体的には，「Aの関与があった」と供述すれば，検察官は無期懲役刑より軽い懲役8年を求刑することを合意する意向を示しているそうです．また，あなたがAに関連して供述した内容は，あなたの裁判では証拠として用いられないとのことです．

　ここまで説明を受けた上で，弁護人から，合意制度の適用を承諾して，Aの関与があったと供述するか，それとも，Aの関与があったかは知らないと主張し続けるか，どうしたいか尋ねられました．

③司法取引制度利用可能，自己負罪型，無罪ヴァージョン

[第一部] ②ヴァージョンと同一ゆえ省略

[第二部] あなたは迷いましたが，結局Aの依頼を断りました．しかし，AとBは別の知り合いに送迎を依頼し，Dの殺害を実行しました．

　その後，殺害現場付近での目撃証言から，あなたは警察に逮捕されました．あなたは，自分は犯行に関与していないのですから，無実を主張することにしました．また，目撃証言もやや曖昧で，物的証拠にも乏しく，AやBもDの殺害につき一切黙秘したことから，警察は犯人をあなただと確信できていませんでした．

　あなたは，警察での取調べにおいて，弁護人を頼むことができると聞かされたので，弁護人を依頼し，面会することにしました．その弁護人は，あなたの味方になってくれるとは言ってくれたのですが，一応の目撃者がいることなどから，多少物的証拠が不足しているとしても，無罪になるのは非常に稀であろう．また，日本において起訴された場合，有罪となる確率は97%であること，有罪になった場合，無期懲役刑が見込まれることも聞かされました．

[第三部] また，その弁護人から，「刑事処分に関する合意制度」があると聞かされました．この制度では，弁護人の同意の下，自ら罪を認めて捜査に協力した場合には，検察官は，起訴をするものの，予め示した軽めの刑しか求めない義務を負うものだとのことです．具体的には，あなたが自ら罪を認めて捜査に協力するなら，検察官は無期懲役刑より軽い懲役8年を求刑することを合意する意向を示しているそうです．

　ここまで説明を受けた上で，弁護人から，合意制度の適用を承諾して，自ら罪を認めて捜査に協力するか，それとも，無実を主張し続けるか，どうしたいか尋ねられました．

④司法取引制度利用可能，自己負罪型，有罪ヴァージョン

Ｖ　おわりに

［第一部］②ヴァージョンと同一ゆえ省略
［第二部］あなたは迷いましたが，ＡとＢをＤの殺害現場まで車で送り，殺害を済ませた二人を車に乗せて帰ってきました．

　その後，殺害現場付近での目撃証言から，あなたは警察に逮捕されました．しかし，あなたは刑務所に行きたくはないので無実を主張することにしました．また，目撃証言もやや曖昧で，物的証拠にも乏しく，ＡやＢもＤの殺害につき一切黙秘したことから，警察は犯人をあなただと確信できていませんでした．

　あなたは，警察での取調べにおいて，弁護人を頼むことができると聞かされたので，弁護人を依頼し，面会することにしました．その弁護人は，あなたの味方になってくれるとは言ってくれたのですが，一応の目撃者がいることなどから，多少物的証拠が不足しているとしても，無罪になるのは非常に稀であろう．また，日本において起訴された場合，有罪となる確率が９７％であること，有罪になった場合，無期懲役刑が見込まれることも聞かされました．
［第三部］③ヴァージョンと同一ゆえ省略

⑤司法取引制度なく検察・裁判所裁量，捜査協力型，他者関与不知ヴァージョン
［第一部］①ヴァージョンと同一ゆえ省略
［第二部］①ヴァージョンと同一ゆえ省略
［第三部］また，その弁護人から，一般的に警察の調査に協力した者に対しては，検察や裁判所の対応も寛大になるということも聞かされました．具体的には，Ａの関与があったかのように供述すれば，無期懲役刑より軽い懲役８年程度の判決になる可能性があることを聞かされました．もっとも，このような減刑は，裁判所の判断次第の所があって，そこまで大幅に減刑されないかもしれないとのことです．
　　　［①ヴァージョンと同一部分省略］

⑥司法取引制度なく検察・裁判所裁量，捜査協力型，他者関与既知ヴァージョン
［第一部］②ヴァージョンと同一ゆえ省略
［第二部］②ヴァージョンと同一ゆえ省略
［第三部］また，その弁護人から，一般的に警察の調査に協力した者に対しては，検察や裁判所の対応も寛大になるということも聞かされました．具体的には，「Ａの関与があった」と供述すれば，無期懲役刑より軽い懲役８年程度の判決になる可能性があることを聞かされました．［⑤ヴァージョンと同一部分省略］

⑦司法取引制度なく検察・裁判所裁量，自己負罪型，無罪ヴァージョン
［第一部］②ヴァージョンと同一ゆえ省略
［第二部］③ヴァージョンと同一ゆえ省略
［第三部］他方で，一般的に，自ら罪を認めて警察の捜査に協力した者に対しては，検察や裁判所の対応も寛大になるということも聞かされました．具体的には，あなたが自ら罪を認めて捜査に協力するなら，無期懲役刑より軽い懲役８年程度の判決になる可能性があることを聞かされました．もっとも，このような減刑は，裁判所の判断次第の所があって，そこまで大幅に減刑されないかもしれないとのことです．

　ここまで説明を受けた上で，弁護人から，自ら罪を認めて捜査に協力するか，それと

1 司法取引の利用意欲〔太田勝造〕

も，無実を主張し続けるか，どうしたいか尋ねられました．

⑧司法取引制度なく検察・裁判所裁量，自己負罪型，有罪ヴァージョン
［第一部］②ヴァージョンと同一ゆえ省略
［第二部］④ヴァージョンと同一ゆえ省略
［第三部］⑦ヴァージョンと同一ゆえ省略

Ⅱ．Ⅱ．従属変数の質問と回答選択肢
［司法取引制度利用可能，自己負罪型］
あなたなら，合意制度の適用を承諾して罪を認めますか？最もよくあてはまると思うもの1つを選んでお答えください．
　1．合意制度の適用を承諾し，罪を認めたい
　2．どちらかと言えば，合意制度の適用を承諾し，罪を認めたい
　3．どちらかと言えば，合意制度の適用を拒み，無罪を主張し続けたい
　4．合意制度の適用を拒み，無罪を主張し続けたい

［司法取引制度なく検察・裁判所裁量，捜査協力型］
あなたなら，説得に応じて警察の捜査に協力しますか？最もよくあてはまると思うもの1つを選んでお答えください．
　1．説得に応じて，Aの関与があったと供述したい
　2．どちらかと言えば，説得に応じて，Aの関与があったと供述したい
　3．どちらかと言えば，説得に応じず，Aの関与があったか知らないと供述したい
　4．説得に応じず，Aの関与があったか知らないと供述したい

［司法取引制度なく検察・裁判所裁量，自己負罪型］
あなたなら，説得に応じて，罪を認めますか？最もよくあてはまると思うもの1つを選んでお答えください．
　1．説得に応じて，罪を認めたい．
　2．どちらかと言えば，説得に応じて，罪を認めたい．
　3．どちらかと言えば，説得に応じず，無罪を主張し続けたい．
　4．説得に応じず，無罪を主張し続けたい．

Ⅲ．帰無仮説有意性検定による分析

被験者間効果の検定					
ソース	タイプⅢ平方和	自由度	平均平方	F 値	有意確率
修正モデル	653.010a	7	93.287	111.021	0.000
切片	8519.290	1	8519.290	10138.828	0.000

V　おわりに

①司法取引制度利用可能か，捜査・訴追機関や裁判所の裁量か	6.250	1	6.250	7.438	0.006
②自己負罪型か，捜査協力型か	84.640	1	84.640	100.730	0.000
③自己有罪・他者首謀者か，無罪・不知か	447.323	1	447.323	532.360	0.000
交互作用項①×②	0.810	1	0.810	0.964	0.326
交互作用項①×③	0.563	1	0.563	0.669	0.413
交互作用項②×③	113.423	1	113.423	134.984	0.000
交互作用項①×②×③	0.003	1	0.003	0.003	0.957
誤差	1337.700	1592	0.840		
総和	10510.000	1600			
修正総和	1990.710	1599			

a. R2 乗 = .328（調整済み R2 乗 = .325）

Ⅲ．Ⅰ．振り込め詐欺事例

帰無仮説有意性検定による三元配置分散分析結果は下記であり，本文のベイズ推定とほぼ同様の結果となっている．

被験者間効果の検定					
ソース	タイプⅢ平方和	自由度	平均平方	F 値	有意確率
修正モデル	587.324a	7	83.903	90.186	0.000
切片	9134.581	1	9134.581	9818.582	0.000
①司法取引制度利用可能か，捜査・訴追機関や裁判所の裁量か	6.126	1	6.126	6.584	0.010
②自己負罪型か，捜査協力型か	23.281	1	23.281	25.024	0.000
③自己有罪・他者首謀者か，無罪・不知か	553.426	1	553.426	594.866	0.000
交互作用項①×②	0.001	1	0.001	0.001	0.979
交互作用項①×③	0.226	1	0.226	0.243	0.622
交互作用項②×③	1.626	1	1.626	1.747	0.186

1 司法取引の利用意欲〔太田勝造〕

交互作用項①×②×③	2.641	1	2.641	2.838	0.092
誤差	1481.095	1592	0.930		
総和	11203.000	1600			
修正総和	2068.419	1599			
a. R2 乗 = .284（調整済み R2 乗 = .281）					

Ⅲ．Ⅱ．殺人事例

帰無仮説有意性検定による三元配置分散分析結果は下記であり，本文のベイズ推定とほぼ同様の結果となっている．

〔付記〕本研究に対しては，日本学術振興会科学研究費補助金「法的判断の構造とモデル化の探求：AIはリーガル・マインドを持てるか？」（基盤研究(A)，2018年度〜2022年度，課題番号:18H03612, 研究代表者：太田勝造），日本学術振興会科学研究費補助金「裁判員裁判と法の素朴理論」（基盤研究(B)，2017年度〜2020年度，課題番号：17H02447, 研究代表者：松村良之），および日本学術振興会科学研究費補助金「超高齢社会における紛争経験と司法政策」（基盤研究(S)，2016年度〜2020年度，課題番号：16H06321, 研究代表者：佐藤岩夫）の補助を受けた．

2 罰を求めるこころ
―― 集団規範が刑事裁判手続への評価に与える影響

木下麻奈子

I 問題の所在

1 心理学の理論と刑罰の機能

本研究は，刑罰の機能について，実験データに基づき実証的に検討することを目的としている．とくに焦点を当てるのは，一般人が持つ刑罰の機能への態度が，所属する集団の規範からいかなる影響を受けるかという問題である．なお，ここで言う一般人とは，法律専門家ではなく，かつ刑事裁判の当事者ではない者を指す．

刑法学において刑罰の目的は，過去に行われた犯罪に対する応報なのか，あるいは将来に犯罪を再び行わせないための予防なのかという見解が長年に亘って対立してきた（前田 2015：6-7；山中 2015：58-59）．現在では，これらの見解を二者択一に取るのではなく，刑罰は権力による心身への侵害であることを前提とした上で，犯罪者を社会復帰させる予防目的も加味された相対的応報刑論が通説となっている（山中 2015：59）．さらに近年の刑罰論では，犯罪の被害にあった被害者やコミュニティが，法的平和を回復することを刑罰の目的と捉える考え方（修復的司法）も注目されている（山中 2015：61；高橋 2016：12-13, 532-534）．

一方，社会心理学の観点から刑罰の機能を捉えると，それは公正心理学の一つとして捉えることができる（松村 2006：44；松村 2007：125-127）．とくに，応報的公正は公正の心理学の中核であり，規範を逸脱したものを罰することを望むのは人々が古くからもつ公正感覚の一つであるとされてきた（Hogan & Emler 1981：130-134；Tyler & Boeckman 1997: 237-240; Tyler & Smith 1998:

601-602；Vidmar & Miller 1980：578-582）．ところが意外なことに，修復的司法も含めて，総合的に一般人の刑罰機能の評価や公正感情を扱った実証的な研究は少ないのである．本稿は，修復的司法を基盤とするカンファレンス手続と従来の刑事裁判手続を対比させながら，これらの問題に対する一般人の受容の程度や態度に集団規範が与える影響について実証的に検討することを目的としている．

2　刑罰の機能評価を規定する要因

　刑罰の機能を社会科学の観点から評価する基準として，一般的に2つのものが考えられる．第一は，客観的な評価基準である．その指標としては犯罪件数，再犯率，司法政策に係る予算等といったものが挙げられる．第二は，主観的な評価基準である．具体的には被害者，加害者，法律専門家や一般人等の刑事裁判に関わるステークホルダーの司法政策に対する評価である．刑罰の機能を総合的に評価するには，これらの客観的評価基準と主観的評価基準をすべて洗い出し，全基準の評価を行うことが必要である．

　本研究では，これら複数の評価基準のうち，一般人の主観的評価を測定することにより，社会的な受容の度合いを推測することにする．刑法学においても，刑罰制度が社会内で有効に機能するには，一般の人々が持つ正義感覚に合致したものであることが必要とされており（前田 2015：13-16），それを明らかする意義は大きい．

　測定にあたって，本研究では，刑事裁判手続と集団規範の2点を分析枠組みとして設定し，一般人が抱く刑事裁判への態度を検証する．

　まず，第一の枠組みである刑事裁判手続の概要を述べる．本稿では刑事裁判の2つの異なる手続を取り上げて比較した．それは「対審手続」と「カンファレンス手続」である．対審手続とは検察と被告人側が対峙し，両者が主張立証したことに対して裁判官が裁定を下す手続である．一方，カンファレンス手続とは，加害者や被害者等の事件の利害関係者が会議を開いて話し合い，被害についての問題を加害者に再認識させ再犯を防止する方法や加害者の処遇を決めるという手続である（佐伯 2013：153-154；宿谷・安 2010：72-76）．

　後者のカンファレンス手続には対象となる事件や手続にバリエーションがあるが，一般的に修復的司法を実践する手続だと言われている（宿谷・安 2010：

72-76).日本の刑事裁判では,通常,対審手続が用いられており,カンファレンス手続は馴染みのない制度であるが[1],オーストラリア,ニュージーランド等では幅広く導入されており(鴨志田 2004：118-119),その代表的なものとして,ファミリーグループ・カンファレンス(ゼア 1990 ＝ 2003：264-271；Connolly 2010：374-377)などが挙げられる.

　本稿では,対審手続とカンファレンス手続を比較するために,交通事故の事案を取り上げることにした[2].もちろん交通事故を刑事事件全般の問題として捉えることには限界がある.しかし交通事故は誰にでも起こり得るポピュラーな問題である上に,オーストラリアで裁判とカンファレンスの効果を比較する社会実験が行われた際に交通事故の事案が用いられたので(Tyler et al 2007：557-558),実験に用いた小話(vignette)にリアリティを持たせるために有効と考えた.

　第二の枠組みである,所属集団の規範については検討しよう.本稿では,一般人の刑罰への評価が,所属する社会や集団から影響を受けることを明らかにするために,交通事故にあった被害者と加害者が同じ集団に所属する(内集団)か,あるいは異なる集団に所属する(外集団)かの2つの状況を設定した.

　内集団,外集団という概念は心理学の概念であり,人間が他者を理解し行動する際の鍵となる概念である.社会心理学の知見によると,人間は,自己をなんらかの集団や社会的カテゴリーの一員として位置づけ(自己カテゴリー化),他者を自分との類似性および異質性を基礎にして分類する傾向があるという(Hogg & Abrams 1988：92-115).この自己カテゴリー化により,他者が自分と同じ集団の成員である(内集団：in-group)か,あるいは自分と異なる集団の成員であるか(外集団：out-group)を区分する.その上で人々は自分と内集団成員の類似性を強調し,他方で外集団の成員との異質性を強調するようになるという.その結果,集団の成員は内集団の成員をよりよく評価しようと動機づけられる内集団バイアスをもたらすことになる(山口 2001：168-169；Hew-

---

(1)　学校教育ではいじめの問題を学級で解決する際に,修復的司法の理念に基づいたカンファレンスを用いた指導事例もあるという(神山・金山　2016：75-77).

(2)　交通事故に関する手続としては飲酒運転等を起こした加害者に対して,社会復帰を目的に行う問題解決型の裁判(problem solving court)の一つとしてアメリカのDWIコート(driving while impaired courts)もある(Marlowe, 2010：8).

stone et al 2002：578-580；Balliet et al 2014：1568-1569，1575).

　カンファレンス手続の理論的支柱である修復的司法は，コミュニティの秩序の回復を意図したものとされている（ゼア 1990 = 2003：180-216；ブレイスウェイト 2008：226-239；高橋 2007：93-104).　その観点からすると，カンファレンス手続は，事件の関係者たちが内集団の成員か外集団の成員であるかによって，その運用方法や評価は影響を受けると予測されよう（Vyver et al 2015：30-38).　換言するなら，集団要因と手続要因には交互作用が生じ，内集団でカンファレンスを行うと内集団バイアスが作用して加害者への帰責が軽減されるが，外集団の場合は帰責が強化することになると考えられる.

　纏めて言うと本稿では，事態として交通事故を取り上げ，対審手続とカンファレンス手続という 2 つの刑事裁判手続と，内集団と外集団という 2 つの異なる集団規範が，一般人が抱く刑事裁判の機能への評価に与える影響について検討する.　これにより，違法行為を行った人に対して一般の人々がどのように評価し，彼らにどのような刑罰を与えることを期待するのか，その心理的な背景や動機づけが明らかになろう.

II　研究の目的と構成

1　刑罰の機能評価は，所属集団から影響を受けるか

　本稿で取り上げる第一の問題は，被害者と加害者が所属する集団が同じあるか否かによって，人々の刑罰の機能に対する評価は影響を受けるかということである（萩原 2016：40).

　具体的には，加害者が内集団のメンバーであれば，内集団バイアスが働き，加害者に対して緩やかな処遇を期待し，融和的な解決を図るというものである.　修復的な司法が想定するような，加害者の社会復帰と被害者との和解である.　その結果，人々は対立的な対審手続ではなく，コミュニティへの再統合を念頭においたカンファレンス手続を選好することが予測される.　これについては，事故の深刻さを変数とした 2 つの実験結果の比較を通して検討する.

2　刑罰の機能評価は国によって異なるのか

　第一の問題に加えて，第二に刑罰の社会的機能への評価は，国によって相違

があるのではないかという疑問がある．とくに日米間では，内集団と外集団の機能が異なる可能性があるのではないか．もし，日米間で差があるならば，アメリカで導入されている制度をそのまま日本に移植することには限界があることになる．この問題については日米で行った実験結果の比較に基づき検討する．

3　本稿の構成

　本稿では，3つの実験を順次紹介し，考察でそれらを比較する．まず，Ⅲ1で日本での物損事故実験を取り上げる．次にⅢ2で日本での人身事故実験について検討する．そしてⅢ3で米国での物損事故実験を検討する．最後にⅣの考察で日本での物損事故実験と人身事故実験（Ⅲ1とⅢ2）の比較と，日米間の実験結果（Ⅲ1とⅢ3）の比較を行う．これらの比較を通して，人々の心に映された刑罰の機能に集団規範がどのように影響しているかについて考察を加える．

Ⅲ　実験の方法と結果 ── 刑事裁判手続に関する3つの実験

1　実験1 ── 日本での物損事故実験

(1) 実験方法

① 実験手続と協力者

　2014年2月から3月に，日本で交通事故の物損事故に関するシナリオ実験をWeb調査で行った．調査の協力者は20歳以上70歳未満の男女の日本人である．実査は，マーケットアプリケーション社に委託し，調査の協力者は同社を通してリクルートした．サンプル数はシナリオの各群100である．

② シナリオ

　実験で用いたシナリオの詳細を以下に説明する．

　物損事故実験のシナリオでは，「加害者のAさんが飲酒運転をして自動車事故を起こし，被害者の家の塀を壊してしまった」という，物損事故を起こした状況を説明するコンテンツを用意した．

　シナリオの中で集団要因と手続要因の2つを操作した．第一の集団要因とは，交通事故を起こした人が，被害者と同じ集団に属しているかどうかである．これについては所属集団が外集団か内集団かの2水準を用意した[3]．外集団群で

は，加害者と被害者に特段の関係がない条件を設定とした．内集団群では，加害者と被害者が同じ集団に所属する密接な関係にあることを強調した．

第2の手続要因は，事案の処理手続である．具体的には対審手続とカンファレンス手続の2水準を取り上げた．対審手続条件では，加害者が対審手続で処分を決定されることになり，加害者が罰金30万円を支払う判決になったとした．カンファレンス条件では，カンファレンスの結果，加害者が近所の公園の整備のために30万円支払うことになったとした．二つの手続については，どちらも同額の罰金を科し，名前は公表せず，被害者も参加しないという設定でコントロールした．対審手続とカンファレンス手続の違いが，人々の刑罰への評価に与える影響を明らかにするために，手続の公正さの評価や社会的機能に関する態度を，16の設問について7段階の評定尺度で測定した．

(2) 日本での物損事故実験の結果

① 平 均 値

実験で用いた設問は，公正さに係る設問と刑罰の社会的機能に係る設問の合計16から構成されている．設問の文言を表1に示した．

シナリオを割当てた群別の各設問の平均値（表1）を見てみよう(4)．「手続の公正さ（問1，以下すべての問いについて表1に記載した略称を用いる）」，「中立性（問2）」，「専門性（問3）」，「信頼性（問4）」，「社会への好ましさ（問5）」，「結果の公正さ（問9）」については，カンファレンス手続群に比べて対審手続群の平均点が内集団・外集団にかかわらず高かった．「飲酒運転減少の効果（問6）」，「地域への好ましさ（問7）」，「刑の厳しさ（問8）」，「再飲酒の可能性（問10）」，「社会の受容（問11）」，「報い（問12）」，「遵法（問14）」，「被害者の満足度（問15）」については，どの群の平均値もほぼ同じでありほとんど差はみられなかった．「恥（問13）」については対審手続群でもカンファレンス群でも内集団の平均値が高かった．「被害者の憤り（問16）」については，対審手続群でもカンファレンス群でも外集団の平均値が高かった．

② 分 散 分 析

これらの平均値の値を詳細に分析するために，集団要因と手続要因を独立変

---

(3) 本調査の前に，2014年2月にWeb調査を用いてプリテストを行い，その結果，集団要因として本実験では，今回用いた内集団と外集団の2条件のみを用いることとした．

(4) 本稿の統計分析にはIBM SPSS Statistics version 25を用いた．

質問	日本の物損事故事案				日本の人身事故事案				米国の物損事故事案			
	対審手続		カンファレンス手続		対審手続		カンファレンス手続		対審手続		カンファレンス手続	
	内集団	外集団	内集団	外集団	内集団	外集団	内集団	外集団	内集団	外集団	内集団	外集団
問1 このような事件の処理の方法は公正だと思いますか [手続の公正さ]	4.8 (1.3)	4.7 (1.3)	3.8 (1.3)	3.9 (1.4)	4.9 (1.2)	4.4 (1.4)	3.9 (1.4)	3.9 (1.2)	5.1 (1.4)	5.1 (1.4)	4.7 (1.7)	4.7 (1.6)
問2 このような事件の処理の方法は中立的だと思いますか [中立性]	4.7 (1.3)	4.6 (1.2)	3.8 (1.2)	3.9 (1.3)	4.7 (1.2)	4.4 (1.2)	3.9 (1.3)	4.0 (1.2)	4.5 (1.5)	4.8 (1.4)	4.4 (1.7)	4.4 (1.4)
問3 このような事件の処理の方法は専門的だと思いますか [専門性]	4.3 (1.3)	4.3 (1.2)	3.6 (1.2)	3.6 (1.3)	4.4 (1.1)	4.2 (1.2)	3.6 (1.3)	3.7 (1.1)	4.1 (1.4)	4.0 (1.5)	4.6 (1.7)	4.5 (1.5)
問4 このような事件の処理の方法は信頼できると思いますか [信頼性]	4.5 (1.3)	4.3 (1.3)	3.8 (1.2)	3.7 (1.3)	4.7 (1.1)	4.2 (1.2)	3.8 (1.3)	3.7 (1.1)	4.8 (1.3)	4.7 (1.4)	4.3 (1.6)	4.2 (1.6)
問5 Aさんに言い渡された結果は、社会全体にとって好ましいものですか [社会の好ましさ]	4.4 (1.3)	4.3 (1.4)	4.0 (1.2)	4.0 (1.5)	4.5 (1.3)	4.1 (1.4)	4.0 (1.2)	3.9 (1.3)	4.5 (1.6)	4.3 (1.7)	4.8 (1.7)	4.3 (1.7)
問6 Aさんに言い渡された結果は、社会全体で飲酒運転を減らすのに効果があると思いますか [飲酒運転減少の効果]	4.0 (1.6)	3.7 (1.5)	3.9 (1.3)	3.8 (1.6)	4.1 (1.4)	3.8 (1.5)	3.9 (1.4)	3.5 (1.4)	3.9 (1.8)	3.6 (1.8)	4.0 (1.7)	3.6 (1.8)
問7 Aさんに言い渡された結果は、Aさんが住んでいる地域にとって好ましいのですか [地域への好ましさ]	4.1 (1.5)	3.9 (1.3)	4.1 (1.1)	4.1 (1.4)	4.4 (1.3)	4.0 (1.3)	4.1 (1.3)	4.1 (1.1)	4.5 (1.6)	4.0 (1.7)	5.0 (1.7)	4.4 (1.6)
問8 Aさんに言い渡された結果は、Aさんにとって厳しい罰だと思いますか [刑の厳しさ]	3.3 (1.3)	3.3 (1.2)	3.4 (1.4)	3.3 (1.2)	3.2 (1.1)	3.2 (1.2)	3.2 (1.2)	3.0 (1.3)	2.9 (1.6)	2.5 (1.5)	3.3 (1.8)	2.9 (1.5)
問9 Aさんに言い渡された結果は、公正だと思いますか [結果の公正さ]	4.6 (1.3)	4.3 (1.3)	3.8 (1.1)	3.8 (1.3)	4.7 (1.2)	4.1 (1.3)	3.9 (1.1)	3.8 (1.2)	5.1 (1.4)	4.8 (1.5)	4.7 (1.7)	4.5 (1.7)
問10 Aさんは再び飲酒運転をすると思いますか [再飲酒の可能性]	4.0 (1.5)	4.2 (1.4)	3.9 (1.2)	4.2 (1.4)	4.1 (1.3)	4.6 (1.3)	4.1 (1.2)	4.3 (1.2)	4.4 (1.6)	4.7 (1.6)	4.3 (1.5)	4.8 (1.5)
問11 Aさんは今後社会に受け入れられると思いますか [社会の受容]	4.5 (1.2)	4.7 (1.0)	4.4 (1.0)	4.5 (1.1)	4.4 (1.1)	4.4 (1.2)	4.4 (1.1)	4.3 (1.0)	5.2 (1.3)	5.3 (1.3)	4.8 (1.5)	5.0 (1.4)
問12 Aさんは十分な報い（むくい）を受けていると思いますか [報い]	4.1 (1.4)	4.0 (1.4)	4.1 (1.3)	3.8 (1.4)	4.1 (1.3)	3.7 (1.3)	3.9 (1.2)	3.6 (1.2)	4.4 (1.8)	4.2 (1.8)	4.9 (1.7)	4.2 (1.7)
問13 Aさんは自己の行為を恥じていると思いますか [恥]	4.6 (1.4)	4.3 (1.3)	4.7 (1.1)	4.2 (1.3)	4.4 (1.3)	4.1 (1.3)	4.4 (1.3)	4.0 (1.2)	5.1 (1.5)	4.7 (1.6)	5.3 (1.5)	4.5 (1.5)
問14 Aさんは今後は法を尊重するようになると思いますか [遵法]	4.4 (1.3)	4.3 (1.2)	4.2 (1.0)	4.1 (1.0)	4.3 (1.3)	4.1 (1.2)	4.2 (1.2)	3.9 (1.2)	4.5 (1.5)	4.1 (1.6)	4.6 (1.4)	4.0 (1.6)
問15 被害者のBさんはこの結果に満足だと思いますか [被害者の満足度]	4.2 (1.1)	4.1 (1.3)	4.1 (1.2)	3.8 (1.4)	4.0 (1.0)	3.6 (1.2)	3.8 (1.2)	3.3 (1.2)	4.6 (1.4)	4.3 (1.7)	5.1 (1.3)	4.4 (1.6)
問16 Aさんの行ったことに対して、被害者のBさんはいきどおりをおぼえていると感じていると思いますか [被害者の憤り]	4.2 (1.2)	4.8 (1.2)	4.2 (1.3)	4.3 (1.3)	4.4 (1.0)	4.9 (1.1)	4.6 (1.1)	4.8 (1.2)	4.2 (1.4)	4.7 (1.4)	4.1 (1.6)	4.5 (1.2)

上段：平均値（値が大きい方が評価が高い）．下段括弧内：標準偏差．各問末尾の［ ］内の文言は各問いの略称である．

数，16 の設問を従属変数として多変量分散分析（MANOVA）を行った．

まず，「手続の公正さ」を従属変数にした場合は，手続要因について主効果が有意であり（$F(1,396) = 42.04, p < .01$），カンファレンス手続に比べて対審手続のほうが公正だと評価された．集団要因（$F(1,396) = .09, p = $ n.s.）と交互作用（$F(1,396) = .36, p = $ n.s.）については有意な結果はみられなかった．

「結果の公正さ」についても，手続要因（$F(1,396) = 25.05, p < .01$）に関して主効果は有意であり，カンファレンス手続に比べて対審手続の方が公正だと評価された．一方，集団（$F(1,396) = 1.13, p = $ n.s.）と交互作用（$F(1,396) = 1.69, p = $ n.s.）については有意ではなかった．つまり，「手続の公正さ」についても，「結果の公正さ」についても，カンファレンス手続に比べて対審手続の方が公正であるとの評価がされている．

公正さに係る変数である「中立性」，「専門性」，「信頼性」を従属変数にした場合を分散分析（MANOVA）で検証した．その結果，手続要因の主効果が，「中立性」（$F(1,396) = 35.90, p < .01$），「専門性」（$F(1,396) = 34.11, p < .01$），「信頼性」（$F(1,396) = 25.59, p < .01$）において有意であり，いずれにおいてもカンファレンス手続に比べて対審手続の方が評価が高かった．集団要因については，「中立性」（$F(1,396) = .08, p = $ n.s.），「専門性」（$F(1,396) = .03, p = $ n.s.），「信頼性」（$F(1,396) = 1.67, p = $ n.s.）のいずれについても有意であるとはいえなかった．また交互作用についても，「中立性」（$F(1,396) = .19, p = $ n.s.），「専門性」（$F(1,396) = .06, p = $ n.s.），「信頼性」（$F(1,396) = .44, p = $ n.s.）となりいずれも有意とはいえなかった．このことから，「中立性」，「専門性」，「信頼性」についても，対審手続の方がカンファレンスに比べて評価が高いといえる．

次に，手続の社会的機能に関する評価について，集団要因と手続要因の影響を調べた．

「社会への好ましさ」を従属変数とした場合，手続要因について主効果が有意であり（$F(1,396) = 7.88, p < .01$），対審手続の方がカンファレンス手続よりも好ましいとされた．しかし，集団要因（$F(1,396) = .32, p = $ n.s.）と交互作用（$F(1,396) = .00, p = $ n.s.）については，有意であるとはいえなかった．

また，「地域への好ましさ」については，手続要因（$F(1,396) = .70, p = $ n.s.），集団要因（$F(1,396) = .98, p = $ n.s.），交互作用（$F(1,396) = .09, p = $ n.s.）のいずれについても，有意であるとはいえなかった．

Ⅲ　実験の方法と結果

　さらに「飲酒運転減少の効果」については，手続要因（$F(1,396) = .01, p = $ n.s.），集団要因（$F(1,396) = 1.88), p = $ n.s.），交互作用（$F(1,396) = .03, p = $ n.s.）のいずれについても有意であるとはいえなかった．

　ついで加害者自身に対する効果を調べたところ，「刑の厳しさ」については，手続要因（$F(1,396) = .87, p = $ n.s.），集団要因（$F(1,396) = .10,$ p = n.s.），交互作用（$F(1,396) = .10, p = $ n.s.）のいずれについても有意であるとはいえなかった．

　「再飲酒の可能性については，手続要因（$F(1,396) = .34, p = $ n.s.），集団要因（$F(1,396) = 3.07, .05 < p < .1$），交互作用（$F(1,396) = .43, p = $ n.s.）のいずれについても有意であるとはいえなかった．

　「社会の受容」については，手続要因（$F(1,396) = 2.16, p = $ n.s.），集団要因（$F(1,396) = 2.44, p = $ n.s.），交互作用（$F(1,396) = 1.40, p = $ n.s.）のいずれについても有意であるとはいえなかった．

　「報い」については，手続要因（$F(1,396) = 1.16, p = $ n.s.），集団要因（$F(1,396) = 1.85, p = $ n.s.），交互作用（$F(1,396) = .42, p = $ n.s.）のいずれについても有意であるとはいえなかった．

　「恥」については集団要因の主効果が有意であり（$F(1,396) = 8.75, p < .01$），外集団に比べて内集団の方が恥を感じると評価した．しかし手続要因（$F(1,396) = .01), p = $ n.s.），交互作用（$F(1,396) = .82, p = $ n.s.）については，有意であるとはいえなかった．

　「遵法」については，手続要因（$F(1,396) = 1.74, p = $ n.s.），集団要因（$F(1,396) = 1.53, p = $ n.s.），交互作用（$F(1,396) = .00, p = $ n.s.）のいずれについても有意であるとはいえなかった．

　「被害者の満足度」を従属変数にした場合については，手続要因（$F(1,396) = 2.03, p = $ n.s.），集団要因（$F(1,396) = 1.23, p = $ n.s.），交互作用（$F(1,396) = .40, p = $ n.s.）のいずれについても有意であるとはいえなかった．

　「被害者の憤り」については，交互作用（$F(1,396) = 4.56, p < .05$）が有意であり，単純主効果の検討を行った．その結果，対審手続群における集団要因の単純主効果が有意であり（$F(1,396) = 12.98, p < .01$），内集団より外集団の方が憤りを感じていると評価された．また，外集団群における手続要因の単純主効果が有意であり（$F(1,396) = 7.14, p < .01$），カンファレンス手続より対審手続の方が憤りを感じていると評価された．

47

2 罰を求めるこころ〔木下麻奈子〕

纏めると，日本の物損事故においては，「手続の公正さ」についても「結果の公正さ」についても対審手続の方が公正だと評価されていることが明らかになった．さらに公正さに係る，「中立性」，「専門性」，「信頼性」のいずれについても，対審手続の評価が高かった．一方，刑罰の社会的機能に関する評価項目のうち，「社会への好ましさ」については対審手続の評価が高かった．「恥」については，内集団の方が恥じていると評価した．また，「被害者の憤り」についても，対審手続で外集団の場合が憤りを感じると評価する点が特徴的であった．これら以外の項目については，手続要因および集団要因の主効果に有意な差はみられなかった．

2 実験 2 —— 日本での人身事故実験
(1) 実験方法
① 実験手続と協力者

事故の被害が深刻になると，刑罰への評価がどのような影響を受けるかを調べるために，人身事故を素材として Web 上で実験を行った．実験のデザインは，日本での物損事故実験と同様に，集団要因（内集団，外集団）と手続要因（対審手続，カンファレンス手続）の 2 要因を用いる．日本の物損事故実験で用いたもと同じ 16 の設問について 7 段階の評定尺度で測定した（表 1）．

調査は 2015 年 3 月に Web 調査を用いて行った．調査の実査はマーケティングアプリケーション社に委託した．調査の協力者は 20 歳以上 70 歳未満の男女の日本人であり，同社を通じて募った．人身事故実験においても，サンプル数は，各群 100 である．

② シナリオ

実験で用いたシナリオは，加害者が貸別荘を出たところで，車を近所に住む被害者と接触の上，転倒させてしまい，全治 2 週間程度の傷を負わせたという設定にした．なお，対審手続とカンファレンス手続のどちらの手続でも，同額の罰金を科す設定である．

(2) 日本での人身事故実験の結果
① 平均値

まずシナリオを割り当てた群別の平均値を見ると（表 1），「手続の公正さ（問 1）」，「中立性（問 2）」，「専門性（問 3）」，「信頼性（問 4）」，「社会への好

ましさ（問 5 ）」,「結果の公正さ（問 9 ）」についてはカンファレンス群の平均値よりも対審手続群の平均値が大きかった.「飲酒運転減少の効果（問 6 ）」,「報い（問 12）」,「恥（問 13）」,「遵法（問 14）」,「被害者の満足度（問 15）」については外集団群に比べて内集団群の平均値が大きかった.「再飲酒の可能性（問 10）」と「被害者の憤り（問 16）」については, 内集団群に比べて外集団群の平均値が大きかった.「地域への好ましさ（問 7 ）」,「刑の厳しさ（問 8 ）」,「社会の受容（問 11）」については各群の平均値の大きさに差はみられなかった.

② 分 散 分 析

これらの平均値を詳細に分析するために, 集団要因と手続要因を独立変数, 16 の設問を従属変数として, 多変量分散分析（MANOVA）を行った. その結果は以下のとおりである.

「手続の公正さ」を従属変数にした場合は, 交互作用が有意であったので ($F(1,396) = 4.05$), $p < .05$), 単純主効果の検定を行った. その結果, 対審手続群における集団の単純主効果が有意であり（$F(1,396) = 7.79, p < .01$), 外集団に比べて内集団の方が手続的に公正だとの評価がされた. また, 外集団群における手続の単純主効果が有意であり（$F(1,396) = 7.19, p < .01$), カンファレンス手続に比べて対審手続の方が手続的に公正だとの評価がされた. 同様に, 内集団群でも手続要因の単純主効果が有意であり（$F(1,396) = 30.54, p < .01$), カンファレンス手続に比べて対審手続の方が手続の公正さへの評価が高かった.

「結果の公正さ」を従属変数にした場合においては, いずれの主効果も有意であり（集団要因 $F(1,396) = 7.53, p < .01$；手続要因 $F(1,396) = 22.48, p < .01$), 外集団より内集団の方が公正だと評価され, カンファレンス手続より対審手続の評価が高かった. なお, 交互作用（$F(1,396) = 3.66, .05 < p < .1$）については有意な傾向がみられた.

手続の公正さに係る変数である,「中立性」,「専門性」,「信頼性」についてもそれらを従属変数にした場合を分散分析（MANOVA）で検証した. その結果,「中立性」（$F(1,396) = 28.31, p < .01$),「専門性」（$F(1,396) = 27.27, p < .01$),「信頼性」（$F(1,396) = 33.55, p < .01$）について, 手続要因の主効果が有意であり, いずれにおいてもカンファレンス手続よりも対審手続の評価が高かった. 集団要因の主効果は,「中立性」（$F(1,396) = .81, p = $ n.s.),「専門性」（$F(1,396) = .06, p = $ n.s.), について有意であるとはいえなかった. また交互作用について

は，「中立性」（$F(1,396) = 1.72, p = $ n.s.），「専門性」（$F(1,396) = 2.05, p = $ n.s.）のいずれも有意であるとはいえなかった．ただし，「信頼性」については，集団要因（$F(1,396) = 5.25, p < .05$）が有意であり，外集団に比べて内集団の方が高い信頼性を示した．交互作用（$F(1,396) = 2.92, .05 < p < .1$）については有意な傾向がみられた．

　手続の社会的機能に係る変数である，「社会への好ましさ」を従属変数とした場合は，手続要因（$F(1,396) = 8.79, p < .01$）と集団要因（$F(1,396) = 5.16, p < .05$）について主効果が有意であり，カンファレンス手続よりも対審手続の評価が高く，外集団に比べて内集団の方が評価が高かった．ただし交互作用（$F(1,396) = 1.08, p = $ n.s.）は，有意であるとはいえなかった．

　また，「地域への好ましさ」については，集団要因（$F(1,396) = 3.20, .05 < p < .1$）の主効果については有意な傾向がみられたが，手続要因（$F(1,396) = .70, p = $ n.s.）の主効果と交互作用（$F(1,396) = 2.40, p = $ n.s.）は有意であるとはいえなかった．

　「飲酒運転減の効果」については，集団要因（$F(1,396) = 6.23, p < .05$）の主効果が有意であり，外集団に比べて内集団で効果があるとされた．手続要因（$F(1,396) = 3.47, .05 < p < .1$）の主効果については有意な傾向がみられた．交互作用（$F(1,396) = .15, p = $ n.s.）については有意であるとはいえなかった．

　さらに「刑の厳しさ」については，手続要因（$F(1,396) = .56, p = $ n.s.），集団要因（$F(1,396) = .56, p = $ n.s.），交互作用（$F(1,396) = .25, p = $ n.s.）のいずれについても有意であるとはいえなかった．

　「再飲酒の可能性」については，集団要因（$F(1,396) = 8.85), p < .01$）の主効果に有意な差がみられ，外集団において再飲酒の可能性が高いと評価された．手続要因（$F(1,396) = 1.04, p = $ n.s.）と交互作用（$F(1,396) = 1.38, p = $ n.s.）については有意であるとはいえなかった．

　「社会の受容」については，手続要因（$F(1,396) = .17, p = $ n.s.），集団要因（$F(1,396) = .10, p = $ n.s.），交互作用（$F(1,396) = .05, p = $ n.s.）のいずれについても有意であるとはいえなかった．

　「報い」については，集団要因（$F(1,396) = 6.82, p < .01$）の主効果に有意な差がみられ，内集団の方が報いを受けたと評価した．手続要因（$F(1,396) = .85, p = $ n.s.），交互作用（$F(1,396) = .08, p = $ n.s.）については有意であるとはいえな

かった.

「恥」に関しては，集団要因（$F_{(1,396)}$ = 6.62, $p < .05$）について主効果に有意な差がみられ，内集団の方が恥を感じると評価した．手続要因（$F_{(1,396)}$ = .45, p = n.s.），交互作用（$F_{(1,396)}$ = .08, p = n.s.）については，有意であるとはいえなかった.

「遵法」については，集団要因（$F_{(1,396)}$ = 5.52），$p < .05$）の主効果が有意であり，外集団に比べて内集団の方が遵法すると評価された．しかし手続要因（$F_{(1,396)}$ = 1.43, p = n.s.）と交互作用（$F_{(1,396)}$ = .21, p = n.s.）については有意であるとはいえなかった.

「被害者の満足度」を従属変数にした場合については，集団要因（$F_{(1,396)}$ = 14.69），$p < .01$）の主効果が有意であり，内集団の方が満足しているとされた．手続要因（$F_{(1,396)}$ = 3.28, $.05 < p < .1$）には有意な傾向がみられた．交互作用（$F_{(1,396)}$ = .04, p = n.s.）については有意であるとはいえなかった.

「被害者の憤り」については，集団要因（$F_{(1,396)}$ = 12.39, $p < .01$）の主効果が有意であり，内集団よりも外集団の方が憤りを感じていると評価した．しかし，手続要因（$F_{(1,396)}$ = 2.29, p = n.s.），交互作用（$F_{(1,396)}$ = 1.17, p = n.s.）は有意でなかった.

以上のように，日本の人身事故実験の結果は，日本の物損事故実験の結果に比べて，集団要因の主効果が有意となった項目が多く，内集団内部の圧力，集団規範の効果を評価する傾向がみられた．具体的には内集団の方が，信頼でき，結果が公正で，社会にとって好ましく，飲酒運転が減少し，加害者は報いを受けて，恥を感じ，加害者は法を遵守するようになり，再び飲酒する可能性も低いといった評価がされた.

3　実験3 ── 米国での物損事故実験

(1) 実 験 方 法

① 実験手続と協力者

日本の物損事故実験と比較するために，アメリカでも交通事故の物損事故事案を題材とした実験を行った．アメリカでの実験の協力者は，(a)年齢のレンジを18歳以上70歳未満とし，かつ(b)アメリカに居住10年以上の人（国籍は問わない）とした．調査は2015年3月にWeb調査を用いて行った．調査の実査

は，日本と同じく，マーケティングアプリケーション社に委託し，協力者は同社を通じて募った．

実験では，集団要因と手続要因の2つを取り上げた．手続要因は，対審手続かカンファレンス手続かの2水準である．集団要因では，内集団と外集団の2水準を用意した．各群のサンプル数は100である．

② シナリオ

シナリオと設問は，日本の実験で用いたものを翻訳した．つまり，シナリオでは，加害者が飲酒運転をして交通事故を起こし，近所の家の塀を壊したという事案である．なお，どちらの手続を用いた場合も日本と同額[5]の罰金を科すことになっている．

(2) 米国での物損実験の結果

実験では，日本の物損事故実験と同じく16の設問を尋ね，7段階の評定尺度で回答してもらった．

① 平 均 値

シナリオを割当てた群別の各設問の平均値（表1）をみてみよう．「手続の公正さ（問1）」，「中立性（問2）」，「信頼性（問4）」，「結果の公正さ（問9）」，「社会への受容（問11）」についてはカンファレンス群に比べて対審手続群の平均値が大きかった．「専門性（問3）」と「刑の厳しさ（問8）」については対審手続群に比べてカンファレンス群の平均値が大きかった．

また「社会への好ましさ（問5）」，「報い（問12）」，「恥（問13）」，「遵法（問14）」，「被害者の満足度（問15）」については外集団群に比べて内集団群の平均値が大きく，「再飲酒の可能性（問10）」と「被害者の憤りで（問16）」は内集団群に比べて外集団群の平均値が大きかった．とりわけ「飲酒運転減少の効果（問6）」と「地域への好ましさ（問7）」については，内集団でかつカンファレンス手続である群の平均値が他の群よりも大きく，日本の実験結果と対照的であった．

② 分 散 分 析

次に手続要因と集団要因を独立変数とし，16の設問を従属変数として多変量分散分析（MANOVA）を行った．まず，「手続の公正さ」を従属変数とした

[5] 日本のシナリオでは30万円であったので，1ドルを100円と計算して$3,000の罰金とした．

場合は，手続要因（$F_{(1,396)} = 6.49, p < .05$）について主効果が有意であり，カンファレンス手続に比べて対審手続の方が公正だとされた．一方，集団要因（$F_{(1,396)} = .00, p = $ n.s.）の主効果と交互作用（$F_{(1,396)} = 0.00), p = $ n.s.）については有意ではなかった．

「結果の公正さ」についても，手続要因（$F_{(1,396)} = 4.69, p < .05$）について主効果が有意であり，対審手続の方が公正だとされた．一方，集団要因（$F_{(1,396)} = 2.36, p = $ n.s.）と交互作用（$F_{(1,396)} = .43, p = $ n.s.）については有意ではなかった．つまり，手続の評価についても，結果の評価についても，カンファレンス手続に比べて対審手続の方が公正であるとの評価がされた．これは日本と同じ結果である．

「中立性」については手続要因（, $p = $ n.s.）の主効果に有意な傾向がみられ，集団要因（$F_{(1,396)} = .53, p = $ n.s.）と交互作用（$F_{(1,396)} = .63, p = $ n.s.）に関しては有意であるとはいえなかった．

「信頼性」についても手続要因（$F_{(1,396)} = 10.03, p < .01$）の主効果が有意であり，対審手続の方が評価が高かったが，集団要因（$F_{(1,396)} = .13, p = $ n.s.）と交互作用（$F_{(1,396)} = .03, p = $ n.s.）については有意であるとはいえなかった．

「専門性」については手続要因（$F_{(1,396)} = 10.87, p < .01$）の主交果が有意であった．対審手続よりもカンファレンス手続の評価が高かったのが特徴的である．なお集団要因（$F_{(1,396)} = .93, p = $ n.s.）と交互作用（$F_{(1,396)} = .03, p = $ n.s.）については有意であるとはいえなかった．

「社会への好ましさ」を従属変数とした場合は，集団要因（$F_{(1,396)} = 3.15, .05 < p < .1$）について主効果に有意な傾向がみられたが，手続要因（$F_{(1,396)} = .76, p = $ n.s.），交互作用（$F_{(1,396)} = .48, p = $ n.s.）については，有意であるとはいえなかった．

「地域への好ましさ」については，手続要因（$F_{(1,396)} = 7.80, p < .01$）の主効果が有意であり，対審手続よりもカンファレンス手続の方が好ましいと評価された．集団要因（$F_{(1,396)} = 10.78, p < .01$）の主効果についても有意であり，外集団に比べて内集団の方が好ましいと評価されたが，交互作用（$F_{(1,396)} = .42, p = $ n.s.）は有意であるとはいえなかった．

「飲酒運転減少の効果」については，集団要因（$F_{(1,396)} = 3.56, .05 < p < .1$）の主効果に有意な傾向が認められた．手続要因（$F_{(1,396)} = .15$），$p = $ n.s.）

の主効果と交互作用（$F(1,396) = .11, p = $ n.s.）については有意であるとはいえ
なかった.

「刑の厳しさ」については，手続要因（$F(1,396) = 6.61, p < .05$）の主効果が
有意であり，カンファレンス手続の方が厳しいと評価された．集団要因（$F(1,396) = 4.82, p < .05$）の主効果も有意であり，外集団よりも内集団の方が厳
しいと評価された．その交互作用（$F(1,396) = .06, p = $ n.s.）は有意であるとは
いえなかった.

「再飲酒の可能性」については，集団要因（$F(1,396) = 7.26), p < .01$）につい
て主効果が有意であり，外集団で可能性が高いとされた．手続要因（$F(1,396) = .04, p = $ n.s.），その交互作用（$F(1,396) = .43, p = $ n.s.）については，有意であ
るとはいえなかった.

「社会の受容」については，手続要因（$F(1,396) = 4.92), p < .05$）の主効果が
有意であり，対審手続の方が受容されるとされた．ただし集団要因（$F(1,396) = 1.07, p = $ n.s.）と交互作用（$F(1,396) = .27, p = $ n.s.）については有意な差があ
るとはいえなかった.

「報い」については，集団要因（$F(1,396) = 7.59, p < .01$）の主効果が有意で
あり，内集団の方が加害者が報いを受けていると評価した．ただし手続要因
（$F(1,396) = 2.23, p = $ n.s.）とその交互作用（$F(1,396) = 1.59, p = $ n.s.）について
は有意であるとはいえなかった.

「恥」についても，集団要因（$F(1,396) = 18.71, p < .01$）の主効果が有意であ
り，内集団の方が加害者が恥じていると評価した．手続要因（$F(1,396) = .00, p = $ n.s.）とその交互作用（$F(1,396) = 1.77, p = $ n.s.）については有意であるとは
いえなかった.

「遵法」については，集団要因（$F(1,396) = 10.02, p < .01$）の主効果が有意で
あり，内集団の方が加害者が法を尊重するようになると評価した．手続要因
（$F(1,396) = .00, p = $ n.s.）とその交互作用（$F(1,396) = .11, p = $ n.s.）については有
意であるとはいえなかった.

「被害者の満足度」を従属変数にした場合については，集団要因（$F(1,396) = 10.79, p < .01$）の主効果が有意であり，内集団の方が被害者の満足度が高い
と評価した．手続要因（$F(1,396) = 3.52, p = $ n.s.）との交互作用（$F(1,396) = 1.30, p = $ n.s.）については有意であるとはいえなかった.

IV 考察

　「被害者の憤り」について，集団要因（$F(1,396) = 9.79, p < .01$）の主効果が有意であり，外集団の方が被害者が憤りを感じていると評価した．ただし手続要因（$F(1,396) = 1.14, p = $ n.s.）とその交互作用（$F(1,396) = .51, p = $ n.s.）については有意であるとはいえなかった．

　以上を纏めると，米国での物損事故実験でも，「手続の公正さ」，「信頼性」，「結果の公正さ」に関しては，カンファレンス手続に比べて対審手続の評価が高かった．興味深いことに「専門性」については，カンファレンス手続の方が専門性が高いと評価された．

　さらに刑罰の社会的機能についての評価では，集団要因において有意な差が認められるものが多くあった．たとえば，「報い」，「恥」，「遵法」，「被害者の満足度」については内集団の方が評価が高く，「再飲酒の可能性」，「被害者の憤り」については，外集団の方が再飲酒の可能性が高く，憤りも強いと評価された．

　「地域への好ましさ」については，対審手続よりもカンファレンス手続の方が好ましいとされ，また外集団群より内集団群の方が好ましいとされた．同様に「刑の厳しさ」についてもカンファレンス手続の方が厳しく，また内集団の方が厳しいと評価された．

IV　考察 —— 実験結果の検討

1　人々の刑罰の機能評価は所属集団から影響を受けるのか：日本の物損事故実験と人身事故実験の比較

　まず，II 1で挙げた「人々の刑罰の機能評価は，所属集団から影響を受けるのか」という問いを検討する．言い換えると，違法行為者が内集団のメンバーである場合，人々はその違反者に対し融和的に接するのであろうか，あるいは集団から排除しようとするのであろうか．その評価は被害の軽重で変わるのかという問いである．この問題を検証するために，被害の軽重が異なる2つの実験（物損事故と人身事故）の結果を比較した．その結果，次のようなことが明らかになった．

　① 物損事故でも人身事故でも，公正さ（「手続の公正さ」，「結果の公正さ」，「中立性」，「専門性」，「信頼性」）に関しては手続要因の影響が強く，カンファレ

ンス手続に比べて対審手続の方が高く評価された．ただし，人身事故では，公正に関する評価について集団要因の影響もみられ，「信頼性」や「結果の公正さ」については，外集団に比べて内集団の評価が高かった（すなわち，内集団の方が結果が公正である，あるいは信頼できると評価された）．

②「社会への好ましさ」に関しては，物損事故でも人身事故でも手続要因の主効果は有意であり，いずれにおいても対審手続の方が高く好ましいと評価された．ただし，人身事故では集団要因の影響もみられ，内集団の方が好ましいと評価された．また，「飲酒運転減少の効果」についても，物損事故では手続要因も集団要因も主効果は有意ではなかった．人身事故では手続要因は有意でなかったが，集団要因の主効果は有意となり，内集団の方が減少するとされた．

③「報い」，「遵法」，「被害者の満足度」に関しては，物損事故では集団要因についても手続要因の主効果が有意とはいえなかった．それに対し人身事故では，これらの3つの項目について集団要因の主効果が有意となり，外集団に比べて内集団の方が加害者が報いを受け，法を尊重するようになり，被害者が満足したと評価した．

以上を纏めると，①より，公正さに係る事項については，手続が対審手続であるか否かが影響した．また「結果の公正さ」と「信頼性」について同じ手続内で比較すると内集団の評価が高く，内集団バイアスの影響と思われる現象がみられた．また，②より，事故の被害の程度がより深刻な場合には，程度の差はあるが，内集団は地域や社会の規範を強化させる効果を持つと考えられた．さらに，③より，「報い」，「遵法」といった加害者個人の規範意識に係る事項についても，所属集団が内集団であるか否かが影響し，内集団では個人の規範も強化すると評価されていることが明らかになった．これらのことから，Ⅱ1で取り上げた問いについて，とりわけ地域社会や加害者の規範意識に係ることに関しては，加害者の所属集団が内集団であるか否かが，刑罰の機能評価に，影響を与えると結論づけることができる．

興味深いことに事故の被害が深刻な人身事故の場合，「手続の公正さ」についても「結果の公正さ」についても「社会への好ましさ」についても，内集団でかつ対審手続である群の評価の平均点が他の群に比べて大きい．つまり単に内集団バイアスが生じただけではなく，対審手続という厳格な手続を評価しているのである．その理由として，日本では馴染みのないカンファレンス手続よ

りも対審手続の方が好ましいと捉えられた可能性があろう．それに加えて，心理学でいう「黒い羊効果（Black sheep effect）」（Marques et al 1988：4-5）が生じた可能性も否めない．黒い羊効果とは，内集団のメンバーが内集団の規範から逸脱したり，規律を破っていると看做された場合には逸脱者として排除されるという現象である．これを人身事故という被害が大きい事案に当てはめると，加害者が内集団のメンバーであるが故に，内集団の規律を破ったものとして厳しい制裁を受けるべきだと評価された可能性がある．この結果には，内集団の結束をゆるがす事案に対しては，内集団のメンバーであるために厳しい刑罰を求めるという人々のこころが現れているのではないか．

2 刑罰の社会的機能への評価は，国によって相違があるのではないか：物損事故実験の日米比較

　次にⅡ2で挙げた問い，「刑罰の社会的機能への評価は，国によって相違があるのではないか」を検討するために，日米間の比較を行う．その結果をまとめると次のとおりである．

　(a)「手続の公正さ」，「結果の公正さ」，「信頼性」といった公正さに係る事項に関しては，日米ともに，手続要因の影響がみられ，カンファレンス手続に比べて対審手続の方が高く評価された．ただし「専門性」については日米ともに手続要因の主効果が有意であったが，日米間でその意味は異なった．つまり日本では対審手続の方が専門性が高いと評価されたが，米国ではカンファレンスの方が専門性が高いと評価された．この違いが生じた一つの理由は，カンファレンスの制度に対する理解の差が反映されているのではないかと思われる．なお，集団要因の影響は日米とも有意ではなかった．

　(b)「社会への好ましさ」について，日本では，集団要因の主効果は有意でなかったが，手続要因の主効果が有意であり，カンファレンス手続に比べて対審手続の方が社会的に好ましいと評価された．それに対して，米国では集団要因の主効果は有意な傾向があるにすぎず，また手続要因の主効果も有意ではなかった．「地域への好ましさ」については，日本では集団要因，手続要因のいずれの主効果は有意でなかったが，米国では集団要因も手続要因も主効果が有意であり，対審手続群に比べてカンファレンス手続群の方が好ましく，また外集団群に比べて内集団群の方が好ましいと評価された．つまり米国では内集団

でカンファレンス手続で用いることが，他の手続より地域にとって好ましいと
された.

　(c) 日本では「刑の厳しさ」,「飲酒運転の減少の効果」,「報い」,「遵法」,
「被害者の満足度」について，手続要因，集団要因いずれの主効果は有意でな
かった．なお「再飲酒の可能性」については，集団要因について有意な傾向が
あったにすぎなかった．それに対し，米国では，「刑の厳しさ」については，
集団要因および手続要因の主効果が有意であり，対審手続群に比べてカンファ
レンス手続群の方が，加害者にとって厳しいと評価し，また外集団群に比べて
内集団群の方が加害者にとって厳しいと評価した．また，米国では，「再飲酒
の可能性」,「報い」,「遵法」,「被害者の満足度」については，手続要因の主効
果は有意ではなかったが，集団要因の主効果が有意であり，内集団の方が再飲
酒の可能性は低く，加害者は報いを受け，法を尊重し，被害者の満足度が高い
とされた．なお「飲酒運転減少の効果」については集団要因の主効果に有意な
傾向がみられた．また日米ともに内集団の方が加害者が恥じていると考えてい
る.

　以上のように，日本の物損事故では集団要因の影響はほとんどみられなかっ
たが，米国では内集団の影響がみられる項目が多かった．従来，日本は役割社
会的性格が強く，日本人は社会化の過程で「他者志向性」を獲得するとの指摘
がされ（東 1994：51-64），集団から強く影響を受けると考えられるので，この
結果は一貫しないように思われる．だがこの違いは，内集団の持つ規範の機能
が日米間では異なるからではないか．つまり日本では内集団の機能は，先に述
べたように被害が大きい場合には異質なものを排除する，すなわち加害者を処
罰して内集団から排除する作用が生じる傾向にある．それに対して米国では，
対審手続に比べると地域の関係者が多く関与するカンファレンスは加害者に対
して内集団の圧力が強く規範が強化されるため，その地域（内集団）に復帰す
る当事者にとって効果的であると評価していると考えられる．誤解を恐れずに
言うと，日本では身内であっても違反者に厳しく・排他的であり，それは被害
の程度が大きい場合に顕著となるが，米国では違反者であっても身内（内集
団）には寛容・融和的であるといった内集団の機能の差があるのではないだろ
うか.

　この結果から，Ⅱ2で挙げた「刑罰の機能評価は国によって異なるかという

という」という問題に対して，(a)で述べたように公正さの評価については日米間でほとんど差はみられなかったが，(b)，(c)で述べたように社会的な機能についての評価は日米間で異なるといえよう．このことから，国によって刑罰を求めるこころの根底にある原理が異なることが示唆された．

3　集団規範の影響と制度の導入

　本稿では，刑法という個別の法律の社会的機能に限定して罰を求めるこころに焦点を当てて論じてきた．とくに刑罰の機能を，対審手続とカンファレンス手続の比較を　通じて検討した．その結果，日本では原則的に対審手続が好まれ，被害が深刻な人身事故の場合では内集団でも対審手続を好む傾向がより強いことが明らかになった．

　一方，物損事故に限ってであるが日米を比較した結果，米国では所属集団の違いが手続に対する評価に強く影響を与えるが，日本では必ずしもそうではないことが明らかになった．つまり米国では，内集団の持つ規範の力を高く評価し，またカンファレンス手続に対する評価も高かったが，日本では所属集団に係わらず対審手続の評価が高かった．このことから，社会の構造が異なる場合，同じ制度を導入してもその受容の程度や内容が異なるのではないかということが示唆される．もしそうだとしたら，制度を異国に移植する際は単に同じ仕組みを施行しても同等の効果は得られないことになる．必要なのは「形式的な等価性」を求めることではなく，「機能的な等価性」を求めることであろう．

　ただし，本研究では，内集団のもつ影響力がどのようなメカニズムで生じるのか，つまり内集団という物理的に閉じた集団に属しているから規範的な影響が生じるのか，あるいは内集団であるがゆえにメンバー間で何らかの価値観が共有されて規範的な影響が生じるかは不明である．また，日米間の違いが，両国における所属集団，とくに内集団の規範構造の違いなのか，両国の人々の制度への理解の差によるものなのか，あるいは両国での刑事手続への評価や選好の違いによるものかについても不明である．これについては今後の研究課題としたい．

　今回は第三者である一般人の評価を中心に検討したが，制度を総合的に評価するには他のステークホルダーの視点も含めることが必要である．また，法の機能を評価することは，一つの法律内の問題に留まる問題ではなく，異なる法

2 罰を求めるこころ〔木下麻奈子〕

律も含めてその機能特性を捉える必要がある．法律の特性をこのようにメタレ
ベルで分類することが，法とは何かという問題を解明するのに有効だと思われ
る．

〔文　献〕

東洋（1994）『日本人のしつけと教育—発達の日米比較にもとづいて』東京大学出版会．

Balliet, Daniel, Wu, Junhui, & De Dreu, Carsten. K. W.（2014）"Ingroup Favoritism in
　Cooperation: A Meta-Analysis", *Psychological Bulletin*, 140（6），1556-1581．

ブレイスウェイト，ジョン（細井洋子・染田惠・前原宏一・鴨志田康弘共訳）（2008）『修
　復的司法の世界』成文堂．

Connolly, Marie（2010）"Family Group Conferencing." In Bonnie S. Fisher, & Steven P.
　Lab, *Victimology and Crime Prevention*. Sage Publication：374-377．

萩原友美（2016）「修復的司法の日本における展開と効果」立正大学社会学論叢 15 号
　31-42 頁．

Hewstone, Miles, Rubin, Mark, & Willis, Hazel（2002）"Intergoup Bias." *Annual Review of
　Psychology, 53*, 575-604.

Hogan, Robert & Emler, Nicholas P.（1981）"Retributive Justice." in Melvin J. Lerner, &
　Sally C. Lerner,（eds.）*"The Justice Motive in Social Behavior; Adapting to Times of
　Scarcity and Change."* Plenum Press. 125-143.

Hogg, Michael A. & Abrams, Dominic（1988）*"Social Identifications: A Social Psychology
　of Intergroup Relations and Group Processes."* Routledge.

鴨志田まゆみ（2004）「キャサリーン・デイリー，ヘネシー・ヘイズ『修復司法とカン
　ファレンス』法律時報 76 巻 9 号　118-121 頁．

神山貴弥・金山健一（2016）「マルチレベルアプローチ：日本版　包括的生徒指導の理論
　と実践（第 14 回）PBIS と修復的正義」月刊学校教育相談 30 巻 6 号 72-77 頁．

前田雅英（2015）『刑法総論講義（第 6 版）』東京大学出版会．

松村良之（2006）「社会学・社会心理学と刑罰論」法律時報 78 巻 3 号 44-49 頁．

松村良之（2007）「応報か行動コントロールか——刑罰動機をめぐって」菊田幸一=西村春
　夫=宮澤節生編著『社会のなかの刑事司法と犯罪者』日本評論社 125-138 頁．

Marlowe, Douglas B.（2010）*Introductory Handbook for DWI Court Program Evalua-
　tions*. National Center for DWI Courts.

Marques, José M.; Yzerbyt, Vincent Y., & Leyens, Jacques-Philippe（1988）"The 'Black
　Sheep Effect'：Extremity of Judgments towards Ingroup Members as a Function of
　Group Identification". *European Journal of Social Psychology*. 18, 1-16.

佐伯昌彦（2013）「『修復的司法』と『法と心理学』」，藤田政博編著『法と心理学』法律文化
　社：153-154 頁．

宿谷晃弘・安成訓（2010）『修復的正義序論』成文堂.

高橋則夫（2007）『対話による犯罪解決 —— 修復的司法の展開』成文堂.

高橋則夫（2016）『刑法総論（第3版）』成文堂.

Tyler, Tom R. & Boeckmann, Robert J. (1997) "Three Strikes and You Are Out, but Why? The Psychology of Public Support for Punishing Rule Breakers." *Law & Society Review, 31*（2）, 237-265.

Tyler, Tom R. & Smith, Heather J. (1998) "Social Justice and Social Movements", in D. Gilbert, S. Fiske, G. Lindzey (Eds.), *The Handbook of Social Psychology*（4th edition, vol. 2）, McGraw-Hill.：595-629

Tyler, Tom R., Sherman, Lawrence, Strang, Heather, Barnes, Geoffrey C. & Woods, Daniel (2007) "Reintegrative Shaming, Procedural Justice, and Recidivism: The Engagement of Offenders' Psychological Mechanisms in the Canberra RISE Drinking-and-Driving Experiment." *Law & Society Reivew, 41*（3）, 553-586.

Vidmar, Neil & Miller, Dale T. (1980) "Socialpsychological Processes Underlying Attitudes Toward Legal Punishment." *Law & Society Review, 14*（3）, 565-602.

Vyver, Julie Van de, Travaglino, Giovanni A., Vasilijevic, Milica, & Abrams, Dominic (2015) "The group and cultural context of Restorative Justice: A social psychological perspective." in Theo Gavrielides (ed.) *The Psychology of Restorative Justice: Managing the Power Wthin*. Routledge: 29-48.

山口裕幸（2001）「社会の一員として自己を見る：社会的アイデンティティ」山岸俊男編『社会心理学キーワード』有斐閣：168-170頁.

山中敬一（2015）『刑法総論（第3版）』成文堂.

ゼア，ハワード（西村春夫・細井洋子・高橋則夫監訳）（1990＝2003）『修復的司法とは何か—応報から関係修復へ』新泉社.

〔謝辞〕本研究は JSPS 科研費 JP23330001（基盤研究（B）「修復的司法から修復的正義へ —— 理論と実証のクロスロード」研究代表者松村良之）の助成を受けたものである.

3 少年の刑事責任に関する脳神経科学の知見の政策論上の位置付け

佐 伯 昌 彦

I 本稿の問題関心

　現在，少年法の適用年齢は 20 歳未満の少年とされているが（少年法 2 条 1 項），この適用年齢の上限を 18 歳未満にまで引き下げることの適否について，議論がなされている．この議論の直接的な契機は，2007 年に成立した「日本国憲法の改正手続に関する法律」である．同法 3 条において国民投票の投票権者が 18 歳以上の日本国民とされた．2015 年には公職選挙法も改正され，18 歳以上の日本国民に選挙権が付与されることとなった（公職選挙法 9 条）．この「公職選挙法等の一部を改正する法律」の附則 11 条において，選挙権年齢の変更を踏まえ，民法や少年法等についても必要な法制上の措置を講ずるべきであるとされたのである．

　自由民主党は，2015 年 4 月に「成年年齢に関する特命委員会」を党内に設置し，同年 9 月に提言を取りまとめた．それによれば，民法の成年年齢を 18 歳に引き下げる予定であることを踏まえ[1]，「国法上の統一性や分かりやすさといった観点から」，少年法の適用年齢の上限も 18 歳未満に引き下げるべきであるとされている．もっとも，少年法の保護処分に対する肯定的評価を前提として，少年法の適用年齢を引き下げたうえで，18 歳・19 歳を含む若年者に対して「保護処分に相当する措置の適用ができるような制度の在り方を検討すべ

---

[1]　成年年齢を 18 歳に引き下げる「民法の一部を改正する法律」は，2018 年 6 月 13 日に成立し，同月 20 日に公布された．なお，施行は 2022 年 4 月 1 日からとされている．あわせて女性の婚姻適齢は 18 歳に引き上げられた一方で，養親年齢には変更は加えられなかった．

『法の経験的社会科学の確立に向けて』村山眞維先生古稀記念〔信山社，2019 年 3 月〕

3 少年の刑事責任に関する脳神経科学の知見の政策論上の位置付け〔佐伯昌彦〕

きである」としている．そして，法務省に対して，若年者に関する「刑事政策の在り方について全般的に見直すことも視野に入れて，刑事政策上必要な措置を講ずるための法制的検討を行うこと」を提言している[2]．

これを受けて，同年11月から，法務省内において「若年者に対する刑事法制の在り方に関する勉強会」が開かれ，2016年12月に取りまとめ報告書が作成されている[3]．そして，法務大臣から，少年法の適用年齢の上限を18歳未満に引き下げることの適否と，非行少年を含む犯罪者の処遇を充実させるための刑事法制の在り方について諮問がなされ，2017年3月16日の第1回会議以降，法制審議会少年法・刑事法（少年年齢・犯罪者処遇関係）部会において議論が継続している[4]．

このような流れの中で，少年法の適用年齢の引き下げに反対する立場から積極的な意見表明がなされている．日本弁護士連合会は，2015年2月20日に「少年法の「成人」年齢引下げに関する意見書」を公表し，少年法の適用年齢引き下げに反対の立場を示している[5]．また，刑事法研究者有志が2015年8月1日に，日本児童青年精神医学会が2016年9月4日に，それぞれ少年法適用年齢引き下げに反対する声明を出している[6]．

このように，少年法の適用年齢の引き下げを巡って議論が進行しているところであるが，本稿は，この問題について一定の結論を得ること自体を目的とするものではない．以下に述べるように，少年法の適用年齢について論じられる際に，脳の発達に関する科学的知見が紹介されることがあるが[7]，そのような

---

[2] 自由民主党政務調査会から出されている『成年年齢に関する提言』は，https://www.jimin.jp/news/policy/130566.html より入手できる（2018年2月11日アクセス）．なお，本段落の引用は，この『成年年齢に関する提言』の2頁目からのものである．

[3] 「若年者に対する刑事法制の在り方に関する勉強会」の議事録および取りまとめ報告書等は，http://www.moj.go.jp/shingi1/shingi06100055.html より入手できる（2018年2月11日アクセス）．

[4] 第5回会議において，諮問事項のうち，まず，「非行少年を含む犯罪者に対する処遇を一層充実させるための刑事の実体法及び手続法の整備」について検討し，少年法の適用年齢の引き下げの問題は，それを踏まえたうえで議論するという流れが確認され，現在，前者についてあり得る具体的な制度案を検討するために3つの分科会が同時並行的に開催されているところである．分科会も含めこの審議会の議事録は，http://www.moj.go.jp/shingi1/housei02_00296.html より入手できる（2018年2月11日アクセス）．

[5] この意見書は，https://www.nichibenren.or.jp/activity/document/opinion/year-/2015/150220_2.html より入手できる（2018年2月11日アクセス）．

脳神経科学の知見が法政策上の議論においてどのような意義を有し得るのかについて基礎的な考察を加えることが本稿の目的である.

Ⅱ　少年の発達に関する脳神経科学の知見について

　日本において紹介されている脳神経科学の知見は，まずアメリカにおいて注目され，アメリカにおける少年の刑事責任の捉え方や少年法制の在り方に多大な影響を与えたと評されているものである（山口 2017b：30-39）.そこで，以下において近年のアメリカにおける少年の刑事責任や少年法制の動向を紹介しつつ，そこで重要な役割を果たしたと評されている脳神経科学の知見について，その概要を示すこととする.

1　アメリカの動向
　アメリカでは，1980 年代以降，少年事件を刑事裁判所の管轄とする移送法の改革を中心として厳罰化が進んだが，2000 年代中頃から脱厳罰化の方向へ向かいつつあることが指摘されている（山口 2017b）.このような動きに関しては，犯行時 18 歳未満の少年であった者に死刑を科すことを連邦最高裁判所が違憲とした *Roper v. Simmons*（2005）が，まず言及される.そして，連邦最高裁判所は，その 5 年後に，*Graham v. Florida*（2010）において，謀殺罪以外の罪を 18 歳未満の時点で犯した少年に対して仮釈放なしの終身刑を科すことを

⑹　刑事法研究者有志による「少年法適用対象年齢の引下げに反対する刑事法研究者の声明」は，https://sites.google.com/site/juvenilelaw2015/ にて閲覧できるほか（2018 年 2 月 11 日アクセス），季刊刑事弁護 84 号 131 頁以下にも掲載されている.なお，2015 年 8 月 3 日時点で呼びかけ人が 27 人，賛同者が 87 人とされている.日本児童青年精神医学会による「少年法適用年齢引き下げに反対する声明 —— 適用年齢はむしろ引き上げられるべきである」は，http://child-adolesc.jp/proposal/20160904/ にて閲覧できる（2018 年 5 月 28 日アクセス）.

⑺　先に触れた「若年者に対する刑事法制の在り方に関する勉強会」の第 7 回ヒアリングおよび意見交換において脳神経科学の知見が紹介されており，その取りまとめ報告書においても，脳神経科学の知見への言及がなされている部分がある（若年者に対する刑事法制の在り方に関する勉強会 2016：5；7）.また，『犯罪社会学研究（第 42 号）』（2017 年）では，「脳科学と少年司法」が課題研究とされており，「はしがき」を含め 6 本の論稿が収められている.

3 少年の刑事責任に関する脳神経科学の知見の政策論上の位置付け〔佐伯昌彦〕

違憲とし，そのような少年に終身刑を科す場合には釈放の実質的可能性を与える必要があるとした．さらに，*Miller v. Alabama*（2012）では，謀殺罪で有罪となった少年についても，仮釈放なしの終身刑を必要的に科すことは違憲であり，このような場合に仮釈放なしの終身刑を科すためには，それよりも軽い刑を法定刑に加え，被告人が少年であるという事情を量刑判断者が考慮したうえで，裁量により仮釈放なしの終身刑を選択する必要があるとした．そして，この *Miller* 判決は，州裁判所における手続においても遡及的に適用されるとされた（*Montgomery v. Louisiana* 2016）．

　このように，連邦最高裁判所は，一定の刑罰を少年に科すことを違憲とする方向にあり，その理由として少年の刑事責任が成人の刑事責任よりも類型的に軽いものであることを挙げている．そして，そのような少年の刑事責任の類型的軽さを根拠付ける科学的知見として，少年の脳の未熟性を示す脳神経科学の知見にも言及しているのである．もっとも，連邦最高裁判所は，*Roper* 判決では脳神経科学の知見を明示的には引用していない．しかし，*Graham* 判決において明示的に言及し（*Graham v. Florida* 2010：68），*Miller* 判決では，*Graham* 判決において脳神経科学の知見を引用した部分をさらに引用しながら脳神経科学に触れている（*Miller v. Alabama* 2010：471-472）．

　そして，このような脳神経科学の知見の影響は，少年の刑事責任の緩和に留まらず，非行少年を刑事司法ではなく少年司法の枠組みで扱う方向に戻す方向で，州レベルでの法改正にも影響を与えつつあるとされている．とりわけ，脳神経科学の知見を根拠として，少年法の適用年齢の上限を引き上げる方向での法改正がなされたり，そのような法改正について積極的に論じられたりしていることが注目されている（詳しくは，山口（2015：36-37）や，山﨑（2017）を参照）．

2　少年の未成熟性を示す脳神経科学の知見の概要

　ここで，近年のアメリカ少年司法の動向に影響を及ぼしているとされる脳神経科学の知見の内容を簡単に紹介しておく．すでに邦語による詳細な紹介もなされているところではあるが（ギード 2016；友田 2017b；山口 2015），その要点を述べれば，青年期の脳の状態は，子どもとも大人とも異なり不安定な状態にあるということになる．すなわち，感情を司る大脳辺縁系の活動は，思春期の

Ⅱ　少年の発達に関する脳神経科学の知見について

開始頃からホルモンの影響を受けて活発になるが，感情を制御し行動を調整する機能を担う前頭前皮質の発達はそれよりも遅く，20歳を超えても発達が完了していない．そして，脳領域間の接続も，青年期に強化されていく（以上につき，Steinberg（2009：742-743）も参照）．そうすると，この青年期は，感情的な衝動が強まるものの，それを抑制する能力が十分に備わっていないということになる．

　ここで，前頭前皮質の発達が遅れて生じているという点については，主として2つの根拠が示されている．第1の根拠は，軸索と呼ばれる脳神経繊維を髄鞘という脂質が覆う過程である髄鞘化に注目したものである．髄鞘は絶縁体の役割を果たし，髄鞘化によって脳神経回路内の伝達が効率化するとされている．そして，この髄鞘化が十分に完了していないことが脳の未成熟性を示す根拠とされているのである．髄鞘化が進むと白質の量が増えるが，これが青年期の間一貫して増加していることが示されている（Giedd et al. 1999）．第2の根拠は，灰白質の量に関わる．脳内のシナプス結合が多くなると灰白質の分量が多くなるが，脳の成熟は，過剰なシナプス結合のうち不要なものを刈り込むプルーニングによって進むと考えられている．したがって，灰白質については，その増加ではなく減少が発達の指標となる．近年の脳画像研究によると，前頭前皮質の灰白質の量は，女子であれば11歳頃に，男子であれば12歳頃にピークを迎え，その後，その刈り込みが進んでいく（Johnson et al. 2009：217）．このプルーニングが生じる時期は部位によって異なっており，背外側前頭前野や上側頭回といった高度な機能を果たす脳部位におけるプルーニングのタイミングが最も遅い（Giedd 2004：82-83；Giedd et al. 1999）．

　このように，衝動的な行動を促す大脳辺縁系の活動が活発であるにもかかわらず，それを制御するシステムが十分に発達していないというのが青年期の脳の特徴であるとされ，そのことがこの時期の少年の刑事責任の低さの根拠とされているのである．もっとも，少年が未成熟な存在であること自体は，脳ではなく行動面に注目した心理学的研究によってすでに指摘されていることであり，American Psychological Association（APA）が筆頭著者となり *Graham* 事件において提出したアミカス・ブリーフが典型であるが，脳神経科学の知見は，あくまで従来の心理学的知見と整合的な補助的証拠として位置付けられている[8]．

III 脳神経科学の位置付けをめぐる議論

　以上までに，アメリカにおける少年の刑事責任等を巡る動向，およびそこで注目されている脳神経科学の知見の概要について紹介してきた．少年法に関する議論の文脈においてこのような脳神経科学の知見が日本にも紹介されているが，そこでは，脳神経科学上の知見が法制度の在り方を巡る議論に及ぼす影響を肯定的に捉えているものが多いようである（たとえば，山口（2015；2017b）や本庄（2017a）を参照）．他方で，アメリカにおいては，少年の刑事責任等を巡る法制度の動向自体に反対する趣旨ではないが，脳神経科学の政策論上の意義について懐疑的な見解も示されている．そこで，日本の問題状況に即しつつ脳神経科学的知見の政策論上の位置付けを考えるために，脳神経科学の政策的含意について批判的な検討を加える議論を次に紹介することとする[9].

　第1に，前述したように，脳神経科学の知見があくまで少年の行動レベルに注目した心理学的知見を補強するものとして位置付けられていることとも関わるが，従前の発達心理学等の分野において蓄積されてきた科学的知見によって同様の政策的含意が引き出せるとすると，脳神経科学の知見が新たに加わることによって，政策論のレベルで参照されるべき前提事実に何らかの変動があったと言えるのかということについて疑問が提起されている．脳神経科学の知見は比較的新しいものであるが，連邦最高裁判所は，既存の心理学的知見と整合的な部分に限って脳神経科学の知見を援用しているので，その限りにおいて謙抑的な科学の利用であると評価するものもある（本庄 2014：361；2017a：36；山口 2017a：9）．他方で，Morse（2006；2013：522-524）は，刑事責任に関連があるのは，あくまで行動レベルの違いであり，脳の違いによって刑事責任の評価が変わるわけではないとして，脳神経科学の知見に大幅に依拠して責任について論じることを戒めている[10]．また，脳画像に基づく科学的知見は，より

---

(8)　APA は，少年の刑事責任を限定した上記一連の事件において American Medical Association（AMA）らが作成したアミカス・ブリーフに賛同しなかったが，その理由は，AMA らが作成したアミカス・ブリーフにおいては従来の心理学的知見よりも最新の脳神経科学的知見に重きが置かれていたことにあるとされている（Gilfoyle & Dvoskin 2017：761）.

(9)　これらの議論の一部は，すでに本庄（2017a：45-46）においても紹介されている.

Ⅲ　脳神経科学の位置付けをめぐる議論

客観的な証拠であるとみなされるがゆえに政策論のレベルにおいて重視される
のかもしれないが（Steinberg（2017：415）も参照），従前の行動レベルに注目
した心理学的知見と同様に，脳神経科学の知見も研究者の主観的選択の結果と
して得られたものであることに留意する必要があることが指摘されている
（Johnson et al. 2009：219）．

　第2に，近年の脳神経科学が明らかにしたことの1つは，少年の脳構造が依
然として未成熟であるということであるが，脳構造と実際の行動レベルとの関
係は十分に明らかになっていないことが指摘されている（Aronson 2007；Maro-
ney 2009：148-150；Morse 2013：511-512；520）[11]．このことは，脳科学者自身
によっても指摘されており（ジェンセン／ナット 2015=2015：291；Giedd 2004：
83；Johnson et al. 2009：216）[12]，少年の刑事責任の在り方に対して脳神経科学
が積極的に影響を及ぼすことを推奨している Steinberg（2017）も，両者の関
連の解明を将来の重要な研究課題としている．加えて，ガザニガ（2011：
60-61）も言及するように，前頭葉の白質についていえば，リスクのある行動
をしたと自認する少年の方が，そうでない少年よりも成熟していたことを報告
する研究（Berns et al. 2009）もある[13]．以上のような事情を踏まえるならば，
脳構造上の未成熟性と少年の行動レベルにおける未成熟性との関連については，
なお慎重に検討すべきであろう[14]．

　第3に，仮に脳の未成熟性が少年の刑事責任を一般的に軽くする要素である
と認めたとすると，なぜ少年の刑事責任を考える局面に限定して脳の未成熟さ
が考慮されるのかという点が問題となることが指摘されている．脳の未成熟さ
ゆえに責任が減少するという観点を強調すると，自由意思を否定する決定論の

---

(10)　そのような観点から，Morse（2006）は，連邦最高裁判所が *Roper* 判決において脳神
　　経科学に明示的に言及しなかった点を肯定的に評価している．

(11)　*Roper* 事件や *Graham* 事件において APA や AMA がそれぞれ筆頭著者となって提出
　　したアミカス・ブリーフについて，Maroney（2009：160-165）は，脳神経科学的な知
　　見が不正確にゆがめられているわけではないとしつつも，過度の単純化が施されている
　　と指摘する．

(12)　ただし，ジェンセン／ナット（2015=2015）の第1著者である Frances Jensen は，少
　　年の未成熟性を行動レベルにおいて示す研究結果と脳神経科学的知見とが整合的であ
　　り，ゆえにこれらの科学的知見からすると少年に対して仮釈放なしの終身刑を科すこと
　　は適当ではないとする．J. Lawrence Aber が筆頭著者である *Graham* 事件，および
　　Miller 事件へのアミカス・ブリーフに共著者として加わっている．

3 少年の刑事責任に関する脳神経科学の知見の政策論上の位置付け〔佐伯昌彦〕

立場に近づいていく可能性があるとされるのである（Maroney 2009：150-151）．また，Buss（2009b：41-42）は，発達心理学を主として念頭に置きつつ，発達が成人になってからも継続しているとの知見があるときに，なぜ少年においてはこの科学的知見が考慮され，成人においてはそれが考慮されないのかという点について問題を提起している．そして，このことは脳の発達が20代になっても継続していることを示す近年の脳神経科学の知見を少年の刑事責任を減少させる根拠として援用する際にも等しく妥当するであろう．そうであるとすると，脳神経科学の知見を根拠として成人の刑事責任についても見直しをしていく必要があるのか否か，という点についても議論を要することになるかもしれない．

　第4に，脳の未成熟性について，少年一般の問題として語られているが，脳

⒀　Berns et al.（2009）の知見を評価するにあたっては，その研究において注目されたリスクのある行動がどのようなものであったのかを踏まえておく必要があるかもしれない．この点で，反社会的行動を反応的（reactive）なものと先攻的（proactive）なものとに分類する視点が注目される．反応的な反社会的行動とは，挑発等を受けて引き起こされるものであり，感情的な抑制が欠如している者によってとられやすいとされる．他方で，先攻的な反社会的行動とは，事前の計画を立てるなどして行われるものであり，むしろうまく感情を抑制できる者によって行われやすいとされる．そして，反応的な犯罪者には腹側前頭前皮質の機能低下がみられるが，先攻的な犯罪者のそれには機能低下がみられないことが指摘されている（レイン 2013=2015：122-125）．また，Gillespie et al.（2018）は，前頭葉による感情の抑制の程度と反社会的行動との関連を調べた研究の結果が十分に一貫していないとしたうえで，2つの行動類型の違いを重視すべきことを指摘している

　　ここで，Berns et al.（2009）の研究に戻ると，彼らが質問票において尋ねているリスクのある行動は，喫煙や飲酒，速度制限違反の運転等である．これらの行動は，現実にはピア・プレッシャーがあるなかで行われるものであるかもしれないが，挑発を受けて引き起こされるような反応的な行動とは区別されることになるかもしれない．いずれにせよ，脳構造と少年の行動との関連については，さらなる研究が必要であろう．

⒁　非行少年の比率に時系列的な変化がみられること，および，非行少年の比率に地理的ないしは文化圏ごとの違いがみられることからすると，少年による逸脱行動の一定部分を脳構造の違いによって説明できるとしても，その説明力は大きくないことが予想される（Buss 2009a：509；Morse 2013：521-522）．また，脳構造ではなく脳機能に関する研究についても，それは脳の活動状況とスキャナー内部での行動との関連を調べているものの，実社会における行動はより多くの要因によって規定されており，スキャナー内部での行動と実社会における行動とを同視してはならないとの指摘がある（Johnson et al. 2009：219）．

Ⅲ　脳神経科学の位置付けをめぐる議論

の発達進度を規定する要因について一定の知見が集積された場合，それを法政策上どのように位置付けるべきかという問題が指摘されている（Buss 2009a：513；2009b：39-40；Maroney 2009：157-159）．たとえば，脳の発達には性差があることが指摘されているが（ジェンセン/ナット 2015=2015：250-262），それゆえに少年と成人の取り扱いについて性別による違いを設けようとする議論はない（Maroney 2009：157-159）．発達の進度に性差が類型的に見出されるのであれば少年と成人の扱いの区別に際して性差を設けるべきであるという議論に賛同する趣旨ではないが，脳神経科学に依拠するとしても，一定の規範論を前提としてその知見の取捨選択がなされていることは見落としてはならない．Maroney（2009：157-159）は，脳の発達の性差を指摘する科学的知見に対抗する法の価値として平等を指摘している[15]．

　第5に，脳という生物学的特徴から少年の未成熟性を根拠付けることが，少年の自律性を奪うことへの懸念も示されている（Aronson 2007：118；Buss 2009b：42-45；Maroney 2009：159-160）．この点，アメリカでは，少女の堕胎を選択する権利との関係で具体的な問題が生じた．APA が筆頭著者となったアミカス・ブリーフの作成に関わった Lawrence Steinberg は，*Roper* 事件でAPA が提出することになるアミカス・ブリーフへの賛同を，少女による堕胎の権利を推奨してきた団体に求めたが，賛同を得ることはできなかったとしている（Steinberg et al. 2009：584）．このように，少年の未成熟性を強調する科学的知見は，他方において少年の権利を追求する団体にとっては，その運動を阻害する知見としてみられたわけであるが，APA が少年の未成熟性を強調したアミカス・ブリーフを提出するにあたっては，もう1つの問題があった．すなわち，未成年が堕胎を行う際に両親への通知と通知から48時間の待機が要求

---

[15]　法制審議会は，1996年に法務大臣に答申した「民法の一部を改正する法律案要綱」において婚姻適齢を男女ともに満18歳とすることを提案していたが，そこにおいては，従前の婚姻適齢の男女差は，医学的見地による男女の肉体的・精神的成熟度の違いを考慮して設けられたものであるとしつつ，現代社会においては社会的・経済的成熟度を重視すべきであり，そのような点についての男女差は認められないとの認識が示されており（小池 1996：5-6），生物学的な差異を法制度において重視していない．なお，この婚姻適齢を男女ともに18歳にすべきであるという結論は，法制審議会民法成年年齢部会による「民法の成年年齢の引下げについての最終報告書」においても，その24頁において，「これを変更すべき特段の事情は存しない」として維持された．

3 少年の刑事責任に関する脳神経科学の知見の政策論上の位置付け〔佐伯昌彦〕

されていた州法の合憲性が問題となった *Hodgson* 事件（*Hodgson v. Minnesota* 1990）において，未成年は十分に成熟した判断ができるという趣旨のアミカス・ブリーフを，すでに APA は提出していたのである．このことは，*Roper* 判決において反対意見を執筆したスカリア裁判官によって指摘されており，APA は自身の主義主張に合わせて科学的知見を援用していると批判されている（*Roper v. Simmons* 2005：617-618）．これに対して Steinberg et al.（2009）は，すべての能力が同時並行的に発達するのではなく，個々の能力ごとに発達進度が異なるとして，その批判を回避しようとしている．すなわち，衝動や周囲からの影響を受けている状況で行動を制御するような能力の成熟は，18 歳時点では達成できていないが，冷静に考えることができる状況において重大な問題について将来の得失も考えて判断する能力自体は，それよりも早く備わっているとするのである[16]．そのような区別は可能であり，また妥当なものであると擁護することもできるかもしれないが[17]，脳神経学者からは，科学的知見を政策提言に変換する際の恣意性について，なお疑問が提起されている（Johnson et al. 2009：220）．

　第 6 に，脳神経科学の知見によって，少年と成人の境界について一律の線を引くことはできないという問題を再確認する必要がある（ジェンセン／ナット 2015=2015：292；Aronson 2007：117；138-139；Buss 2009a：510；2009b：37-41；Johnson et al. 2009：217-218；Morse 2013：525）．そもそも，どの程度の脳の成熟があれば成人と同様の責任を問うてよいのかという基準作りは科学の範疇に属する問題ではないうえに（Maroney 2009：150），脳の発達進度には個人差があり，ある年齢を超えると，皆一律に同程度の成熟した脳を獲得するに至るというわけでもない．そうであれば，個々の少年の脳の成熟度を調べたうえで，責任の程度を個別的に判定していくという方向性も考えられるが，*Roper* 判決および *Graham* 判決において連邦最高裁判所は，18 歳未満の少年の刑事責任

---

[16] 　本庄（2017a：44）は，このような区別を前提に，民法上の成年年齢や婚姻適齢と少年法の適用年齢の上限について連動させないことに根拠があるとしている．

[17] 　Buss（2016：762-763）は，堕胎の場面で未成年者の権利を擁護し，刑事責任については未成年者のそれが成人のそれよりも軽いものであると承認することを，別の理由から支持する一方で，堕胎をするか否かを判断する場面が冷静に判断できる場面であり，犯罪をする場面が興奮の最中での判断場面であるという区分は単純に過ぎると批判する．

は一律に成人よりも低いものとする方向性を採用した．そして，そのような選択をした理由として，成熟した少年と未成熟なままの少年を区別することの困難性が挙げられている（Maroney 2009：146-148）[18]．その意味で，一律に少年の刑事責任の減少を認めた *Roper* 判決と *Graham* 判決は，脳神経科学の進展と同時に，その「未成熟性」に依拠していたことになる．しかし，逆にいえば，科学が十分に発展し，脳をスキャンすることで少年の成熟度がある程度の精度で評価できるようになるならば，そのようなカテゴリカルなルールを採用する根拠は崩れてしまうことになる[19]．

Ⅳ　日本における脳神経科学の政策論上の位置

　以上，近年のアメリカにおける少年の犯罪に対する法制度の動向と，そこで注目されている脳の発達に関する知見について紹介したうえで，そのような脳神経科学的知見を政策論において利用する際の問題点を指摘する議論を紹介した．最後に，それらの検討を踏まえたうえで，脳神経科学の知見を日本の政策論においてどのように位置付けていくべきかについて検討を加えたい．

　ここで，アメリカにおいては，連邦最高裁判所による一連の判決があったこともあり，少年の刑事責任を減ずる根拠として脳神経科学の知見が用いられていたことが積極的に紹介されているが，その知見をもとに展開される政策論争は主として現在焦眉の課題となっている少年法の適用年齢引き下げの是非を巡る文脈であるように思われる[20]．すなわち，アメリカにおける脳神経科学の知

---

[18]　他方で，*Miller* 判決においては，謀殺罪で有罪となった少年への仮釈放なしの終身刑をカテゴリカルに禁ずることはせず，むしろそのような少年に仮釈放なしの終身刑を科す前提として少年の刑事責任を個別的に考慮することを要請しており，一連の判例の間に矛盾が生じていることが指摘されている（本庄 2014：362）．この点につき，Scott et al.（2016：681-682）は，*Miller* 判決では，謀殺罪で有罪認定された犯行時18歳未満の者に対して個別的事情を考慮して仮釈放なしの終身刑を科すこと自体は違憲としていないものの，そのような量刑が適当である場合は稀であるだろうことを法廷意見が強調していることに注目すべきであるとしている．

[19]　「若年者に対する刑事法制の在り方に関する勉強会」の第7回ヒアリング及び意見交換において，友田明美は，脳科学研究が現在よりも進歩した際には，それによって行為者の精神状態を評価し判断していくべきであると述べている（「若年者に対する刑事法制の在り方に関する勉強会」の第7回ヒアリング及び意見交換の議事録7頁を参照）．

3 少年の刑事責任に関する脳神経科学の知見の政策論上の位置付け〔佐伯昌彦〕

見を根拠とした脱厳罰化の動向を踏まえつつ，未成熟な少年は少年司法において扱われることが適切であるとして，少年法の適用年齢の引き下げが批判されているのである（本庄 2017b：259；山口 2015；2017a：8-9；2017b）[21]．そして，脳神経科学の知見は，少年の未成熟性を改めて確認したものとして位置付けられている（丸山 2017：141；山口 2015）．

　しかし，Ⅲにおいて指摘したように，脳神経科学の知見を政策論に反映させるうえで，いくつかの問題が提起されている．このうち，第3から第5に挙げた点は，脳神経科学において示された知見を前提として，それを法政策においてどの範囲まで援用し，どの範囲においては援用しないのか，という問題に関わる．脳の発達に関する性差や，少年だけにとどまらない脳の障害の行動への影響など，法政策のレベルにおいて取り込まれていない知見があるとすると，一定の場面において科学的知見に積極的に言及するだけでなく，別の場面において科学的知見の援用が控えられていることの正当化も同様に論じていく必要があるかもしれない．もちろん，このことは，科学的知見を政策論の根拠とするならば，関連する知見のすべてを法政策に反映させなければ一貫しないということを意味しない．本庄（2017a：38）が指摘するように，経験科学的知見のうちどの部分を政策論上の根拠とすべきかについては法的観点からの選別が必要であることを本稿も否定するものではないし，Steinberg（2009：748）が指

---

⑳　もちろん，アメリカにおける動向やそれを支えているとされる脳神経科学の知見を紹介したうえで，日本における少年の刑事責任について示唆を得ようとする議論も存在する．たとえば，海瀬（2015：111）は，裁判官の立場から，近年のアメリカにおける連邦最高裁判例の動向から，少年に対する量刑の在り方について示唆を得ようとしている．もっとも，そこでのアプローチは，連邦最高裁判所のように，少年であるという事由を適切に評価することの困難性から，一定以上の刑罰を少年に科すことをカテゴリカルに禁じるものではなく，あくまで個々の少年に対する量刑判断を適正化するために情状鑑定等の利用を推奨するものであり，その方向性はアメリカにおける連邦最高裁判所のそれと必ずしも同一ではない．また，本庄（2014：306-308；363-365）は，少年に対する刑事責任の限界を画した一連の連邦最高裁判所の判決，およびそれらの判断の根拠となった少年の未成熟性を示す科学的知見を紹介したうえで，日本においても少年の刑事責任の在り方を見直すべきであることや，犯行時18歳以上20歳未満の少年に死刑を科すことを禁じるべきであることを論じている．

㉑　脳の発達は20歳を超えても継続しているという点を重視して引き下げに反対するだけにとどまらず，積極的にこれを引き上げるべきであるとの主張もある（前述の日本児童青年精神医学による声明や，本庄（2017b：259）を参照）．

摘するように，脳神経科学の知見を無視することと同じく，その知見をすべてに優先させることも適当ではない．この問題は，脳神経科学に固有の問題ではなく，科学的知見を政策論において反映させる場合に常に考えるべき事柄であるが，脳神経科学を政策論に反映させることに対して慎重な論者が問題としているのは，脳神経科学が示している内容のうち政策論に反映させる領域の選択について，少年法制の分野において脳神経科学を政策論に積極的に取り込もうとしている論者が十分に自覚的ではない可能性であるように思われる．

　以上に対して，Ⅲの第1，第2，および第6において指摘した諸点は，現状の脳神経科学の知見が，果たして政策論において活用できるような内容を備えているかどうかを主として問題としている．第1の点として指摘されていたことは，現在の脳神経科学の知見が，従来までの行動レベルに注目してきた心理学的研究の蓄積を超えて付加している政策的意義の内実は十分に明らかではないように思われるということである．そうであるとすると，少年の未成熟性に基づく議論を展開するうえで，脳神経科学に殊更依拠する必要性は乏しいとも考えられる（Aronson 2007：139）．したがって，少年法適用年齢引き下げに反対する根拠として脳神経科学の知見を援用するとしても，その知見が，従来の行動レベルに注目した心理学的知見の蓄積に加えて，具体的にどのような政策的含意を有しているのかについて，より厳密に論じる必要があるように思われる．また，第2の点として指摘されていたことは，脳科学によって示されていることが，果たして少年の刑事責任の軽減といったような法的な事柄に直接結びつけられるようなものであるかどうかという点に関する疑問である．脳の発達過程に関する科学的知見は，学界内でも異論の見られないものであるとの指摘があるが（本庄 2017a：39），そうであるとしても，それと実際の行動との関連は，Berns et al.（2009）の研究でも具体的な問題が指摘されているように，十分に明らかとはされていないし，その科学的知見から法的な問題への含意を引き出すことが適当かどうかについては，科学者の間でも議論が分かれるところであろう[22]．また，脳の発達と行動との関連について今後どのような知見が蓄積されるかという点に加えて，Ⅲにおいて第6の点として指摘したところと

---

[22]　Steinberg（2009）は，脳神経科学の知見を積極的に政策論に取り込むべきであるというスタンスを示しているが，他方で，Beckman（2004：599）は，それに消極的な科学者の見解を簡潔に紹介している．

3 少年の刑事責任に関する脳神経科学の知見の政策論上の位置付け〔佐伯昌彦〕

も関わるが，脳神経科学がより発展することで，将来的に少年と成人を一律に区分する根拠が揺らぐ可能性があることを念頭に置くならば，脳神経科学の知見に依拠することは，現在，それに基づいて一定の法政策を推奨しようとしている人の期待に反することになるかもしれない（赤羽（2017：29）やガザニガ（2011：60-61）を参照）[23].

　このように，政策論との関係で現在の科学的知見がどこまでのことを根拠付けられるのか，あるいは，脳神経科学が将来的にどこまでのことを根拠付けることになるのか，という点に注意する必要があるわけであるが，少年法の適用年齢という問題を考えるうえでは，Ⅲにおいて第6の点として指摘した，脳神経科学は一律の年齢基準を設定することの直接的な根拠とはなり得ないということを，改めて確認しておく必要があるだろう．もちろん，このような限界は，脳神経科学に固有のものではなく，ほかの社会科学においても妥当する．たとえば，発達心理学では「発達段階」という概念が用いられており，一定の年齢層ごとに類型的に異なる特徴が認められることを指摘しているが，そこで示される年齢層は一応の目安であり，個人差を排除する趣旨ではない（坂上他2014：4-5）．まして，18歳が発達段階を区切る重要な年齢として認められているわけでもない（Buss 2009a：513）．社会学の領域においても子どもと成人が泰然と区別されているわけではなく，その間に青年期や若者期といった概念が設定されるようになり，その細分化・複雑化が進んでいる（宮本 2010：169-170）．したがって，脳神経科学を含めて社会科学の視点から，子どもと大人の境界についてアプローチしていくと，どこかで線を引くという発想とはなりにくく，段階的に成長していく人間像を前提とした制度提案の方が受け入れやすい[24].したがって，脳神経科学を含む社会科学の知見は，少年と成人の区分を考えるうえで参考とされるべきであると考えるが，他方で，それによって少年法の適用年齢の上限について一定の回答が引き出されるわけではない．少年の刑事責任について判断した連邦最高裁判所も，社会科学的知見に依拠して

---

[23]　具体的に指摘されている問題点は異なるが，赤羽（2017）も，脳神経科学の知見が有し得る政策的含意について広く検討することを求めている．

[24]　大村（2007）は，民法の成年年齢について，成年と未成年の二分法ではなく，段階的な区分を設けようとする提案を行うものであるが，社会学者である宮本みち子は，このような制度提案に賛同している（宮本 2010：173-174）．

少年は類型的に刑事責任が減じられるとしながらも，そのような刑事責任が減じられる少年と成人の区分を 18 歳に設定する際には，その根拠を社会的慣習に求めるにとどめている（*Graham v. Florida* 2010：74-75；*Roper v. Simmons* 2005：574）．また，脳の発達が 20 歳を超えて継続しているという知見を踏まえて，少年法の適用年齢の上限を 18 歳を超えて引き上げようとする提案もあるが（Cohen et al. 2016），脳の成長が 20 歳を超えて継続しているという点を政策論上重視するとしても，その発達がどの程度まで完了したところで成人としての刑事責任を問えるものと評価するかは，あくまで法的な問題であり，社会科学自体によって答えが出るものではない（赤羽（2017：26）も参照）．

　ここで，日本における議論状況を改めて確認すると，脳神経科学の知見を積極的に政策論に取り込もうとする議論がある一方で，法務省で組織された「若年者に対する刑事法制の在り方に関する勉強会」では，脳神経科学の知見が第 7 回ヒアリングにおいて紹介され，その取りまとめ報告書において，少年法の適用年齢を 18 歳未満に引き下げることに反対する意見の論拠の 1 つとして脳神経科学的知見への言及があるものの，引き下げに賛成する意見の理由において，脳神経科学の知見によって責任非難の程度が決まるものではないとの指摘もなされている（若年者に対する刑事法制の在り方に関する勉強会 2016：4-8）．これを受けて，日本の政策論争における脳神経科学のインパクトは，現時点では大きくないとの評価がなされている（本庄 2017a：33）．しかしながら，脳神経科学の知見によって一意的な年齢基準が引き出されるわけではない以上，脳神経科学の知見が政策論上の考慮要素の 1 つにとどまることは当然のことのように思われる．

　このように，少年法の適用年齢の決定は最終的には法的な問題として引き受けられるべきものであるが，このことは，少年の特性に関する種々の科学的知見を軽視してよいということを意味しているわけではない[25]．また，脳神経科学が，少年法の適用年齢に関する論争にどこまで直接的に反映され得るかは，

---

[25]　少年に対する刑事処分が 2014 年に引き上げられた際に，そこにおいて少年の特性に関する科学的知見は顧みられていないことが指摘されている（本庄 2017a：47 n6）．脳神経科学の知見が政策論レベルにおいてどのように取り込まれるべきかについては，これまでに指摘してきたように議論の余地があるとしても，少年の特性に関する科学的知見全般が十分に考慮されなくなってきているとすると，そのこと自体には問題があり得るように思われる．

3 少年の刑事責任に関する脳神経科学の知見の政策論上の位置付け〔佐伯昌彦〕

上述した通り疑問があるが，そのことは，脳神経科学自体の重要性を否定するものではないし，それらの知見が少年法制を考え，また運用していくうえで重要ではないということまでをも含意するわけではないことを，最後に念のため指摘しておきたい．

　ここで，脳神経科学の政策的含意を考えるうえで，次の2点を改めて確認しておくことが重要であると考える．第1点は，脳という生物学的な要因に注目するあまり，環境的要因の影響を軽視することになってはならないということである（Morse 2013：520；528-529）．そして，第2点は，脳の発達には個人差があるという事実である[26]．環境的要因という点に関していえば，脳の発達自体が，環境的要因によって影響されている可能性があることが指摘されている（若年者に対する刑事法制の在り方に関する勉強会の第7回ヒアリング及び意見交換4頁友田発言を参照）[27]．たとえば，友田（2017a；2017b：14-15）は，子どもの不適切な養育が子どもの脳の発達に及ぼす影響を示している．環境的負因による影響もあり，年齢に比して脳が十分に発達できていないような場合を考えれば，少年法の適用年齢をどのように定めるとしても，法的には成人として扱われるが，その発達上の問題を個別的に見極め，少年と同様に発達を支援する必要がある場合も存在するであろう．そして，そもそも，脳の発達は一律ではないことから，脳神経科学によって一律の年齢基準を設定することは出来ないが，むしろ，そのような区分では汲み取り切れなかった個人差について，具体的な処遇場面等でどのように対処していくかを考える必要がある（若年者に対する刑事法制の在り方に関する勉強会の第7回ヒアリング及び意見交換30頁八木発言も参照されたい）．また，現在の少年法適用年齢の上限の20歳を超えても脳の成長が継続しているならば，少年法の適用年齢の上限を20歳に維持しただけでは，問題は解決しない（Buss（2009a：513-514；2009b：41-42）も参照）[28]．も

---

[26] アメリカの少年の刑事責任等に関して主として援用されていた脳神経科学の知見は，あくまで健常者を対象として正常な脳の発達を調べ，その平均的な発達の推移を調べたものであるということも，ここで改めて留意しておくべきであろう．

[27] アメリカの連邦最高裁判所に提出されたアミカス・ブリーフにおいても，このような視点は提供されていた．たとえば，*Miller* 事件において J. Lawrence Aber が筆頭者者となり提出されたアミカス・ブリーフの22から26頁には，環境的負因が発達に及ぼす影響と，そのような少年の影響の受けやすさゆえに，適切な介入による効果が少年には生じやすいことが指摘されている．

Ⅳ　日本における脳神経科学の政策論上の位置

ちろん，すでに指摘しているように，脳構造と非行・犯罪行動の因果関係は十分に示されていないが，脳の発達への環境的影響を考慮するならば，科学的知見の蓄積状況を見据えつつ，また慎重な効果検証を伴いつつ，脳の発達を担保するために脳神経科学の知見に依拠した一定の環境調整や治療を試行していくことも考えられるであろう．

　本稿では，脳神経科学の知見の政策論上の位置付けについてより詳細な議論が必要であるとの認識に基づき，その基礎的な検討を行った．すなわち，脳神経科学が少年法の適用年齢を検討する場面で有する意義について消極的な意見を支持する根拠のいくつかを挙げたうえで，なお，一律の基準を考えるための資料としてではなく，そのような法的基準の制約を受けることはあっても，そこでは汲み取り切れない個人差をも前提とした実践レベルにおける検討において脳神経科学はより重要な意義を有し得る可能性を指摘した．このことは，すでにアメリカにおいて論じられてきたことを踏まえたものであり，脳神経科学に携わっている友田（2017b：16）が，「これまでに得られてきた脳科学的知見は，少年犯罪が非難可能性（culpability）の低いものであるという見解を支持するというよりは，脳の可塑性の観点から修復可能性（vulnerability）があるという事実を投げかけてきていることを忘れてはならない」と既に述べていることも，ここで改めて強調しておくべきであろう．そうではあるが，脳神経科学がアメリカの少年法制に及ぼしている影響が日本において紹介されるなかで，脳神経科学の知見の内容，およびその意義が法学の立場において十分に吟味されていないのではないかという問題意識から，本稿を執筆した．政策論の実質に踏み込むものではなく，あくまでその政策論における脳神経科学の位置付けについて整理しようとしたものであり，その意味で予備的な検討に過ぎないものではあるが，現在進行形で議論されている少年法の適用年齢に関する問題について，本稿の検討が少しでも役立てば幸いである．

⒇　Morse（2013：520-521）は，少年に対する死刑や仮釈放なしの終身刑の廃止を擁護する論者は，少年であるがゆえに責任が軽減される者の範囲を，年齢という基準で一律に区切ってしまったために，その年齢を超えているがなお未成熟である若年者を保護の対象から切り離してしまったと批判する．

3 少年の刑事責任に関する脳神経科学の知見の政策論上の位置付け〔佐伯昌彦〕

〔文 献〕

赤羽由起夫（2017）「脳科学化する社会と少年観」犯罪社会学研究 42 号 19-32 頁.

Aronson, Jay D. (2007) "Brain Imaging, Culpability and the Juvenile Death Penalty," *Psychology, Public Policy, and Law* 13(2): 115-142.

Beckman, Mary (2004) "Crime, Culpability, and the Adolescent Brain," *Science* 305(5684): 596-599.

Berns, Gregory S., Sara Moore, & C. Monica Capra (2009) "Adolescent Engagement in Dangerous Behaviors Is Associated with Increased White Matter Maturity of Frontal Cortex," *PLoS ONE* 4 (8): e6773.

Buss, Emily (2009a) "Rethinking the Connection between Developmental Science and Juvenile Justice," *University of Chicago Law Review* 76(1): 493-515.

Buss, Emily (2009b) "What the Law Should (and Should not) Learn from Child Development Research," *Hofstra Law Review* 38(1): 13-68.

Buss, Emily (2016) "Developmental Jurisprudence," *Temple Law Review* 88 (4): 741-768.

Cohen, Alexandra O., Richard J. Bonnie, Kim Taylor-Thompson, & BJ Casey (2016) "When Does a Juvenile Become an Adult? Implications for Law and Policy," *Temple Law Review* 88(4): 769-788.

ガザニガ，M. S. (2011)「法廷に立つ脳科学」日経サイエンス 41 巻 9 号 54-61 頁.

Giedd, Jay N. (2004) "Structural Magnetic Resonance Imaging of the Adolescent Brain," *Annals of the New York Academy of Sciences* 1021(1): 77-85.

ギード，J. N. (2016)「10 代の脳の謎」日経サイエンス 46 巻 3 号 37-42 頁.

Giedd, Jay. N., Jonathan Blumenthal, Neal O. Jeffries, F. X. Castellanos, Hong Liu, Alex Zijdenbos, Tomáš Paus, Alan C. Evans, & Judith L. Rapoport (1999) "Brain Development during Childhood and Adolescence: A Longitudinal MRI Study," *Nature Neuroscience* 2 (10): 861-863.

Gilfoyle, Nathalie, & Joel A. Dvoskin (2017) "APA's *Amicus Curiae* Program: Bringing Psychological Research to Judicial Decisions," *American Psychologist* 72(8): 753-763.

Gillespie, Steven M., Artur Brzozowski, & Ian J. Mitchell (2018) "Self-Regulation and Aggressive Antisocial Behaviour: Insights from Amygdala-Prefrontal and Heart-Brain Interactions," *Psychology, Crime & Law* 24(3): 243-257.

本庄武（2014）『少年に対する刑事処分』現代人文社.

本庄武（2017a）「脳科学・神経科学と少年の刑事責任」犯罪社会学研究 42 号 33-49 頁.

本庄武（2017b）「日本の少年司法 —— その現状と課題」山口直也編著『新時代の比較少年法』成文堂，231-263 頁.

若年者に対する刑事法制の在り方に関する勉強会（2016）『「若年者に対する刑事法制の在り方に関する勉強会」取りまとめ報告書』

ジェンセン，フランシス=エイミー・エリス・ナット（2015=2015）『10代の脳 反抗期と思春期の子どもにどう対処するか』（野中香方子訳）文藝春秋.

Johnson, Sara B., Robert W. Blum, & Jay N. Giedd（2009）"Adolescent Maturity and the Brain: The Promise and Pitfalls of Neuroscience Research in Adolescent Health Policy," *Journal of Adolescent Health* 45（3）: 216-221.

海瀬弘章（2015）「アメリカ少年司法の新しい潮流とわが国への示唆（下）── 連邦最高裁判決における「少年」の再発見およびエヴィデンス・ヴェイスド・プラクティスによる厳罰主義からの脱却について」季刊刑事弁護 81 号 99-117 頁.

小池信行（1996）「「民法の一部を改正する法律案要綱」の概要」法律のひろば 49 巻 6 号 4-16 頁.

Maroney, Terry A.（2009）"The False Promise of Adolescent Brain Science in Juvenile Justice," *Notre Dame Law Review* 85（1）: 89-176.

丸山雅夫（2017）「少年法適用年齢の引下げ批判」名城法学 67 巻 1 号 123-151 頁.

宮本みち子（2010）「社会学の観点からみた成年年齢の引下げの意味」ジュリスト 1392 号 168-175 頁.

Morse, Stephen J.（2006）"Brain Overclaim Syndrome and Criminal Responsibility: A Diagnostic Note," *Ohio State Journal of Criminal Law* 3（2）: 397-412.

Morse, Stephen J.（2013）"Brain Overclaim Redux," *Law and Inequality* 31（2）: 509-534.

大村敦志（2007）「民法 4 条をめぐる立法論的覚書 ──『年少者法（こども・わかもの法）』への第一歩」法曹時報 59 巻 9 号 1-15 頁.

レイン，エイドリアン（2013=2015）『暴力の解剖学 ── 神経犯罪学への招待』（高橋洋訳）紀伊國屋書店.

坂上裕子=山口智子=林創=中間玲子（2014）『問いからはじめる発達心理学 ── 生涯にわたる育ちの科学』有斐閣.

Scott, Elizabeth, Thomas Grisso, Marsha Levick, & Laurence Steinberg（2016）"Juvenile Sentencing Reform in a Constitutional Framework," *Temple Law Review* 88（4）: 675-716.

Steinberg, Laurence（2009）"Should the Science of Adolescent Brain Development Inform Public Policy?" *American Psychologist* 64（8）: 739-750.

Steinberg, Laurence（2017）"Adolescent Brain Science and Juvenile Justice Policy-making," *Psychology, Public Policy, and Law* 23（4）: 410-420.

Steinberg, Laurence, Elizabeth Cauffman, Jennifer Woolard, Sandra Graham, & Marie Banich（2009）"Are Adolescents Less Mature Than Adults? Minors' Access to Abortion, the Juvenile Death Penalty, and the Alleged *APA "Flip-Flop"," American Psychologist* 64（7）: 583-594.

友田明美（2017a）『子どもの脳を傷つける親たち』NHK 出版.

友田明美（2017b）「脳科学・神経科学と少年非行」犯罪社会学研究 42 号 11-18 頁.

3 少年の刑事責任に関する脳神経科学の知見の政策論上の位置付け〔佐伯昌彦〕

山口直也（2015）「脳科学・神経科学の進歩が少年司法に及ぼす影響 —— 米国における最近の動向を中心に」自由と正義 66 巻 10 号 30-37 頁.

山口直也（2017a）「はしがき —— 脳科学・神経科学の進歩と米国少年司法の変容，そしてわが国への影響」犯罪社会学研究 42 号 4 -10 頁.

山口直也（2017b）「米国少年司法の史的展開と現代的意義」山口直也編著『新時代の比較少年法』成文堂，13-40 頁.

山﨑俊恵（2017）「アメリカにおける少年法の適用対象年齢の引き上げ」修道法学 39 巻 2 号 87-103 頁.

〔判 例〕

Graham v. Florida, 560 U. S. 48 (2010).

Hodgson v. Minnesota, 497 U. S. 417 (1990).

Miller v. Alabama, 567 U. S. 460 (2012).

Montgomery v. Louisiana, 577 U. S. ＿＿ (2016).

Roper v. Simmons, 543 U. S. 551 (2005).

4 司法制度についての人々の社会的態度とパーソナリティ2
── 量刑判断との関係の検討

藤 田 政 博

I 問題と目的

　本稿は，司法制度への市民参加に関する市民の社会的態度（social attitudes）が，パーソナリティ（personality）とどのように関係しているかについて，質問紙調査を行いそのデータを元に考察することを目的とする．このテーマについては，藤田（2016）（以下，本稿で「第1稿」と呼ぶ）において同じテーマ設定に基づいて行った調査結果を報告した．本稿は，同じテーマ設定にもとづいて行った調査について報告したい．第1に続いては別のサンプルから新たにデータを収集し，量刑判断との関係を見るための質問群を加えたことである．

　それにさきだって，この一連の研究の問題意識についてあらためて説明すると次のようになる．平成の司法制度改革によって，裁判員制度の導入・検察審査会の権限強化など，司法に対する市民の権限を強化する改革が行われた．それらは，司法制度に対する国民の理解を深め，「国民的基盤の確立」を図る（司法制度改革審議会，2001）という司法制度改革審議会の「根本的課題」に対する回答であった．

　国民が直接参加する制度を導入したため，いかにすれば国民が参加する意向を持つようになるのかが重要な課題となった．というのは，次のような理由からである．つまり，たとえ法律で罰の威嚇によって国民を司法に参加させたとしても，国民が自発的に参加意欲を持たない限りは，国民が参加することに納得できないだろう．国民が参加することに納得できなければ，本来の目的である国民の理解促進を図ったり国民が司法を支える基盤を確立したりすることは難しいと思われるからである．そして司法に対して国民がそのように考えるこ

『法の経験的社会科学の確立に向けて』村山眞維先生古稀記念〔信山社，2019年3月〕　　83

4 司法制度についての人々の社会的態度とパーソナリティ 2〔藤田政博〕

とは，司法が国民から正統性を感じているかどうか，ひいては信頼されているかにもつながっていく（たとえば，Tyler and Huo 2002）．

上記の司法に対する参加意欲は司法参加という行動に対する好悪の判断を含む心理的準備状態であり，社会心理学における社会的態度（social attitudes: Cacioppo et al. 1986）であると理解できる．マスとしての国民を全体として捉えるではなく，ひとりひとり異なる国民の態度が何によって系統的（systematic）に変化するかを問題にする際には，個人差変数を考慮する必要がある．心理学的な観点から見て，重要な個人差変数群と言えるのがパーソナリティに関する変数である．パーソナリティは個人の中に存在する安定した行動傾向であり，「人の，広い意味での行動（具体的な振る舞い，言語表出，思考活動，認知や判断，感情表出，嫌悪判断など）に時間的・空間的一貫性を与えているもの」（中島 et al., 1999）と定義される．パーソナリティは個人の行動に幅広い影響を及ぼす．そのため，司法参加に対する判断や態度形成もパーソナリティによる影響を受けている可能性が高い．

以上のように，司法に対する国民の参加意欲がいかに規定されているかについて検討するには，態度と個人差を説明するパーソナリティについて検討することが重要と考えられる．具体的にどのようなパーソナリティが司法参加や司法制度に対する態度や判断に影響を与えるかについては先行研究を参考に重要なものをピックアップして検討していく必要がある．

そして，裁判員制度では市民から無作為に抽出された裁判員が量刑まで関わる（裁判員の参加する刑事裁判に関する法律，以下「裁判員法」第2章第2節，第4章）．量刑に及ぼす要因としてはまず事件の事実がどうであったか，そして類似事件においてどのような刑が言い渡されているかが考えられる．しかし，それだけではなく，判断者の要因も考慮する必要があるだろう．判断者の要因として重要と考えられるのが，社会的態度およびパーソナリティという個人差変数である．なぜなら，これらは人の行動に継続的な影響を及ぼす変数とされている（Duksterhuis, 2010）からである．そして，それは量刑判断といった司法に関する判断においても，影響がある（Carroll, Perkowitz, Lurigio, & Weaver, 1987; Duckitt, 2009）と考えることが合理的であると思われる．

本稿における詳細な問題設定の説明に先立って，上記で説明なく使用してきた，パーソナリティおよび社会的態度とは何かという説明から始めたい．

Ⅱ　パーソナリティおよび社会的態度について

1　パーソナリティとは

　パーソナリティとは，ある人の中に安定して存在する行動傾向，外部からの刺激に対する反応傾向のことを言う（Wiggins & Pincus, 1992）．これは心理学では一般的な定義であるが，われわれの日常的な感覚からすると少しずれている感じがするかもしれない．なぜなら，われわれは通常，性格（パーソナリティの訳のひとつ）はその人そのものに備わる内面的な何かであると感じあるいは考えていると思われるからである．

　しかし，パーソナリティとしてわれわれが他者について認識していることがらは，他者の行動の観察を手掛かりにわれわれ自身が作り出したいわば幻影に過ぎず，その対象者自身に備わっている本質的な何かをわれわれが感得しているわけではない．たとえば，怒りっぽいと我々が感ずる性格特性については，他の人に比べて同じような状況において怒りを現すような行動（大声を出す，顔を紅潮させる等）の頻度が高いことからわれわれがその人についてそう判断しているということである．このような場合にわれわれはその人の内面に「怒りっぽい」内面的実体が存在するように感じているが，実際に観察できるのは他者の行動のみであり，それ以上にわれわれが感じている何かにはわれわれ自身の推測や基本的帰属の誤り（fundamental attribution error: Ross 1977）による錯覚が生み出したものが多分に含まれている．したがって，パーソナリティとは何かについては行動を手掛かりに定義せざるを得ない．それを前提とすると，パーソナリティとは各人が安定して持っている行動傾向と考えることになる．こういった行動傾向は，その人のもともと持ち合わせている傾向性と学習によって獲得した行動パターンの双方が合わさったものと考えられる．そのため，パーソナリティに関して「個人とその物理的・社会的環境とのかかわりにおける個人差を規定する，ある特徴的な思考，感情，行動の様式」（Nolen-Hoeksema, Fredrickson, Loftus, & 内田, 2015）とも定義される．

　この定義からわかるように，パーソナリティは個人の行動傾向と個人差を系統的に説明する際に用いられる．そのため，個人差に重大な関心をもつ心理学にとって，また，人の行動傾向の説明に関心をもつ社会科学にとって，パーソ

ナリティは重要な要因で在り続けてきた．つまり，どのようなパーソナリティがどのような行動に影響があるかについては場合により実に様々である．そして，影響のあるパーソナリティとその程度を特定することは非常に大きな研究領域を形成してきた．

本稿では，権力的意思決定に対する考え方に影響すると思われる権威主義的パーソナリティを取り上げる．そして，人間のパーソナリティの基本次元に関して有力な説である Big Five（Roberts, Zeidner, & Matthews, 2001）について取り上げる．それによって権威主義的パーソナリティと，司法への参加意欲が人間のパーソナリティにおいてどのように位置付けられるかの議論が可能になるだろう．次節では，まず権威主義的パーソナリティとは何かについて説明する．

2　権威主義的パーソナリティとは

権威主義的パーソナリティとは，伝統的価値基準の墨守（因襲主義），権威主義的従属，権威主義的攻撃，反内省的，迷信とステレオタイプの重視，権力と剛直さ，破壊性とシニシズム，投影性，性に対する堅い態度という9つの特徴からなる人格特性である（Adorno, Frenkel-Brunswik, Levinson, & Sanford, 1950）．このパーソナリティ理論は，第2次世界大戦における独裁国家を支えた側の人々に共通する要因はなんだったかという疑問に対する答えを提示するために開発された．その疑問とは，具体的にはナチス・ドイツにおけるような独裁者が登場したとき，独裁者に追随するような人に共通するパーソナリティは何かというものである．アドルノたちの研究グループは多数の面接調査を行って特徴的なパーソナリティ傾向から上記の9つの特徴を抽出し，その後質問紙調査を行って9つの特徴を測定する尺度を開発した．

このパーソナリティは参加型の社会制度を構築するうえで重要な検討課題となると考えられる．なぜなら，権威主義的パーソナリティの強い人は人間の自由な発意とそれに基づく行動，さらにそれらに基づいてより良い社会が築かれるという信念に対し，否定的な評価をすると考えられるからである．とすれば，司法参加や投票行動などの社会統治機構への参加に対しても否定的な評価をするだろうから，権威主義的パーソナリティ傾向の強い持ち主は非常に堅い保守的な傾向を示し，また，社会的威信の上下と権力行使の強弱を結びつけて考えるため，権威主義的パーソナリティ傾向の強い人々は，新しい，そして一般市

Ⅱ　パーソナリティおよび社会的態度について

民が裁判権を行使するという民主的な司法参加制度に対して否定的反応をすることが予想されるからである.

　たとえば，権威主義的パーソナリティと陪審員が持つ厳罰傾向とは関連があり（Bray & Noble, 1978），陪審偏見尺度（Juror Bias Scale: Kassin and Wrightsman 1983）の妥当性検証に利用されている（陪審偏見尺度の改訂版につき，Myers and Lecci 1998）.

　また，日本の研究では，政治的参加感との関連で検討された研究がある．行政に対する信頼に関する研究で年齢が上がるほど権威主義的であることが示唆されていたり（池田，2010），司法制度に対する信頼に対して間接的に影響することが示されている（Fujita, Hayashi, & Hotta, 2016）.

　権威主義的パーソナリティ傾向の強い者が以上のような傾向を示すのは，人間の自由な発意とそれに基づく行動，さらにそれらに基づいてより良い社会が築かれるという信念に対し，否定的な評価をすると考えられる．したがって，司法参加や投票行動などの社会統治機構への参加に対しても否定的な評価をすると考えられる.

　裁判員制度は，国民が，自ら主体的に関わり，自らの社会の担い手となる，社会の秩序を 生みだしているという認識を醸成すること（統治主体意識の涵養）を目的として導入された（司法制度改革審議会，2001）．しかし，そのためには柔軟な思考，社会的立場の上下に関わらず対等に議論をすることが必要であり，これは権威主義的パーソナリティ傾向とは相容れないことが推測される.

　そのため，権威主義的パーソナリティは司法参加への態度との関係で重要なパーソナリティ変数となると思われる.

3　権威主義的パーソナリティと，権威主義や保守主義の違い

　ここで若干補足しておくと，権威主義的パーソナリティと権威主義，特に日常用語での権威主義とは若干違っている．「権威主義」の国語辞典的な定義は，たとえば「権威を振りかざして他に臨み，また権威に対して無批判に服従する行動様式.」（スーパー大辞林）となるだろう．この定義の後半は権威主義的服従と重なるところがある．ただ，アドルノ他が定義した権威主義的パーソナリティよりも意味が狭くなる．また，日常用語での権威主義は上記の定義でいうと前半の権威を笠に着る行動や考え方に重点が置かれているように思われる.

87

しかし，権威主義的パーソナリティで問題にするのは独裁者に追随する特有の価値基準や行動傾向であり，権威を他者にひけらかして他者よりも優位に立とうとすることにはそれほど重点が置かれていない（結果としてそうなることはあろうが）．

また，権威主義的パーソナリティと保守主義との違いについても問題になることがある．保守主義は「旧来の伝統・慣習・考え方などを尊重して，急激な改革を好まない主義」（スーパー大辞林）であり，従来のありかたに変更を加えたがらない傾向のことを言う．権威主義的パーソナリティでは，それに加えて非常に堅く従来のやり方を守ろうとし，変更についての柔軟性が乏しく，さらに従来のあり方の墨守それ自体に重要な価値をおいているところ，そしてそれが他のパーソナリティの特徴と絡みあい一体となって存在しているところが異なっているといえる．実際，Right Wing Authoritarian Scale を開発した Altemeyer も，保守主義と権威主義は異なると表明している（Altemeyer, 1990）．

4 本稿で取り上げる他のパーソナリティ

具体的には，社会に対する保守的・伝統的規範墨守的傾向として権威主義的パーソナリティを取り上げ，人間の基本的性格特性として Big Five を取り上げる．

Big Five は，人間の性格を 5 次元の組み合わせによって説明しようとするパーソナリティ理論である．様々に異なる人間のパーソナリティを基本的な要素で説明しようとする理論は，これまで数多く作られてきた．その中でも，Big Five はその名の通り基本次元を 5 つ設定し，各次元の強弱の組み合わせで人の性格を説明しようとするものである．その 5 つの次元とは，外向性（extroverted），神 経 質 傾 向（nervousness），誠 実 性（conscience），調 和 性（agreeableness），経験への開放性（openness to experience）である．なお，調和性は「協調性」と訳す向きもあるが，日本語の「協調性」は組織内での他者（特に上司）への同調傾向についていうことがあるので，ややミスリーディングである．Big Five は現在までのところ最も有力で当てはまりの良い理論とされ，この理論をもとに作成された測定尺度（パーソナリティスケール）は，信頼性・妥当性が数多くの先行研究で確認されている（例えば，Goldberg 1992; Goldberg & Rosolack 1994; Shi et al. 2009 等）．また，通文化的に適用可能な理論

であると認識されており，西洋文明のみならず，アジアやアフリカの対象者の性格特性を説明するのに有効であると考えられている（Schmitt et al., 2007）.

　以上のように，Big Five は今日におけるもっとも有力で説明力の高い性格特性理論であり，また先行研究も多い．そのため，新たなデータを取得した際にはこれまでの知見と比較して位置づけを検討することが可能である．したがって，権威主義的パーソナリティと司法参加に対する態度との関連を探ることによって，その2つの要素を人間の基本的性格特性に対してどのように位置づければよいかについての示唆が得られると考えられるからである.

　本稿では，パーソナリティの他に，司法制度に対する参加意向という一種の社会的態度について検討する．社会的態度は基本的かつ重要な概念でありながら，心理学以外の領域からは誤解されやすい概念である．そこで次項では，パーソナリティや単なる主観的要素等と勘違いされやすい社会的態度について解説する.

5　社会的態度とは

　社会的態度とは，簡単に言うと個人の中に保持される好き・嫌い，賛成・反対等の感情価を伴った評価的反応（Petty & Cacioppo, 1986）である．より古典的には，「態度とは，関連するすべての対象や状況に対する個人の反応に対して直接的かつ力動的な影響を及ぼす，経験に基づいて組織化された，精神的・神経的準備状態」（Allport, 1935）とされる.

　これらの定義からわかることは，社会的態度は何らかのきっかけがあると行動として発動するものであり，それは人の中に保持された心理状態であるということである．そして，その心理状態は完全に生得的なものではなく，人間が生後学習によって獲得してきたものであることである．学習によって獲得するということは，その人間が置かれた文化やコミュニティによって内面化する態度が異なる可能性があることを示唆する（Schmitt et al., 2007）．その点で，態度は単純な好き嫌いとのみ言えるものではなく，他者の影響を受けながら成立するものであるといえる．そして，その他者はコミュニティ，社会，国家，文化等に埋め込まれながらその影響を受けているものであるため，個々人が形成する態度もまたそういったものから影響を受けていることが想定される.

　以上の観点から，社会心理学で取り上げられる態度は社会的態度と呼び習わ

される．個々人の感情的評価反応は，他者の影響を受けて形成されているという点に着目した言い方であろう．また，態度を表明することによってそれを見た他者がまた自身の態度を形成するという事実（Heider, 1946, 1958）を考えると，他者に対して影響を与えるという観点からも，態度は対人関係的に影響をおよぼすもの，つまり社会的なものであるということができる．

以上が社会的態度の説明であるが，司法に対する参加意欲というのも社会的態度の一種と捉えられる．というのも，司法に対して参加したい・したくないという気持ちとして感じられる我々の精神の中には，それらに対する肯定的感情や否定的感情があり，それはわれわれが司法への参加をどのように直感的に評価しているのかを反映しているからである．

III　本稿での問題と仮説

では，パーソナリティおよび社会的態度について説明を終えたところで，本稿の問題設定についてあらためて明らかにしておこう．本稿での問題は，冒頭で述べたとおり，市民が参加する司法制度への社会的態度，パーソナリティとの関係についてみることであり，今回は特に量刑判断の傾向との関係を見出すことである．

その検討に先立ち，本稿は第1稿の研究の続きとなる研究であるため，第1稿の研究内容を大まかに振り返っておこう．

IV　第1稿の研究の概要

第1稿の研究の目的はすでに上記で述べたため，次項で研究の方法から振り返りたい．

1　方　法

調査は株式会社日経リサーチに依頼し，インターネット上に回答用ウェブサイトを構築して行われた．2010年1月27日に調査が開始され，2月2日に終了した．日系リサーチ社のモニタープールからランダムにサンプルされたモニターのうち，回答依頼に任意で応じた回答者が，回答用ウェブサイトを通じて

回答を入力した．モニターの住所は日本全国に分布し，年齢層は 20 代〜60 代にわたった．調査依頼の送信数は 6502，それに対して回答数 1503 であり，回収率は 23.1％であった．回答所要時間の中央値は 17 分 48 秒，平均値は 28 分 40 秒であった．

質問項目の内容は，アドルノの F 尺度（力への指向性）40 項目版（与那嶺・東江 1965），F 尺度の改良版（仮訳）32 項目，Right Wing Authoritarian Scale (RWA)（Altemeyer, 1998）の仮訳，BigFive 60 項目版，社会支配志向性尺度（Pratto, Sidanius, Stallworth, & Malle, 1994）の仮訳，司法への参加態度に関する質問項目群（オリジナル），および人口統計学的属性に関する質問群であった．

2　結　果

第 1 稿（藤田，2016）で示されたことを述べると，おおよそ次のとおりである．第 1 稿ではアドルノの F 尺度からは 3 因子が抽出され，「超自我指向性」「他者不信」「伝統規範墨守」と名づけられた．Right Wing Authoritarian Scale（Altemeyer, 1998）からも 3 因子が抽出され，この 3 因子は「規範の強制」「自由の肯定」「抵抗の肯定」と命名された．各因子と司法制度への参加に対する態度との相関を見たところ，F 尺度の「規範の強制」因子と RWA の「自由の肯定」の因子との相関が見られた．Big Five に関しては，理論的予測通り，外向性，神経質傾向，誠実性，調和性，経験への開放性の 5 つの因子が得られた．

この研究では社会支配志向性尺度（Pratto et al., 1994）についても聞いており，因子分析の結果，「平等の重要性」「世界の平等性」「人間同士の差の承認」の 3 つの因子が抽出された．

重回帰分析を行って，上記の各因子が司法制度への参加の態度をどのように規定するかを検討したところ，司法制度への参加にマイナスに効いていたのは「規範の強制」因子であり，プラスに効いていたのは「自由の肯定」，「開放性」，「人間同士の差の承認」であった（藤田 2016：表 9）．

F 尺度が理論的には 9 つの人格特性を予想し作成されたにも関わらず，因子分析すると 3 因子となるのは，そもそもの尺度の構成上，一つの質問項目で複数の人格特性を測定すると想定された項目が存在することが理由として考えられる．各質問項目を原則として一番重み付けが大きい因子ひとつだけと関係が

4 司法制度についての人々の社会的態度とパーソナリティ 2〔藤田政博〕

ある質問として分類すると，9つよりも少ない数としてまとまることになる．その知見を参照しつつ，理論的に3因子を想定して開発されたのがRWAである．その3因子は権威主義的服従，権威主義的攻撃性，伝統的価値基準の墨守であり（Altemeyer, 1998），この3因子が抽出されることについては第1稿の追試でも確認されたとおりである．測定上の問題として，権威主義的パーソナリティのために開発されたF尺度は，十分なものではないということが挙げられる．

ただし，それの代替を目指して開発されたAltemeyerの尺度も，日本語訳をして調査をしてみたが，十分な信頼性を得られず，かつ概念的にはアドルノほかの9つの人格的特徴とは異なっている．

3 考 察

司法参加と権威主義の関連では，規範強制傾向が弱く，自由の肯定，安定的傾向が司法参加へのプラスの態度をうむことがわかった．これは，多くの市民が司法をはじめとした社会の統治機構に積極的に参加し開かれた社会を構築していく上で重要な条件になる可能性があると考えられる．

人間同士の差の承認と関係があったことについては，多くの市民にとって司法制度，司法への参加自体が最近になって注目を集めたまだ特別なものであることと関連しているのかもしれない．

尺度開発上の意義としては，F尺度及びその日本語訳を現在の日本に即したものとするということが挙げられる．尺度が作成されてから半世紀以上が経過し，元の内容のほか翻訳の文言の奇妙さや社会的文脈の違いから文言の見直しが必要と言える．また，アドルノほかの開発経緯を考慮すると，可能であれば，権威主義的パーソナリティを測定可能な新たな尺度を開発していくことも視野に入れるべきだろう．

V 本稿での新データ

本稿で新しく提出するデータで以下を検証することを目的とした．（1）尺度の信頼性等を異なったサンプルで確かめること，（2）権威主義的人格傾向やBig Five等の性格特性が量刑に及ぼす影響について分析を行うことであった．

V 本稿での新データ

くわえて，F尺度の改良版がどのような統計的特性を持つのか，従来のF尺度の日本語訳に対する置き換えは可能かについて検討することを目的とした．

1 方 法

調査は第1稿と同様に株式会社日経リサーチに依頼し，インターネット上に回答用ウェブサイトを構築して行われた．調査は第1稿の調査の約1年後であり，調査開始は2011年2月24日，終了は2月28日であった．この調査の回答者は，第1稿と同様に，日経リサーチがもっている回答候補者リストからランダムにサンプルされた回答候補者の内，任意に応じた人であった．登録モニターは日本全国に分布し，年齢は20〜69歳で平均43.71歳（SD13.40），男性894名，女性947名であった．調査依頼の送信数は11,366であり，有効回答数は1,841であった．調査依頼数に対する回収率は16.2%であった．回答所要時間の中央値は20分44秒，平均値は32分20秒であった．

質問項目の内容は，アドルノのF尺度40項目版（与那嶺・東江1965），F尺度の改良版（仮訳）32項目，Right Wing Authoritarian Scale（RWA）（Altemeyer, 1998）の仮訳，Big Five 60項目版，社会支配志向性尺度（Pratto et al., 1994），司法への参加態度に関する質問項目群（オリジナル），および人口統計学的属性に関する質問群であった．なお，仮訳については32項目のF尺度から，本稿著者が翻訳した．翻訳したものについては翻訳者によるバックトランスレーションを行って元の英語の翻訳とのずれを確認した．

各人格傾向と量刑の判断傾向の関係を見るために，今回の調査では架空の殺人事件のシナリオを読んで懲役刑の長さを決めるというタスクを加えた．

架空の殺人事件の概要は次のとおりであった．この事件では加害者Aが被害者Bをナイフで刺殺した．Aは78歳，Bは49歳でともに男性であり，Bは精神的障害をおっていた．そのため，AはBの仕事と生活の面倒を何十年にもわたって見ていた．しかし，Bが近年問題行動を繰り返すようになり，そのたびにAが後始末をして回っていたが，あまりにも周囲の人々に迷惑をかけるBの行動に思い悩み，いつかBを殺して自分も死ぬことを考えるようになった．そして，ある日ついに耐え切れなくなり，本件犯行に及んだ．犯行後，Aはすぐに警察に自首したという事件であった．なお，AとBの間には，親子関係などの血縁関係はなかった．Aは自首しており，裁判でも自ら罪を認めていて，事

4 司法制度についての人々の社会的態度とパーソナリティ2〔藤田政博〕

実について争うことはしなかった.

　以上を前提に，回答者にはAにふさわしい刑罰として，懲役3年から25年までのうち1つを選んで決めるよう質問をした.

　なお，シナリオでは検察官が「厳罰」を求刑するバージョンと「懲役15年」を求刑するバージョンの2つがあった．この違いは，量刑の分析において使用した.

2　結　果

(1) 尺度および司法制度への参加意欲に関する結果

　得られた各尺度のまとまりを見るために因子分析を行った．因子分析に際しては主因子法とプロマックス回転を用いた．因子数はスクリープロットを見ながら決定し，因子負荷量の絶対値が0.4未満の項目は取り除いた．下位尺度の信頼性を見るために，得られた各因子の α 係数を求めた上で，他の質問との関連性を検討した．加えて，司法への参加態度がどのような項目で説明されるか重回帰分析を行った.

　アドルノ40項目では3因子が抽出された．各因子は，第1稿と同様に超自我指向性（.83），伝統規範墨守（.72），他者不信（.75）と名付けられた．Altemeyer の RWA では3因子が抽出された．こちらの尺度も，第1稿の名前に揃えて各因子は，規範の強制（.85），自由の肯定（.71），抵抗の肯定（.46）と名付けられた．社会支配志向性尺度については3因子が抽出され，平等の重要性（.81），現実は平等か（.80），人間同士の差の承認（.66）と名付けられた（括弧内は α ）.

　人口統計学的変数を統制し，上記で抽出された各因子と司法参加への態度との偏相関を見たところ，アドルノF尺度「超自我指向性」とは負の，「伝統規範墨守」とは正の関係が見られた．RWA の「自由の肯定」と司法参加に正の関係が見られた.

　一般的性格では，Big Five の「経験への開放性」と司法への参加の態度は正の相関，情緒的不安定性とは負の相関が見られた．また，社会的差異のうち，人間同士の差についての知覚と司法への参加の態度に正の相関が見られた.

(2) 量刑判断との関係：重回帰分析の結果

　回答者の下した量刑に影響する要因を検討するために，重回帰分析を行った.

94

　　　　　　　　　　　　　　　　　　　　　　　　V　本稿での新データ

重回帰分析を行うにあたって，どのような独立変数を分析に投入するかによっ
て複数のモデルを作成した．そのモデルとは，以下の3種類である．1つ目の
モデルは，統制のために人口統計学的変数を投入し，加えて本研究で回答者に
尋ねた人格尺度の得点を独立変数として投入したものである（以下，モデル1）．
2つ目のモデルは，モデル1に加えて，回答者が本事件のシナリオを読んで，
被告人や被害者についてどのように感じたかを尋ねた質問への回答10項目を
投入した（以下，モデル3）．3つ目のモデルは，モデル2に加えて，回答者が
下した懲役の長さについて，事件の関係者や裁判関係者から見てどう思われる
と思うかについて尋ねた質問項目6つを分析に投入したものである．

　これらの3つのモデルの違いは，モデル1が懲役の長さの判断に対する人格
尺度の影響を見るモデル，モデル2は事件評価を加えた場合，モデル3はさら
に回答者の判断が他者から見てどう思われるかの評価を加えたモデルとなって
いる．

　第1稿と本稿の研究の関心から行くと，もっとも検討するべきはモデル1に
なる．人口統計学的変数の影響を取り除いても人格変数の影響はあるのかを検
討するべきだからである．しかし，事件そのものの評価や，回答者自身の判断
がどう評価されるかという評価懸念も，懲役年数の判断に影響すると思われる．
そのため，それらの影響が人格変数の影響と比べて大きいのか否か，事件評価
や評価懸念を統制しても人格変数の影響は残るのか，その場合の大きさ等を検
討することは意義があると思われるため，本稿での検討対象としたい．

　以上の3つモデルの重回帰分析の結果は，表1のとおりである．量刑に対し
有意に効果を持つ独立変数には網掛けがしてある．網掛けが濃い変数ほど，強
く関係している（p値が小さい）ことを表している．

　人口統計学的変数では，年齢の効果が一貫している．非標準化偏回帰係数で
あるB（ベータ）を見ると，年齢が1歳上がるごとに懲役刑が0.05年程度ず
つ短くなっている．「数値アンカー」は検察官が求刑の際に「15年」を求刑し
たか，それとも単に「厳罰を望みます」という意見を言ったかどうかの違いで
ある．現実には求刑で具体的年数に言及しないことは考えにくいが，アンカリ
ング効果を見るために本項の調査では入れた．そうしたところ，求刑がはっき
りしていたほうが一貫して刑が重くなる効果が見られている．

　では，次に人格尺度と量刑との関係を見ると，モデル1ではアドルノF尺度

　　　　　　　　　　　　　　　　　　　　　　　　　　　　　　　　　　95

4 司法制度についての人々の社会的態度とパーソナリティ2〔藤田政博〕

表1 量刑結果を従属変数とする重回帰分析の結果

	モデル1			モデル2			モデル3		
	B	β	p	B	β	p	B	β	p
人口統計学的変数									
年齢	-0.06	-0.15	0.00	-0.05	-0.11	0.00	-0.05	-0.12	0.00
性別	0.21	0.02	0.53	0.55	0.05	0.07	0.50	0.04	0.09
職業	-0.01	-0.01	0.77	-0.06	-0.04	0.13	-0.06	-0.03	0.16
家計年収	-0.10	-0.03	0.34	-0.06	-0.02	0.51	-0.06	-0.02	0.48
調査条件									
数値アンカー	1.52	0.13	0.00	1.39	0.12	0.00	1.43	0.12	0.00
無視教示	-0.22	-0.02	0.46	0.01	0.00	0.98	-0.06	-0.01	0.83
アドルノF尺度 規範の強制	-0.02	-0.02	0.59	-0.02	-0.03	0.43	0.04	0.04	0.20
保守性	0.01	0.01	0.78	0.03	0.03	0.31	0.04	0.04	0.19
他者への不信	-0.06	-0.07	0.05	-0.02	-0.02	0.46	-0.01	-0.02	0.59
RWA 規律の強制	0.02	0.03	0.38	0.04	0.07	0.06	0.04	0.06	0.11
RWA 自由の肯定	-0.05	-0.04	0.30	0.01	0.01	0.82	0.00	0.00	0.92
RWA 抵抗の肯定	0.14	0.07	0.06	0.04	0.02	0.58	0.04	0.02	0.55
SDO SDO 平等の重要性	0.04	0.03	0.31	-0.03	-0.02	0.46	-0.04	-0.03	0.30
SDO 現実は平等か	0.04	0.02	0.44	-0.01	0.00	0.90	-0.03	-0.02	0.45
SDO 人間同士の差の承認	-0.07	-0.04	0.16	-0.07	-0.04	0.12	-0.05	-0.03	0.28
Big Five 司法参加	-0.01	-0.02	0.58	0.02	0.03	0.24	0.02	0.03	0.21
経験への開放性	-0.03	-0.05	0.10	-0.03	-0.05	0.07	-0.03	-0.05	0.06
情緒不安定性	0.01	0.02	0.53	0.00	0.01	0.87	0.00	0.01	0.84
外向性	0.02	0.03	0.43	0.01	0.02	0.62	0.01	0.03	0.40
誠実性	0.05	0.07	0.02	0.03	0.05	0.04	0.04	0.06	0.02
調和性	0.01	0.02	0.59	-0.01	-0.01	0.63	-0.01	-0.01	0.47
事件評価									
1 被告人Aは許せない				0.90	0.17	0.00	0.79	0.15	0.00
2 *被害者Bにも落ち度がある				0.14	0.03	0.30	0.08	0.02	0.53
3 *被告人Aには同情できる				0.57	0.10	0.00	0.46	0.08	0.00
4 *被害者Bは無念だった				0.14	0.02	0.40	0.20	0.03	0.21
5 被告人Aの動機は理不尽だ				0.06	0.01	0.73	-0.06	-0.01	0.75
6 被告人Aの行動は残虐だ				0.25	0.05	0.13	0.31	0.06	0.06
7 被告人Aは身勝手だ				0.53	0.09	0.00	0.62	0.11	0.00
8 被告人Aの行動は悪質だ				1.08	0.19	0.00	0.93	0.16	0.00
9 *被告人Aの謝罪は反省の現れだ				0.49	0.08	0.00	0.38	0.06	0.02
10 被告人Aの行動は執拗だ				0.05	0.01	0.75	0.05	0.01	0.75
回答者の判断の他者評価									
1 世間一般の人							-0.24	-0.04	0.29
2 あなたの家族							0.10	0.02	0.65
3 この事件を担当した裁判員							-0.18	-0.03	0.50
4 この事件を担当した裁判官							-0.30	-0.05	0.21
5 被告人							-0.55	-0.09	0.00
6 被害者の遺族							1.03	0.18	0.00

の「他者への不信」があると懲役刑の長さが 0.06 年短くなっており，RWA の「抵抗の肯定」得点が 1 点上がると懲役刑は 0.14 年長くなっていた．ただ，いずれも p 値が 0.05 以上であり，効果としてはやや弱い．一方，Big Five の「誠実性」が 1 ポイント高くなると懲役刑が 0.05 年長くなっていた．

さらにモデル 2 を検討すると，量刑への「他者への不信」の効果は消え，「RWA 規律の強制」の効果がやや見られる．また，Big Five の「経験への開放性」の弱い影響も見られる．これに対して「誠実性」はベータは小さいもののモデル 1 と同様に懲役刑を伸ばす効果が見られる．

モデル 2 において加えられた事件評価の質問項目では，被告人を「許せない」「同情できる」「身勝手」「悪質」「反省している」という評価があるときに，懲役刑の長さに影響を与えていた．なお，* は逆転項目であり，分析の前に回答の数値の大小の向きを逆転させている．一方，刑事裁判で考慮されることが多い事情の「被害者の落ち度」「被害者の無念」「被告人の動機が理不尽」「行動が残虐」「執拗」といった要素については懲役刑の長さには影響を与えていなかった．モデル 3 においても残虐性を除いてほぼ同様の結果が得られていることからすると，被害者の落ち度，無念，動機の理不尽さ，執拗さといった要素は回答者から見て独立には評価されず，「許せない」「身勝手」「悪質」といった尺度で評価し，かつそういった尺度に解消されていると考えられる．

モデル 3 では回答者の評価を他者から見た場合にどう評価されると思うかについて尋ねた．これは，回答者の刑事裁判上の判断が，どのような他者からみて支持されるか，すなわちいかなる他者とであれば共有可能であることを念頭に置いていたかを尋ねるための質問群であった．この中では，「世間一般」や回答者の「家族」からみた評価は影響がなく，また他の「裁判員」や「裁判官」も効果がない．それに対して「被告人」と「被害者の遺族」からどのように見える化は懲役刑の長さに関係しており，被告人からの評価を気にした場合には懲役刑は短く，被害者の遺族からみた評価を気にした場合には懲役刑は長くなる傾向があり，前者は後者の 2 倍ほどの効果を持っていた．

以上をまとめると，F 尺度・RWA 尺度・Big Five の「経験への開放性」は量刑に対して影響を持つことがあったがそれは比較的弱いものであった．それに対して Big Five の「誠実性」は，回答者の事件評価や自身の判断の他者から見た時の評価の影響を除いても懲役を重くする効果があった．被害者・被告

人の行動に対する評価では，被告人を許せないか，同情できるか，身勝手か，悪質か，反省しているかが懲役刑の長さに効果があった．最後に，量刑判断が他者からどう見えるかについて尋ねた質問では，被害者遺族及び被告人から判断がどのように見えるかが懲役刑に対し有意な効果を持っていた．

3　考　察

本稿の新データでは，2つの権威主義的人格傾向についての尺度は，第1稿及び本原稿の2セットのデータともに3因子構造をしていた．第1稿のデータにおいても同様の結果が見られたことからすると，当初から3因子で設計された Altemeyer の RWA だけでなく，アドルノ他の F 尺度も現代の因子分析の技法による分類では3因子構造と捉えられることを示している．F 尺度はそもそも各質問が複数の因子（性格特性）に影響があるという形で設計されていることから，単純に3因子と割り切って各質問項目を分類し各因子を解釈することが妥当でない部分もある．本稿でも，因子負荷量が少ない質問項目を削除することで安定した3因子構造を抽出している．ということからすると，アドルノたちが調査によって描き出した9つの性格特性は，一般の人々 ── つまり，その性格特性を持つと思われる人々や，周囲の他者が権威主義的パーソナリティをもつような人々 ── の認識としては3因子構造的に把握されていることを示しているのかもしれない．

　この点をどのように考えるべきかについては，一種の決断が必要になるだろう．つまり，人の性格特性は自ら（素人的に）認識できる特性によって描かれるべきであり，研究者がそれとは別に特性を見出したとしてもそれは性格特性の実態とは別の過剰な概念化とする考え方である．類似の考え方に，社会心理学においては正義 justice と公正 fairness が区別されずに相互交換的に使用されることがおおいことが挙げられる．様々な調査の結果，一般人にとって両者はほぼ類似のものとして認識されているため，社会心理学的研究の上においても区別の実益に乏しいと考えられ，相互交換的に用いられている．

　その認識と類似の考え方で，そもそも権威主義的パーソナリティの性格特性は本来的に3つの特徴からなるのだと Altemeyer 的に割りきり，それに対応した質問尺度を作成して確立させるというのも一つのやり方であろう．しかし，第2時世界大戦直後に多数の人々の面接から洞察した9つの側面を持つ性格特

性の理論は，非常に堅い保守主義の兆候として説得力がある側面を有している．
したがって，アドルノ他の理論を直ちに捨てることも早計のように思われる．
上記のことが示しているのは，権威主義的パーソナリティについての臨床心理
学的面接や質的分析で得られた知見を，一般人向けの自己報告式質問紙で自認
する行動特性でそのまま捉えることは難しいということかもしれない．

　司法参加と権威主義的パーソナリティの関連に関する結果では，規範強制傾
向が弱く，自由の肯定，安定的傾向が司法参加へのプラスの態度をうむことが
わかった．これは，第1稿の調査と同様の結果である．多くの市民が社会の統
治機構に積極的に参加し，開かれた社会を構築していく上でこれらの要素が重
要な条件になると考えられる．

　量刑との関係では，F尺度の得点が高い判断者は量刑が重くなる（Bray &
Noble, 1978; McCann, 2008）ことが示されていた．本稿においては，F尺度およ
びRWAの尺度から取られた因子と量刑の間に関係が見られた．しかし，全体
としては事件評価や量刑判断に対する他者評価の想像等に比較すると効果の大
きさは小さかった．このことからすると，量刑に対しては権威主義的人格尺度
が影響することがあるがそれは弱く，一定の傾向を見出すことは難しい複雑な
影響関係を含んでいることが考えられる．一方，Big Fiveに関しては「誠実
性」の影響が3モデルともにおいて一貫して見られた．この要素が「良識」と
も訳されることからすると，良識のある人は，刑事事件の重大さについても良
識を重視するために刑を若干重くする傾向があるのかもしれない．

　事件評価，他の関係者からの量刑判断に対する評価懸念については，一貫し
て強い影響が認められた．他者から量刑判断についてどのように見られるかと
いう懸念が，事件内容に関係する評価と同程度に量刑に影響がある（モデル
3）ということからすると，判断者がどのような評価にさらされる可能性があ
るかの懸念の影響を研究することが重要である可能性がある．今回はマスコミ
についての質問は入っていなかったが，マスコミで取り上げられるような有名
な事件（high-profile cases）の場合，さらに他者からの評価を意識する可能性
が増えることも考えられる．

　他には，認知的要因として数値のアンカーの影響が大きいことが示された．
アンカリングアンドアジャストメントバイアス（Epley & Gilovich, 2006）は相
当に頑健（robust）なバイアスとして知られているが，本稿のデータでもそれ

が確認された．刑事裁判においては，慣習的に検察官は必ず具体的刑罰の内容に言及した求刑を行い，しかもそれは弁護側よりも先であるから，判断者にとって非常に強力なアンカーになっていることが示された．そして，「無視教示」の効果がないことから，その効果は単に無視するよう指示しただけではなくならないことも示された．

VI　ま　と　め

　本稿では，第１項に続き，民主的司法参加制度に関連する社会的態度と人格特性の関係を見た．本稿では第１稿のデータに加えて量刑判断との関係を見た．

　司法参加に関する態度と権威主義的パーソナリティの関連では，規範強制傾向が弱く，自由の肯定，安定的傾向が司法参加へのプラスの態度をうむことがわかったことからすると，新しく市民が権力の一部を担うという制度に対して肯定的に捉えるには開かれた柔軟な捉え方をする行動傾向が有利になっていると考えられる．これは，裁判員制度が2009年に開始されてまだ10年ほどしか経過していない，我々の社会にとって新しい制度であることが影響していると考えられる．今後は，学齢期にはすでに裁判員制度が存在していたという日本人が増えてくることになる．そうなった時には，すでに裁判員制度は「伝統的な制度」と捉えられる可能性がある．その時点では，伝統を墨守する傾向が強いことが制度への参加傾向にプラスに働くようになっているのかもしれない．

　量刑判断への影響については，影響があるものの効果の大きさとしては他の要因よりも小さいというものであった．この結果から，事実の影響など他の要因にフォーカスした研究を行っていくか，あるいは個人差を追究するために人格傾向による量刑への微妙な差がどこから来るのかのいずれを追究していくべきかが問題になると思われる．もちろん，効果が弱くとも人間の判断に与える個人差要因を明らかにするという観点からは後者の問題も，法社会学・法と心理学の分野としては両方共追究に値するテーマであると思われる．その一方で，量刑に対する効果の大きなものから明らかにするべきという量刑に与える要因を明らかにしたいという観点からは，前者をより追究してゆくことになるであろう．

VI まとめ

〔文　献〕

Adorno, T. W., Frenkel-Brunswik, E., Levinson, D. J., & Sanford, R. N. (1950). *The Authoritarian Personality*. New York, NY: Harper.

Allport, G. W. (1935). Attitudes. In C. Murchison (Ed.), *Handbook of social psychology* (pp. 798-844). Worcester, MA: Clark Univ. Press.

Altemeyer, B. (1990). Altemeyer replies. *Canadian Psychology, 31*(4), 393-397.

Altemeyer, B. (1998). The "other" authoritarian personality. *Advances in Experimental Social Psychology, 30*, 47-92.

Bray, R. M., & Noble, A. M. (1978). Authoritarianism and decisions of mock juries: Evidence of jury bias and group polarization. *Journal of Personality and Social Psychology, 36*(12), 1424-1430.

Cacioppo, J. T., Petty, R. E., Kao, C. F., & Rodriguez, R. (1986). Central and peripheral routes to persuasion: An individual difference perspective. *Journal of Personality and Social Psychology, 51*(5), 1032-1043. https://doi.org/10.1037//0022-3514.51.5.1032

Carroll, J. S., Perkowitz, W. T., Lurigio, A. J., & Weaver, F. M. (1987). Sentencing goals, causal attributions, ideology, and personality. *Journal of Personality and Social Psychology, 52*(1), 107-118.

Duckitt, J. (2009). Punishment attitudes: Their social and psychological bases. In M. E. Oswald, S. Bieneck, & J. Hupfeld-Heinemann (Eds.), *Social psychology of punishment of crime* (pp. 75-92). Malden, MA: Wiley-Blackwell.

Duksterhuis, A. P. (2010). Chapter 7 Automaticity and the Unconscious. In S. T. Fiske, D. T. Gilbert, & G. Lindzay (Eds.), *Handbook of Social Psychology* (5th ed., Vol. 2, pp. 228-267). Hobeken, NJ: Wiley.

Epley, N., & Gilovich, T. (2006). The Anchoring-and-Adjustment Heuristic: Why the Adjustments Are Insufficient. *Psychological Science, 17*(4), 311-318.

藤田政博 (2016)「市民の司法参加への社会的態度と, 権威主義的パーソナリティおよび Big Five 性格特性の関係に関する研究」法と社会研究 2 号 55-82 頁.

Fujita, M., Hayashi, N., & Hotta, S. (2016). Trust in the justice system: Internet survey after introducing mixed tribunal system in Japan. *Oñati Socio-Legal Series, 6*(2). Retrieved from http://ssrn.com/abstract = 2769587

Goldberg, L. R. (1992). The development of markers for the Big-Five factor structure. *Psychological Assessment, 4*(1), 26-42.

Goldberg, L. R., & Rosolack, T. K. (1994). The Big Five factor structure as an integrative framework: An empirical comparison with Eysenck's PEN model. *The Developing Structure of Temperament and Personality from Infancy to Adulthood*, 7-35.

Heider, F. (1946). Attitudes and Cognitive Organization. *The Journal of Psychology, 21*(1), 107-112. https://doi.org/10.1080/00223980.1946.9917275

4 司法制度についての人々の社会的態度とパーソナリティ 2 〔藤田政博〕

Heider, F. (1958). *The psychology of interpersonal relations*. Erlbaum. Retrieved from https://books.google.co.jp/books/about/The_Psychology_of_Interpersonal_Relation.html?id=Zh6TDmayL0AC&redir_esc=y

池田謙一（2010）「行政に対する制度信頼の構造」日本政治学会編『年報政治学 2010-I：政治行政への信頼と不信』木鐸社.

Kassin, S. M., & Wrightsman, L. S. (1983). The construction and validation of a juror bias scale. *Journal of Research in Personality, 17*, 423-442. Retrieved from http://www.sciencedirect.com/science/article/pii/0092656683900703

McCann, S. J. H. (2008). Societal threat, authoritarianism, conservatism, and U.S. state death penalty sentencing (1977-2004). *Journal of Personality and Social Psychology, 94* (5), 913-923. https://doi.org/10.1037/0022-3514.94.5.913

Myers, B., & Lecci, L. (1998). Revising the Factor Structure of the Juror Bias Scale: A Method for the Empirical Validation of Theoretical Constructs. *Law and Human Behavior, 22* (2), 239-256. Retrieved from http://psycnet.apa.org/journals/lhb/22/2/239/

中島義明＝子安増生＝繁桝算男＝箱田裕司＝安藤清志＝坂野雄二＝立花政夫編（1999）『心理学辞典』有斐閣.

スーザン・ノーレン・ホークセマ，バーバラ・フレデリックソン，ジェフ・ロフタス（内田一成監訳）（2015）『ヒルガードの心理学（第 16 版）』金剛出版.

Petty, R. E., & Cacioppo, J. T. (1986). The elaboration likelihood model of persuasion. *Advances in Experimental Social Psychology, 19*, 123-205.

Pratto, F., Sidanius, J., Stallworth, L. M., & Malle, B. F. (1994). Social dominance orientation: A personality variable predicting social and political attitudes. *Journal of Personality and Social Psychology, 67*(4), 741-763.

Roberts, R. D., Zeidner, M., & Matthews, G. (2001). Does emotional intelligence meet traditional standards for an intelligence? Some new data and conclusions. *Emotion, 1*(3), 196.

Ross, L. (1977). The intuitive psychologist and his shortcomings: Distortions in the attribution process. *Advances in Experimental Social Psychology, 10*, 173-220.

Schmitt, D. P., Allik, J., McCrae, R. R., Benet-Martínez, V., Alcalay, L., Ault, L., … Sharan, M. B. (2007). The geographic distribution of Big Five personality traits: Patterns and profiles of human self-description across 56 nations. *Journal of Cross-Cultural Psychology, 38*(2), 173-212. https://doi.org/10.1177/0022022106297299

Shi, J., Lin, H., Wang, L., & Wang, M. (2009). Linking the big five personality constructs to organizational justice. *Social Behavior and Personality, 37*(2), 209-222.

司法制度改革審議会（2001）「司法制度改革審議会意見書：21 世紀の日本を支える司法制度」自由と正義 *52* 巻 8 号 184-242 頁. Retrieved from http://www.kantei.go.

Ⅵ　まとめ

jp/jp/sihouseido/report/ikensyo/pdf-dex.html

Tyler, T. R., & Huo, Y. J. (2002). *Trust in the law: Encouraging public cooperation with the police and courts. Russell Sage Foundation series on trust.* New York, NY, US: Russell Sage Foundation, New York, NY. Retrieved from http://search.proquest.com/docview/619994944?accountid = 26262

Wiggins, J. S., & Pincus, A. L. (1992). Personality: Structure and assessment. *Annual Review of Psychology, 43*(1), 473-504.

与那嶺松助・東江康治（1965）「権威主義尺度の構成について」琉球大学教育学部紀要8号197-203頁.

Ⅱ　弁　護　士

5　弁護士急増がもたらしているもの
——弁護士の地理的分布への影響を中心に

濱　野　　亮

Ⅰ　はじめに

　本稿は，近時の弁護士急増という画期的な変化が弁護士の地理的分布（所属事務所の所在地分布）にもたらしている影響について，公表されているデータに基づき分析する．わが国の弁護士分布については大都市圏偏在，及び，都道府県内部における裁判所周辺への集中が知られているが，本稿は，データの制約から都道府県単位の分布に限定して分析する．

　本研究の成果を要約する．大都市圏偏在という基本的パターンには顕著な変化はないものの，東京都と大阪府（以下，「都府県」は省略）のシェアの低下，その他の高等裁判所所在地[1]全体と高裁不所在地全体のシェアの上昇が生じた．しかしながら，司法試験合格者数を約2000人に抑え，さらに1500人水準に抑制する過程で東京のシェア低下は止まり，その他の高裁所在地全体と高裁不所在地全体のシェア上昇も止まった．

　より詳しくは，第一に，全国総数に占める東京のシェアは今世紀初頭以来，上昇を続けていたが，2007年以降横ばいから下降に転じた．大阪は一貫して低下している．他方，その他の高裁所在地全体と高裁不所在地全体のシェアは2000年代前半から半ばに上昇に転じた．

　第二に，弁護士率（人口10万人当たりの弁護士数，弁護士密度）[2]の高い地域と低い地域の間で特徴的な差異が明らかになった．高弁護士率地域（主に高裁所在地）の増加率は全国平均より低い．東京と大阪が最も低く，それ以外は東

---

(1)　東京と大阪以外の高裁所在地は北海道，宮城，愛知，広島，香川，福岡である．

(2)　棚瀬（1987：2）に従った．

『法の経験的社会科学の確立に向けて』村山眞維先生古稀記念〔信山社，2019年3月〕　　*107*

京・大阪より少し高い水準に収斂している．これに対して，低弁護士率地域の増加率はばらつきが大きい．その中で，増加率全国最上位は弁護士率最低地域に集中している．

第三に，東京の動きを見ると，毎年の弁護士増加数は 2008 年をピークに（年間 900 人超）下降するが，2012〜14 年に年間 600 人増水準でステイし，2015 年には上昇に転じた．毎年の弁護士増加数に占める東京の比率は回復の兆しを見せ，全国総数に占めるシェアも下げ止まり，上昇に転じた．司法試験合格者数を絞り込む政策の結果，東京の飽和状態は緩和に向かっていると解釈できる．

第四に，東京の飽和状態が緩和する反面で，毎年の弁護士増加数に占める他地域の比率は下降に転じ，全国総数に占めるシェアも上昇が止まった．特に高裁不所在地への弁護士供給の減少が顕著である．

以上を通じて，弁護士数の急増，一時的な弁護士就職難（日本弁護士連合会編 2012）—市場が吸収できる以上の弁護士供給，司法試験合格者数抑制という状況での，①東京，②東京以外の高裁所在地とその周辺，③それ以外の地域（低弁護士率地域）の弁護士数変動パターンと相互連動関係が明らかになった．

II　近年の弁護士急増

近年の司法サービス状況を規定している条件のうち，最も重要なものは弁護士数の急増である．2001 年から 2016 年の 15 年間で弁護士数は 2 倍を超えた．

しかし，2007 年以降，新旧司法試験の合格者合計数が約 2000 名に抑えられ[3]，2013 年までその水準を維持した後．2014 年（1810 名合格）以降，約 1500 名に向けて落とす政策が採られた[4]．2016 年の合格者数は 1583 名，2017 年は 1543 名（法務省 2016：2017）である．

この政策転換が維持されるならば，劇的な急増は終わり，より緩やかな増加局面に入る．本稿は，政策が見直された直後の 2016 年までを対象とする．

敗戦から約 25 年で 2 倍（約 1 万人）になり，その後約 30 年かけて 2 倍（約 2 万人）になったことを考えれば，過去 15 年の倍増がいかに急速だったかが

---

(3)　旧司法試験は 2011 年をもって終了した（法務省 2011）．

わかる．この急激な増加が，それまでの安定したプラクティスの構造に衝撃を
与え，様々な変化を生んでいる．この点について，すでに法社会学的研究が現
れているが（濱野［2007，2012］，宮澤ほか［2010，2011a, b, c, 2012, 2013,
2014, 2015, 2016］，馬場［2011, 2014, 2017a］，佐藤・濱野［2015］，佐藤［2015］，
高橋［2017］，武士俣［2017］など），本稿は，まだ研究がない地理的分布への影
響について分析する[5]．

Ⅲ　急増の地理的分布への影響

1　弁護士分布シェアの推移

まず，2000年以降の弁護士分布シェア（弁護士総数に占める当該地域の弁護士
会所属者数の比率）の動きを広域単位で概観する．

表1が示すように，2000年代初頭は東京のシェアが増加し続け，大阪，そ
の他の高裁所在地全体（以下，高裁所在地と略称），高裁不所在地全体（以下，
高裁不所在地と略称）はいずれもシェアを下げ続けていた．しかし，東京・大
阪・愛知以外の高裁所在地は2004年から，高裁不所在地は2005年から，愛知
は2007から増加に転じた．逆に東京は2004年をピークに横ばいを経て
2009年からは下落に転じた．大阪は一貫して下落を続けている．しかしなが
ら，東京の下落は2015年に下げ止まった観があり，逆に他の高裁所在地と高
裁不所在地は2015年頃から横ばいになった．

シェアの低下は，全国弁護士総数の年増加率を当該地域の年増加率が下回っ
たことを意味する．東京は2009年以降，全国総数の年増加率を上回る増加率
を達成できなかったのである．その前後にシェアが上昇に転じた他地域の年増

---

(4)　法曹養成制度改革の推進について」（平成25年7月16日法曹養成制度関係閣僚会議
　　決定）を踏まえて開催された法曹養成制度改革推進会議は，2015年（平成27年）6月
　　30日の法曹養成制度改革推進会議決定「法曹養成制度改革の更なる推進について」に
　　おいて，司法試験合格者数について，毎年，「1,500人程度は輩出されるよう，必要な
　　取組を進め，更にはこれにとどまることなく，関係者各々が最善を尽くし，社会の法的
　　需要に応えるために，今後もより多くの質の高い法曹が輩出され，活躍する状況になる
　　ことを目指すべきである．」とした．この政策転換は，司法制度改革をどう評価するか
　　と深く関わる．筆者は，本稿が後世において司法制度改革を評価する際に参照されるこ
　　とを願う．
(5)　弁護士急増が法律事務所分布へ及ぼしている影響については濱野（2018）参照．

5 弁護士急増がもたらしているもの〔濱野 亮〕

表1 広域別弁護士分布シェアの推移

西暦	東京	大阪	愛知	その他の高裁所在地	高裁不所在地
2000	46.34%	14.05%	4.69%	8.69%	26.22%
2001	47.52%	14.00%	4.59%	8.41%	25.47%
2002	47.89%	13.92%	4.55%	8.33%	25.31%
2003	48.31%	13.83%	4.62%	8.16%	25.07%
2004	48.47%	13.70%	4.60%	8.17%	25.06%
2005	48.39%	13.65%	4.60%	8.20%	25.15%
2006	48.46%	13.49%	4.58%	8.20%	25.27%
2007	48.32%	13.15%	4.60%	8.25%	25.68%
2008	48.37%	12.99%	4.64%	8.29%	25.70%
2009	48.33%	12.63%	4.67%	8.42%	25.96%
2010	47.95%	12.45%	4.70%	8.47%	26.43%
2011	47.57%	12.19%	4.74%	8.57%	26.93%
2012	46.98%	12.01%	4.81%	8.68%	27.52%
2013	46.63%	11.89%	4.80%	8.72%	27.95%
2014	46.30%	11.79%	4.85%	8.77%	28.29%
2015	46.39%	11.60%	4.90%	8.82%	28.29%
2016	46.39%	11.60%	4.90%	8.80%	28.16%

注：2001年～2004年は12月31日現在，2007年は7月現在，2000年，2005～2006，2008～2016年は3月31日現在.
出所：日本弁護士連合会編著（2004：23；2005：69，93；2006：58；2007：105；2008：110；2009：82；2010：98；2011：105；2012：123；2014：91；2015：75；2016：35）.

加率は，全国総数のそれを上回ったことになる．東京・大阪を除く高裁所在地と高裁不所在地の各年の弁護士増加数の伸びが，東京のそれに追いつき追い越すという現象が生じたのである．

　以上は広域単位の動きであるが，次に都道府県ごとに2005年から2016年への弁護士増加率を見てみよう[6]．弁護士合計数の増加率が頂点に達した2008

Ⅲ　急増の地理的分布への影響

年以前の 2005 年と直近を比較する.

2　都道府県別の弁護士増加率

　2005 年から 2016 年にかけて弁護士総数が 78％増になった状況のもとで，東京（東京三会）は 71％増，大阪は 50％増にとどまった．総計の増加率（78％）を下回っているのは，岩手，秋田，山形，東京，大阪，奈良，愛媛，高知，沖縄のみである．沖縄は戦後，アメリカの施政下にあったという特殊事情により弁護士率が高かったが，本土復帰後の弁護士増加率は低く（馬場 2017b：35）[7]，それが今日まで続いている．岩手，秋田，山形，愛媛，高知は以下で見るように弁護士率の低い地域である．弁護士率の低い地域はこのように弁護士増加率が非常に低い地域がある一方で，増加率が最高の地域もあり，散らばりが大きい.

　増加のパターンを見るために，増加率計算の基準となる 2005 年の弁護士率（人口 10 万人当たりの弁護士数）[8]を横軸，弁護士増加率を縦軸にして[9]，プ

---

(6)　弁護士分布に関して都道府県単位で分析することへの疑問として六本（1991：169, 175）参照．六本は経済活動の単位（経済圏）を基準にすべきことを示唆するが，具体的に何を基準とし，どの地域を一単位とするかを決めるのは容易な作業ではない．本稿は伝統的な都道府県単位を基本とし，補足的に東京，大阪，それ以外の高裁所在地，高裁不所在地を広域として分析した.

(7)　沖縄は，敗戦後，米軍の統治下で本土とは異なる法令のもとで弁護士資格が与えられ，弁護士率が本土と比べて非常に高かった（棚瀬 1987：10 注 6，馬場 2017b：49-50）．日本復帰の際，特別措置が採られ（日本弁護士連合会調査室 ［2007：36-37]），その結果，沖縄の弁護士率は，復帰直後は他地域と比べて非常に高かった．復帰後は一転して弁護士増加率は低かったものの（馬場 2017b：50），復帰前の高い弁護士率の影響は残った.　なお，馬場（同）は，沖縄の復帰前と復帰後の調停件数と訴訟件数の推移を分析し，司法制度利用率の規定要因として「制度運営者や媒介者の方針や運用」に光をあてた注目すべき研究である.

(8)　弁護士率（弁護士密度）は，先行研究である棚瀬（1987）が分析に用いた変数であり，弁護士の地理的分布を考える上で最も重要な指標の一つである．棚瀬は，1974 年のデータについて，第一に，各都道府県の弁護士数と人口は正の相関関係にあることを示し，第二に，外れ値である東京と大阪につき，回帰直線に基づく予測値より大幅に弁護士が多く，それは人口以外の要因（企業法務需要その他の法的ニーズ，その他弁護士にとって魅力的な条件）の影響が示唆されるとした.

(9)　縦軸を弁護士数の増加率ではなく，弁護士率の増加率とすることも考えられるが，弁護士数の経年変化と関係づける観点から，人口変動の影響を受けない弁護士数の増加率を縦軸とした.

111

5 弁護士急増がもたらしているもの〔濱野 亮〕

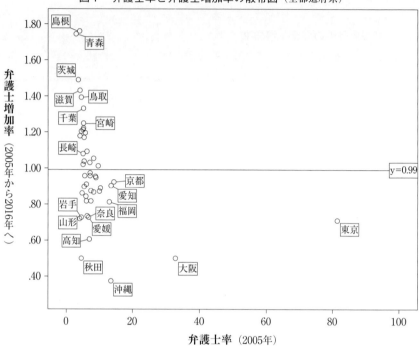

図1 弁護士率と弁護士増加率の散布図（全都道府県）

注：弁護士率は，人口10万人当たりの弁護士数．弁護士増加率は，2016年の弁護士数から2005年の弁護士数を引いた値を2005年の弁護士数で除したもの．直線 y=0.99 は Y 軸の値の平均（各地域の増加率の平均値）を表す．総合計の平均値は y=0.78．
出所：日本弁護士連合会編著（2005：93，2016：33），総務省統計局の人口推計（都道府県別人口〔各年10月1日現在〕http://www.e-stat.go.jp/SG1/estat/List.do?bid = 000001039703&cycode=0，2017/11/23アクセス）に基づいて作成．

ロットしたのが図1である．

　弁護士率が中程度以下の地域での増加率のばらつきが顕著である．詳しく見るために，弁護士率が群を抜いて高い東京と大阪，及び，特殊事情により弁護士率が高い沖縄を除いてプロットしたのが図2である．

　この図からは興味深い知見が得られる．散布状況は，2005年の弁護士率で8前後を境として，弁護士率の高いグループ（10地域）と低いグループ（34地域）に分かれる[10]．前者では弁護士増加率はほぼ同一水準（0.8〜1.0前後）で並び，後者では，右下がりの直線状に分布し（図3参照），弁護士率と弁護士

112

Ⅲ　急増の地理的分布への影響

図2　弁護士率と弁護士増加率の散布図（東京，大阪，沖縄を除く）

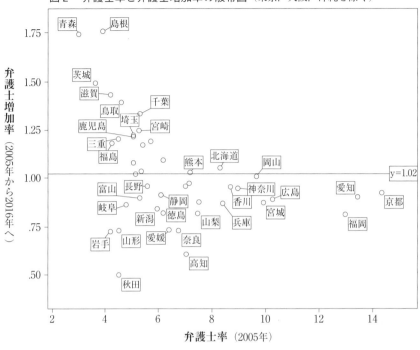

注：直線 y=1.02 は Y 軸の値の平均（各地域の増加率の平均値）を表す．
出所：図1と同じ．

増加率はかなり強い負の相関関係にある（相関係数— 0.564，1 ％水準で有意）[11]．以下では，東京，大阪，沖縄を含め2005年の弁護士率8以上の地域を高弁護士率地域，弁護士率8未満の地域を低弁護士率地域と呼ぶ．

東京，大阪，沖縄を除く高弁護士率地域では10年間の増加率がほぼ等しかったのに対して，低弁護士率地域では弁護士率が低いほど弁護士増加率が高く，負の相関関係が認められ，顕著なパターンの違いがある．このパターンの

---

[10]　高弁護士率地域の限界をどこに設定するか（例えば群馬，山梨，石川，和歌山，熊本を含めるか）は議論の余地があるが，高裁所在地とその周辺という定性的な情報を考慮に入れて本文のように分類した．

[11]　回帰式は，y=1.839-0.144x．標準誤差は定数項が0.208，x が0.037であり，n=34，R^2=0.318．

5 弁護士急増がもたらしているもの〔濱野 亮〕

図3 弁護士率と弁護士増加率の散布図（2005年の弁護士率8未満の地域）

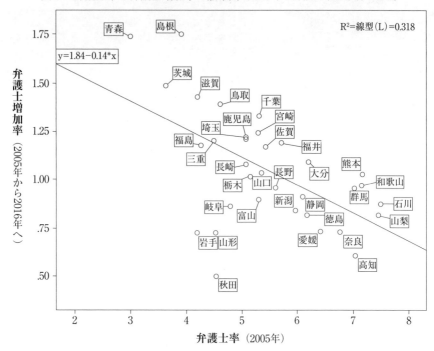

注：直線はY（縦軸の値）のX（横軸の値）への回帰直線．
出所：図1と同じ．

違いは，二つの地域の間に，増加率の質的な（量的ではない）違いを生む差異が存在していることを示唆している[12]．

高弁護士率地域（東京，大阪，京都，沖縄，愛知，福岡，広島，宮城，岡山，神奈川，香川，兵庫，北海道）は，全ての高裁所在地と高裁所在地周辺（神奈川，京都，兵庫，岡山）及び沖縄である．高裁所在地（都道府県）の弁護士率が，管内の他地域と比較して，回帰式が予測する推定値[13]を上回っていることは棚瀬（1987：69-70）によって指摘されていた．上記の2005年のデータは，高裁所在

---

[12] 弁護士率8という値自体が意味を持つのではなく，高弁護士率地域と低弁護士率地域の間に質的な顕著な差異があるのではないか，という点が本質である．

[13] 棚瀬の分析における回帰式の独立変数は，県内総生産を人口で割った値という意味での県民所得である．棚瀬（1987：13, 69）．

地の弁護士率の高さが長年（少なくとも 30 年余りにわたって）維持されていることを示すとともに，この時期の弁護士増加率が東京，大阪，沖縄を別にするとほぼ等しいことを示している．

低弁護士率地域のうち，最も低い 4 地域（順に青森，茨城，島根，滋賀）を含む 5 地域（弁護士率が最下位から 10 位の鳥取が加わる）が弁護士増加率最高を達成している．弁護士率が次に低い地域では，弁護士増加率は幅広く分散している．その散らばりの大きさは，高弁護士率地域の弁護士増加率の収斂傾向と対照的である．

3　低弁護士率地域における弁護士増加率を説明する要因

低弁護士率地域で弁護士増加率が弁護士率と逆相関している点は，高弁護士率地域と顕著に異なる現象である．そこで，低弁護士率地域の弁護士増加率がどのような要因によって説明できるか検討する．

低弁護士率地域の 2005 年から 2016 年への弁護士増加率は，上記のように 2005 年の弁護士率とかなり高い逆相関関係（相関係数— 0.564，1 ％ 水準で有意）にある．しかしながら，弁護士率（2013 年，2016 年），弁護士数（2005 年，2016 年），総人口（2005 年，2016 年），大企業数（2014 年），県民所得（2005 年，2014 年）とは，いずれも 10％水準でも有意ではない．散布図をチェックしたが非線型の関係も見られない[14]．

これらの変数はいずれも地域の静的な状態を示すものであるが，弁護士の増加は，弁護士を引きつける，より動的な当該地域の発展性を示す変数と関係があるかもしれない．そこで，地域の経済的な成長性を示す変数として県民所得[15]の変化率をとりあげる[16]．この時期はデフレ期であり，県民所得はマイナ

---

[14]　もちろん，統計的に有意な相関が認められないことは二変数間の無関係性を意味するわけではない．

[15]　県民所得とは，総務省が県民経済計算において公表している，各都道府県の①雇用者報酬（賃金・俸給＋雇主の社会負担），②財産所得（非企業部門），③企業所得（法人企業の分配所得受払後）の合計額である．県民経済計算については内閣府（2015）を参照．その基礎となる国民経済計算については，武野（2001），中村（2004）参照．

[16]　Ginsberg & Hoetker（2006）は，1986～2001 年の都道府県別地裁民事通常訴訟新受件数（単位人口当たり）を被説明変数とする重回帰分析において，単位人口当たりの県民所得に加えて，その各年変化率を説明変数に取り上げている．

5 弁護士急増がもたらしているもの〔濱野 亮〕

図4　県民所得変化率と弁護士増加率の散布図（2005年の弁護士率8未満の地域）

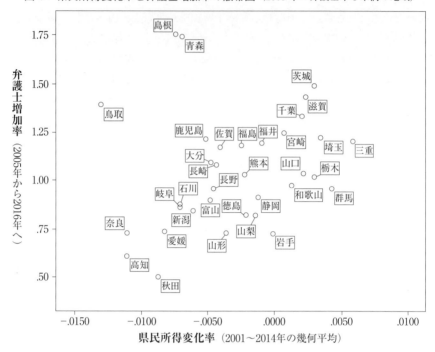

出所：弁護士増加率は図1と同じ．県民所得の変化率は，内閣府，県民経済計算（平成13年度―平成26年度）（93SNA，平成17年基準計算，統計表，1．総括表，5県民所得）（http://www.esri.cao.go.jp/jp/sna/data/data_list/kenmin/files/contents/main_h26.html，2017/1204アクセス）に基づいて幾何平均を計算．

ス成長（減少）のところも少なくない[17]．その中で，相対的に経済が活性化している地域は弁護士を引きつけているかもしれない．

2005年から2014年[18]にかけての県民所得変化率（幾何平均）[19]と弁護士増加率との相関を低弁護士率地域について見たところ有意ではなかった．しかしながら，散布図（図4）を見ると，大きく二つのクラスターに分かれる特徴的な

---

[17] 例えば，2005年から2006年にかけてマイナス成長を記録したのは，16地域である．
[18] 執筆時において2015年の県民所得データは公表されていなかった．
[19] 用いた県民所得は名目値であり，各年の都道府県間における物価水準の違い，及び，2001年から2014年にかけての物価水準の変化を反映させる実質化は行っていない．

Ⅲ 急増の地理的分布への影響

パターンが認められる.

すなわち, 弁護士増加率が非常に高く, 県民所得変化率が非常に低い3地域（青森, 鳥取, 島根）とそれ以外の地域である. 前者は, 左上隅に集中し後者から離れた島を形成している. 県民所得の変化率が大きなマイナスの地域であるにも関わらず弁護士増加率が非常に高くなっている外れ値的存在である. 県民所得の変化以外の要因（例えば, 積極的な弁護士勧誘政策など）が作用している可能性がある[20]. 後者では, 県民所得変化率と弁護士増加率は正の相関関係にある（相関係数は0.644, 1%水準で有意）.

これに対して, 高弁護士率地域を調べると, 弁護士増加率と県民所得変化率は相関しているとは言えなかった（P=0.232）[21].

以上のような特徴的パターン, すなわち, 高弁護士率地域で弁護士増加率が低い水準で収斂する傾向があり, かつ県民所得変化率とは相関が認められないこと, 他方, 低弁護士率地域では, 弁護士増加率が県民所得変化率と正の相関関係にあること, 但し, 例外的に弁護士率の高い三地域（青森, 鳥取, 島根）が外れ値的に存在していることについて, 確定的な説明をするにはデータが不足している. しかしながら, 高弁護士率地域は弁護士率の高い状態が長期間（少なくとも高度経済成長期以来[22]）続いていたのであり, 弁護士率の収斂傾向と県民所得変化率との無相関はいわばこの地域の構造的頑健さを想起させる. 他方, 21世紀初頭以来の前例のない弁護士急増は, 低弁護士率地域への弁護士供給をも前例のない程度に増加させ, その結果, 何らかの理由で相対的に多くの弁護士が流入した地域（青森, 鳥取, 島根）と, それ以外の県民所得増加率と弁護士増加率が正の相関を示す地域を分岐させたと言えるかもしれない.

高弁護士率地域で県民所得増加率と弁護士増加率が相関していないのは, この地域の弁護士需要が既存の法律事務所における弁護士需要をベースにしており, それがこの時期の経済状況との連関性を超えた規定力を発揮したのかもしれない. 他方, 低弁護士率地域は法律事務所数が長年低水準にあり, その規定

---

[20] 鳥取, 島根, 青森が2005年から2016年にかけてなぜ非常に大きな弁護士増加率を示したかの具体的情報は得られていない. 鳥取と島根は法科大学院の影響があるかもしれない.

[21] 東京, 大阪, 沖縄を外すと, 10%水準で負の相関関係がある（相関係数は−0.585）.

[22] 厳密には棚瀬（1987）が分析した1970年代半ばと本稿が対象とする2010年前後の間の時期についても調べる必要があるが, 大きな変化はなかったと推定できよう.

5 弁護士急増がもたらしているもの〔濱野　亮〕

力を上回る弁護士供給急増があったため，そのオーバーフロー部分が経済状況
に規定され（経済的に，より活況を呈している地域に弁護士が吸収され），県民所
得増加率との正の相関を結果としてもたらしたのかもしれない．次に述べるよ
うに低弁護士率地域は弁護士獲得競争上，他地域よりも劣位にあるが，そのた
めに低弁護士率地域内部での獲得競争が激しく，各県の条件とりわけ積極的な
リクルート活動や経済状況が鋭敏に反映するのかもしれない．交絡因子が存在
する擬似相関または全くの偶然の余地もあるが，仮説として提示する．

　いずれにせよ，この時期の弁護士率と弁護士増加率の散布図（図1〜図3）
は，高弁護士率地域と低弁護士率地域との間に質的あるいは構造的な差異があ
る可能性を示唆している．

4　広域別の弁護士増加実数の動き

　以上のような地域別パターンは，どのようなメカニズムで生じたのか．より
細かく弁護士実数の各年の動きを追ってみよう．

　まず，司法試験合格者数と弁護士増加数総計の動きを見る．両者はほぼ連動
しているが[23]，2007年から2014年まで合格者数を約2000人水準にステイさせ
た状況下，2008年に頂点に達した弁護士増加数総計は，以後，横ばいではな
く相当な減少率で下落し続けている．増加数総計は2008年のピーク時で1931
人だったのに対して，2014年には1421人，2015年1370人，2016年1265人
と急落した．日弁連のシミュレーションによれば，合格者数を1500人に抑え
続ければ，毎年の弁護士増加数総計は当面900人から1000人程度に維持され
る（日本弁護士連合会編著 2015：72，2016：54-55）．

　この時期の東京，東京を除く高弁護士率地域（2005年の弁護士率8以上），低

---

[23]　司法試験合格者数と新規登録者数の動きの間には，修習期間（2006年以降新司法試
　　験合格者は1年間，旧司法試験合格者は1年4ヶ月）のタイムラグがある．例えば，
　　2007年に新旧司法試験合格者数が約2000名に達したが，それは2009年（データは3
　　月末の登録者数）の時点での過去一年の弁護士増加数に基本的に反映する（旧司法試験
　　が並存している間は新旧司法試験合格者の修習期間の違いが影響を持つ）．2008年が司
　　法試験合格者のピークなので2010年までは弁護士増加総数が上昇を続けてもよさそう
　　であるが，2009年には下降し始めた．その理由は明らかにできなかったが，引退・死
　　亡者数および（あるいは），司法研修所修了直後に登録しなかった者が多かったためか
　　もしれない．

Ⅲ　急増の地理的分布への影響

図5　各年過去1年間の弁護士増加数

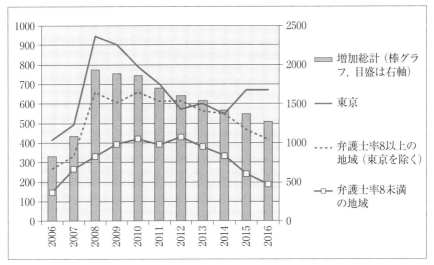

注：左軸は各地域の増加数（折れ線グラフ），右軸は増加数の全国総計（棒グラフ）．
出所：日本弁護士連合会編著（2005，93．2006：58．2007：105．2008：110．2009：82．
2010：98．2011：105．2012：123．2013：101．2014：91．2015：75）．

弁護士率地域（2005年の弁護士率8未満）で，各年の弁護士増加数がどのように推移したかを示したのが図5である．

　東京では，司法試験合格者数が約2000名でステイし，その影響が出る[24] 2009年から増加数[25]の下降が始まっている．下降は2012年まで続くがその下落率は図5が示すように全国増加総数の下落率を超えており，これが先に述べた東京のシェアの2009年からの低下をもたらした．東京を除く高弁護士率地域も毎年の増加数は2009年以降横ばいを経て下落に向かうが，その下げ幅は東京よりかなり緩やかである．他方，低弁護士率地域は，対照的に2012年まで上昇を続ける．全国増加総数が下落し続けたにもかかわらず上昇が続いたの

[24]　前掲注[23]参照．
[25]　棚瀬（1987：32注13）は，東京では大部分の弁護士が最初から東京で活動するのに対して，地方では，東京などからの途中流入者が少なくないと指摘する．データの制約から，既存の弁護士の地域間移動という変数をとりあげていない点は，本稿の限界である．

5 弁護士急増がもたらしているもの〔濱野　亮〕

はこの地域の弁護士吸収力の大きさ[26]を示しており，先に述べたとおり，全国総数に占めるシェアの上昇をもたらした．

このように，2008 年を頂点として東京の弁護士増加数が下降したのは，その時期の他の高弁護士率地域や低弁護士率地域の動きと合わせると，東京でそれまでと同水準の弁護士増を吸収できず，その意味で飽和したためであり，他地域で吸収されたものと解釈できる．ここで「飽和」とは，棚瀬（1987）の用法と同じく，全国総数に占めるシェアが低下する状態を指す[26]．2009 年以降，全国総数が減少する局面で東京は全国総数の減少率を超える減少率を記録した．その結果，先の**表 1** が示すように，東京の全国弁護士総数に占めるシェアは，2004 年から 2008 年までのほぼ横ばいを経て，2009 年から 2014 年まで低下し続けた．

東京以外の高弁護士率地域も 2008 年以降，増加数の緩やかな下降傾向が続き，飽和に近づいている状況を示唆するが，全国総数及び東京の下落幅と対比するならば下落幅は小さく，全国シェアはなお上昇し続けた．吸収余力は相対的に大きかったと言える．

これに対して，東京の各年弁護士増加数の下落が 2012 年以降底を打ち，2015 年からは再び上昇に転じたのは，飽和の緩和を示唆する．全国増加総数が減少し続けているにも関わらず上昇に転じている点が重要である．弁護士吸収力が復活している．先に述べたように東京の全国総数に占めるシェアが

---

(26)　吸収余力には弁護士獲得競争上の優位性という要素も含まれる．東京の弁護士求人条件が悪化し（勤務弁護士の給料水準の低下など），他地域で比較優位な条件を提示できる状況が生じたかもしれない．

(27)　棚瀬（1987：1-32）は，段階的飽和を論じる際，全国の弁護士総数に占めるシェアと弁護士率（人口 10 万人当たりの弁護士数）を指標に分析している．本稿は，全国の弁護士総数に占めるシェア，各年の弁護士増加実数，増加数合計に占める各地域の配分比率を指標に分析した．司法試験合格者数の変動（特に減少）を直接とりあげるためである．但し，棚瀬の分析では弁護士率において考慮されている総人口の変動の影響は，本稿では捨象されている．棚瀬や本稿のように全国総数に占めるシェアの低下という状態を「飽和」と呼ぶことが用語として適切かという論点もある．「飽和」を，それ以上吸収が不可能な弁護士数の水準と考えるのであれば，求職者数が求人数を上回っている状態ととらえることもできる．司法研修所修了直後の弁護士新規登録者に限定してデータを集めれば判定できるかもしれない．その場合，本稿の「飽和」概念と一致するとは限らない．「飽和」概念については定義，指標となる変数の選択を含め検討の余地を残している．

2015 年に上昇に転じたのはこのためである.

　図5から読み取れるもう一つの重要な点は，東京を除く高弁護士率地域と低弁護士率地域の弁護士増加数の動きの対比である．ともに，この約10年間の動きは，急増⇒横ばい⇒減少というカーブを描いているが，ピーク時が少しづつずれている．2008年に東京がピークを迎えるが，他の高弁護士率地域では2010年までピーク水準を維持してから緩やかに下降する．低弁護士率地域ではさらに遅れて2012年をピークとして下降する．このように下降に向かう時期は2年づつずれている．かつ，東京に比べると他地域の下降カーブは2014年までは緩やかである．全国総数の減少勾配とほぼ同じ減少カーブを描いている．高弁護士率地域と低弁護士率地域ともに全国総数に占めるシェアが低下しなかったのはこのためである．しかしながら，2015年に東京は上昇に転じ，2016年もその水準を維持しているが，他地域は下降を続けている．

　かつて棚瀬（1987：20-30）は，1960年代から1980年代にかけての弁護士統計を分析し，全国総数に占める東京や大阪のシェアが上昇から下降に転じる状況をもって「飽和」と表現し，東京が飽和すると大阪へ，大阪が飽和すると地方中核都市へと段階的に飽和が進むという仮説を提示した（段階的飽和仮説）．

　上記の2000年代から現在までの動きは「段階的飽和仮説」が依然として妥当していることを示唆している．但し，後に述べるように東京の受け皿としての大阪の地位は低下している．また，「飽和」と言っても，年間の弁護士増加数がゼロになったという意味ではない．東京の弁護士増加数が底を打った2014年の年間増加数も500名を超えており，2007年の年間増加数を上回っている．東京の弁護士吸収力（及びその成長力[28]）は非常に大きいことを示唆している．

　なお，この「飽和」は二重の意味で相対的である（棚瀬1987：26-30）．まず，近年の東京のように，ある時期を過ぎると飽和が緩和され，新たな飽和レベルに向かって弁護士が増加を続けるという意味で「相対的」である．また，当該

---

[28]　弁護士需要は，弁護士の存在が潜在的需要を顕在化させるという要素を含んでいるという意味で弾力性がある（棚瀬1987：7-8）．本文で述べた東京などの「相対的飽和」とその緩和は，司法試験合格者数の頭打ちと減少という時期にあたっているので，その影響が考えられるが，弁護士増が潜在的需要を顕在化させるという要素も作用しているかもしれない．

5 弁護士急増がもたらしているもの〔濱野 亮〕

図6 各年の弁護士増加数に占める配分比率 (各年の過去1年間増加数総計に占める比率)

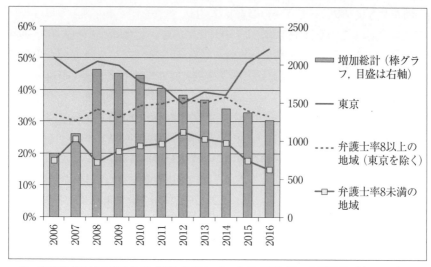

注：左軸は各地域の配分比率（折れ線グラフ），右軸は増加数の全国総計（棒グラフ）．
出所：図5と同じ．

地域で吸収し得る限度を超えたケースには限られず，他の地域に多く吸収された結果，当該地域では吸収余力があるにもかかわらず弁護士増加数があまり増えないというケースも含んでいる[29]．後者は擬似飽和ないし表面的飽和と呼ぶべきであるが，データによって真の飽和か擬似的な飽和かを判断することは困難なので，両者あわせて（相対的）飽和と呼ぶことにする．

次に「段階的飽和」を，毎年の弁護士増加数が3地域にどのように配分されたかという観点から見てみよう．地域間の相互連動関係がより明確に浮かび上がる．

図6から明らかなように，各年の弁護士増加数における東京の配分比率が約50％だったところ，2008年以降それが低下する過程で，他の高弁護士率地域は補完して配分比率を上げ続け，ピーク時は東京を上回り40％弱を記録した（2014年，37.9％）．しかしながら，2013年に東京の配分比率が上向きに転じる

---

[29] 棚瀬 (1987：27-28) は，絶対的飽和ではなく相対的飽和である理由として，弁護士マーケットの弾力性により絶対的飽和水準は想定しにくいことと，弁護士の地域間流動性があり，ある地域の飽和は他地域との相対的な関係において考えるべきことを挙げている．

と，この地域の配分比率も 2015 年から下降する．

　低弁護士率地域も，同様に配分比率 20％弱から 30％弱に向かって緩やかな増加傾向を示したが，2013 年に東京の配分比率が上昇に転じた時，他の高弁護士率地域より 2 年早く，連動して 2013 年から配分比率を下げ始めた（図 6）．先に述べた東京が飽和した局面での順序とは逆である．高弁護士率地域の方が低弁護士率地域より弁護士市場において優位[30]にあることと整合している．

　このように，東京の配分比率の反転に対応して，まず低弁護士率地域の配分比率が下降し，続いて東京以外の高弁護士率地域の配分比率も下降に転じた．弁護士増加総数が減少を続ける過程で，統計的に見ると弁護士の奪い合いとも言うべき現象が生じ，まず低弁護士率地域への供給が低下した[31]．飽和が東京から他の高弁護士率地域へさらに低弁護士率地域へと移っていったのに対して，東京の飽和が緩和する局面では，まず低弁護士率地域に影響が現れ，次に高弁護士率地域に及んだ．しかも，配分比率下降の勾配は，低弁護士率地域の方が東京以外の高弁護士率地域よりも急である（図 6 参照）．この点でも弁護士市場における低弁護士率地域の劣位が示唆される．

　司法試験合格者の絞り込みは，東京の飽和を緩和するとともに，わが国の弁護士市場の構造上，まず低弁護士率地域の弁護士増に歯止めをかけて増加数における配分比率を低下させ，続いて高弁護士率地域の配分比率を低下させた[32]．かつ低弁護士率地域の配分比率の下げ幅はより大きい．絞り込みの影響は低弁護士率地域に，より強く現れたと言うことができる．

　図 5 と図 6 は東京，他の高弁護士率地域，低弁護士率地域間の弁護士獲得競争上の相互関係（弁護士市場の動態）を表現する注目すべきグラフである．

5　都道府県別の弁護士増加実数の動き

よりミクロに都道府県レベルの弁護士増加数の動きを追ってみよう．

まず，大阪は東京と同様，2008 年をピークに下降し，かつ，東京と異なり

---

(30)　優位とは，地理的分布に現れる統計的な傾向としての優位という意味である．

(31)　毎年の弁護士増には新規登録者だけでなく，既存の弁護士の地域間移動の結果（流入と流出の差）も含まれている点に注意する必要がある．

(32)　本文で述べた動きは，一貫して司法試験合格者数が増加した場合，あるいは，2000 名水準が維持された場合とは異なる条件のもとでの動きである．

5 弁護士急増がもたらしているもの〔濱野 亮〕

図7 各年の弁護士増加数（2005年の弁護士率8以上のうち東5地域）

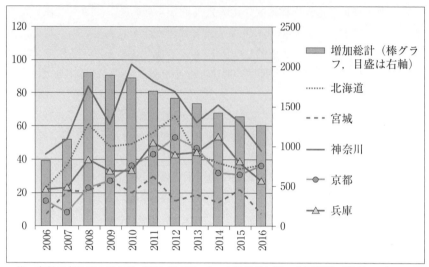

注：左軸は各地域の増加数（折れ線グラフ），右軸は増加数の全国総計（棒グラフ）．
出所：図5と同じ．

　2015年以降の回復はわずかである．先に述べたように2000年以来全国総数における大阪のシェアが一貫して低下している点も考えると，もはや大阪は東京の受け皿としての地位（棚瀬1987：28）にはないのかもしれない．これは大阪経済の地位低下に由来している可能性がある．但し，京都，兵庫，滋賀の弁護士増加率はかなり高く，大阪府単独ではなく大阪圏をとらえる必要があるかもしれない．
　これに対して，愛知は2008年以降，横ばいではあるが，東京，大阪と異なり増加数の下落はわずかである．2013年に若干下降したが，すぐ回復し，基本的に漸増基調である．愛知は弁護士吸収余力が相対的に大きいと言えるようである．最近では愛知と大阪の各年弁護士増加数はほぼ同じ約100名である．
　東京，大阪，愛知以外の高弁護士率10地域の動きは複雑である．東5地域（北海道，宮城，神奈川，京都，兵庫）と西5地域（広島，岡山，香川，福岡，沖縄）に分けてグラフ化した（図7，図8）．
　まず東5地域を見ると，東京が2008年を頂点として2009年から毎年の増加数を減らしていった局面でも，5地域いずれも直ちには減っていない．但し，

III 急増の地理的分布への影響

図8 各年の弁護士増加数（2005年の弁護士率8以上のうち西5地域）

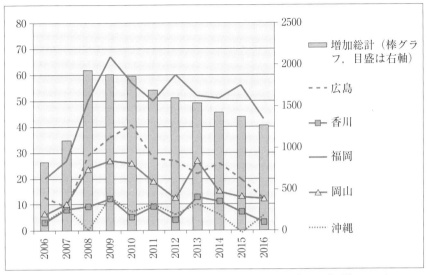

注：左軸は各地域の増加数（折れ線グラフ），右軸は増加数の全国総計（棒グラフ）．
出所：図5と同じ．

2012年前後からはいずれも下降局面にある．この時期は，東京の下降が止まって底を打ち，司法試験合格者数の引き下げを経て東京で再び各年増加数が上昇に向かう局面である．神奈川は上下の動きが激しいが，東京に少し遅れて2010年を頂点として下降局面に入った．神奈川の増加数水準の高さと近時の下落率の大きさが注目される．宮城は2011年がピークで，2012年以降は少し低い水準で緩やかに下降傾向を示していたが，2016年に大きく下降した．

弁護士率8以上の西5地域を見ると，福岡は東京より1年遅れて2009年に増加数のピークを迎え翌年から下降するが，下降幅は東京ほど大きくなく，上下動を繰り返しながら緩やかな下降傾向にある．広島は，更に1年遅れて類似のパターンを示している．これに対して，香川と沖縄は低い水準を維持してほぼ横ばいである．西5地域では，特に福岡の弁護士吸収余力（増加数水準の高さと高止まり傾向）が顕著である．

2005年の弁護士率8未満の地域について全てを見るのは紙幅が許さないので，弁護士率が最も高い3地域（石川，山梨，熊本）と，最も低い3地域（青森，

5 弁護士急増がもたらしているもの〔濱野 亮〕

図9　各年の弁護士増加数（2005年の弁護士率8未満のうち弁護士率の最も高い3地域）

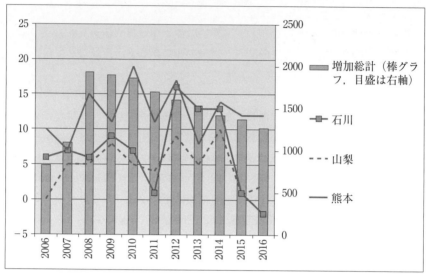

注：左軸は各地域の増加数（折れ線グラフ），右軸は増加数の全国総計（棒グラフ）．
出所：図5と同じ．

茨城，島根）を見てみよう（図9，図10）．ここでも大凡の見取り図を示すと，島根を除くと各年の上下動がかなりあるが，緩やかに増加傾向を示しつつ，2015年に大きく下げている地域がある（石川，山梨，青森）．熊本と茨城は比較的大きな上下動を繰り返しているが趨勢は横ばいないし緩やかな増加傾向である．島根のみは，全期間を通じてほぼ横ばいで（そもそも実数が少なく5名前後），2015年と2016年にも増加数をほとんど減らしていない．

これらの地域は，いずれも，香川，沖縄と同様に弁護士増加数の少ない地域（いずれも，毎年10前後，茨城のみ20を超える年があった）であるが，飽和を示すパターンを読み取ることは難しい．むしろ，この時期の，東京・大阪や他の高弁護士率地域と異なって，上下動はあるがほぼ横ばいのトレンドを示しているということができる．但し，山梨，石川，青森，茨城は2015年以降，大幅に下落した．

以上のように，少なくともここで取り上げた低弁護士率地域では，個々の県の動きを見ると飽和を顕著に示すケースは少ない．しかしながら地域全体とし

Ⅲ　急増の地理的分布への影響

図10　各年の弁護士増加数（2005年の弁護士率8未満のうち弁護士率の最も低い3地域）

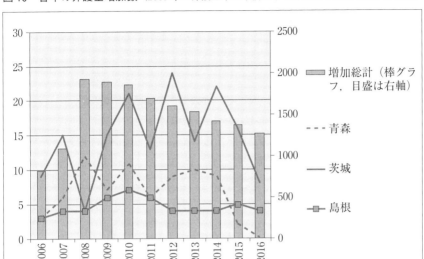

注：左軸は各地域の増加数（折れ線グラフ），右軸は増加数の全国総計（棒グラフ）．
出所：図5と同じ．

て見ると，先に述べたように各年の増加総数に占める配分比率が特に近年になって低下している．低弁護士率地域は，各県の小さな動きの総和としての統計的な飽和状態にあると言うべきかもしれない．図9と図10の各折れ線グラフの動きは，低弁護士率地域が吸収容量の限界に達していることを示唆しているとは言えないように思われる．全国の増加総数が減少し，他方で東京の増加数が下げ止まり反転する過程での「飽和」であって，東京の動きの反射という要素が大きいと考えられる．とはいえ実数水準が低いので，小さな減少でも個々の地域へのインパクトが大きい点に留意する必要がある．

　近年の司法試験合格者数1500人政策の帰結として，東京の飽和緩和と並行して，低弁護士率地域への弁護士供給が絞り込まれる可能性がある．より長期のデータを得て検証したい．

6　まとめ

　棚瀬（1987）が仮説として提示し，本稿でもデータが示唆する飽和は相対的

5　弁護士急増がもたらしているもの〔濱野　亮〕

なものである．ある地域において飽和しても，やがて緩和して次の飽和レベル
に移行する．また，地域間での弁護士獲得競争と移動（流入・流出）のもとで
の飽和という意味でも相対的なものである．時間的にも空間的にも相対的であ
る．そして地域間での弁護士獲得競争（弁護士市場）において優劣があり，東
京が最も優位し，高弁護士率地域が続き，低弁護士率地域が劣後するという仮
説を立てることができる．高弁護士率地域内，低弁護士率地域内でも優劣があ
りうるが，それをデータにより明らかにするのは今後の課題である．

　各地のシェア（全国弁護士数総計に占める比率）が上昇から下降に転じるケー
スは次の二類型を理論的に想定できる[33]．第一に，その時点の吸収余力が限界
に近づいたという意味での飽和である．第二に，その時点の吸収余力は限界に
近づいてはいないが，弁護士供給が減った結果，シェアが下降に転じるケース
である．弁護士供給の減少は司法試験合格者数の減少からも生じるが，他地域
に奪われるという意味での減少からも生じる．本稿では第二類型（擬似飽和）
も広い意味で飽和ととらえた．なお，第一類型において，弁護士供給の減少が
重なる場合がある．東京の2009〜2014年はそのようなケースである可能性が
高い．

　シェアの下降局面が反転して上昇に転じるケースは次の二類型を理論的に想
定できる．第一に，吸収余力の限界としての飽和が終わり，より多くの弁護士
を吸収できるようになったケースである．第二に，吸収余力のある「擬似飽
和」の状況でシェアが減少していたところ，弁護士供給が増えたケースである．
東京の2015年以降の動きは，吸収余力の限界としての飽和が終わった第一類
型である可能性が高い．

　21世紀に入り弁護士が大幅に増加する過程で全国総数に占める東京のシェ
アは上昇し続けたが，2004年をピークに横ばい状態となった（表1）．その反
面で，他の地域は当初シェアを下げていたが，大阪を除いて吸収余力のある擬
似飽和だった可能性が高い．2005年前後からは大阪を除く他の地域でシェア
が上昇に転じている．

　2009年以降，全国総数は減少に転じたが，その減少率を超えるスピードで

---

[33]　増加数の上昇局面が反転して下降に転じる二類型の区別は理論的なもので，現実例を
　　確定的に分類するには多くの変数についてデータを必要とする．増加数の下降局面が反
　　転して上昇に転じる二類型の区別も同じである．

東京の各年増加数が下落したため，東京のシェアは下降した．その反面，他地域のシェアは上昇し続けた．先に述べたように，東京の飽和は，この時点の吸収余力が限界に近づいた状況に弁護士供給の減少が重なった可能性が高い．

状況は2013年に変化する．毎年の弁護士増加数が各地域でどのように配分されたかを見ると（**図6**），2008年以降2012年まで東京は一貫して配分比率を下げてきたが，2013年から上昇に転じ，2016年には2006年の水準を回復した．他方，他の高弁護士率地域，低弁護士率地域いずれも，全国総数が減少する局面でも配分比率を上げ続けていたが，まず低弁護士率地域が2013年以降大幅に配分比率を下げ続け，次に高弁護士率地域も2015年から配分比率を下げている．

近年，東京・大阪・愛知以外の高裁所在地，高裁不所在地で全国シェアの上昇が止まり低下の端緒が見られるのは（**表1**），全国シェアの低下という点で飽和と言えるが，以上のような展開に鑑みれば，弁護士供給の減少の結果生じた擬似飽和ととらえるべきである．弁護士総数が一貫して減少する局面で東京の配分比率が上昇（弁護士吸収力が回復）したため，その反射として吸収余力を残したまま弁護士増加が抑制されていると解釈できる．

IV　むすび —— 要約と課題

1990年代末以来の司法試験合格者数大幅増加政策のもとで，各地の弁護士率は着実に向上した．しかしながら，東京で飽和状態となり，毎年の弁護士増加数が頭打ちを経て下降した．だが，司法試験合格者数を約2000人に抑え，さらに1500人に向けて下げる政策の効果として，東京の飽和は緩和し，再び毎年の弁護士増加数が上向いている．その反面，他地域の弁護士増加数は，高弁護士率地域，低弁護士地域ともに地域全体として見れば下降傾向が顕著である．

弁護士数の大幅増加は，弁護士率の高い高裁所在地とその周辺のみならず，弁護士率の低い高裁不所在地でもコンスタントに弁護士増加数の上昇をもたらした．その意味で，全国各地の司法アクセス改善に量的に貢献した．しかしながら，司法試験合格者数の再抑制政策は，東京の飽和緩和とともに，再び東京への弁護士増加数の配分比率を高める結果を生み，その分，他地域，とりわけ，

5　弁護士急増がもたらしているもの〔濱野　亮〕

弁護士率の低い高裁不所在地への弁護士供給の制約となっている．また，高裁不所在地各地の弁護士増加率はばらつきが大きい．今後，供給の制約がこの地域の弁護士増加率と弁護士率のばらつきにいかなる影響を与えるのか（ばらつきは縮小するのか，あるいは，拡大するのか）についても観察していく必要がある．

　残された研究課題は，東京・大阪，高裁所在地とその周辺，それら以外の高裁不所在地という3カテゴリーにおける弁護士率と弁護士増加率の相関パターンの差異がなぜ生じているのかの解明（分析単位としての地域概念の再検討を含む），弁護士分布と法律事務所分布[34]の連関の分析，都道府県内部における法律事務所分布パターンの変化の解明，これらと弁護士業務の変化との連関の分析，弁護士急増下での法律事務所の経営状態と弁護士サービスの質的状況の解明などがある．司法試験合格者数を1500人水準に絞る前と後の比較も重要である．特に，低弁護士率地域における弁護士需要の充足状況を明らかにする必要がある．司法試験合格者数の水準についても，実証的なデータに基づく議論を可能にしたい．

〔文　献〕

馬場健一（2011年）「弁護士増は訴訟増をもたらすか──司法統計からの検証」法社会学74号163-190頁．

──（2014年）「本人訴訟の規定要因──『弁護士の地域分布と本人訴訟率』再考」和田仁孝他編『法の観察─法と社会の批判的再構築に向けて』法律文化社，315-334頁．

──（2017a）「訴訟率の地域差とその規定要因について」法社会学83号173-196頁．

──（2017b）「司法制度利用率の地域研究の示唆するもの──沖縄の経験から法と社会を考える」上石圭一＝大塚浩＝武蔵勝宏＝平山真理編『現代日本の法過程　宮澤節生先生古稀記念　下巻』信山社，45-72頁．

武士俣敦（2017）「弁護士の専門化と未分化型経営戦略の市場適合性」上石圭一＝大塚浩＝武蔵勝宏＝平山真理編『現代日本の法過程　宮澤節生先生古稀記念　上巻』信山社，335-376頁．

Ginsberg, Tom & Glenn Hoetker（2006）"The Unreluctant Litigant? An Empirical Analysis of Japan's Turn to Litigation," *Journal of Legal Studies* 35: 31-59.

濱野亮（2007）「弁護士のプラクティスとその変貌」法学セミナー52巻12号21-26頁．

──（2012）「日本の企業法務をめぐる伝統的条件とその変容」法社会学76号103-115頁．

---

[34]　法律事務所分布の近年の変化については濱野（2018）参照．

Ⅳ　むすび

――（2018）「弁護士急増の司法アクセス政策上の意義――法律事務所の分布への影響を中心に」立教法学 97 号.

橋本誠一（2005）『在野「法曹」と地域社会』法律文化社.

法務省（2008）「平成 20 年司法試験の結果について」の「総合評価」（http://www.moj.go.jp/jinji/shihoushiken/shiken_shinshihou_h20kekka01.html，2016/10/03 アクセス）.

――（2011）「旧司法試験の概要」（http://www.moj.go.jp/jinji/shihoushiken/jinji07_00099.html，2017/11/27 アクセス）

――（2016）「平成 28 年司法試験の結果について」の「総合評価」（http://www.moj.go.jp/jinji/shihoushiken/jinji08_00126.html，2016/10/03 アクセス）.

――（2017）「平成 29 年司法試験の結果について」の「総合評価」（http://www.moj.go.jp/jinji/shihoushiken/jinji08_00142.html，2017/11/04 アクセス）.

宮澤節生・藤本亮・武士俣敦・神長百合子・上石圭一・石田京子・大坂恵里（2010）「法科大学院教育に期待される『法曹のマインドとスキル』に対する弁護士の意見：2008 年全国弁護士調査第 1 報」青山法務研究論集 2 巻 67-171 頁.

宮澤節生・久保山力也（2011a）「弁護士界内部における業務分野の『評価』：2008 年全国弁護士調査から」青山法務研究論集 3 巻 33-82 頁.

宮澤節生・石田京子・久保山力也・藤本亮・武士俣敦・上石圭一（2011b）「第 62 期弁護士第 1 回郵送調査の概要：記述統計の提示」青山法務研究論集 4 巻 57-191 頁.

宮澤節生・武士俣敦・石田京子・上石圭一（2011c）「日本における弁護士の専門分化：2008 年全国弁護士調査第 2 報」青山法務研究論集 4 巻 193-287 頁.

宮澤節生・武士俣敦・藤本亮・上石圭一（2012）日本において特定分野への相対的集中度が高い弁護士の属性：2008 年全国弁護士調査第 3 報）青山法務研究論集 5 巻 119-233 頁.

宮澤節生・石田京子・久保山力也・藤本亮・武士俣敦・上石圭一（2013）「第 62 期弁護士の教育背景，業務環境，専門分化，満足感，及び不安感：第 1 回郵送調査第 2 報」青山法務研究論集 6 号 35-235 頁.

宮澤節生・石田京子・藤本亮・武士俣敦・上石圭一（2014）「第 62 期弁護士第 2 回郵送調査第 1 報：調査の概要と記述統計」青山法務研究論集 67-137 頁.

宮澤節生・藤本亮・石田京子・武士俣敦・上石圭一（2015）「10．第 62 期弁護士第 2 回郵送調査第 2 報：二変量解析から多変量解析へ」青山法務研究論集 39-175 頁.

宮澤節生・石田京子・藤本亮・武士俣敦・上石圭一（2016）「第 62 期弁護士の面接調査：第 1 報」青山法務研究論集 61-165 頁.

内閣府（2015）　経済社会総合研究所国民経済計算部「県民経済計算標準方式（平成 17 年基準版）」（平成 27 年 3 月改訂），（http://www.esri.cao.go.jp/jp/sna/data/data_list/kenmin/files/contents/sakusei.html，2017/12/04 アクセス）

中村洋一（2010）『新しい SNA ――2008SNA の導入に向けて』日本統計協会.

日本弁護士連合会編著（2004）『弁護士白書　2004 年版』日本弁護士連合会.

――（2005）『弁護士白書　2005 年版』日本弁護士連合会.

5 弁護士急増がもたらしているもの〔濱野　亮〕

―― (2006)『弁護士白書　2006 年版』日本弁護士連合会.
―― (2007)『弁護士白書　2007 年版』日本弁護士連合会.
―― (2008)『弁護士白書　2008 年版』日本弁護士連合会.
―― (2009)『弁護士白書　2009 年版』日本弁護士連合会.
―― (2010)『弁護士白書　2010 年版』日本弁護士連合会.
―― (2011)『弁護士白書　2011 年版』日本弁護士連合会.
―― (2012)『弁護士白書　2012 年版』日本弁護士連合会.
―― (2013)『弁護士白書　2013 年版』日本弁護士連合会.
―― (2014)『弁護士白書　2014 年版』日本弁護士連合会.
―― (2015)『弁護士白書　2015 年版』日本弁護士連合会.
―― (2016)『弁護士白書　2016 年版』日本弁護士連合会.
日本弁護士連合会編 (2012)「特集 1 新人弁護士の就業状況」自由と正義 63 巻 5 号 8-36 頁.
日本弁護士連合会調査室編著 (2007)『条解弁護士法（第 4 版）』弘文堂.
Parker, Christine & Adrian Evans (2014) *Inside Lawyers' Ethics (2nd ed.)*, Cambridge University Press.
六本佳平 (1983)「弁護士の役割と業務形態 ―― 日本と外国との数量的比較を中心として」法学協会編『法学協会百周年記念論文集 第 1 巻 法一般・歴史・裁判』有斐閣.
―― (1991)『法社会学入門 ―― テュトリアル 18 講』有斐閣.
佐藤岩夫 (2015)「弁護士人口の拡大と依頼者層 ―― 世界の動向と日本」大島和夫他編『民主主義法学と研究者の使命 ―― 広渡清吾先生古稀記念論文集』日本評論社，559-582 頁.
佐藤岩夫=濱野亮編 (2015)『変動期の日本の弁護士』日本評論社.
高橋裕 (2017)「弁護士における統合とその弱化」法社会学 83 号 151-172 頁.
武野秀樹 (2001)『国民経済計算入門』有斐閣.
棚瀬孝雄 (1987)「弁護士の大都市集中とその機能的意義 ―― 職域拡大と社会的役割の転換」同『現代社会と弁護士』日本評論社，11-99 頁（初出は 1977 年）.

6　新人弁護士と弁護士界の構造的変化をめぐって
―― 業務分析の知見から

武士俣　敦

I　は じ め に

　司法制度改革の一環としての法曹養成制度改革によって，日本の弁護士人口は 2018 年 1 月 1 日時点で 40,069 人となり[1]，この 10 年間でほぼ倍増した．このことによる目にみえる変化は，第 1 に，年齢構成においてみられる．20歳代と 30 歳代の若手弁護士の割合が増えたことである．近年その伸び率は鈍化しているものの，その割合は 40％を超えている[2]．

　第 2 に，地域分布である．2016 年時点で，東京に登録する弁護士の割合が 47％，東京と大阪を併せると 58％を占めており，大都市偏在の状況にはそれほど大きな変化がみられないが，都道府県単位での弁護士数はあらゆる地域で増加した．2007 年から 2016 年の 10 年間での増加率の全体平均は 171％であるが，都道府県別に増加率の差異をみると増加率 200％以上の高いところは，青森県など 14 県ある．そして，これら増加率の顕著な県はいずれも高裁所在地ではない（日弁連 2016：35）．このような変化は徐々にではあるが地域的偏在を低下させるという改革の効果の積極面と目される[3]．

　第 3 に，弁護士事務所の共同化の進展である．組織内弁護士を含めた全体で，1 人事務所の割合は，2007 年から 2016 年の 10 年間で 35％から 25％に低下した（日弁連 2007：104，日弁連 2016：56）．ただ，複数弁護士の事務所の割合が

---

(1)　https：//www.nichibenren.or.jp/jfba_info/membership/about.html（2018 年 1 月 11 日最終閲覧）

(2)　30 歳代以下の弁護士の割合は，2007 年には 32％だったものが 2010 年には 40％を超え，2016 年時点では 42％である（日弁連 2007：77，日弁連 2010：65，日弁連 2016：31）．

『法の経験的社会科学の確立に向けて』村山眞維先生古稀記念〔信山社，2019 年 3 月〕　　*133*

6 新人弁護士と弁護士界の構造的変化をめぐって〔武士俣敦〕

増えたといっても大規模化の程度はさほど顕著ではない．ほとんど東京と大阪にしか存在しない弁護士21人以上の事務所に所属する弁護士の割合は11％から14％，弁護士11人から20人の規模の事務所に所属する弁護士の割合は6％から8％の上昇にとどまり，微温的である．別の角度から，この10年間の弁護士数の増分が事務所規模別にどう配分されているかをみると，増分14,570人のうち弁護士3人から5人の規模の事務所で働いている弁護士が27.5％ともっとも多く，弁護士21人以上の大規模事務所で働く弁護士は19％となっている[4]．

さて，このように新人弁護士の増加にともなって弁護士界に少なくとも現象的には一定の変化が生じていることは確かである．そして，この変化の意味をめぐっては「弁護士の社会構造」[5]という観点からの法社会学的な関心を呼ぶ．これまでに実態調査をふまえた実証的研究や比較法社会学的研究を通じて日本の弁護士の構造的特質の一端が明らかにされてきたが[6]，それが今，新人弁護士の参入という事態によってどう変化しているのかをより立ち入って探り，変

---

(3) これらの県を細かくみると，東京と大阪の大都市圏に隣接する県と大都市圏から離れた県があり，前者は埼玉，千葉，茨城，和歌山であり，後者は青森，福島，福井，滋賀，三重，島根，鳥取，佐賀，鹿児島，宮崎である．これらの県は弁護士過疎の指標である弁護士1人あたりの人口の多さと必ずしも一致していない．3つのパターンに分けることができる．弁護士の増加率が大きいにもかかわらず，人口規模が相対的に大きいために，弁護士1人あたりの人口が多くなる県．ここには茨城，埼玉が典型的であるが青森，福島，滋賀，三重も含めることができよう．次に，増加率が大きく人口規模が小さいために弁護士1人あたり人口は大きくない県．福井，和歌山，島根，鳥取，佐賀，宮崎．三つ目に，弁護士増加率に比して相対的に人口規模が大きいために，弁護士増加率の大きさにもかかわらず弁護士1人あたりの人口がさほど下がらない県．千葉県，それに鹿児島も該当するであろう．

(4) なお，増分14,570人の事務所規模別の分布は，本文中で挙げた区分の他，1人事務所に9％，2人事務所に18％，6-10人事務所に16％，11-20人事務所に12％となっている（『弁護士白書』に掲載の数値をもとに算定）．

(5) この理論的視角を採用した米国の代表的な経験的弁護士研究がいわゆる「シカゴ・スタディ」であり，Heinz & Laumann（1982），および Heinz et al.（2005）に成果がまとめられている．「社会構造」とは分化と統合のメカニズムが作用する中で立ち現われる相対的に定常的な状態を指すものといえる．業務，キャリア，所得，威信など，弁護士の種々の側面において現われる特徴によって構造が示されることになる．

(6) 1990年代までをカバーするものとして，六本（1983），六本（1986），六本（2000）による一般化が通説的な位置を占めるといえる．最近では，2000年代に入ってからの弁護士増員時代の変化を究明する試みとして，佐藤・濱野（2015）がある．

化の性質と程度を従来の社会構造との関連において考察することを課題としたい．

　以下においては，改革の主たる効果である地域分布の変化，それに加えて専門化の動向に焦点をあてて新人弁護士の業務実態の分析を行うとともに，弁護士の社会構造の変化との関連性を探求する．分析に使用するデータは司法修習第67期生の弁護士を対象に2016年に実施された実態調査（「第67期弁護士調査」と略称する）によって収集されたものである[7]．

Ⅱ　新人弁護士の地域進出と業務

1　地域進出のパターン

　まず，新人弁護士のもたらした変化として地域分布への効果に着目する．この10年の弁護士の増分のほとんどは全国的に展開した法科大学院制度を通じてのものであり，法科大学院制度の導入により養成機能の一定の地域的分散化がはかられた．このことは，過去において東京という一点で管理される養成と引き続く東京への定着・集中から，各地の法科大学院での養成と連結した「プロセスとしての法曹養成」を経て各地への分散の程度の高まりという現実を生み出していると想定される．これは新人弁護士がもたらしている効果である．その程度，それが業務の側面にどのような現れ方をしているかをまずは探ることにしたい．

　地域分布の変化には"地域進出"が随伴した．新人弁護士がそのキャリアを開始するにあたってどこに，どのように移動したかは業務の組織化に影響する重要な要因であろう．ここで用いる"地域進出"とは，新人弁護士がその養成を受けた法科大学院の地域から都市対地方という次元の上で，入職に際してどの方向に動いたかということを意味する．法科大学院は東京，それに次いで関西の大都市圏に多く存在しているものの，それ以外の地方にも一定数存在する．そこで，法科大学院の所在地と入職時の登録地を組み合わせてパターン変数を作成した．前者は東京の法科大学院，高裁所在地の法科大学院，そして高裁不所在地の法科大学院に区分した．後者は東京登録，高裁所在地登録，および高裁

---

[7]　この実態調査の概要と単純集計については，藤本他（2016）を参照．

6 新人弁護士と弁護士界の構造的変化をめぐって〔武士俣敦〕

不所在地登録の3区分である．この組合せからパターン変数として，3つのカテゴリーからなる新人弁護士の地域進出変数を構成した．

　第1のカテゴリーは大都市地域である東京と高裁所在地の法科大学院出身でそれぞれの法科大学院所在地に開業した弁護士，これを「都市定着型」と呼ぶ（パターンA）．第2は，東京の法科大学院出身で高裁所在地または高裁不所在地で開業した弁護士，高裁所在地の法科大学院出身で高裁不所在地で開業した弁護士，および高裁不所在地法科大学院出身で高裁不所在地で開業した弁護士からなるカテゴリーである．これを「地方指向型」と呼ぶ（パターンB）．第3のカテゴリーは，高裁所在地の法科大学院出身で東京で開業した弁護士，および高裁不所在地の法科大学院出身で東京または高裁所在地で開業した弁護士からなるカテゴリーである．これを「都市指向型」と呼ぶ（パターンC）．

表1　新人弁護士の地域進出パターン（民間開業弁護士）

登録地 法科大学院	東京	高裁所在地 （東京除く）	高裁不所在地
東京	A1（n = 93）	B1（n = 10）	B2（n = 63）
高裁所在地（東京除く）	C1（n = 8 ）	A2（n = 64）	B3（n = 23）
高裁不所在地	C2（n = 17）	C3（n = 28）	B4（n = 27）

　表1が示すように，これら3つのカテゴリーからなる地域進出変数の分布は，公設事務所弁護士と組織内弁護士を除いた民間開業弁護士のみについてみると，次のようである[8]．

　　A：都市定着型　　157人（47.1%）
　　B：地方指向型　　123人（36.9%）
　　C：都市指向型　　 53人（15.9%）
　　　合計　　　　　333人（100.0%）

以下では，この地域進出パターンに即して，業務のあり方に差異がみられるか，

---

[8]　本稿の分析対象となる回答弁護士の範囲を調査カテゴリーに即して明確にしておくと，調査において「職場の種類」に回答した弁護士421名中，職場が民間法律事務所であると回答した弁護士362名のみであり，それ以外の，公設事務所，法テラス法律事務所，外国法事務弁護士事務所，官庁・自治体の弁護士，企業内弁護士は除いている．

あるとすればどのように違っているかを探っていく.

2 法律業務の種類と性質

最初に,法律業務の種類と性質が地域進出パターンにおいてどのようになっているかをみよう.まず,種類についてみると,民間開業弁護士の業務は多様であるが,データ上では「通常業務」,「補助的業務」,「法律扶助・国選弁護業務」,および「その他の業務」にカテゴリー区分される.「通常業務」とは,「単独または共同で受任して依頼者から報酬を受領する」業務をいい,「補助的業務」とは,「受任弁護士の指示に基づいて行う,自分は受任していない案件についての補助的業務」をいう[9].後者は,実際上,弁護士一般の業務種類というより,新人弁護士に特有の業務種類と想定されるものである.

表2 地域進出と法律業務の種類（%）

	通常業務時間 60%以上割合	補助的業務時間 60%以上割合	扶助・国選業務時間 20%以上割合
都市定着型	35.1	45.8	15.8
地方指向型	31.7	31.7	40.7
都市指向型	52.9	28.3	18.9

表2からわかるように,地域進出パターンにおいて種類別にみた業務のあり方に一定の差異がみられる.法律扶助・国選弁護業務の多寡では都市と地方の差が明瞭である.差異は都市型の2類型の間にもみられる.すなわち,通常業務に総労働時間の60%以上を充当する弁護士の割合は都市指向型が50%以上と抜きんでているのに対し,都市定着型は35%と少なくて,地方指向型と大差がない.他方,補助的業務への充当時間が多い弁護士の割合は都市定着型が46%と抜きんでており,都市指向型は30%未満と少なく,地方指向型と大差ない.都市対地方という軸では単純に割り切れない入り組んだ関係が示唆されている[10].

法律業務の性質についてはどうであろうか.民事事件業務の性質に関しては紛争性の有無が基本的な区分であるので,訴訟案件,紛争案件（訴訟を含めて）,

---

(9) 67期弁護士調査の調査票では,全労働時間を100%としたときの各カテゴリーへの配分比率をたずねている（藤本他 2016：302, 330）.

6 新人弁護士と弁護士界の構造的変化をめぐって〔武士俣敦〕

それに非紛争案件のそれぞれの取扱いが地域進出パターンとどう関連している
かをみてみよう[11].

表3は訴訟案件と紛争案件についてはそれぞれへの充当労働時間の割合が
60％以上の弁護士の割合を，非紛争案件についてはそこへの充当労時間の割合
が40％以上の弁護士の割合を地域進出のタイプ別に整理したものである．こ
れによれば，訴訟案件にしても紛争案件にしても，その取扱いの多寡に地域進
出パターンによる違いはないようにみえる．非紛争案件に関しては都市に多く，
地方に少ないようにみえる．非紛争案件の主要部分が企業法務だとすれば，そ
れが都市地域に多いことは期待される結果であるといえよう．

表3　地域進出と法律業務の性質（％）

	訴訟案件時間 60％以上割合	紛争案件時間 60％以上割合	非紛争案件時間 40％以上割合
都市定着型	16.5	76.2	33.5
地方指向型	13.8	82.8	21.3
都市指向型	16.9	78.9	28.8

3　業 務 分 野

では次に，業務分野の見地から新人弁護士の業務がどのように編成されてい
るかに目を向けよう．調査では日本の弁護士業務の広がりをほぼ網羅しうると
考えられる37分野が設定された[12]．そして，各業務分野の取扱いをそこに投
入された労働時間の程度によって測定した．測定の尺度は，(1)「全く時間を使
わなかった」（0％），(2)「あまり時間を使わなかった」（5％未満），(3)「ある

---

[10]　同じ都市型でも通常業務と補助的業務の割合がかなり異なっているのは，所属事務所
　　の規模との関連が想定される．実際，弁護士数10人を超える事務所に所属する割合は
　　都市定着型が3割であるのに対し，都市指向型は2割であった．
[11]　67期弁護士調査の調査票では，民事分野の業務を大きく紛争案件と非紛争案件に分
　　け，前者をさらに，訴訟，調停，その他裁判所案件，裁判所外紛争案件に分け，後者を
　　さらに通常の顧客の非紛争案件，組織内弁護士としておこなう非紛争案件，そしてそれ
　　以外の非紛争案件に分けている．そして，測定は全労働時間を100％としたときの各カ
　　テゴリーへの配分比率である（藤本他 2016：304，330）
[12]　全37分野のリストと各分野に対する全有効回答弁護士の投入時間量の分布は，藤本
　　他（2016：343）を参照．

Ⅱ　新人弁護士の地域進出と業務

程度時間を使った」(15%未満), ⑷「かなり時間を使った」(15%以上) の 4 件
法である. 個々の分野に対して,「ある程度」または「かなり」の時間を使っ
た弁護士を当該分野の「取扱い弁護士」と定義した.

　もう一つの測定指標は「エフォート」である. これは全弁護士の年間労働時
間の総和に占める 37 の個別業務分野に投入された労働時間の比率を意味する.
各分野に実時間ベースで年間で何時間が投入されたかは, 上記 4 件法による測
定にもとづいて個々の取扱い弁護士単位で推計し[13], この値を分野別に集計す
ることによって得られる. 個々の弁護士が業務に費やした年間総労働時間は直
接に労働時間数を問うことによって収集した. 取扱い弁護士の最も多い「家
族・親族国内事件」の分野を例にとると, この分野の取扱い弁護士は回答した
民間開業弁護士の中で 234 人おり, これらの弁護士がこの分野に投入した労働
時間は, 年間合計で 106,392 時間である. これを全分野にわたり個々の分野の
取扱い弁護士が投入した年間労働時間の総和 956,459 時間で割ると 11.1 とな
る. これがこの分野のエフォートの値である.

　以上のような指標を用いて, 業務分野と地域進出パターンとの関係を示して
いるのが表 4 である. これによれば, 取扱い弁護士比率がおおよそ 50% より
も多い業務分野は,「刑事弁護」,「家族・親族国内事件」,「交通事故原告側」,
「遺言・相続」, および「個人破産・再生等」の 5 分野であり, いずれも顧客の
種類では個人顧客の分野である. これら上位 5 分野は地域進出の 3 つのカテゴ
リーに共通しているところから, 新人弁護士の「中核業務分野」といってよい
であろう.

　ただ, 同じ分野が支配的であっても, 取扱い弁護士比率とエフォートの度合
には都市と地方で違いがみられる. エフォートの合計でみると, これら中核分
野に, 地方指向型は全労働時間の 57% を費やしているのにたいして, 都市定
着型と都市指向型では 40% 前後となっている.

⒀　この推計方法については「シカゴ・スタディ」にならった. 具体的な手順は, Sande-
　fur (2001 : 388-389) を参照.

6 新人弁護士と弁護士界の構造的変化をめぐって〔武士俣敦〕

表4 中核業務分野における取扱い弁護士比率とエフォート

業務分野	都市定着型 取扱い弁護士比率／エフォート	地方指向型 取扱い弁護士比率／エフォート	都市指向型 取扱い弁護士比率／エフォート
刑事弁護	56.9/7.7	82.1/13.4	51.0/5.8
家族・親族国内事件	61.2/ 9.7	77.0/13.5	64.7/9.0
交通事故原告側	52.6/11.4	73.0/13.3	60.8/10.9
遺言・相続	52.0/5.5	56.1/6.6	58.8/7.6
個人破産・再生等	47.0/7.0	65.9/9.9	51.0/6.5
エフォート合計	41.3	56.7	39.8

全分野にわたるエフォートの配分に目を向けるとき，地域進出パターンの見地からエフォートに差異のある分野を見いだすことができる．都市と地方という業務環境の差に着目したとき，「刑事弁護」，「交通事故原告側」，「家族・親族国内事件」，それに「個人破産・再生等」の4分野において地方指向型のエフォートが都市定着型と都市指向型のいずれをも上回っている．これらの諸分野は，表4に示されているように，5つの中核業務分野のうちの4つを占めている．他方，これと逆の関係，すなわち，都市定着型も都市指向型もいずれも地方指向型を上回る分野を探ると，「企業倒産・整理・再生」，「労働問題使用者側」，「その他の企業法務」，「企業合併・買収」，「国際取引」，それに「知的財産」の6分野がみいだされる．これら6分野のエフォートの平均値は，都市定着型が4.05，都市指向型が3.3であるのに対して，地方指向型は1.2となっている[14]．

この違いはある意味で明白であろう．地方指向型のほうが都市定着型および都市指向型よりもエフォートが大きい分野はすべて個人顧客の分野であり，都市定着型と都市指向型のエフォートが地方指向型より大きい分野はすべて企業顧客の分野である．紛争性のある業務も非紛争業務も合わせて企業顧客からの法務ニーズが地方では少ないことの反映であると考えられる．

---

[14] 都市定着型，都市指向型，および地方指向型のそれぞれにおけるこれら6分野個々のエフォートの数値は，紙幅の制約上割愛した．

II 新人弁護士の地域進出と業務

　都市定着型と都市指向型は同じく都市的業務環境にあるわけだが，両者間で業務分野の取扱いに違いはないであろうか．これをエフォートによって探った結果が表5である．これによると8分野で一定の差異が確認される．

　これらのうち，「その他の企業法務」，「交通事故被告側」，「国際取引」，および「企業合併・買収」の4分野においては都市定着型のエフォートが都市指向型のそれより大きい．平均値では前者が4.7，後者が2.4である．ただ，この4分野のうち，「交通事故被告側」だけは保険会社の関りが想定されるものの，他の3分野と異なって個人顧客の分野であり，かつ，エフォートは地方指向型が最も大きいことに注目する必要がある．

　他方で，「知的財産」，「債権回収」，「不動産賃貸借貸主側」，および「遺言・相続」の4分野においては都市指向型のエフォートが都市定着型のそれより大きい．平均値では前者が6.2，後者が3.9である．この4分野の中で注目したいのは新人弁護士全体を通ずる5つの中核業務分野の1つである「遺言・相続」が入っていることである．この分野は都市指向型のエフォートが都市定着型ばかりでなく，地方指向型よりも大きく最大となっている．また，典型的な企業法務の業務分野といえる「知的財産」へのエフォートも都市指向型が都市定着型より大きいが，同種の分野である「国際取引」と「企業合併・買収」では都市定着型より小さいことも注目される．

　このように，都市的業務環境にあっても地域進出の観点からみて業務の取扱いに一定の違いがあるようにみえるが[15]，これをどう説明するかはむずかしい．顧客の種類も法律業務の性質も決定的な答えを与えないようにみえる．構造的な分化との関連性の有無についてはさらなる探求を要する．

表5　都市的業務環境におけるエフォートの差

業務分野	都市定着型	都市指向型	地方指向型
その他の企業法務	9.1	4.5	1.6

---

[15]　なお付言すれば，複数分野の同時取扱いの確率にもとづく業務分野の結合パターン（co-practice）の分析結果をみても，都市定着型と都市指向型の間で違いがみられた．本稿ではこの分析結果を割愛したが，日本法社会学会2018年度学術大会ミニシンポジウム「新人弁護士のキャリア：専門分化と階層分化を展望して」（5月26日）で報告した．

交通事故被告側	4.7	2.5	6.9
国際取引	2.3	0.9	0.4
企業合併・買収	2.7	1.7	0.1
知的財産	2.2	4.7	0.6
債権回収	4.1	5.5	4.2
不動産賃貸借貸主側	3.7	6.9	3.9
遺言・相続	5.5	7.6	6.6

4 所 得

　所得は弁護士の社会構造の基本的次元の一つとみなすことができよう．そこで，新人弁護士の所得格差の有無もしくは程度を地域進出パターンの見地から探った．使用したデータは2016年の確定申告における申告所得額である．分析の結果は表6に要約されている．

　まず，所得分布の代表値をみてみよう．都市定着型の中央値と平均値はそれぞれ500万円と506万円で最も多い．次いで多いのが都市指向型で，450万円と494万円．最も少ないのが地方指向型で420万円と443万円である．

　しかし，所得の分布の散らばり，すなわち所得格差の度合をみると，平均所得額とは異なった順序関係がみられる．分布を，所得300万円未満，300万円から600万円未満，600万円以上の3ランクに分けて地域進出パターンによる違いをみたとき，都市指向型において300万円から600万円未満の中間ランクの割合が43.1％と最も少なく，したがって所得格差が最も大きいことがうかがわれる．地域進出パターンにおける比較を明確にするために，所得格差の客観的指標として用いられる「中央値と平均値の比（Ratio）」[16]によって所得格差の違いを確認しておこう．この指標は，表6では値が小さいほど格差が大であることを意味する．これによれば，所得格差の最も小さいのは都市定着型で，次いで地方指向型となり，都市指向型が最も所得格差が大きい．

---

[16]　この指標を用いた米国の弁護士の所得格差の分析例として，Sander and Williams（1989：447-451），および Heinz et al.（2005：159-175）がある．

Ⅱ　新人弁護士の地域進出と業務

表6　地域進出パターンと所得

所得		都市定着型	地方指向型	都市指向型	合計
300 万円未満	N	31	26	15	72
	%	20.8	22.2	29.4	22.7
600 万円未満	N	88	74	22	184
	%	59.1	63.2	43.1	58
600 万円以上	N	30	17	14	61
	%	20.1	14.5	27.5	19.2
合計	N	149	117	51	317
	%	100	100	100	100
中央値（万円）		¥500	¥420	¥450	¥455
平均値（万円）		¥506	¥443	¥494	¥479
中央値と平均値の比		0.99	0.95	0.91	0.95

　このような結果はどのように理解したらいいであろうか．所得水準の違いについてみると，中核業務分野の種類は全く同じであるにもかかわらず，都市定着型と都市指向型は地方指向型よりも多くの所得を得ている．この違いは，すでに観察したように，個人顧客分野と企業顧客分野へのエフォートの違いに関連していることが考えられる．一般的にいって，個人顧客の仕事よりも企業顧客の仕事のほうが収益性が高いと想定されるし，大きな企業ほど都市に多く存在することも自明である．企業顧客分野の取扱いと所得の高さの関係をデータによって検証するために，いわゆる企業法務を代表すると考えられる「企業合併・買収」「国際取引」「知的財産」「その他の企業法務」の4分野を取り上げ，所得との相関を分析した[17]．合わせて比較のために5つの中核的業務分野についても同様の分析を行った．

　紙幅の制約上，分析結果の要点のみ述べる．第1に，期待されるとおり，都

---

[17]　具体的には，都市定着型，地方指向型，都市指向型のそれぞれにおいて，分野ごとにその分野の取扱い弁護士と非取扱い弁護士の間で所得分布に有意な差があるかどうかχ二乗値を使って検定した．

市定着型においては，企業法務の分野の取扱いと所得の高さに関連がみられ，逆に，個人顧客分野である中核的業務分野の取扱いと所得の低さに関連がみられた．第2に，地方指向型ばかりでなく，都市指向型においても企業法務の分野の取扱いと所得の高さには関連がみられなかったが，都市指向型においては，部分的に中核的業務分野の取扱いと所得の低さの関連は現れた[18]．第3に，地方指向型においては，分析のために選択された9つのどの業務分野においてもその取扱いと所得の程度との相関は示されなかった．結局，企業法務分野の取扱いが所得の多さに寄与しているのは都市定着型においてのみということになる．

Ⅲ　新人弁護士と業務の専門化

長きにわたって日本の弁護士は「ジェネラリスト」として特徴づけられてきた[19]（村山 1997：136-139）．2001 年の司法制度改革審議会意見書は望まれる弁護士制度改革として弁護士業務の専門化を提言し，その後，専門化の推進は日本弁護士連合会にとっての政策的課題となっている[20]．では，新人弁護士の参入は従前の状況に対していかなる変化を引き起こしているのであろうか．この点をデータによって探ってみよう．

まず，専門化（specialization）の測定の方法について述べる．「専門化」という概念は一義的ではないので，ここでは，「シカゴ・スタディ」に準拠して定義する（Heinz & Laumann 1982：26-29；Heinz et al. 2005：37, 323n.8）．すなわち，特定の業務分野に費やされる時間の量，そして取扱い業務分野数からみた業務の限定の度合の2つの基準の組み合わせによる．前者の規準の測度は，ここで

[18]　具体的には，「遺言・相続」と「家族・親族国内事件」の2分野である．これらの分野では取扱い弁護士のほうが非取扱い弁護士より所得は有意に低い（有意水準5％）．

[19]　多くの印象論的な言及は別として，どの程度“ジェネラル”であるかを推し測る方法の1つとして取扱い業務分野の数がある．参考までに，2008 年に実施された「弁護士社会構造研究会」による実態調査では調査票に挙げられた全 37 分野のうち，取扱われている分野数は平均で9分野だった（宮澤他 2011：212）．

[20]　日弁連内部では，業務改革委員会において専門化の推進のための施策が検討されてきており，とくに専門弁護士認定制度，あるいは専門弁護士登録制度の提案がなされているが，まだ実現をみていない．その内容については，例えば，日弁連第 16 回業務改革シンポジウム実行委員会（2010：323-331）を参照．

は個々の特定分野の取扱い弁護士であるか否かの二値とした．他方で，後者の
規準の測定のために使用したのは，特定分野の取扱い弁護士が当該分野を含め
て当該分野と同時的に取扱っている別の業務分野の数である．こうすると，か
なり単純化したものになるが，特定の分野において，そこでの取扱い弁護士の
有する取扱い分野の総数が少なければ少ないほど当該分野に専門化していると
判断される．

　以上の定義によれば，特定分野の専門化した弁護士とは程度の問題となる．
そこで，分析のための一応の線引きとして，各分野の取扱い弁護士の中で取扱
いのある全分野数が4分野以下の弁護士を当該分野の「専門弁護士」（special-
ist）とした．表7は，相対的に専門化が進んでいるのがどのような分野である
かを示している．

表7　業務分野と専門化

業務分野	取扱い弁護士数＊1	4分野以下割合＊2
独占禁止・不正競争	12	41.7
家族・親族国際事件	18	33.3
国際取引	24	25.0
犯罪被害者支援	12	25.0
交通事故被告側	84	19.0
行政事件行政機関代理	11	18.2
その他の企業法務	101	17.8
交通事故原告側	214	16.8
医療事故原告側	37	16.2
企業合併・買収	37	16.2
刑事弁護	228	14.5
家族・親族国内事件	233	13.7
知的財産	38	13.2
医療事故被告側	16	12.5

＊1：取扱い弁護士が10人未満の分野は分析から除外した．
＊2：「専門弁護士」の割合が10％未満の分野は省略した．

6 新人弁護士と弁護士界の構造的変化をめぐって〔武士俣敦〕

　表7によれば，「専門弁護士」の比率の最も多い分野は「独占禁止・不正競争」で，42％である．ついで，「家族・親族国際事件」が33％，「国際取引」と「犯罪被害者支援」がそれぞれ25％で続く．ただ，これらの分野のいずれも，比率の分母となる取扱い弁護士の数は少ない．これら以外の分野はすべて「専門弁護士」比率が20％未満であり，総じて高い水準とはいえないであろう．

　これらの相対的に専門化の度合の高い14分野は多様であり，一覧しただけでなんらかの理論的意味づけをすることは困難であるが，専門化の根拠に関わって3つのグルーピングが可能であるように思われる．

　第1に，「独占禁止・不正競争」，「国際取引」，「その他の企業法務」，「企業合併・買収」，および「知的財産」からなるグループである．これらは企業の中でも主に大企業の法務であり，大都市の規模の大きい事務所の弁護士たちによって担われていることが考えられる．そうだとすると，これらの分野の専門化の背景に大規模事務所内での分野に即した分業が進展している可能性を想定できるかもしれない．

　第2のグループは，「交通事故被告側」，「交通事故原告側」，「刑事弁護」，および「家族・親族国内事件」である．これらの分野はいずれも個人顧客分野であり，「交通事故被告側」を除いて中核的業務分野に属し，それゆえ取扱い弁護士も多い．これらの分野の「専門弁護士」であるためには，これら分野の業務案件の恒常的なフローが確保されている必要がある．それを可能にするメカニズムは不明であるが，需要サイドでの他の分野に比してより大きな顕在的法務需要がそれを可能にする基盤をなしていると思われる．

　残る第3のグループは，「家族・親族国際事件」「犯罪被害者支援」「行政事件行政機関代理」「医療事故原告側」および「医療事故被告側」である．これらの分野に共通するのは法外的な特別の知識やスキルの必要性であろう．例えば，医学知識，行政規制に関わる科学的・技術的知識，外国語やカウンセリングのスキルなどが想起される．これらの分野で「専門弁護士」であるためには，受動的・偶然的な実務経験だけでは足りず，一種の「先行投資」を必要とするであろう．こうした特別の知識・スキルを要する専門化の分野が看取されることは興味深いが，その規模はかなり小さいことに留意する必要がある．

IV 結語 —— 要約と若干の考察

さて，新人弁護士の業務に関する以上のデータ分析によって得られた知見を要約して列挙すれば以下のようである．

・新人弁護士がもたらした最も重要かつ明白な変化は，弁護士人口の極端な偏在の改善である．

・この変化は新人弁護士の地域進出を伴ってきた．地域進出パターンを都市定着型，地方指向型，そして都市指向型の3つのタイプで示すならば，新人弁護士の割合は都市定着型が半分近くを占め，都市指向型と合わせれば，多くが依然として都市的業務環境の下にいる．

・地域進出パターンに照らして，業務の編成のあり方に都市対地方の区別による差異が観察される．それは，法律扶助・国選弁護業務は地方において多く，非紛争業務および企業顧客業務は都市において多いという点に現れている．

・地域進出パターンと業務分野との関係はかなり複雑である．取扱い弁護士比率の大きい上位5分野，すなわち，中核的業務分野は地域進出パターンを通じて共通である．それらは全て個人顧客分野であるが，そこに配分されるエフォートは地域進出のタイプによって差があり，地方指向型が都市定着型および都市指向型より多い．中核的業務分野とは対照的に，紛争性のないトランズアクション・ワーク（取引業務）を内容とする企業法務の諸分野は，都市定着型および都市指向型において地方指向型より多いが，この両者において一様というわけではない．都市定着型のエフォートが大きい分野もあれば，都市指向型のエフォートが大きい分野もある．

・地域進出パターンと所得との関係をみると，所得額では，その平均的水準は都市定着型が最も高く，地方指向型が最も低い．しかし，所得格差をみると，その程度が最も大きいのは都市指向型で，次いで地方指向型，そして都市定着型の順となる．ただ，総じて所得格差の程度は小さい．また，企業法務分野が一様に所得の多さと結びついているわけではなく，そうした関係が確認された

6 新人弁護士と弁護士界の構造的変化をめぐって〔武士俣敦〕

のは都市定着型においてだけであった.

・業務の専門化の程度が全体的に低いことは明らかである. 回答弁弁護士のうち, 同時的に一定時間以上取扱っている分野数が4分野以下の割合は24%にとどまる[21]. 業務分野別に専門化の状況をみると, 内容的には多様であり, 典型的な企業法務分野のほか, 家族法関係や特定の不法行為領域にも相対的に専門化が進んだ分野がみられる[22].

では, 新人弁護士の業務についての知見をもとに, 弁護士の社会構造の変化という見地から若手弁護士のインパクトについてどのようなことがいえるであろうか. もとよりここで十分な解答はできないけれど, 日本の弁護士業務の構造的特質とされるものの変化に対する影響関係, もしくはそうした変化との照応関係の存否という意味合いで, 簡単に付言したい.

取扱い業務の面からみた構造的特質については, まず, 訴訟業務の比重が大きく, その反対に非紛争業務もしくは予防法務の少なさ, とりわけ大企業の企業法務の少なさということが指摘されてきた (六本1986：325-326, 六本2000：160-161, 村山1997：138-141). この点についての近年の変化に関して, 単純に, 調査データにもとづく全体レベルでの量的な指標の経年推移でみるならば, 訴訟業務は減る傾向があるが, 非紛争業務, それと関連する大企業顧客の割合は増えているようにはみえない (武士俣2017：543). だが, 顧客別投入時間の詳細な分析を行った濱野亮 (2015：92-100) によれば, 大企業顧客の法務を取扱う一定規模の弁護士グループが明確に識別され, 「伝統的構造からの離脱」が示唆されている. ただ, ここで, 構造的変化の有無や程度を確言することは困難であるし, したがってまた, この点についての新人弁護士のインパクトについて断定的なこともいえない. ここでの知見に即していえば, 非紛争業務をめぐる都市対地方の高低の構図は変わらないが, その取扱い水準は新人弁護士の

---

[21] なお, 1分野しか取扱っていない回答弁護士の割合は2.5%である. ちなみに, 「シカゴ・スタディ」が対象としたシカゴの弁護士についてみると, 1分野しか扱わない弁護士の割合は, 1975年の第1回目の調査における23%から, 1995年の第2回目調査においては33%に増加した (Heinz et al. 2005：37).

[22] ただし, 専門化の程度を論ずるには本調査の対象が入職後1年あまりの時点での弁護士であることに留意が必要である.

Ⅳ　結　語

ほうが弁護士全体の平均的水準より高い可能性があるというにとどまる．

　次に，業務分野，あるいは業務内容からみた構造的特質については，金銭債権回収と不動産関連の訴訟事件が中心で企業法務の分野はあまり取扱っておらず，個人顧客の損害賠償や婚姻関係事件も主たるものではないということが指摘された（六本 1986：326，六本　2000：161）．だが，業務分野の測定データを含む 2000 年代以降の一連の調査から，この点については一定の変化が生じていることは明らかなように思われる（宮澤他 2011：211-213，佐藤 2015：13-15，武士俣 2015：34-37）．すなわち，今日では交通事故と離婚の分野は弁護士の主要な取扱い分野となっている．新人弁護士の中核的業務分野をみてもこの変化は明瞭である．企業法務の諸分野の取扱いについては，一定水準の取扱いを確認でき，とくにその中での残余カテゴリー分野（「その他の企業法務」）の水準は高い．ここでみた新人弁護士の企業法務分野の取扱いも類似した状況を示しているようにみえる．

　ただ，これが表層的あるいは偶然的な変化か，構造的変化であるかの判断にはより立ち入った検討を要するだろう．そのために肝心なことは，業務分野の実態の分析を通して，六本（1986：332-333）がいうように，弁護士の業務遂行が個人や企業の日常の生活関係の形成・維持・調整に主要な役割をはたすようになっているかどうかの確認であろうから．

　弁護士の所得について，平均的所得額や所得分布を探り，年齢，開業地域，所属事務所規模，事務所内地位などとの関連を明らかにすることがなされてきた．構造論的視角からは，所得分布にみられる所得格差を分化の現われとして観察することに関心が向く．ただ，所得分布の不均等は時代，社会を問わず多かれ少なかれ遍在的な現象であり，日本の弁護士の所得の構造的な特質が何であり，それがどう変化してきているかを同定することは難しい[23]．

　これまでのところ，日弁連の「弁護士業務の経済的基盤に関する実態調査」[24]のデータ分析から所得と業務との関連について一定の時間的に不変のパ

---

[23]　なお，近年の税務統計上で年間所得 70 万円以下の弁護士層の増加が注目され，分析されているが（藤本 2017：510-516，522），それが弁護士の社会構造の新たな変化の現われであるかどうかはまだ確証されていない．

[24]　日弁連の業務改革委員会が 1980 年以降，10 年ごとに実施している全国の弁護士を対象とした大規模標本調査のこと．

6 新人弁護士と弁護士界の構造的変化をめぐって〔武士俣敦〕

ターンが見いだされている．すなわち，第1に，訴訟業務100％の弁護士の所得水準は全体平均より低く，かつ地域的な差が小さいということ，第2に，非紛争業務の割合が半分以上を占める弁護士の所得水準は全体平均より高いが，それは地域別では東京に限られ，東京と東京以外で差があるということである（武士俣 2017：542-544）．本稿における新人弁護士の所得と業務の関係についての分析からは，都市定着型においては企業法務の分野の収益性はみいだされており，部分的であるが上記のパターンと整合的なものと解される．

他方で，ここでの知見によれば，新人弁護士の所得格差は弁護士全体の状況に比してかなり小さいようである[25]．これが，入職初期の一時的なものか，新たな変化に通ずるものなのか，はたまた測定誤差によるものか，さらなる検討を要する．そのためにも，弁護士の所得構造それ自体の解明が別途なされる必要があるだろう．

最後に，専門化についてである．かつて棚瀬孝雄（1987：102-110）が説明したように，日本の弁護士の専門化の未発達は構造的なものであったといえよう．すなわち，日本の弁護士にとっては，専門化せずできるだけ間口を広くすることが法務市場に適合的な経営戦略となっているということである．そうした弁護士にとっての与件としての市場のあり方は近年に至っても大きな変化がみられない[26]（武士俣 2017：548-549）．また，近年の調査研究による専門化の測定の試み（宮澤ほか 2011：224-232，宮澤ほか 2012：136-142）によっても，専門化した弁護士の増大をマクロなレベルでは識別しえていない．新人弁護士について本稿の知見が示す専門化の状況も基本的に全体状況と軌を一にしている．要するに，若手弁護士の参入それ自体が専門化の進展に何らかの影響を与えているということは断言できないようにみえる[27]．

結局，現象的変化を超えて，若手弁護士の新規参入が，日本の弁護士の伝統的社会構造と呼べるものに対して質的に区別されるような新たな変化を生ぜし

---

[25] 前記「弁護士業務の経済的基盤に関する実態調査」のデータによれば，全国レベルでの弁護士所得の中央値と平均値の比は，1990年が0.71，2000年が0.76，そして2010年が0.65である（日弁連 2011：124）．ここでの最も格差の大きい都市指向型新人弁護士と比べても開きは大きい．

[26] ただし，棚瀬（1987：104）が「パーソナル・ネットワーク」と名付けた依頼事件の流入経路には従来のあり方と異なるかなり大きな変化がみられるようになったことは注意すべき点である．

めているといえるかどうかを問うとき，今のところ「ない」とする評価と，「ある」とする評価の両方の答えがありうるであろう⒅．そしてその先に，前者にとっては，それではなぜ既存の構造が維持され続けているのかという理論的課題が生ずる．後者にとっては，では変化を生み出している，あるいは生み出す条件は何なのかという理論的課題が生ずる．いずれであろうと，この両者の理論的課題は通底している．引き続き取り組むべき今後に残された課題としたい．

〔文　献〕

武士俣敦（2015）「弁護士業務分野の構造と特徴」佐藤岩夫＝濱野亮編『変動期の日本の弁護士』日本評論社，28-51 頁．

─（2017）「弁護士の専門化と未分化型経営戦略の市場適合性」上石圭一＝大塚浩＝武蔵勝宏＝平山真理編『現代日本の法過程（上）』信山社，535-551 頁．

藤本亮（2017）「税務統計にみる弁護士の事業所得 ── 全国別データと国税局別データ」上石圭一＝大塚浩＝武蔵勝宏＝平山真理編『現代日本の法過程（上）』信山社，505-533 頁．

藤本亮他（2016）「第 67 期弁護士第 1 回郵送調査の概要 ── 記述統計の提示」名古屋大学法政論集 268 号 283-348 頁．

濱野亮（2015）「企業法務の本格的展開 ── 伝統的構造からの離脱」佐藤岩夫＝濱野亮編『変動期の日本の弁護士』日本評論社，80-104 頁．

Heinz, John P. and Edward O. Laumann（1982）*Chicago Lawyers: The Social Structure of the Bar*, Russell Sage.

Heinz, John P. et al.（2005）*Urban Lawyers: The New Social Structure of the Bar*, University of Chicago Press.

Miyazawa, Setsuo, et al.（2015）"Stratification or Diversification? 2011 Survey of Young Lawyers in Japan", in Miyazawa, Setsuo et al., eds. *East Asia's Renewed Respect for the Rule of Law in the 21st Century*, pp. 31-46, Brill Nijhoff

宮澤節生他（2011）「日本における弁護士の専門分化 ── 2008 年全国弁護士調査第 2 報」青山法務研究論集 4 号 193-287 頁．

宮澤節生他（2012）「日本において特定分野への相対的集中度が高い弁護士の属性 ──

⒄　もっとも，本稿の専門化に関するデータが開業後 1 年余りの弁護士のものであることには留意が必要である．なお，第 62 期弁護士の専門化の状況については，宮澤他（2015：89-95）を参照．また，62 期弁護士の面接調査による専門化の個別具体的な状況の探索として，宮澤他（2016：98-120）を参照．

⒅　なお，第 62 期弁護士を対象とした調査データの分析にもとづく同様の暫定的総括について，Miyazawa et al.（2015：46）も参照．

6 新人弁護士と弁護士界の構造的変化をめぐって〔武士俣敦〕

2008 年全国弁護士調査第 3 報」青山法務研究論集 5 号 119-233 頁.

宮澤節生他（2015）「第 62 期弁護士第 2 回郵送調査第 2 報 —— 二変量解析から多変量解析へ」青山法務研究論集 10 号 39-175 頁.

宮澤節生他（2016）「第 62 期弁護士の面接調査 —— 第 1 報」青山法務研究論集 11 号 61-165 頁.

村山眞維（1997）「弁護士活動とその社会的基盤」岩村正彦他編『現代社会と司法システム（岩波講座・現代の法 5）』岩波書店，129-160 頁.

日本弁護士連合会（日弁連）（2007）『弁護士白書 2007 年版』日本弁護士連合会.

—— (2010)『弁護士白書 2010 年版』日本弁護士連合会.

—— (2011)『弁護士業務の経済基盤に関する実態調査報告書 2010』自由と正義 62 巻 6 号（臨時増刊）.

—— (2016)『弁護士白書 2016 年版』日本弁護士連合会.

日本弁護士連合会第 16 回業務改革シンポジウム実行委員会（2010）『弁護士業務改革』弘文堂.

六本佳平（1983）「弁護士の役割と業務形態：日本と外国の数量的比較を中心として」法学協会編『法学協会百周年記念論文集（1）』有斐閣，513-562 頁.

—— (1986)『法社会学』有斐閣.

—— (2000)『日本の法システム』放送大学教育振興会.

Sandefur, Rebecca L. (2001) "Work and Honor in the Law: Prestige and the Division of Lawyers' Labor" 66 American Sociological Review 382-403.

Sander, Richard H. and E. Douglass Williams (1989) "Why Are There So Many Lawyers? Perspectives on a Turbulent Market", 14 Law and Social Inquiry 431.

佐藤岩夫（2015）「変動期の日本の弁護士」佐藤岩夫=濱野亮編（2015）『変動期の日本の弁護士』日本評論社，1-26 頁.

佐藤岩夫・濱野亮（2015）『変動期の日本の弁護士』日本評論社.

棚瀬孝雄（1987）『現代社会と弁護士』日本評論社.

〔付記〕本稿は日本学術振興会科学研究費補助金助成研究（課題番号：22330038）の研究成果の一部である.

7 "Lawyers in Every Corner of Society": A Progress Report

Daniel H. Foote

Introduction

In its final report, issued in June 2001, the Justice System Reform Council (the Reform Council) offered the following vision for the future of the Japanese bar:

In the future, lawyers are expected to respond actively to social needs, to go out and exert diverse functions *in every corner of society* such as with public bodies, international institutions, non-profit organizations (NPO), private companies, and labor unions, and to contribute to the sound operation of such entities under the philosophy of the rule of law .... (Shihō Seido Kaikaku Shingikai 2001: 79; emphasis added).

This essay considers how far the Japanese legal profession has come to realizing that vision. Before turning to developments since the Reform Council issued its recommendations, however, a brief review of the historical background may be helpful.

Over fifty years ago, Hattori Takaaki, then a leading mid-career judge (and later Chief Justice of the Supreme Court), offered the following critique of the Japanese legal profession: "Paradoxical as it may sound, the public makes relatively little use of lawyers[1] while lawyers are too busy to give proper attention to many legal matters. [M]odern society creates an increasing demand for legal services; yet the bar is presently too small to perform these various functions" (Hattori 1963: 146). According to Hattori, "The shortage of lawyers ... [stems from the] very restrictive admission policy of the [bar] examination" (147), with "the lawyers themselves often ... oppos[ing] ... an increase in the size of the bar for fear of 'excessive' competition" (145). In turn, he explained, the very restrictive policy on the bar examination "is based, at least in part, upon a frequently articulated, though probably quite specious, belief that a less restrictive policy would inevitably lower the quality of the legal profession and that a significant expansion in numbers is neither necessary nor desirable" (147).

Hattori continued, "This ... assumption is the key to the seeming paradox: because the current bar fears the competition that would arise from expanded opportunities for admission, many duties that should be performed by lawyers are undertaken, by default, by quasi-lawyers" (147). Hattori offered the following examples. "The nonlawyer specialists perform[ing] functions which otherwise would be discharged by lawyers [include]: *benrishi*

---

(1) Note regarding terminology: Herein, I use the word "lawyers" to refer to registered Japanese lawyers (*bengoshi* in Japanese), as did Hattori.

『法の経験的社会科学の確立に向けて』村山眞維先生古稀記念〔信山社，2019年3月〕　　*153*

7 "Lawyers in Every Corner of Society": A Progress Report [Daniel H. Foote]

(patent specialists)...; *zeirishi* (tax specialists); and *shihō shoshi* (legal scriveners), who are licensed to draft legal documents ···. In addition to these specialists, most governmental agencies and large enterprises have their own legal staffs manned by individuals who, though graduates of university law departments, are not qualified to practice" (145). As yet another consequence, Hattori observed, "the shortage of lawyers inhibits the development of specialization, which is essential to the competent disposition of the complex domestic and international problems produced by industrialization and the general economic development of modern Japanese society" (147). He noted that, given Japanese lawyers' concentration on "litigation, with relatively little general counseling" (138), "the lawyer is only infrequently used in handling daily transactions and the way is thus paved for disputes that could have been avoided if lawyers had been involved in the prospective structuring of the transactions rather than being brought in only at the dispute stage" (146).

Just a year after Hattori authored this critique, the Provisional Justice System Investigation Council (the Investigation Council), an advisory council that considered a wide range of issues, offered several recommendations that paralleled the concerns he raised (Rinji Shihō Seido Chōsakai 1964). Those recommendations included increasing the size of the legal profession, placing greater emphasis on preventive lawyering, and encouraging lawyers to undertake employment in legislative and administrative bodies and private industry; doing so, according to the report, would "further strengthen the legal profession's social standing and ability" (125).

The bar rejected the Investigation Council's recommendations and refused to cooperate in the proposed reforms. A stated reason for the bar's opposition was the Investigation Council's rejection of the bar's long cherished goal of *hōsō ichigen* — appointment of judges from among the ranks of experienced lawyers (Foote 2017B: 23-24). A more basic motivation for the bar's reaction was opposition to increasing the size of the bar. At that time, consensus by the so-called three branches of the Japanese legal profession — *i. e.*, the judiciary, the procuracy, and the organized bar — was treated as necessary for reforms to the justice system. Accordingly, the bar's refusal to cooperate effectively served to veto any efforts to increase the size of the legal profession (Foote 2013: 384-386). The upshot was that the number of bar passers remained virtually unchanged from 1963 through 1990, at about 500 passers per year (a number that included career judges and prosecutors, as well as lawyers), followed by modest increases thereafter.

Other reforms suggested by the Investigation Council also went unmet. Thus, for example, the call for lawyers to enter employment in legislative and administrative bodies remained blocked by Article 30, Section 1 in the Attorneys Act of 1949,[2] which stated, "Attorneys may not hold public employment for compensation." Although accompanied by a

154

list of exceptions for positions such as Diet members and Cabinet members, that provision, which dated back to the first Attorneys Act of 1893, required lawyers to give up their attorney registration if they wished to undertake full-time employment in governmental bodies. Similarly, the call for lawyers to enter employment in private industry faced the barrier of Article 30, Section 3 of the Attorneys Act. That provision (which also dated back to the Attorneys Act of 1893) stipulated: "Without permission from their local bar association, attorneys may not operate or become employees of for-profit enterprises ⋯." By the late 1960s, a handful of lawyers had obtained permission and entered in-house positions in corporations, primarily foreign-based companies. Company legal departments expanded greatly from the 1960s through the 1990s. Yet, as Hattori had observed in 1963, they continued to be staffed almost entirely by graduates of university law departments who had not passed the bar exam. Even as of 2001 only 66 licensed lawyers were working in-house in corporations, in a total of 39 companies (JILA 2017B: 1).

To be sure, no legal restrictions barred lawyers from undertaking "prospective structuring of transactions," "general counseling," or "preventive lawyering" of the sorts envisioned by Hattori and the Investigation Council, nor from developing specializations. Moreover, one's *bengoshi* license provides the legal *authority* to handle the same matters as *benrishi, zeirishi, shihō shoshi* and other quasi-lawyer categories (although whether, without specialized knowledge in those fields, one would be *competent* to handle such matters is another question).

By the 1950s, a number of so-called *shōgai jimusho*, law firms specializing in transnational and business-related matters, had begun operations. Initially, those firms were centered on American and other foreign lawyers who had been admitted under a temporary Occupation period regulation. Thereafter, Japanese lawyers, many of whom had first trained in one of those so-called Occupation firms, established other *shōgai jimusho* (Nagashima & Zaloom 2007: 138-39). By one estimate, as of 1980, 360 lawyers practiced in *shōgai jimusho*; all were in Tokyo, and together they constituted over 6.5% of all Tokyo lawyers and 3.1% of lawyers nationwide (Hori 2000: 28). By 1990, that number had more than doubled, to 756 (12% of Tokyo lawyers and 5.5% of lawyers nationwide). Even as of 1990, though, there were only fifteen law firms in Japan with over 15 lawyers, all in Tokyo (Id.). At that time, the largest firm had 56 lawyers (Nagashima & Zaloom 2007: 143). Through the 1990s the number of *shōgai jimusho* and their size continued to rise. By 2000 four firms had over 75 lawyers each, with the largest at 119 (Id.). At those and other firms, specialization tracks had begun to develop. Yet even among some of the large firms, many lawyers continued to

---

(2) Bengoshihō [Attorneys Act], Act No. 205 of 1949.

7 "Lawyers in Every Corner of Society": A Progress Report [Daniel H. Foote]

practice as generalists (Id.: 145-46). As of 2000, few lawyers had entered intellectual property, tax, or other fields handled primarily by *benrishi, zeirishi* and other categories of "quasi-lawyers."

The Attorneys Act did not expressly prohibit lawyers from working in NPOs or for labor unions. Many lawyers offered their services or joined lawyer networks to support civil liberties and other social causes, often on a volunteer basis (see, *e.g.*, Repeta 2008; Ōtsuka 2004; case studies contained in Takahashi & Tsukahara 1996; Steinhoff 2014); and a number of law firms developed specialized niches for labor law matters, either on the management or worker/ union side (Rokumoto 1988: 168). As of the 1990s, however, it was unheard of for lawyers to enter full-time positions in NPOs or labor unions; and at most a handful of Japanese lawyers entered positions in international institutions.

Every ten years since 1980 the JFBA has conducted comprehensive surveys of attorneys' work.[3] As of the 1980 survey, civil cases constituted nearly 90% of lawyers' overall caseload; the remainder consisted almost entirely of criminal matters (with administrative matters under 1% of the total). Of the civil cases, 92.7% were "dispute cases" and 7.3% were "non-dispute" matters, including preventive counseling. In turn, nearly 80% of the civil dispute cases were litigation matters (Nihon Bengoshi Rengōkai Bengoshi Gyōmu Taisaku Iinkai 1988: 59-60). In sum, as of 1980 civil dispute matters, centered on litigation, made up the vast majority of lawyers' work. The 1990 and 2000 surveys showed modest changes in these patterns. Yet even as of the 2000 survey, civil matters constituted over 87% of lawyers' overall caseload, dispute cases represented nearly 82% of all civil matters, and nearly 75% of the dispute cases were litigation matters (Nihon Bengoshi Rengōkai 2002: 54, 63). Notably, as of 2000 non-dispute matters constituted a somewhat larger share of the civil matters for lawyers in Tokyo, at 27%, suggesting a greater focus on preventive lawyering and transactional work by lawyers practicing there. Yet even for lawyers practicing in Tokyo, civil disputes represented the great majority of their overall work.

This, then, was the situation as of the time the Reform Council announced its vision that lawyers would "exert diverse functions in every corner of society." Let us now turn to our examination of whether that vision has been achieved.

---

(3) A word of caution is in order regarding the extent to which one should rely on these results, however. The response rate for the 1980 survey was robust, at 41.3%. In 1990, the response rate dropped to 25.8%, and in both 2000 and 2010 the response rate was less than 18%.

I Overall Size of the Legal Profession

Identifying as an "urgent task" the need to "greatly increase the legal population," the Reform Council called for immediately increasing the number of successful candidates for the national bar examination (which stood at 994 in 2000), so as to reach 1,500 by 2004, and thereafter, in tandem with the establishment of a new legal training system centered on graduate-level law schools, steadily increasing the number of successful candidates to 3,000 by about 2010. According to the Reform Council's projections, "If this process ⋯ succeeds, by 2018 the number of legal professionals in active practice is expected to reach 50,000 (with the number of people per legal professional being around 2,400)" (Shihō Seido Kaikaku Shingikai 2001: 57). While that still would leave Japan's per capita lawyer population below that of the lowest comparator listed (France, with approximately 1,640 people per legal professional as of 1997), it would greatly ameliorate the perceived shortage in Japan, where the number of people per legal professional stood at 6,300 in 1997, and would substantially close the gap between Japan and France.[4]

Initially it seemed as though Japan might come close to the announced goals. In 2004, 1,483 candidates passed the bar exam; and by 2008 the combined number of passers of the "new" bar exam (introduced from 2006, after establishment of the new system of law schools) and the old bar exam (conducted in parallel through 2011) reached 2,209. Within the bar, however, there were growing concerns over increased competition and insufficient demand for legal services; and the organized bar, led by the Japan Federation of Bar Associations (JFBA), embarked on a campaign to limit the rise. In an Urgent Proposal issued in 2008, JFBA proclaimed its continued support for the Reform Council vision, stating: "This federation firmly supports the basic ideal of justice system reform to have law and justice reach to every corner of society." Nonetheless, the proposal then proceeded to demand "a 'pace-down' in the increase in the size of the legal profession for the time being" (Nihon Bengoshi Rengōkai 2008: 1-2). By 2011, the JFBA counter-offensive had intensified. That year another Urgent Proposal flatly declared that the Reform Council call for 3,000 passers by the year 2010 "lacks validity," proposed a "further pace-down," and called on the government and other relevant bodies "to reduce substantially" the number of passers (Nihon Bengoshi Rengōkai 2011A). In March 2012 JFBA issued yet another proposal, declaring the 3,000

---

(4) While it appears to have long since been forgotten by most observers, the Reform Council stressed that 3,000 was not a cap, closing its discussion with the following admonition: "[S]ecuring 3,000 successful candidates for the national bar examination annually is a goal to be achieved 'deliberately and as soon as possible,' and this number does not signify the upper limit" (Shihō Seido Kaikaku Shingikai 2001: 57).

7 "Lawyers in Every Corner of Society": A Progress Report [Daniel H. Foote]

passer goal "unrealistic," calling for its "thorough reconsideration," and demanding a prompt reduction in the number of passers to 1,500 per year, with the possibility of further reductions in future years. In that proposal, JFBA even included projections based on a rollback to just 1,000 passers per year, the same level it had been before the Reform Council report (Nihon Bengoshi Rengōkai 2012: 1-2).

Whether or not as a direct result of the campaign by the organized bar, the rise stalled after 2008; and the number of passers began to decline after 2013, dropping to the 1,800 level in 2014 and 2015, and then to 1,583 in 2016, 1,543 in 2017, and 1,525 in 2018 (Nihon Bengoshi Rengōkai 2018: 58). Presumably it is no coincidence the latest numbers are in line with a report issued in mid-2015 by another advisory council, calling for the number of successful candidates to be maintained "at least at the 1,500 level" (Hōsō Yōsei Seido Kaikaku Suishin Kaigi 2015). For the time being, it seems as though that will represent the new equilibrium. A number of local bar associations remain unsatisfied, however, and continue to push for a further reduction to no more than 1,000 passers per year.

Not surprisingly, given the lower numbers of bar exam passers, the total number of lawyers remains well below the Reform Council projections. Rather than the projected 50,000 by 2018, as of January 1 of that year the total number of registered lawyers stood at 40,069. That still means the bar has more than doubled in size since 2001, when the total stood at 18,243; and the number of people per legal professional also has dropped nearly in half, from 6,300 as of 1997 to 3,160 as of late 2017. To put the increase in perspective, however, in France — the closest comparator offered by the Reform Council — while the rate of increase has been somewhat lower than in Japan, the number of lawyers rose from 36,000 in 1997 to over 60,000 in 2015 (Council of Bars and Law Societies of Europe 2015), resulting in slightly over 1,100 people per legal professional as of that date.

II Regional Imbalance: Areas of "Lawyer Scarcity"

While the quote at the start of this essay does not specifically refer to the geographical distribution of lawyers, other sections of the Reform Council's recommendations clearly show that, in its call for lawyers to "exert diverse functions in every corner of society," it envisioned lawyers increasingly would enter practice in areas that previously had few or no lawyers (areas of so-called lawyer scarcity).

Nearly forty years earlier, the Investigation Council had identified the same issue as a serious concern (Rinji Shihō Seido Chōsakai 1964: 75). As of 1960, 55.6% of all Japanese lawyers were registered in one of the three Tokyo bar associations or in Osaka and 18.6% more were registered in the next eight largest bar associations, all centered on large cities,[5] with the remaining 25.8% spread among the other thirty-nine bar associations. By the time the

158

II Regional Imbalance: Areas of "Lawyer Scarcity"

Reform Council undertook its deliberations, the geographical disparity had become even more pronounced. As of 2000, the three Tokyo bar associations and Osaka combined accounted for 60.4% of all registered lawyers, with 20.5% more in the next eight and only 19.1% in the other forty bar associations combined (which together accounted for nearly 80% of Japan's population).[6]

The Reform Council identified this geographical disparity as an important issue, highlighting "the necessity to redress the imbalance in lawyer population across geographical regions ⋯ as a precondition for realizing 'the rule of law' throughout Japan" (Shihō Seido Kaikaku Shingikai 2001: 57). As a symbol of unmet needs, the report referred to the so-called zero-one regions — *i.e.*, regions in which there was either no lawyer at all or only one. As of 2000, 71 of the 253 districts with a district court or district court branch were zero-one regions (zero — 35; one — 36) (Nihon Bengoshi Rengōkai 2017: 189); and of over 3,000 registered cities and towns as of that date, nearly 90% had either zero or just one lawyer.[7]

The past decade and a half have brought only modest changes in the level of concentration. As of March 2017, the three Tokyo bar associations and Osaka together still accounted for 58.2% of all registered lawyers, with 25.2% more in the next ten largest bar associations[8] (Nihon Bengoshi Rengōkai 2017: 33). Yet the doubling in the size of the legal profession has brought with it substantial increases in the numbers of lawyers in other regions, as well. Between 2000 and 2017, membership more than doubled in all but five of the thirty-eight other local bar associations (35).[9] The situation in the zero-one regions also has been ameliorated substantially. When viewed in terms of court districts, of the 253 court districts across Japan, there have not been any "zero" districts since January 2010, and since December 2011 there have never been more than two districts with only one lawyer.[10]

The success in reducing the zero-one regions is due in large part to the efforts of two organizations. The first is a body established and funded by the national government, the Japan Legal Support Center (commonly known as Hō Terasu[11]). Established in 2006

---

(5) Those eight cities are Yokohama, Nagoya, Kyoto, Kobe, Hiroshima, Fukuoka, Sendai and Sapporo. Data from Nihon Bengoshi Rengōkai 2015: 48.

(6) With the accession of Okinawa in 1972, the Okinawa Bar Association joined JFBA.

(7) According to Inouye 2004, as of the year 2000, 3,023 of 3,371 registered cities or towns had zero or just one lawyer.

(8) By 2017, Saitama and Chiba Prefectures, which adjoin Tokyo, had overtaken Sapporo, Hiroshima and Sendai in number of registered lawyers.

(9) The exceptions were the Yamagata, Akita, Tokushima, Kōchi, and Okinawa bar associations.

7 "Lawyers in Every Corner of Society": A Progress Report [Daniel H. Foote]

pursuant to a recommendation by the Reform Council, as of March 2017 Hō Terasu employed a total of 232 full-time lawyers in 87 offices across Japan, of whom 54 were stationed in 35 areas of lawyer scarcity (Nihon Shihō Shien Sentā 2016: 7, 10). The second organization is the bar itself. Here too, the efforts are in line with a call by the Reform Council. In its recommendations, the Council observed, "Currently, the Japan Federation of Bar Association and individual bar associations are promoting the establishment of 'legal consultation centers' or 'publicly-run firms' to improve legal services in local areas ...", and it urged the bar to continue those efforts (Shihō Seido Kaikaku Shingikai 2001: 80). The bar has done so. Between 2000 and 2017, a total of 117 so-called Himawari[12] law firms were established in areas of lawyer scarcity, with financial support from JFBA and/ or local bar associations. As of 2017, 49 of those firms continue to receive bar association support; 66 more have continued in operation as self-supporting private law firms. In addition, thirteen "public" law firms, receiving bar association support, have been established in Tokyo and other large urban region, focused on functions such as criminal matters, immigrant/ refugee matters, law school clinics, and access to justice for indigents (Nihon Bengoshi Rengōkai 2017: 189-194).

III Entry into Other Fields and Expansion in Roles of the Bar

As with geographical disparity, the quote at the start of this essay does not refer specifically to the entry of lawyers into other fields nor to expansion in the roles of the legal profession beyond the traditional dispute resolution focus, to roles such as the prospective structuring of transactions, general counseling, and preventive lawyering highlighted by Hattori and the Investigation Council way back in the 1960s. Here again, however, other sections of the Reform Council recommendations clearly show that, in its call for lawyers to "exert diverse functions in every corner of society," it envisioned just such an expansion in the roles of lawyers and the fields they handle. Utilizing the metaphor "doctors for the people's

---

(10) Data based on chart, Bengoshi 0-1 Chisaishibusū no Hensen ni tsuite [Regarding Shifts in the Numbers of District Court Branches with Zero or One Lawyer], posted at: https://www.nichibenren.or.jp/library/ja/special_theme/data/zero_one_graph_2018_2.pdf (last accessed Desember 21, 2018).

     As a result of consolidations and mergers, by 2016 the number of registered cities and towns in Japan had dropped nearly in half, from over 3,000 as of the year 2000 to somewhat over 1,700; JFBA does not report how many of the cities and towns still fall into the zero-one category.

(11) This is a play on words. In Japanese, hō means law and terasu corresponds both to "terrace" and to a verb meaning "to shed light on"/"to elucidate."

(12) Himawari, meaning sunflower, is the symbol of the Japanese bar.

160

III Entry into Other Fields and Expansion in Roles of the Bar

social lives," in the first chapter of its recommendations the Reform Council expressed the expectation the legal profession would undertake a "wide range of activities in various fields of society," including "providing proper legal services … [to] prevent disputes from occurring" and "respon[ding] to fields that require advanced expertise, including increasingly important protection of intellectual property rights" (Shihō Seido Kaikaku Shingikai 2001: 7).

To what extent these aspects of the Reform Council's vision have been achieved is subject to debate. According to the decennial JFBA survey of lawyers' work conducted in 2010, civil matters continued to make up the vast majority of lawyers' caseload nationwide, at 87%. Of the civil cases the proportion of non-dispute matters had risen to 23%, from 18% in 2000; and, among the dispute cases, the proportion of litigation had dropped to about 65%, from nearly 75% ten years earlier. When one narrows the focus to Tokyo, non-dispute matters constituted 39.9% of the total civil cases, up from 27% in 2000 (Nihon Bengoshi Rengōkai 2011B: 86-92).

By one view, these results suggest the image remains intact that the dominant role of the Japanese bar is resolution of civil disputes, principally through litigation. By another interpretation, however, the steady rise in non-dispute matters suggests an expansion in lawyers' functions, presumably to roles such as the prospective structuring of transactions, general counseling, and preventive lawyering. This is especially true for Tokyo, where by 2010 non-dispute matters constituted almost 40% of all civil matters. While the next decennial survey will not take place till 2020, one may assume it will show a continuation of these trends.

One may offer similar observations with regard to specialization. The 2000 JFBA survey asked lawyers whether they had established fields of "specialization" or of "emphasis," without defining the meaning of those respective terms (Nihon Bengoshi Rengōkai 2002: 221, 327-328). The 2010 survey changed the methodology; it asked respondents to identify how much time they had spent on each of 39 different types of matters, in 13 broad categories, on a five-point scale from "a very great amount of time" and "quite a lot of time" down to "no time at all" (Nihon Bengoshi Rengōkai 2011B: 67-70). Even with the revised approach, however, interpreting the results necessitated assumptions, such as how much time "quite a lot" signified. One scholar who has written widely on specialization in the legal profession has interpreted the results of this and other surveys as indicating that the Japanese bar as a whole remains heavily "generalist" in orientation, with the exception of certain fields, such as traffic accidents, and a few other fields, such as international transactions, mergers and acquisitions, and intellectual property, that, while highly specialized, involve relatively few lawyers (Bushimata 2015: 37; Bushimata 2017: 536-540; Bushimata 2018). An interpretation by

161

7 "Lawyers in Every Corner of Society": A Progress Report [Daniel H. Foote]

another leading law and society scholar notes the existence of certain work clusters, such as corporate, general civil, and criminal, and finds, not surprisingly, that the corporate cluster is most strongly associated with lawyers in Tokyo (Hamano 2015).

One development that is clear is a gradual rise in the number of large law firms and a dramatic rise in the size of the largest firms. Even today, small law firms remain the norm; as of 2018 60% of all law firms in Japan were solo practices and 93.6% of all firms had five or fewer lawyers (Nihon Bengoshi Rengōkai 2018: 70). At the other end of the spectrum, only 46 firms had over 30 lawyers. Of those 46, however, eleven had over 100 lawyers, including five with over 380 each (topped by Nishimura & Asahi, with 522) (Id.) . In terms of total number of lawyers, nearly 64% of all lawyers in Japan still work in firms of five or fewer. With the tremendous growth in the size of the largest firms, though, over 5% of all Japanese lawyers now work in just the five largest firms.[13] According to sources from those firms, some lawyers, especially among the older generation, continue to work essentially as generalists, handling a wide range of matters for their clients, and some younger lawyers leave the firms out of a desire to work as generalists. At those firms, however, along with a number of the mid-sized and smaller firms, great weight is now placed on developing expertise in specialized practice areas.

Over fifty years ago, Hattori observed that quasi-lawyers had come to dominate fields such as intellectual property and tax, in part because there were too few lawyers to undertake those matters. With the doubling of the number of lawyers over the past decade and a half, have lawyers begun to enter those fields? In the case of intellectual property, the answer is a qualified yes. By the time of the Reform Council deliberations, intellectual property already was recognized as an important field for legal practice; and, while the overall number of lawyers in the field remains rather small, intellectual property constitutes a specialized niche for lawyers (Bushimata 2015: 37). On the other hand, although the large law firms typically have strong tax departments, on the whole lawyers have been relatively slow to enter the tax field. As late as 2014, the monthly journal of one of the Tokyo bar associations ran a two-part cover story proclaiming tax as a "new field" for legal practice (Miki & Torikai 2014).[14] In neither field, moreover, have lawyers displaced the quasi-lawyers. Between 2001 and 2018, the number of *zeirishi* rose by about 20% and the number of *benrishi* more than doubled.

---

(13) Calculations based on data in Nihon Bengoshi Rengōkai 2018: 70.

(14) On the "new" bar exam, which commenced in 2006, candidates are required to select one from among eight specified "optional" subjects. Intellectual property and tax both are among the options. Labor law has always been the most popular option, chosen by about 30% of the candidates. Intellectual property typically rates third or fourth, with 12 to 15%. Tax is one of the lowest three, typically in the 6% range.

Ⅳ **Private Companies**

Turning now to the specific categories listed by the Reform Council in the excerpt quoted at the start of this essay, the most dramatic development has come with respect to private companies. In 2003, in line with a call by the Reform Council, the Attorneys Act was amended to replace the requirement that lawyers obtain prior permission from their local bar association to enter employment in a private enterprise with an after-the-fact reporting requirement. As mentioned earlier, as of 2001 only 66 lawyers worked in-house, in a total of 39 companies. That represented under 0.4% of all lawyers at the time. The number has risen by at least 10% every year since. As of June 2018, 1,031 companies employed a total of 2,161 lawyers, which represented 5.4% of all lawyers. In Tokyo, the percentage was even higher, at nearly 9.5% (JILA 2018A: 1, 2017B: 3). Extrapolating from data in a major survey of corporate legal departments conducted in 2015, Japanese companies employed approximately 200 more people who were bar-qualified but were not registered with any bar association,[15] and about 1,000 more law school graduates who were not bar-qualified (most of whom, presumably, did not pass the bar exam) (Kojima & Yoneda 2016: 32-34).

The reasons companies offer for hiring lawyers are varied. They include strong legal knowledge; the ability to take on responsibility with little or no additional training; reducing fees paid to outside law firms; the ability to represent the company in litigation; gaining the trust of top management; serving as a spur for non-lawyer legal staff members; and, at least in the case of lawyers with prior experience who are hired laterally, the ability to supervise outside counsel (Kojima & Yoneda 2016: 158). The lawyers, bar-qualified persons, and, especially, law school graduates who have not qualified for the bar may well have taken some of the positions in company legal departments that previously would have gone to those who had studied law only at the undergraduate level. Yet, even with the increased hiring, lawyers are far from taking over. More companies are establishing legal departments and those departments are continuing to grow. According to the 2015 survey, overall employment of company legal staff rose by about ten percent between 2010 and 2015 (Id.: 20-21). Although the number of lawyers more than tripled during that same period, as of 2015 lawyers still

---

(15) A brief word of explanation is in order. Some companies treat bar registration as optional, leaving it up to the employee to decide. Bar association dues are high. According to figures from 2011, annual dues for lawyers with five years of experience, including local and national dues, range from somewhat over 500,000 yen to over 1 million yen, depending on location (Hōsō no Yōsei ni kansuru Fōramu 2011). Thus, unless the employer is willing to cover those dues, there is a significant financial incentive to suspend.

7 "Lawyers in Every Corner of Society": A Progress Report [Daniel H. Foote]

constituted less than 8% of legal staff members, with an only slightly higher proportion in the very large companies (Id.: 29-30).

Two additional demographic features bear note. The first is gender. As of 2018, women comprised just over 40% of the in-house company lawyers (JILA 2018C: 1); and over 11.6% of all female lawyers held in-house positions in companies (as compared to just under 4% of male lawyers). To place these figures in perspective, overall women comprised only 18.6% of Japanese lawyers in 2018 (Nihon Bengoshi Rengōkai 2018: 44). Moreover, the percentage of women lawyers is rising very slowly. Over the decade from 2008 through 2017, women comprised only 24.4% of the new entrants to the bar, with a low of just 19% in 2016 (Id.: 61). The most important reason for the far higher proportion of women in corporate legal departments, by all accounts, is work-life balance.[16] Indeed, several male lawyers with whom I have spoken report work-life balance is an important reason they have chosen to work in-house, as well.

A second noteworthy feature is the breakdown between lawyers hired laterally after gaining experience in law firms (54.7%) and those hired without prior law firm experience, directly upon successful completion of the mandatory one-year training program at the Legal Training and Research Institute (LTRI) following passage of the bar exam (45.3%) (Kojima & Yoneda 2016: 32). From a U.S. perspective, where companies normally insist on at least a few years of practice experience first, this pattern is striking. While it may reflect in part the difficulty some new lawyers have experienced in finding suitable law firm positions, it presumably also reflects the weight Japanese companies traditionally have placed upon hiring new graduates, with a view to instilling corporate values and developing skills through long-term internal training (Nagano 2014; Kojima & Yoneda 2016: 157-163).

V Public Bodies

The past decade and a half also have brought substantial increases in the entry of lawyers

---

(16) In this connection, it is worth noting that much higher percentages of the women who have passed the bar and successfully completed the subsequent mandatory one-year training program are opting for careers as judges or prosecutors, rather than becoming lawyers. Over the decade from 2008 to 2017, women comprised 34% of the newly appointed assistant judges and 35.3% of the newly appointed prosecutors, as compared to only 24.4% of the new lawyers (Nihon Bengoshi Rengōkai 2018: 61). Even though judges and prosecutors, regardless of gender, are subject to frequent transfers, young judges and prosecutors have told me that the judiciary and procuracy provide much greater flexibility for child-care responsibilities than most law firms.

V   Public Bodies

into a second category specifically highlighted by the Reform Council: public bodies. As mentioned earlier, apart from certain limited exceptions, the Attorneys Act of 1949 had prohibited lawyers from entering full–time employment in public bodies. In the 1960s the Investigation Council proposed eliminating that prohibition, to no effect. When the Reform Council revisited the issue during deliberations in 2000, however, consensus promptly emerged for relaxing the restriction. Without waiting for the Reform Council's final report, in 2000 the Diet passed a law authorizing national public bodies to hire "persons possessing high professional knowledge and experience" as public servants on fixed term appointments of up to five years.[17] That law was accompanied by an amendment to the Attorneys Act, creating a new exception to cover these newly authorized fixed term appointments. Two years later a parallel law was enacted (together with a parallel amendment to the Attorneys Act), authorizing fixed term appointments by local public bodies.[18] Then, as part of the 2003 amendments to the Attorneys Act, the prohibition was abolished and replaced with an after–the–fact reporting requirement.[19]

At the national level, since the liberalization there has been a slow but steady increase in hiring of lawyers on fixed term appointments, typically for periods of one to three years each. From 2006 through 2015, the number of lawyers serving on such appointments at the national level rose from 40 to 131 (Foote 2018: 140).[20] Hiring of lawyers by public bodies at the local level was slower to develop. As of 2009 only two registered lawyers were serving in fixed term positions at the local level. The rate of increase at the local level has been dramatic, however; by 2018 the number had reached 102, employed in a total of 82 entities (Nihon Bengoshi Rengōkai 2018: 147–149). These figures do not include persons who are bar–qualified but not currently registered as lawyers; as of 2017, over sixty such persons were serving in fixed term positions at local and national public bodies.[21] Furthermore, a gradually increasing number of lawyers (by an estimate based on data from 2015, fifteen to twenty)

---

(17) Ippanshoku no Ninkitsuki Shokuin no Saiyō oyobi Kyūyo no Tokurei ni kansuru Hōritsu [Act regarding Special Exceptions for the Hiring and Salaries of Regular (Public) Employees on a Fixed Term Basis], Act No. 125 of 2000.

(18) Chihō Kōkyō Dantai no Ippanshoku no Ninkitsuki Shokuin no Saiyō ni kansuru Hōritsu [Act regarding the Hiring of Regular Employees on a Fixed Term Basis by Local Public Bodies], Act No. 48 of 2002.

(19) Act No. 128 of 2003.

(20) The numbers dropped thereafter, to 125 in 2016 and to just 109 in 2017 and 105 in 2018. Rather than an actual decline, however, the drop appears to reflect a shift in which more of the appointees are suspending their bar registrations during the period of the appointment.

7 "Lawyers in Every Corner of Society": A Progress Report [Daniel H. Foote]

have entered permanent positions in national and local public bodies.

For public bodies at the national level, motivations for hiring lawyers include utilizing their expertise and experience in policy planning and preparation of legislation, and strengthening investigation and enforcement activities. Conversely, for lawyers entering fixed term positions at the national level, the primary motivation is honing their knowledge and expertise in the fields in which they seek to specialize. At the local level, lawyers play a wide range of roles and, likewise, the motivations for hiring lawyers vary depending on the circumstances of the entity (Foote 2018: 10, 144-150). For lawyers entering positions at the local level, a widely voiced motivation is expanding their horizons (Id.: 153-154).

The number of lawyers working in public bodies at any given time is still relatively small, yet the fact that most are fixed term appointments means there is a steady rotation through many of the positions. In turn, this means cumulatively 1,000 or more lawyers now have served in public bodies. Although that figure may seem modest to foreign observers (at least those from the United States), it represents over two percent of all lawyers in Japan. Moreover, the concentration is far higher among the elite younger cohort of the bar. As a reflection of this pattern, as of July 2017, some twenty percent of the junior partners and senior associates at the five largest law firms had served or were currently serving in fixed term appointments in government bodies (Id.: 141).

With many national government bodies, forty prefectures and well over 700 registered cities (each with a minimum of 50,000 residents) that still do not employ any lawyers, one could scarcely say lawyers have reached "every corner" of Japan's public bodies; and to what extent the lawyers who have been hired "contribute to the sound operation of such entities under the philosophy of the rule of law," as envisioned by the Reform Council, also may be subject to debate.[22] Yet the advent of lawyers in public bodies already has had important implications for policymaking, investigation and enforcement activities, and other aspects of

---

(21) Whereas 89 *registered lawyers* were working in fixed term positions for local public bodies as of June 2017 (Nihon Bengoshi Rengōkai 2017: 130-132), figures from August of that year, also compiled by JFBA, showed that 150 *bar-qualified persons* held such positions in local public bodies (Chihō Kōmuin to shite Kinmu Suru Bengoshi (Hōsōyūshikakusha) ni kansuru Dēta [Data regarding Lawyers (Bar-Qualified Persons) Working as Local Public Servants], as of August 2017, https://www. nichibenren.or.jp/recruit/lawyer/sosikinai/data.html (last accessed December 21, 2018).) Although comparable data could not be located for national public bodies, it is evident some fixed term appointees at the national level also have suspended bar registration.

(22) With respect to the impact of lawyers on compliance by the public bodies, see Foote 2018: 162-164.

Ⅵ   International Institutions, Non-Profit Organizations, and Labor Unions

the governmental bodies; for the legal profession, including heightened specialization and increased involvement in policy debates and lobbying; for the relationship between the bar and government; and for clients and Japanese society in general.[23]

Ⅵ   International Institutions, Non-Profit Organizations, and Labor Unions

In addition to private companies and public bodies, the Reform Council expressly identified international institutions, non-profit organizations, and labor unions as the types of entities it expected lawyers to enter. To date, those expectations have almost completely gone unmet.

International Institutions

A considerable number of Japanese are passionate about the desire to serve in international institutions. And, thanks in large part to support by JFBA and the Japanese government, at least thirty lawyers have had the opportunity to serve in projects undertaken under the auspices of the Japan International Cooperation Agency (Nihon Bengoshi Rengōkai 2017: 172–177). Yet, apart from these specially supported programs, very few Japanese lawyers have been able to gain regular full-time positions in international institutions. For applicants anywhere, the road to obtaining such positions is challenging. If anything, the Japanese legal training system poses an even greater challenge for prospective Japanese lawyers who seek to attain positions in international institutions. The Japanese bar exam is heavily focused on doctrinal mastery of the core domestic legal fields, and the pass rate is so low (at under 30%) most candidates feel obligated to devote their efforts to those rather narrow subjects. Since the introduction of the "new" bar exam in 2006, candidates have been required to choose one subject, from among eight options, in addition to the core fields tested on the exam. International public law has always been included as one of the eight options, but it is by far the least popular; fewer than two percent of the candidates select that field each year. Moreover, legal study and bar exam preparation are conducted almost entirely in Japanese, so candidates have little opportunity to utilize English, French or other languages that might appeal to hiring committees for international institutions.

Non-Profit Organizations

A handful of lawyers have obtained full-time positions in non-profit entities such as hospitals (Yamada 2016) and educational institutions (Murata 2016). I cannot help feeling, however, that the Reform Council's reference to "non-profit organizations" reflected the influence of Council member Yoshioka Hatsuko, who was secretary-general of the Japan Housewives' Association *Shufuren*), a leading consumer organization. Accordingly, my

---

(23)   For a more detailed discussion of the implications, see Foote 2018: 157–168.

7 "Lawyers in Every Corner of Society": A Progress Report [Daniel H. Foote]

supposition is that the language quoted earlier signified the Reform Council's expectation lawyers would increasingly enter full-time positions in consumer organizations and other public interest NPOs. That has not occurred. The executive director for one prominent human rights organization is bar-qualified but reportedly has suspended her bar registration. Many other lawyers serve in administrative positions or on boards for human rights and other public interest organizations on a volunteer basis. Yet, so far as I have been able to determine, no currently registered Japanese lawyers serve in regular full-time positions in public interest organizations. This of course represents a great contrast with the situation in the United States, where a few thousand public interest organizations employ lawyers (some with thirty or more lawyers) on a full-time basis. Perhaps more pertinently, it also stands in contrast to the situation in Korea where, even though the size of the bar and tax treatment of charitable donations — factors sometimes cited as reasons for the difference between the United States and Japan — are similar to Japan, four public interest law firms, each employing between three and nine lawyers, have been established over the past fifteen years, and ten or more other public interest organizations employ full-time staff lawyers (Goedde 2017).

Labor Unions

Law firms specializing in representation of unions and workers in labor law matters have existed for many years. The Reform Council envisioned that, apart from this pattern of outside representation, lawyers increasingly would begin to enter full-time positions as staff attorneys in the labor unions themselves. At least one lawyer, who entered the bar in 2013, has taken an in-house position at a labor union.[24] His remains a very rare case, however. As for labor unions, the Reform Council's vision has not come to pass.

Ⅶ Concluding Reflections

As the preceding section reflects, the Reform Council's expectations with regard to entry of lawyers into non-profit organizations, international institutions, and labor unions have yet to be realized. Yet at least four important developments have occurred: a great rise in the size of the largest law firms and in the number of lawyers employed by those firms; a steady rise in the numbers of lawyers in nearly all prefectures across Japan, including areas of lawyer scarcity; a dramatic rise in the number of in-house lawyers in companies; and a steady rise in the number of lawyers serving in fixed term and permanent positions in national and local government bodies. These trends have been accompanied by a modest rise in the number of lawyers entering fields such as intellectual property and tax that heretofore have been

---

(24) See Matsuzaki Motonori no Profile, http://profile.ameba.jp/matsuzaki-moto/ (last accessed December 21, 2018).

                                                    Ⅶ   Concluding Reflections

dominated by "quasi-lawyers."

It is tempting to say these trends are now so firmly established one can confidently predict they all will continue for the foreseeable future. Yet such a prediction may be premature. While the expansion in *shōgai jimusho* had begun by the 1990s, it along with all of the other above trends gained steam during the period when the number of bar exam passers was steadily rising. Consistent with the expectations of the Reform Council, and with Hattori's analysis from over fifty years ago, when the capacity of the bar expanded and competition rose, lawyers increasingly began to enter other regions and fields and to take on broader roles, rather than focusing narrowly on the traditional roles of litigation and dispute resolution.[25] At least for the time being, the bar, utilizing the same rhetoric highlighted by Hattori back in 1963 — namely, the "fear of 'excessive' competition," coupled with the "frequently articulated, though probably quite specious, belief that a less restrictive policy [on the bar exam] would inevitably lower the quality of the legal profession" (Hattori 1963: 145, 147) — has succeeded in its campaign to roll back the increase in the number of bar exam passers. It remains to be seen whether all of the above trends will persist, or even if they all can persist, as the number of new entrants to the legal profession declines.

One trend that seems certain to continue is the strength of the largest law firms and, with the high salaries and high prestige they offer, their ability to attract recruits. In each of the past three years, from 2016 through 2018, those five firms combined have hired over 10% of all the new lawyers in Japan (Jurinavi 2018)). For the time being, in-house positions appear to be holding their own. Over the past three years, among those who have completed the LTRI training program, the percentage who have immediately entered in-house positions has risen from 3. 5% to 4% (Id.); and I have heard frequent reports of highly qualified lawyers who have chosen to leave law firms for in-house positions. That said, several people in charge of hiring for company legal departments have expressed concern to me about the difficulty in recruiting new lawyers, especially as the number of bar passers declines. For public bodies, most hiring of lawyers is for fixed term positions. At least at the national level, those hired typically are drawn from lawyers with two to five years of experience (Foote 2018: 151-152), often from elite firms, where experience in such positions is widely viewed as valuable (Id.: 156). Accordingly, one would expect the national public bodies to have little difficulty in continuing to attract qualified candidates.

Yet, if the decline in the number of bar exam passers and, hence, new entrants to the bar persists, it seems inevitable that not all of the trends discussed above can continue at the same rate. Recent statistics suggest the judiciary may be one of the entities feeling the pinch. In

_____

⑵ For a similar analysis, on a comparative international basis, see Abel 1995.

169

7 "Lawyers in Every Corner of Society": A Progress Report [Daniel H. Foote]

terms of hiring of new assistant judges, after ranging from a low of 91 to a high of 124 each year from 2001 through 2015, the judiciary hired only 78 new assistant judges in 2016 and just 65 in 2017 (Nihon Bengoshi Rengōkai 2018: 61). Other trends that bear watching are whether local public bodies will continue to be able to attract sufficient applicants, whether the gradual amelioration in the geographical disparity of lawyers will continue, and of course, whether the Reform conncil's expectation that lawyers would enter international cvgcnifations, NPOs, and labov unions ever will be realized.

[References]

Abel, Richard L. (1995) "Revisioning Lawyers", in Richard L. Abel & Philip S.C. Lewis eds., *Lawyers in Society: An Overview* 1 (University of California Press).

Bushimata, Atsushi (2015) "Bengoshi Gyōmu Bun'ya no Tokuchō to Kōzō: Shikago Chōsa to no Hikaku wo Chūshin ni" [The Characteristics and Structure of Lawyer Practice Fields: Centered on a Comparison with the Chicago Study], in Satō Iwao & Hamano Ryō eds., *Hendōki no Nihon no Bengoshi* [Japanese Lawyers in a Time of Change] 28 (Nippon Hyōronsha).

——(2017) "Bengoshi no Senmoka to Mibunkagata Keiei Senryaku no Shijō Tekigōsei" [The Market Conformity of Specialization by Lawyers and Undifferentiated Management Strategy], in Ageishi Keiichi, Ōtsuka Hiroshi, Musashi Katuhiro & Hirayama Mari eds., *Miyazawa Setsuo Sensei Koki Kinen: Gendai Nihon no Hōkatei* [The Legal Process in Contemporary Japan: A Festschrift in Honor of Professor Setsuo Miyazawa's 70th Birthday] 535 (Shinzansha).

——(2018) "Shinjin Bengoshi to Bengoshikai no Kōzō Hendō wo Megutte: Gyōmu Bun'ya no Chiken kara" [Concerning Structural Changes for New Lawyers and the World of Lawyers: Based on Information regarding Fields of Practice] (Chapter — in this volume)

Council of Bars and Law Societies of Europe (CCBE) (2015) CCBE Bar Statistics 2015, *available at* http: // www. ccbe. eu/ fileadmin/ speciality_distribution/ public/ docu-ments/ Statistics/ EN_STAT_2015_Number_of_lawyers_in_European_countries.pdf.

Foote, Daniel H. (2013) "The Trials and Tribulations of Japan's Legal Education Reforms," 36 *Hastings International and Comparative Law Review* 369.

——(2017) "East Asian Court Reform on Trial: Diversification of the Japanese Judiciary," 27 *Washington International Law Journal* 7.

——(2018) "The Advent of Lawyers in Japanese Government,"5 *Asian Journal of Law and Society* 135.

Goedde, Patricia (2017) "Public Interest Lawyer Groups in South Korea: Institutional

170

Ⅶ   Concluding Reflections

Developments of the Past Decade", Presentation at the Asian Law & Society Association Annual Conference, National Chiao Tung University, Hsinchu, Taiwan, December 15, 2017 (notes on file with author).

Hamano, Ryō (2015) "Bengoshi no Nadaraka na Bunka: Senmoka to Kaisōka wa Shinkō Suru ka" [The Gradual Differentiation of Lawyres: Will Specialization and Stratification Progress?", in Satō Iwao & Hamano Ryō eds., *Hendōki no Nihon no Bengoshi* [Japanese Lawyers in a Time of Change] 52 (Nippon Hyōronsha).

Hattori, Takaaki (1963) "The Legal Profession in Japan: Its Historical Development and Present State," in Arthur T. von Mehren ed., *Law in Japan: The Legal Order in a Changing Society* 111 (Harvard University Press).

Hori, Yukie (2000). "Bengoshi no Gyōmu no Tayōka to Kyaria Keisei no Bunka: Nihon ni okeru Senmonshoku no Rōdō Shijō ni kansuru Ichikōsatsu" [Diversification of Lawyers' Work and Differentiation in Career Formation: A Reflection on the Professional Labor Market in Japan], 481 *Nihon Rōdō Kenkyū Zasshi* 26.

Hōsō no Yōsei ni kansuru Fōramu [Forum on Legal Training] (2011) 3rd Session (13 July 2011), Material 6 (revised version, 14 July 2011), http: / / www. moj. go. jp/ content/ 000077010.pdf (last accessed December 21, 2018).

Hōsō Yōsei Seido Kaikaku Suishin Kaigi [Council to Promote Reform of the Legal Training System] (2015) Hōsō Yōsei Seido Kaikaku Suishin Kaigi Kettei, Hōsō Yōsei Seido Kaikaku no Saranaru Suishin ni tsuite [Resolution of the Council to Promote Reform of the Legal Training System, Regarding Further Promotion of Legal Training System Reform], June 30, 2015.

Inoue, Masahito (2004) "Nihon ni okeru Shihō Seido Kaikaku no Keii to Gaiyō" [Background and Overview of Justice System Reform in Japan], Paper prepared for presentation at the International Seminar on Judicial Reform, Taipei, Taiwan, September 23, 2004 (copy on file with author).

JILA (Japan In-House Lawyers Association) (2018A) Kigyōnai Bengoshisū no Suii (2001nen-2018nen) [Shifts in the Numbers of Company In-House Lawyers (2001-2018)], *available at* http://jila.jp/ pdf/ transition.pdf (last accessed December 21, 2018).

——(2018B) Kigyōnai Bengoshi wo Ooku Kakaeru Kigyō Jōi 20sha (2001nen-2018nen) [Top 20 Companies Employing the Largest Number of In-House Company Lawyers (2001-2018)], *available at* http:// jila.jp/ pdf/ company.pdf (last accessed December 21, 2018).

——(2018C) Kigyōnai Bengoshi no Danjobetsu Ninzū (2001nen-2018nen) [Numbers of In-House Company Lawyers, by Gender (2001-2018), *available at* http: // jila.

7 "Lawyers in Every Corner of Society": A Progress Report [Daniel H. Foote] jp/ pdf/ analysis.pdf (last accessed December 21, 2018).

Jurinavi (2018) Shihō Shūshūsei Shinro Chōsa: 70ki Shihō Shūshū Shūryōsha no Shūshoku Jōkyō Chōsa [Investigation of the Career Paths of Legal Apprentices: Investigation of the Employment Status for Those Who Completed Legal Apprenticeship in the 70th Class [at the Legal Training & Research Institute]

Kojima, Takeshi & Yoneda Ken'ichi (supervising editors) (2016) *Kaishi Hōmubu* [*Dai11ji*] *Jittai Chōsa no Bunseki Hōkoku* [Company Legal Departments: Analytical Report on the Survey of Operations (11th Survey)], 160 *Bessatsu NBL*.

Miki, Yoshikazu & Torikai Shigekazu. 2014. "Tokushū Zadankai: 'Bengoshi to Zeimu' — Arata na Katsudō Ryōiki to shite no Tenbō to Kadai (Zenhen), (Kōhen)" [Special Panel Discussion: "Lawyers and Tax Matters" — Prospects and Challenges as a New Field for Practice (Parts 1 and 2)], 133 *NIBEN Frontier* 21 (May 2014), 134 *NIBEN Frontier* 23 (June 2014).

Murata, Machie (2016)"Kokuritsu Daigaku Hōjin Kyōto Daigaku" [National University Corporation Kyoto University], in Okamoto Tadashi, rep. ed., *Kōmuin Bengoshi no Subete* [All About Kōmuin Bengoshi] 233 (LexisNexis Japan).

Nagano, Hitoshi (2014)"Trends in Corporate Hiring of Recent Graduates: Focus on Developments since the Global Financial Crisis", *Japan Labor Review*, Vol. 11, No. 2, at 23.

Nagashima, Yasuharu & E. Anthony Zaloom (2007)"The Rise of the Large Japanese Business Law Firm and Its Prospects for the Future," in Daniel H. Foote ed., *Law in Japan: A Turning Point* 136 (University of Washington Press).

Nihon Bengoshi Rengōkai [Japan Federation of Bar Associations] (2002) *Nihon no Hōritsu Jimusho 2000: Bengoshi Gyōmu no Keizaiteki Kiban ni kansuru Jittai Chōsa Hōkokusho* [Law Firms in Japan 2000: Report of the Survey regarding the Economic Base for Lawyers' Practice], *Jiyū to Seigi*, Vol. 53, No. 13 (Rinji zōkangō [Special Issue]).

——(2008) Hōsō Jinkō Mondai ni kansuru Kinkyū Teigen [Urgent Proposal regarding the Problem of the Size of the Legal Profession], July 18, 2008, *available at* http:// www. nichibenren.or.jp/ library/ ja/ opinion/ report/ data/ 080718.pdf (last accessed December 21, 2018).

——(2011A) Hōsō Jinkō Seisaku ni kansuru Kinkyū Teigen [Urgent Proposal regarding the Policy on the Size of the Legal Profession], March 27, 2011, *available at* http:// www. nichibenren. or. jp/ activity/ document/ opinion/ year/ 2011/ 110327. html (last accessed December 21, 2018).

——(2011B) *Bengoshi Gyōmu no Keizaiteki Kiban ni kansuru Jittai Chōsa Hōkokusho 2010* [Report of the 2010 Survey regarding the Economic Base for Lawyers' Practice], *Jiyū to*

Seigi, Vol. 62, No. 6, Rinji Zōkangō [Special Issue].

——(2012) Hōsō Jinkō Seisaku ni kansuru Teigen [Proposal regarding the Policy on the Size of the Legal Profession], March 15, 2012, *available at* http://www.nichibenren.or. jp/activity/document/opinion/year/2012/120315.html (last accessed December 21, 2018).

——(2015) *Bengoshi Hakusho 2015nenban* [White Paper on Lawyers, 2015 ed.].

——(2017) *Bengoshi Hakusho 2017nenban* [White Paper on Lawyers, 2017 ed.].

——(2018) *Bengoshi Hakusho 2018nenban* [White Paper on Lawyers, 2018 ed.].

Nihon Bengoshi Rengōkai Bengoshi Gyōmu Taisaku Iinkai ed. [Japan Federation of Bar Associations, Committee for Dealing with Lawyers' Practice] (1988) *Nihon no Hōritsu Jimusho: Bengoshi Gyōmu no Keizaiteki Kiban ni kansuru Jittai Chōsa Hōkokusho* (Gyōsei).

Nihon Shihō Shien Senta [Japan Legal Support Center] (2016) *Nihon Shihō Shien Senta, Heisei 28nendo Gyōmu Jisseki Hōkokusho* [Japan Legal Support Center, Report on Results of Operations, 2016]

Ōtsuka, Hiroshi (2004) "Bengoshi to Shakai Henkaku Undō — Hōsenmonshoku no Kan'yo to Rinri" [Lawyers and Social Change Movements — Participation of the Legal Profession and Ethics], 61 *Hōshakaigaku* 77.

Repeta, Lawrence (2008) "Japan's Bar Associations and Human Rights Protection", 4 *Ōmiya Law Review* 59.

Rinji Shihō Seido Chōsakai [Provisional Justice System Investigation Council] (1964). *Rinji Shihō Seido Chōsakai Ikensho* [Recommendations of the Provisional Justice System Investigation Council], published as special supplement to *Hōsō Jihō*, Vol. 16, No. 8 (1964).

Rokumoto, Kahei (1988). "The Present State of Japanese Practicing Attorneys: On the Way to Full Professionalization?", in Richard L. Abel & Philip S.C. Lewis eds., *Lawyers in Society: The Civil Law World* (University of California Press).

Shihō Seido Kaikaku Shingikai [Justice System Reform Council] (2001) *Shihō Seido Kaikaku Shingikai Ikensho — 21seiki no Nihon wo Sasaeru Shihō Seido* [Recommendations of the Justice System Reform Council — For a Justice System to Support Japan in the Twenty-First Century], issued June 12, 2001. *Available in Japanese at* http://www. kantei.go.jp/jp/sihouseido/report-dex.html; *available in English at* http://www.kantei. go.jp/foreign/judiciary/2001/0612report.html. Citations contained herein are to the page numbers in the original Japanese version.

Steinhoff, Patricia O. ed. (2014) *Going to Court to Change Japan: Social Movements and the Law in Contemporary Japan* (Center for Japanese Studies, The University of Michigan).

7 "Lawyers in Every Corner of Society": A Progress Report 〔Daniel H. Foote〕

Takahashi, Toshiaki & Tsukahara Eiji eds. (1996) *Dokyumento: Gendai Soshō* 〔Document: Modern Litigation〕 (Nippon Hyōronsha).

Yamada, Sachie (2016)"〔Iryōhōjin Tesshōkai (Kameda Sōgō Byōin)〕")〔Tesshōkai Incorporated Medical Institution (Kameda General Hospital)〕, in Okamoto Tadashi, rep. ed., *Kōmuin Bengoshi no Subete* 〔All About Kōmuin Bengoshi〕 222 (LexisNexis Japan).

Ⅲ　法律相談・民事訴訟

8 困りごと解決行動における法テラスの認知
―― 平成 28 年度法テラス認知度状況等調査の分析から

吉岡すずか

I　はじめに

　日本司法支援センター（以下，法テラス）の存在（名称）と役割（業務内容）をあまねく人々に周知することは，総合法律支援の実施においてきわめて重要である．加えて，人々がどのようにして法テラスを知るようになったか（認知経路）の実態解明は，法テラスが実施している広報・広告活動の効果測定はもちろん，重視している関係機関との連携の状況把握に不可欠であり，また，「司法ネット」構築の達成状況を検討する上で重要な事項である．さらに，法テラスに焦点を当てて人々の困りごと解決行動を分析することは，法社会学の重要なテーマである紛争行動論とも密接に関わった研究課題である．

　法テラスは，設立 2 年目の平成 19 年度より，国民の法テラスの認知状況を把握し，今後の広報活動や各業務遂行上の参考とするため（日本司法支援センター 2015 : 149），毎年度「認知状況等調査」を実施している[2]．平成 27 年度の認知状況等調査以降，その設問項目には，従前の認知度や認知者の認知経路を測定する設問群に加え，人々の困りごとに対する解決行動の傾向を探る設問群（以下，「問題解決行動調査設問群」）が設けられた．これら「問題解決行動調査設問群」は，法的トラブルを抱えている層，トラブルの内容，紛争解決行動の

⑴　本認知度状況等調査のデータ使用をお許しいただいた日本司法支援センターに心より感謝する．本稿の分析及び見解の責任は全て筆者個人にある．

⑵　これまで実施された認知度等調査の結果については，『法テラス白書』で（1）認知度の推移，（2）性別・年代別認知度，（3）認知者認知経路が公表されている（日本司法支援センター 2012 : 122-124，同 2013 : 148-149，同 2014 : 158-159，同 2015 : 149-151，同 2016 : 153-156，同 2017 : 142-145）．

『法の経験的社会科学の確立に向けて』村山眞維先生古稀記念〔信山社，2019年 3 月〕　　*177*

8 困りごと解決行動における法テラスの認知〔吉岡すずか〕

傾向について調査し，法テラスの効率的かつ効果的な広報方法の検討資料として資するため付加されたものである．

「問題解決行動調査設問群」の回答結果は，人々の問題解決行動，法律問題に対する意識，情報収集行動，法律専門家に対する意識等，法テラスの広報方針や業務遂行時の資料として有益な示唆が得られるものである．吉岡（2017）は，平成27年度認知状況等調査の「問題解決行動調査設問群（問1～問8）」の回答結果につき基本集計結果を報告し，人々の困りごとや法律問題に対する行動パターンについて記述統計に基づく分析を行った．そこでは，法テラスの認知度と「問題解決行動調査設問群」との関係について端緒的な分析を行い，認知度と情報収集・相談行動のパターンの間に有意な関係性を確認したが，回答者属性や地域差を考慮した分析や，認知度のみならず認知経路を交えた分析・検討については残された課題となった[3]．

本稿では，上記の経緯を踏まえ，平成28年度認知状況等調査の結果を分析の対象として，認知度，認知経路，困りごと解決行動との関係を考察する．具体的には，Ⅱ-1で，業務認知尺度を作成し，認知度（単純名称認知度，業務認知尺度）について，認知程度の深さなるものが析出可能か試みる．Ⅱ-2では，認知経路の組み合わせパターンに着目し，認知経路クラスターを作成することで認知経路の影響力を探る．Ⅱ-3では，人々の困りごと解決行動クラスターを作成し，これまでの紛争行動研究とは異なる視点から整理を試みる[4]．Ⅲ-1では，認知経路クラスターと業務認知尺度との関係を検討し，Ⅲ-2では，困りごと解決行動クラスターと業務認知尺度との関係を検討する．最後にⅣで，利用経験者に着目して検討を加えた上で，本稿で得られた知見から法テラスの利用にもつながる実践的示唆を示すことを目指す．

---

(3) 吉岡（2017）の分析では，「法律に関する問題の1番目の行動」のパターンが，法テラスの認知度と関係があることが窺えたが，法律に関する問題について相談先にアクセスしたことにより法テラスを認知したのか，もともと法テラスを知っていたのかは不明であった（吉岡 2017 :143）．

(4) Ⅱ-3で後述するように，時間的順序を考慮した情報収集行動及び相談行動分析は，実態が複雑な様相を示しており，方法論的にも非常に困難であると指摘されるものであるが（村山 2008，杉野 2010），本稿はそれを探索的に試みるものである．

II 分 析

　平成 28 年度法テラス認知度状況等調査の要点を確認しておく．調査方式はインターネット調査（モニター式），サンプルサイズは 4 ,700（47 都道府県ごとに 100 サンプルを性別及び 20 代から 60 代以上までの 5 年代別に 10 セル均等割付）であり[5]，「問題解決行動調査設問群」（問 1 から問 8 まで）の調査票の設計は平成 27 年度と同様である[6]．

　過去 5 年間の困りごと経験者は，2 ,894 人（61.6％）で，経験された困りごと総数は 8 ,556 である（問 1）．本調査では，そのうち，最も困ったこと[7]についての解決行動につき，1 番目から 3 番目までに取った行動を訊いており（問 2），本稿では，これを「困りごと解決行動」として扱う．以下，本稿で分析する 1.業務認知尺度，2.認知経路クラスター，3.困りごと解決行動クラスターについて説明を行う．

1 業務認知尺度の説明

　本稿では，法テラスの認知状況[8]につきその深さが析出可能か探るため，名称認知項目（問 9）[9]と業務認知項目群（問 10，11，12-1）[10]を用いて，「業務認知尺度」を作成した．

　業務認知項目群で業務を一つも知らないと回答した 2 ,691 人のうち，名称認知項目で法テラスの名称も知らないと回答した人が 1 ,789 人いる．差し引き 902 人[11]が名称だけを知っている人となる（問 9 で選択肢「1 全く知らない・聞いたことはない」を回答した人には業務認知項目群を訊いていないので，名称を

---

(5) 本調査は株式会社ネオマーティングに委託され，平成 28 年 12 月 16 日から 12 月 22 日にかけて実施された．インターネット調査法を採用する際の問題点については，吉岡（2017：145-146 注 12）を参照．

(6) 詳細については，吉岡（2017）．問 9 以降の設問文・選択肢については，本稿の分析に関係するものを該当箇所にて示している．

(7) 最も困ったことの経験数（問 1 付問 1，設問の構造上，問 1 の経験者と同数で 2 ,894）の内訳は，多い順に，仕事 582，健康や病気・治療 563，人間関係 398，借金（ローン含む）190，商品やサービス 149，老後生活費 137，税保険年金 122，土地住宅 109，貸金 95，近隣 94，インターネット 81，賃貸借 67，遺言相続 65，事件事故 61，離婚 50，恋愛・ストーカー・DV47，学校・教育・いじめ 44，その他 28，プライバシー 12 である．

8　困りごと解決行動における法テラスの認知〔吉岡すずか〕

知らないまま業務を知っている人の数は調査票の構造上わからない）⑿．したがっ
て，ここで作成した業務認知尺度は，名称も業務も知らない人が値0.00pt，

⑻　法テラスの認知状況については，名称認知度（「全く知らない」を除く回答割合）と
業務認知度（平成23年度から平成25年度までは，「名前も知っているし，業務内容も
ある程度知っている」との回答及び「実際に利用したことがある」との回答を合計した
割合であり，平成26年度以降は，「どんなサービスを提供しているか，ある程度知って
いる（利用したことはない）」との回答及び「利用したことがある」との回答を合計し
た割合である．）がそれぞれ公表されており（日本司法支援センター2017：143），平成
28年度調査の名称認知度は56.4%，業務認知度は16.1%である．なお，業務認知度に
ついては，平成27年度の調査から，より実態に近い認知度を測る試みとして，従前の
質問・回答選択肢に加え，「名前は知っている・聞いたことがある」と回答した者に対し，
記憶喚起の手がかりとなる更問（問10「法テラスが提供している次のサービスで，知っ
ているものがあれば全て選んでください．（複数回答）」）を設け，「知っているサービス
はない」との選択肢とともに，法テラスの業務を具体的に列挙した選択肢を示す質問を
設けている．具体的サービスを1つ以上選択した回答者は23.4%，記憶喚起の手がか
りを得た者を含む業務認知者の割合は39.5%である（日本司法支援センター2017：143）．
⑼　問9の設問文は「『法テラス』（日本司法支援センター）をご存知ですか．」，選択肢は
「1全く知らない・聞いたことはない」「2名前は知っている・聞いたことがある」「3
どんなサービスを提供しているか，ある程度知っている（利用したことはない）」「4利
用したことがある」．である．設問の構造上，問9で「1全く知らない・聞いたことは
ない」を回答した人には業務認知項目（問10から12-1）を訊いていない．
⑽　問10から問12-1までの設問文は，「『法テラス』（日本司法支援センター）が提供し
ている次のサービスで，知っているものがあれば全て選んでください（複数回答）．」で，
問10は問9で選択肢2を回答した者のみ，問11は問9で選択肢3を回答した者のみ，
問12-1は問9で選択肢4を回答した者のみを対象としている．問10から問12-1まで
の選択肢は「1法制度や相談窓口の情報を提供している」「2無料法律相談を行ってい
る（資力が一定額以内の方が対象）」「3弁護士・司法書士費用等の立て替え払いを行っ
ている（資力が一定額以内の方が対象）」「4DV，ストーカー，傷害など犯罪の被害に
遭われた方への支援を行っている」「5東日本大震災，熊本地震の被災者の方を支援し
ている」「6弁護士がいない又は少ない地域に，法律事務所を設置している」「7国選弁
護人・国選付添人に関する事業を行っている」「8その他（FA）」「9知っているサービ
スはない（問10のみ）」である．設問10,11,12-1の回答結果で「その他」は業務内容
とは無関係の記述かつ少数であったため，尺度を構成する際に除いた．
⑾　業務認知者と利用経験者がそれぞれ1人ずつ含まれているが，これは，問11で「8
その他」を選択し自由記述回答が「詳しくは分かりません」，問12で「8その他」を選
択し自由記述回答が「何もしてくれなかった」という回答者である．
⑿　例えば，法テラスの名称は知らないが民事法律扶助業務に当たるサービスが公的に提
供されていることを知っている者が存在しうることが考えられるが，本調査の射程外で
あり捕捉することはできていない．

Ⅱ　分　析

名称のみを知っている人が値 1.00pt，知っている業務数に応じて値 2.00pt から値 8.00pt という順序尺度となっている[13]．

　図 1 で示しているように，名称認知項目（問 9）で「1 全く知らない・聞いたことはない」の回答者を「未認知者」，「2 名前は知っている・聞いたことがある」の回答者を「名称のみ認知者（記憶喚起後の業務認知者含む）」，「3 どんなサービスを提供しているか，ある程度知っている（利用したことはない）」の回答者を「業務認知者」，「4 利用したことがある」の回答者を「利用経験者」として表記をすることとした．

　第一に，この名称認知項目の回答別に業務認知尺度の特徴を見ると，未認知者（1,789）は，当然ながら全員が 0.00pt である．名称のみ認知者（記憶喚起後の業務認知者含む）（2,072）の 43.4%（900）が 1.00pt と記憶喚起後もなお名称のみの認知者が半数弱である一方，知っている業務数が 1 つ以上の者も 56.6%（1,172）を占め，業務認知尺度が高い者も一定数いる．

　業務認知者（534）は，多い順に 2.00pt が 32.0%（171），3.00pt が 24.9%（133），4.00pt が 18.7%（100）と，業務認知尺度が高い者が多いわけではない．

　利用経験者（305）は，多い順に 2.00pt が 58.7%（179），3.00pt が 16.1%（49），4.00pt が 10.5%（32）と，過半数が知っている業務数が 1 つであり，業務認知尺度が高い者が多いわけではない．

　第二に，業務認知尺度内の割合に注目すると，尺度設定の条件の通り，業務認知尺度 0.00pt（1,789）は，未認知者が 100% であり，1.00pt（902）は，名称のみ認知者（記憶喚起後の業務認知者含む）が 99.8%（900）を占めている．

　知っている業務数が 1 である 2.00pt（963）は，名称のみ認知者（記憶喚起後の業務認知者含む）が 63.7%（613）を占め，利用経験者が 18.6%（179），業務認知者が 17.8%（171）である．

---

[13]　名前も業務も知らない人に 0.00pt を割り当てた．次に，名前のみ認知者を分離して 1.00pt とした．業務認知項目群で知っている業務回答数が「1」から「7」の者の値を 1 ずつ上げ，それぞれ 2.00pt から 8.00pt とした．結果として，0.00pt から 8.00pt の 9 段階になった．厳密には，0.00pt と 1.00pt の間隔と 1.00pt 以降の間隔との等間隔性は保証されていない．しかし，5 件法以上の場合は，等間隔性が厳密には保証されていない順序尺度（例・リッカート尺度）であっても間隔尺度として扱う統計分析は広く行われており（狩野・三浦 2007：150-154，井上 2015：23），この尺度は 9 件法であることから間隔尺度として分析することとする．

181

8 困りごと解決行動における法テラスの認知〔吉岡すずか〕

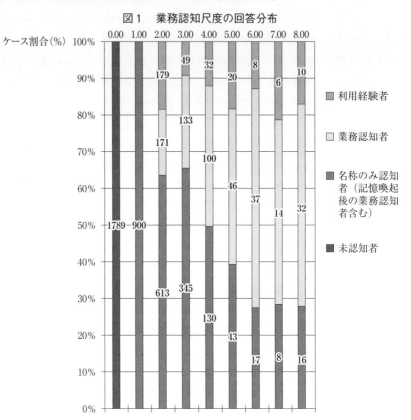

図1 業務認知尺度の回答分布

業務認知尺度（pt）	0.00	1.00	2.00	3.00	4.00	5.00	6.00	7.00	8.00	
未認知者	1789	0	0	0	0	0	0	0	0	1789
名称のみ認知者（記憶喚起後の業務認知者含む）	0	900	613	345	130	43	17	8	16	2072
業務認知者	0	1	171	133	100	46	37	14	32	534
利用経験者	0	1	179	49	32	20	8	6	10	305
合計	1789	902	963	527	262	109	62	28	58	4700

Ⅱ　分　析

　3.00pt（527）は，名称のみ認知者（記憶喚起後の業務認知者含む）が65.5％
（345），業務認知者が25.2％（133），利用経験者が9.3％（49）である．

　4.00pt（262）は，名称のみ認知者（記憶喚起後の業務認知者含む）が49.6％
（130），業務認知者が38.2％（100），利用経験者が12.2％（33）である．

　5.00pt（109）は，業務認知者が42.2％（46），名称のみ認知者（記憶喚起後
の業務認知者含む）が39.4％（43），利用経験者が18.3％（20）である．

　6.00pt（62）は，業務認知者が59.7％（37），名称のみ認知者（記憶喚起後の
業務認知者含む）が27.4％（17），利用経験者が12.9％（8）である．

　7.00pt（28）は，業務認知者が50.0％（14），名称のみ認知者（記憶喚起後の
業務認知者含む）が28.6％（8），利用経験者が21.4％（6）である．

　8.00pt（58）は，業務認知者が55.2％（32），名称のみ認知者（記憶喚起後の
業務認知者含む）が27.6％（16），利用経験者が17.2％（10）である．

　以上，業務認知尺度が5.00pt以上と高いのは，業務認知者である．また，
名称のみ認知者（記憶喚起後の業務認知者含む）の中にも，業務認知尺度が高い
者が一定数存在する．他方，利用経験者の中には，業務認知尺度が高い者もい
るが，2.00ptと業務認知尺度が低い者（58.7％）が最も多い[14]．これは，知っ
ている業務数は少なくても，それについて深く（詳しく）知っている者もいれ
ば，知っている業務数は多いが，それぞれの業務については浅く（簡単にしか）
知らない者もいるという推測につながるであろう．特定サービスを受けたこと
がある人はその業務については詳しいが他の業務についてはそれほど詳しくな
いとも考えられることになる．

　このように，業務認知度合についてはその幅ないし深さにムラがあることが

---

[14]　利用経験者の業務認知の回答内訳（問12-1及び問12-2）は，高い順に，選択肢「1
　法制度や相談窓口の情報を提供している（181）」「2無料法律相談を行っている（資力
　が一定額以内の方が対象）（135）」「7国選弁護人・国選付添人に関する事業を行ってい
　る（86）」「3弁護士・司法書士費用等の立て替え払いを行っている（資力が一定額以内
　の方が対象）（76）」であり，低いのは順に「5東日本大震災，熊本地震の被災者の方を
　支援している（33）」「6弁護士がいない又は少ない地域に，法律事務所を設置している
　（42）」「4 DV，ストーカー，傷害など犯罪の被害に遭われた方への支援を行っている
　（46）」である．そのうち，知っているだけの業務は，最多が選択肢1で56，最少が選
　択肢5で19とそれほど開きはないが，利用もしたことがある業務は，多い順に選択肢
　1が125，選択肢2が104（選択肢7が58）であり，少ない順に，選択肢4が13，選択
　肢5が14，選択肢6が17とその差も大きい．

183

判った．もともと名称認知項目（問9）は順位尺度として認知の深さを測る設問とみることも可能であり，単独項目としてそのように扱われてきている（前掲注8）．名称認知項目（問9）と業務認知項目群（問10，11，12-1）を合わせて作成した尺度による本稿での分析を基にすると，利用経験の有無にかかわらず，業務認知の深さにはムラが存在する等[15]，認知の実態は複雑な様相を呈しているということになる．

2　認知経路クラスターの説明

　本調査では，法テラスを認知する経路（問13[16]複数回答）を訊いている[17]．本稿の分析では，認知経路の組み合わせパターンに着目し，回答者を Two Step クラスター法によりグループ化した[18]．このことにより，個別の認知経路間の比較ではなく，回答者が情報を得ている複数の認知経路のパターンでの比較が可能となり，より実際的に認知経路の影響力を検討することができる．

　回答者によって認知経路回答数が異なるので，認知経路回答数をカウントし

---

[15]　本稿での分析を踏まえると，分析上，利用経験者について業務全般を良く知っているという想定で扱うことは注意を要することになる．

[16]　問13の設問文は，「『法テラス』を何で知りましたか？（お答えはいくつでも）」（有効回答数2,911，61.9%．問9で「1 全く知らない・聞いたことはない」と回答した人は調査票の設計上回答していない）．問13の選択肢は，「1 新聞記事・新聞広告」（回答数486，以下同じ），「2 テレビ番組・テレビ CM」（1,274），「3 ラジオ番組・ラジオ CM」（187），「4 法テラス刊行物（ポスター・リーフレット・パンフレット・広報誌など）」（209），「5 駅構内の広告や電車・バスの車内広告」（76），「6 役場などの行政窓口，自治体の広報誌」（209），「7 インターネットで検索したものやニュース記事，インターネット広告，SNS」（543），「8 家族や友人・知人，仕事関係者からの紹介」（169），「9 弁護士・司法書士の紹介」（74），「10 学校の授業」（37），「11 その他（FA）」（36），「12 分からない・覚えていない」（643）．

[17]　平成23年度から28年度までの認知度状況等調査における認知経路の推移については，日本司法支援センター（2017：145）．近年は，テレビ番組・テレビ CM，インターネット，新聞記事・新聞広告を通じて認知した回答数が多い．

[18]　問13の「その他」は，有効パーセント1.2%と少数でありかつ既存の選択肢に該当しない自由回答記述が多数であったため分析から除外した．具体的には「前の仕事の関係」，「建物を見て」等がみられた．問13の「わからない」は643と多いが，調査票の設計上，他の選択肢と重複して選ぶことができず，情報が冗長となるのでクラスター分析の項目から除外している．つまり，問13の選択肢1-11に一つもチェックをしていない者が選択肢「12 分からない・覚えていない」にチェックしていることになる．

Ⅱ　分　析

新しい変数を作り，この認知経路回答数を含めてクラスターを析出した．その結果，表1で示すように6個の認知経路クラスター（以下，「CLR」と記す）を得た．

各CLRを所属人数が多い順に説明すると，最も多いのは，CLR4．テレビのみ（28.9％，840）で，選択肢「2テレビ番組・テレビCM」のみに回答した者である．このCLRに所属する人は，テレビのみで法テラスを知ったことになる[19]．

次に多いのは，CLR1．認知経路不特定（22.9％，667）で，このCLRに所属する者は法テラスをどのように知ったのか特定の認知経路を示していない．

CLR3．複数経路（広告媒体）（14.8％，431）に所属する者は，広告媒体を中心とした複数の組み合わせで回答した者であり，相対度数の高いものを見ると，選択肢「7インターネットで検索したものやニュース記事，インターネット広告，ＳＮＳ」（CLR3．の46.2％,199），「2テレビ番組・テレビCM」（61.3％,264），「1新聞記事・新聞広告」（40.1％,173）であり，「3ラジオ番組・ラジオCM」（43.4％,187）と「5駅構内の広告や電車・バスの車内広告」（17.6％,76）については全ての回答者が含まれていた．このクラスターに所属する者は，インターネット，テレビ，新聞，ラジオ，駅構内車内広告といった広告媒体を中心とした複数経路で法テラスを知ったということになる．

CLR2．複数経路（紹介，刊行物）（14.6％，424）に所属する者は，相対度数の高いものを見ると，選択肢「6役場などの行政窓口，自治体の広報誌」（CLR2．の36.8％,156），「8家族や友人・知人，仕事関係者からの紹介」（32.8％,139），「4法テラス刊行物（ポスター・リーフレット・パンフレット・広報誌など）」（33.3％,140），「9弁護士・司法書士の紹介」（13.9％,59），「10学校の授業」（7.3％,31）の回答者であり，役場，家族等紹介，刊行物，弁護士等紹介を中心に複数経路で法テラスを知ったことになる．

CLR5．ほぼ新聞のみ（9.5％，276）に所属する者は，全員が選択肢「1新聞

---

[19]　認知経路で「2テレビ番組・テレビCM」（1,274）と回答した者の65.9％が，テレビ単独の認知経路であることになる．テレビは，これまでの調査でも認知経路状況の回答上位にあったが（前掲注[17]），本調査の結果については，タレント弁護士が東京弁護士会から懲戒処分を受けたという実施時期の約4ヶ月前の報道により，法テラスの名称・業務内容がテレビをはじめメディアで多く取り上げられたことが影響していることを加味してみる必要がある．

8 困りごと解決行動における法テラスの認知〔吉岡すずか〕

表1 認知経路クラスター

クラスター	1	2	3	4	5	6
ラベル	認知経路不特定	複数経路(紹介,刊行物)	複数経路(広告媒体)	テレビのみ	ほぼ新聞のみ	インターネットのみ
説明	法テラスをどのようにして知ったのか特定の認知経路を示さなかったクラスター	役場の窓口,自治体の広報誌,家族や友人・知人,仕事関係者からの紹介,法テラス刊行物,弁護士・司法書士の紹介を中心に,複数経路で法テラスを知ったクラスター	インターネット,テレビ,新聞,ラジオ,駅構内・車内広告といった広告媒体を中心に,複数経路で法テラスを知ったクラスター	テレビ番組・テレビCMのみで,法テラスを知ったクラスター	ほぼ新聞記事・新聞広告のみで,法テラスを知ったクラスター	インターネット(検索したものやニュース記事,広告,SNS)のみで,法テラスを知ったクラスター
サイズ	22.9% (667)	14.6% (424)	14.8% (431)	28.9% (840)	9.5% (276)	9.4% (273)

入力 入力値 (予測値) の重要度	1	2	3	4	5	6
	認知経路インターネットQ13c7 0.0%	認知経路インターネットQ13c7 13.1%	認知経路インターネットQ13c7 36.6%	認知経路インターネットQ13c7 0.0%	認知経路インターネットQ13c7 0.0%	認知経路インターネットQ13c7 50.3%
	認知経路テレビQ13c2 0.0%	認知経路テレビQ13c2 2.4%	認知経路テレビQ13c2 20.7%	認知経路テレビQ13c2 65.9%	認知経路テレビQ13c2 11.0%	認知経路テレビQ13c2 0.0%
1.0	認知経路回答数	認知経路回答数	認知経路回答数	認知経路回答数	認知経路回答数	認知経路回答数
	認知経路新聞Q13c1 0.0%	認知経路新聞Q13c1 7.6%	認知経路新聞Q13c1 35.6%	認知経路新聞Q13c1 0.0%	認知経路新聞Q13c1 56.8%	認知経路新聞Q13c1 0.0%
0.8	認知経路ラジオQ13c3 0.0%	認知経路ラジオQ13c3	認知経路ラジオQ13c3 100.0%	認知経路ラジオQ13c3	認知経路ラジオQ13c3	認知経路ラジオQ13c3
0.53	認知経路役場Q13c6 0.0%	認知経路役場Q13c6 80.4%	認知経路役場Q13c6 19.6%	認知経路役場Q13c6	認知経路役場Q13c6	認知経路役場Q13c6
0.48	認知経路家族等紹介Q13c8 0.0%	認知経路家族等紹介Q13c8 82.2%	認知経路家族等紹介Q13c8 17.8%	認知経路家族等紹介Q13c8	認知経路家族等紹介Q13c8	認知経路家族等紹介Q13c8
0.44	認知経路刊行物Q13c4 0.0%	認知経路刊行物Q13c4 67.0%	認知経路刊行物Q13c4 33.0%	認知経路刊行物Q13c4	認知経路刊行物Q13c4	認知経路刊行物Q13c4
0.31	認知経路構内車内広告Q13c5 0.0%	認知経路構内車内広告Q13c5	認知経路構内車内広告Q13c5 100.0%	認知経路構内車内広告Q13c5	認知経路構内車内広告Q13c5	認知経路構内車内広告Q13c5
0.19	認知経路弁護士等紹介Q13c9 0.0%	認知経路弁護士等紹介Q13c9 79.7%	認知経路弁護士等紹介Q13c9 20.3%	認知経路弁護士等紹介Q13c9	認知経路弁護士等紹介Q13c9	認知経路弁護士等紹介Q13c9
0.10	認知経路学校授業Q13c10 0.0%	認知経路学校授業Q13c10 83.8%	認知経路学校授業Q13c10 16.2%	認知経路学校授業Q13c10	認知経路学校授業Q13c10	認知経路学校授業Q13c10

注:クラスター間の違いを強調するため,「入力」欄の棒グラフは相対分布を示している点に留意されたい.示されている2本の棒は,左から「0選択なし」「1選択あり」である.認知経路回答数は最小値0最大値10で,グラフでは相対分布が示されている.示されている数値(%)は,1番目から3番目までに取った行動それぞれにおける当該カテゴリー総数を100%にした時の割合である.

記事・新聞広告」を回答し，かつ，うち 140 人（CLR5.の 50.7%）が「2 テレビ番組・テレビ CM」も回答しており，ほぼ新聞のみで法テラスを知ったということになる．

最も少なかったのは CLR6.インターネットのみ（9.4%，273）で，この CLR に所属する者は，選択肢「7 インターネットで検索したものやニュース記事，インターネット広告，SNS」のみに回答した者である．インターネットが認知経路であった者は，CLR2.複数経路（紹介，刊行物）にも 71 人（CLR 2 .の 16.7%），CLR3 複数経路（広告媒体）にも 199 人（CLR 3 .の 46.2%）含まれているが，この CLR6.に所属する人は，インターネットのみで法テラスを知ったということになる．本調査はウェブ調査であるため，インターネットのヘビーユーザーが回答者に多く含まれることが予想されるが，認知経路クラスターによる分析に基づくと，インターネットのみを認知経路とする人数の割合が意外と少ない結果は興味深い．

3　困りごと解決行動クラスターの説明

問 2 [20]では，困りごとについてどのような行動をとったかを 1 番目から 3 番目までの順序をつけて回答を求めている．11 ある選択肢の回答結果につき，選択肢 1 から選択肢 4 までを新しいカテゴリーにまとめ，データクリーニング後にリコードした[21]．これらのリコード済みの変数を使って Two Step クラスター法分析を行い[22]，どのような困りごと解決行動をどのような順番で行っているかによる 6 つのクラスター（以下，「CLT」と記す）に分類した．**表 2** で示されている CLT のラベルは，他のクラスターとの比較においての特徴を表すものである[23]．

CLT1.一貫して何もしなかった G（492，22.6%）は，最も多く，この CLT に所属する人は，1 番目に取った行動から 3 番目に取った行動まで一貫して何

---

[20]　問 2 の設問文は「最も困ったことを解決するために，あなたが最初に取った行動として，あてはまるものを順番に 3 つまでお聞かせください．」で，選択肢は「1 テレビ・ラジオで情報を集めた」「2 新聞で情報を集めた」「3 本・雑誌で情報を集めた」「4 インターネットで情報を集めた・調べた」「5 家族・親戚に相談した」「6 友人・知人，会社の上司や同僚に相談した」「7 弁護士・司法書士・税理士などの専門家に相談した」「8 警察・役場・消費者センターなどの行政窓口に相談した」「9 その他」「10 特に何もしなかった」「11 分からない・覚えていない」である．

8　困りごと解決行動における法テラスの認知〔吉岡すずか〕

もしなかったということになる.

　CLT2.ほぼ最初の相談のみG（370,17.0%）に所属する人は，最初に，友人・知人，会社の上司や同僚，弁護士・司法書士・税理士などの専門家，警察・役場・消費者センターなどの行政窓口に相談し，2番目以降に取った行動でほとんど何もしなかったことになる.

　CLT3.相談を繰り返したG（361,16.6%）に所属する人は，最初に，家族・親戚といった身内に相談し，その後，友人・知人，会社の上司や同僚，弁護

---

(21)　「1テレビ・ラジオで情報を集めた」「2新聞で情報を集めた」「3本・雑誌で情報を集めた」「4インターネットで情報を集めた・調べた」の4つの選択肢を「1自分で情報収集した」という新しいカテゴリーにまとめた．そして，「5家族・親戚に相談した」は「2家族・親戚に相談した」,「6友人・知人，会社の上司や同僚に相談した」は「3友人・知人，会社の上司や同僚に相談した」,「7弁護士・司法書士・税理士などの専門家に相談した」は，「4弁護士・司法書士・税理士などの専門家に相談した」,「8警察・役場・消費者センターなどの行政窓口に相談した」は「5警察・役場・消費者センターなどの行政窓口に相談した」とリコードした．「9その他」については，1番目に取った行動の回答（Q2S1）から順に177（6.4%），Q2S2が167（6.1%），Q2S3が242（8.9%）であったため，データクリーニングを行いそれぞれリコードした．「その他」の回答の中には，直接相手方に接触以上を行った（交渉を含む）者が含まれていたが，それらの回答数は，それぞれQ2S1が9ケース（0.3%），Q2S2が6ケース（0.2%），Q2S3が5ケース（0.2%）と少なかったため，独立したグループとして設けない判断を行った．「10特に何もしなかった」は「0何もしなかった」とした．2つのデータクリーニング後の回答結果は，「0何もしなかった」（Q2S1.526，Q2S2.847，Q2S3.1198），「1自分で情報収集した」（Q2S1.1258，Q2S2.840，Q2S3.558），「2家族・親戚に相談した」（Q2S1.452，Q2S2.386，Q2S3.171），「3友人知人上司や同僚に相談した」（Q2S1.282，Q2S2.318，Q2S3.218），「4弁護士等に相談した」（Q2S1.78，Q2S2.91，Q2S3.98），「5行政機関等に相談した」（Q2S1.67，Q2S2.82，Q2S3.111）である.

(22)　ただし，「9その他」と「11分からない・覚えていない」は行動として分類できないので，欠測値（1.2037，2.2136，3.2346）として処理した.

(23)　各クラスターの特徴は複雑でラベル名は識別可能な特徴を記すものでそれに限定されない．表の棒グラフの見方をCLT1.基本的に何もしなかったGを例として説明しておこう．1番目に取った行動として,「0何もしなかった」を選択した者は494ケースあり，これを100%として，セル内の1番左端の棒の長さでこのCLTに属する492ケース（99.6%）の割合を示している．同じく2番目に取った行動として,「0何もしなかった」を選択した者は779ケースあり，これを100%として，セル内の1番左端の棒の長さでこのCLTに属する492ケース（63.2%）の割合を示している．同じく3番目に取った行動として,「0何もしなかった」を選択した者は1107ケースあり，これを100%として，セル内の1番左端の棒の長さでこのCLTに属する492ケース（44.4%）の割合を示している.

Ⅱ　分　析

表2　困りごと解決行動クラスター

クラスター	1	2	3	4	5	6
ラベル	1.一貫して何もしなかったG	2.ほぼ最初の相談のみG	3.相談を繰り返したG	4.最初に家族に相談しなかったG	5.情報収集を中心に、最後に相談したG	6.2番目で家族に相談したG
説明	1番目に取った行動から3番目に取った行動まで、一貫して何もしなかったクラスター	最初に、友人等、会社の上司等、弁護士等の専門家、警察・役場・消費者生活センター等の行政窓口に相談し、2番目以降ではほとんど何もしなかったクラスター	最初に、家族・親戚に相談した行動以降、友人等、会社の上司等、弁護士等の専門家、警察・役場・消費者センター等の行政窓口で相談を繰り返したクラスター	最初に、家族・親戚等の専門家、警察、役場・消費者センター一等の行政窓口に相談し、2番目以降も、弁護士等の専門家、警察、その他に相談したクラスター	1番目から2番目に取った行動までで、自分で情報収集を行ったのみで、最後に、家族・親戚、友人・知人、会社の上司や同僚に相談したクラスター	最初に、家族・親戚、友人・知人、会社の上司や同僚に相談し、全体を通じて、弁護士等の専門家や警察等の行政窓口に相談しなかったクラスター
サイズ	22.6% (492)	17.0% (370)	16.6% (361)	16.8% (367)	16.7% (364)	10.4% (226)
入力　入力値（予測値）の重要度はいずれも1.0	1番目に取った行動類型　99.6%	1番目に取った行動類型　43.1% 26.2%	1番目に取った行動類型　83.3%	1番目に取った行動類型　73.8% 78.0%	1番目に取った行動類型　36.0%	1番目に取った行動類型　23.4%
	2番目に取った行動類型　63.2%	2番目に取った行動類型　36.7%	2番目に取った行動類型　74.0%	2番目に取った行動類型　81.3% 83.9%	2番目に取った行動類型　51.3%	2番目に取った行動類型　76.4%
	3番目に取った行動類型　44.4%	3番目に取った行動類型　33.4%	3番目に取った行動類型　25.3% 26.3%	3番目に取った行動類型　73.7% 75.9%	3番目に取った行動類型　44.8% 47.7%	3番目に取った行動類型　36.9%

注：クラスター間の違いを強調するため，「入力」欄の棒グラフは相対分布を示している点に留意されたい．示されている6本の棒は，左から，「0何もしなかった」「1自分で情報収集した」「2家族・親戚に相談した」「3友人・知人，会社の上司や同僚に相談した」「4弁護士・司法書士・税理士などの専門家に相談した」「5警察・役場・消費者センターなどの行政窓口に相談した」である．示されている数値（%）は，1番目から3番目までに取った行動それぞれにおける当該カテゴリー総数を100%にした時の割合である．

士・司法書士・税理士などの専門家や，警察・役場・消費者センターなどの行政窓口である相談機関へと相談を繰り返したことになる．

　CLT4.最初に家族に相談しなかったG（367, 16.8%）に所属する人は，最初に，家族・親戚に相談せず，弁護士・司法書士・税理士などの専門家，警察・役場・消費者センターなどの行政窓口に相談し，2番目に取った行動以降でも，弁護士等の専門家，警察等の行政窓口，そして，その他に相談したことになる．

　CLT5.情報収集を中心に，最後に相談したG（364, 16.7%）に所属する人は，1番目に取った行動から2番目に取った行動まで自分で情報収集を行ったのみの者で，最後（3番目）に，家族・親戚，友人・知人，会社の上司や同僚に相談している．

　CLT6.2番目で家族に相談したG（226, 10.4%）は最も少なく，最初に，家族・親戚に相談せず（自分で情報収集した者1,012人のうち17.2%, 174人, 友人・

189

知人，会社の上司や同僚に相談した者218人のうち23.4%，51人），2番目で，家族・親戚に相談し，最後（3番目）に，友人・知人，会社の上司や同僚に相談し，全体を通じて，弁護士・司法書士・税理士などの専門家や警察・役場・消費者センターなどの行政窓口に相談しなかったということになる．

　問2の回答「1番目に取った行動」に着目して，どのようにCLTに分類されたかを確認しておこう．1番目に取った行動として「1自分で情報を収集した」人は，全部で1,012人いるが，これらの人々はそれぞれ2番目，3番目にどういう行動をとったかによって以下のように所属CLTが分かれている．CLT1.一貫して何もしなかったGに0，CLT2.ほぼ最初の相談のみGに191（18.9%），CLT3.相談を繰り返したGに77（7.6%），CLT4.最初に家族に相談しなかったGに206（20.4%），CLT5.情報収集を中心に，最後に相談したGに364（36.0%），CLT6.2番目で家族に相談したGに174（17.2%）である．

　1番目に取った行動として「2家族・親戚に相談した」人は，全部で341人いるが，分類されたのはCLT2.ほぼ最初の相談のみGに571（16.7%），CLT3.相談を繰り返したGに284（83.3%）だけである．

　1番目に取った行動として「3友人・知人，会社の上司や同僚に相談した」人は，全部で218人いるが，分類されたのはCLT2.ほぼ最初の相談のみGに94（43.1%），CLT4.最初に家族に相談しなかったGに73（33.5%），CLT6.2番目で家族に相談したGに51（23.4%）だけである．

　1番目に取った行動として「4弁護士・司法書士・税理士などの専門家に相談した」人は，全部で65人いるが，分類されたのはCLT 2.ほぼ最初の相談のみGに17（26.2%），CLT 4.最初に家族に相談しなかったGに48（73.8%）である．

　1番目に取った行動として「5警察・役場・消費者センターなどの行政窓口に相談した」人は，全部で50人いるが，CLT2.ほぼ最初の相談のみGに11（22.0%），CLT4.最初に家族に相談しなかったGに39（78.0%）が分類された．

　1番目に取った行動として「0何もしなかった」人は，全部で494人いるが，CLT1.一貫して何もしなかったGに492（99.6%），CLT4.最初に家族に相談しなかったGに1（0.2%），CLT6.2番目で家族に相談したGに1（0.2%）が分類された．

　これら6つのCLTについて，相談先の社会的距離に注目して特徴を見てみ

Ⅱ　分　析

たい．まず，CLT3.相談を繰り返したＧは，相談行動の順番において，最初
に家族・親戚といった身内に相談し，次に友人や会社の関係者という一定の社
会的距離がある存在に相談し，最後に弁護士・司法書士・税理士などの専門家
や警察・役場・消費者センターなどの行政窓口といった相談機関へと相談して
おり，相談先の社会的距離が広がっていったパターンと解釈できよう．

　対して，特徴的なのが，CLT4.最初に家族に相談しなかったＧであり，最
初から専門家や相談機関へと相談し，その後も積極的に相談行動を取ったパ
ターンである．なお，CLT2.ほぼ最初の相談のみＧの一部も，最初に専門家
や相談機関に対する相談行動を取っているが，２番目３番目の行動としては何
もしていない点でCLT4.とは異なる．

　さらには，全体を通じて，専門家や相談機関に相談に行かないパターンとし
て，CLT 5.情報収集を中心に，最後に相談したＧとCLT6.２番目で家族に相
談したＧがあり，最終的には会社の関係者という一定の距離を持つ存在まで
に相談先が広がるケースも含まれるが，それ以上には広がっていない点が特徴
的である．

　上記までで見たように，本稿での分析[24]は，人々が困りごとに対して取った
解決行動（無行動[25]を含め，情報収集行動，相談行動まで）の，時間的順序を考慮
しての類型化を，データが許す限りであるが試みている点で先行研究とは異な
る視点に立っている[26]．これまでの紛争行動のデータ分析では，情報収集行動
及び相談行動の時間的順序は必ずしも正面から取り上げられているわけではな

---

[24]　本稿の分析対象は，ここで言及する紛争行動の先行調査とは以下の点で異なる．（1）
　　過去５年間に経験した最も「困ったこと」に対しての解決行動であり，法的問題と非法
　　的問題が未分化であること，（2）情報収集行動のパターンを調査対象に含めていること，
　　（3）弁護士等や行政窓口への相談行動を対象に含めている一方で，弁護士への事件処
　　理の委任や裁判所利用については調査の射程外であることから含めていないことであ
　　る．

[25]　尾崎（2010）は紛争行動調査データの不作為（inaction）のパターンを整理し，その
　　規定要因を分析している．本稿では，「何もしなかった」人につき，困りごと解決行動
　　クラスター（CLT）でグループ化し，法テラスの業務認知尺度との関係をみたにとど
　　まるが，不作為への注目や「能動性（尾崎 2010：147）」を規定する要因の探索は，困
　　りごと解決行動の理解にも重要な情報になろう．

[26]　その理由として，杉野（2010：139）は，とりわけ相談行動の時間的順序は，どの時
　　点で生起するか非常に多様であり因果分析は非常に難しいと指摘している．

い[27]. 例えば，2005 年に日本で実施された紛争行動調査では，トラブルの発生・展開について 1980 年前後に米国で実施された民事訴訟研究計画（Civil Litigation Research Program）で提唱されたプロセスを想定しているが，相談行動の時間的順序は杉野（2010）が指摘するように CLRP のモデル図にも登場しない[28].

また，問題経験から始まり裁判所利用を頂点とする問題処理行動過程をピラミッドで図示する「紛争のピラミッド」（村山・松村 2006：160-162 村山・上石・杉野執筆箇所）は，CLRP に基づく論文（Miller& Sarat1980-1981）で初めて示されて以降，各国の同様の調査でそれを用いた比較がなされているが，出来事の前後関係については時間的な経緯を必ずしも反映しておらず論理的に問題処理行動の段階を積み上げた説明となっている[29].

さらに，対応行動類型の分析枠組を用いた分析は，1997 年から 98 年にかけて英国で実施された Paths to Justice 調査での 3 類型（1.無行動，2.自力対応，3.相談機関利用）を用いた Genn（1996：67-75）とその枠組に倣った濱野（2007）同（2009）があるが[30]，やはり本稿での分析枠組とは異なっている．

Ⅲ 業務認知尺度の分析

1 認知経路クラスター別の業務認知尺度の分析

本節では，前節で説明した 3 つの業務認知尺度，認知経路クラスター（CLR），困りごと解決行動クラスター（CLT）間の関係を分析する．まず，回

----

(27) 紛争行動調査では，第三者・相談機関に相談した順番については質問している．その基本集計結果について，松村・村山（2006：118-125 濱野執筆箇所）．また，関連する分析的知見として村山（2017：305 注 40）がある．

(28) 紛争行動調査では，本とインターネットについての情報収集行動を質問しているが，それがどの時点でなされたかは問われていない（村山・松村 2006：109-112 濱野執筆箇所）．

(29) 「紛争のピラミッド」は，問題処理過程の構造的特徴を明瞭に可視化する反面，（1）必ずしも時間的順序に沿って行われていないものも含む（2）前段階にある行動・出来事が生じなければ後の段階に該当する行動・出来事がピラミッドを構成する数値としてカウントされないといった，実際の過程を歪めて表現している面も持つと，村山（2008：1136 注 25）で指摘されている．

(30) 両者の 3 類型の定義は微妙に異なるものである（濱野 2007：30, 同 2008：158-164）.

Ⅲ 業務認知尺度の分析

答者が情報を得ている複数の認知経路の組み合わせパターン（CLR）の間で業務認知尺度は異なるのか検討する．**図2**は，CLR別の業務認知尺度（レンジは0.0-8.0）の平均値を比較したものである．

CLRごとの業務認知尺度の差について，一元配置分散分析を行ったところ，$p<0.000$で有意であった（F=112.4, d.f=5）．クラスター間の多重比較[31]を行った結果は以下の通りである．

CLR1．認知経路不特定は，他の全てのCLRよりも業務認知尺度の平均値が有意に低い（$p<0.05$）．

CLR2．複数経路（紹介・刊行物）とCLR3．複数経路（広告媒体）の間には，

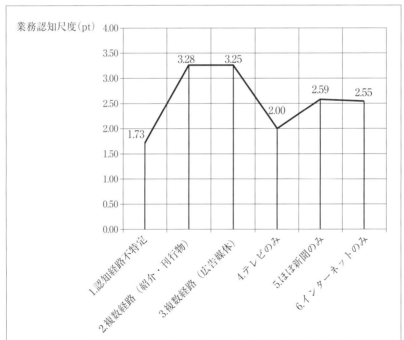

図2　認知経路クラスターと業務認知尺度の平均値

---

(31) 等分散性の検定を実施したところ（Leveneの等分散検定），有意確率$p<0.000$で帰無仮説が棄却され，等分散性は否定された．そこで，等分散性を前提としない多重比較の方法としてTamhaneのT2を使用した．

有意な差はないが，両者は，他の全ての CLR よりも業務認知尺度の平均値が有意に高い（$p < 0.05$）．

CLR4.テレビのみは，CLR2.複数経路（紹介・刊行物），CLR3.複数経路（広告媒体），CLR5.ほぼ新聞のみ，CLR6.インターネットのみよりも業務認知尺度の平均値が有意に低く，CLR1.認知経路不特定よりも業務認知尺度の平均値が有意に高い（$p < 0.05$）．

CLR5.ほぼ新聞のみは，CLR1.認知経路不特定，CLR4.テレビのみよりも業務認知尺度の平均値が有意に高く，CLR2.複数経路（紹介・刊行物），CLR3.複数経路（広告媒体）よりも業務認知尺度の平均値が有意に低い（$p < 0.05$）．

CLR6.インターネットのみは，CLR2.複数経路（紹介・刊行物），CLR3.複数経路（広告媒体）よりも業務認知尺度の平均値が有意に低く，CLR1.認知経路不特定，CLR4.テレビのみよりも業務認知尺度の平均値が有意に高くなっている（$p < 0.05$）．

以上のように，CLR2.複数経路（紹介・刊行物）と CLR3.複数経路（広告媒体）という複数の経路で情報を得ている者の方が，業務認知尺度の平均値が高い結果がみられ，法テラスが提供している複数の業務をより多く知っているということになる．

ここで，業務認知尺度の平均値が高い CLR2.複数経路（紹介・刊行物）と CLR3.複数経路（広告媒体）について確認しておこう．前者が，「役場などの行政窓口，自治体の広報誌」「家族や友人・知人，仕事関係者からの紹介」「法テラス刊行物（ポスター・リーフレット・パンフレット・広報誌など）」「弁護士・司法書士の紹介」を中心とする組み合わせであるのに対し，後者は，「インターネットで検索したものやニュース記事，インターネット広告，ＳＮＳ」，「テレビ番組・テレビ CM」，「新聞記事・新聞広告」，「ラジオ番組・ラジオ CM」，「駅構内の広告や電車・バスの車内広告」といった広告媒体を中心とする組み合わせである．例えば，前者については，紹介者や紹介機関が法テラスを紹介する際に，同時にパンフレット等を渡すことも多いだろうと考えられる．また，この両 CLR の業務認知尺度の平均値がともに高いことは，法テラスが多元的な広報・広告活動を展開してきたことに見合う効果がみられているとの解釈もできよう[32]．

これは，CLR4.テレビのみ，CLR5.ほぼ新聞のみ，CLR6.インターネットの

みといった単独メディア経由での認知者の業務認知尺度の平均値が相対的に低くなっていることからも裏づけられよう.

また，単独のメディア間の比較ということでは，CLR4.テレビのみがCLR5.ほぼ新聞のみ及びCLR6.インターネットのみよりも業務認知尺度への影響力が低い結果となっている．前掲注(19)でも指摘した事件について言えば，当事者のテレビでの露出度が高かったため，ワイドショーで集中的に取り上げられた．しかし，事件報道の中で当該事件の付随的情報として法テラスを知っただけでは，業務認知が浅くなる傾向があるのかもしれない.

2 困りごと解決行動クラスター別の業務認知尺度の分析

本節では，説明した困りごと解決行動クラスター（CLT）ごとに業務認知尺度はどのように異なるのかを見てみよう．**図3**は，CLT別の業務認知尺度（レンジ0.0-8.0）の平均値を比較したものである．業務認知尺度の差につき，一元配置分散分析を行ったところ，$p < 0.000$で有意であった（F=16.7, d.f= 5）．クラスター間の多重比較[33]を行った結果は以下の通りである.

CLT1.一貫して何もしなかったGは，CLT 2.ほぼ最初の相談のみGを除く他の全てのクラスターよりも，業務認知尺度の平均値が有意に低い（$p < 0.05$）.

CLT2.ほぼ最初の相談のみGは，CLT3.相談を繰り返したG，CLT 4.最初に家族に相談しなかったG，CLT5.情報収集を中心に，最後に相談したGよりも，業務認知尺度の平均値が有意に低い（$p < 0.05$）.

CLT3.相談を繰り返したGとCLT 5.情報収集を中心に，最後に相談したGは，ともに，CLT 1.一貫して何もしなかったG，CLT2.ほぼ最初の相談のみGよりも業務認知尺度の平均値が有意に高い（$p < 0.05$）.

---

(32) 調査票に示されている広報・広告は，1新聞広告2テレビCM3ラジオ4ポスター・リーフレット・パンフレット5広報誌『季刊ほうてらす』6駅構内の広告や電車・バスの車内広告7インターネット広告8ホームページ9Twitter10事務所の看板（問14「『法テラス』の広報・広告の中で見たことがあるものを全て選んでください.」の選択肢より）である.

(33) 等分散性の検定を実施したところ（Leveneの等分散検定），有意確率$p < 0.000$で帰無仮説が棄却され，等分散性は否定された．そこで，等分散性を前提としない多重比較の方法としてTamhaneのT 2を使用した.

図3 困りごと解決行動クラスターと業務認知尺度の平均値

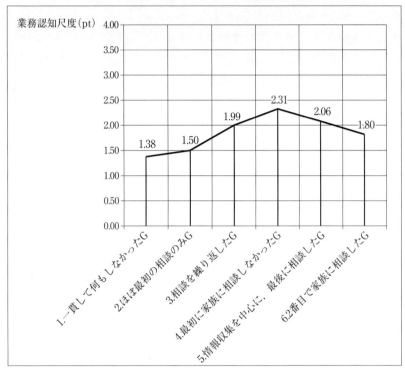

　CLT4.最初に家族に相談しなかったGは，CLT1.一貫して何もしなかったG，CLT2.ほぼ最初の相談のみG，CLT 2番目で家族に相談したG」よりも業務認知尺度の平均値が有意に高い（$p < 0.05$）。

　CLT6.2番目で家族に相談したG」は，CLT1.一貫して何もしなかったG」よりも業務認知尺度の平均値が有意に高く（$p < 0.05$），CLT4.最初に家族に相談しなかったGよりも業務認知尺度の平均値が有意に低い（$p < 0.05$）。

　以上のように，業務認知尺度の平均値が最も高いのは，CLT4.最初に家族に相談しなかったGであり，このクラスターを確認すると，前節（1-3）で記したように，最初から専門家や相談機関に相談し，その後も積極的に相談行動を行っている者である。対して，最も低いCLT1.一貫して何もしなかったGは，困りごと解決のため一貫して何の行動もとっていない者で，次に低い

CLT2.ほぼ最初の相談のみGも1番目に取った行動では相談行動が見られるが2番目以降何も行動していない者である．CLT3.相談を繰り返したG及びCLT5.情報収集を中心に，最後に相談したGがCLT1.一貫して何もしなかったG及びCLT2.ほぼ最初の相談のみGより有意に高い結果となっていることからも，活発な相談行動や情報収集行動の存否が，業務認知尺度へ影響を及ぼしていることが推測される．

Ⅳ　結　論

　前節までで，1.業務認知尺度，2.認知経路クラスター（CLR），3.困りごと解決行動クラスター（CLT）間の単純な関係を見た．ここでは，法テラスの利用につなげるという観点から利用経験者に焦点を当てたい．利用経験者の業務認知尺度は，Ⅰ-1で詳しくみたように，その58.7％が知っている業務数が1つの2.00ptであり，利用したからといって法テラスが提供している業務内容を数多く知っているわけでなく，経験した業務内容については深く知っていることになると推測された．では，利用経験者はどのようにして法テラスを認知し，アクセスしてきたのであろうか．

　利用経験者305人が所属するCLRは，CLR 1.認知経路不特定（41.30％，126）が最も多いが，これは1-3で述べたようにいつどのように認知し，いつどのように法テラスにアクセスしたのか前後関係も含め不明である場合が多いであろうと推測される．そして，複数経路で認知した者が，CLR2.複数経路（紹介・刊行物）」（24.6％，75）とCLR3.複数経路（広告媒体）（9.2％，28）の両者を合わせると3分の1を超えており，CLR 4.テレビのみ（6.9％，21）をはじめとする単独メディアでの認知は相対的に少ない結果である．

　他方，利用経験者が所属するCLTをみると，CLT5.情報収集を中心に，最後に相談したGの割合が41.3％（126）と最も多く，次に，身内から社会的距離を広げて相談行動を継続したCLT3.相談を繰り返したGが28.9％（88）であった．

　以上の結果からは，直ちに利用に結びつくような経路や行動パターンは見出せないが，本稿で上記まで示した知見に基づくと，今後，多面的な広報・広告活動の継続的と弁護士，司法書士をはじめとする専門家や行政窓口等の関係機

関との連携を促進することで，潜在的利用者をさらに増やす余地が期待できるということは言えるかもしれない．

　最後に，本稿前節までで示した知見についても，実践的示唆を整理する．法テラスの実践的な利用に結びつけるという観点からは，その名称（存在）のみならず，その業務内容（役割・機能）の理解をみる業務認知度を高めることがより重要となる．本稿では，データの限りにおいて業務認知の度合の析出を試みるために I-1 で業務認知尺度を設けて検討を行った．本稿での知見によれば，認知状況は単純ではない様相を呈しており，業務を認知しているといっても，深く知っている場合もあれば，浅く広く知っている場合もあることが窺えた．また，記憶喚起後の名称のみ認知者が，業務内容を意外と数多く知っていたということからは，基本的な広報戦略ではあるものの継続した広報・広告活動がやはり肝要であることが裏づけられた．

　また，II-2 では，認知経路の組み合わせに着目することで，回答者が情報を得ている複数の認知経路のパターン間の比較が可能となり，より実際的に認知経路の影響力を検討できた．加えて，III-1 で複数媒体の業務認知尺度が高いことが明らかになった．そこから，広告は単独で行うよりも複数媒体で行った方が効果的で，多元的な広報・広告活動が有効である示唆を得た．

　さらに，II-3 では，困りごと解決行動のパターンを探るため，1 番目から3 番目までに取った行動の時間的順序を考慮した上で類型化を試みた．III-2 で，それを用いて，業務認知尺度との関係を分析し，活発な相談行動や情報収集行動の存否が，業務認知尺度へ影響を及ぼしているとの示唆を得た．これらを通じて，時間的順序を考慮して，人々がどのような解決行動をとっているのか分析することは有意義であることを示した．

　認知度の向上は重要であることに間違いないが，本稿の分析を踏まえると，それは単独の数値で測定・評価するものというより多面的にその状況を把握する方が実態に見合うように思われる．認知経路を含めた困りごと解決行動の検討からは，認知は，メディアによる媒介と，相談や紹介といった人的な媒介の両者により獲得され得るもので，両者を交えた複合的情報経路の構築・維持により涵養され得るものであろう．

Ⅳ　結　論

〔文　献〕

Felstiner, William L. et al.（1980-1981）"The Emergence and Transformation of Disputes: Naming, Blaming, Claiming…," 15 *Law & Society Review*, pp. 631-654.

Genn, Hazel（1999）*Paths to Justice: What People Do and Think About Going to Law*, Hart publishing.

濱野亮（2007）「問題経験者の対応行動」文部科学省科学研究費特定領域研究「法化社会における紛争処理と民事司法」ワーキングペーパー第1集29-86頁.

濱野亮（2008）「司法アクセスにおける相談機関利用行動 ── イングランドの現状を参考にして」伊藤眞他編『民事司法の法理と政策（下巻）』商事法務, 143頁-181頁.

濱野亮（2009）「弁護士へのアクセスの現状と課題」太田勝造他編『法社会学の新世代』有斐閣, 68-97頁.

井上信次（2015）「項目反応理論に基づく順序尺度の等間隔性 ── 質問紙調査の回答選択肢（3～5件法）の等間隔性と回答のしやすさ」川崎医療福祉学会誌25巻1号23-35頁.

狩野裕・三浦麻子（2007）『グラフィカル多変量解析（増補版）』現代数学社.

Miller, Richard E., & Austin Sarat（1980 ─ 1981）"Grievances, Claims, and Disputes: Assessing the Adversary Culture" 15 *Law & Society Review*, pp. 525-566.

村山眞維（2008）問題経験と問題処理行動の国際比較 ── 日米英のデータから」伊藤眞他編『民事司法の法理と政策（下巻）』商事法務, 1119-1149頁.

村山眞維（2017）「日本人の紛争行動 ── 問題処理行動を規定する要因」法律論叢89巻4・5合併号275-310頁.

村山眞維・松村良之（2006）『紛争行動調査基本集計書』有斐閣学術センター.

日本司法支援センター（2012）『法テラス白書 平成23年度版』.

日本司法支援センター（2013）『法テラス白書 平成24年度版』.

日本司法支援センター（2014）『法テラス白書 平成25年度版』.

日本司法支援センター（2015）『法テラス白書 平成26年度版』.

日本司法支援センター（2016）『法テラス白書 平成27年度版』.

日本司法支援センター（2017）『法テラス白書 平成28年度版』.

尾﨑一郎（2010）「問題経験者の不作為について」松村良之=村山眞維編『現代日本の紛争処理と民事司法1 法意識と紛争行動』東京大学出版会, 141-154頁.

杉野勇（2010）「紛争へと発展させる要因とは何か ── 相手方との接触と問題類型を中心に」松村良之=村山眞維編『現代日本の紛争処理と民事司法 第1巻 法意識と紛争行動』東京大学出版会, 119-140頁.

吉岡すずか（2017）「困りごとの解決行動パターン ── 平成27年度法テラス認知状況等調査の分析から」総合法律支援論叢9号128-146頁.

9 顧客は弁護士をどう評価するか
―― 法律相談利用者の弁護士に対する関係的側面での
評価の弁護士満足度への影響

前 田 智 彦

I　は じ め に

　司法制度改革による弁護士人口の急増に対して，その弊害を指摘する声明が日本弁護士連合会から公にされ（日本弁護士連合会，2008；2011；2012），司法試験合格者の数値目標が，司法制度改革審議会意見書で掲げられた年間 3000人から半数の 1500 人に修正されて久しい（法曹養成制度改革推進会議，2015）.若手弁護士の就職の受け皿不足によるオンザジョブ・トレーニングの困難と合わせて主張されたのが，合格枠の拡大と志願者の減少に伴う若手弁護士の質の低下であるが，弁護士の提供する法的サービスの質を直接対象とする実証研究は，本邦においては蓄積に乏しい．菅原郁夫らによる一連の訴訟利用者調査（司法制度改革審議会，2000），東京大学社会科学研究所よる労働審判利用者調査（東京大学社会科学研究所，2011），民事紛争全国調査の一環として行われた訴訟行動調査（フット＝太田，2010）が，いずれも紛争処理手続利用者を対象に，手続において代理人をつとめた弁護士に対する各種の評価を調査・分析している．しかし，これらの調査は民事訴訟等の紛争処理手続まで至った事件・当事者のみが対象である．これに対して，民事紛争全国調査の一環たる法使用行動調査（阿部昌樹，2010）では，紛争当事者から見た「専門的支援機関」に対する評価を分析する際に，弁護士による支援を含めているが，弁護士に特化した分析は行われていない[1].

　本稿では，村山眞維教授を代表者とする法律相談調査研究会が，日本弁護士会連合会の協力を得て実施した法律相談利用者調査で得られたデータの分析を行う．同調査は，法的サービスの質の評価に関する実証的調査の先駆けの 1 つ

『法の経験的社会科学の確立に向けて』村山眞維先生古稀記念〔信山社，2019年 3 月〕

9 顧客は弁護士をどう評価するか〔前田智彦〕

である．

同調査については村山ほか（2010）が単純集計結果を伝えているが，著者は研究会の一員として調査に参加しながら，掘り下げた分析・考察を論文として適時に発表する機会を自らの怠慢で逃してしまった．本稿は数年来の宿題の一部なりとも果たすことで，わずかなりとも村山教授の学恩に報いようという試みでもある．

II　分析対象と調査方法

調査対象と調査方法については，すでに村山ほか（2010：1-5）が詳述しているので，ここでは弁護士による法的サービスの評価要因という本稿の関心から，本稿の分析対象について論じると共に，調査の重要性と実施上の課題について指摘しておきたい．

1　弁護士会法律相談センター

1990年代以降，各地の単位弁護士会によって，所属弁護士による法律相談サービスを提供するセンターが次々に開設され，現在まで活動を続けている．名称はさまざまであるが，本稿ではそれらを弁護士会法律相談センターと総称する．弁護士会法律相談センター以前にも，自治体における法律相談などの形で，一般市民に対する法律相談が行われてきたが，弁護士会法律相談センターの大きな特徴として，法律相談を担当した弁護士が，相談案件をそのまま受任することを認めた点があった．

弁護士会法律相談センターは，弁護士に対する既存のコネを持たない一般市民に対して，単位弁護士会という公的組織の下で弁護士による法律相談，さらにはその後の弁護士への依頼のルートを提供するという点で画期的な制度枠組みであった．司法制度改革直前の法律相談と弁護士への依頼をめぐる状況については，村山教授が詳論されたところである（村山，2017）．そこでは，2000

---

(1)　同調査で当事者（n=515）が最近に相談した「専門的支援機関」の中で，弁護士による相談・支援に該当するのは，「都道府県や市区町村の法律相談」（n=20），「弁護士会や法律扶助協会の法律相談」（n=10），「弁護士・弁護士事務所」（n=53）であり，全体の16.1%と少なくない割合を占める．

年代中盤の時点でも，なお弁護士への依頼が既存のコネの有無に左右されたこと，法律相談の多くを相談案件の受任が禁じられた自治体での法律相談が占めるために，法律相談と弁護士への依頼が紛争行動のルートとして分離していたことが指摘されている．

2 弁護士会相談センターにおける調査の重要性と制約

弁護士会法律相談センターは，共通の枠組みの下で単位会所属弁護士が法律相談サービスを提供するという性格上，可能な限り条件を揃えて弁護士による法律相談に対する利用者の満足がどのような要因に左右されるかということを検証する場として好適な条件を備えている．また，担当弁護士に対して，相談案件を受任することを認めていることから，端緒となった法律相談とその後の法的サービスの評価の連続性如何という問題も検証できる．しかし，法律相談利用者に対する質問票調査の実施にあたってはクリアすべき障壁も大きい．

第1に，利用者の負担（あるいは負担感）が問題となる．弁護士会法律相談センターの中には，東京第二弁護士会（以下「二弁」）のように，継続的に利用者アンケートを行っているところもある（中野＝中田，2006：楠，2009）．ただし，二弁の例ではハガキ1枚にまとめられているなど，利用者が回答する負担の軽減などを考えて，質問紙は紙幅を抑えた簡潔なものとなりがちであり，利用者のサービスに対する評価要因を分析するには項目数が足りない．法律相談調査研究会の調査では，複数の弁護士との協議を経て項目を刈り込んでなお，調査票が12ページに上ったため，回収率の低迷が懸念された．しかし，回収率は90％超える高い数字であり（村山ほか，2010），その懸念は当たらなかった．

第2に，個人情報保護法上の目的外利用禁止に抵触しない実施方法が限られる．弁護士会法律相談センターが，利用者の個人情報利用に関する同意書に，あらかじめ利用者調査（あるいは満足度調査）を盛り込んでいない場合，事後的に調査票を送付する形での利用者調査は個人情報保護法違反となる恐れが高い．

法律相談調査研究会の調査では，日弁連の協力を得たことで，全国の弁護士会法律相談センターの利用者に対し相談実施時に調査票を配布し，その場で記入・回収するという調査方法を採ることができた（一部のセンターで後日郵送に

て回収）．また，相談後の継続調査についても，調査票の返送時に，協力意思のある利用者から調査目的で改めて住所等の個人情報の提供を受ける方法で，法律相談センターからの個人情報提供を回避しつつ，郵送による継続調査を実現した．

Ⅲ　本稿の仮説と分析方法

1　弁護士に対する満足の規定要因

本稿では，弁護士に対する満足を規定する要因を関係的側面と結果による評価の2つの側面に分けて検討する．

第1に，弁護士に対する評価に関する先行研究からは，相談者・依頼者が言いたいことを言えたか，弁護士の相談者・依頼者に対する傾聴の姿勢など手続的正義論で取り上げられてきた関係的側面の影響が考えられる．

著者が訴訟当事者の代理人弁護士に対する評価構造を分析した際には，弁護士に対する総合的な満足度に，細目的な評価項目として尋ねた「あなたの気持ちを親身になって理解しようとした」との評価が大きく影響しているとの知見を得た（河合ほか，2009：37）．訴訟代理人としての弁護士に対する評価を分析した他の研究も，法律家としての能力の他に，依頼人に対する説明などの仕事の「丁寧さ」が弁護士に対する満足度の規定要因とする（高橋，2010；石田，2010）．

また，相談段階での評価については，阿部（2010）が，「専門的支援機関」に対する問題経験者の評価に，結果とは別に「言いたいことを十分に言わせてくれたか」が影響しているとの知見を，タイラーとリンドらの集団価値モデルに関連づけて報告している．

第2に，弁護士会法律相談センターでの相談を担当した弁護士が，引き続き事件を受任した場合には，弁護士に対する評価は，当該弁護士の関与の下での事件の展開・結果にも大きく左右されると考えられる．

2　本稿で検証する3つの仮説

以上の2側面についての仮説を，相談段階と受任後段階に分けて整理すると次のようになろう．

仮説①：相談段階での弁護士への満足度は，弁護士の助言内容だけでなく傾聴の姿勢など関係的側面での評価にも規定される．

弁護士に対する満足度は，相談段階での本調査では，「将来また同じような問題に巻き込まれたら，今回と同じ弁護士さんに相談したいと思いますか」という質問で測定した．これは，弁護士の助言内容に関わる「あなたが考えてきた解決策と弁護士の意見が同じ」や「弁護士から受けた回答は，あなたにとって有利」といった項目だけでなく，相談過程の関係的側面での評価に関わる，「弁護士に対して，言いたいことをどの程度言えましたか」や「弁護士は，あなたの言うことを親身になって聞いてくれましたか」といった項目にも左右されるであろう．

仮説②：受任後の段階では，事件の展開・結果が弁護士に対する満足度に大きく影響するが，なお関係的側面での評価も影響する．

この段階では，弁護士に対する評価を，「依頼した弁護士に満足していますか」と直接的な質問で尋ねている．受任後の弁護士の仕事ぶりについても多面的に尋ねており，「事件の見通しは良かったか」や「専門的な知識を持っていたか」といった弁護士の専門能力の面での評価とともに，「丁寧な対応でしたか」や「あなたの話を十分に聞いてくれたか」など関係的側面での評価も再度尋ねている．仮説②によれば後者の項目での回答と，弁護士に対する満足度の間に相関が見いだされよう．

また，当事者と弁護士の間の信頼関係構築の上でいわゆる第一印象がどの程度重要かという観点から，次の命題も検証しておきたい．

仮説③：弁護士との最初の出会いである相談段階での弁護士に対する関係的側面での評価が，受任後段階の弁護士に対する満足にも影響する．

3　分析方法

以上の仮説①から③を検証するために，変数間の相関係数の算出，ならびに，弁護士に対する満足度変数を従属変数，弁護士やそのサービスの各側面についての評価に関する変数を独立変数候補とした重回帰分析を行った．なお，仮説②・③については，「事件の結果は良かったか」という質問項目も独立変数候補として扱った．事件の結果は，必ずしも弁護士によるサービスの良し悪しで決まるものではないが，依頼者が結果から後知恵で弁護士のサービスの良し悪

9 顧客は弁護士をどう評価するか〔前田智彦〕

しを評価することも十分ありうると考えられたからである.

Ⅳ 分析結果

1 相談段階での弁護士に対する満足度

関係的側面での弁護士に対する評価がどの程度総合的な満足度に寄与しているかをみるため,弁護士に対する総合的な満足度を尋ねる質問として設定した「将来また同じような問題に巻き込まれたら,今回と同じ弁護士さんに相談したいと思いますか」(以下,「再度の相談」)を従属変数,他の弁護士の評価に関する項目を独立変数としてステップワイズ法による重回帰分析を行った(n=825).重回帰分析の結果(表1.調整済み R^2=.654)は,「この法律相談での弁護士は,頼りがいのある人だと思いますか」(以下,「頼りがい」)が弁護士に対する満足度への寄与が圧倒的に大きく(β =.534),「親身に聞いてくれた」がそれに続き(β =.185),「回答は有利か」,「問題解決方法の意見一致」,「法的知識に不安」といった項目はモデル上有意な寄与があるが,その程度はかなり低い(いずれも β が0.1を下回る).

なお,「頼りがい」と「再度の相談」は相関が非常に高く(Pearson の相関係数.812, p=.000),調査設計段階から弁護士に対する総合評価・満足度を尋ねる

表1 相談段階での弁護士に対する満足度の重回帰分析 (「頼りがい」を含む)

係数[a]

	非標準化係数		標準化係数			共線性の統計量	
	B	標準誤差	ベータ	t 値	有意確率	許容度	VIF
(定数)	0.026	0.064		0.401	0.689		
頼りがい	0.603	0.042	0.534	14.457	0.000	0.308	3.251
親身に聞いてくれた	0.230	0.039	0.185	5.964	0.000	0.438	2.285
回答は有利か	0.082	0.027	0.084	3.057	0.002	0.561	1.782
問題解決方法の意見一致	0.058	0.023	0.059	2.489	0.013	0.753	1.327
法的知識に不安	0.076	0.034	0.066	2.264	0.024	0.497	2.013

a. 従属変数 再度相談したいか

IV　分析結果

表2　相談段階での弁護士に対する満足度の重回帰分析（「頼りがい」を除外）

係数[a]

| | 非標準化係数 | | 標準化係数 | t値 | 有意確率 | 共線性の統計量 | |
	B	標準誤差	ベータ			許容度	VIF
（定数）	0.079	0.064		1.238	0.216		
親身に聞いてくれた	0.397	0.046	0.318	8.656	0.000	0.382	2.615
回答は有利か	0.195	0.029	0.199	6.747	0.000	0.595	1.682
法的知識に不安	0.209	0.038	0.181	5.578	0.000	0.490	2.042
説明に納得	0.155	0.048	0.127	3.244	0.001	0.339	2.951
わかりやすかった	0.119	0.052	0.090	2.285	0.023	0.331	3.024

a.　従属変数 再度相談したいか

項目を意図していた「再度の相談」と同様に，「頼りがい」も弁護士に対する総合評価を尋ねる項目として機能してしまった可能性がある．そこで，「頼りがい」を独立変数から外したモデルでも回帰分析を行ったが（表2．調整済みR^2=.574），ここでも「親身に聞いてくれた」の寄与度が大きい（β=.318）．

　以上のように，本調査のデータに基づく分析は，上の仮説①をおおむね支持するものであった．また，弁護士の専門能力に関する項目よりも，むしろ「頼りがい」や「親身に聞いてくれた」といった関係的側面の評価が弁護士に対する総合評価をより強く規定していた．

2　受任後の弁護士に対する満足度

　受任後の弁護士に対する満足度については，追跡調査で次のような調査票設計を行っている．すなわち，追跡調査票は，Q7で，事件の結果並びに弁護士の能力的側面・関係的側面の両面にわたって12項目の個別評価を尋ねたうえで，Q8で「依頼した弁護士に満足していますか」と尋ねている．

　依頼者の弁護士に対する評価の構造を明らかにするため，事件について弁護士に依頼したケース（n=52）について，Q8を従属変数，Q7の各項目を独立変数としてステップワイズ法による回帰分析を行った．試行の結果，採用されたモデル（表3．調整済みR^2=.799）では，独立変数として，「(1)事件の見通しは

9 顧客は弁護士をどう評価するか〔前田智彦〕

表3　受任後段階の弁護士に対する満足度の重回帰分析

係数[a]

	非標準化係数		標準化係数			共線性の統計量	
	B	標準誤差	ベータ	t 値	有意確率	許容度	VIF
(定数)	-0.875	0.330		-2.649	0.011		
Q7_12　事件の結果は良かったか	0.424	0.094	0.416	4.493	0.000	0.450	2.223
Q7_9　あなたの話を十分聞いてくれたか	0.574	0.102	0.470	5.634	0.000	0.554	1.805
Q7_1　事件の見通しは良かったか	0.248	0.098	0.182	2.524	0.015	0.745	1.343

a. 従属変数 Q8　依頼した弁護士に満足していますか

良かったか」（β =.182），「(9)あなたの話を十分に聞いてくれたか」（β =.470），「(12)事件の結果は良かったか」（β =.416）の3変数が独立変数として含まれていた．法律相談段階での評価と同様に，ここでも弁護士が「話を聞いてくれた」との評価が，弁護士に対する満足度への寄与度の比較的高い独立変数として現れている．

　追跡調査票のデータによる分析結果は，上の仮説②を支持するものであった．

3　相談時の評価と受任後の評価の関係
　上述のように弁護士相談調査研究会の調査設計は，法律相談段階での弁護士に対する評価，いわば第一印象が，最終的な弁護士に対する評価にどの程度持ち越されるのかということの分析を可能とするものであった．しかし，追跡調査に対する回答者のうち法律相談の際の担当者に引き続き依頼した者は 27 名に留まった．統計的分析を行うには少なすぎ，本来であればケーススタディとして扱うべき件数である．

　しかし，ケース数による限界を踏まえたうえで，なお検討の一材料として，法律相談段階での弁護士に対する評価の変数と，追跡調査での Q7 の各変数を独立変数，Q8 を従属変数とするステップワイズ法による回帰分析を試みた．この分析では欠損値をケースごと除外するため n=19 とケース数が非常に小さ

Ⅳ　分析結果

くなった．その結果，「⑿事件の結果は良かったか」（β=.886）のみが有意な
独立変数としてモデルに組み入れられ（表4．調整済み R^2=.773），弁護士に依
頼した追跡調査回答者全体（n=52）での分析で有意な影響が認められた他の変
数（「⑴事件の見通しは良かったか」，「⑼あなたの話を十分に聞いてくれたか」）は
いずれもモデルから除外された．

　より単純な相関係数で検討しても，法律相談と依頼後それぞれの段階で弁護
士に対する評価は完結しており，法律相談段階での評価（いわば第一印象）が
最終的な評価にまで影響を与えるとは考えにくい．追跡調査での最終的な弁護
士に対する満足度を示す Q8 と Q7 項目のいくつか，すなわち，「⑴事件の見
通しは良かったか」（Pearson の相関係数.546），「⑶遅れず処理したか」（同
.712），「⑹費用の説明は明快か」（同.606），「⑺丁寧な対応でしたか」（同.635），
「⑼あなたの話を十分聞いてくれたか」（同.689），「⑽信頼できる人柄でした
か」（同.563），「⑾専門的な知識を持っていたか」（同.630）との間に，27名と
いう過少なケース数の下でも5％水準で有意な相関関係が認められた．いずれ
も中程度から高い相関関係である．他方，追跡調査 Q8 と本調査の弁護士に対
する評価の各項目との間には，相関関係が（27名というケース数の下では）全
く認められなかった．

　以上のように，仮説③は，少なくともここで用いたデータによっては支持さ
れなかった．本調査における弁護士に対する各評価項目と，追跡調査 Q8 との
間に2変数間の相関係数が認められないことから考えても，最終的な弁護士に
対する満足度は，依頼後の段階での代理人としての活動に対する評価に規定さ
れる所がはるかに大きいと推測される．

表4　相談時・受任後を通じた評価の重回帰分析

係数[a]

| | 非標準化係数 | | 標準化係数 | | | 共線性の統計量 | |
	B	標準誤差	ベータ	t 値	有意確率	許容度	VIF
（定数）	-0.160	0.429		-0.373	0.713		
Q7_12　事件の結果は良かったか	1.003	0.124	0.886	8.116	0.000	1.000	1.000

a. 従属変数 Q8　依頼した弁護士に満足していますか

209

V 考 察

1 弁護士業務における関係的側面の重要性

本稿では，法律相談調査研究会が行った弁護士会法律相談センターでの利用者調査と，その追跡調査のデータを用いて，法律相談段階での弁護士に対する満足度の規定要因（仮説①），その後に事件を受任した弁護士に対する満足度の規定要因（仮説②・③）を分析した．どちらの場面でも，弁護士の専門能力に対する評価よりも，むしろ「親身に聞いてくれた」，「十分に話を聞いてくれた」という傾聴の姿勢を示す評価が弁護士に対する満足度に寄与していた．さらに，弁護士の法的技能や助言内容といった側面の評価よりも，むしろ関係的側面の評価の方が弁護士に対する満足度への寄与が高かった．

先行研究が指摘する，弁護士に対する評価構造の中での関係的側面の評価の重要性，弁護士が傾聴の姿勢を示すことの重要性が，弁護士会法律相談センターの文脈の下でも再確認されたといえる．既存のコネのない法律相談の来訪者と相談担当者という関係，法的問題の解決に向けた依頼人とその代理人弁護士という関係のそれぞれで，関係的側面の評価の重要性が実証的に認められたことは，弁護士に対して，顧客に対する関係的側面での配慮と技能向上の必要を示すものといえる．

次に述べるように，相談段階と受任後の弁護士に対する評価には断絶があるものの，若手弁護士，そしておそらくはベテラン弁護士にとっても，新規顧客への傾聴の姿勢と技能を確認する継続教育の場として弁護士会法律相談センターの業務は機能しうると考えられる．

2 法律相談段階・受任後段階の弁護士評価の独立性

他方，著者はかつて訴訟行動調査の分析結果をうけて，弁護士との接触の初期段階で形成された「よく話を聞いてくれる弁護士」という印象が，弁護士に対する「良い弁護士」という評価へ，依頼者を方向付けるのではないかと考察したが，本稿の分析は，その考察に連なる仮説③を支持しなかった．

ケース数の限界により断定的な結論は下しにくいが，仮説③の検証結果からは，弁護士に対する相談者・依頼人の評価は，法律相談段階，受任後段階のそ

V 考察

れぞれで完結する調査で把握可能であると考えられる．両段階を一貫した調査は望ましいものの，必須のものとまではいえない．

長期にわたるパネル調査ではパネルの損耗が不可避である．本稿の分析が図らずも示したように，当初のサンプルサイズが大きなものであっても，法律相談から受任後の事件処理まで各段階での当事者の認識・評価を一貫して分析しようとすると，パネルの損耗によってサンプルサイズが過少になるという問題が生じうる．弁護士に対する評価を調査するにあたっては，費用対効果を考えると法律相談段階，受任後段階それぞれの段階での相談者・依頼者の認識・評価に焦点を絞った調査を別々に行うのが堅実な計画であろう．

今後，法曹の養成と継続教育を検討するにあたっては，日本弁護士連合会の各提言（日本弁護士連合会，2008；同，2011；同，2012）のように，司法修習修了の考試（二回試験）の不合格者の大量発生や，若手弁護士の就職機会の危機といった事実に専ら依拠して，司法修習と法律事務所就職後のオンザジョブ・トレーニングという従来型の若手法曹の研鑽方法が破たんをきたしたことを悲嘆するだけでは足りない．弁護士開業後の質の向上をも視野に入れた養成・継続教育を論ずるために，実務にある弁護士の質そのものの実証的調査が必要である．

法曹の質に関しては，すでに弁護士懲戒に注目した実証研究（Chan, 2017；石田，2017）や民事訴訟記録のピアレビューによる民事弁護の質そのものの研究（「法曹の質」研究会，2008；太田，2014）が現れている．これらの実証研究は，いずれも，若手弁護士の質の低下という命題に対する反証を与えるものとなっている．

こうした弁護士サービスの産出物・結果に注目した実証研究に加えて，法律相談調査研究会の調査のように，弁護士利用者を対象とした調査で，関係的側面を含めた弁護士評価とその構造を明らかにする実証研究も継続的に行われるべきである．本稿の分析でも再度確認された関係的側面での弁護士評価の重要性は，弁護士の傾聴の姿勢・技能といった面での研鑽の必要を示すものである．弁護士利用者に対する調査は，弁護士利用者の側面別の弁護士評価とその構造の推移をモニターし，弁護士に対する継続教育，啓発につなげる手段としても重要である．法律相談利用者調査の再試が望ましいとともに，受任後の弁護士業務の顧客による評価を別個の調査として企画する必要があろう．

9 顧客は弁護士をどう評価するか〔前田智彦〕

〔文　献〕

阿部昌樹「専門的支援機関に対する利用者の評価」樫村志郎=武士俣敦編（2010）『トラブ
　ル経験と相談行動 —— 現代日本の紛争処理と民事司法 2』東京大学出版会，73-97 頁.

Chan, Kay-Wah（2017）"What Have They Done Wrong ? An Analysis of Disciplinary
　Actions against Japanese Lawyers: Past and Present"上石圭一他編『現代日本の法過程
　宮澤節生先生古稀記念　上巻』信山社，625-642 頁.

フット，ダニエル・H・=太田勝造編（2010）『裁判経験と訴訟行動 —— 現代日本の紛争処
　理と民事司法 3』東京大学出版会.

「法曹の質」研究会（2008）『「法曹の質」の検証 —— 弁護士に求められるもの』商事法務.

法曹養成制度改革推進会議（2015）「法曹養成制度改革の更なる推進について」（2015 年
　6 月 30 日決定），URL=https://www.kantei.go.jp/jp/singi/hoso_kaikaku/pdf/honbun.
　pdf（2018 年 11 月 16 日閲覧）

石田京子（2010）「当事者ごと，事件ごとに弁護士評価は変わるのか」菅原郁夫他編『利
　用者が求める民事訴訟の実践 —— 民事訴訟はどのように評価されているか』日本評論社，
　144-154 頁.

石田京子（2017）「若手弁護士は弁護士の質を下げているのか —— 弁護士懲戒統計データ
　からの検討」法と社会研究 3 号 49-70 頁.

河合幹雄ほか（座談会）（2009）「当事者は民事裁判に何を求めるのか？ —— 訴訟行動調査
　と実務との対話 Part1（下）」判例タイムズ 1290 号 24-45 頁.

楠慶（2009）「法律相談アンケートの実施結果と活用方法」二弁フロンティア 89 号 48-51
　頁.

村山眞維（2017）「日本人の紛争行動—問題処理行動を規定する要因」法律論争（明治大
　学）89 巻 4・5 合併号 275-310 頁.

村山眞維ほか（2010）「わが国における法律相談利用の実態」法律論叢（明治大学）83 巻
　1 号(1)-(48)頁.

中野剛史・中田直茂（2006）「法律相談センター相談者アンケート結果 —— 相談者から見
　た望ましい弁護士の『接客態度』」二弁フロンティア 52 号 23-28 頁.

日本弁護士連合会（2011）「法曹人口政策に関する緊急提言」（2011 年 3 月 27 日），
　URL=https: //www. nichibenren. or. jp/activity/document/opinion/year/2011/110327.
　html（2018 年 11 月 16 日閲覧）

日本弁護士連合会（2008）「法曹人口問題に関する緊急提言」（2007 年 7 月 18 日），
　URL=https://www.nichibenren.or.jp/library/ja/opinion/report/data/080718.pdf（2018
　年 11 月 16 日閲覧）

日本弁護士連合会（2012）「法曹人口政策に関する提言」（2012 年 3 月 15 日），
　URL=https: //www. nichibenren. or. jp/library/ja/opinion/report/data/2012/opinion_
　120315.pdf（2018 年 11 月 16 日閲覧）

太田勝造（2014）「弁護士の民事訴訟におけるパフォーマンス評価 —— 法曹の質の実証的

研究」東京大学法科大学院ローレビュー Vol. 10, 132-156 頁.

司法制度改革審議会（2000）「『民事訴訟利用者調査』報告書」，URL=http://www.kantei. go.jp/jp/sihouseido/tyousa/2001/survey-report.html（2018 年 11 月 17 日閲覧）.

高橋裕（2010）「利用者はどのように弁護士を評価しているのか」菅原郁夫他編『利用者 が求める民事訴訟の実践 —— 民事訴訟はどのように評価されているか』日本評論社, 131-143 頁.

東京大学社会科学研究所編（2011）「労働審判制度についての意識調査基本報告書」， URL=https://jww.iss.u-tokyo.ac.jp/survey/roudou/pdf/report.pdf（2018 年 11 月 17 日 閲覧）.

10 法律相談者の弁護士利用に関するプロセス的検討
── 法律相談者追跡調査のデータから

石 田 京 子

I　はじめに

1　本稿の目的

　法的な問題に直面し，弁護士に相談した者は，その後どのような場合にその問題を弁護士に依頼するのであろうか．弁護士に依頼した者は，その事件の帰趨をどのように評価しているのだろうか．本稿では，2009 年に法律相談調査研究会[1]が実施した法律相談者追跡調査のデータをもとに，弁護士への法律相談から依頼へのプロセスの構造について検討する．

　いわゆる『法曹人口調査報告書』（2015 年）の基礎となった一連の調査（以下，法曹人口調査と呼ぶ）によれば，2014 年実施のインターネット調査において，過去 5 年間に経験したトラブルで弁護士の相談を考えたことのある者は回答者全体の 20.7％である一方，このうち実際に弁護士に依頼した者は 32.4％であった[2]．また，法曹人口調査における法律相談の利用者を対象とした調査では，相談した問題について弁護士に依頼することに積極的な回答をした者は，回答者全体の 65.6％であったが，その後実際にどの程度の回答者が弁護士依頼をするに至ったかは不明である．通常，弁護士利用のプロセスは，法的トラブル発生の認知から，弁護士への相談を経て，その一部については弁護士への

---

(1)　法律相談調査研究会のメンバーは，村山眞維（明治大学），守屋明（関西学院大学），前田智彦（名城大学），仁木恒夫（大阪大学），小野理恵（千葉大学）および石田であった．石田は，2009 年の追跡調査の段階から参加した．

(2)　内閣官房法曹養成制度改革推進室・法曹人口調査報告書（平成 27 年 4 月 20 日）http://www.cas.go.jp/jp/seisaku/hoso_kaikaku/（2016 年 6 月 29 日アクセス）．また，本調査データを基礎とした論文として，石田・佐伯（2016）がある．

10 法律相談者の弁護士利用に関するプロセス的検討〔石田京子〕

依頼（委任）に至る．濱野（2018）は，司法アクセスについて，「司法に手が届かなかった人々が司法にたどり着けるようになる入り口の段階（第一ステージ）」と，「その先の，問題・紛争が適切に解決されるという出口までの過程（第二ステージ）」に整理して，その双方を対象に検討することの重要性を説くが，司法アクセスの「入り口」の部分である，問題発生の認識から弁護士への相談行動については，既に実証研究の蓄積がなされつつある[3]．加えて，民事訴訟の利用者については，その先の出口までの過程とも言いうる，訴訟の手続過程や依頼した弁護士の評価について，経年的な調査が実施され，その分析結果が公表されている[4]．これに対して，法律相談の利用者が，その後いかなる動機により弁護士に依頼するに至ったのか，あるいは至らなかったのかについては，未だ十分な検討がなされてきたとは言い難い．本稿は，この点について関心を持ち，検討を試みるものである．

2　法律相談者追跡調査の概要

2009 年に実施した法律相談者追跡調査は，2007 年に実施した法律相談者に対する質問票調査（以下，「第 1 調査」と呼ぶ）の回答者で追跡調査に応じた者に対して，再度質問票調査や面接調査を実施したものである（この質問票調査部分について，以下，「第 2 調査」と呼ぶ）[5]．第 1 調査では，単位弁護士会の法律相談センターならびに日本弁護士連合会交通事故相談センターの利用者に質問票を配布し，1,379 名から回答を得た．加えて，弁護士事務所に法律相談に来た来訪者に対しても同様の質問票調査を行い，272 名から回答を得ている[6]．これらの質問票への回答者のうち，さらなる調査への依頼に応諾した者に対し

---

(3) 例えば，最近の論文としては，インターネット調査結果に基づく市民の困りごとの解決パターン分析として，吉岡（2017）がある．また，2005 年に実施された，いわゆる民事紛争行動調査に基づく分析として，専門機関相談行動の規定要因を検討した佐藤（2010），初回利用の相談機関の選択要因を検討した上石（2010），自治体法律相談の課題を論じた田巻（2010），小佐井（2010）がある．司法アクセス全般についての論点を整理した最近の論文として，濱野（2018）参照．

(4) 日本における訴訟行動に関する近年の経験的研究として，民事訴訟制度研究会編（2007，2012，2018），菅原＝山本＝佐藤編（2006），フット＝太田編（2010），佐藤＝濱野編（2015）参照．

(5) 2007 年の法律相談利用者調査および 2009 年の追跡調査の調査方法の詳細および単純集計結果については，村山ほか（2010）参照．

て，2年後に実施した第2調査では，189名（法律相談センター利用者134名，弁護士事務所利用者55名）からの回答を得た．第2調査への回答者のうち，105名（55.6%）が2007年の第1調査の後に事件を弁護士に依頼しており，その依頼した弁護士が法律相談に応じた弁護士であったと答えた回答者はこのうち59名（弁護士に依頼した者のうち65.6%）であった．以下では，主としてこの追跡調査に参加した者の第1調査，第2調査の回答結果から，法律相談の利用者はどのような基準で弁護士に依頼したのか，または依頼しなかったのか，そして弁護士依頼による事件の帰趨を利用者がどのように評価しているのか，検討を行う．

Ⅱ　法律相談者の弁護士依頼の規定因

1　追跡調査サンプル全体の概観

追跡調査に応じた回答者の最初の質問票調査の結果は，村山ほか（2010）で示された第1調査全体の結果と大きな差異はない．紙幅の制約により詳述は避けるが，事件類型としては債権債務の問題が最も多く（N = 50，回答者全体の26.5%），中でも特にサラ金・クレジット問題が多かった（N = 44）．次いで家庭問題（N = 45，同23.8%），事故関係（N = 32，同16.9%）が続いた．係争金額については，200万以下が最も多く（N = 37，同34.6%），次いで200万超500万以下（N = 26，同24.3%），500万円超1000万円以下（N = 23，同21.5%），1000万円超（N = 21，同19.6%）であった[7]．法律相談の前に，抱えている問題について専門家や家族知人を含む誰かに相談した者は，全体の73.3%（N = 110，法律相談センター利用者でN = 75，弁護士事務所利用者でN =

---

[6]　もっとも，当時約2万人であった全国の弁護士会員に質問票を送ったにもかかわらず，回収状況が極めて悪かったことから，弁護士事務所データについては慎重な検討が必要である．村山ほか（2010：456）．

[7]　係争額を回答した回答者は全部で107名（法律相談センター70名，弁護士事務所37名）であった．もっとも，係争額は法律相談センターの方がやや低い傾向が確認されており（カイ二乗検定，p = .09），法律相談センター，弁護士事務所別の係争額ごとの内訳は，それぞれ次の通りである．200万円以下：30（42.9%），7（18.9%）/200万円超500万円以下：15（21.4%），11（29.7%）/500万円超1000万円以下：14（20.0%），9（24.3%）/1000万円超：11（15.7%），10（27.0%）．

35) を占め，無料法律相談を利用した者の割合が高かった（法律相談センター利用者でN = 36，弁護士事務所利用者でN = 14）．法律相談への来訪前にためらいを感じていたと答えた回答者は，全体の45.5%（N = 80，法律相談センター利用者でN = 54，弁護士事務所利用者でN = 26）であり，その理由として挙げられているのは，肯定する回答が多かった順で，「費用が分からない」（法律相談センター利用者でN = 33，弁護士事務所利用者でN = 21），「近づきにくい」（法律相談センター利用者でN = 21，弁護士事務所利用者でN = 16），「相談料が高い」（法律相談センター利用者でN = 12，弁護士事務所利用者でN = 13）であり，やはり第1調査の全体結果同様，金銭的心理的な理由を肯定する回答者が多かった．

2　弁護士に依頼した回答者の属性，相談先，事件類型等

(1) どのような回答者が弁護士に依頼しているか

追跡調査に応じた回答者のうち，弁護士に依頼した者とそれ以外の者を属性別に比較した表が，表1である．法律相談後，弁護士に依頼したかどうかと，回答者の基本的な属性（性別，年齢，職業）との間には，有意な関連は認められなかった．しかし，世帯年収については，年収400万円以上800万円未満のカテゴリが，400万円未満，800万円以上のカテゴリと比較して，弁護士に依頼していない者が多い．資力の乏しい者には法律扶助の道が開かれており，資力のある者は自らの支出によって弁護士費用を支払うことができるが，中間層には未だ弁護士の利用は金銭的な負担がアクセス障害となっている可能性がある．実際，弁護士を依頼しなかった理由をたずねた問いでは，「費用が高くて払えないから」に「まあ当てはまる」または「当てはまる」を選択した回答者が，世帯年収800万円以上では33.3%（N = 4）であるのに対し，400万円以上800万円未満では48.3%（N = 14）であり，400万円未満の52.0%（N = 13）とあまり変わらない．

相談先では，法律相談センターと比較すると，弁護士事務所来訪者の方が弁護士に依頼した者が多い．第1調査でたずねた，法律相談に訪れた場所の認知経路では，弁護士事務所来訪者で後に弁護士を依頼した者は，表2で示す通り，家族や知人の紹介による者が圧倒的に多く，電話帳・インターネット等を通じて知ったと答えた者が少ない．法律相談に訪れた時から，弁護士への依頼を念頭に置いていた者が多かった可能性が高い．

Ⅱ　法律相談者の弁護士依頼の規定因

　係争額では，500万円以下のグループと比較して，500万円超のグループの方が依頼した者が多かった．問題の分類としては，債権債務関係で弁護士に依頼した割合の高いことが分かる．特に，債権債務の内訳として，サラ金・クレジット問題を選択した回答者が40名中37名であった．調査時期に鑑みても，過払い金関連の問題について相談した回答者が多かったことがうかがえる．また，上に述べた通り，弁護士事務所来訪者の方が相談の後に依頼に至っているケースが圧倒的に多いにも関わらず，債権債務の問題についての弁護士依頼では，法律相談センター経由が22名，弁護士事務所経由が18名であり，債権債務関係の問題について，法律相談センターが市民の司法アクセスを促進していた状況がうかがえる．

表1　弁護士依頼の有無と回答者の属性，相談先，事件類型

		性別			世帯年収†			相談先**		係争額*	
		男性	女性	年齢	400万円未満	800万円未満	800万円以上	法律相談センター	弁護士事務所	500万円以下	500万円超
弁護士に依頼した	度数	59	46	平均	48	27	21	60	45	37	34
	％	56.7%	54.1%	47.6	60.0%	43.5%	61.8%	44.8%	81.8%	58.7%	77.3%
非該当	度数	45	39	平均	32	35	13	74	10	26	10
	％	43.3%	45.9%	49.2	40.0%	56.5%	38.2%	55.2%	18.2%	41.3%	22.7%
合計	度数	104	85	平均	80	62	34	134	55	63	44
	％	100.0%	100.0%	48.3	100.0%	100.0%	100.0%	100.0%	100.0%	100.0%	100.0%

		問題大分類									
		1 消費者問題	2 債権債務	3 不動産	4 労働関係	5 家庭問題	6 事故関係	7 近隣関係	8 刑事事件	9 その他	分類不能
弁護士に依頼した	度数	4	40	6	1	21	16	2	2	5	8
	％	57.1%	80.0%	46.2%	9.1%	46.7%	50.0%	50.0%	50.0%	45.5%	66.7%
非該当	度数	3	10	7	10	24	16	2	2	6	4
	％	42.9%	20.0%	53.8%	90.9%	53.3%	50.0%	50.0%	50.0%	54.5%	33.3%
合計	度数	7	50	13	11	45	32	4	4	11	12
	％	100.0%	100.0%	100.0%	100.0%	100.0%	100.0%	100.0%	100.0%	100.0%	100.0%

（カイ二乗検定，**:p＜.01，*:p＜.05，†:p＜.1）

10 法律相談者の弁護士利用に関するプロセス的検討〔石田京子〕

表2 法律相談への認知経路（弁護士に依頼した者，回答者全体別）

| | | | 法律相談への認知経路 | | | | |
			自治体相談・専門機関等からの紹介	家族知人からの紹介	電話帳・インターネット	その他	合計
弁護士に依頼した回答者 **	法律相談センター	度数	23	9	18	4	54
		％	42.6%	16.7%	33.3%	7.4%	100.0%
	弁護士事務所	度数	12	18	2	13	45
		％	26.7%	40.0%	4.4%	28.9%	100.0%
	合計	度数	35	27	20	17	99
		％	35.4%	27.3%	20.2%	17.2%	100.0%

（Fisher の直接法（両側），**:p＜.01）.

(2) 法律相談をした弁護士に依頼した回答者

相談した事件を弁護士に依頼したと答えた回答者 105 名のうち，法律相談をした弁護士に事件を依頼したと答えた回答者は 59 名であった．依頼した弁護士が法律相談をした弁護士であったか，別の弁護士であったかと，回答者の基本的属性（性別，年齢，世帯年収，職業）では有意な関連は認められなかったが，相談先が法律相談センターであったか，弁護士事務所であったかとの間では有意な差が認められた．すなわち，弁護士を依頼した者のうち，法律相談センターを利用した回答者では，問題を相談した弁護士に依頼した者は 54.0%（N = 27）であったが，弁護士事務所を利用した回答者では，80%（N = 32）であった（カイ二乗検定，p＜.05）．前述した認知経路から考えても，やはりそもそも弁護士事務所を訪ねる段階で，弁護士への依頼を念頭に置いていた者が多かったことがうかがえる．一方，相談した問題との関係では，債権債務関係は相談した弁護士に依頼した回答者が多く（N = 29，同事件類型について弁護士に依頼した者のうち 82.9%），事故関係は相談した弁護士に依頼した回答者が比較的少なかった（N = 4，同 30.8%（Fisher の直接法（両側），p＜.05））．また，サラ金・クレジット問題は，法律相談と同じ弁護士に依頼した回答者が極めて多かった（N = 27，同 90.0%）．事故関係とは，交通事故，労働災害，医療事故，学校事件・事故，その他の事故を小分類として含むものであるが，このよ

Ⅱ　法律相談者の弁護士依頼の規定因

うな問題については，弁護士によって判断の分かれるところもあり，相談者は
納得できる説明を聞けるまで，複数の弁護士をたずねることが多いのかもしれ
ない．

2　相談した弁護士と同じ弁護士に問題を依頼した回答者は，最初の相談を
どのように評価していたか

　第2調査で「法律相談と同じ弁護士」に問題を依頼したと答えた回答者（以
下，「同一弁護士依頼者」）（N = 59）の第1調査における弁護士に対する評価は，
法律相談とは違う弁護士に問題を依頼したと答えた回答者，および弁護士に依
頼をしなかった回答者（以下，「これ以外の回答者」（N = 130））と比較してどの
ような違いがあるだろうか．2007年に行った第1調査では，以下の9項目に
ついて，5段階評価でたずねている（値が小さい方が肯定的評価）．カッコ内は
それぞれのカテゴリの平均値を示しており，独立サンプルのt検定によって平
均値に有意な差のあった部分には，＊＊（p < .01），＊（p < .05）を付している．

・弁護士に対して言いたいことを言えたか（同一弁護士依頼者：1.71，それ以外：
　1.87）
・弁護士は親身に聞いてくれたか＊（同一弁護士依頼者：1.42，それ以外：1.66）
・弁護士の話はわかりやすかったか＊（同一弁護士依頼者：1.27，それ以外：
　1.49）
・弁護士の意見は自分と同じだったか＊＊（同一弁護士依頼者：2.04，それ以外：
　2.56）
・弁護士の説明に納得できたか＊＊（同一弁護士依頼者：1.41，それ以外：1.73）
・弁護士の法的知識に不安を感じなかったか＊＊（同一弁護士依頼者：1.29，それ
　以外：1.59）
・弁護士の回答は有利な内容だったか（同一弁護士依頼者：1.88，それ以外：
　2.17）
・弁護士は頼りがいがあると思ったか＊＊（同一弁護士依頼者：1.41，それ以外：
　1.87）
・将来同じような問題に巻き込まれたら同じ弁護士に相談したいと思うか＊＊（同
　一弁護士依頼者：1.48，それ以外：1.96）

　上に示した通り，9項目全てにおいて，同一弁護士依頼者の方が，これ以外
の回答者に比べて肯定的な回答をしている．特に，「弁護士に対して言いたい
ことを言えたか」，「弁護士の回答は有利な内容だったか」の2項目を除いた残
りの項目については，統計的に有意な差が認められた．そこで，統計的に有意

10 法律相談者の弁護士利用に関するプロセス的検討〔石田京子〕

な平均値の差が認められた7項目について，固有値1を基準として同一弁護士依頼者の評価を因子分析したところ，2つの因子が抽出された（表3参照）．

表3　同じ弁護士に依頼した回答者の最初の相談の評価の因子分析

同一弁護士依頼者：回転後の因子行列（最尤法，バリマックス回転）		
	第1因子	第2因子
将来同じような問題に巻き込まれたら同じ弁護士に相談したいと思うか	.994	.107
弁護士は頼りがいがあると思ったか	.739	.472
弁護士は親身に聞いてくれたか	.700	.351
弁護士の説明に納得できたか	.266	.753
弁護士の話はわかりやすかったか	.314	.749
弁護士の意見は自分と同じだったか	.080	.534
弁護士の法的知識に不安を感じなかったか	.213	.515

　同一弁護士依頼者は，主にこれら2つの潜在的な因子に基づいて，7項目について評価をしていたことになる．表3からは，第1因子は，「将来同じような問題に巻き込まれたら同じ弁護士に相談したいと思うか」，「弁護士は頼りがいがあると思ったか」，「弁護士は親身に聞いてくれたか」の3項目の評価に大きな影響を与えており，また，第2因子は，「弁護士の説明に納得できたか」，「弁護士の話はわかりやすかったか」，「弁護士の意見は自分と同じだったか」，「弁護士の法的知識に不安を感じなかったか」の4項目の評価に大きな影響を与えている．これらの因子に名前をつけるとすれば，第1因子は「弁護士としての信頼感」，第2因子は「助言への納得感」であろうか．

　一方，同一弁護士依頼者以外の回答者について同じ手法で因子分析をしても，因子は一つしか抽出されなかった．このことから，法律相談に対応した弁護士に後に事件を依頼するに至った回答者は，法律相談についての弁護士に対する評価の構造が，それ以外の回答者とは異なっていたことが推測される．法律相談の段階で，その弁護士を信頼でき，また助言について総合的な納得を得られたとき，これらの評価が当該弁護士への事件の依頼という判断につながるのではないだろうか．

Ⅱ　法律相談者の弁護士依頼の規定因

3　弁護士に依頼した回答者の「依頼した理由」

追跡調査では，法律相談の後，事件を弁護士に依頼した回答者に対して，その弁護士に依頼した理由を以下の 10 項目について 4 段階（1. 当てはまらない～4. 当てはまる）でたずねている（カッコ内は回答者全体の平均値（Average）と標準偏差（SD））．

- ・相談した問題の分野についてくわしいようだったから（Average：3.20，SD：.856）
- ・話をよく聞いてくれたから（Average：3.40，SD：.745）
- ・説明が分かりやすかったから（Average：3.34，SD：.778）
- ・法律的な考え方を示してくれたから（Average：3.34，SD：.826）
- ・方針に納得できたから（Average：3.34，SD：.764）
- ・考え方が合理的だったから（Average：3.21.836）
- ・人柄が信頼できそうだったから（Average：3.36，SD：.844）
- ・男性／女性だったから（Average：1.88，SD：1.087）
- ・費用が安かったから（Average：2.35，SD：1.021）
- ・その弁護士しか知らなかったから（Average：2.66，SD：1.197）

上記の通り，「男性／女性だったから」，「費用が安かったから」，「その弁護士しか知らなかったから」の 3 項目を除いた 7 項目については，回答の平均値が 3 を超えており，弁護士を依頼した理由として肯定する回答が多かったことがわかる．また，上記 10 項目すべてにおいて，同一弁護士依頼者と，別の弁護士に依頼した者との間で有意な差は認められなかった．そこで以下では，事件を弁護士に依頼した回答者全体を分析の対象として，事件を弁護士に依頼した理由の構造を分析する．「男性／女性だったから」と「その弁護士しか知らなかったから」は，それぞれ固有の依頼動機と考えられるので，これらを除き，残りの項目について固有値 1 を基準とした因子分析を行った結果が，表 4 である．

表 4 からは，主に第 1 因子が「話をよく聞いてくれたから」，「人柄が信頼できそうだったから」，「説明が分かりやすかったから」，「方針に納得できたから」の 4 項目に対する評価に影響を与え，主に第 2 因子が「相談した問題の分野についてくわしいようだったから」，「法律的な考え方を示してくれたから」，「考え方が合理的だったから」，「費用が安かったから」の 4 項目に対する評価に影響を与えていることが分かる．これらの因子に名前をつけるとすれば，第

10 法律相談者の弁護士利用に関するプロセス的検討〔石田京子〕

表4 依頼した理由の因子分析

回転後の因子行列 (最尤法・バリマックス回転)		
	第1因子	第2因子
話をよく聞いてくれた	.874	.198
説明が分かりやすかった	.787	.125
人柄が信頼できそうだったから	.780	.408
方針に納得できたから	.746	.353
問題分野にくわしい	.323	.712
法律的な考え方を示してくれた	.577	.600
考え方が合理的だったから	.458	.582
費用が安かったから	.025	.352

1因子が「弁護士との信頼関係」，第2因子が「依頼の合理性」であろうか．ここでも，同一弁護士依頼者の第1調査における法律相談の評価構造と類似した構造が認められ，弁護士に依頼した回答者は，弁護士と信頼関係か築けたかどうか，その弁護士への依頼が合理的であると考えたかどうか，という2つの視点に基づいて，弁護士を依頼するという判断を下していることがうかがわれる．

III 弁護士に対する満足および再依頼意欲の規定因

第2調査では，依頼した弁護士のパフォーマンスに対する評価を以下の12項目について4段階評価（1. そう思わない〜4. そう思う）でたずねている（カッコ内は回答者全体の平均値（Average）と標準偏差（SD））.

- 事件の見通しは良かったですか（Average：3.08，SD：.825）
- 事件処理の方針について，あなたは納得していましたか（Average：3.16，SD：.936）
- 事件を遅れずに処理していましたか（Average：3.32，SD：.892）
- 連絡は取りやすかったですか（Average：3.38，SD：.883）
- 報告は適切になされましたか（Average：3.38，SD：.828）
- 費用についての説明は明快でしたか（Average：3.32，SD：.846）

Ⅲ　弁護士に対する満足および再依頼意欲の規定因

・ていねいな対応でしたか（Average：3.35，SD：.860）
・説明は分かりやすかったですか（Average：3.34，SD：.761）
・あなたの話を十分に聞いてくれましたか（Average：3.37，SD：.801）
・信頼できる人柄でしたか（Average：3.44，SD：.825）
・専門的な知識を持っていましたか（Average：3.44，SD：.748）
・事件の結果は良かったですか（Average：3.26，SD：.991）

　これらの 12 項目の評価結果からは，一見して，弁護士のパフォーマンスに対する評価は平均値で全て 3.0 以上（4.0 が最高）であり，全体として高評価であることが分かる．特に，「信頼できる人柄だったか」，「専門的な知識を持っていたか」についての評価が高い．また，同じく 4 段階評価でたずねた「依頼した弁護士に満足しているか」（以下，「弁護士満足度」）についても，平均 3.24，標準偏差 1.016 であり，やはり評価は高かった．

　さらに，「将来同じような問題にまた直面したとすれば，また弁護士に依頼したいと思いますか」（以下，「同一弁護士への再依頼意欲」）との問いに対しては，「同じ弁護士に依頼したい」が 70 名（69.3%），「違う弁護士に依頼したい」が 27 名（26.7%），「弁護士には依頼しない」が 4 名（4.0%）であった．弁護士が同一人物であるかどうかはともかく，95%を超える回答者が，弁護士の再依頼意欲を示しており，今回の問題で弁護士を依頼した回答者の多くがその有用性を認識したことがうかがわれる．では，回答者は，いかなる規定因をもって，依頼した弁護士に満足であると回答したのか．また，いかなる規定因により，同じ弁護士にまた依頼したいと回答したのか．表 5 は，弁護士の満足度，同一弁護士への再依頼意欲を従属変数として，上記の弁護士のパフォーマンス評価 12 項目と，やはり弁護士の満足や再依頼意欲に影響を与えると思われる「弁護士に支払った金額は妥当だったか」（1：安い〜5：高い，平均 3.11，標準偏差 1.034）の質問項目を独立変数とし，重回帰分析（ステップワイズ法）を行った結果を示している．

　弁護士の満足に統計的に有意な影響を与える項目モデルとして，「ていねいな対応だったか」，「あなたの話を十分聞いてくれたか」の 2 項目が残った．すなわち，分析の結果によれば，これらの 2 項目が弁護士の満足を規定する最も有効な規定因ということになる．弁護士に支払った金額についての評価や，その他の弁護士のパフォーマンスに対する評価項目や支払った金額の評価は，最も有効な規定因モデルには入らなかった．回答者への対応が丁寧で，回答者の

10 法律相談者の弁護士利用に関するプロセス的検討〔石田京子〕

表5 依頼した弁護士の満足度と同一弁護士への再依頼意欲の規定因（重回帰分析，ステップワイズ法）

依頼した弁護士に対する満足の規定因モデル	B	β	p	VIF	依頼した弁護士への再依頼意欲の規定因モデル	B	β	p	VIF
（定数）	-.37				（定数）	-.71			
Q7_7 ていねいな対応でしたか	.61	.43	**	2.635	Q7_10 信頼できる人柄でしたか	.24	.45	**	1.907
Q7_9 あなたの話を十分聞いてくれたか	.48	.32	*	2.635	Q7_12 事件の結果は良かったですか	.18	.41	*	1.907
調整済み R2 乗	.49				調整済み R2 乗	.61			
F 値（有意確率）	40.994（0.000）				F 値（有意確率）	66.465（0.000）			

**:$p < .01$，*:$p < .05$

話を十分に聞くことが満足度に影響を及ぼすという，シンプルな構造が明らかになった．

　他方，依頼した弁護士への再依頼意欲については，「信頼できる人柄だったか」，「事件の結果は良かったか」の2項目が残った．つまり，将来同じ弁護士に依頼したいか否かを規定する最も有効な項目は，これらの2項目であることを意味する．弁護士のパフォーマンスに関するその他の評価や，支払った金額に対する評価は有効なモデルとしては出現しなかった．今回の依頼で良い結果を得たと考え，かつ，弁護士の人柄も良いと考えた場合には，次回も依頼したいと考えるという，満足度同様に非常にシンプルな構造が明らかになった．

Ⅳ　弁護士に依頼しなかった回答者の「依頼しなかった理由」

　第2調査の結果によると，回答者189名のうち，84名（44.4%）は弁護士に依頼をしていなかった．これらの者はなぜ弁護士への依頼をしなかったのか．第2調査では，相談した事件を弁護士に依頼しなかったと答えた回答者に対し，その理由を以下の11項目につき4段階評価（1．当てはまらない～4．よく当てはまる）でたずねている（カッコ内は回答者全体の平均値（Average）と標準偏差（SD））．

Ⅳ　弁護士に依頼しなかった回答者の「依頼しなかった理由」

- ・「法律相談のみで問題が解決したから」（Average：2.20，　SD：1.170）
- ・「受任してもらいたかったが，してもらえなかったから」（Average：1.70，SD：1.020）
- ・「結果的に費用の方がかかってしまうから」（Average：2.34，　SD：1.206）
- ・「費用が高くて払えないから」（Average：2.21，　SD：1.166）
- ・「法律相談のときを含め，これまでの弁護士の印象が悪かったから」（Average：1.69，SD：.888）
- ・「時間がかかるから」（Average：2.00，SD：1.014）
- ・「法律では解決できない問題だから」（Average：1.83，SD：.979）
- ・「証拠がたりないから」（Average：1.59，SD：.871）
- ・「勝ち目がないから」（Average：1.51，SD：.805）
- ・「買ってもお金をもらえないから（相手がお金を持っていない）」（Average：1.49，SD：.808）
- ・「自分自身で解決したかったから」（Average：1.49，SD：.946）

　上述の通り，依頼しなかった理由の各項目の平均値には，ばらつきがあることが分かる．そこで，回答者のこれらの項目への回答に潜在的に存在する，弁護士を依頼しなかった要因を探るため，固有値1を基準として因子分析を行った．その結果が表6である．なお，これらの項目のうち，「法律相談のみで問題が解決したから」，「受任してもらいたかったが，してもらえなかったから」，「自分自身で解決したかったから」の3項目は，弁護士に依頼しなかった独立の理由と考えることができるため，分析項目からは外すこととした．

表6　弁護士に依頼しなかった理由の因子分析

回転後の因子行列（最尤法・バリマックス回転）			
	第1因子	第2因子	第3因子
結果的に費用の方がかかってしまうから	.999	.000	-.016
費用が高くて払えないから	.910	.036	.010
時間がかかるから	.562	.256	.058
証拠がたりないから	.173	.816	.064
法律では解決できない問題だから	.079	.698	.051
勝ち目がないから	.005	.662	.331
勝ってもお金をもらえないから	.265	.043	.963
法律相談を含め弁護士の印象が悪かったから	-.087	.119	.258

10 法律相談者の弁護士利用に関するプロセス的検討〔石田京子〕

因子分析の結果, 3つの因子が出現した. 第1因子は「結果的に費用の方が
かかってしまうから」,「費用が高くて払えないから」,「時間がかかるから」と
いう項目の回答に影響を与えている. 第2因子は,「証拠がたりないから」,
「法律では解決できない問題だから」,「勝ち目がないから」という項目の回答
に影響を与えている. 第3因子は,「勝ってもお金がもらえないから」,「法律
相談を含め弁護士の印象が悪かったから」という項目の回答に影響を与えてい
る. それぞれの因子に名前を付けるとすれば, 第1因子が「コスト」, 第2因
子が「解決の見込みのなさ」, 第3因子は「弁護士利用のインセンティブの低
さ」であろうか.

V　弁護士依頼の有無および依頼した弁護士別にみた結果の評価

村山ほか (2010) が示す通り, 第2調査における, 回答者の結果に対する評
価は概ね良好である. 回答者のうち, 71.8% (N = 133) は, 事件に決着がつ
いたと答えており, 63.9% (N = 115) が結果に満足し[8], 88.1% (N = 163)
が法律相談を受けて良かったと答えている[9]. これらの評価は, 弁護士を依頼
した者とそうでない者, および法律相談と同じ弁護士に依頼した者と別の弁護
士に依頼した者とでどのように異なるだろうか. 表7は,「決着がついたか」,
「結果に満足しているか」,「法律相談をして良かったと思うか」という3つの
結果評価について, 弁護士依頼の有無別, および, 依頼した弁護士が法律相談
と同一弁護士であったか否かでクロス分析した結果である.

表7に示す通り, 全てのクロス分析において, 統計的に有意な差が認められ
た. すなわち, 弁護士に依頼した回答者の方が, 問題に決着がついており, 結
果に満足しており, 法律相談をして良かったと答えていた. さらに, 弁護士に
依頼した回答者の中でも, 法律相談と同じ弁護士に依頼した回答者の方が, 問
題に決着がついており, 結果に満足しており, 法律相談をして良かったと答え

　「結果に満足している」に対し,「まあそう思う」が28.3% (N = 51),「そう思う」が
　35.6% (N = 64) であった. これらを加算した回答を「満足している」と表現した.
(9)　脚注8同様,「振り返ってみて, 法律相談をして良かったと思いますか」の問いに対
　して,「まあ良かったと思う」が25.4% (N = 47),「良かったと思う」が62.7% (N
　= 116) であった. これらを加算した回答を「良かったと思う」と表現した.

V 弁護士依頼の有無および依頼した弁護士別にみた結果の評価

ていた．事件類型のうち，多くを占めていた過払い金関連の事件の影響を確認するため，「クレジット・サラ金問題」以外のケースのみを抽出して同じ分析をしたところ，全てのクロス分析において，弁護士依頼をした者，法律相談と同じ弁護士に依頼した者の方が，そうでない者と比較して肯定的な回答をしている傾向が認められ，唯一，法律相談をして良かったと思うかどうかと弁護士依頼の有無のクロス分析についてのみ，統計的に有意な差は認められなかった（$p = .143$）[10]

表7 弁護士依頼の有無および依頼した弁護士別に見た結果の評価

			問題は決着したか 弁護士依頼**/同一弁護士**		結果に満足している 弁護士依頼**/同一弁護士*		法律相談をして良かったか 弁護士依頼*/同一弁護士*	
			決着した	決着していない	そう思う	そう思わない	良かった	良くなかった
弁護士に依頼した（弁護士依頼）	該当	度数	83	13	74	27	97	7
		%	86.5%	13.5%	73.3%	26.7%	93.3%	6.7%
	非該当	度数	47	22	41	38	66	15
		%	68.1%	31.9%	51.9%	48.1%	81.5%	18.5%
	合計	度数	130	35	115	65	163	22
		%	78.8%	21.2%	63.9%	36.1%	88.1%	11.9%
法律相談と同じ弁護士か（同一弁護士）	同一弁護士	度数	49	4	47	11	57	2
		%	92.5%	7.5%	81.0%	19.0%	96.6%	3.4%
	別の弁護士	度数	21	10	17	13	26	5
		%	67.7%	32.3%	56.7%	43.3%	83.9%	16.1%
	合計	度数	70	14	64	24	83	7
		%	83.3%	16.7%	72.7%	27.3%	92.2%	7.8%

（カイ二乗検定．**：$p < .01$，*：$p < .05$．ただし，法律相談をして良かったか×同じ弁護士のみ，Fisher の直接法）

---

[10] 残りのクロス分析においては，カイ二乗検定の結果，問題は決着したか×同一弁護士は $p < .01$，残りについては $p < .1$ であった．

弁護士に依頼した者，とりわけ，法律相談と同一の弁護士に依頼した者の結果評価がより肯定的であったことについては，様々な解釈が可能であろう．過払い金事件の影響をコントロールした検証は行ったが，それでもなお，事件の種類によって容易に決着がつくものとそうでないものがあるのは明らかである．そもそも，法律相談をした弁護士がその後受任している事件は，弁護士が受任しやすい，いわゆるスジの良い事件であった可能性も否めない．したがって結果の評価に対して実質的に弁護士がどの程度貢献しているかは定かでないが，いずれにしても，弁護士を依頼した回答者，とりわけ，法律相談に対応した弁護士と同一の弁護士に依頼した回答者の方がより多く問題に決着がつき，結果にも法律相談にも満足している結果は確認された．

VI　まとめにかえて

以上の分析からは，次のことが明らかになった．①法律相談に応じた弁護士に問題を依頼した回答者は，因子分析の結果，法律相談の時点において，当該弁護士に対して「弁護士としての信頼感」および「助言への納得感」という2つの視点から評価を行っていることが推測され，このような評価構造は後に弁護士に事件を依頼しなかった者および別の弁護士に依頼した者のグループでは確認されなかった．②回答者が弁護士に問題を依頼した理由の潜在因子としては，「弁護士との信頼関係」と「依頼の合理性」と名付けうる2つの因子が抽出された．③弁護士に依頼した回答者の弁護士に対する満足の規定因は，「（弁護士が）丁寧な対応だったか」，「話を十分に聞いてくれたか」であり，一方，依頼した弁護士への再依頼意欲の規定因は「（弁護士が）信頼できる人柄だったか」，「事件の結果は良かったか」であった．いずれも，極めてシンプルなモデルが出現した．また，④弁護士に依頼しなかった理由の潜在的因子としては，「コスト」，「解決の見込みのなさ」，「弁護士利用のインセンティブ」と名付けうる3つの因子が出現した．さらに，⑤弁護士を依頼した者の方がそうでない者に比べて，問題に決着がつき，結果に満足しており，法律相談をして良かったと考えており，法律相談と同じ弁護士に依頼した者については，別の弁護士に依頼した者と比較して，より多くの者が問題に決着がつき，結果に満足し，法律相談をして良かったと考えていることがわかった．

Ⅵ　まとめにかえて

　これらの結果は，一般的な感覚とも合致する，極めて分かりやすいものではないかと考える．最初に相談に来た相談者は，相談に応じた弁護士が信頼でき，事件に対する助言も納得のいくものであると感じた時，「その」弁護士に事件を依頼したいと考える．また，実際に事件を依頼する際には，弁護士と信頼関係が築けるかどうか，そして弁護士への依頼が合理的であるかどうかを検討し，その弁護士に依頼するか否かを判断する．そして，依頼した弁護士が丁寧に対応してくれて，十分に自分の話を聞いてくれた時に，その弁護士に対して満足する．また，その弁護士を信頼し，さらに事件結果が良かったときには，将来同じ問題に直面したときもこの弁護士に依頼したいと考える．逆の視点から考えれば，法的専門性を有さない一般市民が弁護士に対する評価，判断を行う際には，この程度の抽象的・感覚的な要因と，コストおよび結果からしか判断できないということである．一般法律相談に応じるような弁護士は，通常，専門的知識を有しない依頼者の事件を預かり，依頼者には判断することの難しい多くの専門的事項について判断しながら依頼者の事件を処理するが，依頼者の弁護士に対する評価は日常的な感覚に依拠したシンプルなものにならざるを得ない．この扱う内容の専門性と，委ねた側の評価軸のシンプルさというギャップこそが，弁護士に専門職としての高度の独立性と自律的・倫理的行動が求められる一つの理由であろう．

　一方，弁護士に事件を依頼しなかった理由の背景として出現した3要因からは，弁護士アクセスを促進するためのヒントも多い．コストの問題については，権利保護保険の拡大や法律扶助の在り方など，制度的な枠組みも含めて検討が必要である．解決の見込みがない，と回答者が判断したことが適切であるかどうかは検証方法がないが，弁護士だけでは解決のできない問題も，弁護士がより積極的に他の専門職と連携をすることによって解決できる問題があるかもしれない．いかにして，弁護士利用のインセンティブを挙げることができるか，弁護士個人も弁護士会もさらなる工夫が必要であろう．もちろん，全ての相談者の問題が弁護士によって解決されると考えるのは非現実的であるし，そうあるべきとも一概には言えないが，法律相談や弁護士アクセスの促進を通じて，弁護士によって解決できる事件をより多くしていくことは，社会正義の実現という弁護士の使命の体現であるのみならず，弁護士の活躍できる市場を拡大していくという意味でも重要である．

10 法律相談者の弁護士利用に関するプロセス的検討〔石田京子〕

最後に，弁護士利用と結果評価との関係からは，市民の抱えている問題に対応するのに最も適切な弁護士に「最初に」アクセスさせることの重要性が示唆される．法律相談をして，その弁護士に依頼して解決するのであれば，利用者の心理的経済的コストの面からも最も望ましく，今回の調査結果で法律相談をした弁護士に依頼した者の結果評価が最も高かったことは当然ともいえる．いかにしてより適切な機関や弁護士に最初に利用者がアクセスできるようにするかが，市民の弁護士利用の促進のためには最も重要な課題と考える．

〔文　献〕

上石圭一（2010）「初回利用の相談機関の選択要因と利用の効果」松村良之＝村山眞維編『法意識と紛争行動』東京大学出版会，155-169 頁．

ダニエル・H・フット＝太田勝造（2010）『裁判経験と訴訟行動』東京大学出版会．

濱野亮（2018）「司法アクセスに関する論点」立教法学 98 号 177-228 頁．

石田京子・佐伯昌彦（2016）「『法曹人口調査』にみる弁護士の需要と利用者の依頼意欲」法と社会研究 2 号 85 頁．

小佐井良太（2010）「自治体法律相談の意義と課題」樫村志郎＝武士俣敦編『トラブル経験と相談行動（現代日本の紛争処理と民事司法②）』東京大学出版会，191-221 頁．

民事訴訟制度研究会編（2007）『2006 年民事訴訟利用者調査』（JFL 叢書 Vol.13）商事法務．

民事訴訟制度研究会編（2012）『2011 年民事訴訟利用者調査』（JFL 叢書 Vol.20）商事法務．

民事訴訟制度研究会編（2018）『2016 年民事訴訟利用者調査』商事法務．

村山眞維・守屋明・石田京子・前田智彦・仁木恒夫・小野理恵（2010）「わが国における法律相談利用の実態」法律論叢 83 巻 1 号 1-48 頁．

内閣官房法曹養成制度改革推進室・法曹人口調査報告書（平成 27 年 4 月 20 日）

佐藤岩夫（2010）「専門機関相談行動の規定要因」樫村志郎＝武士俣敦編『トラブル経験と相談行動（現代日本の紛争処理と民事司法②）』東京大学出版会，47-72 頁．

佐藤岩夫＝濱野亮編（2015）『変動期の日本の弁護士』日本評論社．

菅原郁夫＝山本和彦＝佐藤岩夫編著（2010）『利用者が求める民事訴訟の実践　民事訴訟はどのように評価されているか』日本評論社．

田巻帝子（2010）「自治体の提供する相談サービスと当事者ニーズ」松村良之＝村山眞維編『法意識と紛争行動』東京大学出版会，211-231 頁．

吉岡すずか（2017）「困りごとの解決行動パターン —— 平成 27 年度法テラス認知状況等調査の分析から」総合法律支援論叢 9 号 127 頁．

（本稿は，文部科学省科学研究費基盤研究（A）「紛争当事者のニーズから見た裁判外紛争処理制度 —— 経験的データによる総合的検討」（課題番号 17203008）の研究成果の一部である．）

VI　まとめにかえて

〔追記〕筆者は，本論文で扱った調査を実施した法律相談調査研究会への参加を村山眞維先
生からお声がけ頂き，初めて村山先生に直接ご指導頂く機会に恵まれた．当時，頻
繁に研究会を開催して頂き，貴重なデータを分析する機会を頂きながら，今日まで
研究成果の公表に月日がかかってしまったことは専ら筆者の不徳の致すところであ
る．もっとも，月日が経ったとはいえ，データ自体の価値が大きく損なわれてし
まったとも考えられず，未だ本データの分析結果から得られる示唆は多いと考え，
この機会に論文として公表させて頂いた．村山先生からこれまで賜ったご指導に心
より感謝申し上げると共に，謹んで古稀のお祝いを申し上げる．

11 法律相談による弁護士探索のゲーム理論的分析

小 野 理 恵

I　は じ め に

　日本社会は法的手段を使うことに抵抗がある人が多い，司法へのアクセスが悪い，などと言われている．1999 年から行われてきた司法制度改革は，司法へのアクセスをスムーズにして需要を掘り起こし，必要な法的解決を供給するのが一つの大きな課題であった．

　法律相談は，法的手段によるトラブルの解決をより身近でアクセスしやすいものとするために，その入口として設置されているサービスである．もちろん各弁護士事務所でも法律相談を行っているが，それとは別に各弁護士会，国，自治体などが一般市民を対象にして弁護士による法律相談サービスを行っている．何かトラブルに巻き込まれたときに，直接弁護士事務所を訪れることもできるが，実際には個別の弁護士に初めてアクセスすると，高い相談料や手数料を請求されたり，勝ち目のない訴訟を勧められたりするのではないか，という理由でためらう市民も多い．法律相談は，その前に専門家の意見を訪ねることができる場という役割を担っている．

　法律相談の開設場所は，大きく分けて三つに分けられる．一つは，各弁護士会が設置している法律相談センターである．例えば東京弁護士会の場合，東京都内の地域別に 10 の相談センターを持つ．このほかに，交通事故や労働問題を専門とする 3 つの相談センターがある．どの法律相談センターもその弁護士会に所属する弁護士が担当している．弁護士会の法律相談センターの場合，相談料は弁護士会によって異なるが，おおむね 30 分 5,400 円である場合が多い．

　二つめは自治体が設置している法律相談である．こちらの場合もその地域の

11 法律相談による弁護士探索のゲーム理論的分析〔小野理恵〕

弁護士が相談に応じている．多くの場合，自治体の庁舎内で一般市民に対して定期的に行われ，多くの場合は自治体が相談料を負担する．そのため相談者は無料で法律相談を受けることができるが，その代わり 30 分の時間制限があることが多い．

　三つめは日本司法支援センター（以下，法テラス）である．法テラスは司法制度改革の一環として 2006 年に設立され，全国に 110 か所存在する（2017 年12 月末現在）．法テラスの法律相談もその地域の弁護士が担当するが，上の二つの法律相談が弁護士事務所所属の弁護士が出張しているのに対して，法テラスには常勤の弁護士もいるところもある．この法律相談は，収入が一定基準以下の人を対象にしているので，必ずしも誰もが使えるわけではないが，無料で法律相談サービスを提供している．

　以下，本稿で法律相談と言うときには，各法律事務所で行っているサービスは含まず，以上のように弁護士会や自治体，国が設置しているものを指すこととする．

　これらの法律相談は，もともとは様々な理由で法的手段にアクセスできないでいる人を助けるために設置されていて，特定の事件を専門とする相談センターを除けば，特に相談者の問題の分野を専門とする弁護士が当たるわけではなく，相談者側から弁護士を選ぶことはできない．また，原則として特定の（例えばその分野に近い）弁護士を紹介するということもしていない．

　かつては法律相談では直接受任（相談を担当した弁護士が相談案件を受任すること）が認められていなかったが，最近では弁護士会の法律相談センターでは直接受任を認めている．しかし，一部の自治体の法律相談などでは，直接受任を原則として認めない場合も多い．

　しかし，そのような原則とは別に，法律相談を利用しようとする人の中で，特に相談できる弁護士を直接知らない場合には，弁護士会や自治体が提供する法律相談を利用して司法の専門家にアクセスしようとすることが多い．言い換えれば，法律相談は，従来であったら法的解決をあきらめてしまった人が多く来訪する場所であり，その意味では，法律相談のサービスが需要の開拓に大きく貢献する可能性がある．

　訴訟や和解の過程，訴訟費用，それが当事者を始めとする一般市民にどのような影響を与えるかなどについては，これまでに Shavell（1982）をはじめ，

数多くの経済分析，ゲーム理論的分析が行われている．この一連の研究の中で，訴訟は交渉のプロセスとして捉えられているが，その中で重要になるのが情報の非対称性である．言い換えれば，当事者同士の考える「勝ち目」の差が，交渉を複雑にしている．これらの分析については Shavell（2010）にまとめられている．これらの研究に比べると，トラブルに直面した人がどのように法的なトラブルの解決に入っていくかについては，あまり経済学的，ゲーム理論的に研究されていない．しかし，日本社会における法律相談は法的サービスの需要を掘り起こすうえで重要な役割を果たしていることから考えれば，相談に訪れた人の行動をきちんと分析しておくことは価値があると思われる．

　一方，実証的には，2005 年からの文部科学省科学研究費補助金特定領域研究「法化社会における紛争処理と民事司法」（2003〜2008 年度，研究代表者：村山眞維），および，同基盤研究 A「紛争当事者のニーズから見た裁判外紛争処理制度 —— 経験的データによる総合的検討」（2005〜2009 年度，研究代表者：村山眞維）での大規模調査により，一般市民がトラブルに直面したときに，解決のためにどのような方法を取っているかが明らかになっている．また，法律相談調査研究会が日本弁護士連合会の協力を得て行った「わが国における法律相談利用の実態」調査では，弁護士会の法律相談に来訪した相談者にアンケート，面接調査をし，相談者の立場で見た法律相談センターがどのような役割を果たしているのか，何を期待されているのかを解明した．

　本稿は，これらの調査結果を踏まえて，法律相談に来訪する人の行動を考察する．3 章に挙げるモデルでは，法律相談来訪者の目的を良い弁護士との出会いを求めることと限定し，その探索を経済理論，ゲーム理論を使って分析し，弁護士の受任と弁護士費用の関係を考察する．

II　法律相談の実態

　市民がトラブルに巻き込まれたとき，なぜ法律相談を訪れ，何を期待しているかは，村山ほか（2010）による，弁護士会による法律相談センターの調査や，樫村（2008）の法使用行動調査などで明らかになっている．村山ほか（2010）によれば，弁護士会による法律相談に訪れた理由の一つとして「他の相談機関，家族・知人からの紹介」が多く，また，「ほかに弁護士を知らなかった」こと

11 法律相談による弁護士探索のゲーム理論的分析〔小野理恵〕

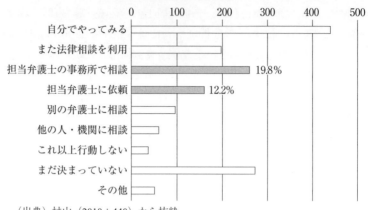

図2-1　法律相談後の行動
Q17　法律相談の後どうすることになったか

（出典）村山（2010：440）から抜粋

を挙げる回答者が28.7%いることが明らかになっている．他で法律相談を紹介された人も特定の弁護士を知らなかったから紹介されたものであるとみなせば，法律相談に訪れる人の多くは，弁護士にアクセスする手段をもっていない場合が多いと考えることができる．言い換えれば，利用者はいい弁護士と出会うための一つの手段として法律相談を利用していると考えられる．

　法律相談は相談者にどのように役立っているのだろうか．村山ほか（2010）の調査では，法律相談を受けた直後の利用者に，その後どうすることになったかを尋ねている（図2-1を参照）．最も多いのは「自分でやってみる」である．これは，一つには最初から弁護士に依頼するつもりがないか，あるいは紛争額が弁護士を依頼するまでもない少額のものである可能性がある．また，弁護士に依頼するつもりで相談に来たが，報酬などの条件が合わずに依頼することを諦めた可能性もある．これを除外すると，「担当弁護士の事務所で相談する」19.8%，「担当弁護士に依頼する」12.2%などが多く，直接受任または受任に向けた行動を取ることになったケースが多い．一方で，受任には至らず，「別の弁護士，相談機関に相談する」を選んでいる者もある．

　もう一つ，この質問で，「また法律相談を利用する」と答えている人が15.0%いることにも着目したい．もともとは法的なトラブル解決の入口として設置されている法律相談であるが，実際には利用者が解決方法を探るうえで何

回も法律相談を利用することもある．例えば，樫村（2008）では，一般市民を
対象に，トラブルをどのように解決したかを調査する上で，相談機関（法律相
談や弁護士事務所の他に，警察，自治体の部署，保険会社，知人などに対する相談
も含む）に何回訪れているかを尋ねているが，それによれば2つ以上の相談機
関を利用した人が26.2％，3つ以上が8.0％，最高では11以上の相談をま
わったというケースも1件あった．また，村山ほか（2010）では，弁護士会の
法律相談センターの来訪者の調査によれば，回答者の67％が事前に別の相談
機関に行っていて，その中で無料法律相談30.3％，有料法律相談17.6％，法
テラス1.2％などとなっている．これは，例えば自分で解決する上で何度か専
門家の意見を仰いだり，あるいは受任してもらう弁護士を探して法律相談を渡
り歩いたりするケースがあると想定される．

　一方，自治体の法律相談については，小佐井（2010）が一般市民を対象とし
た法使用行動調査のアンケートから実証的な分析を行っている．この調査によ
れば，自治体の法律相談は無料であるために「初めて訪れる相談機関」として
利用されることが多い．最初であることもあってか，「訴訟や調停で代理して
くれること」を期待している人は2.0％，「他機関・団体・専門家の紹介」を
期待している人は5.7％とかなり少ない．その代わり，「法的な助言」や「話
を聞いてくれること」を期待している人が多い．

　相談を利用した後には，自分で交渉したり，改めて専門家に相談したりして
いる人が多いのだが，その中で「紹介された他機関・専門家を利用した」のが
14.3％なのに対し，「自分で探した他機関・専門家を利用した」のが30.6％で
あることに着目したい．確かに「紹介」を期待している人も少ないのであるが，
別の機関に相談するときに，自治体の法律相談があまり役に立っていないこと
がうかがえる．また，同じ調査から阿部（2010：79）が行った研究によれば，
トラブルを経験した人が使った7つの主な相談機関（自治体法律相談，自治体担
当部署，警察，消費生活センター，業界団体・業者，保険会社，弁護士）のうち，
自治体法律相談は評価が最低であった．相談機関によって扱う事件がかなり異
なるので単純比較はできないが，相談に訪れる人の期待には十分応えられてい
ないと考えてよいであろう．

　これらのことから，法律相談は，トラブルの法的解決の入口，少額事件の相
談先などの役割もあるが，特に利用者側から見れば，「弁護士とのつながりを

持たない相談者が，弁護士を探索するための重要な手段の一つ」であるといえる．しかし，必ずしもその期待には十分に応えられているとは言えず，そのために何度も法律相談を訪れる利用者が多い．

Ⅲ　弁護士探索モデル

本章では，法律相談を自分で解決するために助言をもらうために使うケースなどは除外して，弁護士の探索や受任を求めて法律相談に来る依頼人に限定し，これを探索のモデルとして考える．探索のモデルは古くから使われている経済のモデルの一つであるが，とりわけ 1980 年頃から労働市場の分析などで盛んに使われるようになった．例えば，求職者が毎期毎期出会った企業から賃金を提示されて，それを受け入れて就職するかもう 1 期就職活動をするかの選択を迫られているという状況をモデル化することによって，賃金決定のメカニズムや失業率を説明するために使われている．これらの研究成果は Ljungqvist and Sargent（2004）などにまとめられている．本稿では，依頼人が弁護士を探索する状況として考え，相談回数と弁護士費用，また受任との関係を考察する．

1 人の人が法律相談に出かけることによって，弁護士を探そうとしている．彼はまだ弁護士に依頼をしてはいないが，それを望んでいるので，以下では（潜在的）依頼人と呼ぶことにする．依頼人は 1 期あたり 1 回法律相談に出かけることができ，第 t 期に弁護士 t と出会うものとする（$t = 1$，2，…，n，…）．簡単のために，十分に多くの弁護士が存在していると仮定する．また，この事件に対する弁護士の能力はどの弁護士でも同じであるが，弁護士によって留保利益，すなわち，本事件を引き受けなかった場合に別な事件を引き受けて得ることができる利益は $U_t \geq 0$ で，これは弁護士によって異なるものとする．なお，依頼人が弁護士を選ぶことはできず，どの弁護士に当たるかはランダムに決まるものとする．

この依頼人の抱えている問題は (X, p) で表される．$X \geq 0$ は係争金額で，これは依頼人と弁護士の双方が熟知しているものとしよう．一方 p（$0 \leq p \leq 1$）はこの問題の「勝ち目」で，この問題を法廷に持っていった場合に勝訴する確率として表される．法廷での結果は勝訴して X を得るか，敗訴して何も

得ないかのいずれかであるものとする．弁護士は依頼人から相談を受けた時点でpを正確に推定できるものとする．一方，依頼人はpの値を知ることはない．また，各弁護士tは自分自身の留保利益U_tを知っているが，依頼人は知らないものとする．このように依頼人と弁護士で情報量が異なるゲームは不完備情報ゲームと呼ばれている．

　各t期で，依頼人は法律相談に出かけるか否かを決める．法律相談に出かけない場合には利得は0で，この期で依頼人は弁護士探索をやめるものとする．一方，法律相談に行くと，相談費用$C \geq 0$を弁護士tに支払う．この場合，弁護士tは相談を聞いたうえで，受任するか受任しないかの判断を行う．弁護士が正しいpを知っていることを仮定しているので，これを直接依頼人に知らせることができれば簡単であるが，たとえpを知らせたとしても，それが依頼人にとって信用できる情報であるかどうかは疑わしい．弁護士にとって魅力のある事件であれば弁護士はpを大きめに伝えるインセンティブがあるし，逆に弁護士にとって魅力がない事件であればpを小さめに伝えて依頼人が諦めることを勧めるかもしれない．このように言うこと自体にまったく費用を伴わない発言はゲーム理論でチープトークと呼ばれる．それに対して受任するかしないかは弁護士自身の損得に関わる判断なので，信用できる情報で，依頼人にpの情報を伝えるシグナリングと呼ばれる．したがって，依頼人は弁護士の受任／拒否の判断から自分の問題の勝ち目pを推定する．

　受任した場合には，依頼人はこの弁護士に依頼するか否かを決定する．弁護士が受任して，依頼人が依頼を決めれば，この事件は法廷に持ち込まれる．弁護士の報酬の構造は2つの部分に分けることができる．一つは訴訟の結果にかかわらず得る報酬で，その代表は着手金である．交通費や弁護士の日当などの実費もこちらに含まれる．この報酬部分をsXと表すことにする（$0 \leq s \leq 1$）．もう一つは，勝訴したときにのみ得られる成功報酬で，これは報酬金に代表される．依頼人は弁護士tに報酬金としてXのうちの一定割合q（$0 \leq q \leq 1$），すなわちqXを弁護士に支払うものとし，敗訴した場合には弁護士への報酬金はない．簡単のために，本稿では依頼した場合の結果は勝訴か敗訴かしかないものとする．また，本来であれば同じ着手金，報酬金が得られたとしても，弁護士にとって費用がよりかかる面倒な事件があり，それも弁護士が受任するか否かには大きく影響しているが，本稿ではこの部分を無視して，弁護士の利潤

11 法律相談による弁護士探索のゲーム理論的分析〔小野理恵〕

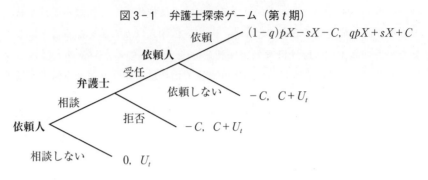

図3-1 弁護士探索ゲーム (第 t 期)

＊弁護士が拒否するか，依頼人が依頼しない場合にのみ次の期に進む
＊利得は左が依頼人，右が弁護士のものを意味する

は相談料，着手金，報酬金のみで決まるものと仮定する．

受任しなかった場合，あるいは受任しても依頼人が依頼しなかった場合，依頼人から弁護士 t に支払われるのは相談料 C のみである．ただし，弁護士は他の事件を引き受けて $U_t \geq 0$ を受け取る．すなわち，このモデルにおける弁護士は勝訴確率を正しく判断できる優秀な弁護士ばかりであるが，実際の収入の機会は個人差があることを意味している．弁護士が自らの損得のみを考えて受任するか否かを決めるという行為は，必ずしも適当だとはされていないが，成功報酬の割合が大きいときには，弁護士の行為は勝ち目のない依頼人を断って，無用な裁判をなくすことになるので，弁護士の利潤最大化行動は結果として依頼人の利益につながる．なお，以下では割引率は1として考え，すなわち，現在の1円の価値と将来の1円の価値は等しいものとする．

1期間だけのゲームと利得は図3-1のように表される．このゲームでは，勝ち目と自らの留保利益を知っている弁護士が受任する条件は

$$qpX + sX \geq U_1$$

すなわち，

$$p \geq \frac{U_1 - sX}{qX} \tag{1}$$

である．このことから，依頼人が法律相談に行くと確率 $\frac{U_1 - sX}{qX}$ で断られ，確

率$1 - \dfrac{U_1 - sX}{qX}$で受任されることになる．いま，p，U_1が独立な確率変数で，それぞれ密度関数$g(p)$，$h(U_1)$をもつとすれば，これらの同時確率密度関数$f(p, U_1)$は

$$f(p, U_1) = g(p) \cdot h(U_1)$$

で表される．このとき，弁護士が受任したときには(1)が成り立つことから，pの条件付期待値は

$$E(p \,|\, 1\text{回目受任}) = \int_0^\infty \frac{1}{h(U_1)} \int_{\frac{U_1 - sX}{qX}}^1 p f(p, U_1) dp dU_1$$

であり，これを用いると依頼人の条件付期待利得（但し相談料Cを除く）は

$$E_1 = (1 - q)x \cdot E(p \,|\, 1\text{回目受任}) + sX$$

で表される．依頼人はこの値が0以上であればこの弁護士と契約するだろうし，相談料Cよりも大きければ法律相談に行くべきである．

　以下では簡単のために，勝訴確率pと留保利益U_t（$t = 1$, 2, $\cdots$）はそれぞれ区間［0, 1］，［sX, $(s + q)X$］上の一様分布であると仮定する．留保利益の範囲は，弁護士がこの事件を受任しなかったとしても，同じ時期に同程度の収入を得る機会があることを意味する．この条件の下で，弁護士が受任したとすれば，$E(p \,|\, 1$回目受任$)$は$\dfrac{2}{3}$である．このとき，裁判に持ち込まれたときの利得は$\dfrac{2}{3}X$，依頼人の期待利潤は$E_1 = \dfrac{2}{3}(1 - q)X + sX$である．依頼人はこの確率$p$が$\dfrac{s}{1 - q}$未満になると依頼をやめるが，ここでは$p \geq \dfrac{s}{1 - q}$が成り立つくらい$s$が小さいものと想定して次に進む．（実際，依頼人が受諾された案件を取り下げると，次期のpの分布に影響を与えるが，次の期には相談をしないので，このように仮定しても結果には影響を与えない．）

　次に期間を増やすことを考える．依頼人は，法律相談に行って受任を断られたか自分自身で依頼を取りやめた場合に次の期に進み，再び法律相談に行くか否かの選択をする．上で見たようにsが十分小さいと仮定すれば，依頼人は自分で依頼を断ることはない．このとき，既に$t - 1$期間（$t = 2, 3, \cdots$）相談に行って，$t - 1$回受任を断られているとすれば，依頼人は自分の勝ち目pがそれほど高くないという情報を受け取っている．新たな弁護士nにとっては

このゲームも1期限りのゲームであるので，勝ち目と自らの留保利益を見て

$$p \geq \frac{U_t - sX}{qX}$$

であれば受任する．一様分布の仮定と，上と同様の計算から，過去 $t-1$ 回受任を断られて t 回目に受任されたとき，p の条件付期待値は

$$E(p\,|\,\text{最初の}t-1\text{回拒否，}t\text{回目に受任}) = \frac{2}{t+2}$$

である．このとき，依頼人の期待利潤は $E_1 = \dfrac{2}{t+2}(1-q)X + sX$ である．

Ⅳ　モデル分析

以下では，上に述べたモデルを用いて，相談行動がどのように決定されるのかを分析する．

1　相談回数と受任率の変化

勝訴確率 p が区間 $[0,\ 1]$ 上の一様分布であると仮定しているので，依頼人の当初の p の期待値は $E(p) = \dfrac{1}{2}$ である．前章でみたように，この確率は初回に受任されたときに $\dfrac{2}{3}$ になるが，最初の $t-1$ 回受任を断られて t 回目に受任されたときには $\dfrac{2}{t+2}$ になり，拒否される回数が多くなるたびに減少する．その結果，相談回数が増えると依頼人の期待利得も減少する．

これは弁護士から見ても同じである．初めて相談する場合には依頼人の p は区間 $[0,\ 1]$ 上で一様に分布しているが，初回でよい弁護士と出会えた全体の $\dfrac{1}{2}$ の依頼人は相談から去ってしまうので，2回目の依頼人の p の確率密度関数は $g(p) = 2 - 2p$ となってしまう．ここで全体の $\dfrac{1}{2 \cdot 3}$，すなわち初回に拒否された人の $\dfrac{1}{3}$ の依頼人が2回目によい弁護士と出会えて立ち去る．このようにして繰り返していくと，相談回数が t のときの受任率は $\dfrac{1}{t}$ でだんだん減っていくことがわかる．

言い換えれば，何回も相談を繰り返す人が多い相談センターの p の分布は，弁護士に依頼することが目的である人だけを考えても，当初の分布ではなく，p の小さい方にかなり偏った分布になることが想定される．これは後にも述べるように，多くの弁護士にとって法律相談センターで相談にあたる仕事の魅力を失わせている．

なお，このモデルでは弁護士の留保利益が $[sX, (s + q)X]$ 上で一様分布することを仮定していたが，もし，もっと留保利益の小さい，例えば新たな依頼人を全く得られない，$U_t = 0$ の弁護士がたくさんいるのであれば受任率は高くなるし，逆に大きな収入の機会をたくさん持っている弁護士が多くいれば受任率は低くなる．いずれの場合でも，相談を繰り返す人が多い相談センターでは，p が小さい方に偏って分布するために，初めての相談者ばかりの状態に比べると受任率は低くなる．

2 相談回数と期待利潤の変化

試みに具体的な数値例を入れてみる．例えば日本弁護士連合会（2009：8）では，所属している弁護士にアンケートで尋ねた結果を公表しているが，その中で金銭消費貸借の事例として「知人に貸した300万円の返還請求訴訟」を起こした場合の費用を調査している．これによれば，着手金は20万円前後と答えた弁護士が43.9%ともっとも多く，また，報酬金では30万円前後という回答が50.2%を占めている．これに基づいて，$X = 300$，$s = \dfrac{1}{15}$，$q = \dfrac{1}{10}$ と仮定すると，第1期に受任された場合，依頼人がこの弁護士に依頼する条件の左辺 $(1 - q)pX - sX$ は160となり0よりも大きい．受任率が $\dfrac{1}{2}$ なので，相談前の期待利得は80であるが，これも $C = 0.5$ よりも大きいので，第1期は相談に行くべきである．

以下同様に求めていくと，第 t 期には受任された後の条件付期待利潤が

$$E((1-q)pX - sX) = \frac{500 - 20t}{t + 2}$$

で，これが0を下回るのは26期である．また，相談に行く前の期待利得

$$\frac{1}{t+1}E((1-q)pX-sX) = \frac{500 - 20t}{(t+1)(t+2)}$$

が C を下回るのは17期である．このことから，この数字を前提に考えれば，法律相談を何回も繰り返すことは合理的であると考えられる．

実際にここまでには法律相談が繰り返されていない理由として，以下の二点を指摘することができる．第一に，この sX は弁護士の訴訟の結果に依存しない報酬部分であり，その意味では着手金のみではなく，弁護士の実費や，依頼人にかかる金銭的・心理的負担も含まれるべきである．弁護士の実費や依頼人

11 法律相談による弁護士探索のゲーム理論的分析〔小野理恵〕

図4-1 相談回数と，新たに受任されたときの条件付期待値

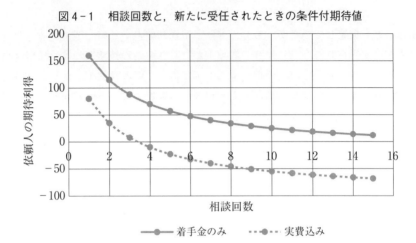

　の負担は個々の事件によってまちまちである．図4-1は相談回数と，受任されたときの依頼人の期待利得を表したものである．図の実線は訴訟の結果に依存しない報酬を着手金のみと考え $sX = 20$ 万円としたものである．また，破線は着手金に加えて80万円の実費がかかると考えて $sX = 100$ 万円としたものである．これからもわかるように，もし当初（裁判前）の支払額が係争金額の1/3にあたる100万円程度かかるとしたら，依頼人は3期目までで相談を打ち切るし，2/3にあたる200万円程度かかるとしたら，そもそも最初の相談にすら行かないであろう．

　このことは，依頼人の相談行動が訴訟にかかる費用構造に依存していることを意味している．日本ではほとんど見られないが，着手金も実費もない代わりに報酬金が高い完全成功報酬であれば $s = 0$ となり，このような訴訟であれば，弁護士はますます「勝ち目のない事件は受任しない」ことになり，依頼人は受任してもらえたら間違いなく依頼する．完全報酬制度は，単に弁護士を専門家として事件の依頼をするのではなく，依頼者が持つ訴訟のリスクを弁護士が引き受ける代わりに弁護士が高額な報酬を受け取るという制度である．もしも完全報酬制度の下で法律相談センターがあったら，依頼人はもっと多くの相談を繰り返し，サービスが追い付かない可能性がある．したがって完全成功報酬が普及した社会では，無料または安価な法律相談の制度はあまり馴染まないとい

えるだろう.

　もう一つのモデルの問題点は，このモデルにおける依頼人がリスク中立的，すなわち，期待利得のみで行動していることを前提にしていることである. 実際，既に何らかのトラブルに巻き込まれている依頼人は，どちらかというとリスク回避的（期待値が同じならリスクが小さい方を好む）であることが想定される. もしそのように仮定すれば，着手金ばかりか相談料も大きなリスクになり得るので，依頼人の最適な相談回数はもっと少なくなることが予想される.

3　弁護士から見た法律相談

　本稿のモデルでは法律相談を請け負う弁護士にはいろいろな留保利益を持つものが混ざっていてランダムに依頼人の前に現れることを前提に議論を進めてきたが，実際には弁護士自身が法律相談センターの仕事を請け負うかどうかは，弁護士本人が決めることができる. そこで，最後に法律相談センターの仕事に対するインセンティブの問題を考える.

　以上でも議論したように，弁護士にとっては1期限りのゲームであり，勝ち目と自らの留保利益を知っている弁護士 t が受任する条件は

$$qpX + sX \geq Ut$$

であった. これは，留保利益 U_t が大きな弁護士は相談業務を引き受けたとしても，相談を担当したことに対する報酬は得られるものの，相談に訪れた依頼人の事件を受任することによる利潤はほとんど期待できないことを意味する. 特に留保利益が $(q + s) X$ を超えるほど仕事のチャンスが多い弁護士は，受任することは全くないから，相談業務をしようとは思わないであろう. 一方で，待っていてもなかなか依頼人と出会えない，U_t が小さな弁護士は相談業務に携わることで受任による利潤を期待できる. だが，この結果，相談に応じるのが，U_t の小さな弁護士ばかりになってしまう，いわば経済学でいう「逆選択」が起きる可能性がある. 留保利益が小さくても，相談業務に携わるのが有能な弁護士であれば問題がないように見えるが，このような弁護士ばかりがいる場合，たとえ勝ち目はあまり高くないとしても簡単に受任してしまうので，依頼人の事件は受任されやすくなる. 留保利益がもっとばらついて分布していることを想定している依頼人は，受任されたことから「自分の事件は勝ち目の高い事件

である」と誤ったメッセージを受け取ってしまうかもしれない．あるいは，依頼人がその状況を十分に予測し得たとすれば，自分の事件を法律相談に持っていっても勝ち目を推測することはできないので，法律相談に行く意欲をなくしてしまう可能性もある．

V 結 論

本稿では，主に依頼する弁護士を探すことを目的に弁護士会や自治体による法律相談を訪れる人を対象にして，その行動が何によって影響されるかを分析した．

なかなか受任されずに相談を繰り返す行動には，相談料も多少の影響を与えていて，当然ながら無料相談では有料相談に比べ若干相談回数が多くなる．しかしそれ以上に相談回数に大きな影響を与えているのは，「訴訟の結果に関わりなくかかる費用」である．この費用があまりに高い場合には，十分に探索をせずに，法的手段を取ることを諦めてしまう場合が多い．最近は着手金の額については明示してある場合もあるが，それも含めて実費がどのくらいかかり得るのかは，依頼者の決定に大きな影響を与えるので，相談の早いうちに明らかにしておくべきである．また，勝ち目は十分にあると思われるのに，相談の早い段階で諦めてしまう人をつなぎとめるには，完全成功報酬の制度を導入するのも有効である．

早めに諦めてしまう依頼者がいるも問題であるが，何度も法律相談を繰り返されるのも問題である．何度も相談を利用させることは，依頼者にとって負担が大きいだけでなく，法律相談に来る人全体の勝ち目の平均が低下することになり，弁護士にとって直接受任できる案件が少ない，魅力のない法律相談になってしまう可能性がある．

II章で述べたように，小佐井（2010：201）の研究によれば，自治体の法律相談を訪れる人はほとんど「訴訟や調停での代理」を期待していない．これは単に最初に訪れる法律相談だからまだそこまでの期待がないのだろうか．おそらくそうではなく，自治体の法律相談では直接受任をしてもらえないことを知って，弁護士の探索をしたい人は敢えて自治体の法律相談には行かない可能性が高い．その結果，法的な助言を求める人や，話を聞いてくれることを求める人

V 結 論

ばかりが自治体の法律相談を利用することになるだろうし，おそらく多くの弁護士にとってそのような業務はあまり魅力的だと思えないであろう．その結果，悪循環で，自治体の法律相談を利用した人の満足度も低下するのは，やむを得ないと思われる．

2006年に法テラスができて，経済的な理由から司法へのアクセスがしにくかった人に対して，単に無料の法律相談があるだけでなく，その後の法的手段に対しても立替払いが使えるようになるなど，手厚く保護されるようになってきた．これと比較してみると，相談自体は無料ではあってもその後の法的手段とは全くリンクしていない自治体の法律相談の存在意義は相対的に小さくなっている．自治体は，法律相談を存続させるのかどうか，存続させるとしたら法テラスとどのように棲み分けをしていくかをはっきりさせる必要があるだろう．

最後に，2016年3月に民間企業がスタートさせた弁護士の一括見積サービスについて言及しておく．これは，利用者が法律相談で弁護士に説明するような内容と同じ情報をオンライン上で送っておくと，このサービスに登録している弁護士がそれを見て，受任しても良いと思う案件があれば利用者に見積もりを送るという仕組みである．もし，利用者が法律相談で弁護士に提供するのとまったく同じ情報を送ることが可能だとすれば，本稿のモデルで何期も相談を繰り返して得られるのと同じ情報を，1回の送信だけで得られるようになった．このようなサービスのために法律相談が不要になるとは思えないが，相談料もかからず，何回も法律相談に足を運ぶこともなく，しかも匿名で同じ情報を得られるとしたら，それでも法律相談に行くという人の分布は従来までとかなり変わっていくだろう．無料の法律相談だけではなく，有料の法律相談も，相談に訪れる人が法律相談に何を期待しているのか，改めて検討する必要があるだろう．

〔謝辞〕本研究の基礎となる法律相談の実態については，村山眞維教授の調査に同行させていただいたのをはじめ，基本的な事柄から実地調査をしなければ得られない重要なことまで教えていただき，文字通り最初から最後まで御助言をいただきました．文部科学省科学研究費補助金基盤研究A「紛争当事者のニーズから見た裁判外紛争処理制度—経験的なデータによる総合的検討」（2005〜2009年度，研究代表者：村山眞維）の研究会，および，法律相談調査研究会のメンバーからも貴重な意見をいただきました．また，慶應義塾大学の塩澤修一教授およびミクロ経済学ワークショップの参加者の方々，千葉大学の田村高幸助教から多くの有益なコメントをいただきました．ここに感謝の意を表します．

11 法律相談による弁護士探索のゲーム理論的分析〔小野理恵〕

〔文 献〕

阿部昌樹 (2010)「専門的支援機関に対する利用者の評価」樫村志郎 = 武士俣敦編『トラブル経験と相談行動（現代日本の紛争処理と相談行動 2）』東京大学出版会，73-97 頁.

武士俣敦 (2010)「裁判外紛争業務の市場と弁護士」樫村志郎 = 武士俣敦編『トラブル経験と相談行動（現代日本の紛争処理と相談行動 2）』東京大学出版会，137-165 頁.

Gibbons, Robert (1992) Game Theory for Applied Economists, Princeton University Press, 福岡正夫 = 須田伸一訳 (1995)『経済学のためのゲーム理論入門』創文社.

樫村志郎編 (2008)『法使用行動調査基本集計書』特定領域研究「法化社会における紛争処理と民事司法」法使用行動調査グループ.

小佐井良太 (2010)「自治体法律相談の意義と課題」樫村志郎 = 武士俣敦編『トラブル経験と相談行動（現代日本の紛争処理と相談行動 2）』東京大学出版会，191-221 頁.

Ljungqvist, Lars = Sargent, Thomas J. (2004) *Recursive Macroeconomic Theory. 2nd ed.,* The MIT Press.

日本弁護士連合会 (2009)『2008 年度アンケート結果版 アンケート結果にもとづく市民のための弁護士報酬の目安』日本弁護士連合会.

村山眞維他 (2010)「わが国における法律相談利用の実態」法律論叢（明治大学法律研究所）83 巻 1 号，411-458 頁.

Shavel, Steven (1982) "The Social versus the Private Incentive to Bring Suit in a Costly Legal System," *Journal of Legal Studies* 11: 333-339.

Shavel, Steven (2004) Foundations of Economic Analysis of Law, Harvard University Press, 田中亘 = 飯田高訳 (2010)『法と経済学』日本経済新聞出版社.

12 日本の民事訴訟事件数の現状をどうみるか

垣 内 秀 介

I　はじめに

　日本の民事訴訟の新受事件数は，2009 年に史上最多の 90 万 5588 件（地裁24 万 7166 件，簡裁 65 万 8422 件）[1]に達した後に急減し，2014 年以降は安定を見せており，直近の 2017 年には 49 万 3274 件（地裁 15 万 6875 件，簡裁 33 万6399 件）であった．この数字は，現行民事訴訟法が施行された 1998 年の数字（46 万 7441 件．内地裁 16 万 457 件，簡裁 30 万 6984 件）と大きく変わりのない水準といえるが，今世紀初め以来の司法制度改革が，規制緩和に伴う司法へのニーズ増大を想定しつつ，法曹人口の大幅な増加を押し進めたたことを考えると，期待外れとの評価もあり得よう[2]．本稿は，こうした今日における民事訴訟事件数の水準について，第二次大戦以降の事件数の推移を視野に入れた上で，そこにおける位置づけを探るとともに，今日の状況に至る経緯においてどのようなことが起きたのかについて，司法統計から得られるデータを基礎として，若干の検討を試みようとするものである．

　具体的には，まず，Ⅱにおいて戦後の民事訴訟事件数の推移を概観した上で，

---

(1)　以下，事件数等の統計については，特に断らない限り，最高裁判所事務総局『司法統計年報 1　民事・行政編』の各年分に掲載された数値による．

　　なお，本稿で取り扱う「民事訴訟」の範囲については，後述の本文を参照．

(2)　例えば，福田剛久『民事訴訟の現在位置』（日本評論社，2017 年）は，今日の状況について，「かつての国民の司法離れのようなものが起きているのか，それとも，民事訴訟という紛争解決手段自体が日本の社会で必要性が失われつつあるのか，判然としない」（ⅱ頁），司法の容量の増大にもかかわらず，「国民の民事訴訟の需要は増えていない」(270 頁)，とする．

Ⅲにおいて，今日の状況に直接の影響を与えていると考えられる 1980 年から 1998 年にかけての変化の内容を，また，1998 年から 2017 年の間に生じた変化の内容を，確認する．次いで，Ⅳにおいて，民事訴訟以外の事件の動向を瞥見した上で，Ⅴにおいて，以上の検討の結果をまとめることとしたい．

なお，「民事訴訟」の範囲をどのように設定するか自体 1 つの問題であるが，本稿においては，「民事」の事件としては，行政訴訟事件を除く民事事件全般を取り扱う．したがって，人事訴訟もこれに含まれることになる．人事訴訟は，2004 年 3 月 31 日までは地裁の管轄であったところ，同年 4 月 1 日から家裁に移管されたが，以下では，2004 年以降の家裁の人事及び通常訴訟についても，統計の連続性を維持する観点から，地裁の新受事件数に含めることとしている．また，「訴訟」としては，簡裁及び地裁の双方における第一審の通常訴訟に加えて，手形・小切手訴訟及び少額訴訟を含めることとするが，再審の訴えは含めない．以上の結果として，行政訴訟事件及び再審訴訟事件を除く民事訴訟事件を，略式訴訟を含め，広く取り扱う，ということになろう．

Ⅱ　日本における戦後の民事訴訟事件数の推移の概観

1　概　観

(1) 民事訴訟全体

戦前の区裁判所に代わって簡易裁判所が創設され，現在の裁判所構成が発足したのは 1947 年 5 月 3 日の現行裁判所法の施行によるものであるが，民事訴訟の新受事件数等について現在利用できる統計は，1948 年からのものとなる[3]．

なお，1948 年以降の事件数の統計をみるにあたって留意すべき点として，以下の諸点が挙げられる．まず，手続の類型として，1964 年以前の数字は通常訴訟のみであるが，1965 年 1 月 1 日から手形・小切手訴訟（地裁または簡裁）が，また，1998 年 1 月 1 日から少額訴訟（簡裁のみ）が導入された結果，これらの数字がそれぞれ加わることになる．また，管轄に関して，①簡裁の事物管轄の上限額は裁判所法の施行当初（1947 年 5 月 2 日）には 5000 円であったが，以後数次にわたって増額されている．具体的には，1951 年 1 月 19 日か

---

(3) 1948 年〜1952 年の新受事件数等については，最高裁判所事務総局総務局『昭和 27 年司法統計年報 1．民事編』（1954 年）など，いくつかの資料に掲載されている．

ら 3 万円（昭和 25 年法 287 号），1954 年 6 月 1 日から 10 万円（昭和 29 年法 126 号），1970 年 7 月 1 日から 30 万円（昭和 45 年法 67 号），1982 年 9 月 1 日から 90 万円（昭和 57 年法 82 号），2004 年 4 月 1 日から現行の 140 万円（平成 15 年法 128 号）となっている[4]．②すでに述べたように，人事訴訟については，2004 年 3 月までは地裁の管轄，同年 4 月 1 日以降は家裁の管轄とされているが，以下の検討においては，地裁の新受事件数に合算している．さらに，③少額訴訟については，当初の上限額は 30 万円であったが，2004 年 4 月 1 日からは 60 万円に増額されている（平成 15 年法 108 号）．

図 1　民事訴訟新受事件数の推移（簡裁・地裁，実数及び人口 1000 人当たり）
（1948〜2017 年）

そこで，1948 年以降 2017 年までの事件数及び人口 1000 人当たりの事件数を示したのが，図 1 であるが[5]，これをみると，人口当たりの新受事件数は全体としては上昇基調にあること，その中でも，1985 年と 2009 年に顕著なピークが存在することを見て取ることができる．

---

[4] なお，1947 年の消費者物価指数を 5000 とした場合，2004 年のそれは 8 万 9167 であるから，簡裁の事物管轄は，物価の上昇をはるかに上回るペースで増額されたことになろう．
[5] 人口については，総務省統計局発表の「各年 10 月 1 日現在人口」によった．以下においても全て同様である．

(2) 手続別の状況

次に，手続の類型，すなわち，地裁及び簡裁の通常訴訟（人訴を除く），地裁または家裁の人事訴訟，地裁または簡裁の手形・小切手訴訟，簡裁の少額訴訟を区別して人口1000人当たり事件数の推移を示したのが，図2[6]である．

図2 民事訴訟新受事件数の推移（手続類型別，人口1000人当たり）(1948〜2017年)

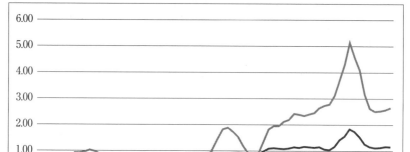

図2をみると，事件数の大きな増減に寄与しているのは，主として簡裁の通常事件であることがみてとれる．これに対して，地裁の通常事件（人訴を除く）は，2009年のピークには寄与しているものの，全体としてはより安定した推移を見せている．また，人事訴訟，手形・小切手訴訟及び少額訴訟は，それ自体としては興味深い動きを示しているものの[7]，その総数が相対的に少ないため，全体の動きに与える影響はごくわずかとみられる．そのため，これらの動向については，ここでは差し当たり捨象して考えてよいであろう．

---

[6] 1949年の人事訴訟新受件数は，最高裁判所事務総局総務局『民事・刑事・家庭事件一覧表（昭和24年1月〜12月）』第26表による．1948年は内訳に関するデータがないため，人事訴訟の新受件数は不明であり，同年の地裁通常事件の数字は，人事訴訟を含むものである．

[7] 具体的には，手形・小切手訴訟の急激な減少，人事訴訟事件の緩やかな長期的増加傾向，少額訴訟事件数の伸び悩み及び直近での減少傾向である．

2　時代区分

1 でみたように，民事訴訟の事件数は，1948 年以後約 70 年間にわたり，全体としては増加基調にあるように見受けられるが，短期的には数度の大きな増減を経ていることから，検討にあたっては，上記期間をさらにいくつかに区分することが有益と思われる．こうした事件数に着目した時代区分としては，ヴォルシュレーガー教授による著名な研究がすでに存在し，1875 年以来 1994 年に至る約 120 年間を 5 つの時期に区分している[8]．そのうち，本稿が対象とする戦後の時期に関する同教授の区分は，①戦争と復興の時期（1938 年～1953 年），②戦後高度経済成長期（1954 年～1973 年），③現在の展開（1974 年～1994 年）というものである．言い換えれば，1953 年と 1954 年の間，1973 年と 1974 年との間にそれぞれ区分を見出すことになる．

これらの区分のうち，前者の区分については，図 1 に示した人口 1000 人当たり事件数でみた場合，1948 年の 0.46 件から 1958 年の 1.76 件に至るまで事件数は増加を続けているが，1954 年に 1.5 件に達した後は伸びが鈍化していることからすると，その頃に事件数が安定期に入ったとの評価は妥当なものであろう．これに対して，1973 年から 1974 年の間の区分については，若干異なる見方も可能なように思われる．すなわち，人口 1000 人当たり事件数は，1973 年の 1.37 件から 1975 年の 1.33 件まで減少した後，1976 年から 1985 年にかけて一貫して増加しているため，増加傾向の起点という意味では，むしろ 1975 年と 1976 年の間が画期となりそうである．他方で，1954 年から 1973 年の間の動向を見ると，事件数は 1.33（1963 年）から 1.80（1968 年）の間という狭い範囲での増減を繰り返すという安定した推移をみせていたのであるが，1976 年に事件数の増加が始まった後，初めてこの範囲を超えたのは 1981 年（1.89）であることからすると，1980 年まではそれまでの傾向の延長線上にあるとする見方も可能なように思われる．こうした見方からすると，戦後の安定期は 1980 年頃まで続いていたとみて，1980 年と 1981 年の間に区分を見出すことも可能であろう[9]．

また，1981 年以後の動向についてみると，前述のように 1985 年のピーク（2.98）に向けて事件が急増した後，1990 年（1.69）まで減少し，その後は

---

(8)　クリスチャン・ヴォルシュレーガー（佐藤岩夫訳）「民事訴訟の比較歴史分析 —— 司法統計からみた日本の法文化(1)」法学雑誌 48 巻 2 号（2001 年）517 頁以下参照．

1998 年（3.76）まで再び増加を続けている[10]．そして，1999 年以降は，過払金事件[11]によるものとみられる 2009 年のピーク（7.24）とそれに伴う急激な増減を除けば，2000 年から 2005 年まで，また，2014 年から 2017 年までの間は，事件数は概ね人口 1000 人当たり 4 件前後で安定して推移しているものといえよう．

　以上のように考えると，戦後，現在に至る期間を，① 1953 年頃まで，② 1954 年頃から 1980 年頃まで，③ 1980 年頃から 1998 年頃まで，④ 1998 年から現在までの 4 つに区分することも考えられるように思われる．以下では，これらを，便宜「第 1 期」から「第 4 期」と呼ぶこととしたい．

3　1980 年から 1998 年に至る時期の重要性

　2 でみたように戦後を 4 つの時期に区分した場合，第 2 期と第 4 期は，それぞれ人口 1000 人当たり事件数が 1.5 件前後，また 4 件前後で推移する安定期と見ることができるのに対し，第 1 期と第 3 期は，事件が大幅に増加した変化の時期と見ることができよう．そして，今日の事件数の水準をどのように位置付けるか，という冒頭で示した問題関心からみると，このうち，とりわけ第 3 期における変化が注目に値することになろう．すなわち，この時期を境として，日本における民事訴訟事件数は，人口 1000 人当たり 1.5 件前後で安定していた状況から，その 2 倍以上である 4 件前後で安定する状況へと移行したことになるからである．

　図 4 のように，事件数を 5 年ごとに示した場合には，このコントラストはいっそう明らかになろう．図中，破線部 A は，第 2 期における事件数の水準

⑼　高橋裕「消費者信用と裁判所利用──経済動向と政策の作用の焦点をあわせて」広中俊雄先生傘寿記念『法の生成と民法の体系』（創文社，2006 年）299 頁も，訴訟及び調停の合計数に関してであるが，概ね同様の見方を示しつつ，事件区分の面では 1978 年頃から変化がみられる，とする．

⑽　奇しくも 1998 年は現行民事訴訟法が施行された年であり，同法は 2018 年で施行 20 年を迎えたこととなる．その間の民事訴訟の審理をめぐる問題状況の評価については，垣内秀介「民事訴訟の審理をめぐる問題状況──現行民訴法施行 20 年を振り返って」論究ジュリ 24 号（2018 年）6 頁以下を参照．

⑾　いわゆる過払金事件の急増が，最二小判平成 18・1・13 民集 60 巻 1 号 1 頁を契機とするものであることは，周知のところであろう．その経緯の簡潔な紹介として，福田・前掲書注⑵ 269-270 頁参照．

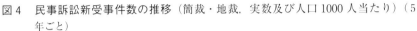

を示したものであるが，それが，第4期，すなわち現在の水準である破線部B に移行したことになる．

図4 民事訴訟新受事件数の推移（簡裁・地裁，実数及び人口1000人当たり）（5年ごと）

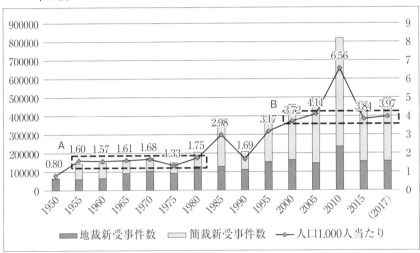

そこで，以下では，この第3期の約20年間に焦点を当て，そこで生じた変化についてみたうえで，直近の第4期における動向についても，若干の検討を行うこととしたい．

なお，訴訟事件数の増加については，法曹人口，とりわけ弁護士人口との関係が問題となり得るが，この第3期における事件数の増加を弁護士人口の増加と関連付けることは，難しいように思われる．

図5は，人口1000人当たり事件数と人口1万人当たり弁護士数を示したものであるが，弁護士数は一貫して増加を続けており，とりわけ2006年頃から急増しているものの，第3期における事件増との関係でいえば，弁護士数はそれに先立つ1950年から1980年までの間，人口1万人当たり0.70人から0.98人に増加したに過ぎないし，その後1998年においても，なお1.29人にとどまっている．もちろん，弁護士数の増加が事件増に一定の影響を与えている可能性は否定できないものの[12]，これを第3期における事件増の主たる要因として考えることは困難であろう．

図 5　民事訴訟新受事件数（人口 1000 人当たり）と弁護士数（人口 1 万人当たり）の推移 （1950〜2017 年）

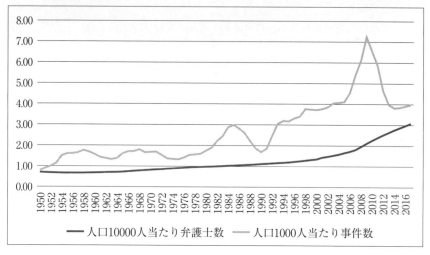

Ⅲ　今日に至る変化の内容

1　1980 年から 1998 年にかけて何が起きたか

Ⅱにおいてみたように，戦後第 3 期，すなわち 1980 年から 1998 年にかけては，1980 年から 1985 年，また 1990 年から 1998 年までという 2 度の事件急増がみられ，結果として第 4 期，すなわち今日に至る事件数の水準が形成されたものとみられる．それでは，この間に，いったいどのようなことが起きたのであろうか．より具体的には，この間，人口当りの訴訟事件数は 2 倍強に増加したのであるが，そうした事件数の増加は，事件の全体について一様に生じたのであろうか，それとも，事件類型や地域による差異がみられるのであろうか．以下では，これらの点につき，司法統計から得られるデータを基礎としつつ，

---

(12) なお，弁護士数と訴訟件数との関係については，馬場教授による興味深い分析があり，弁護士増は弁護士代理の増加につながり，それを通じて間接的に訴訟件数を押し上げる要因の 1 つになる，とする．馬場健一「弁護士増は訴訟増をもたらすか」法社会学 74 号（2011 年）163 頁以下参照．もっとも，同論文における分析は，訴訟事件数がピークに達した 2009 年までのデータを基礎としている点に，留意する必要があろう．

Ⅲ　今日に至る変化の内容

確認することとしたい.

　なお，以下では，必要に応じて地裁と簡裁とを区別して検討するが，全体としては，この間，地裁事件よりも簡裁事件の増加の方がはるかに大きい．すなわち，1980 年には，地裁 12 万 7072 件（人口 1000 人当たり 1.09 件），簡裁 7 万 7729 件（人口 1000 人当たり 0.66 件）であったのに対して，1998 年には，地裁 16 万 457 件（人口 1000 人当たり 1.27 件），簡裁 31 万 5332 件（人口 1000 人当たり 2.49 件）となっており，地裁の事件も増加しているものの，簡裁事件はほぼ 4 倍増となっている[13]．したがって，この間の事件増は，主として簡裁における事件増に由来する部分が大きいといえよう．

　(1) 事 件 構 成

　まず，地裁における事件構成についてみると，表 1 - 1 に示すように，手形訴訟がほぼ一貫して減少しているのに対して，1980 年から 85 年にかけて建物関係事件が，1985 年から 90 年にかけて土地関係事件が，1990 年から 1998 年にかけて金銭関係事件がそれぞれ増えている（その間，土地関係事件は減少）．結果として，1998 年には，1980 年と比較して，金銭及び建物が増加し，手形訴訟が減少したことになる．

　また，増加がみられた金銭関係事件の内訳をみると，表 1 - 2 に示すように，売買代金及び手形金・小切手金の減少が目につくほか，立替金・求償金が 1985 年をピークとしてその後は減少しているが，その他には顕著な傾向は見出されない．

表 1-1　事件構成の変化（地裁）（%）

	人事	金銭	建物	土地	その他	手形訴訟	
1980	4.5	56.0	5.9	10.2	6.4	16.9	100.0
1985	4.9	54.6	12.6	11.9	6.0	10.0	100.0
1990	6.0	53.0	14.7	16.7	5.4	4.3	100.0
1998	4.9	63.4	13.7	9.0	4.2	4.8	100.0

---

[13]　なお，前述のように，この間，1982 年 9 月 1 日から，簡裁の事物管轄の上限額が 30 万円から 90 万円に増額されている点にも留意する必要がある.

12 日本の民事訴訟事件数の現状をどうみるか〔垣内秀介〕

表 1-2　事件構成の変化（地裁・通常事件・金銭）（%）(14)

	売買代金	貸金	立替金・求償金	手形金・小切手金	手形・小切手異議	交通事故損害賠償	その他の損害賠償	その他	
1980	13.1	19.0	—	3.7	4.3	4.9	13.6	41.3	100.
1985	9.2	18.0	19.3	2.8	2.8	6.0	15.4	26.4	100.
1990	5.7	16.0	11.4	1.3	1.2	9.3	18.8	36.1	100.
1998	5.5	18.2	13.2	0.9	1.1	5.7	15.5	39.9	100.

　次に，簡裁においては，表2－1に示すように，金銭関係事件が大幅に伸びており，他の類型は全て減少している．

　また，増加した金銭関係事件の内訳をみると，表2－2に示すように，貸金が増加したほか，立替金・求償金は1985年をピークとしてやや減少したが，依然として重要な比率を占めていること，他方で，売買代金は地裁と同様にほぼ一貫して減少していることがわかる．

表 2-1　事件構成の変化（簡裁）（%）

	金銭	建物	土地	その他	手形訴訟	
1980	83.4	5.5	7.3	1.0	2.8	100.0
1985	93.7	2.1	1.7	0.6	1.9	100.0
1990	92.1	2.9	3.5	0.8	0.7	100.0
1998	97.9	0.9	0.6	0.4	0.3	100.0

表 2-2　事件構成の変化（簡裁・通常事件・金銭）（%）(15)

	売買代金	貸金	立替金・求償金	手形金・小切手金	手形・小切手異議	交通事故損害賠償	その他の損害賠償	その他	
1980	20.9	20.9	–	0.4	0.1	0.5	1.8	55.4	100.
1985	6.6	33.6	49.7	0.2	0.1	0.3	2.1	7.4	100.
1990	6.8	35.8	39.2	0.1	0.0	1.0	5.2	12.0	100.
1998	2.1	45.0	34.5	0.0	0.0	0.6	1.5	16.2	100.

---

(14)　1980年には，「立替金・求償金」の項目がなく，「その他」に含まれているものと推測される．

III　今日に至る変化の内容

　以上をまとめると，1980年から1998年にかけての事件増に伴い，全ての事件が均等に増加したわけではもちろんなく，とりわけ金銭関係事件の伸びが大きいこと，その中では，地裁・簡裁を通じて，売買代金が減少し，立替金・求償金が重要な比率を占めるに至っていること，また，簡裁においては貸金の増加も大きいが，これは地裁には当てはまらないことが確認できよう．

(2) 地域分布

　それでは，地域分布についてはどうであろうか[16]．表3は，都道府県別の地裁簡裁合計新受事件数を上位・下位5都道府県に絞って示したものであるが，上位の5都道府県にはほぼ変化はなく，下位についても，若干の入れ替わりはあるものの，基本的な傾向に変わりはないように見える．

表3　都道府県別新受事件数（地裁簡裁合計）（上位・下位5都道府県）

1980			1985			1990			1998		
全国	204801	%	全国	204801	%	全国	208949	%	全国	475789	%
東京都	33117	16.2	1 東京都	53348	14.8	1 東京都	37549	18.0	1 東京都	87864	18.5
大阪府	22227	10.9	2 大阪府	35689	9.9	2 大阪府	23421	11.2	2 大阪府	46264	9.7
福岡県	13351	6.5	3 北海道	32129	8.9	3 福岡県	13476	6.4	3 福岡県	33623	7.1
北海道	12066	5.9	4 福岡県	25516	7.1	4 北海道	12218	5.8	4 北海道	29683	6.2
愛知県	8774	4.3	5 神奈川	12701	3.5	5 愛知県	9125	4.4	5 愛知県	22520	4.7
3 滋賀県	986	0.5	43 鳥取県	1770	0.5	43 徳島県	1105	0.5	43 鳥取県	1887	0.4
4 鳥取県	984	0.5	44 富山県	1724	0.5	44 鳥取県	1104	0.5	44 徳島県	1846	0.4
5 富山県	954	0.5	45 山梨県	1598	0.4	45 富山県	1084	0.5	45 島根県	1734	0.4
6 福井県	942	0.5	46 滋賀県	1592	0.4	46 福井県	951	0.5	46 富山県	1635	0.3
7 島根県	863	0.4	47 福井県	1247	0.3	47 山梨県	877	0.4	47 福井県	1313	0.3

　これに対して，人口1000人当たり事件数でみてみると，状況は若干異なっ

---

(15)　1980年には，「立替金・求償金」の項目がなく，「その他」に含まれているものと推測される．

(16)　地域別の訴訟事件数の動向及びその要因に関する詳細な分析として，馬場健一「訴訟率の地域差とその規定要因について」法社会学83号（2017年）173頁以下参照．

261

12 日本の民事訴訟事件数の現状をどうみるか〔垣内秀介〕

てくる．表4に示すように，1985年にかけての増加局面では，北海道を別とすれば，九州の各県が上位に並んでおり，東京や大阪をしのぐ事件数であるのに対し，1990年以降は，東京が一位を維持し，どちらかといえば東京，大阪のような大都市圏での事件増が目立つように思われる．

もっとも，表5に示すように，前期比の増減率でみた場合には，東京，大阪は必ずしも上位5位までには入っていない．むしろ，ここで特徴的であるのは，1985年にかけての増加局面で増加率の大きかった5県のうち，3県（佐賀，長崎，北海道）は1990年にかけての減少局面で最も減少率が大きかった5県に含まれており，これらの県ではこの間の増減の影響を顕著に受けていることである．他方で，1998年にかけての増加局面では，増加率の上位5県は1985年とはいずれも異なっており[17]，このことは，この2つの増加局面における増加の要因に差異がある可能性を窺わせるように思われる．

表4　都道府県別新受事件数（地裁簡裁合計，人口1000人当たり）
（上位・下位5都道府県）

1980	1985	1990	1998
全国　1.75	全国　2.98	全国　1.69	全国　3.76
1　高知県　3.86	1　宮崎県　7.62	1　東京都　3.17	1　東京都　7.36
2　宮崎県　2.96	2　北海道　5.66	2　福岡県　2.80	2　福岡県　6.74
3　福岡県　2.93	3　鹿児島　5.45	3　鹿児島　2.72	3　大阪府　5.25
4　東京都　2.85	4　福岡県　5.41	4　大阪府　2.68	4　北海道　5.21
5　大阪府　2.62	5　熊本県　4.64	5　宮崎県　2.56	5　愛媛県　4.95
43　群馬県　0.96	43　三重県　1.42	43　栃木県　0.90	43　山形県　1.83
44　滋賀県　0.91	44　岐阜県　1.42	44　岐阜県　0.86	44　岐阜県　1.80
45　千葉県　0.88	45　静岡県　1.40	45　茨城県　0.86	45　三重県　1.78
46　富山県　0.86	46　滋賀県　1.38	46　三重県　0.81	46　福井県　1.59
47　埼玉県　0.83	47　埼玉県　1.35	47　埼玉県　0.81	47　富山県　1.45

---

(17)　ちなみに，この局面では，東京は2.32倍と全国平均（2.23倍）を上回る増加となっているものの，大阪は1.96倍と全国平均を下回る増加にとどまっている．

Ⅲ　今日に至る変化の内容

表5　都道府県別増減率（地裁簡裁合計，対前期比）（上位・下位5都道府県）

1985			1990			1998		
	事件数	対80年比		事件数	対85年比		事件数	対90年比
全国	2.98	1.70	全国	1.69	0.57	全国	3.76	2.23
1　佐賀県	3.76	2.89	1　香川県	1.82	0.92	1　愛媛県	4.95	3.17
2　鹿児島	5.45	2.75	2　群馬県	1.20	0.78	2　茨城県	2.59	3.02
3　長崎県	4.08	2.70	3　沖縄県	1.93	0.76	3　福島県	3.40	3.00
4　島根県	2.90	2.63	4　福井県	1.15	0.76	4　広島県	4.44	2.98
5　北海道	5.66	2.61	5　滋賀県	1.01	0.73	5　岡山県	4.44	2.82
43　香川県	1.98	1.23	43　山形県	1.15	0.45	43　山形県	1.83	1.59
44　新潟県	1.76	1.21	44　北海道	2.16	0.38	44　高知県	2.92	1.51
45　岐阜県	1.42	1.18	45　長崎県	1.56	0.38	45　富山県	1.45	1.50
46　福島県	2.49	1.17	46　佐賀県	1.29	0.34	46　福井県	1.59	1.37
47　高知県	4.01	1.04	47　宮崎県	2.56	0.34	47　島根県	2.27	1.33

　こうした変動の結果として，1980年を起点とした場合には，表6に示すように，千葉，長崎，沖縄，石川，群馬といった諸県で最も事件数の増加が大きく，逆に高知では唯一事件が減少することとなった．ここでは，増加率の上位に関東地方の県が複数みられることが特徴といえよう[18]．

表6　都道府県別増減率（地裁簡裁合計，対1980年比）（上位・下位5都道府県）

1985		1990		1998	
事件数	対80年比	事件数	対80年比	事件数	対80年比
全国　2.98	1.70	全国　1.69	0.97	全国　3.76	2.15

⒅　関東地方の各県に着目した場合，1998年の事件数の対1980年比に関しては，上位5位以内に入る千葉，群馬に加え，埼玉（7位，2.59倍），東京（9位，2.58倍），神奈川（10位，2.45倍），茨城（13位，2.32倍）と，いずれも全国平均（2.15倍）を超える増加率となっていることが注目される．もっとも，栃木県については，40位（1.62倍）と，下位の増加率にとどまっている．

12 日本の民事訴訟事件数の現状をどうみるか〔垣内秀介〕

1	佐賀県	3.76	2.89	1	島根県	1.70	1.55	1	千葉県	2.66	3.03
2	鹿児島	5.45	2.75	2	沖縄県	1.93	1.44	2	長崎県	4.04	2.68
3	長崎県	4.08	2.70	3	鹿児島	2.72	1.37	3	沖縄県	3.57	2.66
4	島根県	2.90	2.63	4	群馬県	1.20	1.25	4	石川県	3.50	2.66
5	北海道	5.66	2.61	5	熊本県	2.34	1.15	5	群馬県	2.53	2.63
43	香川県	1.98	1.23	43	広島県	1.49	0.71	43	新潟県	2.14	1.47
44	新潟県	1.76	1.21	44	岐阜県	0.86	0.71	44	徳島県	2.23	1.35
45	岐阜県	1.42	1.18	45	新潟県	0.95	0.65	45	秋田県	2.56	1.34
46	福島県	2.49	1.17	46	福島県	1.13	0.53	46	福井県	1.59	1.34
47	高知県	4.01	1.04	47	高知県	1.93	0.50	47	高知県	2.92	0.76

　以上をまとめると，民事訴訟事件数にはもともとかなりの地域差が存在し，それは人口分布の地域差に由来する部分もあるものと考えられるが[19]，それ以上に一部の都道府県に偏っているといえる[20]．そして，そうした状況そのものにはこの期間を通じて基本的な変化はないものとみられるが，1985年にかけての増加局面と1998年にかけての増加局面とでは，増加率の高い都道府県が異なっており，結果として，1980年の時点で人口当り事件数が1位，2位であった高知，宮崎といった県が，上位5位以内から脱落するといった変化が生じているといえる[21]．その変化の内容を要約することは困難であるが，東京が人口比事件数で1位に定着したこと，関東各県で比較的高い増加率がみられることなどが注目されよう．

[19]　各年の都道府県別の人口と訴訟事件数との相関を見た場合，いずれの年についても両者の間には有意な相関がみられ，相関係数は，それぞれ0.900（1980年），0.864（1985年），0.881（1990年），0.881（1998年），0.807（2017年）であった（いずれも p = .000）.

[20]　そうした偏りの一部は，各都道府県の経済規模に起因する可能性があるものと考えられる．実際，各年の都道府県別の県内総生産と訴訟事件数との相関を見た場合，いずれの年についても両者の間には有意な相関がみられ，相関係数は，それぞれ0.948（1980年），0.884（1985年），0.944（1990年），0.951（1998年），0.952（2017年）であった（いずれも p = .000）（ただし，2017年の県内総生産は未公表であるため，この年のみ2015年の県内総生産との相関）．いずれの年についても，人口の場合よりも相関係数が大きな値になっていることが注目される．

Ⅲ　今日に至る変化の内容

2　1998 年から 2017 年にかけての変化

　1 でみたように，1980 年から 1998 年にかけては事件数が大幅に増加し，その内訳や地域分布にも一定の変化がみられたが，その後の第 4 期，1998 年以降は，全体としての事件数は，過払金事件の動向を除けば安定しているように見える．しかし，ここでも，総数としては安定しているとしても，その内訳等については変化が生じている可能性もあろう．そこで，以下では，この期間について，1 でみたのと同様の観点から，変化の有無を確認することとしたい．

　なお，この期間においては，地裁の人口 1000 人当たり事件数は 1.27 から 1.24 に，簡裁は 2.49 から 2.73 になっている．したがって，地裁が微減しているのに対して簡裁はやや増加し，簡裁事件の比率が若干大きくなっているが，第 3 期におけるほどには両者の比率に変化はない．

(1) 事 件 構 成

　まず，地裁における事件構成についてみると，表 7 - 1 に示すように，土地関係と手形訴訟が減少し，金銭，その他などが若干増加している．また，金銭関係事件の内訳をみると，表 7 - 2 に示すように，売買代金，貸金，立替金等はいずれも減少し，交通事故損害賠償，その他損害賠償，その他が増加していることが分かる．

表 7-1　事件構成の変化（地裁）（%）

	人事	金銭	建物	土地	その他	手形訴訟	
1998	4.9	63.4	13.7	9.0	4.2	4.8	100.0
2017	6.3	66.8	15.5	4.7	6.7	0.1	100.0

表 7-2　事件構成の変化（地裁・通常事件・金銭）（%）

	売買代金	貸金	立替金・求償金	手形金・小切手金	手形・小切手異議	交通事故損害賠償	その他の損害賠償	その他	
1998	5.5	18.2	13.2	0.9	1.1	5.7	15.5	39.9	100.0
2017	1.1	4.7	2.0	1.1	1.1	10.9	22.0	57.1	100.0

⑵　もっとも，1998 年には，高知県は 25 位（人口 1000 人当たり 2.92 件）とかなり順位を下げているものの，宮崎県はなお 6 位（人口 1000 人当たり 4.95 件）で，全国平均(3.76)を上回っている．

12 日本の民事訴訟事件数の現状をどうみるか〔垣内秀介〕

次に，簡裁においては，表8－1に示すように，金銭関係がほとんどを占める，という状況は，1998年以来変わっていない．もっとも，その内訳には変化がみられる．すなわち，表8－2に示すように，貸金，賃金，立替金等が減少し，交通事故損害賠償，その他が増加している．これは，基本的には地裁と同様の傾向といえよう．

表8-1　事件構成の変化（簡裁）（％）

	金銭	建物	土地	その他	手形訴訟	
1998	97.9	0.9	0.6	0.4	0.3	100.0
2017	97.4	1.2	0.6	0.8	0.0	100.0

表8-2　事件構成の変化（簡裁・通常事件・金銭）（％）[22]

	売買代金	貸金	立替金・求償金	手形金・小切手金	手形・小切手異議	交通事故損害賠償	その他の損害賠償	その他	
1998	2.1	45.0	34.5	0.0	0.0	0.6	1.5	16.2	100.
2017	1.1	28.0	19.4	－	－	6.8	1.6	43.1	100.

以上をまとめると，1998年以降は，事件の総数には大きな変化がないものの，その内訳にはやはり変化がみられるものといえる．すなわち，まず，地裁においては金銭関係事件が若干増加しているほか，地裁簡裁を通じて，金銭の内訳として，貸金等の典型的な事案が減り，交通事故損害賠償[23]や金銭のその他事件が増加していることが窺われる．

(2) 地 域 分 布

次に，地域分布についてみると，表9に示すように，事件数そのものは，上位，下位ともに順位に変化がみられないが，東京，大阪の比率が増大しており，とりわけ東京への一極集中が進んでいることがみてとれる．また，人口比でみても，表10に示すように，東京が突出しており，全国平均の3.97件を上回る

---

[22]　2017年については，手形金・小切手金及び手形・小切手異議の数字は示されていないが，ごく少数と推測される．

[23]　交通事故損害賠償事件の増加に関しては，損害保険における弁護士特約の普及が背景にあることが疑われよう．

Ⅲ　今日に至る変化の内容

のは，今や東京，大阪，福岡のみとなっている．

表9　都道府県別新受事件数（地裁簡裁合計）（上位・下位5都道府県）

1998			2017		
全国	475789	%	全国	503315	%
1 東京都	87864	18.5	1 東京都	176759	35.1
2 大阪府	46264	9.7	2 大阪府	62881	12.5
3 福岡県	33623	7.1	3 福岡県	33259	6.6
4 北海道	29683	6.2	4 北海道	17275	3.4
5 愛知県	22520	4.7	5 愛知県	20574	4.1
43 鳥取県	1887	0.4	43 鳥取県	1462	0.3
44 徳島県	1846	0.4	44 徳島県	1315	0.3
45 島根県	1734	0.4	45 島根県	925	0.2
46 富山県	1635	0.3	46 富山県	1554	0.3
47 福井県	1313	0.3	47 福井県	1559	0.3

表10　都道府県別新受事件数（地裁簡裁合計，人口1000人当たり）（上位・下位5都道府県）

1998		2017	
全国	3.76	全国	3.97
1 東京都	7.36	1 東京都	12.88
2 福岡県	6.74	2 大阪府	7.13
3 大阪府	5.25	3 福岡県	6.51
4 北海道	5.21	4 京都府	3.58
5 愛媛県	4.95	5 岡山県	3.47
43 山形県	1.83	43 秋田県	1.46
44 岐阜県	1.80	44 島根県	1.35
45 三重県	1.78	45 山形県	1.32

12 日本の民事訴訟事件数の現状をどうみるか〔垣内秀介〕

| 46 福井県 1.59 | 46 新潟県 1.30 |
| 47 富山県 1.45 | 47 岩手県 1.22 |

　また，対 1998 年比での増減をみた場合，表 11 に示すように，全国平均では
1.06 倍と微増となっているが，人口比事件数が増加したのは上位 8 県（表 11
記載の上位 5 県に加え，三重，埼玉，富山）のみであり，他の 39 の県では，いず
れも事件数が減少しており，表中の下位 5 県のように半減を超える減少を示す
県もみられる．

　さらに，表 12 に示すように，対 1980 年比でみても，東京を中心とする関東
諸県の伸びが目立つ一方[24]，全国平均では人口当り事件数は同年比 2.27 倍に
増加しているにもかかわらず，下位 7 県（表 12 記載の下位 5 県に加え，福島，
青森）ではむしろ事件数が減少している．

表 11　都道府県別新受事件数の対 1998 年比増減率（地裁簡裁合計，人口 1000 人当
　　　たり）（上位・下位 5 都道府県）

	2017	
	人口 1000 人 当たり	対 1998 年比
全国	3.97	1.06
1　栃木県	3.41	1.81
2　東京都	12.88	1.75
3　静岡県	2.96	1.51
4　大阪府	7.13	1.36
5　福井県	2.00	1.26
43　山口県	1.75	0.47
44　熊本県	2.21	0.47

[24]　上位 5 位に含まれる東京，栃木，埼玉のほか，千葉（6 位，2.56 倍），群馬（9 位，
　2.19 倍），茨城（16 位，1.84 倍）となっている．もっとも，これらのうち，群馬と茨
　城は，全国平均（2.27 倍）を下回る増加率にとどまっている．

45 宮崎県	2.22	0.45
46 愛媛県	2.18	0.44
47 青森県	1.46	0.43

表 12　都道府県別新受事件数の対 1980 年比増減率（地裁簡裁合計，人口 1000 人当
たり）（上位・下位 5 都道府県）

	2017	
	人口 1000 人 当たり	対 1980 年比
全国	3.97	2.27
1　東京都	12.88	4.52
2　静岡県	2.96	3.07
3　栃木県	3.41	2.93
4　大阪府	7.13	2.72
5　埼玉県	2.19	2.62
43　山口県	1.75	0.95
44　新潟県	1.30	0.90
45　秋田県	1.46	0.76
46　宮崎県	2.22	0.75
47　高知県	1.97	0.51

　以上をまとめると，1998 年と 2017 年の間では，事件の総数は大きく変わっ
ていないが，その内訳にはかなりの変化がみられるものといえる．具体的には，
まず，金銭請求事件，とりわけ，交通事故損害賠償及び金銭のその他事件の増
加がみられる．また，地域分布の面では，1998 年にその兆しがみられた大都
市圏への集中の傾向が，東京への一極集中という形でさらに強まっているとい
える．

IV 民事訴訟以外の事件の動向

1 民事・家事調停

以上でみたように，民事訴訟の事件数は1980年から1998年にかけて増加し，その後，内訳等には変化があるにせよ，総数としては安定した推移となっているが，こうした状況をどのように評価すべきかを考えるにあたっては，訴訟以外の裁判上の手続に目を向けることも有益と思われる.

そこでまず，民事及び家事調停の新受事件数の動向を見ると，図6に示すように，家事調停は長期的には増加傾向を見せているのに対して，民事調停は逆に減少傾向にあることが目につく. とりわけ興味深いのは，1980年から1985年にかけて，また1990年以降の事件増については，訴訟と概ね同様の動きがみられたのに対して[25]，2011年以降は減少を続けており，訴訟事件数が下げ止まった2014年以降も減少が止まっていないことである[26]. これは，第4期に入った後，訴訟事件数及び民事調停事件数の関係が以前とは変化した可能性を窺わせるようにも思われる.

2 督 促 事 件

また，簡易な債権回収手続としての機能を有する督促手続についても，図7に示すように，1955年から1975年頃までの安定，また，1980年頃から1985年頃にかけての急増は訴訟件数と類似するが，訴訟件数が2000年以後高い水準を維持しているのとは対照的に，その後は減少傾向にある. 直近の2015年以降は若干の増加傾向がみられるが，2017年の新受事件数は29万6159件（人口1000人当たり2.34件）で，1998年の61万4642件（人口1000人当たり4.86件）の半分以下（48%）の水準になおとどまっている.

---

[25] 1995年から2000年にかけては事件が減少しているが，これは，2000年に特定調停の制度が導入され，従来民事調停で扱ってきた事件の一部が特定調停に流入したことによるものとみられる. なお，特定調停は，2003年に事件数のピーク（53万7071件. 人口1000人当たり4.2件）を迎えた後は減少し，2017年には3394件（人口1000人当たり0.03件）にとどまっている.

[26] 直近の2017年では，3万2545件（人口1000人当たり0.26件）であった（内，簡裁2万9336件，地裁3205件，高裁4件）.

IV 民事訴訟以外の事件の動向

これも，民事調停の場合と同様，訴訟事件数の増減のメカニズムと督促事件の増減のメカニズムとの関係が，近年になって変化したことを示す可能性があろう．

図6　民事・家事調停の5年ごとの新受事件数及び人口1000人当たり新受事件数の推移[27]

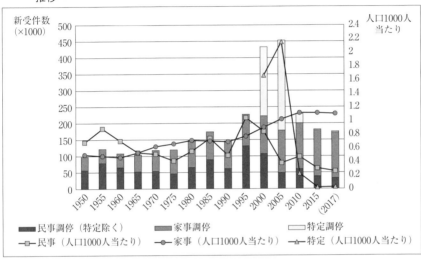

図7　督促事件の5年ごとの新受事件数及び人口1000人当たり新受事件数の推移

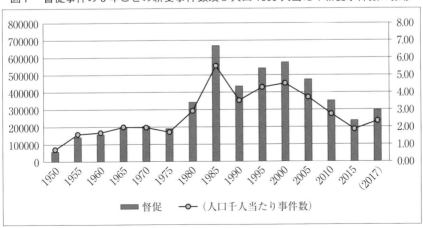

271

V　暫定的な結論

　以上の検討をまとめると，今日の民事訴訟事件数をどう見るか，という冒頭に掲げた問題意識との関係では，差し当たりの仮説として次のようなことを述べることができるように思われる.

　すなわち，まず，戦後から今日までのスパンで考えた場合，現在の民事訴訟件数は高い水準を維持しており，国民の民事訴訟離れとか，民事訴訟という紛争解決手段の必要性の低下といった評価は，少なくとも全体としては，必ずしも当たっていないように思われる．Ⅱでみたように，現在の民事訴訟事件数は，戦後第2期と比較して2倍以上の水準で安定しているように見受けられるし，弁護士人口の増加にもかかわらず，本人訴訟が顕著に減少したという事実は認められないことからすると[28]，弁護士増によって訴訟への需要が人為的に創出されているにすぎない，ともいいにくいと思われるからである[29].

　また，Ⅳでみたように，民事調停などの他の紛争解決手段との比較においては，民事訴訟は相対的にはむしろより使われるようになってきているとの評価も可能であると思われる．他方で，裁判所外の紛争解決手段に目を向けても，例えば，ADR法が施行されて10年あまりが経過したが，認証紛争解決手続は多数生まれたものの，事件数という点では伸びておらず[30]，弁護士会系のADRセンターなどの非認証機関を含めても，ADRに持ち込まれる事件数が

---

[27]　民事調停の新受事件数は，簡裁，地裁，高裁の合計であり，2000年以降は特定調停を除いたものである.

[28]　1998年には，地裁の既済事件中，双方弁護士40.9%，原告のみ34.7%，被告のみ3.6%であり，双方本人訴訟は20.8%であったが，2016年には，その比率は，それぞれ46.5%，31.2%，3.1%，19.2%であり，双方に弁護士代理人の付いている事件の割合はやや増加しているものの（もっとも，より長期的に見れば，1970年代の前半や1990年には双方弁護士訴訟が50%を超えていたのであり，このことが弁護士人口増加の帰結といえるかどうかは定かでない），双方本人訴訟の比率はほとんど減少していない.
　もっとも，簡裁の通常訴訟事件においては，1998年には，双方弁護士1.3%，原告のみ3.1%，被告のみ5.2%，残りの90.5%が双方本人訴訟であったのに対し，2016年には，それぞれ5.7%，8.5%，5.9%と増加している（なお，2016年については，このほか司法書士が原告または被告に付いた事件が8.8%ある）.

[29]　ただし，前述のように，交通事故損害賠償事件の増加に関しては，弁護士特約の影響が考えられよう.

V 暫定的な結論

増えているという状況にはない．このように考えると，現在の日本社会におい
て民事訴訟制度の果たすべき役割は，減少してはおらず，むしろ増大している
面がある，という見方もあり得よう．

他方で，Ⅲでみたように，事件の内訳をみると，金銭請求事件が増えるとと
もに，その中でも，売買代金請求や貸金，立替金等請求といったどちらかとい
えば定型性の高いものは減少し，交通事故をはじめとする損害賠償請求事件や，
定型性の乏しい「その他」事件が増えていることが窺われる．このことからす
ると，すでに迅速化報告書などでも指摘されているように[31]，事件数は同様で
あっても，処理の難しい事件が増えてきている可能性もあり，その意味では，
紛争処理システム全体の中での訴訟に対する負荷が増大している，という見方
もできるように思われる．

以上に対して，これもⅢでみたように，地域分布という観点からすると，東
京など，大都市圏を中心とした一部の都道府県において事件数が増加している
のと対照的に，全国的には事件数が減少している府県が多い．このことからす
れば，地方に目を向けた場合，事件数が減少している府県において民事訴訟離
れというべき現象が生じている可能性については，なお検証の必要があるよう
に思われる．

本稿における検討は，いずれもごく初歩的かつ不十分なものにとどまり，変
化の要因をめぐる先行研究等[32]をも踏まえたさらなる検討は，他日に委ねざる
を得ない．これまで多くの学恩を賜ってきた村山先生の古稀をお祝いするに当

---

(30) 認証 ADR 事業者全体の受理件数は，2011 年の 1347 件をピークに，現在は 1000 件
   強で推移している．かいけつサポートのウェブサイト（http://www.moj.go.jp/KAN-
   BOU/ADR/images/kensu.pdf）を参照．

(31) 『裁判の迅速化に係る検証に関する報告書（第 7 回）』（http://www.courts.go.jp/ab-
   out/siryo/hokoku_07_hokokusyo/index.html）は，貸金や登記関係などの典型的な事
   件が減少し，知見の蓄積のない非典型的な事件や，専門的知見を要する事件，感情的対
   立の激しい事件など，難度の高い事件が増加する傾向にあることを指摘する（67 頁，
   71 頁）．

(32) とりわけ，本稿で扱った期間のうち，1980 年から 1985 年にかけての事件増とその後
   1990 年にかけての急減をめぐっては，高橋・前掲論文注(1)に，消費者信用の動向と結
   びつけた形での説得力に富む分析がみられる．その意味では，1990 年以降の動向をど
   のように理解するか，ということが，今後の差し当たりの検討課題となるように思われ
   る．

12 日本の民事訴訟事件数の現状をどうみるか〔垣内秀介〕

たって，こうした文字通りの拙稿を提出せざるを得ないことは慚愧に堪えないが，筆者の心よりのお祝いの気持のみでも受け取って頂ければ，誠に幸いである.

13 高齢者をめぐるトラブルと対応行動[1]
── 先行研究の知見と課題

佐 藤 岩 夫

I は じ め に

　人びとは日常生活においてさまざまなトラブルに遭遇する可能性がある．そして，それらのトラブルを解決するために法的な専門機関・専門家の助言や支援，解決手段の利用が効果的である場合がある．しかし，すべての人びとがそのような法的な助言や支援，解決手段を利用できるわけではない．ある人びとは，自らが抱えるトラブルの解決のために法的な助言や支援，解決手段の利用に成功し，ある人びとはそれに失敗・挫折する．では人びとは日常生活においてどのようなトラブルに遭遇し，また，どのような場合に法的な助言や支援，解決手段の利用に成功または失敗・挫折するのであろうか．人びとが経験するトラブルの特性や，その解決のための法的な助言や支援，解決手段の利用の成功・失敗の系統的な原因を探り，その結果に基づき，社会の人びとが必要とする法的な助言や支援，解決手段を提供するシステムの構築を目指す研究は，法の経験的社会科学研究の重要な分野の一つである．

　この分野は，長い研究の蓄積をもつが[2]，とくに 1990 年代後半以降，世界的に，実証的研究の重要な発展が見られた．すなわち，まず英国において，1990 年代後半に，人びとの日常生活上のトラブル経験に関する野心的かつ大規模なサーベイ調査が実施され（Paths to Justice 調査．Genn et al. 1999; Genn and

---

(1)　本稿は，2017 年度日本法社会学会学術大会ミニシンポジウム「超高齢社会の法社会学研究の課題」における発表内容に大幅に加筆したものである．一部，佐藤（2017c）の内容と重複する．

(2)　先行研究の概観として，Macdonald（2010），樫村（2010）参照．

『法の経験的社会科学の確立に向けて』村山眞維先生古稀記念〔信山社，2019年 3 月〕

13 高齢者をめぐるトラブルと対応行動〔佐藤岩夫〕

Paterson 2001）[3]，それに触発されて，その後，オーストラリア，カナダ，オランダ，ニュージーランド等世界各国で同種の調査が実施されることになった[4]．この動きに呼応して，日本においても，2005 年から 2006 年の時期に，村山眞維教授を代表者とする，人びとの法意識，トラブル経験およびそれへの対応行動等に関する大規模な調査研究プロジェクトが実施され（「法化社会における紛争処理と民事司法」プロジェクト．略称は「民事紛争全国調査」．以下，この略称にて引用），村山他編（2010）を初めとする多くの重要な成果を収めた．そして，この村山教授らの調査研究プロジェクトから 10 年を経て，現在，筆者を含む全国の法社会学研究者の共同研究グループは，そのフォローアップを目的する調査研究プロジェクトを実施中である（「超高齢社会における紛争経験と司法政策」プロジェクト．以下「本プロジェクト」という）．本プロジェクトは，2016 年度から 5 年間の計画で，日常生活における人びとのトラブル経験およびそれへの対応行動を社会調査（質問紙調査およびインタビュー調査）の方法を用いて実証的に解明することをめざしている[5]．

　村山教授らのプロジェクトが調査を行った 2000 年代半ば以降現在に至る 10

⑶　英国においては，その後も継続調査として，English and Welsh Civil and Social Justice Survey（CSJS）（2001 年，2004 年，2006-2009 年），English and Welsh Civil and Social Justice Panel Survey（CSJPS）（2010-2012 年）が実施された．

⑷　諸外国における調査研究の概観として，Pleasance et al.（2013），橋場（2015）参照．

⑸　本プロジェクトは，科学研究費補助金基盤研究（S）（2016 年度〜2020 年度，研究代表：佐藤岩夫，課題番号：16H06321）の助成を受けて実施している．本プロジェクトは 3 つの調査から構成されている．第 1 に，無作為抽出した全国の市民を対象に実施するトラブル経験およびそれへの対応行動の質問紙調査（紛争経験調査）であり，2017 年 11 月〜12 月に，全国の 20 歳以上の 12,000 人を対象に調査を実施した（回収数 4,732 人，回収率 39.4%）．第 2 に，全国の地方裁判所の既済事件の中から無作為抽出した事件の当事者および代理人弁護士を対象に実施する訴訟利用経験の質問紙調査（訴訟利用調査）であり，2017 年夏までに裁判所記録調査を実施し，2018 年 1 月〜2 月に，当事者 1,852 人，代理人 2,155 人を対象に調査を実施した（回収数・回収率は，当事者調査が 464 人，25.1%，代理人調査が 285 人，13.2%）．第 3 は，上記の紛争経験調査および訴訟利用調査の回答者のうちの応諾者を対象として実施するインデプス・インタビュー調査（面接調査）であり，2018 年度後半に実施予定である．本プロジェクトは，全体として，量的調査と質的調査のそれぞれの強みを活かして多面的にデータを収集・分析し，それらの知見を総合する「混合研究法（mixed methods research）」（Tashakkori and Creswell 2007）のアプローチを採用している．プロジェクトの詳細は以下を参照．http://web.iss.u-tokyo.ac.jp/cjrp/

I　はじめに

年は，日本の社会・経済が大きく変化するとともに，司法制度改革の結果である法曹人口の大幅な増大，総合法律支援制度や民事訴訟の迅速化，労働審判制度など各種制度改革の運用が本格化した時期でもある．それらの社会・経済の変化や制度改革の影響を考慮しつつ，人びとのトラブル経験およびそれへの対応行動がこの10年間でどのように変化し，あるいは変化していないかをフォローアップすることが本プロジェクトの重要な目的である．今後は，社会学分野における「社会階層と社会移動全国調査（SSM調査）」におけるように10年ごとの継続調査として定着し，そのデータが法社会学研究の重要な研究資源となることも期待している．

ところで，本プロジェクトは，先行調査のフォローアップと並んで，もう一つ重要な目的を持つ．それは，「超高齢社会」を迎えた現代の日本社会において，人びとが日常生活のなかでどのようなトラブルを経験し，それにどのように対応しているのか（あるいはできていないのか）を明らかにし，それを通じて，今後ますます高齢化が進行すると予測される日本において，高齢者およびその家族に対する効果的な法的支援のあり方を考えるための政策的示唆を得ることである．

日本社会の急速な高齢化とそれに伴う課題の出現は，多くの分野で研究者の関心を刺激し，大規模な社会調査も実施されているが[6]，法的視角から見れば，高齢化の進行は，高齢者をめぐるトラブル[7]の増大と，それらのトラブルに遭遇した高齢者および家族をいかに支援できるかの課題として登場する．高齢化の進行とともに，たとえば，高齢者の介護，医療，住宅，財産管理，成年後見，消費者取引，虐待等さまざまな分野でのトラブルが発生し，そしてそれは今後ますます増加していくことが予想される．樋口（2015：211）が指摘するように，「ほとんどの高齢者問題は法律問題でもある」．そして，それらのトラブルに直面したとき，高齢者や家族は困惑し，助言や支援を得たいと思うこともあるであろう．高齢者の人間としての尊厳を損なうことなく，高齢者をめぐる種々の

⑹　たとえば，「社会階層と社会移動全国調査（SSM調査）」の2015年調査は，「他国に類をみない急速な少子高齢化で代表される人口構造の変容に着目して，日本の社会階層の変化と実態を明らかにすること」を主な目的に掲げている（保田編2018「刊行のことば」）．

⑺　本稿において「高齢者をめぐるトラブル」という場合，高齢者自身が遭遇するトラブルのほか，高齢者に関して家族等が遭遇するトラブルの両者をさす．

トラブルに適切に対応し，その適切な解決を実現するための法的支援の仕組み
を整えることは，超高齢社会における司法政策の重要な課題の一つである.

しかし，日本では，高齢者が直面する法的課題を扱う「高齢者法」の発展は
諸外国に比べて立ち後れており[8]，また，法の経験的社会科学研究の課題とし
ても，高齢者をめぐるトラブルの量的増加および質的変化の実態についてはい
まだ未解明の点が多い[9]．日本社会の高齢化が一層亢進しつつある現在，高齢
化が人びとのトラブル経験や対応行動にもたらす影響についての信頼できる実
証的知見の獲得が求められている．この要請に応えることが本プロジェクトの
もう一つの重要な目的である.

本稿は，本プロジェクトが掲げる上記の二つの目的のうち，とくに後者の点
に焦点を合わせて，超高齢社会を迎えた日本社会の現状およびそれへの政策対
応を確認したうえで，これまでの内外の先行研究の知見と今後の向けた課題を
整理するものである.

Ⅱ　超高齢社会の到来と政策対応

1　日本社会の超高齢社会化：高齢者の増加，孤立化，リスクの増大

周知のように日本では，人口の高齢化が急速に進行している．高齢化率（人
口に占める 65 歳以上の割合）は 2016 年に 27.3％に達し「超高齢社会」に突入
した．高齢化の進行は，今後も急速に進む予測であり，2025 年には 30.0％を
超え，2035 年には 32.8％に達し，人口の 3 人に一人が 65 歳以上となると推計
されている[10]．加えて，高齢化のスピードが他に例を見ないほど早いのも日本
の特徴であり，日本は「高齢化最先進国」（東京大学高齢社会総合研究機構編
2017：14）である.

これに伴い，今後の日本社会の趨勢として，さらに以下の点が指摘される[11].

---

(8)　諸外国では「高齢者法（Elder Law）」と呼ばれる独立の法分野がすでに確立してい
　　　るが（米国の状況について山口 2017b），日本では，岩村編（2008），樋口（2015），川島・
　　　関（2017）などによりようやく緒に着いた段階である.
(9)　数少ない貴重な経験的研究として，山口絢の研究（山口 2014, 2015, 2017a, Yama-
　　　guchi 2018），日本弁護士連合会編（2018）参照.
(10)　国立社会保障・人口問題研究所『日本の将来推計人口（平成 29 年推計）』出生中位（死
　　　亡中位）推計.

II 超高齢社会の到来と政策対応

　すなわち，第1に，高齢者の高齢化である．単に高齢者人口が増加するだけで
なく，高齢の高齢者，すなわち「後期高齢者」が急増することが見込まれる．
それに伴い，要介護高齢者（要支援1〜要介護5）も2015年の686万8,000人
（65歳以上人口に占める要介護者の比率：20.2%）から，2035年には1,072万
1,000人（28.7%）へと増加する見込みであり，認知症の高齢者が増加するこ
とも予想される[12]．

　第2に，高齢者の孤立化も進んでいる．高齢者世帯に占める独居高齢者の比
率は2015年の31.8%から2030年には36.2%に達する見込みである．全世帯
で見れば14%（7世帯に1世帯）が高齢単身世帯である．高齢夫婦のみ世帯も
約3割の水準であり，高齢者世帯の約7割が，子どもほかとの同居のない世帯
となる．

　第3に，日本社会は今後，高齢者で亡くなる人が増える「高齢者多死社会」
を迎える．終末期の療養・介護，葬儀や墓，認知症との関係を含めた相続や後
見，尊厳ある最後の迎え方の問題などが社会的に重要な問題となる．

　第4に，高齢者を支える社会的資源の希少化である．社会の高齢化は，高齢
者を取り巻く課題の増加とともに，高齢者を支える社会的資源の減少をももた
らす．地方では人口の減少，過疎化がますます進行し，限界集落という現象も
見られる．都市部でも今後急速な高齢化が見込まれ，高齢者の生活を支えるコ
ミュニティや地元自治体の機能も，手を拱いて放置すれば縮小を余儀なくされ
る．

　他方，第5に，高齢者市場は拡大している．高齢者の増加は，高齢者向けの
商品やサービスの需要を拡大し，それを提供する産業界にとってのビジネス
チャンスである．しかし同時に，詐欺的商法等高齢者の被害のリスクの増大が
危惧される[13]．

---

[11]　以下は，主として東京大学高齢社会総合研究機構編（2017：21-28）の整理による．

[12]　『平成29年版高齢社会白書』によれば，2012年は認知症高齢者数462万人と，65歳
　　　以上の高齢者の約7人に1人（有病率15.0%）であったが，2025年には約700万人，65
　　　歳以上の高齢者の約5人に1人に達すると推計されている（内閣府2017：第1章第2
　　　節3(1)イ）．

13 高齢者をめぐるトラブルと対応行動〔佐藤岩夫〕

表1 高齢者をめぐる制度・政策の展開

1995年11月	高齢社会対策基本法（1995年12月16日施行）
1997年12月	介護保険法（2000年4月1日施行）
1999年12月	民法の一部を改正する法律．成年後見制度創設．（2000年4月1日施行）
2000年5月	社会福祉法（社会福祉事業法全面改正に伴い法律の名称も変更）（2000年6月7日施行）
2001年4月	高齢者の居住の安定確保に関する法律（高齢者住まい法）（2001年4月6日施行）
2004年6月	高年齢者等の雇用の安定等に関する法律（高年齢者雇用安定法）改正．高年齢者雇用確保措置の義務化．（2006年4月1日施行）
2005年11月	高齢者虐待の防止，高齢者の養護者に対する支援等に関する法律（高齢者虐待防止法）（2006年4月1日施行）
2007年4月	日常生活自立支援事業開始（従来の地域福祉権利擁護事業を変更）
2011年4月	高齢者住まい法改正．サービス付き高齢者向け住宅制度導入．（2011年10月20日施行）．
2012年2月	後見制度支援信託開始
2012年8月	高年齢者雇用安定法改正．希望者全員の65歳までの継続雇用．（2013年4月1日施行）
2015年1月	厚生労働省・認知症施策推進総合戦略（新オレンジプラン）（2017年7月に改定）
2016年4月	成年後見制度の利用の促進に関する法律（2016年5月13日施行）
2016年6月	総合法律支援法の改正．高齢者・障害者に対する法的支援制度の拡充．（2018年1月24日施行）
2017年3月	成年後見制度利用促進基本計画（閣議決定）

⒀ 『平成30年版消費者白書』によれば，全国の消費生活センター等に寄せられた消費生活相談のうち，65歳以上の高齢者に関する相談（契約当事者が65歳以上の相談）の件数は，2010年には179,485件，2011年には197,155件，2012年には200,256件と漸増傾向であったが，2013年に265,455件と急増し，その後高止まりの傾向が続いている．2017年は265,625件である（消費者庁 2018：32，図表Ⅰ-1-3-9）．同白書は同時に，最

2 政策の展開

以上のような高齢社会化の進行に対応するため，この間，各種の制度・政策の展開がみられた（表1）．

高齢者に関連しては従来からも老人福祉法（1963年制定），老人保健法（1982年制定．現在は高齢者の医療の確保に関する法律）等が制定されていたが，高齢者関係の施策・立法が本格的に整備されたのは，1990年代後半以降である．1995年に高齢社会対策基本法が制定され，高齢化の急速な進展に適切に対処するための施策に関して基本理念を定めるとともに[14]，高齢社会対策を総合的に推進する基盤の整備がめざされた．

2000年には介護保険制度が導入されると同時に民法が改正され，成年後見制度が創設された．従来，福祉サービスは，行政権限としての措置により福祉サービスを提供する制度であったが，介護保険制度においては，要介護認定を受けた上で，利用者と福祉サービスの提供者（事業者）との契約に基づきサービスを利用する制度へとあらためられた（「措置から契約へ」）．他方，福祉サービスが契約に基づくとなれば，認知症等で判断能力が衰えた高齢者が十分に内容を理解して有効な契約を締結できるかという問題が生じる．そこで，成年後見制度を設けることにより，判断能力を失ったり不十分である人を支援する成年後見制度が創設された．その意味で，介護保険制度と成年後見制度は車の両輪であると捉えられる．さらに，高齢者が最後まで自分らしく暮らすためには，財産管理だけでは不十分であり，成年後見人の身上配慮義務が定められたことも重要である（民法858条）．2012年には後見制度支援信託も開始している．もっとも，成年後見制度については，制度の伸び悩みが問題となり，2016年に「成年後見制度の利用の促進に関する法律」が制定された．現在，同法に基づき成年後見制度利用促進基本計画が定められ（2017年3月閣議決定），関係府省が連携して成年後見制度の利用促進に関する施策が進められつつある．

近10年間で85歳以上の相談件数は倍増していることも指摘する（消費者庁2018：32，図表I-1-3-9）．

[14] 高齢社会対策基本法2条は，高齢社会対策の基本理念として，①国民が生涯にわたって就業その他の多様な社会的活動に参加する機会が確保される公正で活力ある社会，②国民が生涯にわたって社会を構成する重要な一員として尊重され，地域社会が自立と連帯の精神に立脚して形成される社会，③国民が生涯にわたって健やかで充実した生活を営むことができる豊かな社会の構築を掲げる．

13 高齢者をめぐるトラブルと対応行動〔佐藤岩夫〕

そのほか，高齢者をめぐる各種の問題についても順次法制度の整備が行われ，高齢者に対する虐待については2005年に「高齢者虐待の防止，高齢者の養護者に対する支援等に関する法律（高齢者虐待防止法）」が制定された．また，高齢者の居住については，2001年に「高齢者の居住の安定確保に関する法律（高齢者住まい法）」が制定され，2011年の全面改正によりサービス付き高齢者向け住宅制度が導入された．さらに高齢者の雇用については，「高年齢者等の雇用の安定等に関する法律（高年齢者雇用安定法）」[15]が，高年齢者（同法では55歳以上の者）等の安定した雇用の促進，再就職の促進，定年退職者などの就業機会の確保等の措置について定めている（2004年に高年齢者雇用確保措置を義務化する法改正，2016年に希望者全員の65歳までの継続雇用を定める法改正がなされた）．ただし，年齢差別の禁止が一般的に広がっている米国等とは異なり[16]，雇用の場における年齢差別を禁止する制度は導入されていない．

また，厚生労働省は，2015年1月に，関係省庁と共同で，団塊の世代が75歳以上となる2025年を見据えて，認知症の人の意思が尊重され，できる限り住み慣れた地域のよい環境で自分らしく暮らし続けることができる社会の実現を目指した「認知症施策推進総合戦略：認知症高齢者等にやさしい地域づくりに向けて」（新オレンジプラン）を策定し，実施中である（2017年7月に改定）．

最後に，総合法律支援制度についても，2016年の総合法律支援法改正で重要な制度が導入された．同改正は，認知機能が十分でない高齢者・障害者に対する法的支援制度の拡充を掲げ，具体的には，認知機能が十分でないために自己の権利の実現が妨げられているおそれがある国民等（特定援助対象者）に対して，一定の要件の下で，資力を問わない法律相談の制度を導入し，また，弁護士費用等の立替援助の対象を一定の公的給付に係る行政不服申立手続に拡大する等の措置を講じた．この法改正は，高齢者・障害者に対する支援としては不徹底な点もあるが[17]，しかし，認知機能の不十分さに着目した法的支援の道を開いた点は，超高齢社会を支える法制度のあり方として重要な改正である

---

[15] 1971年5月に「中高年齢者等の雇用の促進に関する特別措置法」として制定され，1986年4月の「中高年齢者等の雇用の促進に関する特別措置法の一部を改正する法律」に基づき，題名が「高年齢者等の雇用の安定等に関する法律」と改称された．

[16] 米国では1967年に「雇用における年齢差別禁止法（Age Discrimination in Employment Act）」が制定されている．

（佐藤 2016, 2017a）.

　以上の通り，近年，高齢社会化の進行に伴う課題に対応するための各種の制度・政策の展開が見られる．しかし同時に，以下の2点を指摘しておく必要がある．

　第一に，高齢者をめぐるトラブルの実態把握はなお十分でないことである．高齢者をめぐり生じている介護，医療，住宅，財産管理，成年後見，消費者取引，虐待等幅広い問題の実態を把握することは，各種の施策の立案・改善にとって不可欠の基礎資料であるが，この点の解明は必ずしも十分ではない．本稿の冒頭に述べた筆者らの共同研究プロジェクトは，この課題に応えることをめざすものである．

　このこととも関連して第二に，高齢者をめぐるトラブルの量的増大および質的変化は，人口動態の変化によってもたらされるだけでなく，制度もまたそれらの変化に深く関わっていることにも注意を要する．その典型が，介護サービスをはじめとする高齢者サービスの〈契約化〉の動向である．高齢者サービスを従来の「措置」から「契約」へと転換する施策は，もちろん，高齢者のニーズに合った多様なサービス提供，自己決定性の向上に資する半面，契約締結，内容決定，被害救済等の各場面で高齢者をめぐるトラブルを生み出す原因となり，また，トラブルの構造も，「措置」制度の下での行政対市民という二面構造から，サービス需要者，サービス提供者，要介護認定等を行う行政という多面的構造へと変換させている．このような制度・政策がもたらす高齢者問題の構造の変化の解明もまた，筆者らの研究プロジェクトの重要な課題である．

Ⅲ　高齢者のトラブルに関する先行研究の知見

1　高齢者のトラブル経験率・専門機関相談率の低さ

　冒頭でも述べたように，1990年代後半以降，世界的に，人びとの日常生活上のトラブル経験に関する実証研究の重要な発展が見られ，日本においても，

⒄　とくに，①援助の対象が「近隣に居住する親族がいないこと等の理由により弁護士等のサービスの提供を自発的に求めることが期待できない者」に限定されたこと，②当初は法律相談の無料化が目指されていたが，最終的には一定の資力以上の者には事後的に費用負担が求められることとなったことなどが問題である．佐藤（2016, 2017a）参照．

13 高齢者をめぐるトラブルと対応行動〔佐藤岩夫〕

2005年から2006年にかけて，人びとのトラブルの経験やそれへの対応行動に関する大規模な調査研究プロジェクト（民事紛争全国調査）が実施された（村山他編2010）．他方，これらの研究においては，高齢者の問題が掘り下げられることはあまりなかった．わずかに，英国の高齢者問題に取り組むチャリティの全国組織であるAGE Concernが主導して行った，高齢者の法的ニーズに焦点を合わせた二次分析研究[18]（AGE Concern 2007）や，専門家や高齢者を対象とするインタビュー調査等に基づき高齢者の法的ニーズ研究の課題を整理したEllison et al.（2004）など数少ない例があるだけである．その意味で，高齢者をめぐるトラブル経験や対応行動に関する経験科学的研究は今後に開かれた課題となっている．しかし，そのような状況においても，既存の調査結果からはいくつかの知見と仮説を導き出すことができないわけではない．

表2は，1997年に実施された英国（イングランド＆ウェールズ）調査（Genn et al.1999），2003年に実施されたオランダ調査（Velthoven et al. 2004），2008年に実施されたオーストラリア調査（Coumarelos et al. 2012），そして，日本の民事紛争全国調査の一環として2006年に実施された「法使用行動調査」[19]の結果に基づき，トラブル経験率を年齢層別に比較したものである．いずれの調査においても，65歳以上の回答では，他の年齢層にくらべて，トラブルの経験率が低くなっている．

そのトラブルを解決するために専門の相談機関や専門家の助言や支援を求めた比率（専門機関相談率）についても似た傾向が見られる．65歳以上の回答者では，25-64歳層にくらべて，専門機関相談率が低くなっている（表3）[20]．

2　考えられる原因：高齢者特性と調査設計のバイアス

以上の結果を見る限り，高齢者は，そもそも日常生活においてトラブルを経験することが少なく，また，トラブルに遭遇したとしても，専門機関の助言や支援を得ることが少ないようである．その原因は何か．この問はいまだ経験的

---

[18]　用いられたデータはEnglish and Welsh Civil and Social Justice Survey（CSJS）2004年調査（前掲注(3)）である．

[19]　法使用行動調査の概要については樫村編（2008）参照．

[20]　英国調査においては，専門機関相談率は全体では60％であるが（Genn et al. 1999：68），年齢層別の相談率は不明である．

Ⅲ　高齢者のトラブルに関する先行研究の知見

表2　先行調査に見る年齢別のトラブル経験率　　　　　　（%）

トラブル 経験率（注1）	英国調査 （1997） （Genn et al. 1999） n=4125	オランダ調査 （2003） （Velthoven et al. 2004） n=3516	オーストラリ ア調査 （2008） （Coumarelos et al. 2012） n=20716	日本・法使用 行動調査 （2006） 調査（注2） n=5330
15-17 歳	―	―	42.6	―
18/20-24 歳（注3）	52	57.5	54.9	37.3
25-34 歳	51	82.3	56.1	41.5
35-44 歳	45	76.5	58.3	41.7
45-54 歳	32	70.8	53.3	40.3
55-64 歳	34	56.5	47.0	34.5
65 歳以上	23	49.2	30.3	25.4
全体	39	67.2	49.7	36.5

（注1）トラブル経験率は，回答者全体(n)に対するトラブル経験者の比率.
（注2）法使用行動調査（2006年）の問1～問14で何らかの「トラブルや納得でき
　　　ないこと」の経験を報告した回答者の比率. 独自集計.
（注3）英国, オランダ, オーストラリアの各調査は18-24歳, 日本の法使用行動調
　　　査は20-24歳.

に開かれた課題というべきであるが，従来の調査結果の分析の中でいくつかの
可能性が指摘されている. そしてそれは大きく，高齢者の特性に関する指摘と，
調査設計のバイアスに関する指摘の二つに区別される.

⑴　高齢者特性

　高齢者のトラブル経験が少ないことの原因として指摘される特性は，ライフ
ステージ，高齢者の経験の蓄積，認知機能の衰え等である.

　ライフステージに注目する議論としては，高齢者は社会参加や活動量が相対
的に小さいためにトラブルに遭遇しにくい傾向があるとするもの（Velthoven
et al. 2004：3），高齢者の場合，トラブルを引き起こす人生のキー・ライフス
テージ（たとえば雇用，住宅ローン，子の養育，離婚等）はすでに終わっており，
トラブル経験率が低くなる傾向があるとするもの（Pleasance et al. 2006：30-34），

13 高齢者をめぐるトラブルと対応行動〔佐藤岩夫〕

表3　先行調査に見る年齢別の専門機関相談率　　　(%)

専門機関 相談率(注1)	オランダ調査 (2003) (Velthoven et al. 2004)	オーストラリ ア調査 (2008) (Coumarelos et al. 2012)	日本・法使用 行動調査 (2006) (注2)
	n=1704	n=19142	n=1810
15-17 歳	—	36.5	—
18/20-24 歳(注3)	37.4	43.1	22.1
25-34 歳	41.1	50.1	24.9
35-44 歳	52.8	55.0	25.3
45-54 歳	44.6	55.9	32.4
55-64 歳	44.7	54.6	32.2
65 歳以上	35.1	48.3	23.9
全体	44.1	51.1	28.5

（注1）専門機関相談率は，オランダ調査および日本の法使用行動調査
　　　では重大トラブル回答者(n)に対する比率，オーストラリア調査で
　　　はトラブル数(n)に対する比率.
（注2）重大トラブル回答者（問15）のなかで，そのトラブルを解決す
　　　るために「専門の機関・団体や専門家に相談した」（問28）を選択
　　　した回答者の比率. 独自集計.
（注3）オランダ，オーストラリアの各調査は18-24歳，日本の法使用
　　　行動調査は20-24歳.

回答者全体としては消費者問題や金融問題が最も頻繁に報告されるトラブル類
型であるところ，高齢者は他の世代にくらべて消費者取引や金融取引に入るこ
とが相対的に少ない傾向があるとするもの（Sage-Jacobson 2012：150）などが
ある.

　他方，高齢者の人生経験に着目して，高齢者は，それまでの経験の蓄積から，
ある種の出来事については対応が容易であり，それらの出来事がトラブルとし
て意識されない傾向があると指摘する議論もある（Coumarelos et al. 2012：230）.
　さらに，高齢者は，認知機能の衰え等により，しばしば自らの問題に気づい

Ⅲ　高齢者のトラブルに関する先行研究の知見

ていないことも指摘されている．外国の研究では，Edwards et al.（2004）が，多くの高齢者は自らの法的ニーズに気づいていないことを指摘し，積極的な情報提供サービスが必要であると主張する．また日本では，先駆的な取り組みを行う一群の弁護士たちが，実務の経験の中から，高齢や障害等のためにトラブルの発生自体に気づくことができない人びとが広範に存在することを発見し，地域の福祉機関等と連携した「司法ソーシャルワーク」と呼ばれる新たな弁護士活動の領域を開拓している（たとえば，太田他 2012）．これらの実務の展開は研究者の関心も刺激し（たとえば，濱野 2016，濱野他 2017），その中で，高齢者は，認知機能の衰え等により自らの問題に気づかない場合があることが理論的にも注目されている．たとえば，筆者も，A・セン（Amartya Sen）の潜在能力アプローチを参照して，法的ニーズを「各人が経験する問題やトラブルを各人の福祉（well-being）に適った形で解決するために適切な法的サービスを受ける機会の欠損」と捉え直した上で，かかる法的ニーズが充足されない重要な場面として，認知機能が低下した高齢者等がそもそも自分が問題やトラブルを抱えることに気づいていない場合があることを指摘した（佐藤 2017b：146-150，155）．司法アクセスを阻むバリアとしては，つとに，「費用」「情報」「距離」および「心理（意識）」の「４つのバリア」が指摘されているが（山本 2012），これらと並んで，第５のバリアとしての「認知」に注目する必要がある（佐藤 2017b）．高齢者のトラブル経験率や専門機関相談率が低いことの原因は，高齢者が，そもそも，自己が経験する問題やトラブルに気づいていない，あるいはその適切な解決にとって法的サービスの利用が有用でありうることに気づいていないためである可能性がある．

(2)「壮年・中年仕様」の調査設計のバイアス

　以上のように，高齢者のトラブル経験が低い原因として，高齢者のライフステージ，経験の蓄積あるいは認知機能の衰え等が注目される一方，しかし，そのような傾向が検出される原因としては，先行調査の調査設計上のバイアスも指摘されている．例えば，高齢者は，そのライフステージと関連して，施設入居，意思決定の補完・代行，終末期医療，遺言，ケアサービスの決定など，若い世代とは別のタイプの問題やトラブルを経験している可能性があるにもかかわらず，先行調査ではそれらの問題やトラブルが調査項目から脱落している可能性が指摘されている（Ellison et al. 2004：13; Pleasance et al. 2006：34-35; AGE

Concern 2007 : 2-3). 関連して，高齢者に多い施設入居者はそもそも調査の対象外となっているという問題も指摘される（Pleasance et al. 2006 : 35; Balmer 2013 : 4[21]）．日本の法使用行動調査についても，調査対象者の年齢の上限を70歳以下という比較的若い年齢に設定したほか，紛争カテゴリーや相談機関カテゴリーの決定に際しても，高齢者の置かれている状況に必ずしも十分に自覚的であったとはいえず，むしろ無意識のうちに，いわば調査自体が「壮年・中年仕様」であった可能性がある．従来の調査は，以上のような調査設計上の問題故に，高齢者をめぐるトラブル経験の特徴を捉え損ねていた可能性は否定できない．

このような既存の調査の調査設計上の限界を考えるならば，高齢者をめぐるトラブルに関する経験科学的研究は，まずもって，高齢者のトラブル経験や対応行動を正確に測定できるように調査の精度を高めるという課題に取り組む必要がある[22]．

Ⅳ むすび

以上本稿では，超高齢社会を迎えた日本において，高齢者をめぐるトラブル経験やそれへの対応行動を正確に測定し，その結果を分析することが，経験的法社会学研究の重要な課題であることを確認した．それに関連し，超高齢社会におけるトラブル経験と対応行動に関する経験的法社会学研究の課題としてさ

---

[21] Balmer は，英国の CSJS 調査および CSJPS 調査（前掲注(3)）のサンプリングの限界として，高齢者に多い施設入居者はそもそも調査対象から脱落していることを指摘し，2001 年センサスに基づき，60 歳以上で地域の医療・ケア施設（communal medical and care establishments）の入居者は 32 万人以上，60 歳未満で同様の施設に入居する者が 7 万人，精神健康法（Mental Health Act 1983）その他の法律に基づき自らの意思に基づかずに病院に入院している者が 1 万 5,000 人との数字を揚げている（Balmer 2013:4）．

[22] 本稿の冒頭に述べたわれわれの今回のプロジェクトも，例えば，紛争経験調査（前注5）において，①調査対象者の年齢に上限を設けず幅広い年齢層の高齢者を対象とすること，②トラブルカテゴリーのリストに，一般的なトラブルカテゴリーのほか，高齢者をめぐって特徴的なトラブルカテゴリーを加えたこと，③専門的な相談機関・専門家のリストにも，一般的な相談機関・専門家のほか，高齢者のトラブルをめぐって特徴的な相談機関・専門家を加えたことなど，高齢者をめぐるトラブルとそれへの対応行動をより正確に測定できるよういくつかの工夫を行っている．佐藤（2017c : 6-7）参照．

Ⅳ　むすび

らに 2 点を指摘して，本稿の結びとしよう．

　第 1 に，高齢者をめぐるトラブルの研究においては，高齢者自身とその家族（あるいは支援者）との関係が，重要な研究課題となる．先に，高齢者は認知機能の低下等から自らトラブルや問題に気づきにくい傾向があると述べた．この点から言えば，高齢者を取り巻く人びと，とりわけ家族は，問題やトラブルを抱える高齢者にとって重要な支援者である．しかし実は，高齢者の利益と家族の利益が常に一致するわけではない．「ケアの社会学」に精力的に取り組み「当事者主権」を強力に提唱する上野千鶴子は，「一般には当事者の側にたち，その利益の代弁者ととらえられることが多い家族についても，家族には家族独自の考えや利害があり，家族による代弁が常に当事者のニーズを忠実に反映しているとは限らない」ことを指摘する（上野 2008）．英国では，2005 年の意思決定能力法（Mental Capacity Act〔MCA〕）が，代理・代行決定は本質的に本人領域への侵犯と捉え，誰にでも意思決定能力があることから出発し，本人の意思決定を最大限支援することを定め，日本でも成年後見制度を「意思決定の支援」の見地から捉え直す動きが進んでいる（菅 2010, 2015）．高齢者をめぐるトラブルにおける高齢者本人と家族（あるいは支援者）との関係を実証的に解明することは，超高齢社会における法の経験科学的研究の重要な課題を構成する[23]．

　第 2 に，司法政策の費用便益分析の観点からの，被害の経済規模の測定も重要な課題となる．トラブルや問題を抱える人びとに対して効果的な法的支援の

---

[23]　本文で述べたことに関連し，欧米を中心とする先行研究の個人主義的把握を批判し，トラブルの集合主義的把握を提唱する高橋（2010）の指摘も注目される．高橋は，家族をめぐるトラブルは個人単位で発生するというよりは，家族を一つの単位（ユニット）として発生するものではないかと述べ，「トラブルを所有し，それに対応するのは，一人ひとりの家族構成員ではなく，家族そのものである」と結論する（高橋 2010 : 41）．高橋のこの理解は，高齢者をめぐるトラブルがしばしば家族を通じて発見されることと整合的である一方，高齢者をめぐるトラブルへの対応における本人（高齢者）と家族の利害の緊張関係を不可視化させる可能性もある．高橋の指摘はトラブルの把握一般に関する射程の広い議論であるが，その含意は，高齢者のトラブル経験をめぐる研究の関心からも，経験的・理論的に検討を深める必要がある．なお，高橋の指摘について，その知見は「個人主義的」にも解釈可能であること，および，高橋の集合主義的枠組みでは家族紛争に直接アプローチすることが困難になることを指摘するものとして，杉野（2014 : 152, 注 10）も参照．

13 高齢者をめぐるトラブルと対応行動〔佐藤岩夫〕

制度を構築することには，もちろん一定の財政的な負担が生じる．他方，高齢化がますます進行する状況において，日本では，社会保障費の負担が増大し，政府の財政は極めて厳しい状況にある．そのような中で，高齢者の（あるいは一般的・普遍的な）法的支援を充実する新たな仕組み作りを提言する場合，財政的な側面でも政策の合理性を示す必要に迫られる．諸外国の司法政策においてもこの点は重要な課題となっているが[24]，日本においても，たとえば，弁護士等の受任につながったことにより予防された被害・疾病などにともなう各種社会的費用（警察・司法・医療）の見積もりと支援に要する費用の比較分析の研究（濱野他 2017：270〔濱野〕）など，求められる課題に応じた適切な研究方法を開発し，政策提言へとつなげていくことは重要な課題である．

〔文　献〕

AGE Concern（2007）*Civil and Social Justice Needs in Later Life*, AGE Concern.

Balmer, Nigel（2013）*English and Welsh Civil and Social Justice Panel Survey: Wave 2-Summary Findings of Wave 2 of the English and Welsh Civil and Social Justice Panel Survey*, Legal Services Commission.

Coumarelos, C, Macourt, D., et al.（2012）*Legal Australia-Wide Survey: Legal Need in Australia*, Sydney: Law and Justice Foundation of NSW.

Edwards, S. and Fontana, A.（2004）*The Legal Information Needs of Older People*, Sydney: Law and Justice Foundation of New South Wales.

Ellison, Sarah, et al.（2004），*Access to Justice and Legal Needs: The Legal Needs of Older People in NSW*, Sydney: Law and Justice Foundation of New South Wales.

Genn, Hazel, et al.（1999）*Paths to Justice: What People Do and Think About Going to Law*, Oxford: Hart Publishing.

Genn, Hazel, and Paterson, Alan（2001）*Paths to Justice Scotland: What People in Scotland Do and Think About Going to Law*, Oxford: Hart Publishing.

濱野亮（2016）「司法ソーシャルワークによる総合的支援」立教法学 93 号 155-194 頁.

濱野亮＝佐藤岩夫＝吉岡すずか＝石田京子＝山口絢＝仁木恒夫＝溜箭将之（2017）「地域連携と司法ソーシャルワーク」法と実務 13 号 3-270 頁.

橋場典子（2015）「Access to Justice 研究の経緯と発展」法と社会研究創刊第 1 号 203-225 頁.

---

[24]　池永（2016）は，英国の法律扶助予算が削減される動きの中で，法律扶助が後退することによる社会全体での費用増加を根拠に法律扶助予算の必要性を説明する議論を紹介する.

IV　むすび

樋口範雄（2015）『超高齢社会の法律，何が問題なのか』朝日新聞出版．

池永知樹（2016）「司法アクセスの歴史と現況」『法テラスの 10 年：司法アクセスの歴史と展望』弁護士会館ブックセンター出版部 LABO，1-51 頁．

岩村正彦（2008）『高齢化社会と法』有斐閣．

樫村志郎（2010）「トラブル・支援・相談行動」樫村志郎＝武士俣敦編『トラブル経験と相談行動』東京大学出版会，3-28 頁．

――編（2008）『法使用行動調査基本集計書』特定領域研究「法化社会における紛争処理と民事司法」法使用行動調査グループ．

樫村志郎＝武士俣敦編『トラブル経験と相談行動』東京大学出版会，29-46 頁．

川島志保・関ふ佐子（2017）『家族と高齢社会の法』放送大学教育振興会．

Macdonald, Roderick A.（2010）"Access to Civil Justice," Peter Cane and Herbert M. Kritzer, eds., *The Oxford Handbook of Empirical Legal Research*, Oxford University Press, pp.492-521.

村山眞維他編（2010）『現代日本の紛争処理と民事司法（全 3 巻）』東京大学出版会．

内閣府（2017）『平成 29 年版高齢社会白書』．

日本弁護士連合会編（2018）『超高齢社会における高齢者・障がい者の司法アクセスに関するニーズ調査報告書』日本弁護士連合会．

太田晃弘＝長谷川佳予子＝吉岡すずか（2012）「常勤弁護士と関係機関との連携：司法ソーシャルワークの可能性」総合法律支援論叢 1 号 103-145 頁．

Pleasance, Pascoe, et al.（2006），*Causes of Action: Civil Law and Social Justice, 2nd Edition*, London: TSO.

Pleasance, Pascoe, et al.（2013）*Paths to Justice: A Past, Present and Future Roadmap*, UCL Centre for Empirical Studies.

Sage-Jacobson, Susannah（2015）"Access to Justice for Older People in Australia," Meredith B., et al. eds., *Ageing and the Law*, NSW: The Federation Press, pp. 142-159.

佐藤岩夫（2016）「総合法律支援法改正の意義と課題」自由と正義 67 巻 10 号 19-24 頁．

――（2017a）「総合法律支援制度の意義と課題」生活協同組合研究 2017 年 4 月号 5-12 頁．

――（2017b）「ニーズ顕在化の視点から見た地域連携ネットワーク：『法的ニーズ』概念の理論的再構成をかねて」法と実務 13 号 141-159 頁．

――（2017c）「超高齢社会における紛争経験と司法政策プロジェクト：『暮らしのなかの困りごとに関する全国調査』の実施に向けて」中央調査報 721 号 1-7 頁．

消費者庁（2018）『平成 30 年版消費者白書』．

菅富美枝（2010）『イギリス成年後見制度にみる自律支援の法理』ミネルヴァ書房．

――（2015）「支援付き意思決定と成年後見制度」成年後見法研究 12 号 177-189 頁．

杉野勇（2014）「家族をめぐる司法化可能問題と問題のクラスター」法政理論 46 巻 4 号 140-168 頁．

高橋裕（2010）「家族から見たトラブル：トラブルの社会学的把握の視角をめぐって」樫村志郎＝

13 高齢者をめぐるトラブルと対応行動〔佐藤岩夫〕

武士俣敦編「トラブル経験と相談行動」東京大学出版会，29-46 頁.

Tashakkori, Abbas, and Creswel, John W.（2007）"The New Era of Mixed Methods," *Journal of Mixed Methods Research* 1(1), pp. 3-7.

東京大学高齢社会総合研究機構編（2017）『東大がつくった高齢社会の教科書』東京大学出版会.

上野千鶴子（2008）「当事者とは誰か？：ニーズ中心の福祉社会のために」上野千鶴子・中西正司編『ニーズ中心の福祉社会へ』医学書院，10-37 頁.

Velthoven, Ben C. J. van, and Voert, Marijke ter（2004）*Paths to Justice in the Netherlands: Looking for Signs of Social Exclusion, Research Memorandum of Department of Economics of the Leiden University.*

山口絢（2014）「高齢者の法システムへのアクセスの問題と解消への取り組み：弁護士および司法書士の認識に関する聞き取り調査から」共生社会システム研究 8 巻 1 号 127-149 頁.

――（2015）「行政機関による高齢者の法的問題発見と法律相談へのアクセス:自治体への聞き取り調査から」総合法律支援論叢 7 号 73-95 頁.

――（2017a）『高齢者の法律相談へのアクセスに関する実証的研究：高齢者，法専門家，行政・福祉関係機関を対象として』博士学位取得論文（東京大学大学院学際情報学府）.

――（2017b）「アメリカにおける高齢者法の動向」法と社会研究 3 号 119-133 頁.

Yamaguchi, Aya（2018）"How Do Japanese Elderly Access Legal Services? An Analysis of Advice-Seeking Behaviour,"*Asian Journal of Law and Society*, published online: 09 November 2018.

山本和彦（2012）「総合法律支援の現状と課題」総合法律支援論叢 1 号 1-24 頁.

保田時男編（2018）『2015 年 SSM 調査報告書 1：調査方法・概要』2015 年 SSM 調査研究会刊行.

〔追記〕本稿は，日本学術振興会科学研究費補助金基盤研究(S)「超高齢社会の紛争経験と司法政策」（2016 年度-2020 年度，課題番号：16H06321）の研究成果の一部である.

Ⅳ 行政規制

14 ルールからスタンダードへ
── 東京都環境確保条例の改正をめぐって

阿 部 昌 樹

I 東京都環境確保条例の改正

　東京都環境確保条例，すなわち都民の健康と安全を確保する環境に関する条例[1]の改正案が，東京都議会の 2015 年第 1 回定例会の最終日である同年 3 月 27 日に可決された．改正点は多岐にわたるが，それらのうちで最も注目を集めたのは，子供の声等に適用される騒音規制基準に関する規定の改正であり，それは，「日常生活等に適用する規制基準」を定める同条例別表第 13 のうちの騒音に関する表に，以下のような但し書きを追加するというものであった．

　　保育所その他の規則で定める場所において，子供（6 歳に達する日以後の最初の 3 月 31 日までの間にある者をいう．以下この表において同じ．）及び子供と共にいる保育者並びにそれらの者と共に遊び，保育等の活動に参加する者が発する次に掲げる音については，この規制基準は，適用しない．
　　（一）声
　　（二）足音，拍手の音その他の動作に伴う音
　　（三）玩具，遊具，スポーツ用具その他これらに類するものの使用に伴う音
　　（四）音響機器等の使用に伴う音

　同条例は，その 136 条において，いわゆる生活騒音すなわち日常生活に伴って発生する騒音に関して，何人も，別表第 13 に掲げる規制基準を超える騒音を発生させてはならない旨を規定している．そのうえで，知事の権限として，

---

[1]　東京都都民の健康と安全を確保する環境に関する条例は，1969 年に制定された東京都公害防止条例を 2000 年に全面改正することによって制定されたものであり，その制定は，自治体の環境対策が公害防止から環境保全へとその重点を移していく，画期をなすものであると理解されている．上林・人見（2012：23, 46-48）を参照．

『法の経験的社会科学の確立に向けて』村山眞維先生古稀記念〔信山社，2019 年 3 月〕　　　*295*

14 ルールからスタンダードへ〔阿部昌樹〕

〔資料〕東京都環境確保条例別表第13

区域の区分		時間の区分	音源の存する敷地と隣地との境界線における音量（単位デシベル）
種別	該当地域		
第一種区域	1　第一種低層住居専用地域 2　第二種低層住居専用地域 3　AA地域* 4　東京都文教地区建築条例（昭和25年東京都条例第88号）第2条の規定により定められた第一種文教地区 5　前各号に掲げる地域に接する地先及び水面	午前6時から午前8時まで	40
		午前8時から午後7時まで	45
		午後7時から午後11時まで	40
		午後11時から翌日午前6時まで	40
第二種区域	1　第一種中高層住居専用地域，第二種中高層住居専用地域，第一種住居地域，第二種住居地域及び準住居地域であって第一種区域に該当する区域を除く地域 2　無指定地域（第一種区域及び第三種区域に該当する区域を除く.）	午前6時から午前8時まで	45
		午前8時から午後7時まで	50
		午後7時から午後11時まで	45
		午後11時から翌日午前6時まで	45
第三種区域	1　近隣商業地域（第一種区域に該当する区域を除く.） 2　商業地域（第一種区域及び第四種区域に該当する区域を除く.） 3　準工業地域 4　工業地域 5　前各号に掲げる地域に接する地先及び水面	午前6時から午前8時まで	55
		午前8時から午後8時まで	60
		午後8時から午後11時まで	55
		午後11時から翌日午前6時まで	50
第四種区域	商業地域であって知事が指定する地域**	午前6時から午前8時まで	60
		午前8時から午後8時まで	70
		午後8時から午後11時まで	60
		午後11時から翌日午前6時まで	55

* AA地域とは，環境基本法に基づき，特に静穏を要する地域として指定された地域であり，現在，清瀬市の一部がそれに該当する.

** 現在，第四種区域に指定されているのは，千代田区，中央区，港区，台東区，渋谷区，および豊島区の一部である.

138 条に，別表第 13 に掲げる規制基準に違反し，周辺の生活環境に支障を及ぼしている者に対しては，生活環境に及ぼす支障を解消するために必要な限度において，騒音防止のための方法や施設の改善その他の必要な措置をとることを勧告することができる旨を，139 条に，その勧告に従わない者に対しては，生活環境に及ぼす支障を防止するために必要な限度において，必要な措置を命じることができる旨を規定している(2). そして，139 条の規定に基づいて発せられた知事の命令に違反した者には，158 条の規定に基づいて，1 年以下の懲役又は 50 万円以下の罰金が科されることになる.

　同条例の別表第 13 に掲げられている騒音に関する規制基準は〔資料〕に示したとおりであり，区域と時間帯ごとに，許容される音圧レベルの上限値が数値として明示されている. そして，136 条に「何人も」という表現が用いられていることから，この数値基準は，騒音を発生させている者が子供であっても適用されるものであると解されてきた. これに対して，2015 年改正に際して付加された上記の但し書きは，保育所等において発せられる子供の声等に関しては，別表第 13 に掲げられている騒音に関する数値基準は適用しないこととするものである.

　しかしながら，それは，保育所等において発せられる子供の声等は，同条例の規制対象から完全に除外されるという意味ではない. 同条例 136 条には，数値基準を定めていない騒音に関しては，「人の健康又は生活環境に障害を及ぼすおそれのない程度」という定性的な規制基準が適用される旨が，括弧書きで規定されている. したがって，2015 年改正後は，保育所等において発せられる子供の声等は，この定性的な規制基準の適用対象となる. そして，同条例の改正案を理事者提案として都議会に上程するに先立って，同条例の所管部局である環境局がパブリック・コメントを実施した際に「意見募集対象」とされた文書「環境確保条例における子供の声等に関する規制の見直しについて」によれば，「生活環境に障害を及ぼすとは，人の生活を取り巻く，周囲の環境に，一般社会生活上受忍すべき程度（受忍限度）を超える障害を及ぼすことをい

---

(2)　これらの知事の権限は，特別区における東京都の事務処理の特例に関する条例によって特別区の区域内においては特別区長が，また，市町村における東京都の事務処理の特例に関する条例によって市の区域内においては市長が，それぞれ行使するものとされている.

う」とされている．また，同じ文書に，「受忍限度を超えているか否かの判断に当たっては，単に音の大きさだけによるのではなく，音の種類や発生頻度，影響の程度，音を発生させる行為の公益上の必要性，所在地の地域環境，関係者同士でなされた話し合いやコミュニケーションの程度や内容，原因者が講じた防止措置の有無や内容等を十分に調査した上で，総合的に考察する」という記述がある．すなわち，上記の但し書きを別表第13に付加したのは，保育所等において発せられる子供の声等への法的対応を，明示されたデシベル値を超えた音圧レベルの音を発することの禁止から，諸般の事情を総合的に考察したうえでの個別的対応へと改めることを意図してのことであった．

こうした東京都環境確保条例の子供の声等に適用する騒音規制基準に関する規定の改正を，規制に際して依拠すべき法的規準の変更として捉えるならば，それは，ルールに依拠した規制からスタンダードに依拠した規制への変更であったと言うことができる．

K. サリバンは，法的規準を設定する立法者と，設定された法的規準に従って意思決定を行うことを義務付けられている裁定者との二者関係を念頭において，法的規準は，法的対応の必要性を惹起させる有限数の事実の存在が確認された場合には，そのことを根拠として，確定的な方法で対応するよう裁定者を拘束する場合には「ルール的（rule-like）」であり，法の背後にある原理や法によってその実現が企図されている政策を，直接に具体的な事実状況に適用するよう裁定者に求めるようになるにつれて「スタンダード的（standard-like）」となると述べている（Sullivan 1992：58）．また，L. カプロウは，法的規準を設定する立法者と，設定された法的規準を前提として，いかに行動すべきかを判断する法的規制の対象者と，対象者の行動を法的規準に照らし合わせて評価する裁定者の三者関係を念頭において，ルールとスタンダードの違いは，法的規準に具体的な意味内容を付与する努力が，立法者によって，法的規制の対象者が行動する以前になされる程度の相違であると述べている（Kaplow 1992：560-463）．

サリバンが「ルール的」，「スタンダード的」という表現を用いているように，そしてまた，カプロウが程度の相違であると指摘しているように，ルールとスタンダードとの相違は質的なものではない．ある行為が違法と判断されるか合法と判断されるかを，その行為がなされるよりも前に，立法者が法的規準とし

て明定している程度が高いほど，その法的規準はルール的なものとなるという，法的規準の明確性の程度の問題にすぎない．例えば，「時速50キロメートル以下の速度で走行すべし」という法的規準と「安全な速度で走行すべし」という法的規準とを比較するならば，前者は後者に比して，よりルール的であるということになる．その点を踏まえつつ，法的規準に従って裁定を行う裁定者に求められる判断に焦点を合わせて敢えて単純化するならば，比較的少数の，その存否の判断が容易な法律要件の存在に，ある具体的な法律効果を結び付けたうえで，裁定者にそうした要件－効果図式を厳格に遵守することを要求する法的規準がルールであり，個別具体的な状況ごとに，その状況を構成する諸要素を総合的に勘案したうえで，立法目的に照らし合わせて最も適切な決定を行うことを裁定者に要求する法的規準がスタンダードである．ルールと比較してスタンダードは，裁定者により広範な裁量的判断を許容し，かつ要請するものなのである．

　ルールとスタンダードについてのこうした理解を騒音規制に当てはめるならば，ある者が発した音が違法な騒音に当たるかどうかが，「第一種低層住居専用地域では，午前8時から午後7時までは，45デシベルを超える音圧レベルの音を発生させてはならない」といった法的規準に基づいて判断されるとしたならば，それはルールに依拠した規制であり，受忍限度を超える音を発生させてはならないという法的規準に基づいて，個々の事案ごとに，諸般の事情を総合的に考慮したうえで判断されるとしたならば，それはスタンダードに依拠した規制であるということができる．東京都環境確保条例の2015年改正は，保育所等において発せられる子供の声等への法的対応を，前者から後者へと改めるものであったのである．

　それでは，東京都はなぜこのように，ルールに依拠した規制からスタンダードに依拠した規制へと，保育所等において発せられる子供の声等への法的対応を改めたのであろうか．その理由を検討することが，本稿の課題である．この課題に取り組むためにはまず，ルールとスタンダードとの間の選択に関してこれまで論じられてきたことを，整理しておくことが有益であろう．

II ルールとスタンダードとの間の選択

法的規準としてルールとスタンダードのいずれを採用するかは，まずもって，立法目的をより確実に達成するためにはいずれの法的規準が適切かという，立法者の道具的ないしは戦略的な考慮に基づいて決せられるはずである．

例えば，立法者の価値観や利害関心とはまったく異なった価値観や利害関心を裁定者が有しており，それゆえ，裁定者の裁量的な判断を許容したならば，裁定者自身の価値観や利害関心に基づいた裁定が行われることになり，その結果，立法目的の実現が阻害される可能性が高いと立法者が判断したならば，裁定者の裁量的判断の余地を極小化するルールが採用されることになるであろう．これに対して，裁定者が高度な専門技術的判断能力を有しており，それを活用して個々の事案ごとに裁量的な判断を行うことが，立法目的をより確実に達成するための方途であると立法者が考えたならば，裁定者に広範な裁量的判断を許容するスタンダードが採用されることになるであろう（阿部 1987a：66-67；阿部 1987b：65-66）．

また，裁定者の裁量的な判断を許容したならば，裁定者が，その判断の如何によって影響を受ける利害関係者や利益団体からの影響や圧力に曝され，利害関係者や利益団体の意向に沿った裁定を行うようになり，その結果，立法目的の実現が困難となる可能性が高いと立法者が判断したならば，裁定者の裁量的判断の余地を極小化するようなルールが採用されることになるであろう．これに対して，立法段階においては十分に考慮し得なかった多様な情報が，法の実施段階において裁定者に提供され，そうした情報を活用することによって，裁定者が立法目的に最も適合的な判断を行うことが期待できるとしたならば，立法者は，ごく少数の法律要件該当事実の存否に特定の決定を結び付けるルールではなく，多様な要因の総合的衡量を裁定者に許容するスタンダードを採用するであろう（阿部 1987a：68-70；阿部 1987b：68-69）．

さらに，立法者が，法の制定やその実施に随伴する様々なコストに敏感であるならば，それらのコストについての考慮が，ルールとスタンダードのいずれを採用するかについての判断に影響を及ぼすかもしれない．この点に関しては，法の制定やその実施に随伴するコストを，立法者が法的規準を設定するための

Ⅱ　ルールとスタンダードとの間の選択

コスト，法的規制の対象者が法的規準を遵守するために必要な専門的助言を得るためのコスト，裁定者が法的規準に従って裁定を下すためのコストの3種類に分類して，それらが，法的規準をルールの形式で定立した場合とスタンダードの形式で定立した場合とで，どのように異なってくるかを分析したカプロウの論考（Kaplow 1992）が参考になる[3]．

　カプロウによれば，いかなる事案においても立法目的に適合的な裁定が下されるように，想定される様々な事案のすべてについて，裁定者が下すべき判断の内容を，立法段階においてルールの形式を用いて具体的に定めようとするならば，法的規準の設定に要するコストは高くなるが，そうして設定された法的規準の下では，何が合法で何が違法であるかは明確であり，それゆえに，法的規準が設定された後に生起する個別の事案において，設定された法的規準を遵守するために必要な専門的助言を得るためのコストや，法的規準に従って裁定を下すためのコストは低くなる．それに対して，スタンダードの形式を採用した場合には，立法段階において将来生じうる事態についての精確な予測を行う必要はないため，立法に要するコストは低くなるが，そうして設定された法的規準の下では，何が合法で何が違法であるかは，多種多様な要因を総合的に勘案しなければ判断することができないために，専門的助言を得るためのコストや裁定を下すためのコストは高くなる．また，法的規制の対象となる事案の数が多くなれば，その数に応じて，専門的助言を得るためのコストや裁定を下すためのコストの総和は上昇する．以上のことから，法の制定および実施に要する総コストを最小化するという観点からは，法的規制の対象となる事案が多数生起することが予想される場合には，法的規準の設定に大きなコストが伴うルールの形式を採用することが，その結果として，専門的助言を得るためのコストや裁定を下すためのコストの総和がかなりの程度低減するがゆえに望ましいが，法的規制の対象となる事案がごく少数にとどまると予想される場合には，法的規準としてルールの形式を採用したとしても，専門的助言を得るためのコストや裁定を下すためのコストの総和をそれほどは低減させることにならない可能性が高いことから，法的規準はスタンダードの形式で設定したうえで，その意味内容の個々の事案に応じた明確化を裁定者に委ねた方がよい（Kaplow

---

(3)　カプロウの論考が提示した分析枠組に依拠した邦語文献として，佐藤・座主（2007），森田（2007），島並（2008），および角松（2013）がある．

14 ルールからスタンダードへ〔阿部昌樹〕

1992：570-577).

こうしたカプロウの考察は，ルールとスタンダードとの間の選択に際して，立法者がどのような考慮を行っているかではなく，どのような考慮を行うべきかにかかわるものであるが，もしも立法者が法の制定および実施に要する総コストを低く抑えることが重要であると考えたならば，カプロウの考察に従った選択が，事実としてなされることになるであろう．

なお，カプロウは，いかなる事案においても立法目的に適合的な裁定が下されるように，立法段階において精確な予測を行い，将来において生起する事案のすべてについて，それぞれの事案を構成する事実の微細な相違に応じて，裁定者が下すべき判断の内容をルールの形式を用いて具体的に定めることは，理論的には可能であるが，実際には，そのためのコストが禁止的に高くなり，それゆえ不可能であることを認めている（Kaplow 1992：587）．すなわち，実際には，ルールは，その適用対象となる事案を構成する諸事実のうちの一部のみを法律要件として規定し，それらの事実の存否に特定の決定を結び付けるものとならざるを得ない．その結果，その事案を構成する諸事実のすべてを考慮したならば，立法目的の実現のためには，ある特定のルールの適用対象としたうえで，そのルールに規定されている法律効果を付与すべき事案が，そのルールの適用対象から除外されてしまうという「過少包摂（under-inclusion）」の可能性や，それとは逆に，そのルールの適用対象とすべきではない事案が適用対象となってしまうという「過剰包摂（over-inclusion）」の可能性が，ルールという立法形式には必然的に伴う[4]．それらの可能性が現実化する頻度が高く，かつ，そのことが立法目的の実現を阻害する程度が甚大であると立法者が判断したならば，法的規準として，ルールではなくスタンダードが採用されることになるであろう（Ehrlich & Posner 1974：267-270）．

さらに，立法者が特定の個人ではなく，それぞれに価値観や利害関心を異にする諸個人の集合体である場合には，その集合体内部における妥協の必要性から，ルールではなくスタンダードが選択されるということも起こりうる（Kennedy 1976：1705）．すなわち，現状の改革を志向し，新規の立法を企図する者

---

[4] ルールの過少包摂可能性および過剰包摂可能性については，Schauer（1991：31-34），および F. シャウアーのこの文献に言及した那須（2001：83-85）を参照．

Ⅱ　ルールとスタンダードとの間の選択

は，その政策的意図を確実に実現するために，裁定者の裁量的判断の余地が少ないルールの形式で法的規準を設定することを望んでいるが，集合体としての立法機関の構成員には，その改革に必ずしも賛同していない者も多く，法案を可決させるために必要な人数の賛成者を獲得するためには，企図している新法が実施されたならばどのような社会が実現するのかを敢えて曖昧にしておく必要があり，そのために，裁定者がどのような決定を行うかが明確ではないスタンダードの形式で法的規準を設定するということが想定される．

　以上の指摘はいずれも，ある特定の立法目的の実現を目指す立法者が，法的規準としてルールとスタンダードのいずれを採用すべきかについて道具的ないしは戦略的な思考を巡らせたならば考慮される可能性のある，ルールとスタンダードのそれぞれの，メリットおよびデメリットにかかわるものであるが，ルールとスタンダードとの間の選択は，そうした道具的ないしは戦略的な考慮とともに，立法者が抱いている，法とはいかなるものであるべきかについての暗黙の了解や，立法者が明確にそれとして意識することなく内面化している価値観や世界観によっても左右されるかもしれない．

　例えば，国家権力の行使に予測可能性を付与することが法の最も重要な役割であるという認識を抱いている立法者は，裁定者の裁量的判断の余地が狭いルールを選好するであろうし，個別の事案ごとに，その事案の諸特性に最も適合的な判断を下し，そうすることによって実質的正義を実現することこそが国家の役割であるという認識を抱いている立法者は，裁定者の裁量的判断の余地が広いスタンダードの形式で法的規準を設定することを選好するであろう(Sullivan 1992：62-69)．

　また，D. ケネディが指摘しているように，立法者が個人主義的な世界観を抱いているか，利他主義的な世界観を抱いているかによっても，ルールとスタンダードのいずれが採用されるかが左右されるかもしれない．

　ケネディによれば，個人主義（individualism）とは，各人が自らの私的利益を追い求めることはまったく正当であるが，しかし，社会が存立するためには，各人は，同様に自己の私的利益を追求しようとする他者と共存していかなければならず，法が果たすべき重要な役割は，そうした私的利益を追求する諸個人の共存を可能とすることであるという信念である．こうした個人主義の信念は，ある者が自由に私的利益を追求することができる領域を，それ以外の者が同様

に自由に私的利益を追求することができる領域と重なりあわないように明確化することができるルールこそが，法のあるべき形式であるという発想と親和的である．これに対して，利他主義（altruism）とは，各人は，他者の利益に配慮することなく自己の私的利益の追求に専念すべきではなく，むしろ，他者を慮り，自らの努力の成果を他者と共有すべく努めるべきであるし，また，他者のために犠牲となることを甘受すべきであり，法は，そうした共有や自己犠牲を促進し，場合によっては強制することを，その重要な役割として担うべきであるという信念である．こうした利他主義の信念は，裁定者が，ある者と他の者との間の関係の調整を，両者の協働を確保しつつ，状況依存的に行うことができる，スタンダードの形式をとった法的規準を採用することに積極的な姿勢と親和的である（Kennedy 1976：1713-1722, 1766-1744）．

　ケネディのこうした考察が的を射たものであるとするならば，法の実施を担う人々がどのような価値観や利害関心を有しているか，法がどの程度の頻度で適用されることになるか，法案を成立させるためにはどの程度まで妥協をしなければならないかといった状況依存的な考慮とは無関係に，立法者が個人主義的な信念を抱いているならばルールが，利他主義的な信念を抱いているならばスタンダードが，法的規準の形式として採用される可能性が高くなるはずである．

　以上の考察を踏まえて，東京都環境確保条例の 2015 年改正に際して，保育所等において発せられる子供の声等の規制が，ルールに基づく規制からスタンダードに基づく規制へと転換された，その理由を探究していくことにしよう．

Ⅲ　利他主義への法による誘導

　そもそも，東京都環境確保条例の子供の声等に適用される騒音規制基準に関する規定の改正は，何を目的としてなされたのであろうか．その点を確認するためにまず参考にすべきなのは，都議会において，「子供が健やかに成長できる東京を実現するためには，社会全体で子育てしやすい環境を整備することが必要」であり，「子供の声が騒音として扱われ，保育所の整備が遅れたり，幼稚園や公園などでの活動が制約されるようなことがあってはな」らないが，その点について知事の所見を伺いたいという一議員の質問を受けてなされた，都

Ⅲ　利他主義への法による誘導

知事の以下のような答弁である.

　子供が健やかに育つ環境づくりについてでございますが, 安心して産み育てられ, 子供たちが健やかに成長できるまちの実現は, 都政の最重要課題であります. 長期ビジョンにおいては, 待機児童の解消に向けた明確な目標を掲げ, 保育サービスの拡充と保育人材確保に必要な予算もしっかり計上いたしましたが, 社会全体で子育てしやすい環境を整備するという観点も不可欠であります.
　近年, 子供の声が騒音だとして悩む住民もいらっしゃる中で, 保育所での活動が制限されるなどの状況も生じております. このため, 子供の声も数値規制の対象としている現行の環境確保条例を見直し, 子供一人一人の健やかな成長, 育成にも配慮しつつ, 話し合いやコミュニケーションの中で必要な対策を講じて, 解決を目指す仕組みに変えるべく改正案を本定例会に提出いたしました. このことによって, 地域全体で子供の成長を見守る, よりよい地域, よりよい保育環境の形成につなげていきたいと考えております (平成 27 年東京都議会第 1 回定例会会議録第 2 号 (2 月 24 日))

　この答弁においては, 東京都環境確保条例の子供の声等に適用される騒音規制基準に関する規定の改正は, 「子供が健やかに育つ環境づくり」の一環であるという説明がなされている. これに対して, 同条例それ自体は, その目的規定である 1 条に規定されているように, 「他の法令と相まって, 環境への負荷を低減するための措置を定めるとともに, 公害の発生源について必要な規制及び緊急時の措置を定めること等により, 現在及び将来の都民が健康で安全かつ快適な生活を営む上で必要な環境を確保すること」を目的とするものである. そこで言う「現在及び将来の都民が健康で安全かつ快適な生活を営む上で必要な環境」と「子供が健やかに育つ環境」とは, 前者に後者が完全に内包されるような, すなわち, 同条例の実施が「子供が健やかに育つ環境」の形成に確実に貢献するような, 調和的な関係にはない. そうではなく, 同条例に基づいて実施されている「現在及び将来の都民が健康で安全かつ快適な生活を営む上で必要な環境を確保する」ための取り組みは, 「子供が健やかに育つ環境」の形成を阻害する可能性を孕んでいる. そして, 近年においては, そうした可能性が現実化する頻度が高まってきており, 東京都環境確保条例が「子供が健やかに育つ環境づくり」の障害となっている[5]. それゆえに, 同条例は改正されなければならない. それが, この答弁の趣旨である.

　それではなぜ, 改正前の東京都環境確保条例は, 「子供が健やかに育つ環境づくり」の障害となっていたのであろうか. 考えられる答えは, 改正前の同条

305

例が，保育所等において発せられる子供の声等を厳しく規制しすぎており，それゆえに，保育所等における子供の活動が，必要以上に制約されてきたからであるというものであろう．

また，この答弁においては，「長期ビジョン」に「待機児童の解消に向けた明確な目標」が掲げられていることへの言及がなされている．『東京都長期ビジョン』が策定されたのは，東京都環境確保条例が改正される前年の2014年であるが，そこには，8つの「都市戦略」のひとつとして「福祉先進都市の実現」が掲げられ，その一環として，「多様な保育サービスを拡充し，2017年度末までに待機児童を解消」することが政策目標として掲げられている．そして，この政策目標を実現するために実施することが明示されている諸施策のなかには，「認可・認証保育所，認定こども園等の設置及び定員拡大の促進」が含まれている．この点を重視するならば，改正前の東京都環境確保条例は，既に開設されている保育所等から発せられる子供の声等を厳しく規制しすぎており，そのことが，保育所等に在籍している子供の健やかな成長を阻害しているだけではなく，規制の厳しさが保育所等の新設を妨げ，その結果，必要な保育を受けられない待機児童を多数生み出すことになり，そうした意味でも，「子供が健やかに育つ環境づくり」の障害となっていると認識されていたと考えることもできるであろう．

⑸　前注2で言及したとおり，いわゆる事務処理特例条例に基づいて，騒音対策の実務は市および特別区の区域では市もしくは特別区が担当しているが，東京都環境局が都内の市および特別区を対象にして2014年に実施した「子どもの声等に関する騒音苦情についてのアンケート調査」によれば，回答した49市区のうち69％にあたる34市区が，2008年度以降に，子どもの発する声や物音に関する苦情を受けたことがあると回答していた．また，同じ調査において，回答した市区の69％にあたる34市区が，東京都環境確保条例の基準に子どもの声等を適合させることは困難であり，それゆえ，同条例による騒音規制は，子どもの声等に関する苦情の解決にはつながらないと，また，12％にあたる6市区が，東京都環境確保条例の基準が子どもの声等に適用されることが，保育所等に関する騒音苦情を公害紛争に発展させる要因になっていると回答していた．なお，前田正子によれば，保育所等をめぐる騒音トラブルの増加は，全国的な現象である（前田 2017：132-134）．また，橋本典久は，保育所等から発せられる子どもの声のみならず，様々な音に関して，それを騒音と受け止め，苦情を申し立てる者が近年において増加してきていることを指摘したうえで，それは主として人々の刺激に対する抵抗力が低下してきているがゆえにであるという認識を提示するとともに，人々の刺激に対する抵抗力を低下させている要因を検討している（橋本 2012：136-151）．

いずれにせよ，東京都環境確保条例は保育所等において発せられる子供の声等を厳しく規制しすぎており，そのことが「子供が健やかに育つ環境づくり」の障害となっている．それゆえに，同条例を改正し，規制を緩和しなければならない．それが，2015 年の同条例改正の目的であったという推測には，十分な合理性があるように思われる．

　しかしながら，そうであるとしたならば，保育所等において発せられる子供の声に関しては，許容される音圧レベルの上限値をこれまでよりも高くするという改正を行うことによっても，意図された目的は達成可能であったはずである．例えば，〔資料〕に示したとおり，東京都環境確保条例の別表第 13 によれば，第一種低層住居専用地域においては，午前 8 時から午後 7 時までは，敷地境界における音圧レベルが 45 デシベルを超える騒音を発してはならないということになるが，保育園等において発せられる子供の声等に関しては，45 デシベルを 55 デシベルに引き上げるという改正である[6]．そのような改正であれば，ルールに依拠した規制であるという点に関しては，改正の前後において変化はないということになる．

　そうした改正が行われなかったのは，許容される音圧レベルの上限値が低すぎることではなく，あるいは，それとともに，ルールに依拠した規制が行われていることが，それ自体として，「子供が健やかに育つ環境づくり」の障害となっていると認識されたがゆえにであろう．そうした認識ゆえに，ルールに依拠した規制からスタンダードに依拠した規制への，すなわち，明示されたデシベル値を超えた音圧レベルの音を発することの禁止から，諸般の事情を総合的に考察したうえでの個別的対応への移行が必要であると考えられ，それを実現するための条例改正が提案されたと考えられる．

　それではなぜ，ルールに依拠した規制は「子供が健やかに育つ環境づくり」の障害となっていると認識されたのであろうか．この問いへの答えを探究するうえで参考になるのが，改正案を都議会に上程するに先立って環境局がパブリック・コメントを実施した際に寄せられた，「基準値を緩和するとしても，定量的・客観的な数値基準を定めて規制すべきである」という意見に対する，

---

(6)　村頭秀人は，東京都環境確保条例の 2015 年改正案を，それが都議会において可決されるに先立って批判的に検討した論考において，そうした改正を行うべきであったと述べている（村頭 2015：69）．

307

環境局の次のような回答である.

> 子供の声については今回の意見募集においても多様な御意見が寄せられており，一律の規制基準を定めることは困難です.
> また，関係者同士の話し合い等がなされることによって，施設管理者側においては近隣へ配慮する意識が，近隣住民においては子供の声等に対する理解が深まり，こうしたことを通じて，個々の事例ごとに着地点が見出されることを期待する観点から，子供の声については受忍限度に基づく規制方法に変更することが適当であると考えます.

　この回答の第一段落は，保育所等において発せられる子供の声等に関しては，別表第13に規定されている上限値よりも高い上限値を新たに設定するという方策を採った場合，その新たな上限値をどのように設定したとしても，それに反対する意見が沸き起こり，反対者を説得するには多大な時間が必要になると予想されることから，早期に条例を改正することが不可能になるという趣旨であろう．そうした条例改正のために必要な合意形成に要する時間的コストは，カプロウが検討している法的規準の設定に要するコストとは異質なものではあるが，新たなルールを定めるために必要なコストの一類型であることは確かである．この第一段落はまた，東京都環境確保条例の改正案を都議会において可決させるためには，それぞれに意見を異にする都議会議員の過半数の賛成票を獲得する必要があり，そのためには明確な規制基準を定めることは回避する必要があるという認識を示したものとも解釈可能である．そうであるとしたならば，この第一段落は，集合体としての立法機関内部における妥協的な合意形成のために，ルールではなくスタンダードが選択されることがあるというケネディの指摘が，東京都環境確保条例の2015年改正にも妥当することを示していると見なしてよいかもしれない.

　それに対して第二段落においては，そうした立法上の便宜についての考慮ではなく，ルールに依拠した規制よりもスタンダードに依拠した規制のほうが，個々の事例ごとにその事例にふさわしい解決を導き出すことが期待できるという考えが示されている．ただ，その理由として挙げられているのは，将来において発生することが予想される多様な事案のそれぞれの特性に応じて，事案ごとの望ましい解決策をルールのかたちで示すことは，それに要する時間的コストがかかりすぎで困難であるとか，あるいは，そもそも不可能であり，それゆ

えに過少包摂や過剰包摂が必然的に発生してしまうといった，これまでルールに依拠した規制のデメリットとして指摘されてきたようなものではない．

　そうではなく，スタンダードに依拠した規制には，「関係者同士の話し合い等」を促進する効果があり，それゆえに，保育所等の「施設管理者側においては近隣へ配慮する意識が，近隣住民においては子供の声等に対する理解が深まり」，その結果として，「個々の事例ごとに着地点が見出されること」が，その効果として期待できるということが，スタンダードに依拠した規制のメリットとして指摘されている．それは，裏を返せば，ルールに依拠した規制を続けていたのでは，関係者が話し合うことによって，相互に理解を深めていくことは期待できないということに他ならない．

　問題は，それがなぜなのかであるが，パブリック・コメントを実施した際に寄せられた意見に対する環境局の回答にも，都議会における理事者側の答弁等にも，その理由が明示されているわけではない．しかしながら，パブリック・コメントを実施した際に寄せられた都民の意見とそれに対する環境局の応答のなかに，その理由を推測するヒントが示されている．それは，「何人たりとも，自宅で平穏に暮らす権利を脅かすことはできない」はずであり，それゆえに改正案には反対であるという意見と，それに対する環境局の，「子供が健やかに成長し，また，真に安心して子供を産み育てられる環境の整備が社会的に求められている」ことから，「子供の健やかな成長・育成という社会共通の利益と，騒音被害者の快適な生活環境を追求する権利との両者のバランスを図る必要があると考えます」という回答においてである．

　この問いと答えは，権利主張とそれに対する反論という関係になっている．そのことと条例改正とを結び付けるならば，意見を寄せた者は，条例改正は「自宅で平穏に暮らす権利」の保障を脆弱化させるがゆえに反対であると主張しているのに対して，環境局は，そうした権利は，「子供の健やかな成長・育成という社会共通の利益」とのバランスをとるために，その保障の程度を低下させる必要があると反論しているということになる．権利を不可侵のものとして保障すべきではなく，「社会共通の利益」との衡量の対象とする必要があるというのが，環境局の主張なのである．ルールに依拠した規制からスタンダードに依拠した規制への転換は，まさにこの点に関連しているように思われる．

　条例によって明確な数値基準を設定することは，その数値を超えた音圧レベ

14 ルールからスタンダードへ〔阿部昌樹〕

ルの音を聞かなくてすむことが法的権利として保障されているはずであるという意識を，住民に抱かせやすい．すなわち，ルールに依拠した規制は，他者によって侵害されることのない権利を保障したものと観念されやすい．パブリック・コメントに寄せられた上記の意見は，そのことを示している．

そうした権利意識は，実は幻想にすぎない．今日の我が国の司法実務においては，騒音被害を理由として損害賠償や差し止めを求める民事訴訟が提起された場合に請求を認めるか否かは，その騒音が受忍限度を超えたものであるか否かによって判断するとされており，しかも，受忍限度を超えたか否かは，諸般の事情を勘案したうえで，総合的に判断するとされている．その騒音が，東京都環境確保条例のような行政法規に違反したものであるか否かは，受忍限度を超えたか否かを判断する際の考慮事項のひとつにすぎず，行政法規違反がそれだけでただちに，受忍限度を超えていたという判断を帰結するわけではない[7]．それに加えて，東京都環境確保条例も，別表第13に示された音圧レベルを超えた音を発したならば，それだけで直ちに知事名義での改善勧告や改善命令の対象となると規定しているわけではない．上述のとおり，別表第1に示された音圧レベルを超えた音が発せられており，なおかつ，その騒音が「周辺の生活環境に支障を及ぼしている」と認められた場合に，はじめて改善勧告の対象となり，改善勧告に従わない場合にはじめて，改善命令の対象となるという規定の仕方となっているのである．しかも，「周辺の生活環境に支障を及ぼしている」か否かは，受忍限度を超えているか否かという観点から判断するというのが，都の行政実務である．司法実務においても行政実務においても，数値基準

---

(7) この点に関しては，最判平成6年3月24日判例時報1501号96頁が重要である．この事案の判決理由のなかで，最高裁判所第一小法廷は，「工場等の操業に伴う騒音，粉じんによる被害が，第三者に対する関係において，違法な権利侵害ないし利益侵害になるかどうかは，侵害行為の態様，侵害の程度，被侵害利益の性質と内容，当該工場等の所在地の地域環境，侵害行為の開始とその後の継続の経過及び状況，その間に採られた被害の防止に関する措置の有無及びその内容，効果等の諸般の事情を総合的に考察して，被害が一般社会生活上受忍すべき程度を超えるものかどうかによって決すべきである」が，「工場等の操業が法令等に違反するものであるかどうかは，……受忍すべき程度を超えるかどうかを判断するに際し，……諸般の事情の一つとして考慮されるべきであるとしても，それらに違反していることのみをもって，第三者との関係において，その権利ないし利益を違法に侵害していると断定することはできない」という見解を提示している．

は，不可侵の権利を保障するものとは見なされていないのである．

　しかしながら，住民意識のレベルにおいては，数値基準が，不可侵の権利を保障するものと認識されやすいことは否定し難いように思われる．そして，そうした認識を抱いた者は，数値基準をわずかでも超えた音圧レベルの音が発せられたならば，それを権利侵害と捉え，その是正を，音の発生源である保育所等や規制権限を有する都や市区に対して求めるような行動をとりやすい[8]．

　これに対して，数値基準をなくしたならば，権利主張の拠り所がなくなり，頑強な権利主張は困難となる．それゆえに，住民は，たとえ自らには「自宅で平穏に暮らす権利」があるとしても，それは絶対的なものではなく，「子供の健やかな成長・育成という社会共通の利益」のために譲歩しなければならないことが多々あるということを認めざるを得なくなる．環境局が，あるいは都の幹部がそのように考えたがゆえに，ルールに依拠した規制からスタンダードに依拠した規制への転換が図られたのではないかと考えられる．そして，東京都環境確保条例改正案が都議会で出席議員の全員賛成で可決されたのは，都議会議員の大多数もまた，そうした考えを受け容れたがゆえにであったのではないかと推測される．

　ところで，ルールに依拠した規制が，その規制の受益者からの権利主張を誘発しやすいのに対して，スタンダードに依拠した規制には，その規制の受益者と規制対象者とが話し合うことによって，相互に理解を深めていくという効果が期待できるという発想は，ルールは個人主義と親和的であり，スタンダードは利他主義と親和的であるというケネディの指摘と，一見したところ平仄が合っている．しかしながら，東京都環境確保条例の改正についての以上の分析は，改正を担った人々が利他主義的な世界観を共有していたがゆえに，それまでのルールに依拠した規制に代わって，スタンダードに依拠した規制が採用されたということを含意するものではない．

　そうではなく，保育所等を運営する事業者と保育所等の近隣住民との双方が，前者は後者の自宅で平穏に暮らしたいという願いを慮り，その願いを叶えるためであればある程度の負担は受け容れようという利他的な姿勢で，また，後者

---

　(8)　前掲注(2)において言及したとおり，いわゆる事務処理特例条例に基づいて，騒音対策の実務は市および特別区が担当しているため，騒音についての住民からの苦情への対応も，市役所や区役所が行うことが多い．

は前者の営む事業が社会的に有益なものであることを十分に認識したうえで，多少の自己犠牲を払ってでもその事業に協力しようという，これもまた利他的な姿勢で，互いに歩み寄っていくことが，「現在及び将来の都民が健康で安全かつ快適な生活を営む上で必要な環境」と「子供が健やかに育つ環境」とを，ふたつながら実現していくためには必要であり，そのためには，保育所等を運営する事業者と保育所等の近隣住民との双方に，そしてとりわけ後者には，利他主義的な態度を身に付けてもらう必要があるという立法者の認識が，ルールに依拠した規制からスタンダードに依拠した規制への転換をもたらしたと考えられるのである．それはすなわち，立法者自身の利他主義的な世界観ではなく，法的規制の対象者や受益者を利他主義へと誘導したいという立法者の道具的ないしは戦略的な関心が，スタンダードに依拠した規制の採用につながったのが，東京都環境確保条例の 2015 年改正であったということである．しかしながら，それはそれで，利他主義とスタンダードの，そしてその裏面としての個人主義とルールの，親和性を示しているように思われる[9]．

〔文 献〕

阿部昌樹（1987a）「行政裁量の立法技術論的研究（一）」法学論叢 121 巻 2 号 60-83 頁．

──（1987b）「行政裁量の立法技術論的研究（二）・完」法学論叢 122 巻 2 号 64-87 頁．

Ehrlich, Isaac & Richard A. Posner (1974) "An Economic Analysis of Legal Rulemaking," *Journal of Legal Studies* 3: 257-286.

船越資晶（2011）『批判法学の構図』勁草書房．

橋本典久（2012）『苦情社会の騒音トラブル学』新曜社．

角松生史（2013）「『協議調整型』まちづくりの制度設計とルール／スタンダード論」日本不動産学会誌 27 巻 3 号 55-62 頁．

上林陽治・人見剛（2012）「都道府県・政令市における公害関連条例の歴史的展開」人見剛＝横田覚＝海老名富夫編『公害防止条例の研究』成文堂，1-76 頁．

Kaplow, Louis (1992) "Rules versus Standards : An Economic Analysis," *Duke Law*

---

(9) 船越資晶によれば，ケネディは，遅くとも 1990 年代の半ば以降は，ルールかスタンダードかという「形式」の次元と利己主義か利他主義かという「世界観」の次元との連関を否定し，ルールとスタンダードのいずれが選択されるかは，立法者の政策的選好に基づく機会主義的な対応によるという認識に立脚するに至っているという（船越 2011：13-21）．船越のこの指摘を踏まえるならば，東京都環境確保条例の 2015 年改正は，ケネディの 1970 年代の見解よりもむしろ 1990 年代半ば以降の見解と，より適合的な事例であると言うことができそうである．

Ⅲ　利他主義への法による誘導

Journal 42：557-629.

Kennedy, Duncan（1976）"Forms and Substance in Private Law Adjudication," *Harvard Law Review* 89：1685-1778.

前田正子（2017）『保育園問題』中央公論新社.

森田果（2007）「最密接関係地法」ジュリスト 1345 号 66-73 頁.

村頭秀人（2015）「子供の声等に関する東京都の環境確保条例の見直し案について」騒音制御 39 巻 3 号 66-69 頁.

那須耕介（2001）「法の支配を支えるもの」摂南法学 25 号 1 -147 頁.

佐藤育己・座主祥伸（2007）「『スタンダード』ではなく『ルール』を」齋藤彰編『市場と適応』法律文化社, 128-156 頁.

Schauer, Frederick（1991）*Playing by the Rules*, Oxford University Press

島並良（2008）「権利制限の立法形式」著作権研究 35 号 90-108 頁.

Sullivan, Kathleen M.（1992）"The Supreme Court 1991 Term — Foreword: The Justices of Rules and Standards," *Harvard Law Review* 106: 22-123.

15 ヘイト・スピーチの規制と無効化
―― 言語行為論からの示唆[1]

尾﨑一郎・郭薇・堀田秀吾・李楊

I　はじめに ―― ヘイト・スピーチの言語表現を検討する必要性

　特定の人種や民族への差別的言動，いわゆるヘイト・スピーチ（憎悪表現・差別表現）は，支配的権力を持つ集団による様々な差別を正当化するレイシズムが表現されたものであり（森 2014：3-5），国際社会の規範や常識から見ても，市民社会において規制されるべき差別行為であることは明らかである（好井 2015：10）．

　2013 年には，新語・流行語大賞のひとつに「ヘイトスピーチ」が選ばれるということまであった．これは，近年，ヘイト・スピーチという現象，そしてその現象への関心が日本社会の中で顕在化してきたことを表している（市川 2014：122）．また，ヘイト・スピーチの増大に対応する法的な規制として，その抑止・解消を目的とした法律である「本邦外出身者に対する不当な差別的言動の解消に向けた取組の推進に関する法律」が 2016 年 6 月に施行された．

　ヘイト・スピーチの法的規制をめぐる議論においては，規制消極派・積極派

---

[1]　本稿は，著者 4 人の共同研究である．「課題設定による先導的人文・社会科学研究推進事業（領域開拓プログラム）　公募型研究テーマ「規範理論としての法語用論の開拓 ―― ヘイト・スピーチの無効化をめぐって」（代表・尾﨑一郎・北海道大学）」（2014-2017 年度）の研究成果の一部として書かれたものである．ヘイト・スピーチを言語行為として捉えその「無効化」の可能性を模索するという尾﨑が設定した課題に基づき共同でコーパスの構築と分析を行ったが，本稿で用いられている図表の作成と解析，またその元となるコーパスのデータ・クリーニング等は堀田が行った．ヘイト・スピーチにおける「聴衆の二重性」の概念や加害の無効化の方策についての結論は分担者全員の協議により得られたものである．早稲田大学法学研究科博士課程の木場修司氏には，データの準備にあたって，非常に多くの労を割いて頂いた．ここに感謝の意を表したい．

『法の経験的社会科学の確立に向けて』村山眞維先生古稀記念〔信山社，2019 年 3 月〕

のどちらの立場においても，ヘイト・スピーチが悪いことであるという認識は共有されていると言って良い（櫻庭 2014：128）[2]．それでも，国民による自己統治や自己実現の尊重といった民主主義の原則の実現のための思想の自由市場論に基づいたヘイト・スピーチ規制慎重論が憲法学を中心に存在する背景には，言語による表現を，身体によって実現される行為とは異なったものと捉える素朴な——しかし，許される表現と許されない表現の線引きが容易でない以上，自由で民主的な社会における人間の尊厳にとって表現の自由が持つ根本的な重要性をふまえれば，一概に否定できない——見解が根強く存在するためである（本多 2012：68）[3]．

本稿は，ヘイト・スピーチの狭義の「表現」を超えた「言語行為」としての側面に注目しヘイト・スピーチについての法学的議論に資することを目指すものである．より具体的には，言語行為論やオーディエンス・デザインなどの語用論や社会言語学で用いられる諸理論を用い，インターネット上の市民の発言の場として機能している SNS や匿名掲示板（「twitter」および「2 ちゃんねる」）において展開されたヘイト・スピーチを集積しデータベース化（コーパス化）した資料を解析して，その特徴を明らかにする．

---

(2) 近年，京都朝鮮第一初級学校に対する在特会の示威活動，および当該活動の違法性をめぐる訴訟をきっかけに，日本におけるヘイト・スピーチの研究・議論が盛んになっている．ヘイト・スピーチの社会実態を解明するものとして，中村（2014b），安田（2015），波多野（2017）など．ヘイト・スピーチの法的対処に関する文献も数多い．その中でも，法規制に積極的な立場を採用する代表的論考として，師岡（2013），前田（2015），金（2014）など．表現の自由との関連でヘイト・スピーチの法的規制を論じる憲法学の論考としては，小谷（2014），毛利（2014），曽我部（2015），市川（2015），小泉（2016），藤井（2016），桧垣（2017），榎（2017），山邨（2016 = 2017）などがある．また，法律専門誌の特集として，法学セミナー 726 号（2015 年 7 月号）「ヘイトスピーチ／ヘイトクライム I ——民族差別被害の防止と救済」，法学セミナー 736 号（2016 年 5 月号）「ヘイトスピーチ／ヘイトクライム II －理論と政策の架橋」，法学セミナー 757 号（2018 年 2 月号）「ヘイトスピーチ／ヘイトクライム III ——ヘイトスピーチを止められるか」．

(3) 前田（2015：20）は，表現の自由に関する法的思考が欧州諸国に比して特殊性を帯びたアメリカ法に黙従した表現・言論の自由の枠組みでヘイト・スピーチを捉えること自体が誤りであると指摘する．

Ⅱ　ヘイト・スピーチと言語学

　人種，皮膚の色，民族または出自などの属性に対する憎悪や敵対的動機から当該他者に対しておよぼす犯罪行為であるヘイト・クライム（金2015：34）は刑法における犯罪類型に則った規制が可能である．一方で，差別思想の表現行為であるヘイト・スピーチは，被害者であるマイノリティが受ける被害が精神的苦痛など具体的に認知しにくいものであることも手伝ってか，十分な注意が払われてこなかった（中村2014：35）．

　ヘイト・スピーチは，「憎悪表現」などと訳され，その定義も様々であるが，本稿では，菊池（2001：159）に従い，コンテクストにかかわらず差別的と認識される傾向のある「差別語」やコンテクストから差別感情が込められていると認識される「差別表現」も含めて，人種差別的な意味合いを込めて用いられる言語表現全般を指すものとして，広い意味で捉えていく．

　ヘイト・スピーチの類型には，罵倒・侮辱，脅迫や殺害予告，ジェノサイドや暴力の煽動，差別の煽動，差別用語，差別の歴史の否定，差別思想の流布等様々なものがあり，その表現方法についてもデモ行進，街頭演説，ビラ配布，インターネット等，種々存在する（市川2015：125）が，「スピーチ」という名称にも表れているように，ことばを使った差別的行為を一般的には指す[4]．

　前田（2015：17）は，ヘイト・クライムとヘイト・スピーチに関する従来の議論間の関係を，①お互いに重複する部分なく独立して存在する関係，②一部が重複する関係，③ヘイト・スピーチがヘイト・クライムに内包される関係のいずれかの立場で議論しているものに分類している．本稿は基本的に③の立場をとるが，いずれの立場を採用するにしても，ヘイト・スピーチに関して，暴力等の身体的行為との差異と類似性を明らかにするために，言語学的観点からヘイト・スピーチの言語的性質を検討していくのが有益である．ヘイト・ス

---

[4]　したがって，ヘイト・スピーチが，法と言語の関係を扱う学術分野である法言語学や法と言語の研究対象となりうることは想像に難くない．「法言語学」と「法と言語」の区別については，端的に言えば，前者が言語学者による法と言語に関わる言語学的研究を指し，後者はそれ以外の法と言語に関わるあらゆる学術的研究をここでは指す（堀田（2010））．

ピーチがヘイト・クライムに包含される「行為」だからといって拳による暴行と同じようにその発話をただちに規制してよいかどうかは自明ではない.

ヘイト・スピーチの言語的特質を考えていく上では，語用論および社会言語学で提案されてきた諸理論が重要な示唆を与えてくれる．そもそも，差別という人間の心理状態を作り出すのが「ことば」であり，差別という観念自体がことばによって創出され，ヘイト・クライム的な行為を媒介するのもことばであることを考えれば，差別表現の言語的性質を問題にせずに差別を論じることは原理的に不可能とさえ言える（田中2001：31）.

1 言語行為論

差別発言は，相手に呼吸困難，ストレス，精神障害といった生理学的な反応さえも引き起こすがゆえに実際に相手を傷つける「行為」であるという主張は，批判的人種理論（Critical Race Theory）において引用される論理である．また，ヘイト・スピーチではないにしろ，身体的な暴力的行為を伴わない「ことばの暴力」により，脳の萎縮が起こるという研究結果（Tomoda *et al* 2011）もある．ヘイト・スピーチを含めたことばの攻撃に曝された者が必ずしも常に上述のような被害を受けるわけではないにしろ，外形的な被害だけを見ればことばによる攻撃は傷害などの犯罪行為と変わらない.

しかし本稿は，傷害その他の既存の法律上の概念に無理にヘイト・スピーチを引きつけるのではなく，もう少し一般的に，「行為」として捉える分析枠組を探求する．そこで有用なのが，J. L. オースティン（1960 = 1978）に端を発する，言語行為論（Speech Act Theory）である.

言語行為とは私たちが言語表現を発する際，同時に成立している行為のことを言う．例えば，「ごめんなさい」という発話は，言語表現を単に発しているだけでなく，通常，「謝罪」という行為が同時に成立している．また，「そこは危険だよ」という発話は，単に聞き手のいる場所が危険だということを描写しているのではなく，「注意を喚起する」という行為を行っているのである．オースティン自身が分類するように，発話行為は，発話をする行為そのものとしての「発話行為（locutionary act）」，発話において成し遂げようとする行為としての「発話内行為（illocutionary act）」，そしてその発話によって文脈依存的に（結果的に）実現される行為としての「発話媒介行為（perlocutionary act）」

Ⅱ　ヘイト・スピーチと言語学

とに分けられる[5]. そして，一つの発話で同時にいくつかの行為が成立してい
ることも珍しくない.

　バトラー（1997 = 2004）や本多（2012）のように，ヘイト・スピーチを言語
行為の立場から検討する試みはすでに存在する. これらの考察に共通するのは，
ヘイト・スピーチは，「行為」であるということである. 言論が単なる言論以
上の行為であるなら法規制の対象となり得る（高橋 2010：209）という解釈の
上に立てば，ヘイト・スピーチの法規制を考える上で，言語行為論からの分析
には大きな意味があるわけである.

　実際すでに本多（2012：81）は，「差別・排斥・憎悪・侮辱」が成立する発
話行為はまさに差別行為であり言論の自由の保護の対象外であるとしている.
ただ，発話行為と発話内行為の関係でのみ差別行為の成立を論じており，発話
媒介行為が視野の外に置かれている点でもう一歩踏み込む余地がある. なぜな
ら，例えば，話者が，誰も聞き手がいない場所で独り言として，あるいは誰にも
目に触れることがない自身の日記の中で，差別発言を行う目的で差別的発言を
行っていたとしても，当該行為を法律で規制することはナンセンスだからである.

　また，差別表現が文脈（コンテクスト）を失うと，あるいは当該表現に文脈
が異なる解釈を与えると，差別的表現が差別性を失うこと，ひいては肯定的な
意味を生み出すことさえあるとの指摘もある（田中 2001）. となると，問題と
なる発話の発話媒介行為次第では，思想・言論の自由とのバランスからいって
も，法規制になじみにくかったり，法規制を必要としなったりする場合もある
であろう. この点，法規制の是非とは別に，何らかの方法（社会的介入）によ
り，ヘイト・スピーチの発話媒介行為（文脈により増幅される被害）を無効化な

---

(5)　「お宅のお嬢さん，可愛いですね」と発言するのが，発話行為であり，話し手の，そ
　　の発話行為によって聞き手を喜ばそうという意図は「発話内行為」であり，それを聞い
　　て聞き手が賞賛と受け取れば，「賞賛」という「発話媒介行為」が成立することになる.
　　しかし，同じ発話行為と発話内行為であっても，文脈が変われば，結果として生じる発
　　話媒介行為は異なるものになる. 例えば，借金をとりたてる暴力団構成員が上の発言を
　　したのであれば聞き手は相手の要望を聞かないと何らかの危害が娘に加えられる可能性
　　があると危惧するだろうし，そうとるよう発話者は仕向けているかもしれない. しかし，
　　そのような状況においてさえ，発話者が純粋に容姿を賞賛する意図で発することはあり
　　得るし，発話者の意図が何であれ聞き手が純粋な賞賛として理解することもあり得る.
　　このように，「発話媒介行為」は，発話が結果的に引き起こした作用であるから，背景
　　や文脈に依存することになる.

319

いし緩和できるなら，それ自体として考慮に値すると言えるかもしれない．本研究は単なる法規制の是非ではなくこのような無効化の可能性を視野に入れている．バトラーが指摘するように（バトラー 1997 = 2004），ヘイト・スピーチの加害性を被害者サイドないし法権力が認知すること自体が加害を目論む言語「行為」としてのヘイト・スピーチの「有効性」を社会的に認知してしまうという逆説を孕むのであればなおさらその必要があると思われるからである．

2　オーディエンス・デザイン

　ヘイト・スピーチを言語行為論から考察する試みがこれまでも散見されていることは前項で述べた．そして，例えば本多（2012）の分析を例にとり，そこに欠落している発話の「聞き手」に及ぼす（文脈依存的）作用という視点を指摘した．この作用を考える上で示唆に富むのが「オーディエンス・デザイン」（Bell 1984）の理論である．

　オーディエンス・デザインの理論においては，会話の聞き手として以下の4種類が区別され，それぞれと発話者の関係が当該発話の意味や機能を考える上で重要であることが指摘される．すなわち，話し手が認識し，認め，直接語りかける相手である「聞き手（Addressee）」，話し手が認識し，認めてはいるが，直接語りかける相手ではない「傍聴人（Auditor）」，話し手が認識してはいるが，認めてはおらず，直接語りかける相手でもない「偶然聞く人（Overhearer）」，話し手が認識も，認めてもしておらず，直接語りかける相手でもない「盗み聞きする人（Eavesdropper）」の4種類である．話し手が注意を払う程度や表現の形式（スタイル）などは，これらのオーディエンスの差によって影響される．

　オーディエンス・デザインという概念をネット上のヘイト・スピーチに適用してみると，例えば，匿名掲示板として有名な「2ちゃんねる」（2017年10月に「5ちゃんねる」名称変更された）における以下のようなやりとりの意味が理解出来る．

1. a.　てめぇもテロリストと変わらん．国賊が．
   b.　在日がファビョってるぞWWW

(2015 年 01 月 22 日)

Ⅱ　ヘイト・スピーチと言語学

　（1b）は，（1a）の投稿をした人物を揶揄した発言である．（1b）に出てくる
「ファビョってる」という表現は，もともと「火病（ファビョン）」という表現
に由来するもので，特に韓国の人々に対して，彼らが激怒している様子を揶揄
するために用いられるインターネット上のスラングである．（1a）の発言者の
国籍は不明ではあるが，（1b）は（1a）が「在日」による発言と断定し嘲笑し
ているのである（WWWとは（笑）を表すネットで多用される表記）．典型的なヘ
イト・スピーチと比べると，かなり軽めで，法規制の対象となるものである可
能性は低いが，差別発言であることには疑いがなく，差別発言の言語的性質を
顕著に示している例でもある．

　（1b）の発言者は，（1a）の発言者，すなわち上掲のオーディエンス・デザ
インの区別における「聞き手」に対して発言している．（1b）の発言者は，
（1a）の発言者を外国籍の人間と考えているようである．同時に，（1b）の発
言者は，この掲示板上の議論に参加せずに閲覧しているだけのオーディエンス
である「傍聴人」を意識している．

　すなわち，「ぞ」という終助詞は，いくつかの談話機能を持つが（スワン
2004），特にここでは，「聞き手が現在の状況を認知していないと判断し，認知
する必要性を伝達する」機能（あるいは一層の注意を促す機能）が重要であ
る．　例えば，狼少年という童話で，少年が村人たちに「狼が来たぞ！」と嘘
の報告をする際の「ぞ」の用法である．（1b）では，発言者が，当該掲示板を
閲覧しているオーディエンスに対して，（1a）の発言者の状況を認知させるこ
とで，（1a）の発言者を辱めようとしているのである．

　このように二重あるいは多重のオーディエンスを意識した発言に，インター
ネットやヘイト・デモ的な場における差別発言の性質を明らかにする鍵があ
る⁽⁶⁾．ネット上のヘイト・スピーチは，インターネットという常に不特定多数
の傍観者が存在する場であるという特殊性から，デュアル（二重）のオーディ

───────────
⑹　直接の標的以外のオーディエンスを意識しているのは，ヘイト街宣でも同様である．
　　主催団体は，街を行き交う無数の一般市民へのアピール効果を明らかに意識しており，
　　さらには街宣の様子を自ら撮影してインターネットで不特定多数に公開しているのであ
　　る．在特会の活動を記録した映像は，現在YouTubeなどの動画サイトで数多くアップ
　　ロードされている．例えば，以下のような「在特会の軌跡」と題した動画リストhttps：
　　//www. youtube. com/playlist? list=PLq930t70N2JI6nfYPJ-g6w9iiSRZb_H02&fea-
　　ture=view_all（2018年6月11日最終アクセス）

321

エンスを意識した発言になっていることが，このような例から明瞭に見て取れるのである．これを我々はネット上のヘイト・スピーチに関する聴衆の二重性（デュアリティ）と名付ける．

　法的な対処を必要とするヘイト・スピーチは，相手がいない個人の部屋の中でつぶやくものでも，誰も見ない個人的な日記の中に書き綴るようなものでもなく，常に他者であるオーディエンスを意識したものである．例えば，後述する，本研究で構築した「2ちゃんねる」におけるヘイト・スピーチ・コーパスで最も多く見られた差別表現のひとつである「チョン」という表現について考えてみても，この発言は，特定の日本国籍外の人々に向けられたものであるから，そういった人々が「聞き手」となるが，その単語をあえて公衆という「傍聴人」が見ている中で用いることで，自分の意見に同調・支持してくれる層のオーディエンスに同時に呼びかけているのである．

　この特性を言語行為論の枠組で捉え直すと，インターネット上でヘイト・スピーチを行う話者は，その二重の聴衆に対して，それぞれ異なった発話内行為を行おうとしている．表面的には，直接的な聞き手である在日外国人というオーディエンスに対して，直接的に侮蔑したり，罵倒したりするという発話内行為を実行し，同時に傍聴人である不特定多数の同胞に対して同調を求めたり，賞賛を求めたりという発話内行為を実行している．偏見に関する社会心理学でも，偏見を表明する行動には偏見仲間同士の連帯感を高める作用があるという指摘があるが[7]，これもヘイト・スピーチにおいて如上の言語行為が実行されていることを裏付けることになるだろう．

　このオーディエンス・デザインと発話における聴衆の二重性（デュアリティ）が，ネット上のヘイト・スピーチの特性を表していると言えるだろう[8]．

　以上をふまえつつ，ネット上のヘイト・スピーチのコーパスの数理解析の結果を次に見てみよう．

Ⅲ　ネット上のヘイト・スピーチの実際

ここでは，ヘイト・スピーチがネット上で実際にどのように展開されている

---

(7)　Allport（1954）参照．

かを見るために，匿名掲示板として有名な「2ちゃんねる」(現「5ちゃんねる」)とミニブログの「twitter」を取り上げる．後者は使用するにあたっては登録してIDを取得する必要があり，そのIDを使って発言しなければならない．その点で，前者の方が匿名性が高い．また，twitterのほうが，リアルタイムに情報が流れ，交換されていく「即時性」というべき特性がある．さらに，2ちゃんねるでは，スレッドと呼ばれる話題ごとにその話題に多少なりとも関心のあるユーザだけが内容を読み発言をするのに対し，twitterでは次々に配信されてくる情報の適宜のリツイートという形で当該情報が他のユーザに拡散されていき，その範囲には制限がない．つまり情報の潜在的な拡散力はtwitterの方が高いが，実際に拡散するかどうかは状況次第である．

　これらの場の利用特性の違いをふまえつつ[9]，ヘイト・スピーチの言語行為やオーディエンス・デザインにおける特性を検討する．

1　コーパスの収集・分析の方法

　インターネット上でのヘイト・スピーチの実態の一部を見ることを目的として，2ちゃんねるとtwitterについて，2015年1月1日から2015年12月31日までの間で，「在日」というキーワードによる検索を行い，発言数に顕著なピークが見られた日の前後1週間，計209日分のデータを収集した．収集した

---

(8)　なお，2016年に施行された「本邦外出身者に対する不当な差別的言動の解消に向けた取組の推進に関する法律」(ヘイト・スピーチ解消法)では，ヘイト・スピーチを「本邦外出身者に対する差別的言動」とし，次のように定義している．

　「本邦の域外にある国若しくは地域の出身である者又はその子孫であって適法に居住するものに対する差別的意識を助長し又は誘発する目的で公然とその生命，身体，自由，名誉又は財産に危害を加える旨を告知するなど，本邦の域外にある国又は地域の出身であることを理由として，本邦外出身者を地域社会から排除することを煽動する不当な差別的言動」(第2条)

　この定義の「公然とその生命，身体，自由，名誉又は財産に危害を加える旨を告知」という部分については，聞き手が「本邦の域外にある国若しくは地域の出身である者又はその子孫であって適法に居住するもの」，すなわち在日外国人らである発話を指す．同時に，「差別的意識を助長し又は誘発する」および「邦外出身者を地域社会から排除することを煽動する」という部分は聞き手あるいは傍聴人も意識した発話のことを指している．図らずも，ヘイト・スピーチの持つオーディエンス・デザイン上の特性をふまえた条文となっているのである．当然，独り言や非公開の日記への記述といった形で展開されるヘイト・スピーチは規制対象から排除される．

15 ヘイト・スピーチの規制と無効化〔尾﨑一郎・郭薇・堀田秀吾・李楊〕

データは，IBM 社が提供する Text Mining Studio という市販のテキストマイニング・ソフトウエア，および立命館大学産業社会学部の樋口耕一氏が開発した KH-coder を用いて，形態素解析および各語の頻度の集計を行った．2 ちゃんねると twitter の差異化に寄与していると思われる表現を抽出するために，それぞれのコーパスの総語数と頻度から各語の期待値を算出し，次に期待値と実測値をもとにカイ二乗検定を行い，さらに期待値と実測値から標準化残差を求め，最終的に，標準化残差から調整化残差を算出し，その値が大きいものから順に差異の程度が大きいものと考えて各コーパスの特徴語とした．

コーパスを使ったヘイト・スピーチの先行研究として，高（2015）が挙げられる．高は，twitter のデータを収集し，本稿と同じく KH-coder で分析したものであるが，本稿と異なり「2 ちゃんねる」を分析対象としていない．本稿では，2 ちゃんねるの特徴である，特定の発言者によって極度に繰り返し同じ内容が投稿されているために出現頻度上位に入ってくる語彙については，考察

⑼ twitter を分析対象として利用する利点として，高（2015：25-27）が述べるように，日本で最も利用されているソーシャル・メディアであること，ブログなどのほかのソーシャル・メディアとの連携が優れているため情報がオープンになっていることなどが挙げられる．本稿の元になった共同研究では，twitter と 2 ちゃんねるにおける表現の差異の分析なども行った．例えば，twitter コーパスの総語数を 2 ちゃんねるコーパスの総語数で割って得られた数値を，twitter コーパスから得られた各表現の出現頻度に掛けることにより，twitter コーパスにおける当該表現の 2 ちゃんねるコーパスに対する相対的な出現頻度を算出したり，逆に，2 ちゃんねるコーパスの総語数を twitter コーパスの総語数で割って得られた数値を，2 ちゃんねるコーパスから得られた各表現の出現頻度に掛けることにより，2 ちゃんねるコーパスにおける当該表現の twitter コーパスに対する相対的な出現頻度を算出したりするなどした．それぞれのコーパスに特徴的な差別表現は，2 ちゃんねるでは 17 表現，twitter では 9 表現であり，前者の方が差別表現が有意に多く用いられていた．これによって示されるのは，2 ちゃんねるがより在日外国人を罵倒することを中心とする場と化しており，twitter はニュースのような情報提供の際に差別表現を発する場となっているということである．オーディエンス・デザインの観点からすると，発信者がより広い受信者を期待しているのは一次的な受信者が「フォロワー」に限定されない 2 ちゃんねるであろう．自分の意見に同調・支持してくれる層のオーディエンスに呼びかけるのがヘイト・スピーチの特徴の一つなのであれば，2 ちゃんねるにおいて差別表現がより顕著になるのは自然である．また，Haney, Banks, and Zimbard（1973）による有名なスタンフォード監獄実験のように，匿名性が高い状況では，人々は極端な言動に出やすくなることが社会心理学ではよく知られている．このことからも，twitter よりも匿名性が高い 2 ちゃんねるにおいて，差別表現がより顕著になっていると思われる．

の対象外とした．また，高の分析では，KH-coder にビルトインされた分析
ツールが主に用いられているが，本稿における分析では統計的手法を自身で選
択し用いたほか Text Mining Studio も併用した．

2　分析結果

(1) 頻 出 語

　コーパスのサイズは，2ちゃんねるが 17,957,515 語（異なり語数　58,158
語），twitter が 7,550,774 語（異なり語数 57,220 語）である．異なり語数，す
なわち，使われている表現の種類については，両者にそれほど大きな差がない．
　コーパスを使った分析では，出現頻度順に表現を見ていくのが定石であるの
で，本稿でもまずは出現頻度を見てみよう．表1は，2ちゃんねるコーパスと
twitter コーパスにおける頻出語である．ちなみに，（2ちゃんねるに対する）名
詞の相対出現頻度を両コーパスで合計した場合，出現頻度における上位 10 位
は，「在日」「日本」「RT」「日本人」「韓国」「在日朝鮮人」「朝鮮人」「在日韓

2ちゃんねる	
在日	自民党
朝鮮人	転載
韓国人	自分
スレ	アメリカ軍
在日部落	荒らす
チョン	池沼
コリアン	レス
工作	スパイ
出身	総連
韓国・朝鮮人	ヒトモドキ

twitter	
RT	嫌中
拡散	恥
暴言	相互フォロー
俺様	嫌韓
倭猿	必見
許せる	特亜
身	自衛隊
寄生	速報
愛国	ヤバ
中国・韓国・在日崩壊ニュース	日本人必見

国人」「韓国人」「反日」となった[10].

　本来「在日」ということばは，上掲の法律の文言を借りて言うならば，「本邦の域外にある国若しくは地域の出身である者又はその子孫であって適法に居住するもの」ということであり，特定の国と直接的に結びつけられる表現ではないはずである．しかし，例えば，2ちゃんねるにおいて10,000回以上出現している表現について，クラスタ分析を利用して，同一文内において，どの表現との結びつきが強いかを見てみると，「朝鮮人」との結びつきが強い．また，「犯罪者」という語彙と強く結びついていることがわかる（図1参照）.

　また，先ほどの表現群に続く10頻出表現は，「ネトウヨ」「拡散」「在日特権」「朝鮮」「人」「外国人」「差別」「事件」「生活保護」「犯罪」であり，このことからも，罪や事件に関すること，生活保護や「在日特権」に関することが頻繁に話題に上っていることがわかる．これらの話題は，いわゆる在特会によって中心的に採り上げられてきた話題であることから，彼らの活動や発言の影響が出ていることがうかがえる.

　(2) 発 話 様 式

　データ解析を通して得られた全体的な傾向としては，同様の内容の投稿が繰り返される局面につき，twitterでは，さまざまなユーザが原投稿者の投稿をリツイートという形で複製・拡散していくのに対し，2ちゃんねるでは，同一人物と思われる投稿者が特定の個人を名指ししながら数百回から数千回にわたり執拗に攻撃するほぼ同様の投稿をさまざまな掲示板で行っているという傾向が強かった．これは，特定の個人に恨みあるいはそれに似た感情を抱き，できるだけ多くのオーディエンスの目に留まるように繰り返しさまざまなトピックの掲示板に広く書き込んでいるためと考えられる．ただしトピックが異なれば読み手も異なるので，twitterほどの拡散力を示すことはないようである.

---

(10)　ちなみに，一般的な言語使用のコーパスとして代表的とされる，名古屋大学が公開している『現代日本語書き言葉均衡コーパス』は，書籍全般，雑誌全般，新聞，白書，ブログ，ネット掲示板，教科書，法律などのジャンルにまたがる1億430万語のデータを格納しているものであるが，そこで「在日」という表現を検索してみると，わずか1,254件しかない．それに対し，我々の2ちゃんねるコーパスとtwitterコーパスでは，それぞれ448,136件と106,286件である.

図1 頻度10,000回以上の名詞のクラスタ分析（2ちゃんねる）

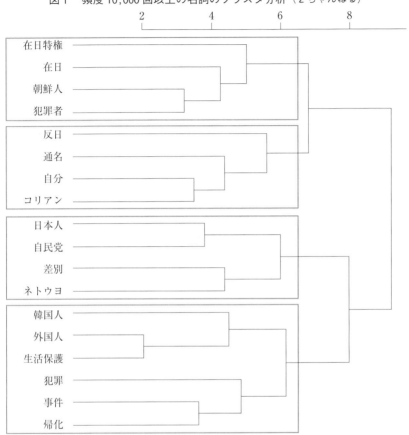

　また，投稿のピークを作り出した事件間で特徴的な表現の差異がほとんど見られなかった．これは，発言のきっかけになった出来事それ自体の内容は投稿において問われず，要するに在日外国人に対して罵詈雑言を浴びせるきっかけとして個々の事件が用いられているに過ぎないということを示唆している．

　このことを奇妙な形で表しているのは，twitterコーパスで「倭猿」という，日本人に対する差別表現が上位に現れていることである．twitterでは，他者の発言を引用しながら自身の発言を加えてリツイート発信することができるが，下の例のように，外国人ないし外国籍者によると思われる「反日的」な発信を

15 ヘイト・スピーチの規制と無効化〔尾﨑一郎・郭薇・堀田秀吾・李楊〕

引用リツイートしながら発言が行われている例が少なくないのである[11]. しかも, 同様のツイートが膨大な数で存在する. この例では,【拡散・日本人必見】という表現がわざわざ付されており, 発信者がどのようなオーディエンスを意識しているかがよくわかる.

> 2.【拡散・日本人必見】在日朝鮮人は日本に寄生している身でありながら, このような暴言を吐くのです. 許せますか? RT @○○○○○ 倭猿どもは侵略戦争や今までの非人道的な行いの数々を謝れ!調子のってたら原爆100億発ブッ込むぞ!!(2015年11月16日)

また,「中国・韓国・在日崩壊ニュース」「速報」「保守速報」という表現も頻出語上位に現れている. 特にtwitterは時間の流れに敏感で, ニュース的な情報に即時に反応し憎悪表現を拡散するメディアとして機能しているということであるが, その際には, 先に指摘したように,「犯罪」「犯罪者」「テロ」「強姦」のような表現が多く用いられる. 何か事件が発生すると, それをきっかけに在日コリアンを犯罪者呼ばわりし, 定型的に罵倒する発言が続くのである.

以上のことは, 図2に示す, 2ちゃんねるコーパスにおける対応分析にも現れている.

対応分析とは, クロス集計表の行列項目の相関が最大になるように並べ替える統計的手法である. データ水準数が多く, クロス表から意味のある情報を引き出すのが難しい場合に有効な手段だと言われており, 結果を図にプロットすることで, 要素間の関係を視覚的に把握しやすいことがその利点の一つである. すなわち, 基本的に近くに現れている項目同士が質的に近いものとされ, また, 原点を中心に要素と要素の間に現れているもの, カテゴリー間に現れている項目は, 双方の要素やカテゴリーに共通のものと考えることができる. 今回のデータでは, 図2にあるように, ほとんどの特徴語が原点近くに集まっており, 発言のきっかけとなった出来事や人の個別性に拘わらず, 一群の高度に近接した単語が常同的に繰り返し発話されていることが見て取れる.

さらに2ちゃんねるにおける語彙ネットワーク分析でも同様の傾向を確認できる(図3).

---

[11] このやりとりは日本人による自作自演の可能性ももちろんある. しかしそのことは, ヘイト・スピーチ話者達が一種の自己完結的な言語空間を作っているという本稿の知見とは矛盾しない(むしろ平仄が合っている).

Ⅲ　ネット上のヘイト・スピーチの実際

図2　7000回以上の頻度を持つ名詞の対応分析（2ちゃんねる）

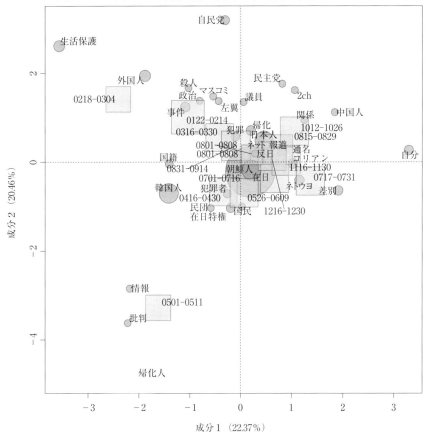

図3　語彙ネットワーク図（2ちゃんねる）

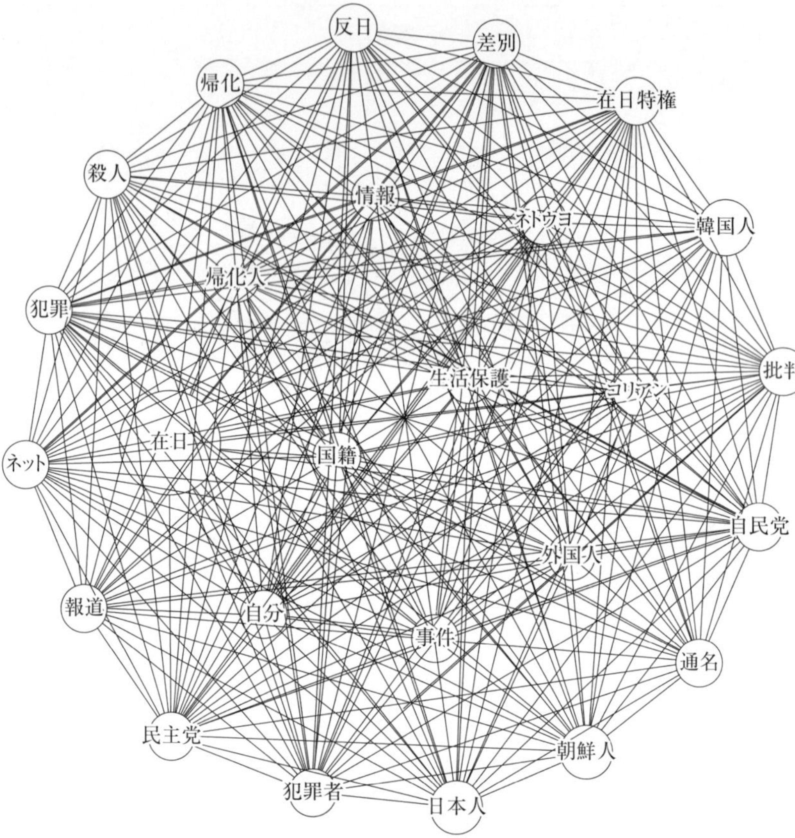

　通常のコーパスであれば，語彙はそれぞれの連関の強さに従っていくつかの相対的に独立のグループ（図では島として現れる）を形成する[12]．しかし，我々が構築した2ちゃんねるコーパスはそのようなグループが現れない極めて特異な様相を呈しているのである．どんな状況であれ必ず用いられる常同的で極めて貧困な語彙とレトリックが執拗に繰り返されていることが見て取れる．

Ⅳ　若干の結論

　以上，ネット上のヘイト・ヘイトスピーチについて，我々が分析から得た知

Ⅳ　若干の結論

見を整理しつつ，若干の結論と課題を述べる．

　第1に，ヘイト・スピーチの発話者は，発話の聴衆として攻撃対象たるマイノリティ個人（ないし集団）に加えて，マジョリティを意識している（聴衆の二重性）．

　第2に，聴衆の二重性において，標的のマイノリティへの危害とマジョリティの共感・一体感の調達とが同時に企図されており，実際無数のマジョリティ・オーディエンスが発言を引用・拡散する形で共感が示されている．そしてそのようなマジョリティの存在がおそらくマイノリティの抱く恐怖心を高めている．マジョリティはそのことをおそらく知っており，多数性・一体性を誇示することで間接的にマイノリティに心理的圧力をかけていると思われる．

　第3に，常同的で貧困な語彙と定型的レトリックが，きっかけとなる事件の具体的中身や文脈に拘わらず，執拗に繰り返されており，距離をおいて見るならば，マジョリティの発話者と聴衆は一種自己完結的な言語空間を作っているとも言える．そのような空間が現出していること自体がマイノリティには脅威

⑿　例えば，裁判員裁判対象事件の判例をコーパス化したものを使って，無期懲役刑について語彙ネットワーク分析を行った図は以下のようになる．このように小さないくつかのネットワークのグループが形成されるのが典型的であり，図3のような図は極めて特異である．

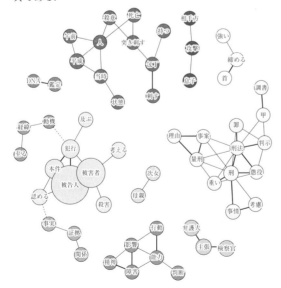

15 ヘイト・スピーチの規制と無効化〔尾﨑一郎・郭薇・堀田秀吾・李楊〕

であると思われる．そして，これは，被害者はおろか，意見を共有しないマジョリティ等の外部との対話を拒む自閉的な空間であり，発話者がしばしば自己正当化に用いる「自分たちの発言は政治的意見の表明である」という主張が決して政治的討議に開かれていないという意味で詭弁であることが示唆される．他方で，ヘイト・スピーチ規制の慎重論者は，しばしばヘイト・スピーチに対する事前抑制がもたらす「萎縮効果」，すなわち規制基準の曖昧さないし拡張性に起因する周辺的な表現行為の過剰な抑止の可能性を指摘するが，ネット上のヘイト・スピーチがマジョリティの聴衆を強く意識した自己完結型の言論であるのだとすれば，それは民主主義過程が健全に作動するための自由活発な議論という規制慎重派が想定するものからは乖離したものである．少なくとも思想の多元性に貢献するものではない．萎縮効果を警戒すべきとまでは言えない可能性がある．「思想の自由市場」論が想定する異論を持つ市民や被害者による「対抗言論」も加害者側の自閉的な言論空間に接続しにくいため，ヘイト・スピーチへの反省はおろか議論そのものを誘発する効果も期待できない．

第4に，ヘイト・スピーチへの対応として，特定の発信の特定の被害者の「被害」に定位して損害賠償その他の法的サンクションを追求するやり方[13]について，すでにいくつかの成功例はあるものの，事後的対応であるという限界に加えて，バトラーが指摘するようにそのような被害者（および法）による反応がまさに発話者が企図した危害という発話内行為が有効に成立していることを発話者や無数の聴衆に発信してしまいかねないという危うさを孕んでいる．被害者のそうした反応は加害者の反省を促すよりもむしろ達成感を増加させてしまう場合もあるであろう．その場合，ある事例における損害賠償の認定が，直接の発話者以外の無数のマジョリティに対して将来的にもたらす抑止効果もまた小さいものにとどまる可能性がある．日本がまさにそうであるように，判示された賠償額等，法的サンクションが比較的軽微である場合その危険性は一層強い．

---

[13] 事後的対応として，刑事罰を科すということもあり得，外国には大量虐殺の扇動などの場合にそのような対応がとられている（前田 2013：151-156）．しかし，逆説的な話であるが，発話内行為と発話媒介行為の乖離があり得ることもあり，どのような発言をもってして刑事罰に値するほどの加害性の要件を満たしていると見なせるか，その線引きは極めて困難であることもまた事実である．そのため各国とも運用に苦慮しているのが実態のようである（師岡（2013）136 頁以下など参照）．

Ⅳ　若干の結論

　第5に，ヘイト・スピーチへの対応として，個別の言説への規制・応答ではなく，社会全体に向けて人種差別を容認しないという政府の姿勢を表明するシンボリックな立法には合理性がある．すなわち，2016年に成立したヘイト・スピーチ解消法が採用した手法である．同法の第7条は，「国は，本邦外出身者に対する不当な差別的言動の解消の必要性について，国民に周知し，その理解を深めることを目的とする広報その他の啓発活動を実施するとともに，そのために必要な取組を行うものとする」と定めている．ヘイト・スピーチの発信者が強く意識している不特定多数の聴衆，すなわち社会の一般市民に対する啓蒙を志向する同法の発想はマジョリティ自身の認識に着目する点で評価に値する．ただ，こうした政府の意思表明がヘイト・スピーチや人種差別をどの程度解消できるのかについてはまだ十分実証されていない．教育・啓発アプローチについては，社会の「意識改革」といった目標の抽象性の問題，さらには政策の安定性，啓発手法がもたらす逆効果[14]など，多くの問題点が指摘できることも事実である．

　第6に，無数の（あるいは少数だが確信犯的な）発話者が執拗な発信という発話行為を控える見込が薄いのであれば，彼らが企図する発話内行為と実際に成立する発話媒介行為の乖離を拡大させ，前者が二重の聴衆に対して企図している危害と共感を，後者において緩和ないし無効化する方策が検討されてしかるべきである．まず，「危害」の緩和・無効化については，バトラーが指摘するように，危害を企図した発言として（標的が）真正面から受け取らずその意味をずらし脱臼させてしまうという戦略が理論的には考え得る[15]．しかし，ヘイト・スピーチがもたらす身体的・心理的苦痛の大きさを考えれば現実的ではない．他方，「共感」を求められているマジョリティの側が，共感を拒絶し，か

---

[14]　例えば，ポスターなど啓発PR手段が逆に在日コリアン（が集住する）共同体を悪い意味で目立たせスティグマを付与したりマジョリティの差別意識を助長したりするのではないかとの危惧をマイノリティー自身が指摘している例として，「ヘイトスピーチ，許さない」というポスターについての「貼ったら逆に，対抗しようという気持ちになって，ヘイトスピーチが起きたらどうしようかと心配になる．（新宿区在住50代男性（日本滞在歴18年））」とか「ヘイトスピーチを許さないというポスターをあちこちに貼ると，この地域がそういうデモをする場所のように見えるから，それはよくない．（新宿区在住50代男性（日本滞在歴16年））」といった在日コリアンによる発言が記録されている（法務省人権擁護局　2016：8-9）．

といってスピーチの危害を言い立てること（あるいは賠償や刑罰というサンクションで応答すること）でかえって発話者や共感者に彼らの「危害」意図の有効性を伝えるのでもなく，言わば「相手にしない」という無反応的反応を示すことには一定の可能性があるように思われる．言い換えれば，常同的・定型的な発話からなる言語空間を，仲間以外は誰も相手にしないという自己完結的（個人の日記内の独白の集団版）な空間として切り離し封じ込めてしまうということである．反応しないということでそれは達成される．これはまだ抽象的・理論的な可能性の指摘にすぎないが[16]，2016 年施行のヘイトスピーチ解消法が街頭でのヘイト・スピーチの抑止について一定の効果をもたらしつつあるとされる一方で，ネット上のヘイト・スピーチについてはさほど変化が見られずむしろ悪化していると言われる現状において，残された僅かな可能性として検討する意味はあると思われる．

〔文　献〕

Allport, G. W.（1954）*The Nature of Prejudice. Reading*, MA: Addison-Wesley.

オースティン, J. L.（1960 = 1978）『言語と行為』大修館書店.

バトラー，ジュディス（1997 = 2004）『触発する言葉 —— 言語・権力・行為体』岩波書店.

Bell, Allan（1984）"Language Style as Audience Design," *Language in Society* 13（02）: 145-204.

榎透（2017）「ヘイト・スピーチ規制考 —— 米国の議論を通じて考える，公私区分，国家権力，そして，思想の自由市場」専修法学論集 129 号 47-95 頁.

---

(15)　このような被害者によるずらしの例として我々が注目したのは，2015 年 4 月に，48 歳になってもなおプロサッカー選手として現役にとどまっている三浦知良選手について元プロ野球選手の評論家が侮辱的な表現で引退を勧告する発言をテレビ番組内でしたのに対し，三浦氏が，優れた元選手からのコメントであり光栄である，自分への応援と捉えたい，というコメントで応接したケースである．この巧みな切り返しにより，おそらく悪意ある発話者だった評論家は「あっぱれな態度だ」と 180 度三浦氏への態度を転換した．

(16)　具体的な制度化として，我々は，大阪市が 2016 年 7 月に施行した「ヘイトスピーチへの対処に関する条例」の立法過程において，ヘイトスピーチがなされた場合被害を受けたとする市民等が行う裁判を支援・促進するため，裁判費用や裁判の準備のための調査等に要する費用を支援するというような，言わば加害者の意図が逆効果をもたらすように行政が手当てするというアイディアを検討していたことに注目したが，結果的にこの制度の導入は見送られた．当該条例の制定経緯および運用状況について，松本（2017）参照.

IV　若干の結論

藤井正希（2016）「ヘイトスピーチの憲法的研究 ── ヘイトスピーチの規制可能性について」群馬大学社会情報学部研究論集 23 巻 69-85 頁.

Haney, C., Banks, C., and Zimbardo, P.（1973）"Interpersonal Dynamics in a Simulated Prison," *International Journal of Criminology and Penology* 1：69-97.

波多野綾子（2017）「反ヘイトスピーチの市民運動 ── 京都朝鮮学校襲撃事件訴訟をめぐる取り組みを事例に」相関社会科学 27 号 51-55 頁.

桧垣伸次（2017）『ヘイト・スピーチ規制の憲法学的考察 ── 表現の自由のジレンマ』法律文化社.

本多康作（2012）「差別発言と発話行為 ──「言論の自由」の再構成のための覚書」大阪経済法科大学 21 世紀社会研究所紀要(3)67-85 頁.

法務省人権擁護局（2016）『ヘイトスピーチに関する聞き取り調査　（全体版）』http://www.moj.go.jp/content/001201160.pdf

堀田秀吾（2010）『法コンテクストの言語理論』ひつじ書房.

市川正人（2015）「表現の自由とヘイト・スピーチ」立命館法学 360 号 122-134 頁.

菊池久一（2001）『憎悪表現とは何か ── 差別表現の基本問題を考える』勁草書房.

金尚均（2014）「ヘイト・スピーチに対する処罰の可能性」『ヘイト・スピーチの法的研究』法律文化社，166-176 頁.

小泉良幸（2016）「表現の自由の『変容』── ヘイトスピーチ規制をめぐって」公法研究 78 号 94-103 頁.

小谷順子（2014）「日本国内における憎悪表現（ヘイトスピーチ）の規制についての一考察」法學研究 87 巻 2 号 385-412 頁.

前田朗（2013）『ヘイト・スピーチ ── 憎悪犯罪が日本を壊す』三一書房.

前田朗（2015）『ヘイト・スピーチ法研究序説 ── 差別扇動犯罪の刑法学』三一書房.

Matsuda, Mari. J.（1989）"Public Response to Racist Speech: Considering the Victim's Story," *Michigan Law Review* 87（8）：2320-2381.

松本和彦（2017）「大阪市ヘイトスピーチへの対処に関する条例」ジュリスト 1513 号 81-86 頁.

森千香子（2014）「ヘイト・スピーチとレイシズムの関係性 ── なぜ，今それを問わねばならないのか」金尚均編『ヘイト・スピーチの法的研究』法律文化社，3-17 頁.

師岡康子（2013）『ヘイト・スピーチとは何か』岩波書店.

毛利透（2014）「ヘイト・スピーチの法的規制について ── アメリカ・ドイツの比較法的考察」法学論叢 176 巻 2・3 号 210-239 頁.

中村一成（2014a）「ヘイト・スピーチとその被害」金尚均編『ヘイト・スピーチの法的研究』法律文化社，35-52 頁.

中村一成（2014b）『ルポ 京都朝鮮学校襲撃事件 ── ＜ヘイトクライム＞に抗して』岩波書店.

曽我部真裕（2015）「基調報告 ヘイトスピーチと表現の自由」論究ジュリスト 14 号

15 ヘイト・スピーチの規制と無効化〔尾﨑一郎・郭薇・堀田秀吾・李楊〕

152-158 頁.

スワン彰子（2004）「「ぞ」と「ぜ」の談話機能」講座日本語教育 40 号 27-58 頁.

高史明（2015）『レイシズムを解剖する —— 在日コリアンへの偏見とインターネット』勁草書房.

高橋和之（2010）『立憲主義と日本国憲法〔第 2 版〕』有斐閣.

田中克彦（2001）『差別語から入る言語学入門』明石書店.

Tomoda, Akemi, Sheu, Yi-Shin, Rabi, Keren, Suzuki, Hanako, Navalta, Carryl P., Polcari, Ann, and Teicher, Martin H.（2011）"Exposure to Parental Verbal Abuse is Associated with Increased Gray Matter Volume in Superior Temporal Gyrus," *Neuroimage* 54：280-286.

山邨俊英（2016 = 2017）「ヘイト・スピーチに対する非強制的施策に関する原理的考察（1）～（3・完）—— Corey Brettschneider の価値民主主義（Value Democracy）論と民主的説得（Democratic Persuasion）論の考察を中心として」広島法学 40 巻 2 号 134-103 頁，41 巻 1 号 242-210 頁，同 2 号 86-62 頁以下.

安田浩一（2015）『ネットと愛国』講談社.

好井裕明（2015）『差別の現在 —— ヘイト・スピーチのある日常から考える』平凡社新書.

16 プロセスとしての規制遵守
—— 規制対象企業の経験的研究に向けて

平 田 彩 子

I　はじめに —— 規制法の実現における被規制者の重要性

　規制法が政策目的を達成するためには，被規制者の法遵守行動が必須条件である．彼ら被規制者が規制対象となっている活動や行為を行う主体であり，彼らがどのような行動をとるのかが，法政策の実現の成否を握っているからである．

　従来の規制研究では，法の実施・執行機関についての研究が多くを占めていた（e.g., Bardach & Kagan 1982；北村 1997；平田 2009, 2017）．彼らによる法実施・執行のあり方が，被規制者から遵守を引き出すことができるか否かの鍵を握っているという理解からである．しかし，行政機関は絶えず被規制者の行動を監視できる訳ではなく，人員や時間といったリソース不足を常に抱えている．また，情報の非対称性や規制対象活動の高度化・複雑化を背景に，被規制者の保有する知識・情報を活用することの効率性も指摘されている．近年盛んに議論され導入されている自主規制の枠組みはこの典型である．このように，従来はもっぱら公的空間で考察されてきた規制法システムであるが，私的空間である被規制者側へとその視点が移動しつつある．規制法システムの成否を考える際には，法実施・執行の担い手たる行政組織のみならず，法対象者である被規制者に着目することも，ますます重要になってきている．

　本稿は，被規制者の規制法への対応について取り上げるものである．被規制者は事業者など組織体の場合もあれば，個人の場合もあるが，現代の社会的規制法における事業者の存在の大きさを鑑み，以下では事業者が被規制者である場合に焦点を絞って考察する．

『法の経験的社会科学の確立に向けて』村山眞維先生古稀記念〔信山社，2019年3月〕

16 プロセスとしての規制遵守〔平田彩子〕

1　従来研究での被規制者モデルとその限定的射程

　これまでの規制研究でも，当然被規制者は頻繁に分析対象となっていた．その場合，被規制者たる事業者は単体のアクターとして捉えられ，擬人化され，規制法に対する対応の仕方に応じてタイプごとに描写されることが多かった．例えば，Kagan & Scholz (1984) では，被規制者を以下の3つの分類に分け，規制違反行動を説明している．すなわち，(1)遵守と違反のコストを計算し，コストが低い法違反の方を躊躇なく選択する「非道徳的合理主義者 (amoral calculator)」，(2)理不尽な要請をする規制に対して遵守を拒む「政治的市民 (political citizens)」，(3)法で要求されるパフォーマンスを行う組織能力がない「組織無能力 (organizationally incompetent)」である (Kagan & Scholz 1984)．従来の規制研究での被規制者分析は，行政との相互作用という文脈で取り上げられることが多く，その場合被規制者は行政と対峙する単体のアクターとして捉えられていた．

　このように，従来の考察による被規制者の理解については，以下2つの特徴が指摘できる．第1に，被規制者像はしばしば抽象化，単純化されたものであり，被規制者を1つの単体アクターとして捉え，組織内部のダイナミクスは捨象されてきた点である．被規制者を1つの単体アクターとして理解する見方は，全体像をわかりやすくモデル化できる点で有用であり，また被規制者のタイプに応じた効果的な執行アプローチを導き出すことができた一方，なぜそのようなタイプに被規制者が至ったのか，その組織内部では何が起こり，どのようなプロセスと要因をもってそのようなタイプになったのかが不明であり，そのため組織内での規制遵守マネジメントをどのように向上していくことができるか，ということについての処方箋は提供できない．現実の被規制者の組織内部では，規制担当部署職員（コンプライアンス部門など規制遵守マネジメントを統括する部署），規制対象活動を行なっている部署職員（生産部門など），予算等金銭面を担当する部署職員など，多くの様々な職員が規制法対応のプロセスに関わっている．また，彼ら同士でのやりとりがあり，それぞれが法に対する認識を有し，また彼らの置かれている経済的，社会的環境，保有する技術的・法的能力が異なるなど，組織内での規制法関係アクターは極めて多種多様である．単体アクターとして捉える従来の被規制者像では，このような組織内での関係部署・関係職員同士の相互作用，権限や専門知識，遵守能力の多層性は十分に検討され

I　はじめに

てこなかったと言える⑴．しかし，彼ら各関係者が法に関して日常的に行う判断と行動，調整を通じて，最終的に被規制者の規制遵守の在り方が決定されるのである．法が実際に展開するまさにその場面に携わる人々の日常的な行動と相互作用性は，法社会学にとって一つの大きな関心事であるが（村山 1990；Ewick & Silbey 1998），この点は被規制者を分析対象にする場合にも当然当てはまる．

　従来の被規制者分析の第2の特徴として，被規制者は，外から提示された法規制に対して規制法を遵守するかしないかという，受動的，かつ，二者択一の判断を行う主体として描写されてきた点が挙げられる．しかし，規制法は常に疑問の余地なく明確に記述されているとは限らない．「適切な措置」，「おそれ」といった表現に見られるように，一般的・抽象的記述がなされていることが通常であって，あらゆる具体的な文脈に即して，何が法に適合し，何が違反行為なのか，逐一具体的で詳細な記述がなされているわけではない（そもそも不可能である）．法の一般的記述は，多種多様な現実の文脈において意味のある効果的な法実施のための必要不可欠な法デザインであるが，その結果，被規制者は，それぞれの具体的場面において何をもって遵守しているとみなされるのか，法の意味，「遵守」の具体化を行う主体としての存在という性質を強く帯びることとなる．このように考えると，従来分析での被規制者像，すなわち規制内容はすでに決められたものであり，それに受動的に対応し，遵守か違反かを二者択一的に選択するという像はそぐわず，むしろ，近年の研究が示すように，被規制者は，規制法を自分たちの文脈に沿うよう，自ら噛み砕き，解釈し，組織内関係部署に周知・説明し，規制法に適応するという主体，積極的に法の意味を構築する主体として理解する方がより適していると言える．

　被規制者による規制遵守は，遵守か違反かという二者択一の選択の結果であるという理解よりも，被規制者による法の意味を構築するプロセスという理解から捉えるべきだという主張は，「法の内生化（legal endogeneity）」研究も主張するところである（e.g., Edelman, Uggen, and Erlanger 1999; Edelman 2016）．こ

⑴　もちろん，従来の規制研究において組織内部の権限構造についての考察が，全く顧みられていなかったということを主張している訳ではない．例えば，Kagan et al.では，環境規制遵守行動を説明する要因の一つに，経営者の環境規制に対するスタイルを挙げている（Kagan, Gunningham, and Thornton 2003）．

339

の考え方によると，被規制者こそが，何が法遵守であるとみなされるのか，その遵守の具体的内容を構築する主体であるとされる．例えば，アメリカ合衆国の雇用差別規制法の文脈におけるように，どのような対応を具体的に行えば法遵守となるのか，法自体が明示していない場合（そしてそれが通常である），被規制者側でワークショップや会議等の企業間のネットワークを通じて一定の対応が法に適合し遵守とみなされるであろうものとして制度化し（institutionalized），最終的に当該対応が，裁判所といった法機関によって合理的かつ正当なものだとみなされる結果，法の意味として確立するという．「法の内生化」研究は，法は内在的に曖昧さを含んでおり，対象者である被規制者こそ，法の具体的意味の形成に多大な影響を与える主体であるという点を鋭く指摘する．

その一方，この「法の内生化」研究は，被規制者は同業者間で制度化された（institutionalized）対応を共通して採用すると主張する点からも明らかなように，被規制者同士の共通性・同質性を強調する理解であり，被規制者それぞれが多種多様であるという事実が背後に隠れてしまっている．被規制者はその規模や環境的要因，利用可能なリソースや能力，そして内部構造や企業風土など，実に多様である（Genn 1993）．また，規制担当部署職員や生産部門職員，管理職など，被規制者内の規制法を巡る関係アクターも多種多様である．日常業務を通じてなされる法の理解と法の当てはめは，まさに個々の被規制者で異なる舞台の上で，異なる組織的位置付けにいるアクターらの相互作用を通じてなされるものであり，したがって法遵守の具体的意味は，単一ではなく複数ありうるのである．法の展開をグラウンド・レベルで見る場合は，組織ごとの複雑性，多様性とともに，組織内アクターの多様性，複雑性，多層性にも目を配る必要がある．

このように，組織体である被規制者はその内部において多様性，多層性を有するものであり，被規制者自身が，遵守の具体的な意味の肉付けをする主体である点，そして，組織内部での法の具体的意味は，職員同士の相互作用性や時間の流れなどに応じて流動的かつ多義的なものでありうるという点は，遵守か違反かという二者択一を行う単体のアクターと捉える従来の被規制者分析では検討が乏しかったといえよう．

　　　　　　　　　　　　　　Ⅱ　被規制者側における法の展開プロセス

2　本稿の問いと構成

　以上の視点に立ち，本稿は，被規制者組織内での関係部署や関係職員同士の相互作用性に着目し，そのような相互作用性がどのように規制遵守に影響を及ぼすのか，グラウンド・レベルで日常的に規制に携わる被規制者内アクターはどのように法を理解し，解釈し，対応しているのか，について考察する[2]．被規制者を対象とした代表的な海外エスノグラフィー研究を出発点として，キーとなる要点を抽出し，筆者が実施した被規制者対象のパイロット・インタビュー調査と質問票調査の探索的分析を行う．本稿は，上記問いの最終的回答を与えるものというよりも，今後更なる実証的分析を可能にするための羅針盤となる理論的枠組みを検討するという位置付けのものである．

　本稿で取り上げる質的・量的データは，パイロット調査として環境規制法の文脈で筆者が収集した．質問票調査は，2017年6月にある都道府県の環境関連協議会登録事業者を対象に実施したものである．協議会会合参加事業者に質問票回答の協力を依頼し，59社から回答を得た（回答率100％）．事業者・回答者の属性は脚注の通りである[3]．加えて，インタヴュー調査への協力を承諾した3団体に対してのインタヴュー調査の一部も本稿で取り上げている．

Ⅱ　被規制者側における法の展開プロセス

1　関係性の中で紡ぎ出される「遵守」の具体的意味

　被規制者内における規制法の実際の運用と展開は，様々な組織内アクター間の関わりを通じてなされる．何が遵守に当たるのか，何が許容される対応なのかといった法「遵守」の具体的意味は，規制法の対象活動を担っている個々人のみの判断に帰するわけでは決してなく，他者（同僚や上司，関係部署等の担当者等）との話し合い，雑談，交渉，調整，行動の参照，そして賞賛や批判といったシグナル，指示や命令など，人と人との相互作用（social interactions）

---

[2]　被規制者の規制対応は，外在的要因からも影響を受けることは言うまでもなく，本稿は，法遵守は組織内ダイナミクスで全て完結すると主張するものではない．しかしその一方，従来の規制研究では，被規制者内で日常的に規制法に関わる組織内の人々が規制遵守行動に果たす役割や機能，認識に対し重点が置かれてこなかった．本稿はこの点に焦点を当てるものである．

16 プロセスとしての規制遵守〔平田彩子〕

を通じて具体的に現れることとなる．この相互作用プロセスが，どのように展開するのかによって，規制は政策目的達成に向けて機能することもあれば空虚で骨抜きにされることもある．

　組織体である被規制者には，規制対応を担当する部署（以下，規制コンプライアンス部門と呼ぶ）が存在する場合が多い．彼らは，行政との関係では規制を受ける側であるが，組織内においては彼らこそ，何が規制遵守・違反にあたり，どのように遵守を達成・維持できるか，組織内での規制遵守マネジメントを担う側となる．したがって，法実施の際常に生じる課題，すなわち，書かれた法（law on the books）と現実との齟齬を認識し，法をいかに多様な現実場面に落とし込み，法目的に沿った対応を導くのかという課題には，規制者たる行政側のみならず，被規制者内の規制コンプライアンス部門も同様に直面している．彼らがどのように判断し，行動するのかは，規制の成否を大きく左右する．

　まずは代表的な先行研究を取り上げ，コンプライアンス部署職員の組織内で

(3)【事業者の規模】

従業員数 （社全体）	10-19人	20-49人	50-99人	100-299人	300-999人	1000人〜
	1(2%)	9(15%)	5(8%)	13(22%)	16(27%)	15(25%)

【事業者の業種】

農業・林業	建設業	製造業	運輸業・郵便業	卸売業・小売業	不動産業・物品賃貸業	学術研究.専門技術サービス業	生活関連サービス業・娯楽業	医療・福祉儀	複合サービス事業	サービス業（他に分類されないもの）
4(2%)	4(7%)	40(69%)	1(2%)	1(2%)	1(2%)	4(7%)	1(2%)	1(2%)	2(3%)	2(3%)

（無回答1）

【回答者が所属する部署】

環境部門	製造部門	総務管理部門	経営者	その他
24(42%)	6(11%)	13(23%)	3(5%)	11(19%)

（無回答2）

【回答者の組織内地位】

担当者数	係長・班長級	課長数	部長数	その他
9(15%)	6(10%)	18(31%)	24(41%)	2(3%)

【回答者性別】男性56名（97%），女性2名（3%）（無回答1）
【回答者平均年齢】50.95歳（標準偏差9.9）
【回答者の現部署所属年数】平均9.4年

II　被規制者側における法の展開プロセス

の位置付け，そして同僚や他関連部署とのやり取り，交渉といった社会的相互作用の様子を見てみよう．そしてキーとなる要点を抽出しつつ，その観点から筆者が実施したパイロット・インタビュー調査結果の検討に進むこととする．

(1) 規制法の担当部署 ── 相互作用を通じた法への対応

Huising & Silbey (2011) は，規制コンプライアンス担当職員が，いかに職員同士や関係部署間で問題点を話し合い，交渉し，さらに組織の枠組みを超えた人的ネットワークを駆使することによって，現実的かつ規制目的に沿った対応を可能にしているのか，ある大学の環境衛生規制コンプライアンス部門を対象としたエスグラフィー調査に基づき，報告している[4]．規制法がどのようにして政策目的通りに機能するような運用に至っているのか，遵守を巡る被規制者内での相互作用性の成功例として，このケースは位置付けることができる．

大学といった研究機関では，実験等で様々な物質を含んだ液体を扱い，排出する．その処理方法は，その含有物質がどのような特性を持つものなのか，どの程度の量を扱うのか，建物の排水管の耐性はどのようなものか，どのような排水処理機能を有しているのかなど，事例によって様々に異なるものである．調査対象大学の規制コンプライアンス職員らは，何を流し台に排水してよく，何を容器に入れ廃棄物として処理すべきものなのかという問いを研究者から問われたことをきっかけに，この「流し台」問題に取り組むこととなった (Huising & Silbey 2011)．

コンプライアンス職員らは，定期的に短時間のミーティングを実施しており，その場で「流し台」問題が認識され，職員によって情報と理解が錯綜していたことが判明した．関連する規制は排水規制，下水規制，廃棄物規制など各種環境規制にわたり，かつ，ラボごと，建物ごと，液体の種類や濃度，量等ごとによって，現場の対応は異なっており，何を流し台に排水してもよく，何を容器に入れて廃棄物処理に回すべきなのか，明確ではなかった．

まず指摘すべきは，このケースにおいて職員らはお互いに話し合うことで法規定と多様な現場とのギャップを確認していることである．彼らは当初話し合いを通じて，廃液が血液といった生物系か否かで流し台に流すかどうかを区別

---

(4) 大学・研究機関は，典型的な環境安全規制対象事業者の1つである．有害物質の使用，保管，廃棄等に関わる環境規制はもちろん，有害物質を扱う際の安全規制の対象でもある．

16 プロセスとしての規制遵守〔平田彩子〕

する方向性を想定した．そして，コンプライアンス職員らは，この「流し台」問題に関わりがあるであろう様々な人々に問い合わせ，廃液処理について質問をしている．質問をした相手は，コンプライアンス部門内に止まらず，研究者，大学設備担当者，他大学のコンプライアンス職員など幅広い．特に，規制対象活動（廃液の処理）を実際に行なっている研究者は，重要な情報源として機能している．彼らの活動を直接見聞きすることで，彼らのニーズと規制遵守行動との不一致も徐々に理解されるに至った．

　この「流し台」問題は，当初は何を流し台に排水しても良いかという問いから出発し，議論の内容は当該液体が生物系か否かによって区別するべきかというものであったが，あらゆる方面の人々へ質問し調べていくうちに，建物によって設置されている排水処理設備が異なることが判明したため，建物ごとに設置されている排水処理設備は何であり，各設備の処理可能なものは何かという問いにまで発展した．このように，規制遵守を巡る問題の所在は，当初から明確に把握されるものでは決してなく，全体像が把握されるにつれ，変化する可能性を示している．

　さて，上記のような多方面からの情報収集と問題の特定，現状把握ののち，コンプライアンス職員は収集した情報をまとめつつ現場の状況も把握し，その上で何が現実的な対応かを考えるという段階に至る．「流し台」問題では，流し台に排水することができる物質を 11 のカテゴリーとしてリストアップし，それ以外は容器に入れて廃棄物処理へ回すようにというシンプルな標準的ルールを策定し，それをステッカーに明記して全ての流し台に貼った．その一方，コンプライアンス職員は，それまでの過程で行なっていた研究者とのやり取りから，研究者のニーズや現場の多種多様な状況についても認識しており，標準ルールを定めつつも，個別ケースに応じた対応が可能になるよう，裁量判断を行うことも予定していた．

　上記対応は，規制法規への完全な一致を保証するようなものではない．第 1 に，そもそもステッカーに表記された分類は，現場研究者に伝わり易くわかりやすいよう，法が記載している通りの分類ではなく，科学者に馴染みのある分類となっていた．また，建物の排水処理施設によっては流すことが可能な物質も実は含まれているが，混乱と誤解を生じさせないため，できるだけ排水口に流さないよう安全側に立ったルールとなっている．しかしその一方，廃棄物処

II 被規制者側における法の展開プロセス

理に回る液体が増えることから，個別ケースごとに見れば，廃棄物量削減の観
点からの効率化を考える余地は残っている．さらに，廃液の種類・性質や，廃
液同士の組み合わせなど状況によっては，このステッカーに従っていても規制
遵守とはならない可能性も大いに残る．当該ステッカーによる対応は，法遵守
への完全な一致を確保する対応では決してなく，むしろ現状を踏まえた現実的
な最善策というべきものである．

　このように，上記ケースではコンプライアンス職員が，話し合いを通じて問
題を認識・共有し，人的ネットワークを通じて多方面から情報を収集し，判明
したことをまとめて検討し，そして現実的な対応を生み出す，という一連のプ
ロセスが見られる．核となっているのは，コンプライアンス職員らの絶え間な
い話し合い，そして規制対象活動を担う研究者とのやりとりを通じて，廃液処
理という規制対象活動自体への理解，何が法に沿った遵守対応かという共通理
解を深めるという，人と人との相互作用である．規制遵守を導くメカニズムは，
マネジメントシステムそれ自体によって自動的に成立するものではなく，上記
のような人と人との相互依存的な関係性の上に成り立っているということが，
このケースから読み取れる．コンプライアンス職員は，部署内や関連部署との
関係性を構築し，相互作用を通じた継続的な取り組みを通じて，被規制者内で
分散して存在している知識や多様な活動内容を総合的に把握し，現状や真の問
題の所在を理解するに至っていた．そのプロセスは，決してスマートで効率的
なものではない．むしろ，上記ケースのコンプライアンス職員らの様子にも見
られるように，地道で泥臭い継続的な取り組みが必要なのである．

　コンプライアンス職員が担う，他部署職員との関係性の構築，その重要性と
困難さ，そして幅広い情報収集の必要性は，筆者の実施したパイロット・イン
タビュー調査でも一貫して見られた．インタヴュー対象となった事業者はいず
れも製造業であったため，コンプライアンス職員が常に相対し折衝する部門は，
環境負荷を発生させる生産部門である．

　〔仕事内容の〕中身は濃いですよ．いろんなところから話を聞きますね．排水業務
　としても，〔生産部門が〕新しい薬品を入れましたと．それで排水汚染を調査しな
　いといけない．それが他の，いま現状ある薬品に対して，変な反応をしないかど
　うか．ある金属が，他の金属とか有機物が入っていたならば，その酸化の反応が，
　ちょっと若干変わったりすることも考えられますし．今現状ある薬品のままでい

いのかどうかとか，そういう部分を踏まえて，それで，有害薬品の効力とかそういったところも考えないといけない．それはもう自分の仕事です．〔B社〕

　上記のように，生産部門の動向がコンプライアンス職員によってすぐに把握される場合もあれば，下記の例のように，情報がスムーズに伝達されない場合もある．この場合，生産部門の動向やそれに伴う環境リスクの判断と対応について，積極的な働きかけが必要となる．

　　生産の動向っていうのが，あまり，結局こういった部署なんで，タイムリーにストレートにはこないんですよね．例えばこういった品種が入っていますとか，〈中略〉アセンブリ技術〔生産部門の名称，筆者注〕にいたら，常にそういった生産が，今度こういった品種が入るとか，そういったのが身をもって，情報が入ってくるのでわかるんですけど，こういった環境総務にいたら，別にそんなの知らなくても業務的には成り立ちますから，情報が入ってこないわけですよ．課長もそんなにタイムリーに流してくれないし．現状どんな品種が入ってきて，どういった，言葉的には聞いたことがあっても，なんとかという品種が入るらしいよっていう感じになって，そこから調べないといけない．〔A社〕

　生産部門にとっては，環境規制対応は追加的業務であり，それ自体生産性を向上させるものではないことから，彼らはコンプライアンス部署からの要請に常に好意的であるとは限らない．実際，コンプライアンス職員の主な仕事は，「取りまとめとか，お願いとか，一番モヤモヤすること〔A社〕」であるという．定期報告の不提出や問い合わせに対する回答遅延への対応，生産現場で理解されていない環境マネジメントシステム運用に当たっての説明や説得，環境負荷の高い物質使用を避けるよう交渉することなど，どれも生産部門の理解と行動が必要不可欠であるが，その獲得は一筋縄ではいかない．法に沿った対応を引き出すための継続的な働きかけが必要なのである．

　このように見ると，被規制者内での法遵守対応のあり方は，交渉の帰趨として理解できる．生産部門とコンプライアンス部門にはそれぞれの達成目標があり，その中で譲歩可能な範囲を探り，合意可能な結論を得るべく模索する．通常の場合は，法目的に沿い，かつ現状に沿った対応が導き出されれば，それは双方にとって win-win の交渉結果となる．抽象的・一般的に記された法が具体的状況において展開していく過程で，規制法遵守の中身は関係アクター間の交渉を通じて具体化されていくのである．

II　被規制者側における法の展開プロセス

　各々の達成目標，譲歩可能な範囲は，常に固定されたものではなく．双方相互の説得や説明，話し合いを通じて，変容が起こる場合もあろう．この点，コンプライアンス部門が，法遵守行動にどの程度価値を見出しているのか，彼らの法に対する理解・認識のあり様が，コンプライアンス部門の達成目標・譲歩可能な範囲を大きく左右することを指摘したい．彼らの規制法に対する認識如何によって，どの程度遵守活動実現に向けて他部署へ働きかけるのかが異なってくるからである．法が求めている行為が形式的なものにしか見えず，実質的な意義が認められない場合，彼らは生産部門に対し法に沿った行動を強く要求はしないであろう．

　このパターンは，筆者のインタヴュー調査で窺えた．「特定化学物質の環境への排出量の把握等及び管理の改善の促進に関する法律」（PRTR 法）に基づき，被規制者は対象化学物質（462 物質）の排出量を定期的に行政へ届け出る義務がある．したがってコンプライアンス部門は生産部門に対象物質の含有量を報告するよう求めるのであるが，繰り返し問い合わせをしても回答が来ない場合があるという．結果として精度の低い把握に基づいた届出となるのだが，コンプライアンス職員にとっても，そもそも精度の高い報告を行う意義が見出せず，そのため生産部門への働きかけに「熱意が入らない」という．

　　PRTR 法の届出をやっています．あの数字が，私どもにとっては何に使われているのかわからない．こんなに骨折って出さなければならないことなのだろうか，というところが...〈中略〉届出することありきで，中身が，我々にとって有益に使われているんですか，じゃあお国にとって有益に使われているんですかっていうフィードバックが何にもないからです．〈中略〉〔届出を〕出すんですけど，じゃあその結果がどこにどう反映されているのか，何にもわかりません．〔A社〕

　結果として，ともかく提出しさえすれば良い，という表面的対応になるのである．上記は，コンプライアンス職員の法に対する認識が，被規制者内での交渉で何を達成すれば満足するかに影響を与えることの一例である．

　このように，事業者たる被規制者の法遵守は，いわゆる抑止モデルや説得モデルに対して自動的な反応として現れるものではない．実際の法遵守プロセスを見ると，被規制者内での法を巡るダイナミクスが観察される．生産部門を始めとする部署職員とコンプライアンス職員との相互的なやり取りを通じて，規制法が被規制者内で肉付けされ，展開され，最終的に遵守の達成・不達成に至

16 プロセスとしての規制遵守〔平田彩子〕

るのである.

(2) 組織内での地位・立場の重要性——カナダでの安全衛生規制のケース

　被規制者による規制対応は，規制法に関わる人々が，組織内でどのような地位・立場を占めているのか，組織内ヒエラルキーでの位置付けによっても，大きく左右される．法遵守行動は関係者間の交渉であること，そして組織内ヒエラルキーの重要性について，以下では，Gray による，カナダのある車部品組立工場での安全規制法の対応に関する一連のエスノグラフィー調査を取り上げつつ検討する（Gray 2002, 2006, 2009, 2011）．規制法に関わる人々がどのような組織内での位置付けにあるのかが，規制遵守の達成・不達成に大きな影響を与えているからである.

　カナダ・オンタリオでの労働安全規制法付則は，防護服等身を守る装備の着用，機械作業の安全性確保，クレーン等昇降重機の使用安全確保など，労働環境の安全性確保を求めている（The Ontario Court of Justice Schedule 67.3, 67.4）．そして，規制遵守を確保し，規制法を実施する責任を担っている被規制者側の主体は，雇用者，工場監督者といった管理職と，工場現場で働く第一線の作業職員自身である．労働安全規制法違反が判明した場合，管理職と現場作業職員双方が責任を問われることとなる．行政による立入検査は頻繁ではなく，また実際のところ規制違反として規制執行がなされるのは事故が発生したときのみである．したがって行政という規制執行主体が不在の中，規制法が遵守される（安全性が確保された状態での作業遂行）のか否かは，規制対象である危険な作業行為が行われる可能性のある，まさにその現場における関係者（雇用者，工場監督者，現場作業職員ら）の判断にかかっている.

　現場作業職員と工場監督者という上司との間には，権限の差が歴然と存在する．Gray の調査では，監督者はその権限の大きさを利用して，仮に作業職員が危険であり安全規制違反だと感じた作業についても，陰に陽に規制違反を助長するよう働きかける例が紹介されている．例えば，組み立てラインの一部機械が故障し，本来であればラインを止め補修作業が必要な場合でも，現場監督者は様々な正当化手法を用い，現場作業職員を納得させ，機械が故障した危険な状態のまま作業をさせるよう促していた（Gray 2006）．その正当化手法は，会社へのロイヤリティー（期限内納品のためラインを停止すべきではないとして会社への貢献を果たすように求める）に訴えたり，また事故発生そのものの否定

348

II　被規制者側における法の展開プロセス

（経験豊かな作業員であれば事故など起こさない）という，典型的な「逸脱行為の正当化手法（techniques of neutralization）」を用いたものであった．

　また，管理職と現場職員との間には，規制法に対する法知識やアクセスの格差も存在する．当該工場では，行政との接触は管理職との間で行われ，現場職員と行政との接触は皆無であった．そのため現場職員にとって，行政は実在感が伴わず，規制法遵守の判断や解釈は管理職に一任されているものだ，と現場職員は認識していた．現場職員がどのような作業を許容し，また行うのかは，現場での規制法の意味を定義し具体化する上で不可欠な要素であるが，組織内に内在する権限や能力，知識の差のため，結果的に現場職員は知らぬ間に自らの安全を脅かすような法の具体的展開に関わってしまっている[5]．

　筆者によるインタヴュー調査では，上記のような明らかな規制違反状態が報告されることはなかったが，規制法を巡る関係者らの組織内での相対的位置付けが，規制法への対応に影響を及ぼすであろうことは想像するに難くない．B社，C社でのコンプライアンス部署は，中小事業者ということも関係し，必要があれば社長にすぐに相談をすることができる地位・立場にあったが，A社では環境規制コンプライアンス担当は「主たる製造部門とか，そういった技術部門からすると，我々〔の仕事〕はやっぱりどうしても，付随的な内容であって，まあ二の次三の次ではある」という．

　環境規制や労働安全規制といった社会的規制法の実施に際して，行政からの働きかけや監視はまれであり，遵守であれ違反であれ，規制法への対応は行政不在の状況で行われるのが常である．このような規制者が存在しない状況下こそ，被規制者内での関係アクター相互の組織内での自立性，多層性の様相が，規制法への対応のあり方に強く関係してくるだろう．社会的規制法は，事業者たる被規制者にとっては外部性の内部化の仕組みであるため，当然，組織内には規制遵守行動を進んで行うことはないアクターも存在する．行政という外か

⑸　この状況をさらに補強するのが，他の現場職員らの言動である．Gray（2002）は，危険な作業（つまり違反状態）を「通常の状態」として受け入れるプレッシャーは，工場監督者といった管理職からのみならず，多方面から発生していることを指摘している．組み立てラインのチームリーダーはラインを稼働させたがっており，安全保護柵なしでの稼働を問題視しておらず，また同ラインの他の現場職員が危険性を指摘せず粛々と当該作業に取り組んでいることも，違反状態を受け入れる強力なプレッシャーとして作用する．

らのプレッシャーがまれであるからこそ，規制が遵守されるかどうかは，コンプライアンス部署といった規制担当部署や規制法の保護対象となっている職員らの組織内での相対的位置付けが重要になってくるのである．

2 行政像とのリンク

(1) 3つの行政像と組織内での位置付けとの関連

本稿では，被規制者内部の法を巡るダイナミクスに着目し，組織内アクター相互の相互作用を通じて現実化される法，特に交渉の帰趨として規制法への対応をみた．この交渉過程の際，組織内アクターが有する法に対する認識・行政像が，交渉での達成目標や妥協可能な範囲の設定・変容に影響を与えていることも指摘した．

それでは，組織内アクターは，どのような法に対する認識・行政像を有しているのだろうか．先行研究では，アクターの組織内での位置付けと彼らの行政に対する評価とを関連付け，3つのパターンが提示されている．以下では，この先行研究を出発点に，筆者が実施した質問票調査の結果を探索的に分析していく．

Gray & Sibley (2014) は，組織内アクターが有する行政像について，以下3つのタイプを提示しており，それぞれの行政像を，行政との接触の程度，組織内での自立性，専門知識の保有の程度といった各アクターの組織内での地位・立場とリンクさせている．第1のタイプは，自分たちの職を奪いかねない脅威として行政を捉える見方であり，行政は常に違反状態を見つけ罰則を課すものだとみなすタイプである．この見方において規制遵守とは，一見確定的に見える法に完全に一致することであり，額面通り完全に合致しない限り違反として罰則が適用されるという理解である．このような行政像と法遵守の認識の下で目指される遵守行動は，政策目的実現に実質的に意味がある行為である必要はなく，一見遵守に見えれば良いという，表層的で，行政の点検をクリアし制裁を回避するためだけの対応に止まることになる．この行政像は，行政との接触がなく，組織内での自立性も低く，専門知識保有の程度も低い組織内アクターにおいて頻繁に見られるという．

第2のタイプは，行政は自分たちをサポートする味方だとみなすタイプである．行政は，規制対応に関する有用な知識や情報を保有しており，立入検査時

のみならず，必要な時にはその都度相談できる相手として行政を捉えるものである．このような行政像をいだいている組織内アクターは，多くの場合，行政との接触が頻繁であり，組織内の自立性や専門知識を一定程度保有している中間マネジメント層において見られるという．前述した大学内のコンプライアンス職員は，その典型例である．彼らは頻繁に行政と対面してやり取りをし，大学内の環境規制マネジメントについて話し合っており，またステッカーに記載する標準ルールを策定したことからも窺えるように，組織内での一定の自立性も保有していた．

第3のタイプは，行政をスムーズな業務遂行を妨げる障害とみなすタイプである．行政は規制対象となっている活動やそれがとり行われる状況について何も理解していないとみなされるとこのような行政像となる．このような行政像を抱く組織内アクターは，行政との対面的接触が乏しく，また自らの専門知識保有に強い自負がある場合に見られるものであるという．例えば，前述の大学内環境規制マネジメントの文脈では，大学研究者らは，実際に研究活動がどのようなものなのか，何も分かっていない，という目で行政職員を見ている．行政との接触が乏しいという点では，行政を脅威とみなす認識と共通しているが，組織内の自立性が強いという立場から，脅威ではなく障害とみなすのである．

このように，組織内でアクターが占める多様な位置付けを視野に入れることによって，彼らがどのような法経験を持ち，規制行政を認識し，そして規制法に対してどのような行動をとるのか，規制対応とリンクさせて理解することが可能となる．以下ではこの観点から筆者が実施した質問票調査結果を見てみよう．

(2) 質問票調査

質問票調査では，以下の問いによって行政に対する評価の捕捉を試みた．すなわち，「環境規制を担当する行政部署とは，大気，水質土壌，廃棄物などに関連する法律や条例を担当している部署のことです．そのような行政部署との話し合い，相談，問い合わせといったあなたの今までのご経験に即して，以下の質問にお答えください」という質問群の中で，「問い合わせ，相談，話し合いといった行政部署とのやり取りのご経験を振り返り，あなたはどのような印象を持っていますか」という問いを設定し，以下7つの項目について，それぞれ「1：全く当てはまらない」から「7：非常に当てはまる」，「9：わからな

16 プロセスとしての規制遵守〔平田彩子〕

表1　被規制者のクラスター分析

	現状に即して運用	自治体間の差あり	積極的サポート有	円滑な業務を阻害	不備の指摘に終始・神経使う	公平だ	納得できる
グループ1 No interest	やや高	やや高	やや高	中	中	中	中
グループ2 Trouble	低	高	低	中	中	低	低
グループ3 Ally	高	中	やや高	低	低	高	高

い」を選択してもらった．7つの項目は以下の通りである．「行政部署は，環境規制を，現状に即した形で運用していると感じる」，「自治体が異なると，環境規制の運用には，差があると感じる」，「行政部署の対応では，具体的な法対策の仕方等についてアドバイスをくれるなど，積極的なサポートが行われている」，「行政部署の法運用は，現場の状況を理解しておらず円滑な業務遂行を妨げている」，「行政部署は，事業者の不備を指摘することばかりに注目しているため，行政部署とのやりとりには神経を使う」，「行政部署の法の運用は，公平だと感じる」，「行政部署の法の運用に，納得できる」である．

　上記に対して，クラスター分析（k-mean法）を実施したところ，3つのグループに分かれた（結果は脚注を参照）[6]．表1はその結果を分かりやすくまとめたものである．

　3つのクラスターの各項目に対する値より，グループ1は行政に対する評価に一貫した傾向が見られないことから，そもそも行政への関心が低いグループ（No interestグループ）とした．グループ2は，行政による現状に即した法運用や積極的サポートの存在には否定的で，また行政の公正さや納得できるとも認めていないことから窺えるようにネガティブな行政像を抱いているグループで

---

[6] 3つのクラスター（それぞれ，n=22，14，11）が抽出された．

	現状に即して運用	自治体間の差あり	積極的サポート有	円滑な業務を阻害	不備の指摘に終始・神経使う	公平だ	納得できる
Group 1	5.3	5.3	5.1	4.2	4.3	4.7	4.8
Group 2	3.7	6.0	3.8	4.6	4.8	3.3	3.3
Group 3	5.8	4.2	5.1	2.4	2.6	5.5	5.5

ある（Trouble グループとした）．翻って，グループ 3 は，現状に即した法運用
や行政の公正さを高く認め，また行政による法運用に納得していることから，
ポジティブな行政像を抱いており，行政を仲間とみなすグループ（Ally グルー
プ）とした．

　以下の質問項目によって組織内での位置付けの把握を試みた．すなわち，行
政との接触頻度，技術的知識の自負（「環境規制業務を行うにあたり，必要な技術
的知識があると自負している」），組織内での自立性（「担当する環境規制への対応
について，自分たちの部署が社内で主導的役割を担っている」），同業他社とのコ
ミュニケーション（「同業他社との交流や話し合いの機会がある」「同業他社が，環
境規制にどのように対応しているのか，だいたい知っている」 $a = 0.72$）に対して，
「1：全く当てはまらない」から「7：非常に当てはまる」までを選択してもら
らった．

　各グループと組織内での彼らの位置付けについて，分散分析を行なった．そ
の箱ひげ図が図 1 である．ネガティブな行政像を抱いている Trouble グルー
プは，技術的知識の自負，組織内自立性ともに他のグループと比較して低く
（ANOVA < 0.05），これは上述の先行研究の指摘と一致している．この質問票
調査での Trouble グループは，上記先行研究の 3 分類の中では，組織内の自
立性が低く，専門的知識も乏しいアクターが取る傾向が強いという，脅威とし
ての行政像を抱いている可能性が高い．そのような行政像を抱いているアク
ターが考える遵守とは，法との完全な合致行為であり，実質的な意味が伴わず，
表面的で，行政へのパフォーマンスとして見せるという傾向が強いものであっ
た．

　また興味深いことに，Ally グループは，同業他社とのコミュニケーション
が他のグループと比較して多く頻繁に行われている様子が窺える（図 2 AN-
OVA < 0.01）．Ally グループは同業者間のネットワークを通じて，規制対応
の内実を構築している可能性がある．

　なお，行政との接触の程度及び事業者の規模については，3 グループ間で有
意な差は見られなかった．

　このように，被規制者内の組織内アクターが有する行政像は，彼らの組織内
での位置付けと関連している様子が指摘できる．行政は，彼らが実際に体験す
る規制法を体現する存在である．被規制者内でのアクター間の相互作用性を通

図1 技術的知識の自負（左）と組織内自立性（右）

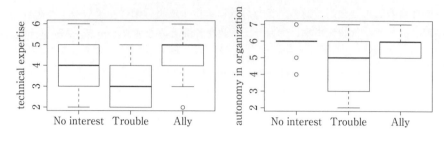

図2 同業他社とのコミュニケーション

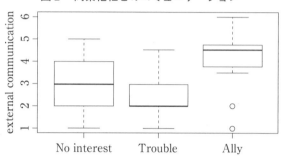

じて規制対応が紡ぎ出されていくと理解すれば，各アクターの行政に対する認識は，被規制者内での規制法対応を理解する上で重要な要素となるだろう．

Ⅲ　むすび──今後の実証研究に向けて

　法は，人間によってその具体的な意味づけと適用がなされるものであり，その人間の認識と行動は自身が身を置いている環境的，社会的，文化的文脈に大きく左右される．本稿では，被規制者を単一の主体とみなすのではなく，組織内ヒエラルキーにおける地位，役割，専門知識，技術的・法的能力，行政との関わりの程度などがそれぞれ異なる，多様な組織内アクターからなるネットワークとして被規制者を捉えてきた．そして，関係アクター同士の相互作用性，特に交渉過程という枠組みを通じて，法遵守行為の達成・不達成の様子を見てきた．コンプライアンス職員と生産部門職員，あるいは管理職と現場作業職員との間でなされる説明，説得，交渉，指示など，被規制者内での多様なアク

Ⅲ　むすび

ター間で生じる規制を巡る様々なやり取りが，彼らの規制法に対する経験や解釈，何を持って遵守とみなすかの判断に影響を与え，また各アクターの有する組織内での地位・立場も，上記やり取りのあり様に影響を及ぼす．グラウンド・レベルでの法は，人々の社会的関係性の網の上で展開するものであり，これは被規制者内においても同様である．

このような被規制者に対する理解は，従来の，遵守か違反かの二者択一を行う単一主体としての被規制者像という捉え方の再考を求めるものである．特に，規制デザインを設計する際には，被規制者は「非道徳的合理主義者（amoral calculator）」として，擬人化された単一の主体と捉えられがちであったが，現実の被規制者の規制対応は決してそのような単純化されたものではなく，多様な組織内アクターの相互作用プロセスから成り立っている．今後の被規制者の分析，そして法遵守を実現させる規制システムの考察においては，この被規制者側での組織内ダイナミクスの視点を取り入れる必要があると考える．

〔文　献〕

Bardach, Eugene, and Robert Kagan (1982) *Going by the Book: The Problem of Regulatory Unreasonableness.* New Brunswick, NJ: Transaction Publishers.

Edelman, Lauren B. (2016) *Working Law.* Chicago: University of Chicago Press.

Edelman, Lauren B., Uggen, and Howard S. Erlanger (1999) "The Endogeneity of Legal Regulation: Grievance Procedures as Rational Myth." 105 (2) *American Journal of Sociology* 406-54.

Ewick, Patricia, and Susan S. Silbey (1998) *The Common Place of Law.* Chicago: University of Chicago Press.

Genn, Hazel (1993) "Business Responses to the Regulation of Health and Safety in England." 15(3) *Law & Policy* 219-233.

Gray, Garry C. (2002) "A Socio-Legal Ethnography of the Right to Refuse Dangerous Work." 24 *Studies in Law, Politics, and Society* 133-69.

――. (2006) "The Regulation of Corporate Violations: Punishment, Compliance, and the Blurring of Responsibility."46(5) *British Journal of Criminology* 875-892.

――. (2009) "The Responsibilization Strategy of Health and Safety: Neo-Liberalism and the Reconfiguration of Individual Responsibility for Risk." 49(3) *The British Journal of Criminology* 326-342.

――. (2011) "Constraints to Upholding Workplace Safety Laws and Regulations within Organizations, Summary." 77 *Droit et Société* 57-68.

16 プロセスとしての規制遵守〔平田彩子〕

平田彩子（2009）『行政法の実施過程 —— 環境規制の動態と理論』木鐸社.

Huising, Ruthanne, and Susan S. Silbey (2011) "Governing the Gap: Forging Safe Science through Relational Regulation." 5(1) *Regulation & Governance* 14-42.

Kagan, Robert A., Neil Gunningham, and Dorothy Thornton (2003) "Explaining Corporate Environmental Performance: How Does Regulation Matter?" 37(1) *Law & Society Review* 51-90.

Kagan, Robert A., and John T. Scholz (1984) "The Criminology of the Corporation and Regulatory Enforcement." In *Enforcing Regulation*, edited by Keith Hawkins and J. Thomas. Boston, MA: Kluwer-Nijhoff.

北村喜宣（1997）『行政執行過程と自治体』日本評論社.

——（2017）『自治体現場の法適用 —— あいまいな法はいかに実施されるか』東京大学出版会.

村山眞維（1990）『警邏警察の研究』成文堂.

〔付記1〕筆者が初めて村山眞維先生と言葉を交わしたのは，先生が研究代表者を務められていた特定領域研究による統計講習会の折であった．行政活動の法社会学的研究がしたいという当時修士1年生の筆者に，先生は経験的手法の重要性を説かれ，またその後も折に触れ研究や米国留学に関して有益なアドヴァイスを与えて下さった．筆者はこのような先生の学恩に浴する幸運に恵まれている．先生が古稀を迎えられたことに，心からお祝いを申し上げたい.

〔付記2〕本稿は，科学研究費補助金（若手研究B・16K16975）「環境規制法実施下での遵守・交渉・法の実現に関する経験的調査」の助成を受けた研究成果の一部である.

V　法　意　識

17 ルール適用の「融通性」

飯 田　高

I　問題の所在

「ルール」あるいは「制度」は，人間社会の不確実性や複雑性を緩和する仕掛けのひとつである．ルールが果たすこの役割を強調する考え方はさまざまな分野に存在し，たとえば社会学ではニクラス・ルーマン（Niklas Luhmann），経済学ではダグラス・ノース（Douglass North）による議論が特に著名であろう（Luhmann 1972；North 2005）[1]．

社会にルールがあることで，人々の行動は予測しやすくなり，自分のとる行動選択肢の候補を絞り込むこともできる．交通ルールや取引ルール，そして日常生活上の諸ルールは，不確実性や複雑性を縮減して人間を取り巻く社会環境を理解しやすくし，迅速な意思決定を促すという機能をもっている．このようなルールには，人々の間の合意に基づくものもあれば，何らかの機関（典型的には公的機関や第三者）によって策定・強制されるものもある．さらに，明示の合意や策定もないのに自然に形成されるルールも広く見られる[2]．

ルールには明らかに利点があるが，ルールはときに足枷にもなる．状況が急激に変化している場合や，あるいは人々が危機的な状況に陥っている場合には，ルールを守ることがかえって不利益をもたらしうる．

---

(1)　ここでのルールは社会的ルールを指しており，個人的なルールは除いている．すなわち，社会科学諸分野で「社会規範」と呼ばれているものにほぼ相当する．

(2)　飯田（2004）では，法以外の自生的なルール（同書ではこれを「社会規範」と呼んでいる）について論じた．そのような自生的ルールの発生過程に関しては膨大な研究が存在するが，慣行として根付いてきたルールの回避や変更を主題とする研究はそれほど多くない．

『法の経験的社会科学の確立に向けて』村山眞維先生古稀記念〔信山社，2019年3月〕

たとえば，企業や組織が旧来のルールに固執して柔軟な対応ができなくなるという事例や，ルールの遵守が自己目的化したために非効率的な結果を生むという事例は至るところで出現する（郷原 2009）．良くも悪くも，ルールは私たちの思考を簡素化する．「守る」という点に過度に意識が集中すると，他の重要な事柄に考えが及ばなくなってしまうかもしれない．

　ルールを守るのが不都合になった場合，ルールの適用を回避したり，ルールを変更して適用したりする，という選択が可能性としてはありうる．ただし，実際に回避や変更という選択ができるかどうかは，ルール適用におけるそうした「融通性」を社会のメンバーがどれくらい許容しているかによって違ってくるだろう．このように考えると，ルールが現実の社会でいかなる効果をもつかは，社会の中で当該ルールがどの程度浸透しているかに加えて，社会のメンバーがルール適用の融通性をどのくらい認めているかにもかかってくる，ということになる．

　では，現実の人々は「融通性をもってルールを適用すること」についてどのように考えているのだろうか．融通性を認めやすいのはどのような人たちか．反対に，ルールを厳格に適用しようとするのはどういう人たちなのか．このことを解明するための道筋を示すのが本稿の目的である．

　ルール適用の融通性の問題は，法社会学の分野では法意識の文脈で論じられてきた．そこでは当然ながら「法」の適用に関心が集中していたが，以上に述べた「ルール」の適用は「法」の適用と同じように考えることができるのか，そして，「ルール」の適用に対する人々の考え方は「法」の適用に対する人々の考え方とどのような関係にあるのか，といったことが問題となろう．そこで，本稿の第Ⅱ節では，法の適用についての融通性に関する議論を概観し，過去の法意識調査から得られている結果および知見についても略述する．次の第Ⅲ節では，第Ⅱ節で言及する先行研究をもとに「融通性」の概念を再考する．その後，第Ⅳ節では筆者自身が関与した質問紙調査の分析結果を紹介し，「ルール適用の融通性」と相関していると考えられる変数を探る．最後の第Ⅴ節で若干の考察を加え，今後の課題について述べることにしたい．

II　法社会学と「融通性」――法意識論との関係

1　『日本人の法意識』における「融通性」

(1)　規範の抗事実的作用

Ⅰで簡単に触れたように，法社会学においては，「融通性」をめぐる論点は法意識論の中で扱われてきた．初めに，川島武宜の『日本人の法意識』で融通性がどのように論じられていたかをごく簡単に確認しておこう．

『日本人の法意識』およびそれに続く法意識論では，法の適用における融通性は日本人の法意識の顕著な特質とされており，かつ，決してポジティブな性質とは考えられていない．川島は，西洋では「意識や思想の上では，当為と存在との二元的対立が絶対視され」ているのに対し，日本では「現実と理想とを厳格に分離し対置させる二元主義の思想の伝統はない（或いは，きわめて弱い）ように思われ」，むしろ現実への妥協が「『融通性のある態度』として高く評価される」，と主張している（川島 1967：45）．多くの日本人にとっては，規範はどうしても守らなければならないものではなく，言い換えると規範の抗事実的作用が概して弱い，ということである[3]．

そこで具体例として挙げられているのは，道路交通法や売春取締法などの取締法規が緩やかにしか強制されていない，という事例であった．「日本の法意識によれば，こういう非現実的な法律を機械のごとく実施して取締まるのは，あまりにも『融通のきかない』やり方だと考えられるのであり，警察が民衆におけるこのような考え方に抵抗して厳格にこの法律を適用するには，相当の勇気が要るであろう」と書いている（川島 1967：47）．

(2)　契約意識について

法意識論で特徴的と思われるのは，上記のような「法規の遵守」と「契約の遵守」を類似の現象として扱っており，それゆえ「法の適用における融通性」と「契約における融通性」とがはっきりとは区別されないまま論じられている，という点である[4]．たしかに，どちらも法が関わってくる現象である．そして，

---

[3]　もしここでの「規範」が上述の意味でのルールを含んでいるのであれば，法の適用における融通性とルールの適用における融通性は類似のものとして扱うことができるだろう．しかし，川島が挙げているのはもっぱら法規に関係する事例である．

当為と存在とを対置させる図式のもとでは，契約と法規を同列に論じることも可能であろう．

しかし，契約と法規とは次の点で異なっており，人々にとってのイメージにも差異があると考えられる．第一に，契約では当事者間の「合意」が不可欠な要素として組み入れられるのに対し，法規の場合はそうとは限らない．法規でも「合意」は擬制されるものの，「合意」の深度ないし熟度に関しては契約と比ぶべくもない．

第二に，第一の点とも連なる点でもあるが，取り決めた主体との距離が大きく異なっている．契約は自分および自分に近い人が取り決めるのに対し，法規は公的機関の手続を経て決まる．建前としては「自分たち」が取り決めた主体ではあるが，法規の場合には「自分たちが決めた」という意識はどうしても希薄になる．

以上の相違点が融通性の程度に影響しているのはありそうなことである．つまり，法規であるか契約であるかによってどのくらいの融通性を認めるかは違ってくるであろう．もっとも，合意の有無や「自分たちが決めた」という意識が融通性を減少させるのか増大させるのかは判断し難く，どちらの方向も先験的に否定できるわけではない．『日本人の法意識』に出てくるエピソードを読む限りでは，日本では増大の方向に傾きやすいようである．

以下では，契約をめぐる意識の問題は切り離して考え，法やルールの適用の融通性に照準を定めることにする．

2　過去の法意識調査の「融通性」

(1) 1970 年代の法意識調査

日本文化会議は，「日本人の法意識」に関する体系的・実証的記述を目的として，1971（昭和 46）年と 1976（昭和 51）年に大規模な調査を実施している（日本文化会議編 1973，1974，1982）[5]．第 1 回調査も第 2 回調査も，首都圏に住む男女有権者を対象としていた[6]．どちらの調査でも層化無作為二段抽出法

---

(4)　「契約における融通性」には，（ a ）契約内容が不確定であるという意味での「融通性」と，（ b ）後から変更が可能であるという意味での「融通性」が含まれている．

(5)　日本文化会議は 1968 年に保守系知識人を中心に結成され，1994 年に解散している．この調査は，同会議の中にあった「日本人の法意識研究会」が行ったものである．

によって 1,500 のサンプルを抽出しており（100 地点を抽出したうえで各地点 15 のサンプルを抽出），個別訪問面接調査を行っている．回収数は第 1 回調査では 1,053（回収率 70.2%），第 2 回調査では 1,080（回収率 72.0%）であった．

調査内容は，法律に関する知識，法律に対する態度，より一般的な法（法曹を含む）のイメージ，法に関わる個人的な経験（法体験）などである．第 2 回調査は第 1 回調査のフォローアップとして企画されていたが，質問項目は変更されている．たとえば，法のイメージや法体験についての質問が第 2 回調査ではすべて削除されており，逆に，第 2 回調査で追加された質問（素朴道徳感情についての質問が例）もある[7]．

「法の適用に際しての柔軟性志向」（質問の中身は後述）は，第 1 回調査と第 2 回調査で大きな変化が観察されなかった点として挙げられている．これらの主要メンバーのひとりであった飽戸弘は，「法を文字どおり適用する人は石頭であって，ゆうずうをきかせて，温情をもって，臨機応変に適用するのが，真に優れた法の番人，というイメージが，日本人の多数意見なのだ」と述べている（日本文化会議編 1982：20）．

(2) 融通性志向スケール

第 2 回調査の結果をまとめた日本文化会議編（1982）では，以下に挙げる 6 つの質問（Q6，Q7，Q8，Q9，Q13，Q14）から融通性志向スケールという尺度を構成している．いずれの質問項目も，当時の法意識調査のありようがよく反映されているだけでなく，1970 年代の日本社会の雰囲気が伝わってきて興味深い．少々長くなるが，Q6，Q7，Q13，Q14 の 4 つを以下に引用する[8]．

---

(6) 「首都圏」と言っても首都 30 キロ圏内（ただし第 1 回調査は横浜区部も含む）だけなので，地理的範囲は必ずしも広くはない．

(7) 法の適用における柔軟性に関する質問は概ね維持されているが，次の問 35 は質問文が大幅に変更されている．「『法律はどんなときにも守るべきである』という意見と『目的が本当に正しいものだと確信がもてるときには，法律をやぶることもやむをえない』という意見があります．どちらの考えがあなたにぴったりしますか」．「どんなときにも守るべきだ」という意見に近いと答えたのは 42.4%，目的が正しい時には，法律をやぶることもやむをえない」という意見に近いと答えたのは 51.3% であった．回答も割れており，少なくとも私から見ると興味深い質問である．ところが，第 2 回調査では，「自分の意見では正しくないと思う法律（悪法）でも国の法律である以上は守るべきである」という意見についての賛否を答えてもらう質問に変更されている（「必ずしも全面的に賛成できない」が約 6 割を占めている）．

17 ルール適用の「融通性」〔飯田　高〕

　なお，各選択肢の後の数字はその選択肢を選んだ回答者の割合である．参考として，第1回調査の結果もカッコに入れて併記している（これら4つの質問はいずれも第1回調査の際にも尋ねられていた）．

Q6　国有林のなかにつつじや，ふじ，など庭に植えるのにちょうどよいような雑木が生えているとします．しかしそのへんには「国有林につき立入りを禁ず」という立札が立っています．ここで甲さんと乙さんとは意見がわかれました．あなたはどちらの意見に近いですか[9]．
　甲「どうせほっておいたら，雑木として刈りとられてしまうのだから2～3本とってもかまわない」
　乙「雑木として刈りとられてしまうとしても，とにかく『立入禁止』と書いてある以上，そこへ入ってとってはいけない」
　　1　甲の意見に賛成：12.3%（41.6%）
　　2　乙の意見に賛成：85.0%（55.2%）
　　3　DK・NA：2.7%（3.2%）

Q7　近所に空地があります．これはAさんの私有地なのですが，たまたま，いま空地になっています．そこへ近所の子供たちがきて，野球をやったり，ボール遊びをしたりします．そこで，Aさんはいつも「ここは私の土地だから，ここで遊ばないように」と注意するのですが，子供たちはなかなか言うことをききません．ところで，この近所に住んでいる甲さんと乙さんは，この件について話しあって意見が対立しました．あなたはどちらの意見に近いでしょうか．
　甲「どうせ空いているのだから，子供たちが遊んだってかまわないではないか」
　乙「いくら空いていても，この空地は私有地なのだから，所有者の許可なしに利用するのはよくない」
　　1　甲の意見に賛成：39.6%（54.1%）
　　2　乙の意見に賛成：56.1%（42.5%）
　　3　DK・NA：4.3%（3.4%）

---

(8)　Q8とQ9に関心のある方は，日本文化会議編（1982：59-60）を参照されたい．現在では使用できない単語がQ8に含まれており，Q9はQ8を受けた質問になっているため，ここでは引用しなかった．内容は，「空腹のホームレスに食糧を与えるためにパンを店から無断で持って行くという行為を評価させる」というものである．ちなみに，第1回調査にはこの質問はない．
(9)　この質問の「つつじや，ふじ，など庭に植えるのにちょうどよいような雑木」の部分は，第1回調査では「ワラビやゼンマイ」であった．さらに，甲の主張は「どうせほっておいたら，これらのワラビやゼンマイは枯れてしまうだけでもったいない．そうしゃくしじょうぎに考えなくても，ワラビやゼンマイをとるくらいかまわない」となっている（乙の主張もやや異なる）．多くの人にとって，質問文から受ける印象はおそらく違うであろう．

Ⅱ　法社会学と「融通性」

Q13　公務員には2つのタイプの人がいます．あなたはどちらの人の方が好きですか．
　甲「いつどんなときでも，法をまげることなく，文字どおりにそれを適用しよう
　　とする人」
　乙「法の狙いをくんで，臨機応変に法を適用しようとする人」
　　1　甲の方が好き：19.6%（29.1%）
　　2　乙の方が好き：73.4%（66.4%）
　　3　DK. NA：7.0%（4.6%）

Q14　法律について次の2つの意見があります．あなたはどちらの意見に近いですか．
　甲「法律というのは，守るためにあるのだから違反した場合は，必ず制裁すると
　　いうことでなければ意味がない」
　乙「法律というのは，状況によって制裁を加えるかどうかを判断すべきもので，
　　文字どおりに適用するのはよくない」
　　1　甲の意見：26.3%（33.5%）
　　2　乙の意見：65.7%（62.3%）
　　3　DK. NA：8.0%（4.2%）

　研究メンバーの林知己夫は，これらの質問から構成された融通性志向スケー
ルや他のスケール（厳罰志向スケール，道徳感情スケールなど）を用いながら，
典型的な3つのタイプ（「中間型」を除く）を析出している．その3つとは，①
融通性を好み，素朴道徳感情や厳罰志向が強いタイプ（約25%），②融通性を
好み，素朴道徳感情が弱いタイプ（約60%），③融通性を好まず，素朴道徳感
情も厳罰志向も弱いタイプ（5%未満）である（日本文化会議編1982：64-68，
81）．

　林は，①を「古い日本型」，②を「新しい日本型」，そして③を「近代型」と
表現しており，「融通性は大事でともかくうまくいけばいいんじゃないか」と
いう考え方が今後広がっていく —— ③のタイプが②の方向へと移動する —— と
予測している（日本文化会議編1982：139-41）．名称や解釈はさておき，日本で
は融通性を好む人が多く，将来も増えていくであろう，というのが当時の見方
であった．

⑶　2005年調査での追試
　文部科学省科学研究費特定領域研究（B）「法化社会における紛争処理と民
事司法」（村山眞維研究代表）プロジェクトでは，2005年2～3月に全国の20
歳以上70歳以下の男女を対象として「意識調査」を留め置き法により実施し
ている．調査票は11バージョンあり，そのうちの1バージョンが日本文化会

17 ルール適用の「融通性」〔飯田　高〕

議の第 2 回調査の追試となっていた. サンプル数は 2,274, 有効回答数は 1,138（回収率 50.0%）である[10].

　この調査票では, 前述の質問（第 2 回調査の Q6, Q7, Q13, Q14）がほぼそのままの形で取り入れられている. 過去の調査と同じように作成した融通性志向スケールによると, 法の適用における融通性には大きな変化はなく, 規範を適用する場面では柔軟に融通性をきかせることを好む者が多い, と言える結果になっている（木下 2010：12）[11].

　ただし, Q7 については, 甲に近い意見（立ち入り容認）をもつ人の割合は時を経るごとに減少し（1971 年は 54.1%, 1976 年は 39.6%, 2005 年は 27.5%）, 乙に近い意見（無断使用反対）は 2005 年時点で 67.4% に増加している. したがって, Q7 が測定している「融通性」に関して言えば, 融通性を好む人は増えていないどころかむしろ減っている, ということになる.

Ⅲ　「融通性」再考

1　先行研究の問題点

(1) 構成概念妥当性の問題

　以上, 過去の法意識調査の中で融通性に関係する部分について概観した. 国際比較になっていなかったという明白な欠点の他に, 1970 年代の調査が抱える 2 つの問題点に触れておきたい.

　第一に, 構成概念妥当性の問題が挙げられる. すなわち, 調査した人が考えていた「融通性」がどういうものであれ, その「融通性」を上記のような質問で適切に測定できているのか, という問題である. このことは早くから指摘されており, 一例を挙げると, 精神科医の土居健郎は「法の適用に際して融通を働かせているわけではなく, 法律の存在自体を意識していない結果ではないか」という趣旨のことを述べている（日本文化会議編 1974：193- 4 ）.

　具体的なシナリオをベースにした質問にすること自体は特に問題ないが, 構成概念妥当性を確保するためには, 測定しようとする属性について多くの質問

---

[10]　この調査の詳細については, 村山・松村（2006）, 松村ほか（2006b）を参照.

[11]　「内容は厳格に, 適用は柔軟に」という考え方が特徴であるとしばしば述べられる（日本文化会議編 1974；木下 2010：12）.

を用いる必要がある．しかも，日本文化会議の法意識調査の場合，本来「融通性」とは無関係のはずなのに回答に影響を与えそうな要素が散見される．たとえば，Q6で国有地から取っていくものが何であるかによって回答は変わりうるだろう（現に変わっている．注9参照）．あるいはQ7でも，「子供たち」を大人に置き換えれば回答傾向は異なるであろうし，回答者が安全な遊び場が少ない都会をイメージするかどうかなどによっても違った結果になるはずである（六本1983）．

ところが，日本文化会議の法意識調査ではこれらの少数の質問に対する回答を一般化しており，それをもとに「融通性」の議論を進めている．全体の質問数の制約があるとはいえ，より多くのシナリオで検証すべきだったとは言えるだろう[12]．

（2）過剰包摂性の問題

第二に，「融通性」の概念そのものをめぐる問題点がある．II 1（2）で述べたように，「融通性」にはもともと契約における「融通性」も含まれていた．法の適用における「融通性」と契約における「融通性」が異なるものであることは第2回調査でも認識されており，融通性志向スケールは契約関連の問いを外して作られていた．

しかし，契約関連の問いを外すだけでは十分でない可能性がある．2005年に実施された追試の結果によれば，土地の所有権を題材とするQ7では「融通性」が減少する一方で，他の「融通性」は基本的に維持されていた．つまり，Q6，Q7，Q13，Q14は「2005年では，二つの意味を持っているようである．つまり所有権については融通性を利かせるのでなくこれを尊重した方がよいとする傾向が強く，一方，法の運用については，柔軟にすべきだと考えている」（松村ほか2006：465）．もしそうだとすると，融通性志向スケールは方向の異なる複数の因子を内包していると考えられる．

---

[12]　2005年の調査では，Q6の場面を基礎としたシナリオ実験を行っている（村山・松村2006；松村ほか2006a）．要因は3つ（①当事者が顔見知りか否か，②立て札があるか否か，③家庭菜園か遊び場か）で，$2^3 = 8$バージョンが用意されている．

2 法の適用とルールの適用

(1) 多義的な「融通性」

法の適用に関わる部分だけに限っても，法意識調査が測っていた「融通性」には下記の3つが含まれている[13].

（A）そもそも法の存在を意識していないことに起因する「融通性」
（B）法の文字どおりの適用を回避するという意味での「融通性」
（C）法の適用そのものを回避するという意味での「融通性」

後二者の区別は明瞭でない場合も多いが，いわゆる大岡裁きが（B）にあたるのに対し，例外を認めるのは（C）に該当する[14]. 法意識調査で主たるターゲットとなっていたと考えられるのは（B）または（C）であろう．先に挙げたQ14ではこの2つが混同されており，甲の意見（「法律というのは，守るためにあるのだから違反した場合は，必ず制裁するということでなければ意味がない」）は（C）に対応しているが，乙の意見（「法律というのは，状況によって制裁を加えるかどうかを判断すべきもので，文字どおりに適用するのはよくない」）のほうは（B）に対応している．

これらのうち，（B）の「融通性」には微妙な点がある．つまり，「文字どおり」という言葉は「現実から遊離している」という意味合いを伴っているため，多くの人々にとって（おそらく日本以外の国の人にとっても）もともとネガティブな響きがあるという点である．したがって，（B）の意味での「融通性」に対して悪い印象をもつ人は少なくなるだろう．法典国である日本では法は文字で構成されているというイメージが強いので，法が現実から遊離している状況，言い換えれば，形式的に法を適用すると妥当でない結論が導かれる状況をより思い浮かべやすくなるように思われる．

いずれにしても，（A）〜（C）の「融通性」を識別するためには詳細な調査が必要となる．本稿では（C）の意味での「融通性」を念頭に置いているが，以下に述べるのはその前段階にあたる（あるいはより抽象度の高い）「融通性」

---

[13] 「融通性」の意味はこの3つに限定されるわけではなく，下位カテゴリーに分割することももちろん可能である．

[14] 日本人が大岡裁きのような裁判を好むことについては昔からさかんに議論されているが，比較的新しい文献として，青木（2005）と岸本（2011）を参照．

III 「融通性」再考

である。すなわち，ルールの適用を回避するという意味での「融通性」である。

(2) 「融通性」把握のための図式

法の適用における融通性を直接に探究しようとすると，影響を及ぼすと考えられる要因の数が増えるため，その分ノイズが多くなる．

ここでは，ルール一般の適用における融通性に焦点を当てることにより，今までに論じられてきた「融通性」の中身を部分的にでも明らかにすることを試みる．ルール一般について人々がどのように考えているかという点に着目すれば，具体的な法制度に関する認知という要素をひとまず脇に置いておくことができる．少なくとも，上記の（A）の融通性は排除できよう．（B）や（C）の内容を精査するには多くの調査を積み重ねなければならないが，以下で紹介する調査はそのためのささやかな一歩と理解していただければ幸いである．

本稿が想定しているのは，【図表1】の図式である．この図式のもとでは，ルール一般に対する考え方（融通性を含む）は法に対する考え方の基盤として存在し，特定の法制度に関する認知はそこで媒介項として作用している[15]．

ルール一般に対する考え方がいかにして形成されたり変容したりするかはひ

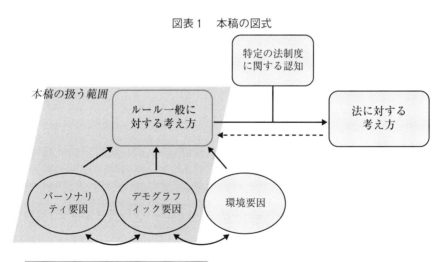

図表1　本稿の図式

---

[15] 法に対する考え方がルール一般に対する考え方に影響することもありうるだろう（【図表1】では点線で示している）．法律を学んだ人や法実務に携わっている人が社会的ルール一般を法とパラレルに捉える，というケースが例として挙げられる．

とつの難題だが，【図表1】では「パーソナリティ要因」，「デモグラフィック要因」，「環境要因」の3つを要因に設定している．パーソナリティ要因としては，たとえば道徳感情，権威主義的傾向，自己効力感などが影響を与えると考えられる．また，デモグラフィック要因としては，性別，年齢，職業，所得，学歴，居住地域などがある．環境要因にはいろいろなものが含まれうるが，経済的状況，政治的状況，社会の人口動態，技術的環境などが重要であろう[16]．

次の第IV節では，筆者自身が関わった調査のデータを用いて，「ルール一般に対する考え方」のうち融通性に関する部分と，デモグラフィック要因・パーソナリティ要因との関連を見ていくことにしたい．なお，ここでの分析は仮説検証ではなく実態把握・仮説探索を目的としている．

IV　調査データの分析

1　データと方法

(1) データの収集方法

本節の分析は，2017年2月に東京大学社会科学研究所の危機対応学プロジェクトが実施した「将来に向けた防災意識・行動・価値観調査」に基づいている．表題に見られるように，この調査は主に自然災害に関する意識や行動を尋ねる調査である[17]．調査対象となったのは，調査会社が保有するパネル（モニター）の中から年齢・性別・地域ごとにランダムに抽出された，日本全国の25歳〜74歳の男女2,750名である．調査対象者には調査票が郵送され，回収も郵送で行われた[18]．

自然災害への意識や対応を中心とする調査ではあるが，より一般的な場面における意識や行動に関する質問も多く設けられていた．その中に，ルール適用の融通性や，IIIで触れた諸要素に関連する質問も含まれている．

---

[16]　ただし，本稿の分析では環境要因は対象外となっている．

[17]　自然災害に関わる意識や行動のほか，過去の被災経験，個人属性，普段の生活における意識・行動・人間関係などについても尋ねている．なお，本調査で用いた調査票は，東京大学社会科学研究所ウェブサイト内の危機対応学のページ（http://web.iss.u-tokyo.ac.jp/crisis/pub/books/post-1.html）で閲覧できる（2018年9月20日現在）．

[18]　実査は日本リサーチセンターに委託した．

Ⅳ　調査データの分析

(2) 質問項目

ルール適用の融通性に直接関係するのは次の質問である（問10）.「次のような考えに，あなたは賛成ですか，それとも反対ですか．あなたのお考えにもっとも近いもの1つを選んでください」という質問文の後で，下記の6項目が並べられている.

　ア）ルールは厳格に運用すべきである

　イ）ルールは柔軟に運用すべきである

　ウ）現在の私たちの社会にはルールが多すぎる

　エ）ルールを今よりも多くして社会を規律すべきである

　オ）例外はなるべく認めるべきではない

　カ）ルールに例外はつきものである

回答者は，ア～カのそれぞれにつき「賛成」「どちらかといえば賛成」「どちらともいえない」「どちらかといえば反対」「反対」の5つの中から1つを選択する．ア・ウ・カについては「賛成」に近い回答，そしてイ・エ・オについては「反対」に近い回答であるほど，融通性志向は高いと考えられる.

以下では，この質問に対する回答を中心に分析する.

(3) 従属変数の作成 ── 融通性許容度

各項目に対する回答の値を単純加算することによって合成尺度を作る方法も考えられるが[19]，問10のア～カにおけるクロンバックの α 係数は必ずしも高くない（α = .608）．そこで，ア～カ各変数のデータを標準化（z化）したうえで主成分分析を行い，主成分負荷量によって重みづけをした変数を作成している（具体的には【図表2】の主成分負荷量を使って重みづけをした）[20]．以下，本稿ではその変数に基づいた分析を実施している[21]．本稿では，「融通性許容度」

---

[19]　具体的には，ア・ウ・カの回答を反転させ，融通性志向が高くなるほど数値が大きくなるように設定している．なお，ア～カのいずれかの項目で無回答だった場合は分析から除外している（その結果，2,675人の回答が分析対象となった）.

[20]　主成分分析は，回答傾向の似ている変数同士を合成し，お互いに相関のない新しい変数（これが「主成分」と呼ばれる）を作る手法である．「主成分負荷量（因子負荷量）」は，観測値と主成分の間の相関係数となっている.

[21]　念のため単純加算による合成変数を用いた分析も行ったが，結果に大きな違いはなかった.

371

と名づけておこう．

2　基礎集計および諸項目との相関
(1) 回 答 分 布

分析対象となった2,675人の問10に対する回答は【図表3】に示すとおりである．

アとイは逆のことを述べているようにも思えるが，双方とも「どちらかといえば賛成」が最も多くなっている（アでは45.9%，イでは45.2%）．ア・イ両方の項目に「賛成」または「どちらかといえば賛成」と答えた人は911人（33.1%）にものぼる．約3分の1の人たちにとっては厳格性と柔軟性は二者

図表2　合成変数を作成した際に使用した主成分負荷量

	主成分負荷量
ア	0.435
イ	0.443
ウ	0.255
エ	0.354
オ	0.436
カ	0.485

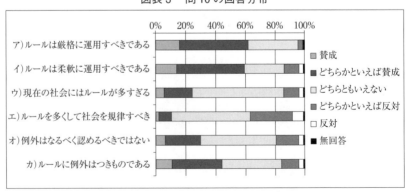

図表3　問10の回答分布

択一の関係にあるわけではなく，ルールを運用するにあたってはそのどちらも必要だ，ということなのかもしれない．

一点だけ付言しておくと，アの「ルールは厳格に適用すべき」に「反対」と回答した人は11人しかおらず（0.4%），「どちらかといえば反対」を足しても101人（3.7%）にとどまっている．

問10 ア〜カの単純加算得点（30点満点）の分布は【図表4】のヒストグラムに示している．参考までに，合成尺度である「融通性許容度」の分布も横に示した．融通性許容度は正規化された値をもとに作成しているので，平均値もほぼゼロとなっている[22]．最大値は約5.46，最小値は約−5.75である（プラスの方向に行くほど許容度が高くなる）．

(2) デモグラフィック要因との相関

それでは，融通性許容度が高いのはどのような人たちだろうか．この調査では比較的多くのフェイス項目を設けているが，そのうちデモグラフィック要因として挙げた項目について概観しておこう．

① 性　別

融通性許容度の平均値を比べると，男性は −0.06（N = 1,237），女性は0.05（N = 1,438）となっており，t検定を行うと有意と言える差が検出される

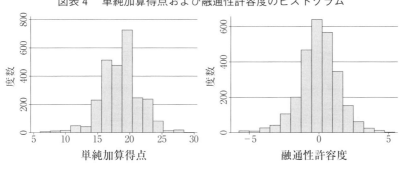

図表4　単純加算得点および融通性許容度のヒストグラム

---

[22]【図表2】の主成分負荷量で重みづけした分，ほんのわずかではあるが平均値がゼロからずれている（0.00000000122）．

($p = 0.032$). わずかな差ではあるが，女性のほうが男性よりも融通性許容度が高い，ということになる．

② 年　齢

年齢が高くなるほど，融通性許容度の平均値は小さくなっていく傾向が観察できる．ただし，最も融通性許容度が高いのは30歳代であり（0.31），20歳代は40歳代や50歳代と同じくらいの許容度である．年代別に分けた箱ひげ図を【図表5】として示している．

年齢が高くなるほど融通性が小さくなるという傾向は，日本文化会議の法意識調査の結果とも整合的である[23]．

箱ひげ図からは，年代ごとの平均値だけではなく分布の違いもわかる．年齢が上がるにつれて分布の範囲は広がっている．特に，40歳代以降で融通性許容度の値の低い人が出てきている．

③ その他のデモグラフィック要因

性別と年齢以外にも，職業，所得，学歴，居住地域，子どもの有無などについて融通性許容度の平均値を比較した．だが，いずれも統計的に有意な差は検

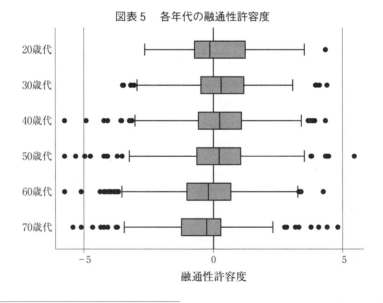

図表5　各年代の融通性許容度

---

[23] 日本文化会議編（1982）参照．

出されなかった.

(3) パーソナリティ要因との相関

　この調査では，権威主義的傾向と道徳性に関する質問を「問7」で，政治的自己効力感に関する質問を「問9」でそれぞれ設けている[24]. ここから権威主義スコア，道徳性スコア，政治的自己効力感スコアを単純加算によって作成した（ただし，項目数が少ないためスコアのばらつきが小さいという難点がある. 記述統計量は【図表6】を参照）.

　分析結果だけを述べておくと，権威主義スコアが低い人，道徳性スコアが低い人，そして政治的自己効力感スコアが低い人ほど融通性許容度は高かった. しかし相関係数は低く，いずれも $r = -0.1$ 前後である[25].

　性別や年齢などのデモグラフィック要因をコントロールした場合にどのくらいの相関が観察されるかを調べるために，上記の変数を投入した重回帰分析を行った（次項）.

3　重回帰分析

(1) 独 立 変 数

重回帰分析で独立変数として使用した変数の記述統計量は【図表6】のとお

---

[24]　問7では，（ア）「権威のある人々にはつねに敬意をはらわなければならない」，（イ）「以前からなされてきたやり方を守ることが，最上の結果を生む」，（ウ）「この複雑な世の中で何をなすべきか知るいちばんよい方法は，指導者や専門家にたよることである」，（エ）「うまくいきさえすれば，正か悪かはあまり問題ではない」，（オ）「自分が困らないかぎり，好きなことをやってよい」（カ）「実際に法を破らないのであれば，法の網をくぐっても問題はない」という意見のおのおのについて賛成か否かを答えてもらっている（5件法）.（ア）～（ウ）が権威主義的傾向，（エ）～（カ）が道徳性を測定する尺度となっている（これを「道徳性」と呼ぶかは議論の余地があろう. なお，（エ）～（カ）を道徳性の基準として使用する例として，阪口（2010）を参照. この文献では，長期パネル調査を用いてパーソナリティの安定性の国際比較を行っている）. また，問9では「自分のようなふつうの市民には，政府のすることに対して，それを左右する力はない」，「政治や政府は複雑なので，自分には何をやっているのかよく理解できない」，「選挙では大勢の人々が投票するのだから，自分一人くらい投票しなくてもかまわない」，「選挙があるから有権者の声が反映される」，「政府・自治体は生活に影響を与える」という5つの意見（後2つは逆転項目）にそれぞれ同意するか否かを4件法で尋ねており，こちらは政治的自己効力感を測定している.

[25]　どれも有意ではあったが，権威主義スコアとの間の相関係数は $r = -0.13$，道徳性スコアと政治的自己効力感スコアとの間の相関係数は $r = -0.09$ であった.

17 ルール適用の「融通性」〔飯田 高〕

図表6 独立変数の記述統計量（N = 2,675）

変数名		比率
性別	男性	46.2%
	女性	58.2%

変数名	平均値	標準偏差
年齢	54.0	13.6
権威主義スコア	8.59	2.30
道徳性スコア	12.17	2.52
政治的自己効力感スコア	14.05	2.88

図表7 回帰分析の結果

	(1)	(2)	(3)	(4)	(5)
性別（女性 0, 男性 1）	-0.104*		-0.108*	-0.070	-0.110**
	(0.055)		(0.055)	(0.054)	(0.054)
年齢	-0.018***	-0.018***	-0.019***	-0.019***	-0.019***
	(0.002)	(0.002)	(0.002)	(0.002)	(0.002)
権威主義	-0.095***	-0.095***		-0.084***	-0.095***
	(0.012)	(0.012)		(0.012)	(0.012)
道徳性	-0.051***	-0.047***	-0.032***		-0.053***
	(0.012)	(0.011)	(0.011)		(0.011)
政治的自己効力感	-0.009	-0.012	-0.008	-0.020**	
	(0.010)	(0.010)	(0.010)	(0.010)	
定数項	2.583***	2.531***	1.558***	2.054***	2.508***
	(0.221)	(0.219)	(0.181)	(0.186)	(0.206)
N	2,675	2,675	2,675	2,675	2,675
決定係数	0.064	0.063	0.042	0.057	0.063

カッコ内は標準誤差

***$p < 0.01$, **$p < 0.05$, *$p < 0.1$

りである[26]．権威主義スコアと道徳性スコアは15点満点，政治的自己効力感スコアは20点満点となる（変数の作成方法は注24を参照）．

(2) 分 析 結 果

以上の変数を入れたいくつかのモデルで重回帰分析を実施すると，【図表7】の結果が得られる．すべての変数を投入しているのがモデル(1)であり，あとのモデルは年齢以外の変数を1つずつ取り除いたものとなっている．

依然として，年齢は一貫して融通性許容度に対してマイナスの影響を与えている．これに対し，性別による差はあまり明瞭ではない．女性のほうが男性よりも融通性許容度はやや高いが，明らかな差があるとまでは言い難い．

権威主義スコアと道徳性スコアは，どのモデルにおいても融通性許容度と負の相関がある．ことに権威主義スコアの係数の絶対値は大きくなっており，年齢をコントロールしても融通性と権威主義的傾向との間の負の相関は残存している．その一方で，政治的自己効力感スコアの効果はそれほど大きくなっていない．

Ⅴ　考察と今後の課題

1　分配に関する価値観との関連

(1)「融通性許容度」の意義

法意識論の中で議論されてきた融通性からルール適用の融通性の概念を切り出し，調査データを用いた分析を試みた．分析結果からは，ここで作成した「融通性許容度」は一部のデモグラフィック要因（特に年齢）およびパーソナリティ要因（権威主義的傾向，道徳性）と関連していることが示唆される．

ところで，この「融通性許容度」というのは本当に意味のある概念なのだろうか．基礎集計の箇所で述べたように，少なくとも一部の人たちにとっては，ルールの厳格性と柔軟性は相反する性質ではない．真に重要なのは融通性とは別の次元の要素であって，融通性許容度というのは結局のところ仮象にすぎないのではないか，という疑問が出てくるかもしれない．また，融通性許容度が

---

[26]　他にも職業，所得，学歴，居住地域，子どもの有無，既婚・未婚の別，さらには社会ネットワークの規模などの変数も投入したが，明確な違いは見られなかった．本文では，重要な変数だけに絞って記述している．

17 ルール適用の「融通性」〔飯田　高〕

具体的な意思決定や行動にどのように結びつくのか，という疑問もあるだろう.

もちろん，本稿のデータ分析からだけでは断定的なことは言えない．もしかすると他のより適切な概念を使えば融通性許容度の概念は不要になるのかもしれない．しかしながら，まったく無意味な概念というわけでもなさそうである．というのも，高度に抽象的な6つの項目を用いているにすぎないのにもかかわらず，他の質問項目への回答との関連が明確に出てくるのである．ここでは，分配に関する価値観との関連についてのみ言及しておきたい[27].

(2) 望ましい分配

この調査では，分配に関する価値観は次のような質問で尋ねていた（問8）．どのような人が高い地位や経済的豊かさを得るのがよいかについて，自分の意見に最も近いと思われるもの1つを選んでもらう．選択肢は，①「実績をあげた人ほど多く得るのが望ましい」，②「努力した人ほど多く得るのが望ましい」，③「必要としている人が必要なだけ得るのが望ましい」，④「だれもが同じくらいに得るのが望ましい」の4つである．

①～④のうちどれを選択したかによって融通性許容度の平均値を算出したところ，グループ間に差が見られた[28]．そこで，融通性許容度の他に性別・年齢を独立変数として多項ロジスティック回帰分析を行い，融通性許容度が特定の値をとる場合に①～④のどれが選択される傾向にあるかを予測した．その予測値を示したのが【図表8】である．

横軸には融通性許容度，縦軸には①～④の構成比の予測値をとっている．たとえば，融通性許容度が0だとすると，①が約2割強，②が約5割，③が約1.5割，そして④が約1割選ばれるということになる．このグラフからわかるように，融通性許容度が大きくなるほど②（「努力した人ほど多く得るのが望ましい」）が選ばれにくくなり，それとは対照的に，①・③・④は選ばれやすくなる．なかでも③（「必要としている人が必要なだけ得るのが望ましい」）が選ばれる確率は①④よりも上昇幅が大きい．

融通性許容度が上昇すればするほど，①～④の構成比は均等に近くなる．つまり，融通性が低い人のグループと高い人のグループで比較した場合，前者の

---

[27]　本稿では分配に関する価値観だけを取り上げている．融通性許容度と関連している他の項目については，飯田（2019）を参照.

[28]　融通性許容度の平均値は，① 0.10，② - 0.13，③ 0.25，④ 0.07であった.

V 考察と今後の課題

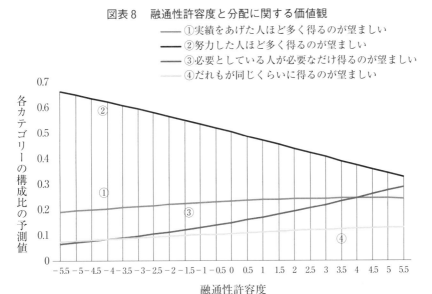

図表8 融通性許容度と分配に関する価値観
—— ①実績をあげた人ほど多く得るのが望ましい
—— ②努力した人ほど多く得るのが望ましい
—— ③必要としている人が必要なだけ得るのが望ましい
……… ④だれもが同じくらいに得るのが望ましい

ほうが価値観の分布に偏りが出やすい，ということである．逆に後者のグループでは，分配に関する複数の価値観がより近接した構成比で併存する状態になる．融通性許容度は，価値観の多様性と結びつきやすいのかもしれない．

なぜ融通性許容度が分配に関する価値観と関連しているのか，関連しているとして因果の方向はどちらなのか，あるいは第三の要因が背景にあるのか否かといった問題は検討に値する問題であろう．

2 今後の検討課題

【図表1】からも推察されるように，本稿で扱ったのは問題群のごく一部である．言うまでもなく，「融通性」の測定方法を改善することも必須の課題である．したがって検討課題だらけであるが，測定方法の改善という点，そして前項で述べた点以外に，さしあたり下記の3点を課題として挙げておこう．

第一に，ここでの調査で取り残されていた環境要因を考慮に入れた研究を行うことが必要である．経済的環境，政治的環境，技術的環境などの変数と，人々のルールに対する考え方の間にはどのような関連があるのか．この問いに回答を与えるには質問紙調査では限界があるので，他の方法を活用しなければ

ならない．環境要因と人々の意識の関連についての知見は，国際比較をする際の前提となる．

第二に，なぜ年齢が融通性許容度に影響を与えているのかということを明らかにできればなおよいだろう．融通性許容度の低下は，社会生活や仕事での経験によるものなのか，パーソナリティ要因で捕捉できなかった別の要因によるものなのか．あるいは，脳の機能に基づくものなのか．大袈裟なことを言えば，将来の年齢構成の変化は，社会全体の融通性許容度を左右する可能性がある．

第三に，本稿で扱った「ルール適用における融通性」と「法適用における融通性」とがいかなる点で異なっているのかについては，さらなる検討を要する．【図表1】は「特定の法制度に関する認知」だけが媒介となっているように描いているが，他の要素もありうる．さらに，「ルール適用における融通性」と「法適用における融通性」との間にどのような相互作用があるのかということも検討課題となる．

経験科学的研究では，「事実の観察」と「仮説の設定と検証」を通じて，多かれ少なかれ普遍的な経験法則を発見することが目指されている（川島 1958；村山 2009）．本稿で行おうとしたのは「事実の観察」だけであるが，これも決して簡単ではない．事実を観察しようとするとそれまでは眼中になかった事実が増え，混乱の度が増すという場合もある．「融通性」についてのこの研究も同じで，対象を一瞬でも捉えられたかどうかでさえも心許ない．実は存在しないものに「融通性」という名前を付けただけだということもありえよう．

ともかくも，法社会学は法以外の社会規範にも目を向ける点に特色がある．私たちは法を中心として現象 —— これには「融通性」も含まれる —— を観察しがちであるが，社会規範一般にも類似の現象があり，社会の中ではむしろそちらのほうが無視できない役割を担っている．本稿は，そのことの一端を示そうとする小さな試みであった．

〔文　献〕

青木人志（2005）『「大岡裁き」の法意識 —— 西洋法と日本人』光文社．

飯田高（2004）『＜法と経済学＞の社会規範論』勁草書房．

飯田高（2019［予定］）「ルールに関する考え方と危機対応 —— 防災意識調査から（仮）」東京大学社会科学研究所危機対応学ディスカッションペーパーシリーズ．

V 考察と今後の課題

川島武宜 (1958)『法社会学 上』岩波書店.

川島武宜 (1967)『日本人の法意識』岩波書店.

木下麻奈子 (2010)「日本人の法に対する態度の構造と変容 —— 30 年間で人びとの考え方はどのように変化したか」松村良之=村山眞維編『法意識と紛争行動』東京大学出版会, 3 -22 頁.

岸本雄次郎 (2011)『大岡裁きの法律学』日本評論社.

Luhmann, Niklas (1972) *Rechtssoziologie*. Rowohlt. ［村上淳一=六本佳平訳『法社会学』岩波書店, 1977 年］

松村良之・藤本亮・木下麻奈子・山田裕子・藤田政博・小林知博 (2006a)「現代日本人の法意識の全体像：2005 年調査結果の概要」北大法学論集 57 巻 3 号 480-405 [57-132] 頁.

松村良之・木下麻奈子・藤本亮・山田裕子・藤田政博・小林知博 (2006b)「『日本人の法意識』はどのように変わったか —— 1971 年, 1976 年, 2005 年調査の比較」北大法学論集 57 巻 4 号 474-435 [1 -40] 頁.

村山眞維 (2009)「法現象の経験科学」太田勝造=ダニエル・H・フット=濱野亮 = 村山眞維編『法社会学の新世代』有斐閣, 3-22 頁.

村山眞維=松村良之編 (2006)『紛争行動調査基本集計書』有斐閣学術センター.

日本文化会議編 (1973)『日本人の法意識 ＜調査分析＞』至誠堂.

日本文化会議編 (1974)『共同討議 日本人にとって法とは何か』研究社.

日本文化会議編 (1982)『現代日本人の法意識』第一法規.

North, Douglass C. (2005) *Understanding the Process of Economic Change*. Princeton University Press. ［瀧澤弘和=中林真幸監訳『ダグラス・ノース 制度原論』東京経済新報社, 2016 年］

六本佳平 (1983)「法意識の測定」山口俊夫編『東西法文化の比較と交流』有斐閣, 21-44 頁.

阪口祐介 (2010)「長期パネル調査を用いたパーソナリティの安定性についての日米比較分析 —— コーンとスクーラーの研究との比較」社会と調査 4 号 67-79 頁.

郷原信郎 (2009)『思考停止社会 ——「遵守」に蝕まれる日本』講談社.

〔付記〕この原稿を執筆するにあたり, 過去の社会調査の方法やデータ分析法を振り返る機会を得ることができた. この数十年間のデータの収集と分析のしかたの変化, そして社会科学のデータに対する考え方の変化は目まぐるしく, それ自体が研究対象になるのではないかと思うほどである. 法社会学の領域でも, 現時点では予想すらできない多くの変化が待ち受けているだろう. 村山眞維先生が大きく前進させた実証研究が今後ますます発展することを祈念しつつ, 村山先生の古稀を心よりお祝いする.

＊本稿は, 科研費 (16K16972) の成果の一部を含んでいる.

18 震災後の流言の伝播に影響を与える要因
── 人々の「善意」の影響の検証

森　　大　輔

Ⅰ　は じ め に

　2011 年 3 月の東日本大震災の直後，様々な社会問題が生じたが，そのうちの 1 つに，流言・デマの広がりという問題があった[1]．過去の地震などの災害の後にも流言・デマは見られたが，特に東日本大震災では，ツイッターなどのインターネットを介した手段によって，様々な内容の流言・デマが広まった．内容として「被災地で犯罪や暴動が起きている」「放射線対策にイソジンを飲むとよい」「関西以西でも大規模な節電が必要」などの例がある（詳しくは荻上2011，松永 2011 参照）．

　流言・デマは，個人や機関に損害を与えるうえ，訂正が難しいことがしばしばである（Sunstein 2009：3）．震災の場合，流言・デマは，内容によってはそれを信じた人々が暴力的な行為を起こす場合があるだけでなく，適切な情報共有を阻害して救援活動を遅らせることにもなる（荻上 2011：10）．

　地震のような天災において，それに対する十分な備えがなかった場合に特に損害が大きくなる．この意味で，天災においても，損害は人間の行為によって

---

[1]　デマは真実でないと知りつつ流される情報で，流言（rumor）は事実かどうかが明確でないままに流れている情報である，と例えば定義される（川上＝佐藤＝松田 1997：36，また荻上 2011：14 も参照）．また，社会情報を伝えるうわさである流言以外に，おしゃべりとしてのうわさであるゴシップや，語ること自身に楽しみを感じるうわさである都市伝説をまとめて，うわさ（rumor）という言葉でまとめられることもある（川上 1997：25）．関連して，神話（myth）という，真実では目的を達成するのに十分でない場合に語り手の目的を達成することを意図して作り上げられた話（例えば「安全神話」）もある．神話については，Murayama and Burton（2015）参照．

『法の経験的社会科学の確立に向けて』村山眞維先生古稀記念〔信山社，2019 年 3 月〕

18 震災後の流言の伝播に影響を与える要因〔森 大輔〕

引き起こされる部分がある．したがって，天災における損害をどう防ぐかは，自然科学だけでなく，人間の行為を分析の対象とする社会科学の問題でもある（Murayama and Weisselberg 2015：2）．災害後の流言・デマによる損害も，このような人間の行為によって引き起こされる損害の1つと言え，社会科学の分析の対象となる．

震災後の流言・デマの広がりには，どのような要因が関係しているのだろうか．東日本大震災後の流言・デマの広がりの多くは，伝え手の善意によるものであった，という指摘が複数なされている．例えば，松永（2011：73）は，デマが多く拡散された背景には，「重要な情報はみんなに教えてあげなければ」「こんな悪事は許せないので周知徹底させたい」という「善意」や「正義」がかなり大きなウェイトを占めていた，と述べている．荻上（2011：92）も，同様のことを，「自分にもできる，何か役に立つことをしなくては！」と，懸命に情報発信をしようとする「情報ボランティア志願者」の存在という表現で述べている．

しかし，このような「善意」の，情報伝達に与える影響を量的データで検証した研究は，今までほとんどなかった．そこで森（2013）および森（2018）では，2013年2月実施のインターネットを介した質問紙調査である「情報と災害についての調査[2]」（以降2013年調査と呼ぶ）のデータによって，このような「善意」の，災害後の情報[3]伝達に与える影響を検証した．それによれば，「善意」（これは「自分より悪い境遇の人に何かを与えるのは当然のことである」という質問によって測っていた[4]）であるほど，情報を伝達するという統計的に有意な効果が見いだされた．しかも森（2018）では複数の情報の内容で検証しているが，「善意」の効果は情報の内容によらず広く見受けられるものだった．

---

[2] 本調査は中央調査社に委託して行ったもので，調査計画者は森大輔（熊本大学准教授），太田勝造（東京大学教授），飯田高（東京大学准教授）である．なお，本調査は，科学研究費補助金の特別推進研究（課題番号：23000001，研究課題名：経済危機と社会インフラの複雑系分析，研究代表者：矢野誠京都大学教授）による研究の一部である．

[3] 流言という言葉はマイナスイメージを持つと考えられるので，調査においては「情報」というより中立的な言葉を用いている．そのため，本稿でも流言の代わりに「情報」という言葉を使っている箇所もある．

[4] 後にⅣやⅤの3で詳述するとおり，これは箱井=高木（1987）の援助意識規範尺度の質問の1つである．

このように予想していた以上に「善意」について頑健な効果がありそうなことが判明したため，これを再検証し，さらに「善意」の中身についてより詳しく調べるための新たな質問紙調査を 2014 年に行った．本稿では，その調査についての分析を行う．

II　先行研究

　流言の伝播に影響を与える要因として，過去に様々なものが検討されてきた[5]．初期の研究である Allport & Postman（1947）は，流言の内容の伝え手にとっての主観的な重要性（importance）と，流言の内容についての証拠のあいまいさ（ambiguity）が，流言の伝播量に影響を与えるとしている．

　これに対して，Rosnow（1980）は，人々の不安（anxiety）という感情的な状態が，流言の伝播量に影響を与えるとしている．このような不安と流言との関係を分析する方法として，Anthony（1973）などの研究では，個人の不安傾向を顕在性不安尺度（Manifest Anxiety Scale; MAS）で測定するという方法を用いている．

　また Rosnow（1980）は，不確かさ（uncertainty）という，人々の認知的な状態も，流言の伝播量に影響を与えるとしている．不確かさは，流言内容に関する認知の不確かさ，状況に関する認知の不確かさ，対処行動に関する認知の不確かさに分類されている．Rosnow et al.（1988）では，例えば，状況に関する認知の不確かさは，流言の内容となっている事件が起こった状況について不確かさをどの程度感じているか，という質問で測り，対処行動に関する認知の不確かさは，流言によってもたらされる被害を防ぐためにはどうしたらよいか知っていたか，という質問で測っている[6]．

　また，Rosnow et al.（1986）では，流言内容の正しさに関する確信度合い（confidence）が，流言の伝播に影響を与えることが示されている．すなわち，

⑸　流言の伝播に影響を与える要因についての諸研究の，邦語でのまとめとして川上（1994），川上（1997）を参照．
⑹　流言内容に関する認知の不確かさは，本文のすぐ後に説明している流言内容の正しさに関する確度合いの尺度を再得点化することで測っている．詳しくは本稿のV節の1を参照．

流言内容がもっともらしいと感じられるほど，流言が伝播されやすくなる．Rosnow et al. (1986) や Rosnow et al. (1988) では，回答者に流言内容の正しさに関する確信度合いを尺度の形で尋ねることで，測定を行っている．

　東日本大震災後の流言・デマに直接関係する研究としては，まず，数多くの流言・デマの具体例を紹介した文献として，荻上（2011）や松永（2011）がある[7]．東日本大震災後の流言・デマの伝播については，ツイッター等の新しい情報媒体の影響が大きく，そのこともこれらで指摘されている．また，Tanaka et al. (2012) は，震災後に広まった流言・デマを，大学生数十人に，ツイッターのツイートの外観で見せて行う実験である．これによれば，不安や情報の正確さは流言伝播に効果を持たず，情報の主観的な重要性のみが効果を持った．太田（2015）は，人々が災害後の流言によって軽はずみな行動をとるか否かを，インターネットを介した質問紙調査により検証しているが，流言の伝播は直接扱っていない．

Ⅲ　仮説の設定

　本稿では，森（2013）や森（2018）による 2013 年調査の分析で明らかになった，災害後の情報の伝達に対して人々の善意が与える影響を，主に検証する．すなわち，人々の「善意」が，災害後の情報伝達を増やす方向で影響を与える，という仮説を設定する．

　また同じく森（2013）や森（2018）において，ツイッターのような新しい情報媒体に対する信頼度が，災害後の情報の伝達に与える影響も考慮した．そこで，新しい情報媒体に対する信頼が高いほど，災害後の情報伝達を行う，という仮説も設定する．

　さらに，先行研究で指摘されてきた，流言内容の正しさに関する確信度合いや，流言内容に関する認知の不確かさ，個人の不安傾向も考慮する[8]．すなわち，流言内容の正しさに関する確信度合いが高いほど，流言内容に関する認知が不確かであるほど，個人の不安傾向が高いほど，災害後の情報伝達を行うと考える．

---

(7)　また荻上=飯田（2013：194-212）では，東日本大震災後 1 ヶ月程度の間で耳にした流言を尋ねるアンケート調査を行い，流言の内容の地域差を検証している．

Ⅳ　データと方法

　データとして，2014年8月に実施した「災害時の情報と法規制についての調査」（以降2014年調査と呼ぶ）を用いる[9]．これは，中央調査社のモニターの中から抽出された2,000人に対して，インターネットを介して行われた質問紙調査である．回答者の抽出は，2014年度の推定母集団数から，性・年代別の割当数を決定して，それを基にモニターに依頼する割当抽出法によっている．

　この調査では，仮説事例（シナリオ）を回答者に読んでもらい，回答者がシナリオ中の場面に遭遇した場合にとるであろう行動などを尋ねている[10]．用いているシナリオは，2013年調査中のシナリオの1つと同一のものである．具体的には以下のようなものである．

> 以下の仮想事例の状況に，あなた自身が置かれたと想定してお答えください．
>
> 東日本大震災と同規模の地震が起こった数日後を思い浮かべてください．そして，あなたの住んでいる場所は，揺れは感じたものの，それほど被害を受けなかったものとします．あなたは，次のような内容の情報を，インターネット（ブログ・ホームページ・掲示板・ツイッター・SNS等）上で目にしたとします．
>
> 「被災地で強盗・性犯罪などの犯罪が増加しているという情報」

　このシナリオに関し，この情報のもっともらしさ（正しさに関する確信度合い）と，この情報をインターネットを通じて他の人に伝えるかということを質

---

(8)　2013年調査では，広める確信度（情報を広めるのに必要な情報の正確さの確信度）や，情報の重要度（情報の主観的な重要性）を調査票で尋ねており，森（2013）や森（2018）の分析でもそれを用いていた．2014年調査ではそれらの代わりに，流言の先行研究で同様に重要な要素とされている流言内容の正しさに関する確信度合いや，流言内容に関する認知の不確かさを尋ねている．これは，これまで流言の伝播に影響を与えるとされてきた要素のいずれを考慮しても，それとは異なるものとして善意という要素も影響を与えるということを調べようとしたためである．

(9)　本調査は2013年調査と同様に委託先は中央調査社で，調査計画者は森大輔，太田勝造，飯田高である．また，2013年調査と同様の科学研究費補助金の特別推進研究による研究の一部である．

(10)　これは社会心理学の分野などで，場面想定法と呼ばれている方法である．

18 震災後の流言の伝播に影響を与える要因〔森 大輔〕

表1 震災後の情報伝達についての記述統計

	選択肢の範囲	平均	標準偏差
情報を伝えるか	1〜7	3.013	1.310
情報のもっともらしさ	1〜5	3.124	1.054
情報の認知の不確かさ	1〜3	2.199	.695
善意	1〜5	3.079	.707
不安傾向	1〜5	3.254	1.064
HP・ブログ信頼度	1〜5	2.411	.880
ツイッター信頼度	1〜5	2.257	.904

注) N=2,000である.

問している.これらは,「あなたは,このような情報は,どの程度もっともら
しいものだと思いますか」(選択肢は「1.もっともらしくない〜5.もっともら
しい」)と「あなたは,このような情報を,インターネット(ブログ・ホーム
ページ・掲示板・ツイッター・SNS等)を通じて,他の人に伝えると思います
か」(選択肢は「1.絶対伝えない〜7.絶対伝える」)という質問文になってい
た.

　シナリオに関する質問の後には,各人の善意や不安傾向,情報媒体への信頼
性などを測る質問が置かれていた.善意については,2013年調査では箱井=高
木(1987)の援助規範意識尺度の質問のうち「自分より悪い境遇の人に何かを
与えるのは当然のことである」という1項目のみを用いていた.それに対して
今回用いる2014年調査では,より詳しく善意の中身を調べるために箱井=高木
(1987)の29項目中18項目(選択肢はいずれも「1.反対だ〜5.賛成だ」)を調
査票の中に含めている.

　不安傾向は「何かにつけてよく心配する方である[11]」(選択肢は「1.あては
まらない〜5.あてはまる」)という質問で測っている.情報媒体への信頼度は
「次にあげる各メディアの情報について,あなたはどの程度信頼していますか」
とした上で,個人のHP・ブログ,ツイッター等について信頼度を尋ねている

[11]　これは,顕在性不安尺度(MAS)や楠見(1994)のリスク回避尺度の中の1つの質
　　問を参考にしている.

（選択肢はいずれも「1．信頼していない〜5．信頼している」）．

V　分　析

1　分析に使用する変数の記述統計

　表1には，分析で使用する変数の，選択肢の範囲と記述統計とが記載されている[12]．「情報を伝えるか」という質問は，IVでも説明したように選択肢の範囲が「1．絶対伝えない〜7．絶対伝える」である．回答の平均値は，尺度の真ん中である4よりも，伝えない側寄りの値となっている[13]．これは回答者が情報を伝えることにある程度慎重であるということで，シナリオに提示された情報が東日本大震災後の流言の1つで，かつ誤った内容であった[14]ということに照らすと，望ましいことであると思われる．ただ「情報のもっともらしさ」で見ると，回答者の回答は平均としては尺度の真ん中3にほぼ近く，情報がもっともらしくないと思っている者が特に多いわけではないということもわかる．

　「情報の認知の不確かさ」は，「情報のもっともらしさ」（あなたは，このような情報は，どの程度もっともらしいものだと思いますか）の尺度を再得点化したものである．これは，Rosnow et al.（1988）で情報の内容の認知の不確かさを測る際に用いられていた方法を参考にしており，具体的には次のようにしている．「情報のもっともらしさ」の尺度の両端（1や5）を選んだ回答者は，この情報の内容に関してはっきりとした認知をもっているので，不確かさの度合いが低いと考えて，不確かさの度合いを1とした．逆に尺度の真ん中3の回答者は不確かさの度合いが高いと考えられるので，不確かさの度合いを3とした[15]．

---

[12]　本稿の統計分析は，IBM SPSS 24 で行っている．なお，本稿では，選択肢が5段階（5件法）や7段階（7件法）の質問などへの回答を量的変数として扱い，平均値を計算したりしている．一般的に，4段階以上の選択肢で，意見の賛否や態度を質問する場合には量的変数と扱うことが，社会調査の分析では多い．例えば廣瀬＝寺島編（2010：29）参照．

[13]　値4と回答の平均値を比較する1サンプルのt検定を行うと，統計的に有意になる（p = .000）．

[14]　実際，荻上（2011）や松永（2011）でも誤った内容の流言の1つとして取り上げられている．

18 震災後の流言の伝播に影響を与える要因〔森 大輔〕

尺度2や4の回答者はこれらの中間の不確かさなので，不確かさの度合いを2
とした．

「善意」は，2013年調査と同様に「自分より悪い境遇の人に何かを与えるの
は当然のことである」で測っているが，2013年調査では7段階の選択肢だっ
たものを，2014年調査は元の箱井=高木（1987）の援助規範意識尺度の選択肢
に合わせ5段階にしてある．回答の平均はほぼ真ん中となっている．不安傾向
も同様に2013年調査では7段階だったものを今回は5段階にしており，回答
の平均は真ん中より若干のみ不安寄りである．

情報媒体への信頼度は5段階の選択肢となっている．これも，2013年では
7段階の選択肢だったものを変更している．個人のHP・ブログへの信頼度[16]
は，尺度の真ん中3よりも信頼していない側に寄っている．ツイッターへの信
頼度は，それよりもさらに低くなっている[17]．

2 重回帰分析

震災後の情報の伝達に影響を与える変数を調べるために，シナリオに提示さ
れた情報を実際に伝えるかという質問を従属変数にした重回帰分析を行った．
その結果が表2である．ここでは，独立変数として含める変数を変化させた複
数のモデルを考えている．

モデル（1）では，Ⅴ節の1で記述統計を見た変数の中で「情報のもっともら
しさ」「善意」「不安傾向」「HP・ブログ信頼度」「ツイッター信頼度」を含め
ている．さらに，人口統計学的変数として，女性ダミー（1が女性，0が男性），
年代（1〜5の値で20代〜60代），大学ダミー（1が大学・大学院卒，0がそれ以
外），被災地ダミー（1が東日本大震災時に被害の大きかった7県に現在居住[18]，0

---

(15) Rosnow et al.（1988）では，尺度の真ん中でなく，回答者の回答の平均値の場合に不
確かさが最も高いものとされており，この平均値からの離れ具合で不確かさの度合いが
計算されている．ただ，本調査の場合，この質問の回答の平均値は3.124であったので，
平均値を用いても尺度の真ん中である3を用いても，それほど違いはない．

(16) 2013年調査では単に「HP・ブログへの信頼度」となっていたが，2014年調査では「個
人のHP・ブログへの信頼度」としている．これは，HP・ブログにも様々な種類のも
のがあり，2013年調査ではそれを区別できていない可能性があったからである．

(17) この点は，太田（2015：77）の，ツイッターの信頼性が低く見積もられているという
分析と整合的である．

がそれ以外）も含めている．モデル（2）は，モデル（1）の変数に加えて，V節の1で説明した「情報のもっともらしさ」を再得点化した「情報の内容の認知の不確かさ」を独立変数に含めたものである．モデル（3）は，モデル（2）の中の「善意」を，質問18項目を基に作成した4個の合成変数に置き換えたものであり，詳しくはV節の3で説明する．

　モデル（1）とモデル（2）を比較すると，AIC（赤池情報量基準）はモデル（2）の方が低くなっており，「情報の内容の認知の不確かさ」を独立変数に含めた方がよいことがわかる[19]．そして，この変数はモデル（2）において有意となっている．それ以外の独立変数の有意性についてはモデル（1）とモデル（2）で変化はなく，係数の値もほとんど変わらない．そこで，以下では基本的にモデル（2）で結果を見ていくことにする．

　まず「善意」が統計的に有意となっており，情報の伝達に正の影響を与える．これは森（2013）や森（2018）の2013年調査の分析と整合的であり，Ⅲ節で設定した仮説どおりである．

　情報媒体への信頼度については，「ツイッター信頼度」が有意となっており，情報の伝達に正の影響を与える．それに対して「HP・ブログ信頼度」は有意ではない．これも2013年調査の分析と整合的であり，Ⅲ節で設定した仮説に沿っている．

　「情報のもっともらしさ」や「情報の内容の認知の不確かさ」も有意になっており，情報の伝達に正の影響を与える．これらは，Ⅱ節で見た先行研究と整合的である．

　「不安傾向」は有意とはなっていない．この結果は2013年調査の分析と同様である．しかし，先行研究で「不安」が影響を与えるとされていたのとは異なる結果となっている．ただ，先行研究で考えられている「不安」は，今回の分析で用いているような，不安を感じやすい人というものだけでなく，流言内容に喚起される不安（rumor-specific anxiety）や流言を取り巻く社会状況に関す

---

[18]　7県は青森，岩手，宮城，福島，茨城，栃木，千葉県である．2013年調査では2011年の東日本大震災時に所在していた都道府県を尋ねていたのに対し，この2014年調査では回答時に居住している都道府県の情報を用いていることに注意する必要がある．

[19]　回帰式中に既に存在する別の独立変数から作られた新たな独立変数ということになるので多重共線性が問題になるが，VIF（分散増幅因子）を算出したところこの変数を含めすべて5未満であったことから，多重共線性が生じている可能性は低い．

18 震災後の流言の伝播に影響を与える要因〔森 大輔〕

表2 重回帰分析

	(1)	(2)	(3)
情報のもっともらしさ	.314**	.317**	.323**
	(.026)	(.026)	(.026)
情報の内容の認知の不確かさ		.109**	.111**
		(.039)	(.040)
善意	.119**	.122**	
	(.039)	(.039)	
因子1(報恩規範意識)			.051
			(.067)
因子2(自己犠牲規範意識)			.205**
			(.055)
因子3(弱者救済規範意識)			.049
			(.057)
因子4(交換規範意識)			.035
			(.040)
不安傾向	.020	.022	.024
	(.026)	(.026)	(.026)
HP・ブログ信頼度	-.001	-.004	-.021
	(.047)	(.047)	(.047)
ツイッター信頼度	.321**	.319**	.336**
	(.045)	(.045)	(.045)
女性ダミー	.015	.006	-.001
(1 = 女性)	(.057)	(.057)	(.057)
年代	-.077**	-.075**	-.078**
	(.020)	(.020)	(.020)
大学ダミー	-.170**	-.169**	-.179**
(1 = 大学・大学院卒)	(.058)	(.058)	(.058)
被災地ダミー	-.029	-.017	-.017
(1 = 被災7県在住)	(.086)	(.086)	(.086)
調整済 R^2	.141	.144	.148
AIC	787.785	782.092	775.733

注) N=2,000 である．従属変数は「情報を伝えるか」（選択肢の範囲1〜7）である．
　　定数項は省略しており，表中の数字は偏回帰係数，括弧の中は標準誤差の値である．
　　*p < .05, **p < .01 である．

る不安（situational anxiety）もある[20]．それらの今回調査されていない「不安」
に関しては，影響がある可能性は残されている．

　人口統計学的変数に関しては，2013年調査の分析では有意なものはなかっ
たが，今回の分析では年代と大学ダミーが有意な負の効果を持っている[21]．年
代が上の人ほど，また大学等を出ている人の方が，情報伝達に関して慎重であ
るということになる．

3　因子分析

　V節の2の分析で，2013年調査の分析と同様に，善意が情報の伝達に影響
を与えることが確かめられた．これらでは，「善意」は箱井=高木（1987）の援
助規範意識尺度の質問の内の1項目で測っていた．2014年調査では援助規範
意識尺度の全29項目中18項目を調査票に含めているので，これを利用して，
より「善意」の中身について詳しく見てみる．

　その18項目に対して，因子分析を行った．その結果が表3で，4つの因子
が得られた[22]．4つの因子となることは箱井=高木（1987）と同様で，各因子の
内容も似たものとなっている[23]．因子1は「報恩規範意識」，因子2は「自己
犠牲規範意識」，因子3は「弱者救済規範意識」，因子4は「交換規範意識」と
名付ける．

---

[20]　Rosnow et al.（1998：33）や川上（1994：14）を参照．

[21]　ただし，2013年調査の分析でも，「情報の重要度」と「広める確信度」が独立変数と
　　して入っていないモデルでは，今回の分析と同様，年代と大学ダミーが有意な負の効果
　　を持っていた．森（2018）を参照．

[22]　どの因子に対しても.350より大きい因子負荷量を持たなかった1項目（「人の好意に
　　は甘えてもよい」）を除外している．

[23]　ただしまったく同じではなく，箱井=高木（1987）で交換規範意識に入っていた「ど
　　んな場合でも，人に迷惑をかけてはいけない」が，今回の分析では因子1に入っている．
　　箱井=高木（1987）では因子1は返済規範意識と名付けられているが，この項目が付け
　　加わることで，ポジティブなお返しはともかくネガティブな仕返しは行うべきでないと
　　いう意味合いになると解釈し，今回は因子1を報恩規範意識と名付けた．また，自己犠
　　牲規範意識の因子に入っていた「大勢の人が同じ状況で困っている時，まず以前私を助
　　けてくれたことのある人を一番最初に助けるべきである」，弱者救済規範意識に入って
　　いた「私を頼りにしている人には，親切であるべきだ」も，今回の分析では因子1に入っ
　　ている．これらはポジティブなお返しと解釈することが可能なので，因子1に含まれて
　　いても違和感はない．

表3 因子分析

	因子1	因子2	因子3	因子4	平均	標準偏差
因子1：報恩規範意識 α =.740						
以前私を助けてくれた人には，特に親切にすべきである	.644	.143	.061	.075	3.657	.739
受けた恩は必ずしも返さなくてもよい*	-.643	.246	.191	.029	2.654	.843
人にかけた迷惑は，いかなる犠牲を払っても償うべきである	.552	-.042	.008	.173	3.406	.777
人から何かを贈られたら，同じだけお返しをすべきである	.501	-.058	-.020	-.161	3.159	.810
大勢の人が同じ状況で困っている時，まず以前私を助けてくれたことのある人を一番最初に助けるべきである	.452	.379	-.012	-.132	3.172	.719
どんな場合でも，人に迷惑をかけてはいけない	.411	.080	.019	.248	3.489	.867
恩人が困っている時には，自分に何があろうと助けるべきである	.399	-.210	.158	.023	3.287	.754
私を頼りにしている人には，親切であるべきだ	.365	.105	.314	-.079	3.413	.700
因子2：自己犠牲規範意識 α =.707						
自分が不利になるのなら，困っている人を助けなくともよい*	-.062	.711	-.020	.012	2.994	.709
自己を犠牲にしてまでも，人を助ける必要はない*	-.109	.653	-.027	.200	3.107	.800
社会の利益よりも，自分の利益を第一に考えるべきである*	.031	.596	-.035	-.055	2.948	.729
将来付き合うことのない人なら，困っていても助ける必要はない*	.004	.422	-.162	-.134	2.476	.768
因子3：弱者救済規範意識 α =.690						
自分より悪い境遇の人に何かを与えるのは当然のことである	-.101	-.043	.804	-.053	3.079	.707
困っている人に，自分の持ち物を与えることは当然のことである	.042	-.136	.550	.008	3.217	.734
社会的に弱い立場の人には，皆で親切にすべきである	.051	-.052	.532	.080	3.418	.769
因子4：交換規範意識 α =.558						
人を助ける場合，相手からの感謝や返礼を期待してもよい	.033	.182	.152	-.663	2.635	.831
見返りを期待した援助など，全く価値がない*	.032	.175	.125	.632	3.396	.933

因子間相関		因子1	因子2	因子3	因子4
	因子1		-.106	.577	.270
	因子2			-.324	-.346
	因子3				.265
	因子4				

注）N=2,000. *は逆転項目を示す．プロマックス回転・主因子法による．

V　分　析

　そして，各因子に含まれる質問への回答の平均値を算出する[24]ことで，各因子に関する合成変数を作成する．なお，報恩規範意識，自己犠牲規範意識，弱者救済規範意識は Cronbach の a 係数が .700 前後（表3参照）で許容範囲の大きさを有するので合成変数を作成することに問題はないが，因子4の交換規範意識は a 係数が .558 と小さい値になっている．これは，調査票の質問量の関係から，項目数を箱井＝高木(1987)よりも削った結果，因子4が2項目のみになったことが大きく関係していると思われる．因子分析で箱井＝高木(1987)とほぼ同じ4つの因子が得られることを確認しているので，ここでは a 係数の値は低いもののこの2項目で因子4に関する合成変数を算出することにした．

　この4つの因子に関する合成変数を，V節の2の「善意」の代わりに独立変数として用いて重回帰分析を行ったのが，表2のモデル(3)である[25]．これを見ると，4つの因子のうち，情報の伝達に有意な影響があるのは，因子2の自己犠牲規範意識であることがわかる．すなわち，自己犠牲規範意識が高いほど，情報伝達を行う，ということになる．

　V節の2のモデル(1)やモデル(2)で用いていた「善意」は，「自分より悪い境遇の人に何かを与えるのは当然のことである」というもので，これは因子3の弱者救済規範意識に属する質問であった（表3参照）．これよりも，自己犠牲規範意識の方が，情報の伝達に影響のある要因としてより適切なことがわかった．モデル(1)やモデル(2)と比べて，その他の変数の有意性や影響の方向に変化はない．

　自己犠牲規範意識の内容は，表3に記載されている4つの質問項目（すべて逆転項目になっているので，意味を逆転させてある）から，「自分が不利になる場合も，困っている人を助けるべきである」「自己を犠牲にしても，人を助けるべきである」「自分の利益よりも，社会の利益を第一に考えるべきである」「将来付き合うことのない人でも，困っている場合は助けるべきである」というものである．これは，他人に利益を与える利他主義，その中でも見返りを期待してではなく自己を犠牲にしてでも，という形のものであるといえる．これは，Iでも触れた荻上 (2011：92) の，「自分にもできる，何か役に立つことをし

---

[24]　逆転項目については，平均値を算出する際に回答の逆転を行っている．

[25]　念のため VIF を算出したが，すべての独立変数で5未満であり，多重共線性の可能性は少ない．

なくては！」と考えて情報発信をしようとする「情報ボランティア志願者」という描写にも合う結果であると思われる．

VI 終わりに

東日本大震災の際に様々な流言が広まったが，それには重要な情報を皆に伝えなければ，というような「善意」が大きな役割を果たしたという指摘があった．森（2013）や森（2018）は，これをインターネットを介した質問紙調査の分析によって検証し，「善意」が情報の伝達に対して統計的に有意な効果を持つことを確認した．本稿では，この「善意」の効果を，新たな調査を用いて再検証した．その結果，この調査でも同様に，「善意」は有意な効果を持つことが確認された．また，森（2013）や森（2018）では「善意」は援助規範意識尺度の1項目の質問で測られていたが，さらに18項目の質問を用いた分析で「善意」の中身を確認した．その結果，情報の伝達に有意な影響を与えるのは自己犠牲規範意識の意味での「善意」であることがわかった．

「救援物資は被災地を襲う第二の災害である」と言われることがある（日野2010，栗田2016）．これは，災害が発生すると全国から救援物資が被災地に殺到し，被災地自治体の災害対応に大きな困難をもたらすという「送り主の善意が裏目に出る」事態に対する警句である（日野2010：68）．被災地のニーズを考慮せずに送り付けられたために救援物資が無駄になるだけでなくその処分費用が莫大になる，殺到する救援物資の仕分けに自治体職員などが忙殺され要援護者対応などのより重要な業務に支障をきたす，などといった事態が，過去の災害で見られてきた．現在は，このことが知られるようになり，個人からの救援物資の辞退の方針を自治体が示すなどの対策が取られるようになっており，現地事情に詳しいNPOなどから正しい情報を入手した上で支援に協力することの必要性なども説かれるようになっている（栗田2016：37）．

災害後の情報の伝達にも，これと同様のことが言えそうである．善意で情報を伝達することが，誤った情報の拡散により人々を混乱させ災害の被害者の救助を遅らせるなどの結果となり，「善意が裏目に出る」ことになりうる．救援物資の場合と同様に，まずは善意からの行動が逆効果になるということを認識することが必要だと思われる．それを教訓として，新たな対策が考えられてい

Ⅵ　終わりに

く．本稿の検証が，その一助となれば幸いである．

〔文　献〕

Allport, Gordon W. and Leo Postman (1947) *The Psychology of Rumor*, Henry Holt.（南博訳『デマの心理学』岩波書店，1952 年）.

Anthony, Susan (1973) "Anxiety and Rumor," *Journal of Social Psychology* 89: 91-98.

箱井英寿・高木修（1987）「援助規範意識の性別，年代，および，世代間の比較」社会心理学研究 3 巻 1 号 39-47 頁.

日野宗門（2010）「地域防災実戦ノウハウ(63) 救援物資は被災地を襲う第二の災害である」消防科学と情報 100 号 68-73 頁.

廣瀬毅士=寺島拓幸編（2010）『社会調査のための統計データ分析』オーム社.

川上善郎（1994）「エイズとうわさ —— うわさへの接触，うわさの伝達を促進する要因について」情報研究 15 号 11-34 頁.

川上善郎（1997）『うわさが走る —— 情報伝播の社会心理』サイエンス社.

川上善郎・佐藤達哉・松田美佐（1997）『うわさの謎 —— 流言，デマ，ゴシップ，都市伝説はなぜ広がるのか』日本実業出版社.

栗田暢之（2016）「支援物資」室崎益輝=岡田憲夫=中林一樹監修『災害対応ハンドブック』法律文化社，35-37 頁.

楠見孝（1994）「不確実事象の認知と決定における個人差」心理学評論 37 巻 3 号 337-356 頁.

松永英明（2011）「震災後のデマ 100 件を分類整理してみた」松永英明『東日本大震災でわたしも考えた』ことのは編集室，62-73 頁.

森大輔（2013）「リスクに対する態度と震災に関連した行動：流言伝播を中心に」第 11 回法と経済学会発表論文 http://www.jlea.jp/2013zy_zr/ZR13-11.pdf（2018 年 9 月 1 日アクセス）.

森大輔（2018）「震災後の流言の伝播 ——「善意」と新しい情報媒体の影響の統計分析」熊本法学 144 号 354-292 頁.

Murayama, Masayuki and Charles D. Weisselberg (2015) "Introduction - The Problem of Law in Response to Disasters" *Issues in Legal Scholarship* 11: 1-4.

Murayama, Masayuki and Lloyd Burton (2015) "Cassandra, Prometheus, and Hubris: The Epic Tragedy of Fukushima," in *Special Issue Cassandra's Curse: The Law and Foreseeable Future Disasters, Studies in Law, Politics, and Society* 68: 125-153.

荻上チキ（2011）『検証 東日本大震災の流言・デマ』光文社新書.

荻上チキ・飯田泰之（2013）『夜の経済学』扶桑社.

太田勝造（2015）「法を創る力としての国民的基盤 —— 震災報道と原子力賠償を例として」長谷部恭男他編『岩波講座 現代法の動態 5 法の変動の担い手』岩波書店，65-99 頁.

Rosnow, Ralph L. (1980) "Psychology of Rumor Reconsidered," *Psychological Bulletin* 87:

18 震災後の流言の伝播に影響を与える要因〔森　大輔〕

578-591.

Rosnow, Ralph L., John H. Yost and James L. Esposito (1986) "Belief in Rumor and Likelihood of Rumor Transmission," *Language and Communication* 6 : 189-194.

Rosnow, Ralph L., James L Esposito and Leo Gibney (1988) "Factors Influencing Rumor Spreading: Replication and Extension," *Language and Communication* 8 : 29-42.

Sunstein, Cass R. (2009) *On Rumors: How Falsehoods Spread, Why We Believe Them, What Can Be Done*. Princeton University Press.

Tanaka, Yuko, Yasuaki Sakamoto and Toshihiko Matsuka (2012) "Transmission of Rumor and Criticism in Twitter after the Great Japan Earthquake," *Proceeding of the 34th Annual Meeting of the Cognitive Science Society*. 2387-2392.

〔付記〕本稿は The 14th European Association for Japanese Studies International Conference (2014) で発表した内容を基にしている.

19 津波訴訟への接近 ── パブリック法社会学の試み

飯　考行

I　はじめに

　市民が，どのような理由と思いで紛争に対応するかを把握することは困難である．単発的な質問紙調査ないし面接調査とその分析を通じて，実態に接近することは可能にせよ，必ずしも十分ではない．その理由の一つは，被調査者たる市民の思いは，調査者との関係性の中で了解されうるためであると考えられる．研究にあたり，作為的に何らかの目的を定め，被調査者を選定し，方法論を確定し，調査する者とされる者という役割を踏まえることは，感情移入などを極力排除し，客観性を保つ上で有益な反面，限界もまた露呈する．

　従来の法社会学研究の中で，フィールドワークや参与観察は散見されるものの，被調査者と調査者の関係は，必ずしも十分意識されてこなかったように見受けられる．他分野では，社会学で，現実社会との距離を取り戻すために社会を構成する人々（パブリック）に関与するパブリック社会学が（Burawoy 2005），心理学では，アクションリサーチと称する被調査者と調査者を含むグループダイナミズムに留意した研究手法が，提唱，実践されている（矢守 2010 など）．法社会学でも，当事者との関わりや交流を重視するパブリック法社会学，すなわち，「市民・社会と関わり交流しながら，法理論を創出，検証，修正し，成果を還元する法社会学」（飯 2018）があって然るべきではなかろうか．

　本稿は，偶然的な事情から関心を持つことになった津波被災者遺族の提起する訴訟（以下，津波訴訟）につき，2011 年の東日本大震災津波により宮城県名取市閖上地区で家族を亡くした夫婦が震災後の対応をめぐり市に対して提起したケースを中心に，パブリック法社会学の見地から検討する．主な基礎資料は，

『法の経験的社会科学の確立に向けて』村山眞維先生古稀記念〔信山社，2019年3月〕

原告等に対するヒアリングと裁判関連資料である.

II　津波被災者遺族との出会い

　筆者にとって，津波被災者遺族の研究は意図したものではなかった．それは，2015 年 9 月初旬に研究会で宮城県女川町を訪問した折，メンバー数名で付近を一望できる高台へ立ち寄ったところ，語り部活動をしている夫婦に出遭ったことに始まる．その夫婦は，当時，最高裁上告中であった七十七銀行女川支店訴訟の原告で[1]，その語りから，津波事故で亡くした息子の命を悔やむ思いには共感したものの，率直なところ，津波事故後の銀行の対応を責める点はやや感情的に思われた．筆者一人であれば，その印象のまま通り過ぎていたであろうところ，同行メンバーが犠牲となった息子の出身校をたまたま尋ね，筆者の勤務する専修大学法学部出身と分かり，夫婦と連絡先を交換することになった．筆者の勤務校で担当するゼミナールでは，2 週間後に合宿のため女川町を訪問する予定であったことから，その際の語り部を依頼したところ，母親の快諾を得られ，後にゼミ生ともども再会した．ゼミ生は息子の大学の後輩にあたり，親近感によるものか，涙にくれる語りとなった．

　その後，同夫婦との関わりはいったん途絶えたが，11 月の祝日が勤務校の開講日にあたることに気づき，講話を依頼することを発案した．同夫婦にとって，亡きご子息の後輩に津波の悲惨さと防災および避難の大切さを伝える意義があり，受講生にとっても被災者遺族の思いと裁判の生の経験に触れる学習効果があると見込まれたためである．幸いなことに，ご夫婦から講話の快諾を得ることができた．受講生の反応は良好で，ゼミ生との再会を果たし，数多くのメディアで報じられた．

　同夫婦は，東日本大震災後，1985 年の日航機墜落事故の現場である御巣鷹山へ慰霊登山を行っており，同事故を含む様々な事故の遺族と交流を持っていた．筆者の勤務校では，同夫婦の招聘講話を，翌年以降も依頼しており，日航

---

[1]　銀行員 12 名が津波の犠牲となり，うち 3 名の遺族が銀行に対して避難誘導の過失を理由に損賠賠償請求訴訟を提起した（仙台地判平成 26 年 2 月 25 日判時 2217 号 74 頁，仙台高判平成 27 年 4 月 22 日判時 2258 号 68 頁，最決平成 28 年 2 月 17 日　LEX/DB No.25542200）．訴訟提起前後を含む詳細は，別稿で論じる予定である.

機墜落事故，エレベーター事故，踏切事故の遺族を紹介いただき，様々な事故遺族の講話をあわせて伺っている．同夫婦の提起した裁判は，最高裁まで争われたものの，主張は認められなかった．それにもかかわらず，亡き息子の命を無駄にしないよう，女川町での語り部活動をほぼ毎週末に継続しており，企業防災の徹底を求める啓発活動を展開している．その活動は SNS（当初はブログ，後にフェイスブック）を通じて発信され，幅広い支持を得ている．

　筆者は，既述の通り，当初から研究の目的で同夫婦と知り合った訳ではなく，その後の関わりも，発言の機会を提供したいという思いと教育の豊富化が主目的であった．しかし，同夫婦との交流過程で，津波事故被災者遺族がなぜ裁判に踏み切ったのかに関心を抱き，ヒアリングを行うとともに，同夫婦と他の津波被災者遺族の開催するシンポジウムに足を運び，阪神・淡路大震災被災者慰霊のための神戸市訪問へ同行し，女川町の語り部の現場へ赴き，墓参し，自宅を訪問し，活動継続に向けた社団法人発足の相談に応じるなどしてきた．同夫婦との関係は，調査者と被調査者というよりも，亡き子息と出身大学を介した交流である．なお，同夫婦は，裁判後も，当時の代理人弁護士といまだに連絡をとり訪問している．別に同弁護士へヒアリングを行った際の言によれば，依頼者と弁護士の関係ではすでになく，「人と人との関係」になっているという[2]．

Ⅲ　閑上訴訟の経過

　上記夫婦との出会いから，他の津波訴訟の実情にも関心を抱くようになった．その端緒は，同夫婦の関わる上記シンポジウムの準備会に同席した折，他の津波事故の被災者遺族に会い，訴訟提起に対して近親者やインターネット上から批判を受ける旨を伺ったことにある．津波訴訟について調べたところ，800 名ほどが津波で犠牲となった宮城県名取市閑上地区で，市に対する国賠訴訟が提起されていることを知った（以下，閑上訴訟）．

　閑上地区は，仙台市南方の太平洋沿岸部に位置し，内陸部の名取市役所から車で 15 分ほどの距離にある．2011 年 3 月 11 日（金）14 時 46 分に三陸沖で発

---

(2)　原告訴訟代理人弁護士に対するインタビュー調査にもとづく（2017 年 2 月 4 日実施）．

19 津波訴訟への接近〔飯 考行〕

生した地震（東日本大震災）により，名取市では震度 6 強の揺れが約 3 分間継
続した．発災直後，名取市災害対策本部が立ち上がり（地域防災計画上，震度
6 弱以上で自動的に発足した），14 時 49 分に気象庁が大津波警報を発令し，
消防団と消防署は広報・避難誘導を始めた．14 時 57 分に，災害対策本部は，
両地区全域に対する防災行政無線による避難指示放送を開始したが，故障によ
り実際には音声が出ていなかった（当日 19 時頃に判明した）．なお，気象庁は，
宮城県沿岸部の予想される津波情報として，14 時 50 分に高さ 6 m，15 時 14
分に高さ 10m 以上と発表していた．津波が閖上港に到達したのは 15 時 52 分
で，最大浸水高は 9.09m（参考値）であった．

閖上の被害は甚大で，海から 1 km 以内の木造住宅はほぼすべて流失し，火
災も起こった．閖上地区の死者数は 753 名（名取市全体で 884 名），名取市全体
の行方不明者は 40 名である（2016 年 3 月 31 日現在）．閖上地区の人口は，2011
年 2 月末現在で閖上町区 5,686 名，閖上小塚原地区 461 名で，うち震災でそれ
ぞれ 709 名，43 名が死亡した（人口に占める死者の割合はそれぞれ 12.5%，
9.3%）（宮城県名取市 2016：52．53，59．61）．

閖上訴訟の関連ウェブサイトへ連絡したところ，原告遺族夫婦へのインタ
ビューが可能となった[3]．同訴訟は，4 名が犠牲となった（父と祖母は死亡，生
後 8 ヶ月の息子と母は行方不明）家族（夫婦と弟 2 名）が原告となり，対外的に
匿名の扱いで提起したものである．なお，その夫婦は，上記の銀行訴訟を提起
した夫婦と仙台市のつむぎの会（子供を亡くした親のわかち合いの会）で知り合
いであった．

同夫婦は，2011 年 3 月 11 日の震災時，仙台市に居住し，日中は閖上地区に
ある妻の実家に息子を預けて同市で働いていた．地震を受けて，夫婦は閖上地
区へ向かおうと試みたが，道路は閉鎖されていた．自宅アパートへ戻ると，室

---

(3) インタビューは，2017 年 2 月 22 日，2018 年 4 月 15 日に，それぞれ仙台市内（後者
はご自宅）で実施した．公判前および休日にもかかわらず親切にご対応いただき，裁判
資料の提供を受けたことに，感謝申し上げたい．なお，インタビューを補う目的で，夫
婦が震災後から記すインターネット上のブログを，両人の了承を得て参照している（後
述する通り，原告は匿名であり，本人の同定を避けるためアドレス等の記載は控える）．
東日本大震災名取市閖上訴訟を支援する会の事務局長および会員にもインタビューを行
い，閖上地域をご案内いただいた（2018 年 4 月 14 日）．あわせて謝意を表する次第で
ある．

Ⅲ　閖上訴訟の経過

内は足の踏み場のないほど物が倒れ，食器は大部分が壊れており，数日間停電が続き，ガスは翌月まで復旧しなかった．閖上に到着できたのは13日で，その後，連日のように通い，親族の捜索にあたるとともに，遺体安置所へ足を運んだ．18日に父の遺体を確認し，10月に火葬された骨がDNA型鑑定から祖母のものと判明した．行方不明嘆願書を警察や市役所に提出し，捜索に向けた署名活動を行うなどしているが，息子と母は見つかっていない．

　翌2012年，震災一周忌の折，夫婦は，親族を津波事故で亡くした地元名士Aに声をかけられ，閖上地区に防災行政無線が鳴らなかったことで家族の命が失われたのではないかと疑いをともにすることになった．4月に名取市遺族会（後に名取市震災犠牲者を悼む会に改名（以下，悼む会））が発足し（事務局長はA），同市に対して防災行政無線と避難誘導に関する疑問を，会合を重ねて公開質問状にまとめ，2度にわたり提出した．しかし，同市の回答は真相に迫る内容ではなく，市長との質疑応答要求も拒否された．市長の対応に落胆したものの，夫は，第三者検証委員会の設置の実現に向けて9月頃から請願署名活動を行い，4千筆ほどを集めて市へ提出した．

　第三者検証委員会は，2012年末の市議会による開設採択後，2013年8月に活動を開始し，翌年4月末に報告書がまとめられた（東日本大震災第三者検証委員会2014）．報告書は，震災当時の市の初動体制，防災行政無線が鳴らなかった理由，公民館から閖上中学校へ逃げる過程を検証し，市に対する厳しい指摘を行う一方，市長（災害対策本部長）の対応や動きを詳細に記載するものではなく，東日本大震災発生から大津波襲来までの名取市などの対応，防災行政無線の故障，防災行政無線の放送確認を怠ったこと，防災行政無線による広報以外の避難指示伝達の不実施，地域防災計画・初動マニュアル・津波避難マニュアル等の内容や浸透につき，夫婦の納得は得られなかった．また，報告書は300部作成されたものが市役所で希望者に渡されるのみで，積極的に公表しない市の姿勢も疑念を招いた．

　報告書公表直前の2014年3月は，震災から3年後にあたり，不法行為にもとづく損害賠償請求は消滅時効にかかるため，上記の悼む会で検討した結果，6ヶ月間の猶予期間を得るため，裁判上の催告の手続がとられた．震災後から，悼む会メンバーの大半は訴訟提起に消極的で，A，名取市議会議員Bと夫のみが積極的であった（それ以前に，Aと夫は，2012年8月頃に市長の対応に不満を抱

403

き，法テラスの無料法律相談に赴いている）．Ａは裁判に参加しない意向を示したが，夫は市長を許せないという思いが強く，Ｂに紹介された仙台市の法律事務所へ赴いたところ，妻を説得する必要を伝えられた．

妻は，本当に裁判になるとは考えていなかったが，震災に関わり続けてきた夫の懸命な姿を見て，時効完成直前の2014年8月に，夫とともに上記法律事務所へ相談に赴いた．弁護士からは，国賠訴訟で請求認容の可能性は高くないものの，訴訟の趣旨につき，親族の亡くなった原因を解明し，同じことが起こらないように今後に教訓を残すことでよいかと念押しされた上で，裁判に踏み切った．原告になったのは，夫婦と弟2名のみであった．夫婦は，自分たちだけでは不安もあり，サポートと匿名を訴訟提起の条件とし，Ｂの口添えで，東日本大震災名取市閖上訴訟を支援する会（以下，支援する会）が結成された．

2014年9月に，原告一家は，名取市を被告として，仙台地方裁判所に訴えを提起した．請求は，家族4名の死亡は，被告が広報車による避難指示の伝達等名取市地域防災計画に定められた情報提供等を行わなかったこと及び被告が設置していた公の営造物である防災行政無線システムが本件地震によって故障したことにつき，防災行政無線の設置又は管理に瑕疵があったことによるとして，国家賠償法1条1項及び2条1項にもとづき，被告に対し計6800万円ほどの損賠賠償金を求める趣旨であった．

訴訟提起後，口頭弁論での原告と被告の書面を通じたやりとりがしばらく続いた．2017年後半に入り，9月に現地進行協議と称する裁判官の被災現場の見聞がなされ，10月中の2度にわたり，関係者と原告の証人尋問が行われた．その間，支援する会は，裁判の進行状況を会報で伝え，裁判傍聴者を募り，真相解明などを求める署名活動で7千筆余りを集めたほか，第三者検証委員会の元資料廃棄に対する住民訴訟を別途提起した．

裁判官の和解勧試はなく，2018年3月の判決で，原告の請求は棄却された．同判決では，被告が地域防災計画に従った広報等をしなかったことの違法性（国賠法1条1項の責任）につき，市長が広報車による伝達を行わなかったことに合理的な理由があること，閖上公民館に伝達を行わなかったことが権限不行使の許容される限度を逸脱して著しく合理性を欠くとはいえないこと，被告は消防署及び消防団による広報を行ったといえること，防災無線の確認は防災無線の故障により権限行使が客観的に不可能であったためそれを行わなかったこ

とが許容される限度を逸脱して著しく合理性を欠くとはいえないことを挙げて，原告らの主張は採用できないとした．防災無線の設置または管理の瑕疵（国賠法2条1項の責任）についても，防災無線に物理的構造的な問題がないとはいえないとしながらも，当該瑕疵によって危害が生じる可能性を被告が予見することは困難で，防災無線の故障と亡親族の死亡との間に因果関係があるとは認められないとした（仙台地判平成30年3月30日）．

Ⅳ　裁判への思い

1　訴訟提起をめぐって

　閖上訴訟の原告夫によれば，名取市に対する訴訟は，2012年に悼む会で公開質問状を発した時点で，市長から避難誘導の過誤などについて真摯な回答と謝罪があれば，提起されなかった．せめて市長が，「亡くなった方々とご遺族，被災者，申し訳ございませんでした」，「この震災の検証をきっちりとして，二度と同じような被害を生まないようにしていきます」とさえ言ってくれていれば，気持ちが休まったと思う旨を回顧する[4]．

　夫婦には，震災後，被災地の惨状を目の当たりにしながら，余震の続く中，親族を探し，ショック，恐怖，絶望，落ち込み，悲しみ，怒り，行方不明の親族の不憫さ，寂しさなどの感情が溜まっていた．2回目の公開質問状提出の日を，夫は以下のように振り返る[5]．

　2回目の公開質問状が終わるまでは，（悼む会で）僕は借りてきた猫みたいにずっと何にもしゃべっていないですね．
　2回目の質問状を出す日（2012年7月17日）が（亡き息子の）誕生日だったのです．その日の午前中に閖上実家跡へバルーンを上げに行ったんです．こんな大切な日と質問状を提出する日が重なった訳なんですよ．A氏から今日は市長に質問状を手渡すようにと言われたんですよ．今までだったら「お願いします」というくらいだったと思うんですけど，息子の誕生日でバルーンを上げた想いがあって，市長を目の前にすると許せない気持ちから初めて切れたんですかね．「今やったら，普通やったら，息子の2歳の誕生日です．一緒に遊んでいた．こんなことなかったんですよ．だから，こんなことを起きた原因を追究したい，知りたいから，こういうのを出しているんです，お願いします」（夫の第一審陳述書（注4）38頁の記載によれ

---

(4)　原告夫による第一審公判証人尋問に向けた意見陳述書（2017年10月27日）40頁．
(5)　原告夫妻に対するインタビュー結果（2017年2月22日実施）．

19 津波訴訟への接近〔飯 考行〕

ば「今日は私の息子の誕生日なんです．生きてたら2歳の誕生会を義父母，義祖母ともども祝っていました．防災無線が鳴らなかったので実家にいた4人全員犠牲になったんです．防災無線が鳴っていれば，助かっていたと思います！なぜ鳴らなかったかを絶対に検証してください」）と，市長にぽーんと言って渡したんですよ．そのとき，初めて切れたんですね．

しかし，市長の対応と回答は納得のいくものではなく，第三者検証委員会の報告書にも十分な評価はできなかったため，一家族のみながら，裁判に踏み切ることになった．請求額は名目的な金額で，もとより金銭目当てではなかった．裁判の主な目的は，勝訴よりも，震災後に行政の災害対応を含めて何があったのかを知り，明らかにし，そのことにより今後の災害対応の教訓に活かすことにあったと言える．

閖上地区の犠牲者は800名近くに上ったにもかかわらず，悼む会のメンバーは閖上地区以外の名取市民がほとんどであった．悼む会のメンバーのほとんどは訴訟提起に消極的で，時効を半年延ばす催告のために名前を連ねる人を探すために，Aと夫が懸命に電話をかけたが，後に原告となる4名および親戚とAしか応諾しなかった．原告家族のみで提訴にいたった動機は，自分たちが裁判を起こさなければ，犠牲になった命が無駄になると感じたことにあった．閖上地区からの訴訟参加が原告家族以外の悼む会メンバーにはなかったことについて，夫婦は以下の地域性や震災後の事情を挙げる[6]．なお，夫は他県出身で，妻も幼少時は他地域に住んでおり，震災時，原告4名とも閖上地区の住民ではなかった．

（問：悼む会で裁判をしない人はどのような理由からでしょうか．）
夫：やはり閖上の住民のしがらみですよ．悼む会に籍を置いているだけで，後ろ指を指されるような感じなんですよ．
（問：それは市の関係者が多いからですか．）
夫：まあ，それもありますし．
妻：田舎なんですよ，田舎．ちっちゃいまちで．
夫：「あんたらがしているから，復興が遅れるんや」と，これが一番．
（問：それはどういう意味ですか．）
妻：よく分からないけれど，復興が遅れているのが，そうやって色々なことを言うから復興だけに進めない，みたいなことが言いたいんじゃないですか，よく分からないですけどね．結局，すごい一般的に言うと，出る杭はガンガン打たれるみたい

---

(6) 同上．

な，そういうイメージ，本当にそういうイメージでしたね．本当に田舎だなと思って．何て言うんだろう，他もそういう人たちいっぱいいるよね，他の地域でもね，石巻なんかもきっとそうなんだろうと思いますけど．その場所で生きていかなきゃいけないと思うと，角が立つようなことは避けていくだろうし，よく分かんないけど．

夫：署名をもらいに仮設（住宅）とか回りますでしょ．ほとんどの人は快く受け取ってくれるんですけど，1割，2割の人は，逆に罵声ですね．「お前らがそんなことするからや」，「復興が遅くなるんや」とか，「金かい」とか言いよるんですね．

妻：お金はすごい言われるよね．

夫：「お金が欲しいんかい」みたいな．

　夫婦が匿名で裁判を起こした理由は，メディアに取り上げられにくいものの，震災後に出生した娘がいじめや非難を受けることへの懸念である．訴訟提起前に夫婦が被災者としてメディア取材を受けた際，インターネット上で散々非難されたという．裁判後も，インターネットニュースのコメント欄などで，「自然災害で裁判を起こすのはおかしい」，「金目当てではないか」などと記された．裁判はいつまで続くか分からず，一度インターネットに名前が出るとずっと残るため，いわれない匿名の誹謗中傷が娘へ向かう恐れのほか，福島県から避難した子がいじめにあうと仄聞することも念頭にあった．娘本人が成長して自分の判断で名乗り出るまでは，匿名を続ける意向である．また，夫妻とも，被災者・遺族としてテレビに映され，取材を受けていたため，同定されないよう，顔のメディア露出も控えている．

2　第一審判決を受けて

　原告夫婦によれば，裁判で明らかになったことはほとんどなかった．証人尋問で，前市長が，震災直後に何もせず，犠牲となった家族の居宅近くの閖上公民館を避難先ではないと述べるなど，その言動への不信感が募った．判決の内容についても，今後の命を守るための全容解明への思いに裁判官たちは心から耳を傾けてくれず，名取市の主張を全面的にもしくはそれ以上に認めるもので，第三者検証委員会報告書よりも内容の薄いものに受け取られた．判決後の記者会見で，原告の妻は以下の通り述べている[7]．

　私たちの方からは素人的な言い方しかできないんですけれども，まず，率直に感

---

(7)　2018年3月30日に仙台弁護士会館にて実施された記者会見の筆者聞き書きによる．

じたのが，この 3 年半の私たちの話を，何か一つでも真剣に裁判所は聞いてくれていたのだろうかと，すごく疑問に思いました．話をしっかり聞いてくれて，向き合ってくれていた 3 年半だったのだろうかと，とても残念な気持ちです．

　勝ち負けで裁判を起こした訳ではないので，今後の命を守るための判決を，何か一つでも判決の中にそのような内容のものがと思って，今日の日を迎え，先生方や支援の会の皆様に支えていただいて，今日の日だったんですけれども，何一つ，命を守るための判決の内容というものがなく，本当に残念の一言です．他のこのような裁判の結果や，このような記者会見の中で，原告の方々が裁判所に対して「がっかりした」という発言をよく耳にはしていましたけれど，まさにそのまま私たちもそのように感じました．こんなにも，命を守っていく，亡くなった命をせめてもの教訓にという思いで，今後の命をつなげていきたいという私たちの気持ちに向き合ってくれないのが裁判所なのかなと，こんなにもあからさまに行政の味方をするのが裁判所なのかなと，正直今は絶望感しかありません．

　今後についてなんですけれども，今日あらためて，ここまで私たちの小さな小さな声だったのかもしれないですけれども，裁判所が向き合ってくれないのであれば，もう何も期待はできない，これ以上進んでも何も意味はないと，もうあきらめて静かに過ごしていきたいと，そういう風に私たちは最初思って，期限のぎりぎりまでどうしていくか考えてみるしかないかなと思ったのが正直なところなんですけれども，やっぱり自分たちがこの判決で終わりにしてしまうと，この内容が受け入れられたと勘違いをされてしまうのも，とても残念なことだし，やっぱりどのように考えても，800 人近くの命を守ることができなかったと，そういう風にせめて行政の方で思ってもらえるまで続けていかないと，何の教訓にもならず，本当に何のために生まれて何のために死んでいったのかなと，私たちの大切な家族の命は何だったんだろうなと，そういう思いの方が，自分たちがこれ以上頑張れないという気持ちよりも，もう一度，犠牲になった命のために何かできることをしなくてはいけないという気持ちの方が強く残っているということを，原告全員で話し合いをしたので，また先生たちや支援の会の皆様と一緒に，ここで立ち止まらず次に進んでいくようにしていきたいと思っています．

　その後，4 月 9 日付で控訴がなされた．原告控訴声明では，以下の旨が綴られている[8]．

　判決を聞いた直後は，もうこれ以上司法に頼っても何も変わらないだろう，裁判官に対しても名取市に対しても，こんなにも絶望感を感じる裁判を続けるのは，もう耐えられない，この判決をもって，終わりにしようと思いました．私たちと，少しも真摯に向き合うことのなかった，名取市と裁判官に対する気持ちは，怒りよりも，絶望と悲しみとなり，心が締め付けられました．

　それでも生きている私達の悲しみや絶望感よりも，あの日何が何だかわからない

---

(8) 「家族のために」ウェブサイトによる（以下アドレス，2018 年 4 月末日最終訪問）．
　https：//kazokunotameni.jimdo.com/2018/04/11/原告−控訴声明/

IV　裁判への思い

まま，汚い苦しい思いをし，突然命を奪われ，未来を奪われた家族たちの方が辛い
はずだと，判決後は，控訴の方向で話し合ってきました．しかし原告の一人からは，
精神的金銭的，世間体，普通の生活をする上での時間的なものなど，様々なことが
もう限界にきている，あきらめて，静かに過ごしたい，という訴えもあり，これで
終わらせる原告と，控訴する原告と，二つの道を行こうかという話も出ました．

　今後についての思いは原告一人一人違いましたが，やはりこのような内容の薄い
判決を後世に残してはいけないと，今後の防災，命に関わる大事な判決が，これで
はいけないという，共通の思いもありました．

　そして一人でもあきらめたら，名取市には，名取市に絶望してあきらめたのでは
なく，あの判決を納得したと思われるだけだろうと，裁判官たちには，自分たちの
判決が正しかったと思わせるだけで，私達のこの絶望感が伝わることはないだろう
と，それなら全員で歯を食いしばり，この判決は到底承服できないということを，
伝えなければいけないと全員が思うようになりました．

　今も共に歩んでいたはずの家族，笑い，泣き，悩み，進み，ただただ普通の生活
を過ごしていたはずの家族．当たり前に生きていたはずの家族．その家族の命が戻
るのであれば何でもする．でも何をしても戻らない命に，あの日命を失ったことに，
無理やりでも意味を持たせてあげるためには，次の大災害で一人の犠牲者も出さな
いための教訓につなげることしかない．

　その思いで，原告全員で控訴いたしました．

　以上から，原告は，一家族のみで行政を相手に裁判を継続する困難の中で，
犠牲となった親族が何のために生まれてきたのか，亡くなった命を無駄にしな
いよう，震災後に何が起こったかを究明し，市の責任を問い，不備今後の教訓
に活かすことを，控訴審に望んでいることが伝わる．

　原告夫婦に，これまでの裁判は何であったかを問うたところ，上記の通り，
第一審判決と市の防災体制が不十分なままであることに不満が残り，裁判にか
けた３年半は何だったのか呆然とするとともに，裁判の進行に見通しをつけて
欲しかったという．他方，良かった点としては，裁判の証人尋問で，前名取市
長，前閑上公民館長，元閑上地区住民の話を，初めて直接聞き，公けにするこ
とができたことが挙げられた[9]．

---

(9)　原告夫妻に対するインタビュー結果による（2018 年 4 月 15 日実施）．

V　検 討

1　津波被災者遺族の民事紛争解決行動

　閖上訴訟の原告夫婦の場合，既述の通り，裁判にいたるまでに様々な過程を経ている．夫婦の住まいは仙台市内にあり，津波には遭わなかったものの，地震被害により家財道具の多くが破損し，在宅被災状態に置かれた．ガソリンも入手困難で，苦境の中，連日のように罹災した閖上地区で親族を捜索し，遺体安置所で数々の遺体に直面した挙句，息子と母は見つからず，後々まで捜索を警察や行政に求める取り組みが続けられた．おとなしく我慢強かった夫は，震災から1年余りを経た息子の2歳の誕生日を境に，行政の不十分な対応に憤りをあらわにし，第三者検証委員会の設立を経て，一家族で訴訟へ踏み切るにいたった．

　民事紛争解決行動については，先行研究があるところ（松村=村山編 2010 など），被災者・遺族の訴訟提起にいたる過程はほとんど明らかになっていない（別の津波訴訟につき，飯 2017；土屋 2018 程度）．本件事例からは，災害後に，遺族が，自身の不如意な罹災生活の中，亡くなったまたは行方不明の親族を探し，その後も様々な感情が沸き起こり，抑え，入り混じる中で生活を続ける様子がうかがわれる．そうした中で，避難誘導などの過誤の疑いが起こり，責任のあると思われる相手に事実経過の説明を求め，相手の対応が拙い場合に，遺族の溜まっていた様々な感情が噴出し，震災後の経過と犠牲となった理由の「真実」を明らかにし，謝罪と再発防止策を求めることにつながると考えられる．その方法として，話し合い，ADR，第三者検証機関，そして最後に裁判が選択される．この一連の過程は，閖上以外の津波訴訟でもほぼ共通して見られるパターンである．

　閖上訴訟では，夫の訴訟提起を支えたものに，A及び悼む会，B及び支援する会（会員はともに100名以上だが，実働人数は多くない）と，妻の存在があった．Aは，悼む会発足時から行政の対応に疑問を呈しており，夫と協働したが，地域の名士という立場から訴訟に加わらなかった[10]．Bは，市議会議員で裁判

---

(10)　Aは，訴訟を支援していたが，2016 年9月から行方不明になっている．

に参加しなかったが，悼む会を事実上支援し，後に訴訟代理人となる弁護士の法律事務所を紹介し[11]，支援する会の発足に尽力した．

支援する会は，2015 年 4 月に発足し，法廷傍聴者を募り，会報を発行して傍聴者や仮設住宅居住者へ配布し（第一審判決時までに号外を除き 55 号），前述の署名活動を行い，第三者検証委員会による元資料破棄に対して住民監査請求を行い，同請求却下を受けて，会長と事務局長が住民訴訟の原告を務めた．支援する会の事務局長は，名取市在住の元教員で，会報発行のほか，ほぼすべての公判を傍聴し，原告と弁護団の会議にも同席した．その活動の原動力は，東日本大震災津波で閖上地区の叔父と叔母を亡くしたこと，Aの閖上地区への関わり方を知りたいことや，子や孫に津波被害の教訓を伝える糧にしたいとの思いにあった[12]．閖上訴訟は，民事紛争解決行動を支援なしに当事者のみで行うことの困難を実証している．

2 津波災害後の民事訴訟率の低さの理由

閖上訴訟では，一家族のみが原告となった．閖上地区には多くの犠牲者が出て，遺族も多いことが想定されるにもかかわらず，原告が少なかった理由はどこに求められるであろうか．前述の原告夫婦の言によれば，地域のしがらみ，閉鎖性や，復興の妨げになる恐れ，金銭目的と目される風潮があったと推察される．

日本の民事訴訟率の少なさの理由は，周知の通り，法社会学の著名テーマであり，いわゆる文化説（川島 1967；ヴォルシュレーガー 1997 = 2001），制度説（ヘイリー 1978 = 1978. 1979），予測可能性説（ラムザイヤー 1990：15. 45），裁判管理説（Tanase 1990）などが唱えられてきた．

文化説のうち，川島は，「権利・義務が明確・確定的でないということによって当事者間の友好的な或いは「協同体」的な関係が成立しまた維持されているのであるから，（右のような）訴訟は，いわゆる「黒白を明らかにする」ことによって，この友好的な「協同体」的な関係の基礎を破壊する．だから，伝

---

[11] この法律事務所は，七十七銀行女川支店訴訟を含む他の津波訴訟の代理人弁護士も擁していた．

[12] 東日本大震災名取市閖上訴訟を支援する会事務局長に対するインタビュー結果による（2018 年 4 月 14 日実施）．

統的な法意識にとっては，訴訟をおこすということは，相手方に対する公然たる挑戦であり，喧嘩を吹っかけることを意味するのである」（川島 1967：140）と記す．この説は，前述の閖上地区について指摘される「田舎のしがらみ」，「出る杭は打たれる」，「地域で生きていくために角が立つようなことは避ける」などの形容に適合するであろうか．検証に足る資料に乏しいものの，訴訟提起による「協同体」的な関係の基礎の破壊について川島説は首肯しうるが，その理由は，権利・義務の不明確・不確定性よりも，地域で共生する上で，行政に盾突かないことが望ましくないとする，住民の実際的な考慮によるものであろう．

　ヴォルシュレーガーの「裁判所の回避は農村的な社会パターンに特有の特徴として継続した」（ヴォルシュレーガー 1997 ＝ 2001：751）という指摘はあてはまるであろうか．閖上地区について，漁業，農業従事者は居住するものの，近郊の仙台市で日中勤務する労働者とその家族が多く，少なくとも近年，農村的側面は希薄化しており，必ずしも適合しない．制度説については，近隣の仙台市へ赴けば地方裁判所があり，法律事務所も多い．閖上訴訟の原告夫は，仙台市居住ながら，実際に仙台市で法テラス無料法律相談を利用した．ただし，閖上地区と名取市に裁判所はなく，地元に弁護士は少ない（2018 年 4 月末日時点で名取市に 1 名のみ）．訴訟を受任する弁護士には地元議員の紹介により辿り着いており，遺族自ら探すことは困難であった点で，制度説は部分的にあてはまるが，説得力を持つとは言い難い．

　他方，「（訴訟により）復興が遅れる」という声にかんがみて，津波訴訟の場合に，震災直後に行政庁も被災してその的確な避難誘導などの責任を問いにくく，迅速な復興を重視したいという意向は，自然災害に特有の裁判を控えさせる要素であると考えられる．さらに，閖上訴訟では，行政防災無線が鳴らなかったことが犠牲を拡大したという主張について，因果関係を含めて裁判所で認められるかという具体的な裁判での主張認容の見通しと，国賠訴訟一般での勝訴率の低さも，裁判に踏み切るかどうかに影響したであろう．被災者・遺族にとって，震災後，親族を失い落胆し，または生活再建に取り組むうちに，不法行為の時効期間 3 年を徒過する場合もあると推測される．また，「お金目当て」の指摘には，地域で自然災害により数多くの犠牲者が出た中で，裁判した者だけが賠償金を得ることをよしとしない，巨大災害に関わる特有な思いが潜

んでいる．以上の通り，民事訴訟率の低さの理由にかかる議論においては，地域性や自然災害などの紛争事例の態様も考慮する必要があろう．

3 津波事故の法的対応と訴訟のあり方

　津波訴訟は，そもそも，遺族にとって，災害後の事実経過を知りたい，避難誘導などの誤りに責任のある者や機関に謝罪を求めたい，事故の再発を防止したいなどの思いが，行き場をなくし，裁判を選択した，または選択せざるをえなかった帰結の場合がほとんどである．そのため，裁判以外に津波事故の解決方法はないのか，遺族の心情に配慮した相談対応，第三者検証機関（閖上，大川小学校，鵜住居地区防災センターの各訴訟で前置された）と裁判の関係，ADRと裁判の比較，裁判での判決と和解の比較などが論点になる．訴訟にいたる場合も，なるべく遺族の心情に配慮した裁判のあり方を模索する予定があろう．

　司法アクセスと災害に関する専門的対応の見地からは，過去の災害事例の記録と経験を蓄積し，津波を含む災害や事故の被災者・被害者と遺族向けに，臨床心理士によるカウンセリングの実施や遺族同士で語り合う会の支援とあわせ，事故や避難誘導に責任のあると思われる人や機関との間の話し合い，第三者検証委員会，ADR，訴訟提起の各選択肢を，それぞれの特徴や留意点とともに提示し，災害に精通した弁護士や助言者を紹介する，被災者・被害者の総合的な法律支援体制が構築されることが望ましい（生活再建・復興支援情報の提供に関する情報提供モデルと災害派遣弁護士チーム構想につき，岡本 2018：305．330）．

　閖上訴訟で，原告は，市の災害前後の対応の不十分さを主張したが，第一審判決で認められなかった．防災の見地からデジタル防災行政無線が市に設置されたのは 2009 年初頭であったが，震災当時適用された 2008 年 2 月改定後の名取市地域防災計画には反映されていなかった．名取市津波浸水予測マップ（ハザードマップ）は，4ｍの津波予想高しか予測していなかった．また，災害直後の対応として，閖上地区での市の広報車による避難指示，公民館を経由しての避難指示，職員派遣による避難指示は，いずれも行われなかった．

　東日本大震災後の津波訴訟は 16 件が確認され，行政を被告とするものは 7件である（飯 2017：546．547）．そのうち，2018 年 8 月末日現在，東松島市を被告とするもの（野蒜小学校訴訟）で原告のうち 1 人の請求が認容された以外は，上告中の石巻市立大川小学校訴訟のほか，2 件棄却（野蒜小学校訴訟の別

413

の原告のほか，陸前高田市を被告とする訴訟で争点の一つは防災行政無線で情報更新後の津波の高さが伝えられなかったことにあった），2件和解となっている．原告1人の請求が認容された野蒜小学校津波訴訟の第一審判決（仙台地判平成28年3月24日）は，小学校長の在籍児童に対する安全配慮義務の観点から，小学校に避難してきた児童を災害時児童引取責任者以外の者に引き渡すに当たり，本件津波によって，引渡後に当該児童の生命又は身体に危険が及ぶかどうかの安全を確認し，その安全が確認できない限り引き渡してはならない注意義務に違反したとして，過失を認めた．

　その他の津波訴訟で，原告の請求が認容されたものは，これまですべて学校関連の津波事故で，私立日和幼稚園訴訟（第一審請求認容，控訴審で和解），前述の石巻市立大川小学校訴訟（第一審と控訴審で請求認容，上告中），常磐山元自動車学校訴訟（第一審請求認容，控訴審で和解）である．そのうち，平時の防災の組織的過失にかんがみて原告の請求を認容したものに，大川小学校訴訟控訴審判決がある（仙台高判平成30年4月26日）．同判決は，学校保健安全法（2009年4月施行）に関連して，小学校長，教頭，教務主任，市教育委員会が，小学校の危機管理マニュアルを適切に改訂すべき義務を負い，その義務は具体的な職務上の義務を構成するにいたっていたところ，過失によって懈怠したとして，市は国賠法1条1項の責任を免れないとした．また，津波ハザードマップについては，予想浸水区域外に避難すれば安全であることを示すものではなく，津波の予見可能性を否定する事情として考慮することは相当でなく，教員には独自の立場からその信頼性等について検討することが要請されていたとした．

　野蒜小学校訴訟第一審判決および大川小学校訴訟控訴審判決は，いずれも学校事故に関するものにせよ，責任ある立場にある者に安全配慮義務や危機管理マニュアル改訂義務を認める点で，注目に値する（使用者の安全配慮義務につき，髙橋2016）．また，日和幼稚園訴訟第一審判決は，防災行政無線が聞こえていたにもかかわらず，高台の幼稚園から園児を乗せた送迎バスを海岸部へ走らせた点などで，幼稚園の責任を認めた．大川小学校訴訟第一審と常磐山元自動車学校訴訟第一審は，近隣を広報車が通ったにもかかわらず，生徒および教習生等を避難させなかったことで，小学校および教習所の責任を認めた．これらの判決の考え方に照らせば，閖上訴訟でも，市および市長（災害対策本部長）が，

V　検　討

防災行政無線の故障を防止し，故障の際は迅速に対応し，沿岸部に広報車で津波警報を知らせるなど，閖上地区を含む市民の安全配慮を災害前後に相当程度尽くしたかにつき問われる余地があろう．

　訴訟の提起と継続には，多大な精神的，肉体的，金銭的な労力を伴う．災害前後の対応に関する情報は被告に偏在しており，災害の専門的知見とあわせ，原告に重い立証責任が課される傾向にある．現行の不法行為にもとづく損害賠償請求の消滅時効は，損害及び加害者を知ったときから3年であるところ，改正民法（2020年4月施行予定）で，生命身体侵害による損害賠償債権の消滅時効期間として5年へ延長予定であり，被災者遺族にとって有益である．

　今後の津波訴訟に関する修正案として，原告になる者は限られる傾向があることから，同じ災害により，同じ学校，企業，施設や地域で多くの被災・犠牲者が出た場合には，クラス・アクション（アメリカなどで採用されている，ある行為や事件について同様の被害を被った者が多数いる場合に，一部の被害者が全体の利益を代表して提起し，法的効果が全体に及ぶ訴訟形態）の導入可能性が検討に値する（田中・竹内1987：70．88）．

　また，災害の態様に応じた立証責任の転換ないし立証の程度の軽減も検討事項になりうる．原告弁護団は，第三者検証委員会報告書より後退し，国賠法2条で因果関係を検討しつつ同法1条では検討しておらず，主張立証において一審原告側に高い水準を求めながらも名取市側には極めて甘いなどの問題点を挙げる[13]．医療過誤訴訟では，病院ないし医師の過失と患者の死亡結果の間に因果関係が認められなくても，適切な医療が行われていれば死亡時点で患者が生存していた可能性がある場合に名目的な損害賠償を認める，期待権侵害論ないし相当程度の可能性論（最判平成12年9月22日など）が，裁判実務で生み出されてきた．津波訴訟でも，適切な防災や避難誘導を行うべき責任ある者の過失とその支配下にあった者などの死亡の間に因果関係を認めるにいたらなくても，それらの責任のある者が，被災者・遺族の期待を裏切り，または適切な防災や避難誘導が行われていれば，死亡時に生存していた可能性がある場合に，過失と名目的な損害賠償を認めることで，納得する遺族は多いであろう．もちろん，裁判は原告の納得を目的にするものではないにしろ，自然災害に伴う紛争に対

---

[13]　「家族のために」ウェブサイトによる（以下アドレス，2018年8月末日最終訪問）．
　　https://kazokunotameni.jimdo.com/2018/04/11/弁護団－控訴声明/

19 津波訴訟への接近〔飯 考行〕

応しうる法理論の工夫を期待したい.

Ⅵ おわりに

本稿は,津波被災者遺族との出会い,閖上訴訟の経過,裁判への思い,検討(津波被災者遺族の民事紛争解決行動,津波災害後の民事訴訟率の低さの理由,津波事故の法的対応と訴訟のあり方)の順に,論述を進めてきた.ある遺族との偶然的な出会いとその後の交流から,津波訴訟に関心を抱くようになり,閖上訴訟のケースを原告夫婦へのインタビューを含めて検討した.その結果,閖上訴訟に接近することで,従来の民事紛争解決行動と民事訴訟率の低さの理由をめぐる議論と,訴訟を含む津波事故への法的対応につき,被災者遺族の具体的事例にもとづいて,再考し,新たな知見を加えることができたと思われる.

津波事故後に金融機関に対して訴訟を提起した夫婦との出会いは偶然に始まり,大学への講話招聘や自宅訪問など,いくばくかの人間関係が形成される過程で,その思いに触れて,ボランティア的な支援,教育とあいまって,研究の関心を抱き,本稿で主に記した閖上訴訟の原告夫婦へのインタビューにつながった.その意味で,本稿は,冒頭に記したパブリック法社会学の試みの一つである.今後の課題は,さらなる方法論の明確化とその実践である.

村山眞維は,警察,刑事弁護,家事調停,民事司法などの法分野で,質問紙調査およびヒアリング調査にもとづく統計分析を中心とする経験的調査を積み重ね,研究結果を国内外で公表してきた(村山 1990,1996,2000,2006 など).他方,東日本大震災後は,従来の研究キャリアからは異質な,幼少期の出身地である福島県で勃発した原発事故の法的救済のテーマに取り組み,福島県内外の弁護士や原発 ADR のヒアリングを数多く行ったほか,研究者ネットワークを駆使して,国内外での震災関連シンポジウム開催,学会報告や論考公表に奔走した(Murayama & Burton 2015 など).後者のアプローチは,法社会学者として,同時代の日本社会の深刻な問題に立ち向かったものであり,村山のボランタリズムとともに,経験的研究と社会問題に対応する研究が両立しうる法社会学の多様性を表しているように思われる.拙稿は,試論的な内容ながら,献呈をご海容いただければ幸いである.

VI　おわりに

〔文　献〕

Burawoy, Michael（2005）"For Public Sociology", 70 *American Sociological Review*, 4-28.

ヘイリー，ジョン・O（1978 = 1978. 1979）「訴訟嫌いの神話（上）（下）」（加藤新太郎訳）判例時報 902 号 14-22 頁，907 号 13-20 頁.

東日本大震災第三者検証委員会（2014）『東日本大震災第三者検証委員会報告書 ―― 宮城県名取市閖上地区の検証』.

飯考行（2017）「津波被災者遺族による訴訟提起とその思い」上石圭一他編『現代日本の法過程（下巻）―宮澤節生先生古稀記念』信山社，543-562 頁.

――（2018）「法社会学研究と民主主義法学」法の科学 49 号 60-65 頁.

川島武宜（1967）『日本人の法意識』岩波書店.

松村良之=村山眞維編（2010）『現在日本の紛争処理と民事司法 1　法意識と紛争行動』東京大学出版会.

宮城県名取市（2016）『東日本大震災名取市の記憶』.

村山眞維（1990）『警邏警察の研究』成文堂.

――（1996）「法律業務の社会組織と刑事弁護 ―― 札幌・青森調査から」千葉大学法学論集 10 巻 3 号 161-312 頁.

――（2000）「法化社会の離婚調停 ―― 法社会学的一考察」家族＜社会と法＞ 16 号 159-190 頁.

――（2006）「問題経験と問題処理行動の国際比較 ―― 日米英のデータから」伊藤眞他編『民事司法の法理と政策　下巻』商事法務，1119-1149 頁.

Murayama, Masayuki & Lloyd Burton（2015）"Cassandra, Prometheus, and Hubris: The Epic Tragedy of Fukushima", in *Special Issue Cassandra's Curse: The Law and Foreseeable Future Disasters*, Lloyd Burton ed., Emerald, 125-153.

岡本正（2018）『災害復興法学の体系 ―― リーガル・ニーズと復興政策の検証』勁草書房.

ラムザイヤー，マーク（1990）『法と経済学 ―― 日本法の経済分析』弘文堂.

髙橋眞（2016）「自然災害と使用者の安全配慮義務 ―― 七十七銀行事件の遺したもの」法学雑誌 62 巻 3・4 号 366-419 頁.

田中英夫・竹内昭夫（1987）『法の実現における私人の役割』東京大学出版会.

Tanase, Takao（1990）"The Management of Disputes: Automobile Accident Compensation in Japan", 24 ⑶ *Law and Society Review*, 651-689.

土屋明広（2018）「津波被災訴訟における「真実解明」のゆくえ」法社会学 84 号 241-268 頁.

矢守克也（2010）『アクションリサーチ―実践する人間科学』新曜社.

ヴォルシュレーガー，クリスチャン（1997 = 2001）「民事訴訟の比較歴史分析 ―― 司法統計からみた日本の法文化（一，二・完）」（佐藤岩夫訳）法学雑誌 48 巻 2 号 502-540 頁，3 号 731-776 頁.

〔付記〕本稿は JSPS 科研費 15K03250 による成果の一部である.

VI 理 論

20 臨床法社会学の構想 ── 当事者性を持って，媒介し，現場に関わる

入 江 秀 晃

I は じ め に

　本稿では，拡散傾向が指摘される法社会学において，今後のあるべきひとつの方向性についての試論を示す．

　ここで，法社会学の拡散傾向とは，法社会学研究のコアの不存在を言っている．たとえば，単著ないし2，3名までの著者による基本テキスト（論文集的でないという意味）は，村山眞維・濱野亮『法社会学』（有斐閣）が 2003 年に出版され，2012 年第 2 版，2019 年 3 月第 3 版（予定）と改訂されている他に見当たらない．多様な研究者が自由闊達に独自の取り組みを追求していると言えば聞こえはよいが，必ずしもそうであるだけとも言えないだろう．

　日本の司法の現状を思い起こせば，司法制度改革の各立法・施行から 10 年以上を過ぎながら，なお適切かつ建設的な対話が進められるというよりは，多くの分野 ── 法科大学院及び司法試験制度を筆頭に，裁判外紛争解決手続（ADR）を含め ── で状況が停滞しているように思える．こうした状況では，本来，客観的で検証可能なデータに基づいて多様な立場が対話するフォーラムをセッティングする役割を，法社会学が担うべきではなかったのか[1]．そのためには，法社会学者の数だけ法社会学があるといった開き直り的な位置にとどまらずに，これからの法社会学をより社会の中で役立てるための方向性について，議論をたたかわせるべきではないかと考える．村山眞維教授の古稀記念と

---

(1)　訴訟行動調査，弁護士についての調査，労働審判調査，ADR 利用者調査など様々な重要な貢献があるが，しかし，総体としての司法制度を論じるためのフォーラムセッティング機能を十分に果たしているかというと，なお疑問が残る．

『法の経験的社会科学の確立に向けて』村山眞維先生古稀記念〔信山社，2019年3月〕　　*421*

20 臨床法社会学の構想〔入江秀晃〕

して，村山眞維教授が体現している法社会学のオーソドキシーを私なりに受け止めて，投げ返してみたい．端的にいえば，これが執筆動機である．村山眞維教授が切り開き，道筋をつけた大規模な実証研究と国際学会での英語による積極的な報告の推進[2]はそれら自体大きく重要な流れといえるが，私は，村山眞維教授が体現しているものはそれらだけにとどまらないと考える．村山眞維教授が体現している日本の法社会学のオーソドキシーが持つ核心部分には，限られたリソースしか持たなくとも，日本社会そのもの，あるいは世界と格闘しようとする「構え」があるように思う．

II 臨床法社会学の考え方

1 臨床法社会学とは

(1) 臨床法社会学の必要性

ガーゲンは「多様な価値があることを問題にするのではなく，価値の対立が広がっている世界においてうまくやっていくにはどうすればよいかを考える」（ガーゲン，ケネス，2004，343 頁）べきだと言う．あるいは，ナラティヴアプローチの立場を端的に反映して，「「真理を確立する」ことを目的としない研究のもつ価値や可能性」（ガーゲン，ケネス，2004，87 頁）を探究すると言ってもいる．現代社会において，法社会学を研究するスタンスについて，ガーゲンをはじめとするナラティヴアプローチの立場は確かに，明解な視角を与える．しかし，ナラティヴアプローチの登場以前から，有意味な研究をなすにはどのような態度を取るべきかという問題は考えられてきた．私が現代においても価値を失わない議論として注目するのは，主体的な思考のうえになす社会学的想像力の重要性を説いたミルズである．ミルズは，たしかに「孤立した小状況のみを，あれこれと研究するのはよくない」と言ってはいるが，彼は微視的な状況との格闘を禁じてるわけでない．むしろ，微視的な状況との格闘にあっても，社会構造そのものを理解しようとする偉大さを持った努力として行えと言っている（ミルズ，ライト，1965，293 頁）．

彼らの議論も手がかりにしつつ，現代性があり，かつ，不易的な問題とも言

---

(2) たとえば，ベルリン大会をふりかえった論考を参照．村山眞維「法社会学界のグローバル化」法社会学 2008 巻 68 号（2008 年）231-238 頁．

II　臨床法社会学の考え方

えるこうした研究者の向かうべき方向性についての考察を進めたい.

　私には, 臨床法社会学とでも言うべき, これからの法社会学のコアになりうる構想についてのイメージがある. 趣旨としては, 法社会学内部の多様性を大切にし, 開放的で参入が容易な学問分野として学界・学会を運営していくべきだということである. 学問の質は, 参入時の敷居の高さによって保証されるというよりも, 議論の闊達さによって切磋琢磨される方向で保たれる. 同業者からの批判を恐れるがあまりの, オーディエンスの限定されすぎた細かな論や, どう現場に適用できるのか分からないメタな論[3], 結論が予め決まっているアングルでなぞるだけの論ということでなく, 現場に身を置けば自ずと立ち上がってくるような重要性と現在性のある議論を, 現場で, あるいは, 広く社会に向かって投げかけるようなふるまいが推奨されるような雰囲気に満ちた学界・学会に転換させることはできないだろうかという問題意識である[4]. これらの考え方は, 以降に述べるように, 私のオリジナル, 独創というわけでもなく, 様々な形ですでに提示されている.

⑵ 和田仁孝による臨床法社会学

　臨床法社会学の必要性を述べる和田仁孝は, 「科学主義や実証主義的な理論がもつ根本的な限界を常に意識し」(和田仁孝, 2016, 5頁), 「当事者と向き合

⑶　社会学者の矢原隆行は, 臨床社会学の必要性について, 以下のように述べる. 「社会学は純粋に学問になり, ソーシャルワークといった実学部分と切り離されることによって, 理論上の「背後とりゲーム」が上手になったのです. ある研究論文が発表され, その内容にはこういう盲点や限界があると理論的に証明すると, それで一枚上をとれたような感覚になる. するとその理論に対してさらにまた誰かが一枚上を重ねていくような流れが, 理論的に続いていく. それを上手にきれいにやっていくことに僕は疑問を感じてしまうんです. ……現実社会の中での社会学の存在なんてすごく小さいものなのに, その小さな世界の中で論文の背後をとることばかりやっていても, 何か滑稽な気がするんです. 今, 目の前にある現実的な課題に対してできることがあるなら, その背後をとられることを意識するよりも, 少しは腰を据えて取り組む姿勢というのが, 臨床社会学には必要なのかなと思うんです.」矢原隆行＝吉田澄恵「NT対談・臨床の「知」を発見しよう！(vol.2) リフレクティングとは, "はなすこと, きくこと, うつすこと"」Nursing today28巻3号 (2013年) 62-65(65)頁.
　　　私は, 矢原のこの見方に賛成である. 司法の周辺領域でこそ, 腰を落ち着けて取り組むべき問題は多い.
⑷　私から見て, 本稿で述べる臨床法社会学研究としてすばらしい研究を進められている尊敬すべき法社会学者も少なくない. しかし, 個別的に, この研究がすばらしく, 別の研究はそうでないといった評価をすることは本稿の目的ではない.

い，その視点から事象を眺めるよう努めること」（和田仁孝，2016，7頁）で，普遍主義的な実証主義としての法社会学の限界を超える臨床知としての法社会学を構想する．私の考えは，上記引用部の意味において和田と同じ見方をしてる．和田は，彼が若いころに取り組んだ不動産賃貸借訴訟の実態調査の中で，「明渡し訴訟において主張される正当事由のほとんどは，紛争の実態をほとんど反映しないまま事後的に構成された戦略的なものであった」（和田仁孝，2016，5頁）点を発見し，ドグマ的な法の捉え方に縛られがちな日本の法律家や司法の見方の転換の必要性を実感したとする．また，構造化された面接の中で研究者のストーリーに合わせてしまう当事者の語りと，その後の雑談の中で生まれる深い共感のある語りのギャップにも出会う．つまり，単に法のドグマ的理解を超えるだけでなく，普遍主義的実証主義を乗り越える必要性の体感を述べている[5]．当事者視点によって，普遍的な科学知には到達できないかも知れないが，その現場を，その現場限りのものとして理解する視角を与える．和田は，観察から交流へ，つまり，存在を消して現場を観察するのではなく，語りと声にコミットする姿勢を持つところに臨床法社会学としての生きる場所を見る．

　私は，和田の議論に批判すべき点を見出さない．私の以下の議論は，基本的に和田の議論の敷衍である．ただ，上記の論考だけでは，臨床法社会学に取り組むとは具体的にどのようなふるまいを指すのかというイメージがつかみづらいかもしれない．つまり，ドグマ的解釈法学でもなく，普遍主義的実証主義法社会学でもなくという否定の形式では，どうすべきかが見えてこない．また，語りにコミットする，臨床に分け入るといった表現だけでは，漠然としすぎている．そこで本稿では，より直裁的に，臨床法社会学では何をどう取り組んでいくのかについて，私なりのメニューを明確にしたいと考える．

(3) 野口祐二による臨床社会学

　日本の社会学の分野では，すでに2000年前後には臨床社会学の構想が議論されている[6]．野口は，臨床社会学を「臨床的現象を対象とする社会学，および，臨床的応用を目的とする社会学の両者を包含する社会学の総称」（野口裕二，2005，3頁）と定義する．野口は，アルコール依存症の臨床研究の現場で，

---

(5) この体験の先行は，法社会学分野においては重要であると思える．末弘厳太郎も，方法よりも先に来る体験の重要さを説いている．六本佳平・吉田勇『末弘厳太郎と日本の法社会学』（東京大学出版会，2007年）107頁．

Ⅱ　臨床法社会学の考え方

「社会学者」であることも「研究者」であることも認められない自分を見出し，どうしたら「社会学研究者」になれるかを模索しながら，その実践の理論を自ら作り上げていった．野口は，ナラティヴ理論の紹介者として知られるが，和田と同様，理論よりも先にフィールドがあった．

　野口は，臨床社会学研究の前提として，客観的データ収集の困難，データ収集とケアの分離の困難という二つの困難さを指摘する．観察者の影響を消し去るような，価値中立的な研究が原理的に困難であることを認め，その上で成立しうる研究方法を探る．そして，その具体的方向性として，①ケアの事後的研究＝リ・ストーリーテリングによる意味のつかみ直し，②現場の小集団内で新しいナラティヴを生み出すことを目指したナラティヴ・コミュニティの創造，③クライアントとの対等な関係を前提とし，リフレクティング・チーム[7]の方法を用いたクライアントとの共同研究を見出している（野口裕二，2005，193-206頁）．

(4) 紛争解決分野における臨床法社会学の必要性

　私は，紛争管理論（Conflict Management Theory），対話型調停モデルを学び，その教育プログラムの開発や実践の中で，弁護士や司法書士，あるいは調停委員などの実務家と交流してきた[8]．私が接している実務家は一部であり，また，かなりの程度の偏りがある．たとえば，弁護士会や司法書士会の紛争解決センター[9]に関係しているものは，「会務」として行っており，それは，しばしば「多重会務者」とも呼ばれる，士業全体のなかでの少数のメンバーである．し

---

(6)　野口は，社会学者にも，臨床家にも役立つ，具体的な研究方法論を提案している．また，野口は，大村英昭らと臨床社会学についての入門書，研究書を出版するなど，拡がりのある運動としての取り組みを行っている．野口裕二『ナラティヴの臨床社会学』（勁草書房，2005年），大村英昭他『臨床社会学を学ぶ人のために』（世界思想社，2000年），野口裕二・大村　英昭『臨床社会学の実践』（有斐閣，2001年）．

(7)　トム・アンデルセンが始めた当事者と専門家の対話手法である．従来の専門家が観察する主体，当事者は観察される客体という関係をラディカルに転換し，互いに見る・見られる対等な関係を実践する．矢原隆行『リフレクティング：会話についての会話という方法』（ナカニシヤ出版，2016年）．

(8)　対話型調停モデルについては，拙稿「調停技法誌上講義」を参照．24回分の連載を行った．入江秀晃「調停技法誌上講義　第1回　調停技法を学習する意味」JCAジャーナル60巻4号（2013年）2-5頁．

(9)　紛争解決センターの名称は様々であり，仲裁センター，紛争解決支援センター，調停センターなどと呼ばれる．

425

かし，そうした偏りなどの事情を考慮に入れたとしても，法社会学者による法領域の「経験」の扱いが，当の実務家にとっては距離の隔たりを感じさせ，実践的意義がわかりづらい議論にとどまるという違和感を持つことが多かった[10]．そして，それは，実務家達の不勉強というよりも，法社会学者の側に反省すべき点が多いというのが，私の見立てである．

以下，私が考える臨床法社会学への取り組み方，態度について，臨床性・媒介性・当事者性の3つの観点で論じたい．

2　臨床性の重視

(1) ローカリティに徹する

法社会学は社会学をはじめとして様々な社会科学の方法論を貪欲に取り込み，司法制度や手続，あるいは，広くは人々の法にまつわる意識や行動を対象とする分析を積み重ねてきた．しかし，日本の他の社会科学分野と同様ではあろうが，西欧での学問的流行の影響を受け，それらを紹介するのに忙しく，ある理論を紹介し，現場に適用する調整作業が終わらないうちに，また別の理論の紹介がはじまり，単なる知的ブームだけが層をなして積み重なるという傾向があったと言わざるを得ないと考える．

本稿の主張は，むしろ，ローカリティに徹して，現場の観察・理解及び改善の提案という地に足の着いた議論を基本に据えるべきということである．前段では，ナラティヴアプローチの論者を中心に，臨床社会学が提案されている状況を見たが，必ずしもこうした議論をなぞれなければならないとは私は考えない．また，エスノメソドロジーのような特定のミクロのアプローチだけに特化して，皆が取り組まなければならないとも思わない．あるいは，国レベルの統計データや経済データなどの研究に価値がないという主張でもない．なぜなら，国レベルの規制が臨床現場で決定的な役割を果たしているのは当然であり，また，日本人が一般的にどう行動しているかを示す統計データが当事者に影響を

---

(10)　たとえば，村山の紛争行動をめぐる論考は，無料法律相談が訴訟代理委任へとあまりつながっていないことを示すなど，弁護士にとって意味のはっきりしたわかりやすいメッセージを含んでいる例外的なものと言える．村山眞維「日本人の紛争行動——問題処理行動を規定する要因」法律論叢89巻4号（土屋恵一郎教授古稀記念論文集）（2017年）275-310頁．しかし，それでも，弁護士集団あるいは弁護士個人として何をすべきかまでは論じておらず，なお距離は残る．

II 臨床法社会学の考え方

与えることもあるからである．ミクロ・メゾ・マクロとそれぞれのレベルで固有の研究の価値はある．それぞれのレベルでのローカリティに根ざした議論を展開することで，当事者と実務家は，新しい視角を手にすることが出来る．

(2) 包括性でなく臨床性を重視する

メタな言語，高踏的な用語法で，抽象的にすべてを包括的に記述できる理論を追求するのではなく，具体的な臨床（実践）で役立つ理論を探し，また，その理論の限界を言語化する努力と両立させる．

用語や概念を定義し，厳密に使用することは法学でも社会学でも重要だが，その段階だけで仕事を終えてはいけない．具体的なある行動が，どういう動機から生まれているかというレベルの検討を行うべきである．

概念から演繹的に結論を出す法解釈学に偏りがちな実定法学の議論に，経験知を加えるところに，法社会学の基本的な価値のひとつがある．ともすれば法社会学自身もドグマティックな議論に陥っていたのではないかと絶えず反省して，貪欲にその役割を問い直していく必要がある．

ミルズは，パーソンズらの議論を「知的明解さをしばしば欠如しているからこそ魅惑的」（ミルズ，ライト，1965, 63頁）と批判する．これは過去に過ぎ去った問題ではないはずである．

(3) オーディエンスを意識して主体的に議論を組み立てる

臨床(法)社会学は「科学的に正しい」議論が原理的に難しいことへの反省から来ている．実務家も当事者も，我々人間はすべて，科学的に正しいと証明された活動だけをしているわけではない．何らかのかたちで学習した行動パターンを適用し，時には不適切な行動を選択し問題を引き起こしながら，現場を生きている．外在的な理論の当てはめとして，現場を分析するのではなく，むしろ，研究者自身がひとりの当事者性を持った人間としてその場に関わり，その中で発見された知見やデータをもとに議論を組み立てていくべきである．

これは，研究者が，恣意的に結論ありきの非科学的な議論をして良いという意味ではない．研究者は，自らの議論に反対するものにも自らが発見したり構築したデータを開放しなければならない．また，自らも批判によって，変容する開かれた態度を持ち，対話的姿勢・知的誠実性を持たなければならない．これは，客観的に証明された命題にのみにしかコミットしてはならないという意味ではない．まして，権威によって認められている見方をなぞるようにしか現

20 臨床法社会学の構想〔入江秀晃〕

場を理解しようとしないという態度では話にならない．

　オーディエンスには，現場における，当事者，実務家，あるいは，当該分野を規律する政策担当者などが典型的となろうが，政策担当者の背後にある研究者も含まれよう．誰に対しても同じメッセージを言えるというよりは，この相手には，このメッセージを伝えたいということをはっきりさせるべきである．

　オーディエンスを設定せず客観的に厳密な議論をするのと，特定のオーディエンスの中で共有されている感覚に訴えかける議論をするのは異なる．この差異に意識的にならないと，議論が噛み合わない．後者の議論をしているのに，前者の立場での厳密性を問うのは，揚げ足取りでしかない．噛み合わない議論は，結局，声の大きさの勝負，あるいは，力関係の再確認に過ぎず，学術的にも不毛である．研究を報告するものとして，主体性を手放さずに知的誠実性を追求せよ．研究を聞くものとして，報告者の主体的思考を台無しにするような批判は慎め．これらが，求められる態度となる．

3　媒介性の重視
⑴　厳密性より媒介性・学際性を重視する

　学問のディシプリンを重視すれば，厳密性が要求される．学問的議論において，クリティカルシンキングを必要とするのは当然であり，学問的な主張が，学問的な批判にさらされるのも当然である．しかし，法社会学はもともと学際的な領域であり，様々なディシプリンの方法論を援用しつつ，有意味で適切な議論を組み立てようとする試みを積み重ねられてきた．その伝統を尊重し，学際的に闊達な議論を促す努力に注力することが基本とすべきであろう．そこでは，領空侵犯的に，自らが熟知していない議論に疑問を呈したりすることも歓迎されるべきであろう．あるいは，実務家が十分に論理的な理由付けができないが，確信として持っている見方を表明するといった営みも促進されるべきであろう．

⑵　データやロジックを対話に生かす

　媒介的であるために，法社会学の伝統的な科学性を重視するアプローチは有用である．つまり，検証可能なデータを明示し，明確なロジックで議論を展開するという社会科学の基本的な作法に則って議論を進める法社会学は，ドラマティックな偏狭さがないためである．

Ⅱ　臨床法社会学の考え方

しかし，ここでもポイントは，科学的厳密性より，対話性であろう．それぞ
れの立場で，意味のあるメッセージを受け取り，自ら変容していく可能性が開
かれているかどうかが重要である．そして，ミルズの言う「社会調査の＜官僚
的利用＞」（ミルズ，ライト，1965，106 頁）への警戒・反省を常に行っていく
必要がある．

4　当事者性の重視

(1) 裁判官に向けてでなく，当事者を中心とする

裁判を中心にした，裁判官に向けた法学ではなく，当事者を中心に，多職種
連携[11]を前提とした法学を構想する．したがって，裁判官に向けた法学の営み
を行っている実定法学者を振り向かせることにエネルギーを割くだけの法社会
学ということは指向しない．かつては，実定法学と法社会学が蜜月と呼ばれた
時期もあった[12]．しかし，それへのノスタルジーだけからは，未来は構想でき
ない．

当事者主権の理念や運動は，医療や福祉などの分野を中心に拡がりを見せて
いるが[13]，主権の言葉が示しているように，本来，法的な問題でもある．また，
実際の人々の法使用過程においても，医療における急性期にも似た非日常・非
常時に全面的に専門家にお任せする関わりだけでなく，日常的に自己決定の補
完として多様な場や専門家によって支援を受けるという状況が拡がっている．
当事者を中心として法学を見直す営みそのものは，様々に論じられている[14]が，

---

[11]　多職種連携は，医療や福祉分野においての取り組みが進んでいる．野中猛・野中ケア
マネジメント研究会『多職種連携の技術（アート）：地域生活支援のための理論と実践』
（中央法規出版，2014 年）．司法ソーシャルワークの文脈でも，多職種連携が語られる
ようになってきた．太田晃弘「ロー・アングル　現代司法ソーシャルワーク論──つな
げる司法へ（第 12 回・最終回）司法ソーシャルワークの課題(3)よりよい協働のために」
法学セミナー 60 巻 2 号（2015 年）46-49 頁．

[12]　たとえば，民法学者である北川の指摘がある．北川善太郎『民法の理論と体系』（一
粒社，1987 年）10 頁．

[13]　たとえば，上野千鶴子らによる著書がある．中西正司・上野千鶴子『当事者主権』（岩
波書店，2003 年）．北海道浦河町における統合失調症等の精神疾患を持つ当事者による
「べてる」の当事者運動は名高い．向谷地生良『技法以前：べてるの家のつくりかた』（医
学書院，2009 年）．また，フィンランド発祥のオープンダイアログと呼ばれる当事者や
当事者家族と専門家がフラットかつオープンに対話を進める実践の導入に関する動きも
活発化している．

あらためて現代的な文脈で捉え直される必要があろう.

(2) 利用者と専門家の双方のエンパワーを目指す

現実の臨床（実践）を否定するところから入るのではなく, まず受容と理解を先行させるところから入る. その上で, 漸進的に臨床を改善する方向を探る. 現場の実務家はパートナーであり, 彼らを裁くために研究するのではない. 実務家と当事者の双方をエンパワーする将来像の中に未来を構想する. 実務家自身のアカウンタビリティーを重視する.

率直に言えば, これは, 私自身の反省でもある. 海外の進んだモデルを学習すると, どうしても国内の「遅れた」実践が気になる. 健全な批判精神を手放す必要はないが, まずはそれらも一旦棚上げにして, ありのままに観察し, 理解しようとすることが先決である. 現場への敬意を持ち, その現実を受け止める態度が求められる.

むしろ私の経験から言っても, 実務家自身が意識的・無意識的に, 臨床の改善ニーズを持っている場合が多い. 利用者である当事者のニーズを明確化していくとともに, 提供者側である実務家の問題意識を大切にして協働していけば, 結局は実践の改善につながるはずだ. あるいは, 実務家自身の研究 —— サイエンティスト・プラクティショナーズ・モデルに基づく実践的な研究 —— を促していく. つまりプラットフォームとして法社会学のフィールドをより魅力的にする方向で, 法社会学者は努力を進めていくべきである.

Ⅲ 臨床法社会学の活動イメージ

1 臨床法社会学への取り組みの具体的イメージ

現場に役立ち, 研究者コミュニティに役立つことを目指す. 言ってみれば単純なことではあるが, そうした立ち位置を再考すべきときに来ているようにも思える. こうした議論そのものは, 決して新しいわけではないが, 問い直され, 新たに取り組み直されることで, かろうじて生命が維持されるような伝統と言

---

(14) たとえば, 太田勝造は, 訴訟を中心とする紛争解決手続観としての ADR のプラネタリ・システム（小島武司によって提案されているもの）でなく, 当事者間の相対交渉を中心とする新プラネタリ・システムを提案している. 太田勝造「社会的に望ましい紛争解決のための ADR」仲裁と ADR 7 巻（2012 年）1-13 頁.

えるのではないか.

　ここまで,臨床性・媒介性・当事者性の3つの観点を重視した臨床法社会学の考え方を示してきた. では,具体的な活動としてはどのようなイメージとなるのか.

　以下では,フィールドワークなどの質的研究と,大学等での法社会学教育という「臨床場面」を取り上げる.

2　フィールドワークにおける臨床法社会学

　フィールドワークを含む質的研究においては,ナラティヴアプローチはすでによく知られている. ただし,現実の法社会学の調査研究では,普段はアンケート調査などの量的研究を実施している研究者が,インタビュー調査を補足的に行う場合もある. 量的研究であれば,統計手法や統計ソフトへの習熟が求められる. 質的研究であるインタビュー調査においても,本来は,方法論に基づくトレーニングが提供されることが望ましい.

　和田が,観察から交流へと述べているように,臨床法社会学のフィールドワークは,単なる観察する研究主体による質的研究というよりは,ひとりの人間としてそのフィールドにコミットしながら,研究を進めていく. このように述べると,客観性や科学性を失って,中途半端に現場に取り込まれた,偏りのある研究と見られるおそれがある. 事実,価値にコミットする以上,中立的にそのフィールドを観察する理想はあきらめているとも言える. しかし,フィールドにコミットしたうえでの研究が,あらかじめ結論が決まっている党派的表現に従属しなければならないわけではない. フィールドに対して無色透明で,何の影響も与えない観察者であるという架空の想定は取らないが,そのフィールドにいたという経験そのものを権威化することは避け,むしろ,フィールドにいる当事者や実務家と,フィールドの外にいるものを誠実に媒介する役割を果たさなければならない.

　こうした態度を取るならば,臨床法社会学研究者は,現場をエンパワーする存在として,非常に有用な存在となろう. 現場では,様々な権力関係が交錯し,改善の方向性がある程度見えているメンバーがいたとしても,なかなか話しあうことができない場合も多い. 対話を媒介でき,善意のコミットを決意しているフィールドにとっての部外者が非常に有用なる場合は存在するからである.

20 臨床法社会学の構想〔入江秀晃〕

もちろん，その現場が，そうした部外者を使いこなすだけの知恵や胆力を持つ集団であることが前提ではあり，いつも上手くいくわけにはいかないが，効果があがった場合には得られるものは大きい．

卑近な例を挙げれば，弁護士会の委員会でも，活動がマンネリ化したり，人間関係がよどんだりしがちで，外からの参与がわずかにあるだけでも集団の風通しがよくなる[15]．日本の裁判所も，大学研究者のような部外者を，調停委員や各種の委員会のメンバーなどの形態で取り込む仕組みがあるが，そのあり方自身もっと様々に研究されてもよいはずである．和田仁孝らの医療メディエーションも，事後的な紛争解決だけでなく，病院内の組織文化の改善や紛争予防にも役立っている（和田仁孝・中西淑美，2011，35頁）．

これからは，多職種連携の事例検討会[16]などのファシリテーターを務めることも期待されるだろう．同時に，現場から見える政策課題をまとまったかたちで表現するアドヴォカシーの活動を行うことも期待されるだろう．

3　大学教育における臨床法社会学

上述したような研究志向を持ってフィールドワークに取り組んでいるものばかりでなく，法社会学界を挙げて臨床法社会学に取り組むとはどういうことか．私は，まずは，大学の学部教育や法科大学院教育での活動を臨床法社会学的に実施していくということを提案したい．もちろん，すでに今行われている意欲的な法社会学教育と大差ない場合もあろう．しかし，教員のキャラクターだけで成立しているというよりも，分野固有の方法論として共有化されているイメージにまで発展させたい．法社会学研究者にとって，もっとも身近な現場の一つは，自らが教壇に立つ教室である．この「現場」を見直す契機を持ちたい．

---

[15]　私は，熊本県弁護士会 ADR 委員会に関わっているが，限定的とはいえ一定の貢献はしたと考えている．入江秀晃「熊本県弁護士会震災 ADR をめぐって」仲裁と ADR12 巻（2017年）28-36頁．

[16]　調停についての事例検討会の方法論については，拙稿を参照．入江秀晃「調停のための事例検討会」法政研究79巻3号（2012年）45-83頁．村山正治らによる PCAGIP 方式の事例検討会は，臨床心理をはじめ，様々な領域に拡がりを見せている．村山正治＝中田　行重『新しい事例検討法　PCAGIP 入門　パーソン・センタード・アプローチの視点から』（創元社，2012年），杉浦崇仁他「「PCA グループ」及び「PCAGIP 法」に関する文献リスト（2015）」東亜臨床心理学研究 VOL.15巻（2016年）133-140頁．

Ⅲ　臨床法社会学の活動イメージ

　臨床性を持つ − 現代的な現場の問題をトピックとして取り込む努力を怠らないことが，一つは必要だろう．流行を追うという意味でなく，また，受講生に媚びるという意味でもない．古い議論の中からもアクチュアリティのある切り口は発見できる．事象が古いのは問題ないが，アングルが古びていないかどうかは絶えず検証すべきである．

　臨床に分け入っていくためには，媒介する能力を獲得する必要もある．教室では，媒介する能力を実際的に見せる，ロールモデルを示す活動が望ましい．たとえば，実務家を教室に招くといった活動は，今でも様々に行われているはずである．単に，ゲストスピーカーに講義を任せるというよりも，その実務家と関わる姿を学生に見てもらう点に注力する．

　当事者性を取り扱う具体的な一方法に，交渉シミュレーションを使って，当事者目線を獲得するトレーニングがある[17]．裁判官の行動を規律する実定法学の構造と異なる当事者の行動原理を考える教育ツールであるからだ．私自身は，相談・交渉・調停に関して，私自身のデモンストレーションを見てもらったり，学生自身にシミュレーションを演じてもらったり，また，学生自身の作成したシミュレーションシナリオを添削した上で，他の学生に演じてもらったりする教育を行っている．また，文献を割り当ててグループで報告するグループプレゼンテーションの活動，さらには，学生自身が経験した体験を用いた模擬事例検討会も行っている．こうしたフォーマットの講義を，学部・法科大学院・LLM コース等で行っている．まだまだ改善の余地はあり，完成されたものとは考えていないが，伝統的な講義スタイルとは異なる長所は明らかに有しているように考えている．

　ただし，私のここでの主張は，必ずしもすべての法社会学の講義で，上述した体験型の授業スタイルを取り入れよというものではない．各教員自身が自らの最良の部分を用いて，学生と真剣に関わり，その現場そのものを反省的に見直していくサイクルを回していくべきという主張にとどまる．

　媒介性を示すためには，そのあるべきロールモデルを示そうとすることが最も重要である．フェア[18]に互いに考え合う関係づくりを誰に対しても行おうとすることは，現実には難しい面も残る．しかし，それぞれの現場で本物性を追

---

[17]　たとえば，太田勝造による交渉・ADR 教育の提案がある．太田勝造「法科大学院における ADR 教育の実践：創意工夫を引き出す」仲裁と ADR8 巻（2013 年）79-87 頁．

20 臨床法社会学の構想〔入江秀晃〕

求することが，結局は，その研究者とその分野の説得力としての評価につながってくるはずである．

4 コンピタンスとしての対等な話し合いの場を維持する能力

フィールドでも，教室でも，コンピタンスとして必要になるのは，対等な話し合いの場を維持する能力である．これは，いわゆる対話型調停モデルでは明示的に獲得を目標とするスキルセットであるが，臨床法社会学者として，華麗な調停技法・ファシリテーション技法の修得を目標にする必要はない．むしろ，常識的に，その場の聴衆・参加者・学生・実務家に敬意を払って，丁寧に対応すればよい[19]．

実際，さまざまな学術的な会議やシンポジウムなどで，すでに，たとえ多少難しい状況があったとしても，それぞれを尊重しつつ，対話をしていく仕切りを法社会学者が行う場面は少なくなかったはずである．そうした場面を乗り切るために，単に場数を踏めといった助言ではなく，ある種の共有された行動規範，あるいは構造化されたトレーニングの場が準備されていると，より望ましいように思える．そして，こうした能力を共有していれば，様々な現場で有用とされるだろう．

必要なのは，現場の中で，対等であろうとすることと，相手にどう映っているかを想像することである．法社会学は，法の観察をする学問とも言われるように，見ることにかけては専門家であるが，見られることについても意識しなければならない．対等な話し合いの場を維持するためには，自己を含む集団のなかでの自己を観察する能力を開発する必要があるからである．

---

(18) 学生に対等に接するためには，たとえば，シラバスを尊重した教育を行うべきである．対等な関係を作るには，契約が明確でなければならないが，シラバスこそが，学生と教員とのその契約である．脱線するときにこそ，本当の教育の場面が生まれるのも真実ではあるが．

(19) 対話型調停モデルの教えるところによれば，①話し合いの土俵づくり，②ひろげる，③まとめるといった話し合いのステージを，それぞれのステージ毎の目標を明確にして，丁寧に参加者と共有していく進め方が基本となる．

Ⅳ　おわりに

　以前，ある地方都市の弁護士会の懇親会の会場で，法社会学を専攻しているという話をしたところ，ややシニアの弁護士から，驚きながら「法社会学なんてまだあったの？」と言われてしまった．驚きはこちらこそという感じであるが，弁護士という法律実務の専門家でさえ，法社会学がこれほど意識されていないのだと実感した．もちろん，現在でも法社会学学術大会には，多数の有力な弁護士や裁判官が出席しているし，その弁護士が例外的に不勉強ということかもしれない．しかし，その存在の小ささを認めるところから議論を始めるべきであろう．

　司法制度改革の一連の立法から約10年が経った．司法分野で，戦後最大の規模の広範囲で影響力の大きな分野での制度変更があったということは間違いないはずである．内田貴は，法科大学院制度の行き詰まりを受け，「司法制度改革の失敗は，実は，日本の法学の失敗だった」とまで言い切る（内田貴，2018，409頁）．内田は，穂積陳重の活動をふりかえり，単に西欧の法制度を輸入し国内法化したというだけでなく，家族法などの分野で日本の固有の制度や理念を理解しようとし，さらには日本の法概念と法実践が進化の途上にあることを西欧社会に理解可能なかたちで説明する努力さえしていた姿を浮かび上がらせる．穂積陳重の取り組みは，日本の法社会学の発祥以前の法社会学研究と言ってもよいであろう．

　気になるのは，内田の嘆息の行き先である．内田は，「日本にはすでに精緻な近代的法制度が整備されている．もはや日本のモデルは西洋にない．そのような意識が法実務界に強固に存在している」（内田貴，2018，410頁）と，法学者の思い通りには改革できない「抵抗」の厚さを嘆いている．

　しかし，私は，司法制度改革における「法学の失敗」は，法学者（狭義の法社会学者にとどまらない）の姿勢が起因しているように思う．かつての法学者は，日本社会に踏み込み分け入って理解しようとする格闘を活発に行っていた．現状はその力が弱々しくなっている．そのため，実務家や立法者を動かすだけの説得力を打ち出すことができなかったのではないか．

　たとえ，小さな現場であっても，その格闘は尊い．そう思って，それぞれが

20 臨床法社会学の構想〔入江秀晃〕

勇気を奮い起こし，一歩踏み出していくところに，伝統は連なっていくはずである．

〔文　献〕

ガーゲン，ケネス（東村知子訳）（2004）『あなたへの社会構成主義』ナカニシヤ出版．

入江秀晃（2013）「調停技法誌上講義　第1回　調停技法を学習する意味」JCA ジャーナル 60 巻 4 号 2-5 頁．

──（2017）「熊本県弁護士会震災 ADR をめぐって」仲裁と ADR12 巻 28-36 頁．

──（2012）「調停のための事例検討会」法政研究 79 巻 3 号 45-83 頁．

北川善太郎（1987）『民法の理論と体系』一粒社．

ミルズ，ライト（1965）（鈴木広訳）『社会学的想像力』紀伊國屋書店．

向谷地生良（2009）『技法以前──べてるの家のつくりかた』医学書院．

村山眞維（2008）「法社会学界のグローバル化」法社会学 2008 巻 68 号 231-238 頁．

──（2017）「日本人の紛争行動：問題処理行動を規定する要因」法律論叢 89 巻 4 号（土屋恵一郎教授古稀記念論文集）275-310 頁．

村山正治・中田行重（2012）『新しい事例検討法　PCAGIP 入門　パーソン・センタード・アプローチの視点から』創元社．

中西正司・上野千鶴子（2003）『当事者主権』岩波書店．

野口裕二（2005）『ナラティヴの臨床社会学』勁草書房．

野中猛=野中ケアマネジメント研究会（2014）『多職種連携の技術（アート）：地域生活支援のための理論と実践』中央法規出版．

太田晃弘（2015）「ロー・アングル　現代司法ソーシャルワーク論──つなげる司法へ（第 12 回・最終回）司法ソーシャルワークの課題(3)よりよい協働のために」法学セミナー 60 巻 2 号 46-49 頁．

太田勝造（2012）「社会的に望ましい紛争解決のための ADR」仲裁と ADR 7 巻 1-13 頁．

──（2013）「法科大学院における ADR 教育の実践：創意工夫を引き出す」仲裁と ADR 8 巻 79-87 頁．

六本佳平・吉田勇（2007）『末弘厳太郎と日本の法社会学』東京大学出版会．

杉浦崇仁他（2016）「「PCA グループ」及び「PCAGIP 法」に関する文献リスト（2015）」東亜臨床心理学研究 VOL.15 巻 133-140 頁．

内田貴（2018）『法学の誕生──近代日本にとって「法」とは何であったか』筑摩書房．

和田仁孝（2016）「臨床知としての法社会学──解釈法社会学と実践」法と社会研究 2 号 3-24 頁．

和田仁孝・中西淑美（2011）『医療メディエーション──コンフリクト・マネジメントへのナラティヴ・アプローチ』シーニュ．

矢原隆行・吉田澄恵（2013）「NT 対談・臨床の「知」を発見しよう！（vol.2）リフレクティングとは，"はなすこと，きくこと，うつすこと"」Nursing today28 巻 3 号 62-65 頁．

Ⅳ　おわりに

矢原隆行（2016）『リフレクティング —— 会話についての会話という方法』ナカニシヤ出
　版.

21 社会構造の産出
―― エスノメソドロジーの生成と社会秩序の問題[1]

樫 村 志 郎

I　はじめに

　本論文は，エスノメソドロジーにおいて，任意の社会構造が，その同一の行
為ないし状況を構成する，しかしそれ自体とは別種の社会構造によって産出さ
れるものとして，とらえられていることを主張し，その考えの社会学理論的含
意のいくつかをあきらかにしようとするものである．この考えは，「社会構造
による社会構造の産出」とよぶことにする．「社会構造による社会構造の産出」
という考えは，任意の社会構造が，その社会構造と同一の状況で非明示的に存
在する別の社会構造 ―― を通じて，産出されることを主張するものだ．たとえ
ば，ある時点のある集団において観察される，メンバー同士の結合数の頻度の
分布は，観察される社会構造の例だが，それは，メンバー間の結合を産出する
社会構造によって産出されるものだと主張する．その際，産出的社会構造は，
それによって産出され観察される社会構造としては，観察されてはいないとい
う意味で非明示的に存在する．別の代替的な考え方は，観察された社会構造が
それを明示的に一義的かつ正確に記述する規範[2]を含むものと考え，そして，
その社会構造を構成する行為は，その同一の社会構造ないし規範によって産出

---

(1)　本稿の過去のバージョンの一部は，日本社会学会第 90 回大会テーマセッション（6）
「エスノメソドロジーと会話分析の半世紀（1）」（2017 年 11 月 4 日・東京大学）にお
ける私の報告「1960 年代の Garfinkel と『エスノメソドロジー研究』」，および日本エス
ノメソドロジー・会話分析研究会 EMCA 研究会 2017 年度秋の研究大会第 2 部 Studies
in Ethnomethodology 刊行 50 周年記念企画「エスノメソドロジーのこれまでとこれか
ら」（2017 年 10 月 8 日・関西学院大学梅田キャンパス）における私の報告「*Studies in
Ethnomethodology* に至る道程-1960-67 年を中心にして」として発表した．

『法の経験的社会科学の確立に向けて』村山眞維先生古稀記念〔信山社，2019 年 3 月〕　　*439*

21 社会構造の産出〔樫村志郎〕

されるという．この代替的な考え（以下では，「規範による社会構造の産出」と略
称する．）では，観察された社会構造は，それの規則性を表現する規範によっ
て記述され，その規範が社会構造の要素たる諸行為を産出すると主張される．
また別の例を用いれば，これは，殺人事件が一定の条件のもとで起こるという
社会構造が，その一定の条件を殺人の生起に結合する規範（文化）によって産
出されるという考えである[3]．

さて「社会構造による社会構造の産出」という考え方 ── 観察される社会構
造を産出するのはそれに非明示的に結合している産出的社会構造であるという
考え方 ── には，二つの法社会学的に重要な含意が存在する．

第一には，社会構造を産出する社会構造は，それ自体が，それが産出する社
会構造とは別個に探求されることが必要な対象だという含意である[4]．

第二には，観察される社会構造 ── 別の社会構造を産出するという観点から
観察された社会構造も含む ── を記述する規範（法を含む）には，その社会構
造の産出ということではない実践的価値があり，それは，その社会構造を厳密

---

(2) 本研究では，ルール，準則，格率，基準等の言葉で呼ばれているものを一括して規範
　という言葉で代表する．そして，規範という概念は，Parsons にしたがってつぎのよう
　に定義される．「規範とは，目的に向けての行為の具体的コースを言葉で記述したもの
　であり，そこにはこのコースに見合った未来の行為に対する命令が結びついている．こ
　こで，目的とは，行為者によって望ましいものとみなされているがゆえに，ある行為が
　それへと方向付けられているような事象の未来状態である．」（樫村 1989, p.63, Parsons
　1949, p.75）なお，本稿の主張は，社会構造には規範が含まれていないと主張するもの
　ではなく，規範がまたは規範のみがそこに含まれているか否かを問わず，そのようなも
　のとしての社会構造を産出する，観察されたりそれを産出すると想定される規範とは異
　なる存在としての別の社会構造があるというものである．

(3) たとえば，黒人が白人を殺す場合と黒人が黒人を殺す場合等を比較して，Garfinkel
　(1949) は，人種間殺人事件と人種内殺人事件の裁判的処理と結論における人種間での
　系統的差異があること（たとえば，前者が後者よりも司法行為において系統的に重く判
　定・処罰されること）を報告し，さらにすすんで裁判の観察にもとづきその原因として
　差別的司法が存在することを報告するが，Green (1964) は，その差異を分離された人
　種間における下位文化的差異が事件の性質に反映されたものとして解釈する．観察され
　た構造（裁判結果等の分布）が，差別的司法行為の産物なのか，下位文化的行為の産物
　なのかは，観察された構造から得られるデータでは，区別できない．しかし，Garfink-
　el (1949) は，一部の法廷の観察から差別的司法行為による裁判結果の産出を描写して
　いるのに対して，Green (1964) は，人種的特性を殺人の発生という結果に一般法則的
　に結びつけていることの証拠があると言っているにすぎない．この研究とこの論点につ
　いての詳細は樫村 (2015) により論じられている．

440

I　はじめに

に文字通り記述したり，その産出を説明することとは異なるような，適切性という社会的価値を持っていること，その適切性もまた，観察の対象になりうるという含意である．法についていえば，法は，規範であるというその資格において，それが記述する社会構造を産出すること（いわゆる，実効性をもつこと）とは異なる，文化的意義，社会的機能等を持っていることが示唆される．

　本稿では，これらの含意を直接には検討の対象とするのではなく，社会構造を産出するものが規範ではなく非明示的にそれと結合している社会構想だという考え方を，社会学理論上の一つの状況のもとで提示することを行いたい．この考え方は，1960 年代初期において，Harold Garfinkel によっていくつかの機会に提示された．本稿では，1963 年 4 月 11 日と 12 日に，University of Colorado が開催する第 16 回年次世界情勢会議（Sixteenth Annual Conference on World Affairs）という研究集会（本稿では「コロラド会議」と略称する．）で，Garfinkel が，Edward L. Rose[5]とともに，「適切なアカウント（Reasonable Accounts）」と題する研究会を開催した際に行なった二つの報告（Garfinkel 1963b, 1963c）を手がかりにする[6]．この二つの報告とは，「Mocking Up the Rules of Everyday Activities（日常的諸活動の規範の模型作成）」（本論文では，「模型報告」とよぶ．）および「Reasonable Accounts（適切なアカウント）」（本論文では「適切性報告」とよぶ．）と題されたものである．それらは，UCLA Charles E.

---

(4)　二つの種類の規範の組み合わせによって法を定義する仕方として，H.L.A.Hart, Paul Bohannan のものがよく知られている．Bohannan（1965, p.36）は，法を社会的に拘束力のある慣習と同視する Malinowski の概念を批判して，つぎのように述べている．「法とは，むしろ，[Malinowski のいう]『一方の当事者により，拘束的とみなされ，他方によって義務として承認される諸義務の体系』というだけでなく，そのようなものであって，司法的な諸制度の内部で再制度化されることで，そのように維持される諸規範を基礎にして秩序ある仕方で機能し続けることができるようなもの（諸義務の体系）なのだ．」二つの同種のものの組み合わせという発想は本稿の主張に似ているが，Hart も Bohannan も規範の水準での組み合わせについて語っており，社会構造の組み合わせとしては語っていない．従ってそれらは，慣習や実践の水準を視野にいれていない．それらは Georges Gurvitch（1947, p.5）が論理的規範主義（logical normativism）と呼んだものからなお自由でない．なお，H.L.A.Hart は 1961 年 9 月から数ヶ月の間 UCLA Department of Philosophy に滞在し活発に活動した（Lacey 2004, p.243ff.）．1962 年 10 月 2 日の Ethnomethodology Seminar で Garfinkel は Hart の論文に言及している（Box 251, *Garfinkel Papers Collection*-本文後述および注 7 参照.）が，両者の間に何らかの接触の機会があったかどうかは不明である．

441

21 社会構造の産出〔樫村志郎〕

Young Research Library の Special Collection のなかの *Harold Garfinkel Papers* というコレクションに含まれている[7].「コロラド会議」は, 1950 年代後半から 1960 年代前半における Garfinkel とかれを中心とする研究グループの主要な関心をうかがわせるものといえる[8].

　本稿の叙述はつぎのように行う. まず, Ⅱ では, Garfinkel の *Studies in Ethnomethodology* (Garfinkel 1967) (以下では, *Studies* と略称する.) に先立って 1958 年ごろから *1962* 年ごろまでの時期における Garfinkel の研究活動を未公表草稿を手がかりにして概観する. Ⅲ では, 二つの報告が行われた 1963 年の第 16 回年次世界情勢会議 (The Sixteenth Conference on World Affairs) の前後の Garfinkel の研究について検討する. Ⅳ と Ⅴ では, Garfinkel による「模型報告」と「適切性報告」の内容に依拠しつつ, 観察される社会構造を産出する社会構造という考えを述べ, その理論的な意義と含意をあきらかにする. Ⅵ で

---

(5) Edward Lous Rose (1909 年 6 月 3 日〜2002 年 6 月 8 日) は, Colorado 州 Pueblo 生まれで, その後 California 州 Berkley で育ち, University of California, Berkeley と Stanford University で学び, 後者で社会学 Ph. D. を得た. 1940 年代に陸軍等の軍務についたのち, University of Colorado at Boulder で社会学を教え, 同大学の行動科学研究所の創設と運営に寄与した. Rose の著名な研究は Denver の貧困者街の総合的な研究であり (Bittner 1965 はこのプロジェクトの産物である.), また, Garfinkel とともに ethnomethodology の建設に寄与した. 水彩画とアクリル画の画家としても業績を残した (Obituary of Dr. Edward Lous Rose 2002).

(6) 本研究は, 社会学とエスノメソドロジーの関係について, 各々の研究諸テーマと研究方法論の系統的異同を, その発展の論理にそくして, あきらかにしようとする研究の一部である.

(7) 私は, 2016 年 3 月に同ライブラリを訪問してこの Collection (以下では, *Garfinkel Papers Collection* とよぶ) の内容を調査した. さらに, その機会に UCLA 社会学部の John Heritage 教授の厚意により複写を許可された Harold Garfinkel の *Parsons Primer -'Ad Hoc' Uses* (June 1960) 『パーソンズ入門—「アドホック」な利用』) (1960 年 6 月) (以下では, *Parsons Primer* とよぶ) を含む未公刊原稿をいくつか調査することができた.

(8) なお, この集会では, Garfinkel のほか, Harvey Sacks が「さらに模型について (More on Mock Ups)」, また, Egon Bittner が「倫理的シンボル」と題する報告報告を行い, Edward Rose は「翻訳 (Translation)」と題する以上 4 名による討議の司会と報告を行った. それらもそれぞれの仕方で, エスノメソドロジーの発展に寄与したと考えられる. Harvey Sacks, Egon Bittner, & Edward Rose (1963) "Reasonable Accounts", April 11 & 12, 1963, Five Papers Presented at The Sixteenth Annual Conference on World Affairs, University of Colorado. (Box 153 *Garfinkel Papers Collection*).

は本稿の検討を総括し結論を述べる.

II　1958〜1962年のGarfinkelの研究とエスノメソドロジーの構想

Garfinkelがエスノメソドロジーの構想を発展させるうえで，1958〜1963年の時期がどのような重要性をもっていたかという問題は，いくつかの資料によって答えることができる.

まず，*Studies*には，それに収められた諸研究の由来に若干の言及がある.それによれば，エスノメソドロジーの構想は1950年代半ばまで遡ることができる.すなわち*Studies*では，序文（Preface）およびその第1章の「エスノメソドロジーとは何か」において，エスノメソドロジーの構想がまとめて述べられた.*Studies*刊行当時の研究については，序言で，「過去10年にわたって（Over the past ten years），次第に増加する一群の研究者がエスノメソドロジー研究を日々行ってきた」（p. viii）と述べられていた.また，*Studies*の諸研究が「過去12年にわたって書かれた」（p. ix）と述べられていた[9].

ここで興味をひくことは，ひきつづいて，つぎのように述べられていることだ.

> 「私は，この集成のなかのこれらのテキストについて熟考して，再構成したことによって，いくぶんかの統一性を得たのだが，それについて後悔している.このやり方に悔いが残るのは，このようにして，集められた諸論文に確かに全体として「道理」（an overall "good sense"）がえられたのだが，それは，気づき（news）を犠牲にするからだ.これらの諸論文は，Talcott Parsons, Alfred Schütz, Aron Gurwitsch, そしてEdmund Husserlの著作から私が学んだことに発している.20年間にわたって（For twenty years），かれらの著作は，日常的諸活動の世界への，絶えることのない指針を与えてきた.とくにParsonsの業績は，社会秩序の問題とその諸解決という本質的課題についての，その実践的社会学的推論の，深遠な洞察と確かな正確さによって，畏怖すべきものであった.」（Garfinkel, 1967, p. ix）

---

(9)　Garfinkel自身は「エスノメソドロジー（ethnomethodology）」という語はこの研究の過程でかれが1954年に造語したと述べている（Garfinkel 1968）.Psathas（2009, p.418, note 12）は，1954年に行われたGarfinkelと法学者Saul Mentrovitzとの共著報告で，引用符を用いて「『エスノメソドロジー』の一論稿（an essay in 'ethnomethodology'）」とよんでいたという.エスノメソドロジーの発展の経過については，樫村（n.d）のWebsite "Formative Steps of Ethnomethodology: 1878 - 1967" に主要な出来事が整理されている.

21 社会構造の産出〔樫村志郎〕

このように述べることで，Garfinkel は，*Studies* に読み取られる構想の道理ないし筋道と，それが発展してきた行程との間に，一定の乖離があることを告げている．確かに，*Studies* では，上記に言及された著者たちへの断片的注記は見られるものの，かれらの思考は批判的ないし体系的には取り扱われていない．

　Studies がその公刊以前において，Parsons その他の上記の著者たちとの対峙を通じてその構想が具体化されつつ発展したとすれば，その発展の行程を調べることは，エスノメソドロジーの論理をその発展の学問的脈絡にそくしてより明快に理解するための一つの方法を提供するといえよう．

　本節では，1950 年代後半から 1960 年代前半の 10 年間におけるエスノメソドロジーの発展を，三つの視点にわけて，より詳細に見よう．そうすると，*Studies* に収められることになる諸研究とともに，そうされなかったが関連性のある諸研究がこの時期に実施され，その一部は公刊されていることがわかる．

　第一に，*Studies* の主要な部分は，その時期に Garfinkel が発表したか，執筆したか，あるいは従事した諸研究により，構成されている．まず，公表された論文等にもとづいて見ると，*Studies* は，既発表論文とほぼ同一のものを再録する 3 つの章[10]，部分的に既発表の 1 つの章，未公表の 4 つの章からなりたつ．*Studies* の序言（Preface）と謝辞（Acknowledgements）（Garfinkel 1967, pp. vii-xiv）によれば，これらのうちもっとも古いものは，1960 年に雑誌公表された論文とほぼ同一の内容の第 8 章「科学的および常識的諸活動の合理的諸特性（"The rational Properties of Scientific and Common Sense Activities"）」であり，および 1960 年の 3 月に執筆され未公表であった第 7 章「精神医学的外来クリ

⑽　それらはつぎのものである．第 1 章の一部は，"Practical Sociological Reasoning: Some Features in the Work of the Los Angeles Suicide Prevention Center," で *Essays in Self-Destruction,* (edited by Edwin S. Shneidman) (1967), pp.171-187 に発表された（当時においては印刷中）．第 2 章は，同表題で *Social Problems,* Winter, 1964 に発表された．第 3 章は "Common-Sense Knowledge of Social Structures: The Documentary Method of Interpretation," という表題で，*Thoeries of Mind,* (edited by Jordan M. Scher), pp. 689-712 に発表された．同章の記述によれば，本論文は，準備中の Garfinkel の著作 *Common-Sense Actions as Topic and Features of Sociological Inquiry.* の一部となるものであるという．この計画された著作は，Garfinkel が 1962 年に *Some Sociological Methods for Making Everyday Activities Observable* として計画していた――そして最終的には *Studies* としてその一部が出版された――ものと思われる（後述）．また，第 8 章は，*Behavioral Science,* Vol.5, No. 1, January, 1960pp.72-83 に初出したものである．

444

Ⅱ　1958〜1962年のGarfinkelの研究とエスノメソドロジーの構想

ニックにおける選択基準と選択実践の量的研究における方法論的適合性（"Methodological Adequacy in the Quantitative Study of Selection Criteria and Selection Practices in Psychiatric Outpatient Clinics"）」である．

　第二に，*Studies* に収められることになった研究の起源を未公表論文も含めて見ると，*Studies* に収録されていないが，そこに収録された研究のもとになった Garfinkel の単著または共著論文がいくつかある[11]．たとえば，*Studies* の序言や謝辞には言及されていないが，Garfinkel は，第4回世界社会学会議（The Fourth World Congress of Sociology）で「社会構造の常識的知識の諸問題の諸側面（"Aspects of the Problems of Common-Sense Knowledge of Social Structures."）」という表題をもつ報告を行なっており，大会記録集に収録されている（Garfinkel 1959）．内容から見ると，それは *Studies* の第1〜3章に発展したものである[12]．

　第三に，*Studies* に収められなかったがそう計画されていた諸研究がいくつかある．それがわかるのはつぎの事情による．1962 年ごろ，Garfinkel は，*Some Sociological Methods for Making Everyday Activities Observable* と題される論文集を構想し，その草稿集を非公式に回覧していた（Schegloff 1999: 23）．この回覧された草稿集には，1962 年7月の日付があるという．

　その目次は以下の通りである．なお，Schegloff（1999）にしたがって，いく

---

[11]　第5章の両性具有者の研究は 1958 年ごろから始まっており，第8章の研究がはじめて発表されたのは，1958 年夏に八週間にわたって開催されたアメリカ空軍科学研究部門（The Air Force Office of Scientific Research）の後援するニューメキシコ大学第二回行動科学研究会議（The Second Behavioral Sciences Research Symposium at the University of New Mexico）-その報告書は，Washburne ed. 1962-においてであった．Garfinkel（1962）によれば，第8章の研究の開始は 1950 年代初期まで遡る．第4章のもとになったシカゴ大学陪審員研究にもとづく報告は 1954 年に行われていた（Psathas 2009）．

[12]　1959 年の第4回世界社会学会議（The Fourth World Congress of Sociology）は，ミラノとストレーザで開催され，一般テーマは「社会と社会学的知識（Society and Sociological Knowledge）」であり，Garfinkel の報告は，その報告集の第4巻「知識社会学（The Sociology of Knowledge）」に収録されている．この巻には，Parsons の「知識社会学への一つのアプローチ（An Approach to the Sociology of Knowledge）」も収められているほか，Discussion の記録によると，ノルウェーの法社会学者として知られる Vilhelm Aubert が参加しており，Garfinkel の報告について好意的なコメントをしている（International Sociological Association, 1959, pp. 112-113）．

21 社会構造の産出〔樫村志郎〕

つかの章のタイトルの後の〔 〕内は，目次にあげられた表題と草稿自体の表題が異なっている場合の後者の表現である．また，Scheglary の集成のなかに草稿自体が含まれていない場合には表題のあとに*を付した．

第1章 本書の構成（Plan of the book）/

第Ⅰ部 第2章 日常生活のルーティン的基盤の研究（Studies of the Routine Grounds of Everyday Activities）/第3章 社会諸構造の常識的知識—解釈のドキュメンタリー的方法〔社会諸構造の常識的知識— Ⅰ. 解釈のドキュメンタリー的方法（Common Sense Knowledge of Social Structures: The Documentary Method of Interpretation〔Common Sense Knowledge of Social Structures: I. The Documentary Method of Interpretation）/第4章 社会諸構造の常識的知識—日常生活の態度と常識的事実〔社会諸構造の常識的知識〕（Common Sense Knowledge of Social Structures: The Attitude of Everyday Life and Common Sense Fact〔Common Sense Knowledge of Social Structures〕）/第5章 エトセトラについて（概略）（On Et Cetera (outline)）/第6章 科学的および常識的諸活動の合理的諸特性（The Rational Properties of Scientific and Common Sense Activities）/

第2部 諸研究（Studies） 第7章「不十分な」診療記録の「十分な」組織的理由（'Good' Organizational Reasons for 'Bad' Clinic Records/ 第8章 陪審員が評決の正しさを認識する方法〔陪審員が尊重する正しい決定規範 Saul Mendrovitz と共著〕（How Jurors Recognize the Correctness of a Verdict〔Some Rules of Correct Decision Making That Jurors Respect/ with Saul Mendrovitz）/第9章 メンバーがメンバーを数える方法〔メンバーがメンバーを数える方法についての考察〕（How Members Count Members〔Thoughts on How Members Count Members, 5/26/62〕）/ 第10章 尋問*（Interrogation）/第11章 マッピングの研究—フォルダの内容がコーディングシートにもたらされた方法（A Study of Mapping: How Folder Contents Were Brought into a Coding Sheet）/第12章 両性的な人の事例における道徳的性格の認定への秩序-関連的な主張と実践的諸環境の管理（Order-relevant Claims to a Recognition of Moral Character, and the Management of Practical Circumstances in the Case of an Inter-sexed Person）/第13章 精神医学外来診療所における選択基準と選択活動の量的研究における方法論的適合性（Methodological Adequacy in the Quantitative Study of Selection Criteria and Selection Activities in Psychiatric Outpatient Clinics）/第14章 キャリアおよび地位移行システムの研究に対する有限マルコフ連鎖の想像・諸概念・数学の関連性の考察（Reflection on the Relevance of the Imagery, Concepts, and Mathematics of Finite Markov Chains to the study of Careers and Status Transfer Systems〔Application of the Theory of Markov Chains to the Conception, Analysis, and Measurement of Careers and Status Transfer System, 11/25/58〕）

第3部 プログラム 第15章 社会秩序の問題と社会諸構造の「適合的」記述の

Ⅱ　1958〜1962年のGarfinkelの研究とエスノメソドロジーの構想

概念[*]（The Problem of Social Order and the Concept of 'Adequate' Description of Social Structures），／第 16 章　社会科学的記述の諸関心から日常的諸活動を「見る」ための一つの方法としての社会学的態度についての考察[*]（Reflection on the Sociological Attitude as a Method for 'Looking at' Everyday Activities in the Interests of Social Scientific Description）／第 17 章「行為者の観点から」日常的諸活動を観察可能にするための一つの方法としての社会秩序の問題への Parsons の解決（Parsons's Solution to the Problem of Social Order as a Method for Making Everyday Activities Observable 'From the Point of View of the Actor'）／第 18 章　エスノメソドロジーの性質と諸課題[*]（Nature and Tasks of Ethnomethodology）．

Garfinkel Papers Collection と照らし合わせて見ると，回覧された草稿集には，1950 年代後半から 1960 年代前半に行われていた諸研究が含まれている．具体的には，1958 年 11 月の日付のある第 14 章の草稿にあたるものは，*Garfinkel Papers Collection* に含まれている（Box 152）．第 15〜17 章は，Garfinkel の未完／未公刊草稿として知られている *Parsons Primer*（の一部の章の表題に合致している．

　このように，1962 年ごろ *Studies* に収められる結果となることを計画されていた研究の一部は，博士学位論文の完成後 2 年という時期にすでに開始されていた．それらは，エスノメソドロジーの構想[13]を具体化する実践であるとともに，その構想そのものの試行錯誤を通じての発展を媒介していたとみることができる．

　要するに，エスノメソドロジーの構想は，以上の限りでは，1950 年代以降，Garfinkel がかれの社会学のあり方を追求する中で発展してきたものであり，それが，1967 年の *Studies* の公刊時を節目として，あらたな社会学，または代替的な社会学として，広く認知されるという結果になったということができる[14]．

　なお，この同時期には，*Studies* に収録されない，Garfinkel（1956a, 1956b,

---

[13]　ethnomethodology という言葉の起源については，注(9)参照．本文で構想の起源といっているものは，言葉の起源ではなく，より広いコンテクストにおける思考の発展である．

[14]　1967 年の *Studies* の公刊を境に，Garfinkel の研究環境は拡大したと見られる．たとえば，1967 年には，Ethnomehodology を主題とした Purdue Symposium が実施された．1960 年代のエスノメソドロジーの発展には，戦後発足したアメリカ空軍からの研究支援資金の獲得も無視できないが，1969 年には，その最終報告書も出されている（*Garfinkel Papers Collection*, Box 154）．

1963) のような主要な研究が公表されている．それらの研究のいくつかは，Garfinkel（1963a）を例外として⑮，それらがエスノメソドロジーの発展のなかで，少なくともその完成された構想に属さないか適合しないために収録を見送られたと考えられる．そこで，この時期のエスノメソドロジーの構想に関連させて，その選択的発展の行程に即して，その諸研究の課題や方法を検討することは，エスノメソドロジーの構想を，Garfinkel が，そこにエスノメソドロジーの起源があると自認する Alfred Schutz, Aron Gurvitsch, Edmund Husserl の社会学や哲学，またとりわけ Talcott Parsons の社会学との関係において，同時代の，広義における社会学的思考というべきものとの関係でエスノメソドロジーをよりよく理解することにつながるであろう⑯．

Ⅲ 「コロラド会議」までの事情

この会議にいたる事情を簡単に要約するとつぎの通りである．

1954 年に Garfinkel は UCLA 人類学および社会学科（Department of Anthropology and Sociology）の助教授（assistant professor）の地位についた．1 年後に当時の学科長（Chair）の Leonard Broom に提出された報告には，1956 年中には，2 つの論文（Garfinkel 1956a, 1956b）が公表されたこと，アメリカ社会学雑誌（*American Sociological Review*）の編集スタッフを務めていること，二編の論文が投稿中であること，Edward L. Rose が共著した論文（Rose & Felton 1955）へのコメントが依頼されたこと，などが書かれている⑰．

1958 年には，New Mexico 大学での学際会議（Washburne 1962）に参加した．ここに Rose も参加した．同年，Garfinkel は Schütz に近著論文を複数送付した．

---

⑮ Garfinkel（1963a）（以下では，「信頼論文」と略称する．）は，*Studies* において引用されている（Garfinkel 1967, p.50, p.73）が，そこに収録された論文と内容についても重複せず，回覧された草稿集成とは異なった，いわば関連する研究としての位置付けをあたえられている．

⑯ 1940 年代から約 10 年間にわたる，Garfinkel の社会学的思考と Florian Znaniecki, William I. Thomas の社会学との関連については，樫村（2015, 2016）で検討した．

⑰ "Report of My Activities," Letter to Leonard Broom, Box 154, *Garfinkel Papers Collection*.

Ⅲ 「コロラド会議」までの事情

1959 年には Harvard 大学に Visiting Research Fellow として戻った. ここ で, Harvey Sacks と出会ったとされる. Sacks は Yale 大学 Law School から LLB を得て Harvard 大学で社会学を専攻しようとしていた.

1960 年, Garfinkel は UCLA で教授昇任するが, その前後にはキャリアの圧 力のもとにあった. ある手紙で Garfinkel は自分について「常識的選択の研究 であるていどの評判を得ている」が, 自分の就職先としては「精神医学学部 も」考慮すべきかもしれないと述べている[18]. 1960 年 3 月 11 日の Rose への 手紙で Garfinkel は, "Common Sense Knowledge of social Structures I.: The Documentary Method of Interpretation"という論文を脱稿したことを述べた. それはつぎのような趣旨の論文だと述べた.

> 「社会的現実の文字通りの記述 (literal description) という問題を定式化し解決 するための一つの方法としてのエスノサイエンス (ethnoscience) のプログラムに つながる 6 つの連続論文の第一のものです.」

また同じ手紙では, 1960 年 3 月末に Rose が計画する「社会的現実」と題する カンファレンスのための"The Problem of Literal Description of Social Reality and the Program of Ethnoscience"という表題の論文に着手したこと, また, その前日に Wittgenstein の著作 (stuff) を全部買い読み始めたこと, そして つぎのように述べた.

> 「今や一般的特徴づけは別にして, エスノサイエンスのプログラムのステイトメン トを延期する必要があります. Wittgenstein はたいへんな詳細にまで入り込むこ とを教えてくれますが, それらは所見の列挙なので, 会議の時までに統一的プロ グラムのもとに定式化を行うこと —— それはたとえ望ましいとしてもできないし, そうも思わないのだが—はできません. Wittgenstein のものは, 新鮮で興味深い 一連の考えを生み出しており, わたしはそれを続けていきたいのです.」

1961 年には, UCLA で Egon Bitteer が Ph.D. を取得する[19]. 1961 年 10 月には, University of Colorado and the Group Psychology Branch of the Office of Naval Research が共同主催する一連のシンポジウムのひとつ「経験, 構造, および 適応性」というカンファレンスで, Trust 論文と思われるものが報告される.

---

[18] Letter to "Leon", March 10, 1960. (*Garfinkel Papers Collection*, Box 154.

[19] Egon Bittner (1921–May 7 2011) は Donald Cressey のもとで Ph.D.を取得した. 1960 年代後半に Brandeis University の社会学科に就職し 1991 年までつとめた.

449

21 社会構造の産出〔樫村志郎〕

1962 年から，Rose と Garfinkel は，UCLA と University of Colorado で一連のセミナーを始める（Garfinkel 1964, p 248）．

1963 年から，Sacks は，University of California の Center for the Scientific Study of Suicide の研究員（Research Fellow）となった．これは，Garfinkel と Sacks の共同作業を活発化・緊密化したと考えられる（Schegloff 1995, p.xv）．

これらの事実からは，1960 年以降に Rose, Sacks, Bittner のような協力者，安定した職業的地位，研究資金を得ることで，Garfinkel が，エスノメソドロジー（それは上述のとおり ethnoscience とよばれることもあった．）の研究方針を発展させつつあったことがうかがえる．

1963 年 4 月の University of Colorado のカンファレンスは，これらの活動に含まれる Edward Rose との交流と共同作業の結果として，1963 年 2 月初に第 16 回年次世界事情会議の実行委員会メンバーの地位にあった Rose が，Garfinkel を会議に招請しカンファレンスを企画したことに始まったものである[20]．

Ⅳ 「模型報告」の議論

「模型報告」のタイトルにある，模型作り（Mocking up）または模型（Mock Ups）とは，「理論」の蔑視的なニュアンスをもつ言い換えである．それは，「模型」という卑近な経験を手掛かりとして，社会学的理論化の作業の解明を行おうとする目的をもっていた[21]．たとえば，ホビーショップで買うことのできる「プラスチック製エンジン」であり，それを作り，それを利用することである．

---

[20] Correspondence with Edward Rose（February 6 & 7 1963, Box 154, *Harold Garfinkel Papers*. もちろんこの招待は Garfinkel が大学から旅費を得ることができるようにするなどのためだった．

[21] 社会学的理論化への関心は，遅くとも 1950 年代の Ph.D.論文（Ph.D.取得年月は 1952 年 6 月である．）から始まっており，Organizational Behavior Project（その詳細については，Garfinkel 2008）とその編者序文である（Rawles 2008）を参照．）の援助のもとで，Schütz, Kenneth Burke らを招聘した「社会諸科学におけるモデル構築の諸問題」会議（Problems of Model Construction in the Social Sciences, March 15-16 1952），Schutz と Parsons の理論的比較，*Parsons Primer* などで，Garfinkel が持続的に追及してきた問題である．

IV 「模型報告」の議論

このプラスチック製エンジンは，金属製エンジンの働き方についてちょっとしたことを教える．それは一定の関係を保存している．それはピストンがどんな風に上下するか，どのようにピストンの上下運動にともなって点火の連続を示すためのランプがチカチカと点滅するか，等々をあなたに教えるだろう．また，面白いのは，この小さなプラスチック製エンジンのなかで，ピストンを働かせるためには，あなたが可動輪を自分の指で回さなければならないことだ．このプラスチック製エンジンを，ある観察可能な事態（observable state of affairs）についてのひとつのアカウント，ないしはひとつの報告と呼ぼう[22].

「模型報告」では，社会学的理論化，ないし，社会学研究における理論の役割を考察するために，二つの事例が導入として用いられている．ここでは，第一の事例を私なりに構成して紹介しよう．

これは，ある社会学的説明の事例である．大学のキャンパスを連れ立って歩いている人の数，性別，年齢という特性の組み合わせはいかにして決まるだろうか？という問題が設定される[23].

まず，その大学が女子校や男子校であれば，（教員や訪問者を除けば）性別の組み合わせは一義的に定まる．そうでなければ，その特性のその集団における比率分布によって定まるだろう．しかし，この仮説は，十分に現実的だろうか？つまりメンバーは「比率にしたがって，ランダムに」連れ立って歩くのか？おそらくそうではないだろう．

しかし，いずれにしても，現実を見ることは重要だから，現実のキャンパスを観察して，連れ立って歩く人を集団とみて（1人集団，2人集団，以下同様），身分（学生か教職員か訪問者か），性別，年齢，構成人数などを記録するとしよう．

以下では，構成人数のみについて考える．かりに，観察によると，連れの構成人数は，2人が圧倒的に多く，3人，4人と減っていくとしよう．10人もの人が連れ立って歩いているのを見るのは稀だ．

ここで，人数の分布は，観察される社会構造である．観察される社会構造は，観察によって現実から変換されたデータだ．それをキャンパスごとに比較した

---

[22] 報告は，会議の討議の反訳の形式を持っているが，その反訳では各報告ごとにページが振られているので，以下では，そのページで特定する．

[23] 以下の叙述から理解されるように，この問題は，家族，組織，都市，国家等の諸社会集団について見ても，本質的に同じものだ．

451

21 社会構造の産出〔樫村志郎〕

り，ことなる時点で比較したりすることが，できる．

　ここで考えてみたい問題はつぎのことだ．人数の分布を「決める」のは，誰か？あきらかに，この答えは「歩行者たち」だ．社会学的に言うと，行為者である．観察された構造に参与し，それを産出するのは，歩行者たちの行為だ．

　そこでこの問題は，つぎの問いで表現される．歩行者たちの行為が，観察された構造を産出するためには，どんな条件が必要だろうか？この条件（群）をXとする．Xのもとでの行為はそれ自体構造化されていると仮定する[24]．つまり，それは観察可能であり，共有可能であり，伝達可能だと仮定する．

　ところが，これは，観察可能な構造（人数）の観察（カウント）によっては，答えられなくなっている．たとえば，AとBが連れ立って歩行しているという事実は，観察（カウントする）行為を通じて，2人集団が一単位あるというデータに変換されているからだ．

　では，Xを観察するには，どうすればよいか？一つの方法としては，観察された構造（人数の分布）を変更する方法を考えればよいと言える．Xを観察するために，サクラ（shill）を考える．観察者は，サクラを数名用意して，2名の連れを見つけたらその連れに参加せよ，と命じる．サクラはキャンパスに出て行き，キャンパスに参加し，2名を3名にすることで，3名グループを増加させる．このことで，連れ立って歩くことを産出する行為（観察された構造を産出する構造）が観察可能になる．このサクラは，連れ立って歩くという構造を産出するという問題に実践的に直面していると言える．

　Garfinkelは実際に学生にサクラになることを課題として与えた．すると，ただちにつぎの事実が露わになった[25]．第1に，相当数の学生は，この命令に従うには，恥ずかしいとか，いやだ，という否定的感情をもった．第2に，この否定的感情は見知らぬ歩行者のグループに参加するという指示された課題に原因があった．つまり，この観察された構造を産出するための構造のなかには「見知らぬ人のグループに参加するには適切な理由が必要だ」という社会規範

---

[24]　構造とは，反復可能性，その他の規則性を観察可能に提示する諸活動をいう．

[25]　実際にサクラが以下の本文のように経験することが重要である．というのは，それに対する新たな観察は，観察された社会構造と実践的関連性があることを，単なる観察者や理論家の思考によってではなく，メンバー（学生）の思考と行動によって，示しているからである．この現実性は，メンバーの思考と行動を詳細に観察することの価値や有益性を，観察者や理論家に対して，保証するものである．

Ⅳ　「模型報告」の議論

があることがわかった．第3に，この規範へのメンバーの態度は，肯定的から否定的までの強さの差異がある．つまり，この社会規範に違反して，見知らぬ歩行者グループに参加するという新奇で逸脱的な行為に魅力を感じたり，抵抗を感じにくいメンバーもいる．第4に，これらの前提として，メンバーは，2名で連れ立って歩くこと，N名で連れ立って歩くこと，等の現象を「見分ける」ことができることがわかる．メンバーたちは，その感情や規範やその個人的変異を理解し合いつつ，その現象を，共通かつ実践的に認識しているのである．

　このように，社会のメンバーが，ある社会構造に従って行為しているといえるためには，メンバーの行為により観察可能な形で産出される構造とそれを産出する行為の構造の二つが一致しなければならない．Garfinkel は，この「サクラ」事例につづいて，「交通流（traffic flow）」という事例[26]を紹介して，つ

---

[26]　Garfinkel（2002, pp.162-165）は，後年になっても，交通流の事例を用いる説明をおこなっている．また，模型報告と重なり合う部分の大きい「信頼論文」（Garfinkel 1963a, p.188）では，つぎのような言及がなされているが，その趣旨は本報告と共通している．「パーソンズ（1953）の決定 decision は，共通文化の全体を超自我へと統合しようとするものだが，その明らかな解釈的帰結は，諸活動の統合システムが組織される仕方は，その組織された諸特徴が産出され維持される仕方と同一のものだということである．収入や職業の分布，家族構成，階級階層，言語の統計的諸特性のような構造的現象は，大量の伝達的，知覚的，判断的，およびその他の「調整的」活動（"accommodative" work）の産物である．そうした活動とは，人びとが，それを通じて，社会が人びとに直面させる諸環境に「社会の内側から（from within the society）」出会いながら，社会構造を，協調して，確立し，維持し，修復し，変更する活動である．その際，社会構造とは，人びとが「知っている」ものとしてのそれらの諸環境に向けられた，時間的に拡張される行為経過の集成された産物である．同時に，これらの社会諸構造は，これらの環境を人々が協調的に維持するための諸条件である．」このテクストにはつぎの注が付されている．この事例が，本稿の本文で，「交通の流れ」として言及されているものだ．「この教義は，Robert M. Coates による面白い物語「法則 The Law」（1947 年）のなかで例示されている．ある晴れた春の夕方に Triborough Bridge のマンハッタン入り口はマンハッタン島の全部の長さになるくらい自動車で渋滞した．ドライバーたちは渋滞の理由を互いに尋ね合ったが誰も知らない．Coates によれば，それは「平均法則が破れた」夜だったのだ．その夜にはマンハッタンのあらゆる自動車所有者が，ロングアイランドまでドライブするのに最適の夜だと考えたのだそうだ．」Coates は『ニューヨーカー』誌を舞台に「奇妙な味」をもつ系統の短編小説や犯罪小説を数多く発表した作家で，前衛作家や歴史作家の側面ももつ．この4ページほどの物語は，「平均法則が破れる」空想にもとづいたもので，消費者が突然ある特定の商品を好み始めるなどの展開を経て，文明全体の混乱

453

21 社会構造の産出〔樫村志郎〕

ぎのように要点を述べる.

> 要約すると, ここに二つの大きな構造がある——一方には, [観察された構造である]橋を渡る交通の流れがあり, (他方には) 人々がそれぞれ, 各人の時間のなかで, 各人の見方にしたがって, その行程を通じて (over the road) それを達成する (making it) ことを管理する構造化された道筋 (structured way) がある.

交通についていうと, 一方には交通流 (traffic flow) という観察可能 (等々) な構造 (観察される構造) があり, 他方には各ドライバーが各々の行為の全過程を通じてその可能な構造に参加しつつ達成するという産出可能 (等々) な構造 (メンバーの方法) があるのだ[27].

そうすると, いわゆる「社会はいかにして可能になるか」という問題 (以下では, 「秩序問題」という.) は, この二つの構造を調和させる方法はなにかということだ.

> さて, われわれは秩序問題とよばれるものに直面しており, それは, データのこれらの二つの領域 (domain) を調和させる方法は何かという問題として考えることができる. ある社会のメンバーとしての人々が, それをわかり (making it out), かれら自身の時間のなかでそれをやりとげ (making out) ながら, 同時に, かれらが典型的な仕方で典型的な領分を, 典型的な同行者とともに, 典型的な企図をもって動き回るようにわれわれが条件付け, しかも, 私が試みたようにそれを交通の流れの観念を用いて概括する (epitomize), 観察可能な諸構造をわれわれが再産出することができるような結果をともなって, そうすることをわれわれはどのように想像できるだろうか?

社会があるということは, 継続的な事実だが, それを理論的に想像することは, 社会を産出する人々の行動が, 継続的に, 観察される構造に合致しているということを想像することにほかならない.

このことは重要なインプリケーション ——「社会学的方法をもちいる際, ど

に至ることを描く. 1947 年 11 月の同誌に発表された (樫村 2017 (Blog Entry) 参照).

[27] 私なりに注釈すれば, 「構造」は, 反復可能性, 種的画一性をもつ. たとえば, Weber は「類型性」という用語で, Durkheim は「社会的事物」という用語でその構造性を表現していた. Garfinkel が指摘しているのは, 社会構造は相互理解可能性なのであり, そのようなものとして第一次的にメンバーが産出し集合的協調行為の実現の前提として利用するものだということである. また, したがって社会学者はこの産出された社会構造 (相互理解可能性) を素材としてかれらの社会構造概念を産出し利用するということである.

IV 「模型報告」の議論

んな観察可能な社会構造にも，それを産出することを規制する第二の社会構造があること」，そして「第二の社会構造を観察し分析するには，第一の構造の通常の観察では十分ではなく，しかし，別の観察を行うことが必要で，かつできること」——をもつ．それは，とりわけ，つぎのことは，いわゆるメンバーシップの概念とその関わり——「メンバー（行為者になれる人）は，『N 名で連れ立って歩くこと』を見分けることができるだけでなく，それに関連する様々な意味を把握しており，その意味に対して実践的な（その一面は，感情的に参加した見方をとること）関わり合いをもつこと」——を明示している．

つぎに，Garfinkel によれば，社会学的理論化とは，人々が相互に理解し合う場面についてのあるアカウントを編成するという作業である．アカウントの対象となるのは，社会的諸活動であり，それは，つぎのような諸特徴をもっている[28]．

社会的諸活動は，画一性，反復性を示し，また言語の中の諸単語のように秩序（コンテクスト）の中の現象という構造的特徴を示す．「模型報告」は，社会学的理論化について，つぎのように述べる．社会の日常的場面をアカウントするという社会学の課題に即していうと，メンバーの行うアカウントと社会学者が行うアカウントとの間の関係が問題になる．社会学者の行うアカウントに価値があるなら，それはメンバーの行うアカウントと同様に，社会的現実に適合的といえる必要があろう[29]．

ところで，社会学者たちは，諸活動の規範に支配された（rule-governed）性格を見出すことによって，秩序問題を解決している．しかし，そのやり方は，「規範に支配された行為」がいかに可能かという問題に目を向けないことを含んでいる．

　　社会が継続的に産出されるという結果をともなうような仕方でメンバーによって「やりとげること（making-out）」と「わかること（making-it-out）」を結びつけること（putting together）において，社会学者たちは，規範，規範に支配され

---

[28] *Parsons Primer* は，Parsons の社会秩序の理論をそのようなアカウントとして検討するという意図をもっている．

[29] Schütz が主張しているように（樫村 1989, pp.14-15），社会学者のアカウントは，メンバーが日常的場面をアカウントする活動を行うことを対象とすることもある．また社会学者も同時にその集団のメンバーであることもあるが，そうでないこともある．社会学者の方法を採用しないメンバーが，何をするのかは，未確定である．

21 社会構造の産出〔樫村志郎〕

た行為（rule-governed conduct），実践としての規範，実践としての規範追従への
関心をほとんどもつ必要がない——ただし，かれらはつぎのような観念を必要と
している——人々は，いかにしてか，つぎのことのための既存の組織化された仕
組み（arrangements）の助力のもとで（under the auspices of）のなかで，またそ
の内部で（within），活動することで，場面と行為の意味のわかる性質を描き出す
ために生活の通常の諸場面の常識的把握が用いられるという仕方で，認識可能，
分析可能，理解可能，実行可能な諸行為を産出している，という観念だ．しかし，
かれの行為のその主体による見方（that subject's point of view）やいわばそれのそ
の〔規範のもとで〕教示された性質が失念される（put aside）ときには，社会学
的企ては理解不能になる（the sociological enterprise becomes unintelligible.）——
あるいは，おそらくより正確かつ公平には，それは，行動の物理的または生物学
的諸特性の研究に転化するのだ．これは，社会学者を窮地に追い込むものだ．と
いうのは，かれはこのうえもなく厳密でありたいと思っているのに，かれはその
厳密さの中で——それにもかかわらず，規範に規制された，あるいは規範に支配
された行動をなんとかして扱わなければならないからだ．

Garfinkel は，さしあたり，社会学者の理論化は日常的諸活動の「規範に支
配された性質」を用いる活動だと考える．それはつぎのような特徴をもつ活動
だ．

規範による記述や説明は，(1) 諸規範が多かれ少なかれ一貫性あるシステム
を形成しあらゆる動作や活動について規範を適用することが可能であり，(2)
規範が適用されるところでは同調か非同調が決定可能だとの理解を利用する．
この利用法は，規範をもつゲームにうまく類比される．つまり規範をもつゲー
ムは日常活動の規範の社会学者による模型であると考えられる[30]．

Garfinkel は，ここで「エスノメソドロジストとしての問題」という言葉を
用い，その課題は，それらの模型としての性質を発見することであるという[31]．
すなわち，

われわれが社会学を行い，日常的活動の諸規範を研究するときに，まさにこれ
らの規範と規範の模型としての仕方で用いられる規範への慣習的で支配的な見方
（a conventional and prevailing version）が存在するということだ．規範を，模型
の性質の規定をもちいて，その仕方で研究することは，規範の<u>適切な</u>（reasona-
ble）議論とその<u>適切な</u>記述に携わることだ．

ひきつづいて，エスノメソドロジーの社会学に対する関係が提示される．

———————————————————
[30] このような模型作成は Garfinkel 自身が Trust 論文で注意深く行ったことである
（Garfinkel 1963a）．

456

IV 「模型報告」の議論

　私は，規範と規範の模型としての利用の研究と，日常諸活動の諸規範の適切な
アカウントの研究を，探求の一主題とすること，そして探求の一主題にすること
のみを欲する．私は，それを理論的関心の対象にしたい．そうするには，われわ
れは，規範のつぎのような本質的様相をもとめなければならない――それは，事
実，それらのわれわれの適切な研究のなかのこの時点で意図的かつ偽として規定
されているような様相であり，そして誤り（errors）を指摘する方法によってでは
なく，ひとつの適切なアカウントを常識的にするもの，または常識的アカウント
を尋ねるという方法によって，それらを求めること――何であれこれらの本質的
様相を尋ねること――をしなければならないだろう．規範の慣習的見方の不適切
な性質を示すことは，私の目的ではない．私は，その誤ったあり方を指摘しよう
と企てるのではない．私はアイロニカルに語ろうとするのではない．その替わり
につぎのように問う――「それについておよそ何事かを言うことができるようにな
るために，われわれが語っていることが何かを前もって知る必要がないような仕
方で，日常的活動の諸規範の適切なアカウントを探求のトピックに転じることが
いかにして可能か」．つまりこうだ．われわれは，適切なアカウントというものに
ついてなんらかの知見を主張したり，なにかそれ興味深いものに出会ったと主張
するために，そのものについてすでに知られた諸様相を仮定しなくともよいよう
な仕方で，それを扱うことがいかにすれば可能なのだろうか．

　模型の有効性はいくつかの「適切な（reasonable）」考慮によって保障されよ
うとしている．一つの性質は，「等々（et cetera）」という性質がゲームの規範
に見られることだ．その結果，ゲームの規範は，ゲームの領域のなかでおこる
実践的にあらゆる出来事に適用できるようにされている．したがってそれは
ゲームの規範に確定性を与えるものだ．また，それはゲームの規範を「解釈」
することで出来事を同調/非同調（等々）に分けることを可能にするものだ．
ゲームの規範は，このようにある時点（等々）で未確定の内容（等々）をもつ
（にもかかわらず/それゆえに），合意されているものとして，あるいは合意の外

⑶　この課題の意味を私なりに敷衍するとつぎのようになる．この課題にこたえるには，
　プラスティック製エンジンが現実のエンジンでないこと，あるいは，それが現実のエン
　ジンと異なっているということを発見するということであってはならない．そうではなくて，
　プラスティック製エンジンが現実のエンジンの模型であるということがなぜいえるのか
　を理解することが必要だ．さらに，それは，プラスティック製エンジンが現実のエンジ
　ンに似ているという点を，恣意的にかぞえあげるということであってもならない．そう
　ではなくて，必要なのは，プラスティック製エンジンは，社会的な利用というコンテク
　ストのなかにおかれており，そのコンテクストを離れては「模型」という性質をうしなっ
　てしまうのだから，模型と現実との関係の適切さは，その模型を作り，利用し，等々す
　るというコンテクストのなかで，判定されなければならない．Vで検討される「適切さ」
　とは，判定が服するこのような条件を意味する．

見（appearance of agreement）—— これは Rose によって用いられた言葉だという —— を失うことなく，扱われ続けることが可能なのだ．同様な性質は，「~でない限り（*unless*）」「やってしまったらしょうがない（既遂効果"*factum valet*"）」「大目に見よ（"*let it pass*"）」などの規定のもつものでもある．

　結論として，Garfinkel は次のように述べる．日常生活の規範をトピックとすること，そしてトピックとしてのみ扱うことをわれわれが望むとき，どこにでもある規範の「適切な」使用法を構成するさまざまな様相が発見できる．規範被支配性をもちいる社会学者の通例的説明は，観察された構造の規則性を社会そのものの産出の原因と同一視することにより，もう一つの構造の解明を等閑に付することにほかならない．これに対して，その様相の探求をプログラム的課題にすることによって，二つの構造をともに問題にしようとすることができる[32]．そうした活動がエスノメソドロジーとして成立する．

V 「適切性報告」の議論

　「模型報告」では，日常的諸活動の規範被支配性のある模型—規範をもつゲーム—は，社会学者が用いる一つの説明（アカウント）であること，そのようなアカウントを，そしてそれ（規範）のアカウント／模型としての性質 —— その社会構造産出的な利用に必然的に結合した性質としての適切性 —— のみを探求の主題にすることがエスノメソドロジーのプログラムであること，また，そのアカウントが適切なものであり続けるための条件を暫定的に探求した結果として「等々（Etceteras）」などの規定が用いられていること，が発見され，例証された．「適切性報告」では，専門社会学的理論化という主題的限定を離れて —— すなわち，エスノメソドロジーの研究方針にのみしたがって —— さまざまな実践的場面において，あるアカウントが適切なものであると言われるための条件が考察される．

　「適切性報告」で，Garfinkel は「適切なアカウント」という現象に関する3つの種類の主題について，具体的なアカウントを通じて論じる．第一は，精神

---

[32] Garfinkel（2002, pp.125-133）が後年の公表業績においても，エスノメソドロジー研究を，かれのいう形式的分析 —— 通例的社会学的研究 —— の反転物（alternates）とよび，前者と後者はペアをなすと主張しているのは，この意味であると理解できる．

V 「適切性報告」の議論

医療外来クリニックにおけるアカウントである．ここでは，「社会的に秩序づけられた諸活動の適切な諸アカウントを編成すること（assembling reasonable accounts of socially ordered activities）のなかに含まれうるような種類のことがらについて」検討される．第二のアカウントは，人がまずある状況の一つの定義から出発し，この定義を手にして，その定義が利用可能で，正しく（correct），等々であることを求めて，その定義を正しいものにするような環境をもとめていくという活動である．ここで扱われるアカウントには，両性的な人である Agnes のアカウントが含まれている．第三に，「小さな大人」としての「こども」についてのアカウントである．そこでは「適切な諸アカウントの諸様相が何か —— 社会の通常の，自然な生活事実の諸アカウントを，まさにその諸アカウントにするものが何か（what makes accounts of the normal, natural facts of life in a society accounts of just that）—— を探求していくことのできるやり方」について論じられる．

　第一の検討主題は，クリニックにおける患者対処の過程を記述するために，社会学研究で用いられる地位遷移のアカウントである．これは *Studies* 第6章でとりあげられている問題だ．ある社会学調査で通常の社会学の方法論にしたがって研究者はクリニックへの接触からはじまる患者地位遷移が樹状の形式図式によって記録された．この作業において，クリニック記録を符号化するための規範（coding rule）が用いられ，その結果として患者経歴表がえられる．研究者の観点から，このアカウント（符号化された経歴）の作成は，組織的事実（患者の地位遷移）を即事実的にアカウントするものだ．しかし，*Studies* で指摘されているように，このアカウント作成作業には，本質必然的にそれと異なる使用法を伴うものだ．すなわち，それ自体が（研究に協力すること）クリニック組織の正当的な規範となっていること，さらに，それ自体が当該の研究者の研究とその方法の一例として理解されることに由来する使用法がある．そこで Garfinkel はつぎの指摘を行う（p.6.）.

　　「この研究とは，社会科学の手続きに従ってその組織を研究対象にする権利を持った人々によって，その内部から，その人々が現実を適切に記述すると主張する条件のもとで，行われるものだ．」

ここでいう人々には，そのクリニックの管理者，従業員，かれらの協力を得る

21 社会構造の産出〔樫村志郎〕

立場にある研究者が含まれている.

　第二のアカウントの使用例は,二つあり,一つは Agnes の通過作業（男性から女性へと通過して,疑われないこと）である.Garfinkel がとりあげている場面は,Agnes がタイピストとしての採用志願票に情報を記入するというものだ.この状況には,彼女が性別に関する秘密をもっていることととくに強く関係する情報が要求されているのではないが,その秘密の暴露の害は大きいという問題がある.さて,採用志願票には,氏名や住所などの質問項目がある.Agnes はそれらを単純な質問と見なさなかった.単純な質問とは,質問と答えの形式的分析（Harrah 1963）が示すものに対応する,危険性をもたない情報の収集としての質問というアカウントである.しかし,Agnes は,質問にどう答えるかという課題に対して,どのようにその情報を見る誰かがその関心が何であれ彼女自身を採用可能または不可能な人と見るように記入されたことを読むだろうか?という問いによって対処した.

　Garfinkel によれば,彼女がめざしたことは,採用志願票に記入されるアカウントを最終的に正しいものとするためにいま何ができるかを決定しつつ振る舞うことだ.それは,採用という組織的過程のなかでそのような仕方で行われなければならないという制約に服するという条件のもとで,アカウントがもつ適切性という現象だ.

　第三の例は,子どもについて行われる「発達途中の大人」というアカウントだ.Garfinkel はこの例を Sacks による推測と関連付けて提示する.この推測とは,このアカウントが子どもにとっては適切でないというものだ.Garfinkel が提起するのは,もし子どもの文化というものがあるとすれば,子どもたち自身によって適切と見られるものであり,それは大人の文化のもとでは不適切とみられるかもしれないが,そのような文化を発見する方法があるか,という問いである（p.12）.

> 「社会のなかの通常の生活事実のメンバーによるアカウントの諸性質に出会うことができるようにうまく振る舞う方法が必要だ—その方法は,ある適切なアカウントが,通常の当たり前の生活事実であり,それらの点で真剣にそれらが受け止められるような仕方で供給されるときに,事実として何が起こっているのかを開示するようなものだ」

　Garfinkel が以上の問いを提起するときの考えはつぎのようである.アカウ

ントの適切性とは，何が現実に起こっているのか（等々）をメンバーが見分けることができるという性質であって，それを見る者が，それらを事実，幻想（等々）として認識することが，つぎのような仕方で，無差別なことがらでないような性質である．その仕方とは，その適切さをそのように利用することが，かれの集団のなかで十分な資格のある，真正なメンバーシップを主張することができることを当然のものとして自他ともに認めるという仕方である．

　このことを前提にすると，研究者が，子どもの文化を研究し，子どもの観点で正しく見たことを，大人の文化のなかで報告しようとすると，その研究者は大人の文化のなかでのメンバーシップを失うということになる．Garfinkel によれば，Sacks が推測的に提言するのはつぎのことである（p.17）．

「無能な大人としての子どもという発達的見解は，ただデータとしてのみ取り扱われ，また真剣にそう受け止められるべき，一つの適切なアカウントだ．データというのは，社会のメンバーが行為できる一つの選択的な仕方（子供の振る舞い）としてということだ．しかし，それは，社会の諸関係のどんな秩序ある性格が子どもを包んでいるのかについての社会学的アカウントとして真剣に受け止められるべきではない．」

Ⅵ　結　論

　本稿では，Garfinkel が 1963 年に「コロラド会議」で行った二つの報告を解説し，また，その報告を Garfinkel による 1950 年代半ばに始まる研究の発展のなかに位置付けた．また，その報告のいくつかの主張が今日の社会学理論に対してもつ意義をいくつか指摘してきた．

　エスノメソドロジーの成立および同時代の社会学との関係という点については，この解説で暗示してきたことは，1960 年代半ばまでに，Garfinkel は，一つの独特な研究方法の存在を認識し，そしてそれが端的な構造的，反復的，客観的（等々）事実だということを確信し，そしてそれらが一般的プログラムとして確立可能だとの見通しをもっていたということである．当時それは，エスノメソドロジーのほか，エスノサイエンスと言われることもあった．その研究方法の特筆すべき点はつぎのように述べることができる．

　第一に，エスノメソドロジーは，意味についてつぎのような分析可能性を発見したことである．その可能性とは，あらゆる日常的環境ないし社会的場面に

ついて，その組織性に即した/を産出する組織化された推論に着目することにより適切な意味をを見出すための分析が行われうるということだ．たとえば，Agnesは人事採用プロセスの組織性のなかで質問と答えの方法論的関係を見出すことができ，そうするしかなかった．なお，GarfinkelはRoseへの手紙のなかでかれの問題を「意味の問題に答えること」と述べている．エスノメソドロジーは人々の活動の組織 —— 観察された社会構造 —— とともにそこにある分析可能性 —— 産出的社会構造 —— の中に「意味とは何か」への答えを見出したのである．

　第二に，それらの分析は，社会構造の内側から，その状況に現在する社会構造のあらゆる組織性を用いることで創造的に遂行されうることである．たとえば，Agnesは上記の問題をよりよく解決するために，ある会社についてはそこで働いた経験のある知人に問い合わせることができた．また，この種のことは，教示，共有，再施行される可能性をもつ．つまり，それは，ひとたびなされたならば，反復可能に構造化された一つの解決方法となる．

　第三に，エスノメソドロジーは，意味解明の「単位（"unit"）」としての社会的行為やそれらの集積として社会構造を見るという教義をもはや必要としないことである．その代わりに，エスノメソドロジーは，一つの種類の独特な対象を見出していた．それは，組織的事物の独特の種類 —— 観察された社会構造や観察可能な社会構造の内部の行為者の観点から，その構造自体の産出の目的に志向する，文化的集合的水準で，認識，伝達，教示等々することが可能であって，その一部のみが現在的な，そして大部分が状況の背景のなかに潜在するような，そして，そうあることによって，秩序ある人間社会を継続的かつ集合的に算出する推論体系（エスノメソドロジー）—— を見出しつつあったのである．

〔文　献〕

Bittner, Egon (1967) "The Police on Skid-Row: A Study of Peace Keeping.," *American Sociological Review*, 32(5): 699-715.

Bohannan, Paul (1965) "The Differing Realms of the Law.," *American Anthropologist* 67 (6-Part2): 33-42

Garfinkel, Harold (1949) "Research Note on Inter- and Intra-Racial Homicides," *Social Forces* 27(4): 369-381.

—— (1956a) "Some Sociological Concepts and Methods for Psychiatrists" (Dated as:

VI　結　論

Friday Afternoon, January 27, 1956) *Psychiatric Research Reports*, vol. 6: 181-195.

—— (1956b) "Conditions of Successful Degradation Ceremonies," *American Journal of Sociology*, vol.61: 240-244.

—— (1959) "Aspects of the Problems of Common-Sense Knowledge of Social Structures," in International Sociological Association, 1959: 51-65.

—— (1960) *Parsons Primer - 'Ad Hoc' Uses*. Unpublished manuscript.

—— (1962a) "The Rational Properties of Scientific and Common Sense Activities", Washburne ed. 1962: 302-324.

—— (1962b) "Common-Sense Knowledge of Social Structures: The Documentary Method of Interpretation," in *Theories of Mind*, edited by Jordan M. Scher, The Free Press of Glencoe: 689-712.

—— (1963a) "A Conception of, and Experiments with, 'Trust' as a Condition of Stable Concerted Actions" In O.J. Harvey ed. *Motivation and Social Interaction: Cognitive Determinants*. (New York: Ronald Press): 187-238.

—— (1963b) "Mocking Up the Rules of Everyday Activities," *Garfinkel Papers Collection*. Box 153.

—— (1963c) "Reasonable Accounts," *Garfinkel Papers Collection*. Box 153.

—— (1964) "Studies of the Routine Grounds of Everyday Activities," *Social Problems* vol. 11: 225-250.

—— (1967) *Studies in Ethnomethodology*. Prentice-Hall.

—— (2002) "EM Studies and Their Formal Analytic Alternates,". Garfinkel, 2002: 121-134.

—— (2002) *Ethnomethodology's Program: Working Out Durkheim's Aphorism.*. Rowan & Littlefield.

—— (2008) *Toward a Sociological Theory of Information*. Paradigm Publishers.

Green, Edward (1964) "Inter- and Intra-Racial Crime Relative to Sentencing.," *Journal of Criminal Law, Criminology and Police Science*. 55(3): 348-358.

Gurvitch, Georges (1947) *Sociology of Law*. Routledge & Kegan Paul, London and Boston. (ジョルジュ・ギュルヴィッチ『法社会学』潮見俊隆・寿里茂訳, 日本評論社.)

Harrah, D. (1963) *Communication: A Logical Model*. M.I.T. Press.

Hill, Richard J. & Kathleen Stones Crittenden (1968) *Proceedings of the Purdue Symposium on Ethnomethodology*. Institute for the Study of Social Change, Department of Sociology, Purdue University.

International Sociological Association (1959) *Transactions of the Fourth World Congress of Sociology, Volume IV, The Sociology of Knowledge, Milan and Stresa, 8-15 September, 1959*. International Sociological Association.

樫村志郎 (1989)『「もめごと」の法社会学』弘文堂.

—— (2015)「法社会学の対象と理論 —— エスノメソドロジーの社会学的形成の観点から」

21 社会構造の産出〔樫村志郎〕

法と社会研究創刊第 1 号 3 -29 頁.

―― (2016)「アカウントの社会学的解釈 ―― Florian Znaniecki の社会学方法論を手掛かりにして」山本顯治=西田英一編『和田仁孝教授還暦記念論文集・振る舞いとしての法』法律文化社, 3-25 頁.

―― (2017) ROBERT M COATES (1947) "THE LAW" NEW YORKER, 23: 41-43. Entry of 8 July」2017, Blog for EMCA Seminar, (https://emcaseminar.weebly.com/blog/archives/07-2017)

―― n.d. *Formative Steps of Ethnomethodology*. (Website at https://sites.google.com/site/shirokashimura/em/ethnomethodology-1967)

Lacey, Nicola (2004) *A Life of H.L.A.Hart: The Nightmare and the Noble Dream*. Oxford University Press.

Nasu, H., L. Embree, G. Psathas and I. Srubar, eds. (2009) *Alfred Schutz and His Intellectual Partners*. UVK Verlagsgesellschaft mbH, Konstanz.

Parsons, Talcott (1949) *The Structure of Social Action: A Study in Social Theory with Special Reference to a Group of Recent European Writers. 2nd edition*. The Free Press, Glencoe, Il.

―― (1953) "The Superego and the Theory of Social Systems." In T. Parsons, R. F. Bales and E. A. Shils, eds. *Working Papers in the Theory of Action*. Glencoe, Ill.: The Free Press: 13-29.

Psathas, George (2008) "Reflections on the History of Ethnomethodology: The Boston and Manchester 'Schools,' " *The American Sociologist*, Vol. 39, No. 1, 38-67.

―― (2009) "The Correspondence of Alfred Schutz and Harold Garfinkel: What was the 'Terra Incognita' and the 'Treasure Island'? "in Nasu *et al* 2009: 401-433.

N.A. (2002) "Obituary of Dr. Edward Lous Rose 2002 *Daily Camera*, June 11, 2002 (cited in Ethno-CA News.http://www.paultenhave.nl/ObituaryRose.html (Last visited on 22 July 2018)

Rawls, Anne Warfield (2008) "Editor's Introduction,". In Garfinkel 2008: 1-100.

Rose, Edward and William Felton, (1955) "Experimental Histories of Culture," *American Sociological Review*, Vol. 20, No. 4 (Aug., 1955), pp. 383-392

Schegloff, Emanuel A. (1999) "On Sacks on Weber on Ancient Judaism : Introductory Notes and Interpretive Resources." *Theory, Culture and Society* 16: 1-29.

―― (1992) Introduction. In *Harvey Sacks's Lectures on Conversation, vol. 1*: ix-lxii.

Washburne, Norman F. ed. (1962) *Decisions, Values and Groups: Proceedings of a Conference Held at the University of New Mexico, Sponsored by the Air Force Office of Scientific Research. 2 Vols.* Pergamon Press.

22   Reconstructing Legal Ideology in China

Ji Weidong[*]

I   An Intellectual Background of Modernising State Governance

Generally speaking, ideology is a political concept that is constrained by the belief system of certain classes, especially the ruling class. Nevertheless, Manheim's redefinition of ideology from the perspective of the sociology of knowledge (*Wissenssoziologie*) has greatly expanded its connotations and extensions (Manheim 2009). In light of the general concept of ideology and the great changes occurring in China's society and economic structures since the reform and opening-up in 1978, as well as such ground-breaking statements made by the Chinese Communist Party during its Fourth Plenum of the Eighteenth Party Congress as "to regulate and restrain public power" and "to improve the public credibility of the judiciary", this paper is of the view that ideology can be defined as principles, values, morality, political conceptions, or even scientific knowledge knit together with utilitarian ends — all those that can be used by groups and organisations to support their claims, with its scope extended to cover the communal spirit of the legal profession and the principles in legal doctrines.

Based on this definition, in this paper, legal ideology refers to the system of value in the law, consisted of consistent, logical representation and claims, and giving foundational meanings to norms and order. In order to solve conflicts between different interest groups in a peaceful and efficient manner, legal ideology will need to resort to a universalistic discourse that is comprehensible and acceptable to all disputing parties to redefine the issue of interest. Thus legal ideology needs to be relatively independent from interest groups and thereby provide varying interests and principles with opportunities to express, to compete, to argue, to persuade, and to reach consensus. In general, legal ideology should enable citizens to better understand the system of law, social environment, and the interaction between them, should be able to activate the mechanism for the operation of law through belief and aspiration, and suggest appropriate policies and action guidelines to solve specific problems. For this very reason, legal ideology has both a substantive aspect and a formal aspect. To a certain degree legal ideology has also exhibited certain epistemological traits, thus it should possess a dialectical openness as explained in Louis Althusser's structure-process thesis (Althusser et

---

(*)   This article is a contribution for the festschrift to celebrate Professor Masayuki Murayama's seventieth birthday, from his old friend and colleague Weidong Ji, University Professor of Shanghai Jiao Tong University, Director of China Institute for Socio-Legal Studies, and President of Shanghai Rule of Law Association.

22 Reconstructing Legal Ideology in China [Ji Weidong]

al. 2015).

The legal ideology in contemporary has been profoundly influenced by the class-based jurisprudence proposed by Vyshinsky, a Soviet legal scholar during Stalin's reign. Although since the early 1980s, a few critical articles have been published, this basic definition of the law by Vyshinsky still dominates China's legal scholarship, which is in apparent disjunction from the rapidly changing social reality in China.[1] The Third Plenum of the Eighteenth Central Committee of the Chinese Communist Party announced the decision on an all-round deepening of reform, which put forward the general objective of modernising state governance system and governance competence, as well as the guideline to enable the market to play a decisive role in the allocation of resources. The decision also set the building of a rule of law order focusing on restraining government power as the Party's major task at this stage (Yu 2014). The Fourth Plenum decided to further elevate the rule of law to the new height of "administration in accordance with the Constitution", stressing that the Constitution embodies the will of the Party and the people, and that it is the fundamental law enacted through a scientific and democratic procedure. Laws and regulations should comprehensively reflect both objective laws and the people's will in accordance with the spirit of the Constitution. It attempted to reach a consensus on top-level institutional design of which the Constitution is the core. The communality and rationality of the will, the common denominator of society, and a just procedure consensually formulated through communication are all regarded as the value orientations of the rule of law. State regime is no longer simply understood as the violent instrument for the ruling class to suppress the ruled. Therefore, the conditions for reflecting on and reconstructing the existing legal ideology in China have become increasingly mature.

In contemporary China, an important precondition of innovating legal ideology is the decisive role the market plays as a result of the three decades of economic reform. However, this does not mean we only need to accept the Pashukanisian conception of the law and its related notions, which are formed on the basis of the commodity economy (Pashukanis 2002). Legal scholarship should not be reduced to economic determinism, constraining our understanding of the public order within the overall structure of commodity relations. Instead, we should include into our perspective the non-market bases of the market such as the efficacy of administrative power, a just procedure and democratic accountability, the governance structure and organisational norms that determine transaction costs, judicial norms, and political, policy-based judgements, so as to have a wider and richer perspective.

---

(1) In 1981, at a May Fourth Science Seminar held at Peking University, participants challenged Vyshinsky's views for the first time in China. For more information about this seminar, see Ji 1985, 1986. Other arguments include Wu 1987 and Wang 2009.

I   An Intellectual Background of Modernising State Governance

Apparently, those inherent traits of market mechanism require that individuals enjoy full freedom to make decisions and accordingly take full responsibility for the consequences of such decisions(as a matter of individualistic morality)during investment and transaction. Meanwhile, it also requires institutional design that promotes fair competition(a politico-economic theory). From the perspective of the value system for the entire society, the discussion on substantive issues must take the basic framework of a series of contradictory concepts, such as individual liberties and collective well-being, market completion and government regulation, or liberalism and communitarianism. From the perspective of legal thoughts, the judicial process must anchor its reasoning and judgements on such distinctions as between the principle of rights and a utilitarian policy, or between self-autonomy and an organisationally-driven mode of conduct. Therefore, the introduction of market economy has led to profound changes in terms of the relationships between individuals and society, and between individuals and the state, forming a complex outlook of collisions and repeated reconfigurations between the rights thesis, moral prioritism, and the social welfare theory.

The political objective of modernising state governance system and governing competence proposed by the Chinese Communist Party at the Third Plenum of the Eighteenth Central Committee can be regarded as another premise for innovations in legal ideology. Apparently, there exist many different understandings regarding approaches to state governance. Some people perceive the state as a violent instrument for the ruling class to claim its autocracy, or a group to monopolise and exercise physical force.[2] Some perceive the state as a political and administrative process of public choices, decision-making and implementing norms(Buchanan and Tullock 1965). Some perceive the state as a multi-layered historical sedation and an existing power and order that pass on from one generation to another(Xu 2004). Some perceive it as an "imagined community" as the hubbub of cultural bonds(Anderson 2006). Others perceive the state as a service organisation that provides citizens with public goods.[3] Different perceptions of state result in different ideological commitment, sense of communal belonging, and political ordering, and lead to different ideologies and mechanisms of orthodoxy-building. As a matter of fact, modernisation has led varying projects of state engineering to converge on the two analytical axes of formality-substantiality and rationality-irrationality, thus forming four types as they intersect. This typology can be found in the Weberian schema of development(Weber 1974, pp.104-5, 326-3, 441-40). This provides an optional discursive space for the co-existence,

---

(2)   See the definition of law by Vyshinsky, in Hazard 1951, p.336.

(3)   For instance, in Fukuzawa 1984, the author discusses citizens paying tax to the state in exchange for its protection(Ch.7).

22 Reconstructing Legal Ideology in China (Ji Weidong)

competition and mutual accommodation of varying political projects under the umbrella of a comparable, communicable, and universalisable "modern" legal ideology. In other words, it provides a market for thoughts which is necessary for seeking the common denominator for our society.

The purpose of this paper is to examine, review, analyse and elucidate, with emphasis at the level of intellectual discourse, the relationship between a free and fair market economy, the modernisation of state governance, and a rule of law system with Chinese socialist characteristics. It aims at providing an epistemic framework for the top-level design of institutional innovation. More than twenty years ago, I already did a comprehensive, in-depth study of formal rationality and the principle of just procedures, especially with regard to the role to be played by legal process in protecting human rights and strengthening the legitimacy of political power (Ji 1993). These arguments are still of both theoretical and practical relevance in today's China. In this paper, I will focus only on the issue of substantial values in the system of legal norms, especially the conflict between individualism (liberalism) and altruism (socialism). This paper attempts to search for a way out of the impasse in legal ideology through new understanding of the diversity, complexity, hybridity of modernising a political system, as well as of the mechanism of orthodoxy-building for an order of norms. Although the practice of institutional reform need not be intertwined with the issue of intellectual ambiguity and the struggling of gods against each other in values, our failure to elucidate the fundamental principles of legal ideology upon the face of a profoundly transforming social structure after over three decades of reform and opening-up renders it difficult for us to outline a clear, accurate blueprint for those inevitable institutional arrangements. Furthermore, the existing order may gradually fall asunder due to the lack of consensus in our society.

The thoughts and institutions of modernisation, as well as the modern rule of law all reflect man's capability of reasoning and the great force driving historical development forward. There is at the same time a need to acknowledge the limits of man's capability of reasoning and the paradox hidden under the cover of modernity. For instance, Weber gave his prediction of modernity as an "iron cage", expressing his concern and pessimism about the prospect of a deconstruction of cultural meanings due to the conflict between formal rationality and its substantial counterpart (Trubek 1986; Mitzman 1985; Ma 2008; Camic et al. 2005). There is also an issue of the degree of appropriateness and balance between and among such modern values as liberty, equality, democratic participation, and rights and claims. Without the restraints and coordination by norms, a society's internal tensions may increase, with increasing interpersonal distrust, rendering it difficult to regulate the relations between varying classes and interest groups, and finally resulting in relativism and anomie. In order to prevent or solve these issues, and to maintain social stability and integration, we will have to resort to traditional *sittlichordnung* (the order of ethics), customs and manners, and solidarity, which may nevertheless lead to an increase in cultural conservatism and exert a negative impact upon the process of institutional reform.

In order to break away from this paradox of modernity and keep an appropriate balance between historical progress and societal integration, we need to offer an interpretation reworking of the existing values, norms and ideologies characterised with irrationality and authority, so as to achieve consistency with the theory and institutions of modernity. Meanwhile, we also need to analyse and compare with rigour those fundamental principles running through varying conceptions of the state and policy arguments, on the basis of which we will select, choose and reconfigure them in accordance with the complex needs of the system of state governance and modernising governance competence. In this sense, the guideline for a rule of law China (*Rechtschina*) has to possess a compound and flexible structure to target such different aspects and dimensions as reform and integration, reason and emotion, individual liberty and social solidarity, and enable both the competition and integration of different principles. This also means in the future legal ideology will not fixate a particular interest as an absolute truth; instead, it will certainly carry some characteristics of plurality and coexistence, enabling a technical competition between and among varying interest claims and their legitimation argumentations. We will then be able to liberate ourselves from the mentality of determinism and essentialism. At the same time, because of this plural outlook of values, the principle of just procedure, which is built on consensus through argumentations and communication in the form of an agonistic democracy, has become extremely important (Mouffe 2013). In this sense, the tripartite conceptualisation of value, the competition and convergence of principles, and the procedure of legal argumentations, which will be discussed in the latter half in this paper, are pairs of complementary and compatible concepts.

II   A Genealogical Analysis of Legal Ideology

There are a few cornerstones to the market economy institutions and a rule of law order in Western Europe and North America, namely free competition (economics), self-accountability (morality), and natural rights (politics). In general, this is an ideology of individual liberty based on the law of nature and natural justice — an ideology that contains profound internal contradictions. Kennedy from Harvard Law School proposed his well-known claim that:

> "⋯the goal of individual freedom is at the same time dependent on and incompatible with the communal coercive action that is necessary to achieve it. Others (family, friends, bureaucrats, cultural figures, are necessary if we are to become persons at all–they

22   Reconstructing Legal Ideology in China 〔Ji Weidong〕

provide us the stuff of ourselves and protect us in crucial ways against destruction. ···the universe of others(family, friendship, bureaucracy, culture, the state)threatens us with annihilation and urges upon us forms of fusion that are quite plainly bad rather than good. ···Numberless conformities, large and small abandonments of self to others, are the price of what freedom we experience in society" (Kennedy 1979: 211-2)

This contradiction can be seen in the distinction, antithesis, and even conflicts between individualism and altruism, formal justice and substantial justice, rights prioritism or policy prioritism. In order to prevent this internal contradiction of ideology from adversely affecting the objectivity, neutrality and the accompanying predictability of applying rules, modern jurisprudence literature like H. L. A. Hart' s legal positivism adopts a dichotomous methodology to distinguish objective facts from subjective values, with special emphasis on the formality of the way of legal thinking, namely the judges strictly or even mechanically applying rules. This can meet difficulties in complex social reality, where even a strict application of rules may lead to a result that contradicts the intention of legislation. Where the legislation is a result of contestation and compromise, and of a delicate and vulnerable balance of different relations, this should not blind us to the fact that lawmakers cannot possibly predict in a full manner what will happen in the future, for which reason, to mechanically apply rules to unpredicted facts may in all probability lead to the development of a situation further away from what has been intended, finally resulting in an accumulative deviance of the law from the society(cf. Kennedy 1991: 332-5). This is the formality paradox for a modern system of law. Faced with this formality-based predicament, legal theories need to find some third way, or a medium that might coordinate such antithesis, and to strengthen the cohesion of the law system as a whole. For this very reason, there is a need to re-examine the existing structure of ideology and the way of legal thinking.

It is well-known that during the modernisation of law in Western Europe, as the core value of order, natural law helped to reflect on, improve, rectify and rationalize specific national laws that existed in practice. The different understandings of the content and concept of natural law contributed to the continuous development of the natural law theory. In the Middle Ages, natural law was once understood as the God's will and the arrangement of a divine rationality.[4] Later on, with the rise of secular rationalism, authors like Hugo Grotius tried to seek a human-based, secular foundation of natural rights, proposing the two maxims

---

(4)   For instance, Aquinas believed that human reason is both incapable of and has no authority in participating in the creation, promulgation and determination of the natural law, apart from its meagre role in interpreting and sharing the divine reason. See Maritain 1960.

II A Genealogical Analysis of Legal Ideology

of a self-defence of one's body and life, and a prohibition of doing damage to other's body, life and property (Grotius 2005). When the scientific rationality was more advanced, the rules of law gradually became the connotations of the natural law. For Kant, the natural law is the categorical imperative, by which both the ruler and the ruled need to abide, so as to achieve virtue (Kant 1998: 540–2, 2002: Section 2, esp. pp.23–7). Properly grasping this historical evolution can help decode at a deeper level the rule of law order in modern society, to conduct comparative study of institutional designs, and to offer intellectual support for finding solutions to the problems facing the task of an all-round deepening of reform in China.

II.1 *The Rational Design of an Legitimacy Mechanism*

If we trace the historical evolution of social structures, it can be seen that the biggest political task facing Western Europe back then was to liberate individuals from the traditional status-based bondages in the Middle Ages, to build a civil society on the basis of liberty and equality, to satisfy the demands by a capitalist market economy on production factors, to break *ancien régime*, and to redesign and construct a new order capable of preventing the government from using its power to interfere with market transactions or to infringe upon individual liberty. To solve this ground-breaking task, enlightenment scholars reinterpreted existing thoughts on natural law, established varying social contractarian theses or contractual statism, and continuously searched for value bases that both restrain and legitimise government power in notions of natural human rights, free choice, individual consent, collective consensus, and social recognition. Apparently, they sensed the need for a modern state to rebuild a legitimacy mechanism based on social recognition and in accordance with reason. In other words, there should be a need for a rational design of a normative order from scratch.

II.1.1 A Conception of Unlimited Government based on a Contract of Full Trust

In the seventeenth-century United Kingdom, the origin of modern constitutionalism, Hobbes made the notion of free individual his starting point to explore the pathways to reform political institutions. In *Leviathan*, Hobbes attempted to prove the rationality for the state to enjoy wide-ranging authorities from the perspective of the means of achieving peace and security.

The state of nature for Hobbes is a jungle of the strong predating on the weak, a war of all against all, where there is a widespread sense of insecurity that is based on mutual distrust. In order to avoid the danger of death and to pursue happiness, individuals have to enter into contract within a necessary range, thereby abandoning their natural right equally. According to Hobbes,

"The only way to erect such a common power, as may be able to defend them from the

22 Reconstructing Legal Ideology in China 〔Ji Weidong〕

invasion of foreigners, and the injuries of one another, and thereby to secure them in such sort as that by their own industry and by the fruits of the earth they may nourish themselves and live contentedly, is to confer all their power and strength upon one man, or upon one assembly of men, that may reduce all their wills, by plurality of voices, unto one will: which is as much as to say, to appoint one man, or assembly of men, to bear their person; and every one to own and acknowledge himself to be author of whatsoever he that so beareth their person shall act, or cause to be acted, in those things which concern the common peace and safety; and therein to submit their wills, every one to his will, and their judgements to his judgement. This is more than consent, or concord; it is a real unity of them all in one and the same person, made by covenant of every man with every man, in such manner as if every man should say to every man: I authorise and give up my right of governing myself to this man, or to this assembly of men, on this condition; that thou give up, thy right to him, and authorise all his actions in like manner. This done, the multitude so united in one person is called a COMMONWEALTH; in Latin, CIVITAS. This is the generation of that great LEVIATHAN, or rather, to speak more reverently, of that mortal god to which we owe, under the immortal God, our peace and defence. For by this authority, given him by every particular man in the Commonwealth, he hath the use of so much power and strength conferred on him that, by terror thereof, he is enabled to form the wills of them all, to peace at home, and mutual aid against their enemies abroad. And in him consisteth the essence of the Commonwealth; which, to define it, is: one person, of whose acts a great multitude, by mutual covenants one with another, have made themselves every one the author, to the end he may use the strength and means of them all as he shall think expedient for their peace and common defence"(Hobbes 1651: 105-6)

Nevertheless, a contract without coercive measures can be no more than a piece of paper, not sufficient to ensure security and safety, for which reason, there is a need to set up a common decision-making agency that monopolises power. It should either be a strong man (or ruler), or a parliament where the minority listens to the majority. Only upon the establishment of such an agency will it be possible to avoid the state of inventing right-wrong standard for each and every particular person. For this very reason, the state is a consciously-built, utilitarian-rational product by members of society who care for their own interests. The law can be understood as the ordinance of the state, as well as a common social standard to render judgements. Where everyone abides by the law, then law and order will be established. For this very reason, the state will need to possess the authority to compel everyone to obey its orders. On the other hand, all individuals will need to surrender their natural rights to the state with an unlimited trust in it. Hobbes even argued that to prevent a

II   A Genealogical Analysis of Legal Ideology

return to a state of conflicts and war, the authority of the state should be unshakable and absolute, which is the reason why there should be no recognition of freedom of religion, freedom of ideas, or freedom of speech (Hobbes ch.18). Apparently, what Hobbes showed is a blueprint of an unlimited government. The principle of contract in fact only exists in interpersonal interaction, not applicable to the relationship between the state and its citizens. Therefore, Hobbes closed off the possibility of what Maitland called "double trust" (Maitland 2003).

II.1.2   The Conception of a Limited Government with a Two-Step, Dual Structure

In stark contrast with Hobbes was another eminent political thinker during the Glory Revolution, John Locke. Although Locke regarded human beings as God's creature, his theory also starts with the notion of free individual. In his *Treatise on Government*, Locke imagined the state of nature to be one where communal resources are transferred to private hands through labour.[5] The ownership of one's property and body is at the risk of being infringed upon. The understanding and implementation of the natural law is also uncertain. In order to provide concrete protection for individual's life, body, liberty, and property, there is a need for social contract, centralising individual rights of judgement and implementation in a single, unified political power, which may be exercised according to majority's decisions. In Locke's own words, "Whenever therefore any number of men are so united into one society, as to quit every one his executive power of the law of nature, and to resign it to the public, there and there only is a political or civil society" (Locke, 2003, § 89, pp.137-8). Here, "all private judgment of every particular member being excluded, the community comes to be umpire, by settled standing rules, indifferent, and the same to all parties" (Locke 2003, § 89, p.137). On the other hand, the political power may be entrusted, via a majority decision, to the government made up of a certain small number of persons. Thus the state can take varying forms (Locke 2003, p.165).

It is clear that the Lockean social contract thesis has a dual structure. First, there is a political society formed out of consensus. Second, through the corporation of a political society, a contract is made to entrust power to the government. Different from Hobbes, through social contract, individuals surrender their natural rights once and for all, directly to the hands of the sovereign, thus constituting an absolute power. To a certain extent it can be argued that the dual structure in the Lockean social contract thesis has certain similarity to Maitland's thesis on trust and contract. Even the relationship between individuals and the state

---

(5)   For Locke's important contribution in explaining the origin of private property and defining government through safeguarding property ownership, see Locke, 2003, "Second Treatise on Government", § 5.

22 Reconstructing Legal Ideology in China (Ji Weidong)

is subject to the principle of contract, therefore, the essence of legal order is consent or recognition instead of mere coercion.

Obviously, what Locke depicted is an image of a limited government which confines its role to that of protecting individual life and property (Locke 2003, p.142, 161). The power is derived from consent or recognition, the exercise of which is constrained by the contract of trust. Even the lawmaker, as the supreme power-holder, cannot wilfully deprive any individual of his or her life or property. An independent judiciary thus acquires important meanings. Judges will only answer to the universal, ever-lasting legal norms made through certain procedures, free from any external interference, so as to ensure an impartial exercise of the judicial power (Locke 2003, "Second Treatise", p. 164, esp. § 11, 12). Once the government has surpassed the boundary of trust and infringed upon individual property, liberty, body and life, people may dissolve this trust relationship, retrieving the power into their own hands. This is likely to lead to a war between the government and its people, where Locke believed that citizens' resistance to a cruel government is reasonable (Locke, 2003, "Second Treatise", § 19).

Thus the Lockean treatise on government has an in-built two-step order. During the peace time, an independent judicial power can be used to restrain government power, while when government abuses its power to exert oppression, people can exercise their rights to resist, or resort to public opinion, to change the government in power. It will be interesting to note that Marx believed that it is the internal contradictions within civil society that lead to the fissure between society and state, while a wilful government as imagined by Locke is no more than a self-alienation of the society.[6] In his *Economic and Philosophical Manuscripts of 1844*, Marx regarded private property as the result of estranged labour, for which only until the demise of private property will it be possible for us to sublate the fissure between society and state, where the government shall return to a political society with direct democracy. Indeed, during the long periods of transitioning, the state is still a necessary evil (Tan and Zhang 2010). Apparently, Marx started from a point totally different from Locke, especially with their notions concerning private property. Nevertheless, they shared something in common with regard to their attitudes towards the government.

II. 1. 3 The Antithesis between the State and Individuals and the Issue of Internalised Order

In spite of the differences between Hobbes and Locke in terms of their ideas on the state,

---

(6) Gramsci defined the state as a political society plus a civil society, which is a cultural hegemony cloaked with a coercive clad. This may seem to approximate the position of Locke. See Gramsci 1971, p.12.

II A Genealogical Analysis of Legal Ideology

the basis of their social contract thesis or contractarian state is invariably the unencumbered individual. Through a common power, disperse natural rights are organized to build law and order, so as to ensure the safety and happiness of every citizen. In their view, citizens enter into a contract which relinquishes their natural rights or form groups to establish a contract for the purpose of survival, with a consideration of individual benefits, including life, body, liberty, and property. For this very reason, state, as a purposeful organisation, originates from an interpersonal calculation of cost and benefit, advantages and disadvantages. It does not derive from interpersonal emotions, morality, or cultural traditions. In this sense, their conceptions of the state does have a certain sense of modernity, with rationality and utilitarianism that accord with market economy and a society of interest groups. At the same time, there is one thing that their conceptions of the state share in common, that is the emphasis on the distinction or even antithesis between the state and individuals, the public and private sphere. Thus the state is external to individuals, to the private sphere, and to the society.

In this binary structure, now that the state is external, functional, and formalised, then who is the one, and in which way, to maintain the continuance of the state? Why have citizens been upholding the state that is in constant tension with them and obey its orders? Even though the state is born out of a contract between different interests to protect life and property, thus acquiring legitimacy and rationality, it still cannot avoid such questioning. Upon its establishment, the state has been regarded as an antithesis to individual liberty, thus individuals in pursuit of maximum liberty will constantly come into conflict with the state, which increases the institutional cost of maintaining order and consumes its orthodox resources. Is there a way to enable individuals and the state to coordinate, cooperate and cohere? For the aforementioned questions, Hobbes and Locke did not offer any satisfactory theoretical answers.

Noticeably, Jean–Jacques Rousseau, the French thinker, proposed a theory that provides the missing link in previous social contract thesis, unifying the state and individuals and putting them into a cooperative and even integrated relationship, although his answer is slightly more radical than others.

II.1.4 People's Sovereignty and the Paradox of "General Will" in a *Rechtsstaat*

Rousseau's social contract thesis starts from free individuals as well. He also assumed that members of society shall change the state of nature and establish a government in order to protect their own life and property, although his focus is on the implementation of the contract instead of the establishment of it. Rousseau emphasised that only when the establishment of a political community makes each and every one feel as if he or she were following his or her own will in the state of nature can we call such domination legitimate. To this end, he

22 Reconstructing Legal Ideology in China [Ji Weidong]

suggested an aggregation of all particular wills in pursuit of individual interests into a "general will" (*volonté générale*) that aims at achieving benefits for the society as a whole. In order to formulate a general will, community members need to vote on the basis of deliberation and communication in light of a sufficient amount of information. The majority opinion formed in this way can be recognised as the right general will. The core idea of Rousseau is as follows:

> "*Each of us puts his person and all his power in common under the supreme direction of the general will; and we as a body receive each member as an indivisible part of the whole.* ···Immediately, this act of association produces, in place of the individual persons of every contracting party, a moral and collective body, which is composed of as many members as there are votes in the assembly, and which, by the same act, is endowed with its unity, its common self, its life, and its will. The public person that is formed in this way by the union of all the others once bore the name city, and now bears that of republic or body politic; its members call it the state when it is passive, the sovereign when it is active, and a power when comparing it to its like" (Rousseau, 1999, pp.55-6, italics original)

Citizens not only need to obey the power, they are also the subjects of power. In other words, citizens confer to the sovereign their own natural rights, and at the same time, they also become part of the sovereign (Rousseau 1999, pp.56-7). To use a well-known Chinese saying, the state sovereignty should have the feature of "coming from the masses and eventually returning to the masses" as described by Mao Zedong (Mao 1991, p.899). Indeed, this means that individuals will need to become "unselfish" or "selfless", entrusting their personal life and property to the general will derived from the majority opinions and to political organisations in the Republic. However, individuals as the subjects of power are not in antithesis with the state power. What is particularly noteworthy is that Rousseau resorted to the rule of law to unify individuals and the state.

According to Rousseau, as the embodiment of the general will, law should be applied equally to all citizens, where the state also has to act in accordance with the law. Only through such an institutional arrangement will it be possible to ensure that law which protects life and property is in accordance with the public interest of all. In this sense, the Republic has to be governed in accordance with the law. The key issue here is who makes the law. In order to make sure that citizens under the governance of the state can be as free as they were in the state of nature, law has to be made by the people themselves. Rousseau claimed that the law-abiding people should also be law makers (Rousseau 1999, p.76). In other words, only participation in the law-making process will ensure obedience to law, because if people violate the law afterwards, they also violate their own will, resulting in the paradox of non-contradiction. Furthermore, now that the law reflects the people's will, their acceptance

II   A Genealogical Analysis of Legal Ideology

of restrictions by the law will not make them feel unfree. Laws passed with the approval of the majority may make the minority feel oppressed, but the general will include the will of the minority as well. In fact, a majority-backed law can be regarded as one in accordance with the general will, thus the minority will have to obey it. This is the essence of establishing a social contract on the basis of unanimity(Rousseau 1999, pp.136-8).

On the basis these arguments, in the name of the general will, only when citizens devote themselves to the Republic will they become the real masters of it. In this sense, each and every citizen in the Republic is equal and they have to be in concert. However, it is this point that absolutises the general will. By the same token, the sovereign which is to implement the general will is also absolutised and so is the obedience of the people to the sovereign. In Rousseau's opinion, only through an active, spontaneous and unselfish contribution to the state will citizens acquire a moral personality. The essence of the Rousseausean republicanism lies in a "religion of citizens" where members of society do not expect the government to serve them, but instead, actively participate in public affairs(Rousseau 1999, p.162). Thus the Rousseausean social contract thesis excludes such transcendental concepts as the natural law. It starts from the people's sovereignty. The result of an absolute deduction in accordance with such monistic republicanist logic is a totalitarian system, rendering the sovereignty that claims itself to be the general will a transcendental, absolute entity.[7]

This is the biggest paradox that absolute legal positivism brings to modern democracy and rule of law. Imaginably, to solve this paradox, there is a need to establish a transcendental entity for the system of law, which can not only eliminate the antithesis between individuals and the state, but also position itself as the base of reflective rationalism, as the reference system for establishing the orthodox law and order and institutional reform, and as a leverage to continuously improve the degree of democracy in political decision-making. Then, what on earth can this transcendental entity be?

II.2   *Reciprocity, Commonality, and the Significance of Historic Traditions*

In general, this transcendental entity can either be a revolutionary ideology, or the historic tradition of a particular culture. When historic traditions stand in the way of societal development, a new ideology is needed to break the shackle. When the centripetal force of a particular ideology weakens, then cultural traditions are needed for societal integration. If the Rousseausean social contract thesis is a revolutionary ideology, then the commonality internal to customs of historic traditions may help to prevent the ills that come from a radicalised

---

(7)   For a critique of this absolute notion of sovereignty, see Constant 2003, Bk 2, pp. 56-63.

revolution, solving the aforementioned paradox of general will. In other words, although the core value internal to a rationalist modern state is the social contract thesis, there is still one more latent value dimension, namely, the communication and consensus that form the basis of the general will, and the commonality that they generate. This communication and consensus have to take form in certain context, thus there is a need to take into account historical traditions. The natural birthplace of commonality is also the continuing community in real life. To this end, we have to examine the content and influence of another conception of state during the modernisation of Western Europe, so as to gain a fuller appreciation of the modernisation of the system of state governance. We consider the core value of modern state governance as a dual structure or a plural structure formed during the co-opetition between two entities, in order to recombine at the politico-legal level with another diverse value system in the Chinese context.

It is well-known that David Hume was quite critical of Rousseau's social contract thesis, a critique that led to a transformation in the notion of natural law. Although he believed that the government will protect or even incentivise citizens to implement the agreement they enter into for mutual benefit, he mainly refers to specific contractual relationship, not the abstract social contract or a rational design starting from scratch (Hume 1896). From an empiricist and sceptic's perspective, Hume argued that the state does not need any particular logic for justification or legitimation, because power is the state's origin, and the benefits brought along by the state are sufficient to induce citizens to recognise, consent to and trust the state (Hume 1896; Gao 2004, esp. Ch.5; cf. Pan 2010). In this sense, the justification of the state is always *ex post facto*, characterised by reciprocity and rooted in the continuing commonality. Therefore, rational governance is an evolutionary process with continual improvement, a spontaneous order, while the "starting from scratch" institutional design offered by the social contract thesis to overthrow everything old and build all anew is simply unrealistic. Based on these arguments, Hume believed that the moral reasons used to justify law and order come from customs and manners, and *sensus communis* among the citizens. A government which can maintain the continuity and succession of history will be upheld by citizens (Hume, 1998, Ch.3).

II.2.1 Restrained Freedom and the Principle of Inheriting the Constitution

In Edmund Burke's view, this conception of the state with an emphasis on historical traditions is not isolated from liberalism. On the contrary, only when liberty is regarded as an inherited right will it be truly realised, while the universal principle of social revolution proclaimed in the Declaration of the Rights of Man and the Citizen is dangerous, since it is likely to lead to capricious despotism.[8] In his letter to his friends in France, he wrote:

"…from Magna Charta to the Declaration of Right, it has been the uniform policy of our

II   A Genealogical Analysis of Legal Ideology

constitution to claim and assert our liberties, as an entailed inheritance derived to us from our forefathers, and to be transmitted to our posterity; as an estate specially belonging to the people of this kingdom without any reference whatever to any other more general or prior right. By this means our constitution preserves a unity in so great a diversity of its parts. We have an inheritable crown; an inheritable peerage; and an house of commons and a people inheriting privileges, franchises, and liberties, from a long line of ancestors" (Burke 1910, p.31)

He also believed that the advantage of this constitutional policy and institution, which are in harmony with nature, is that:

"They render deliberation a matter not of choice, but of necessity; they make all change a subject of compromise, which naturally begets moderation; they produce temperaments, preventing the sore evil of harsh crude, unqualified reformations; and rendering all the headlong exertions of arbitrary power, in the few or in the many, for ever impracticable. Through that diversity of members and interests, general liberty had as many securities as there were separate views in the several orders; whilst by pressing down the whole by the weight of a real monarchy, the separate parts would have been prevented from warping and starting from their allotted places" (Burke 1910, p.33)

Indeed, we can see the difference between an English model and its French counterpart during the process of modernisation. More importantly, we have seen the different aspects of modernising the system of state governance: rationality and commonality, novelty and continuity, as well as the tensions between them. It is because of such tension that liberty is a restrained one, and democracy is a compromised one. More importantly, Burke emphasised the significance of dynamic balance between different classes and strata to good governance. In essence, the intellectual contribution of Hume and Burke is the embedding of otherness and commonality in individual liberty, giving the ideology of state modernisation plurality and complexity. This also enables the state to strike an appropriate balance between and among its various components.

II.2.2   An Intellectual Positioning between Individual Rights and the Community

The core value of the modernisation of state governance should contain and in fact has always contained two aspects, one being the principle of state rationality and contractarianism

---

(8)   Burke, 1910, pp.7–43, esp. p.21. Cf. Burke 1960, Ch.1 on the tradition of political system and customary rights, esp. pp.24–5, 30–3, 36.

22 Reconstructing Legal Ideology in China 〔Ji Weidong〕

protecting individual liberty and equality, where citizens form groups based on mutual interests, with equal footings under a uniform state power and system of law and becoming the sovereign through procedure of democratic participation. The other aspect is value commonality based on historic traditions, with the ethics of responsibility and the principle of inheritance to strike a balance between interests and recognition. In this regard, the state is regarded as an organic entirety, inclusive of all citizens and their descendants, forming an emotional order based on customs and manners. The former aspect emphasises the revolutionary characteristics of modernisation and individual liberation, while the latter focuses on the path-dependency of enlarged scope of liberty, which exhibits continuity in history and is subject to common good. Among the logical relations with respect to modernity, the former is the backbone while the latter is the auxiliary. A political entity that functions as the carrier of modern rule of law is called a "nation state", embodying both of the aforementioned two aspects, where "nation" means a common ancestor, language, culture and value, while "state" means a unified domination structure.

To examine the issue of China's modernisation in the background of all these varying theses, it is not difficult to see that the existing state ideology is in fact and has to a large extent been influenced by the Rousseausean political philosophy of republicanism (cf. Schwartz 1996). There is indeed a substantial leap, that is based on Marxian historical materialism, instead of emphasizing on a rational arrangement starting from scratch, it stresses that the society is the base of the state, and focusing on the dialectical process of productive force and productive relationship moving from gradual to sudden changes. It does not place much emphasis on social contract. Instead, it emphasizes on class struggle, which is regarded as a means to individual liberation, and on a utilitarian principle of governance that is Legalist in nature. However, it is noteworthy that in the *Communist Manifesto*, what Marx and Engels set as the final goal of social movements or the future of human development is an *Assoziation* that finally eliminates class opposition and struggle. This is especially true with respect to Engels' thoughts on legal sociology in his late years, which pays more attention to the effect of state institutions and ideology on economic relations, as well as the multilayer media structure thus engendered (Fujita 1974, p.81, 149). On the other hand, in recent years, with increasing tensions during the transitioning period, there has been a renewed understanding of China's cultural traditions, Confucianism, and the ethical relations in geographico-consanguine communities. The discourse on morality, rites and harmony has gradually become an important source of societal integration. It is not difficult to imagine that if we continue to discuss the dialectical unity of the two aspects in the conception of the state on such ideology basis, then it will be very easy to slip back into the past traps of "Confucian exterior Legalist interior" (ru biao fa li), or "virtue dominating punishment supplementing" (de zhu xing fu), resulting in a complete demise of the reform and opening–up project. We are now in greater need of a system of value or belief that is capable of integrating individual liberty, societal coexistence, and rational regulation of the state, so as to prevent certain subjective claims from travelling too far in the direction of solipsism and to enable those fundamental constituents of a just order to reach a balance consistent with current situation of China.

Ⅲ   A Tripartite Structure of a Republican Conception of State

Based on the aforementioned analyses, it is not difficult to reach a conclusion that in order to truly achieve the modernisation of the system of state governance and governing competence, and to achieve a soft landing of a systematic transformation of political institutions, there is a need to offer a creative reinterpretation of the existing legal ideology. On the one hand, a citizen–based, social contractarian, rational, and just procedure can be embedded into the existing system of values. On the other hand, equal, just, minimum protection and safeguard of society can be included in current laissez–faire libertarian orientation. In this way we could develop a unique pathway with Chinese characteristics. Legal theory should not and cannot unify all existing values in reality, or seek to solve all the differences and conflicts between competing values. On the contrary, it should lead value of varying dimensions or different policy orientations to co–exist, compete, complement, and integrate within an open, inclusive frame of interpretation. Therefore, the goal of legal theory innovation should be to create an intellectual habitus seeking the common denominator of the society via competitive debates, or a "legal ideology as the forum of negotiations".

This Chinese third way, between the social contractarian conception of the state and its historic–traditional counterpart, between liberalism and communitarianism, in a large degree can be presented as a type of republicanism, which accepts market economy reform but pays more attention to just competition and distribution, and seeks justification and legitimation in the existing mainstream discourse. It emphasizes social autonomy and virtue, but with more stress on a positive liberalism of individuals participating in politics, and aims at gradually achieving equal freedom for all through democratisation. Different from a typical claim of social democratism, this republicanism attends more to violation of rights at the micro–level, attempting to address the injustice experienced by individuals in particular cases. It thus places emphasis on a rule of law order and considers judicial reform as an entry point to institutional transformation. Thus to a large extent it exhibits a procedural–libertarian tendency. Although this republicanism may be more or less problematic due to compromise, in value judgements it will consistently uphold the principle of freedom and equality, while in political practice it also incorporates certain elements of stability and pragmatism. This republicanism can organically incorporates the following three elements: (1) individual liberty (rights) closely

22 Reconstructing Legal Ideology in China 〔Ji Weidong〕

associated with modern market economy, (2) commonality closely knit with cultural-historic traditions and social autonomy(morality), and(3)macro-management and fiscal redistribution by the state power(social welfare). It thus has a very inclusive tripartite structure. It can be regarded as the common denominator of varying claims, capable of forging a most widespread consensus and becoming the new core value.

Ⅲ.1 *Different Trichotomies Associated with Substantial Values*

The tripartite structure of psychological entity, a system of norms, and the principle of order is not a new argument. Polanyi, as early as in 1944, suggested a trichotomy of "exchange"(individual rights), "reciprocity"(social morality)and "redistribution"(state welfare)in a self-regulating market (Polanyi 1944, Ch.4, esp. 41-6). From the late 1970s onwards, quite a few leading social theorists and jurists also put forward similar opinions along this line. For instance, the plural justice thesis by David Miller offers a typology of solidarity-based community, instrumentalistic unions like market, citizen qualification, and bureaucracy(Miller 1999).

In the theoretical system of Niklas Luhmann, the main medium to enable and maintain social order is "truth"(or "affection" under some circumstance), "currency" and "power" (Luhmann 2005, p.63). Although this bears no direct relation with legal ideology, it may reflect varying substantial value judgements. Douglas North's institutionalist economics emphasizes on the "ideology" that determines the relationship between cognition and response, on "property ownership" which functions as the inducing system, and on "the government way of existence" that defines and implements property ownership(North 1981). In legal scholarship, Roberto Unger, when examining the legal order in modern society with a comparative perspective of China's historical experiences, suggested a research framework of "interactive customs, a rule of law system, and bureaucratic management", which is referred to as the "three concepts of law" by him(Unger 1977). Nonet and Selznick introduced a trichotomy of legal order, which refers to the repressive law, the autonomous law, and the responsive law(Nonet 2001, pp.29-35). This trichotomy embodies the competition and coordination between different policy orientations. Shigeaki Tanaka, the Japanese jurist, proposed a concept of autonomous law somewhat differently, which is not related to market society, but to the commonality in traditional society. The autonomous law as proposed by Nonet and Selznick is replaced with another term, namely the universalist law. Tanaka's trichotomy of law is the autonomous law, the universalistic law, and the management law (Tanaka 1986). There can be many more theoretical models of this kind in the field, of which I will not go into further details here.

Gunther Teubner, a German jurist, pays more attention to the value connotations internal

Ⅲ   A Tripartite Structure of a Republican Conception of State

Table 1   A Rationalist Trichotomous Structure of Modern Legal Order

Dimensions	Types		
	Formal Rationality	Substantive Rationality	Reflexive Rationality
Justification of Law	The perfection of individualism and autonomy: establishment of spheres of activity for private actors.	The collective regulation of economic and social activity and compensation for market inadequacies.	Controlling self-regulation: the coordination of recursively determined forms of social cooperation
External Functions of Law	Structural premises for the mobilization and allocation of resources in a developed market society and for the legitimation of the political system.	The instrumental modification of market-determined patterns and structures of behaviour.	Structuring and restructuring systems for internal discourse and external coordination
Internal Structures of Law	Rule-orientation: conceptually constructed rules applied through deductive logic	Purpose-orientation: purposive programs of action implemented through regulations, standards, and principles	Procedure-orientation: relationally oriented institutional structures and decision processes

Source: Teubner 1983: p. 257

to a modern system of law, especially the plurality in rationalist ideology. He classifies legal rationality into the trichotomy of formal rationality(corresponding to market mechanism), substantial rationality(corresponding to the state's actions), and reflexive rationality (corresponding to communitarian self-governance), and examines different dimensions between and among them(Table 1)(Teubner 1983, 257). The concept of reflexive rationality is apparently influenced by the legal reflexive mechanism proposed by Niklas Luhmann, emphasizing on the evolutionary principle of restructuring and adjustment during the process of ongoing interaction and information feedback between the legal system and social environment. Through these three variables, the pessimistic conclusion of iron cage Weber proposed seems to have been sublated to a certain extent.

Ⅲ.2   *The Coexistence and Competition between Three Jurisprudences and Their Institutional Embodiment*

Can this value trichotomy of the modern legal system be applied to the case of China? As

483

22 Reconstructing Legal Ideology in China [Ji Weidong]

a matter of fact, Unger's three concepts of law are derived from China's historic experiences, albeit with an underplay of ideology within. The Chinese traditional mentality for long has been characterised with "the *tao* of three poles"(sanji zhi dao) (Book of Change 2000, p.309, cf. Pang 1993, pp. 79–94; 1995). It is thus in consistency with the competition and interpenetration between and among different principles. For instance, at the level of state ideology, such values as Confucianism, Legalism and Taoism can constitute a compound structure of opposition and complementation and a dynamic mechanism of mutual promotion and restraint. Nobuyuki Yasuda, a Japanese comparative legal scholar, also argued that among all the developing nations in Asia, all contemporary legal ideologies can be expressed through a mentality that mixes all three jurisprudences, namely the "jurisprudence of the commons" (morality)in traditional society, the "jurisprudence of market"(rights)in modern society, and the "jurisprudence of ordinances"(utility) in the leadership of a developmentalist government, all of which thereby formed an intellectual *habitus* with internal tensions. There are different kinds of laws that correspond to these values, such as the "inherited law", the "transplanted law", and the "developmental law", constituting a plural landscape. Yasuda also offered an analysis of the differences between these three jurisprudences from the perspectives and dimensions of the structure of social relations, basic values, modes of behaviour, characters of norms, and ways of dispute resolution. He emphasized that the values for the jurisprudence of the commons include fraternity, overall satisfaction, and harmony; the values for the market jurisprudence include liberty, legitimation by seeking justification through an interpretation of norms, and justice; while the values for the jurisprudence of ordinances include equality, appropriateness in particular cases, and a just redistribution(Yasuda 1987, pp.49–59).

Noticeably, Yasuda believed that it is a universal phenomenon for the values in these three jurisprudences to co-exist, compete and complement, not only in the mode of governance in developing countries in Asia, but also in socialist system and in the framework of legal pluralism in developed nations in Europe and North America. There is merely a difference in the percentage and mutual relationship between and among the constitutive elements. He believes that in the developed nations in Europe and North America, the jurisprudence of market plays the major role, while in socialist countries, the jurisprudence of ordinances plays the major role. Where one element is the predominant, the other two shall play a supplementary role, albeit with continuous penetration into the mainstream value. Among certain Asian developing countries, there also has emerged a pattern of an equal share by the three elements with mutual integration. Obviously, legal ideology has developed a partial differentiation here, with different values competing for dominance in a common field. More importantly, Yasuda added a temporal dimension, arguing that the relationships between and among these three jurisprudences are changeable and gradual(Figure 1) (Yasuda 1987, pp.

IV A Reinterpretation of Historical Materialism

Figure 2 Composition of The Three Elements of Modern Legal Ideology and Its Institutional Implication

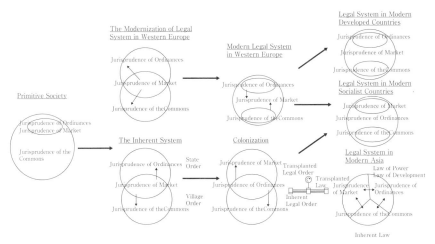

Source: Yasuda 1987: p. 63.

62-9). Since the late 1970s, socialist countries have started a renewed understanding of the jurisprudence of market and the jurisprudence of the commons, which as a matter of fact contributed to the changes in the position and constitution of the jurisprudence of ordinances. In which way these three values will be reconfigured depends on a republican attitude and position, as well as an understanding of political circumstances and social needs. In China, the traditional culture of "harmony with differences"(he er bu tong), as well as the philosophy of "combining three into one"(han san wei yi), apparently can help with resolving the issues of value plurality and complexity, for which a republican legal ideology will be easier for the society to accept.[9]

IV A Reinterpretation of Historical Materialism

To achieve a soft landing of the modernisation project of the value system of state governance, and to drive the Vyshinskian monistic legal ideology to develop towards the aforementioned tripartite republicanism or a Chinese tradition of "the *tao* of three poles", there is a need to offer an interpretative rereading of the authoritative discourse. To this end, there is a need to carefully examine historical materialism, exploring its rich meanings behind those

---

[9] As for the Confucian idea of "harmony with differences" and its relationship with public philosophical resources, see Jiang 2008, pp.3-27.

22 Reconstructing Legal Ideology in China [Ji Weidong]

dogmatic formulas, and to seek the original meaning of classical authors in the words of those popularised texts and the opportunity for theoretical innovation.

It is well-known that the fundamental principle of historical materialism is that changes in productive force (labour, land, and currency) will lead to changes in productive relations, which mainly refers to the social relations with respect to who allocates means of production and labour and how such allocation is carried out. The latter change will further result in a corresponding mutation in superstructure.[10] Although the superstructure may have an impact on the productive force and productive relations, fundamentally it is the economic base and the material conditions within a given society that determine the superstructure's mode of existence.[11] In contemporary China, since the mid-1990s, there has been some substantial change in the economic infrastructure, where the market has been playing an increasingly decisive role in resources allocation. For this very reason, state institutions, the law, and social ideology will have to adjust accordingly, which is a basic requirement of historical materialism. In this sense, there is a need to restructure the value system and mentality in the Chinese legal order, mainly to strengthen the weights and importance of the "jurisprudence of market" (to borrow Yasuda's term), with relative adjustment in the relationship between and among the three jurisprudences. In particular, there is a need to curb the rampant inflation of bureaucratic power through anti-corruption measures (to overcome alienation), to allow philosophy of rights and public philosophy to restrain the operation of government power (to prevent a struggle to maintain power in a renewed class polity), and to institutionalise and introduce this notion and measure into due process and the rule of law.

In general, historical materialism emphasizes the scientific law of societal development, characterised by an idea of linear historical development and determinism. Within this analytical framework, individual's subjectivity and freedom of choices are seemingly absent. Nevertheless, a careful perusal of the original text by classical authors can reveal that this understanding is not necessarily correct, or at least not comprehensive. For instance, from the quotation below by Engels, some new entry points may be found therein. As Engels argued,

"…history is made in such a way that the final result always arises from conflicts

---

(10) The superstructure here mainly refers to the state and the law, while social ideology corresponds to the state and the law. See Marx 1992.

(11) Santiago Carrillo, the former secretary-general of the Spanish Communist Party, once pointed out that at times, a high tide of class struggle may lead to a temporary leap forward that transcends the contemporary development level of productive relations, which in return may make this leap forward lose its balance and degenerate. In the end, class struggle will be constrained by socio-economic conditions. See Carrillo 1977, pp.12-3.

486

IV   A Reinterpretation of Historical Materialism

between many individual wills, of which each in turn has been made what it is by a host of particular conditions of life. Thus there are innumerable intersecting forces, an infinite series of parallelograms of forces which give rise to one resultant — the historical event. This may again itself be viewed as the product of a power which works as a whole unconsciously and without volition. For what each individual wills is obstructed by everyone else, and what emerges is something that no one willed. Thus history has proceeded hitherto in the manner of a natural process and is essentially subject to the same laws of motion"(Engels, "Letter to Joseph Bloch", in Antonio 2003, p.73)

It can be seen that the historical process of abiding by objective laws may include many particular personal wills, which are mutually interconnected and interpenetrated. These individuals have their own social environments and milieus, constituting a force of synergy through ongoing gaming practices, which to a certain extent enables them to participate in the shaping of social structure. On the other hand, individual will cannot singlehandedly determine the development of public affairs, the result of which will invariably come from the contestation and combination of many particular wills. For this very reason, it is difficult to drive forward a societal development purely in accordance with a set plan or purpose. There always exist contingencies and unexpectedness in the dynamics of complex, competing forces, albeit following a natural mechanism of constant reordering. This argument provides us with important clues on how to reinterpret historical materialism from a non-deterministic and non-essentialist perspective, which contributes to the development in neo-Marxism views of society in Europe and North America.[12] A parallelogram-shaped dynamic field resulting from the synergy of numerous competing forces is compatible and consistent with a self-regulating market, which is within the research scope of public choice theory. In this sense, the distance between historical materialism and the theoretical framework of rational choice in the context of market economy may not be as far as what people have imagined. It will be easy to adopt a logic of practical rationality to consider the calculation of individual will, cost and benefit, and the cost of negotiations.

As a matter of fact, some scholars in the West have already attempted to combine historical materialism with rational personal choice and the concept of public choice, and use the analytical methodology of game theory and mathematical logics to offer a renewed understanding and interpretation of Marxism(cf. Elster 1982, pp.453-82; Collins 1994). For instance, similar to the Hobbesian issue of order in a war of all against all, from a Marxian

---

(12)   Laclau and Mouffe 2001, p.3, 85, 121. Mouffe even emphasizes the fact that all societies are the product of a series of order-building practices under contingencies, Moufee 2005, p.17.

22 Reconstructing Legal Ideology in China 〔Ji Weidong〕

perspective, in fact, this is an issue of how to allocate resources and profits to reduce or prevent disputes. At the level of law, it is an issue of rights on how to offer an institutionalized distribution of legitimate and due benefits.[13] According to modern theory of rational choice, what is most important with respect to rights and allocation is exchange and consensus, thus the fundamental principle for institutional design is to assume that individuals are homogenous, and to make individuals mutually respect others' rights through the rule of law. In this way, individuals will be able to acquire equal utility. Indeed, this model may be too simplistic. It seems as if we could achieve substantial equality once and for all. And yet, the result may not be as romantic as we want it to be.

IV.1　*A Marxian Jurisprudence as the Philosophy of Rights*

According to historical materialism, what is most important with respect to rights allocation（especially ownership rights）is inequality and domination, which will necessarily lead to non-cooperative contestation and even class struggle. To interpret the social-revolutionary ideal as revealed in the *Communist Manifesto*, namely "the free development of each is the condition for the free development of all"（the right to freedom）, or the thesis of duality in offence as suggested by Engels（the right to resistance）, there may arise a renewed understanding of historical materialism, on the basis of which to logically deduce an issue fundamental to the rationality of governance.[14] We should either let the non-cooperative contestation beget incessant class struggles, or enable varying interest claims to fully express themselves and to effectively coordinate their actions through an appropriate institutional arrangement. In my opinion, Marxism is essentially a philosophy of rights with its emphasis on the relations of economic ownership（social rights）, or a theory to argue for the rights of the disinherited as the rightful owners（property rights）.[15] Indeed, there can be different ways of resistance: lawful, peaceful, or unlawful, violent; individual, or collective. Through such lines

---

(13)　As understood by Adam Schaff from Poland, the Marxist movements were motivated by human interests. Humans are not created as the vehicle for social movements, see Schaff 1982, p.1.

(14)　For Engels, crime is a decadence in human nature as a result of private ownership, as well as the pristine form of proletarian resistance（the right to resistance）. Engels（1953, pp.47-9）.

(15)　As pointed out by Marx and Engels, "individuals who are independent of one another assert themselves and their own will, and because on this basis their attitude to one another is bound to be egoistical, that self-denial is made necessary in law and right, self-denial in the exceptional case, in self-assertion of their interests in the average case". Marx and Engels 1961a.

488

IV   A Reinterpretation of Historical Materialism

of thoughts, historical materialism can in fact lead us to a rule of law order with equal liberty, and an institutional design of deliberative democracy and elective democracy. More importantly, there is a new conception of institutions hidden here: an institution not only concerns rules of the game, but also exhibits the equilibrium in the game, and there can be multiple forms of equilibrium arising during the process.

If we integrate the aforementioned arguments with other theses and empirical results, it may yield a result that is more convincing. There are a few major theses proposed by Marx and Engels in the *Communist Manifesto*. First, the gap between varying classes or social strata, especially the continual increase in the wealth owned by the capitalist class, will lead to an explosion of social conflicts in a linear or non-linear way. Second, because of capital's incentive of self-appreciation, social tensions will increase and finally lead to a proletarian revolution. Those questions that need to be further explored and resolved include: why does the capitalist class have a strong incentive to increase their wealth? Why will the proletariat class resort to revolution instead of the law? If we compare the phenomenon of stratification in an economic society with the horizontal integration system explained by Simmel (Simmel 1999), or with the complex relationship among differentiation, interaction and integration by Durkheim (Durkheim 1984), then we will find many clues to answering these questions. In short, how to appropriately allocate resources among different social classes is a structural issue, where a wide recognition of this structure depends on a personal and collective experience of justice. The ability of this experience to lead to societal integration relies *a la fin* on the efficacy of rules. Needless to say, the contradiction between the subjectivity and objectivity of the law manifests itself in full here.

To deal with the relationship between the subjectivity and objectivity of the law, two propositions from historical materialism are worth our attention. One was proposed by Marx. As he pointed out, "Legislation, whether political or civil, never does more than proclaim, express in words, the will of economic relations" (Marx 1955, Vol. I, p.69). He also suggested that law should represent the interests and needs shared by the society and generated by a certain material mode of production (Marx and Engels 1961b, p.292). Marx's opinion differs from Vyshinsky's simplistic, politicised statement of "law as an expression of the will of the ruling class", instead, Marx emphasized more on the objective commonality of the law. In terms of this view, Labriola, the founding figure of Italian Marxism, offered a well-known interpretation. "The state is something very real, a system of forces which maintain equilibrium and impose it through violence and repression" (Labriola 1966, p.185). More importantly, from a Marxist perspective, the ruling class's legal ideology not only reflects the interest common to this class *per se*, but also has to recognize the particular interests of varying groups within this very class. Therefore, based on our experiences and logics, we may

489

22 Reconstructing Legal Ideology in China [Ji Weidong]

reach a conclusion that the administrative base of the ruling class is in unity, but its legal ideology is fragmented. There is thus a need to consider and balance various claims. For this very reason, even a bourgeoisie system of law will to a varying extent protect the interests of the ruled, which creates a relatively sufficient space for legal struggles and the use of law-abiding by the revolutionaries. In this process, there may even emerge the so-called "law of resistance", or even social policy or welfare state that benefits everyone in the country. Ignoring this fact may lead us to slip easily into the trap of legal nihilism (Weyl and Weyl 1968).

Therefore, in today's society where the market is playing an increasingly decisive role, building the legal system in China will need to start from the demands of a free competition mechanism, and to seek the common social denominator for all interest groups within the society, or their common beliefs. At the same time, there is a need to pay attention to social commonality, nurturing non-governmental organisations. These are the very essences of historical materialism. The aforementioned Marxian proposition also reminds us that in spite of the fact that personal will, freedom and rights are the keywords in modernising state governance, institutional reform does not start from the notion of "what kind of person we should be", but from that of "what kind of person we are in reality". In other words, individual subjectivity and freedom can only become intelligible within a certain context of productive relations, interest complex and culture. We need to grasp them from structure and processes. Although it will be possible to liberate citizens from the traditional order and relational nexus in which they are embedded, their mode of existence shall carry with it certain inertia. To charter an institutional reform from the premise of this "person in reality" can help us to do away with the contradiction between a social-contractarian conception of state (rationality) and its historic-traditional counterpart (commonality). Only through this will the legal order be able to shake itself off the inner contradiction between individuals and the government.

Another important legal proposition in historical materialism was proposed by Engels, concerning the difference between a good law and an evil one, with the reflexive rationality of state institutions, and a free competition between varying policies and opinions. He stated that if civil rules express socio-economic conditions in the form law, then the expression of such rules may be good or bad depending on circumstances (Marx and Engels 1965, p.347). This means that the relationship between superstructure and the economic base does not come into being on its own, nor does it follow a fixated mode. The forms of manifestation of law can also be comparable, optional, and perfectible. This shall leave us enough space for manoeuvring between subjective agency and technical rationality, which also provides a leverage point for institutional reform. Engels in his late years placed much emphasis on the counter-effect of the law on economy and distribution of wealth, offering some

IV   A Reinterpretation of Historical Materialism

historic-materialist intellectual clues on how to solve the issues of unfair competition and rich-poor gap in a liberalist market economy(Marx and Engels 1965, p.347). The key to modernizing state government is to incorporate Leftist notions like equality and justice into our institutional blueprint of rule of law, while at the same time to insist on the decisive role market plays in allocating resources, which also provides an important opportunity of strengthening the orthodox mechanism of law and order. This means that we will have to reject the absolute legal positivism, along varying institutions to go through the baptism of critical rationality and reflexive reason. They also need to pass the tests of legitimation, overcoming the power-related alienation in politics and economy, so that in the end we can approximate our ideas of fairness, justice, and democracy.

IV.2   Value Trichotomy and Communicative Procedure in a Rule of Law China (*Rechtschina*)

What is particularly noteworthy is that related to but different from the second proposition, according to historical materialism, law has for long been understood as an intermediary of social relations, and should maintain its neutrality and play its intermediary role. This is an opinion that differs markedly from the Stalinian notion of "class justice". Marx also argued that the legal system should play a very important role in the integral mechanism of socio-economic activities and development. For one thing, law is the intermediary of all social relations(productive relations, first of all). The realization of whichever social relation will need to have a legal embodiment in the first place. This role that law plays is attributed to its abstractness. Due to this feature, law can be more inclusive, so as to maintain its neutrality towards all the mediated relations it aims to include.[16]

We may implicitly envision a picture of *Rechtschina*, where the individual is abstracted as a subject constrained by objective conditions and with a basis consensus about the background. The individual may express his will, or raise demands, but they have to be coordinated with other's wills and demands. Thus there is a need to set an ideal situation for dialogue and discourse in a just procedure, as the Habermasian critical social theory and practical philosophy of law have suggested, which needs to satisfy at least three conditions: (1)a mutual recognition of independent personality; (2)an exclusion of coercion, to ensure freedom and equality, and providing enough opportunities for participation; and(3)to set up themes for discussion on the agenda on the basis of a sufficient disclosure of information and with a fundamental consensus. Correspondingly, the state and the legal system should be understood as a feasible social mechanism, responding more or less to personal claims in a

---

(16)   Mokichev(1979), Vol.2, on the chapter of state and law in Marx's works on economy, p.575.

22 Reconstructing Legal Ideology in China (Ji Weidong)

manner as much objective and neutral as possible. In a word, personal freedom and liberation are mainly achieved through a peaceful mechanism of rational discourse. The degree of liberty, the sense of being liberated, and the effect of response are all dependent on the reflexive rationality of the mechanism. In my opinion, this is the key to reconfigure the historico-materialist study of law.

To analyse and interpret legal ideology along the line of historical materialism, it is clear that Marxist legal studies actually contain rich connotations and opportunities for theoretical innovations, where the modernization of state governance system and governing competence cannot only be linked with the jurisprudence of ordinances, but also has to be connected with the jurisprudence of market and the jurisprudence of commonality.[17] This has opened up a new pathway for us to build a public philosophy that could keep abreast with social development and adjust to social diversification and complexity under the new historic circumstances. By the same token, it has extended a discursive space for us to build a fundamental consensus on institutional reform and the construction of a rule of law order with a more inclusive notion of republicanism.

The Fourth Plenum of the Eighteenth National Party Congress focused its attention on rule of law, setting "governance in accordance with the Constitution" and "state governance in accordance with law" as the fundamental guideline for future political activities. This means that the top echelon has in no uncertain terms rejected legal nihilism and rejected an outdated, anti-law notion of class autocracy. Against this background, it is not difficult to suggest that the legal ideology for a new age will need to transcend certain class-based subjective will, strike an appropriate dynamic balance between varying classes and social strata, and acquire such traits as greater inclusiveness, openness and epistemic concreteness. It needs to embody in a sufficient manner the three value orientations of state, market, and community or society. A republicanism based on such trichotomy can accommodate internally the coexistence, overlapping, interaction, and combination of varying values and interest claims, which will allow for a principle-based competition and integration of various systems of arguments and their solutions. This suggests that interpersonal communication and discourse, and related procedures to channel such communication have become more important. Only a discursive environment built upon the principle of due process will make it possible to maintain a republican spirit at the societal level where citizens can constantly engage in free discussions

---

(17) Trotsky, who argued for the bureaucratisation of a proletarian state, first pointed out this. He suggested that only through a coercive "political revolution" will it be possible to restore democracy. See Anderson 1976, pp.118-21. Đilas 1957 argued on the same topic.

of appropriate reasons to legitimate principles and moral judgements, to enrich the content of discourse within a multi-layered discursive environment, to refine ideological understanding, and finally, to reach a common position and attitude on justice and fairness so as to achieve an integration of social values.

V A Procedural Arena for Competing Claims

Against the background of emphasizing on the decisive role played by the market, rebuilding social self-governance, and protecting civil rights and liberties, this article attempts to offer a timely reconstruction of legal ideology for today's China. It examines the major values that appeared during the modernization of the state governance system, and distil from these values several most fundamental bases of justification: social contract, historic traditions, public philosophy, and historical materialism. It renders the seemingly monistic modern value relativized and diversified, providing opportunities for reconfiguring principles and theoretical innovation. Considering the reality of reform and opening-up in China and its challenges, there is a need for us to reinterpret historical materialism, which will enable us to break through the straitjacket of class-based subjective will and to adjust to the market economy base. In this way, we could strengthen the notions of liberty and civil rights that are largely absent in traditional discursive terrain, so as to ensure the equality in interpersonal interactions through rule of law and, in particular, through a due process of law. This does not suggest that we should subscribe to a Pashukanisian economist bent, nor does it suggest we should blindly embrace the ideology of individual liberalism. Our aim is to reposition the market competition mechanism and individual rights through the perspective of a plural structure, ensuring a universal, institutional safeguard for all liberties equally, and striking an appropriate dynamic balance via adjusting varying rights and claims. What is specifically noteworthy is that in order to prevent procedures and rule of law from being no more than a matter of formality, there is a need to encourage real individuals to actively participate in social life with their own, diverse community-based identities, and to mobilise varying forms of common resources, including a justification via historic facts and cultural traditions. Along this line, this paper advocates a trichotomous republicanism as a legal ideology for the "new normal" and new order in China.

In order words, this republicanism, which accords with China's goal to deepen its reform in an all-round manner and socialist core values, will indeed accept the general direction of market economy reform, while at the same time pay attention to the fairness in competition and distribution, attend to the role the state and communities play in adjusting the relationship between and among personal liberties, and seek functional equivalent and justification reasons for freedom and rights, collective pluralism, and democratic accountability in the existing

22 Reconstructing Legal Ideology in China (Ji Weidong)

mainstream discourse. Different from those typical social democratist claims, this republicanism pays more attention to the violations of rights at the microscopic level, attempting to overcome individual sense of injustice in particular cases. It thus emphasizes on the order of rule of law, and sets judicial reform as the breakthrough for institutional reform and transitioning, which to a certain extent possesses a procedural liberalism bent instead of a leftist liberalism one. This republicanism, while emphasising on social autonomy and virtue, places more stress on a positive freedom for individuals to participate in politics, so as to gradually achieve an equal liberty for all through democratisation, especially through an institutional arrangement of procedural democracy. This republicanism may still have problems as a result of compromise, but it upholds the basic principles of equality and freedom in value judgements, and maintains a solid position in political practice. Such republicanism can organically incorporate market, community and state, in particular, individual liberty closely associated with modern market economy (rights), commonality closely knit with cultural-historic traditions and social autonomy (morality), and justice achieved through government's macro-management and fiscal redistribution (social welfare). As a result, such republicanism can be regarded as a common denominator for the whole society, can build a widest societal consensus and can become a new core value.

Apparently, the modernisation of the state governance system and the reform of political institutions will invariably touch upon an adjustment of vested interests. It is difficult to expect that the set goals will be achieved in a friction-free manner, where conflicts and tensions are almost inevitable for a transitioning society. We need to uphold the principles of justice and fairness. This does not suggest that we need to return to the outdated ideology of class struggle and proletariat autocracy. Otherwise, the series of significant statements made during the Fourth Plenum of the Eighteenth Party Congress, such as "to regulate and restrain public power" and "to improve the public credibility of the judiciary", will not be achieved. Faced with the reality of a changed social structure and the emergence of diverse interest groups, in all probability a certain form of "dispute theory" better attends to the needs of a rule of law reform than various "consensus theories". For instance, in terms of institutional design, we can strengthen an adversary mechanism, promote conversation between competing claims, and support protecting rights in accordance with the law. Above all, activities of individuals or groups who are fighting for their rights and seeking to overcome alienation will need to be incorporated into an institutional, legal, and procedural framework, will need to be included into a rule-based game and a persuasiveness contest where the goal is peace, harmony and reconciliation. In this sense, the republicanism that China needs, which integrates the trichotomy into one, possesses greater inclusiveness and space for compromise, and constantly upholds fundamental principles, will surely have a strong birth print of rights

V　A Procedural Arena for Competing Claims

thesis, and will provide an increasingly improved arena backed up by procedures at the institutional level.

〔**References**〕

Althusser, Louis, Étienne Balibar, Roger Establet, Jacques Rancière, and Pierre Macherey. 2015. *Reading Capital, Translated by Ben Brewster and David Fernbach*. London; NY: Verso.

Anderson, Benedict. 2006. *Imagined Communities: Reflections on the Origin and Spread of Nationalism*(*New Edition*). London: Verso.

Anderson, Perry. 1976. *Considerations on Western Marxism*. London: Verso.

Antonio, R. J., ed. 2003. *Marx and Modernity: Key Readings and Commentary*. Malden, MA: Blackwell Publishing Ltd.

Book of Change. 2000. 周易正义（十三经注疏）= ［*Book of Change*］. Beijing: Peking University Press.

Buchanan, James M., and Gordon Tullock. 1965. *The Calculus of Consent. The Logical Foundations of Constitutional Democracy* Ann Arbor. University of Michigan Press.

Burke, Edmund. 1910. *Reflections on the French Revolution*. London; NY: J.M. Dent & Sons Ltd.; E.P. Dutton & Co. Inc.

Burke, Edmund. 1960. *The Philosophy of Edmund Burke: A Selection from His Speeches and Writings, Edited by Louis Bredvold & Ralph Ross*. Ann Arbor: University of Michigan Press.

Camic, Charles, Philip S. Gorski, and David M. Trubek, eds. 2005. *Max Weber's Economy and Society: A Critical Companion*. Stanford, CA: Stanford University Press.

Carrillo, Santiago. 1977. *Eurocommunism and the State* London: Lawrence and Wishart.

Collins, R. 1994. *Four Sociological Traditions* Oxford: Oxford University Press.

Đilas, Milovan. 1957. *The New Class: An Analysis of the Communist System*. San Diego: Harcourt Brace Jovanovich.

Durkheim, Emile. 1984. *The Division of Labour in Society, Translated by W. D. Halls*. London: Palgrave Macmilla.

Elster, J. 1982. Marxism, Functionalism, and Game Theory: A Case for Methodological Individualism. *Theory and Society* 11: 453-482.

Fujita, Isamu. 1974. 法と経済の一般理論 ［*A General Theory of Law and Economy*］. Tokyo: Japan Review Press.

Fukuzawa, Yukichi. 1984. 劝学篇 ［*On Encouraging Academics*］, Li Qun, trans. Beijing: Commerce Press.

Gao, Quanxi. 2004. 休谟的政治哲学 ［*The Political Philosophy of David Hume*］. Beijing: Peking University Press.

22 Reconstructing Legal Ideology in China〔Ji Weidong〕

Gramsci, Antonio. 1971. *Selections from the Prison Notebooks, Edited and Translated by Quintin Hoare and Geoffrey Nowell Smith*. NY: International Publishers.

Grotius, Hugo. 2005. *Rights of War and Peace, Edited by Richard Tuck*. Indianapolis: Liberty Fund Inc.

Hazard, John N., ed. 1951. *Soviet Legal Philosophy. By Lenin and Nine Other Authors; Translated by Hugh W. Babb*. Cambridge, MA: Harvard University Press.

Hobbes, Thomas. 1998. *Leviathan*. Oxford: Oxford University Press.

Hume, David. 1998. *An Enquiry Concerning the Principles of Morals*. Oxford: Oxford University Press.

Hume, David. 1896. *A Treatise of Human Nature, edited by Lewis Amherst Selby-Bigge*. Oxford: Clarendon Press.

Ji, Weidong. 1985. 关于法的一般定义的刍议——维辛斯基法律定义质疑〔"Discussion about the General Definition of Law——Critical Review of Vyshinsky's Definition of Law"〕. *Peking University Gazette No. 1985-12-13*.

Ji, Weidong. 1986. 关于法的一般定义的刍议——维辛斯基法律定义质疑〔"Discussion about the General Definition of Law——Critical Review of Vyshinsky's Definition of Law"〕. *Peking University Gazette No. 1986-6-25*.

Ji, Weidong. 1993. 程序比较论〔"Comparative Study of Procedure"〕, 1993(1) *Journal of Comparative Law* 1.

Jiang, Yihua. 2008. 儒家思想与东亚公共哲学—以'和而不同'意旨之分析为例〔"Confucianism and East Asian Public Philosophy——Analysis of The Meaning of "He Er Bu Tong" as An Example"〕. in Qing Liu, ed., 权威的理由：中西政治思想与正当性观念〔*Reason for Authority: Chinese and Western Political Thinking and Justification Ideas*〕 3-27. Beijing: New Star Press.

Kant, Immanuel. 1998. *The Critique of Pure Reason, Translated by Paul Guyer and Allen W. Wood*. Cambridge: Cambridge University Press.

Kant, Immanuel. 2002. *Groundwork for the Metaphysics of Morals, Translated by Allen W. Wood*. New Haven, CT: Yale University Press.

Kennedy, Duncan. 1979. The Structure of Blackstone's Commentaries. *Buffalo Law Review* 28: 205-382.

Kennedy, Duncan. 1991. The Stakes of Law, or Hale and Foucault! . *Legal Studies Forum* 15: 327-366.

Labriola, Antonio. 1903. *Essays on the Materialistic Conception of History, Translated by Charles H Kerr*. NY; London: Monthly Review Press.

Laclau, Ernesto, and Chantal Mouffe. 2001. *Hegemony and Social Strategy: Towards a Radical Democratic Politics*. London: Verso.

Locke, John. 2003. *Two Treatises of Government*. New Haven: Yale University Press.

V   A Procedural Arena for Competing Claims

Luhmann, Niklas. 2005. *Vertrauen: Ein Mechanismus Der Reduktion Sozialer Komplexität* [*Trust: A Reduction Mechanism of Social Complexity*], Zhai Tiepeng and Li Qiang trans. Shanghai: Shanghai People's Press.

Ma, Jianyin. 2008. 韦伯的·理性铁笼·与法治困境 ["Max Weber's Iron Cage of Rationality and the Paradox of Rule of Law"]. 12 *Tea House for Sociologists* 77.

Maitland, F. W. 2003. *State, Trust and Corporation, Edited by David Runciman and Magnus Ryan*. Cambridge: Cambridge University Press.

Mannheim, Karl. 1936. *Ideology and Utopia*. London; Henley: Routledge & Kegan Paul.

Mao, Zedong. 1991. 关于领导方法的若干问题 ["Several Issues Regarding Leadership Methodology"] in Mao Zedong ed., 毛泽东选集 [*Selected Works of Mao Zedong*] 899. Beijing: People's Press.

Maritain, Jacques. 1960. *Natural Law: Reflections on Theory & Practice, Edited by William Sweet*. NY: St. Augustines Press.

Marx, Karl. 1955. *The Poverty of Philosophy*, Moscow: Progress Publishers.

Marx, Karl, and F. Engels. 1961a. "The German Ideology" in Central Compilation & Translation Bureau ed., 马克思恩格斯全集 [*The Complete Works of Marx and Engels Volume 3*] 378. Beijing: People's Press.

Marx, Karl, and F. Engels. 1961b. 马克思恩格斯全集 [*The Complete Works of Marx and Engels Volume 6*] Central Compilation & Translation Bureau ed. Beijing: People's Press.

Marx, Karl, and F. Engels. 1965. 马克思恩格斯全集 [*The Complete Works of Marx and Engels Volume 21*] Central Compilation & Translation Bureau ed. Beijing: People's Press.

Marx, Karl. 1992. *Capital, Volume I.* London: Penguin Group

Miller, David. 1999. *Principles of Social Justice*. Cambridge, MA: Harvard University Press.

Mitzman, Arthur. 1985. *The Iron Cage: Historical Interpretation of Max Weber*. New Jercey: Transaction Publishers.

Mokichev, K. A. 1979. *History of Political Doctrines*, Institute of Law of Chinese Academy of Social Sciences Compilation and Translation Office trans. Beijing: China Social Science Press.

Mouffe, Chantal. 2005. *On the Political*. New York: Routledge.

Mouffe, Chantal. 2013. *Agonistics: Thinking the World Politically*. London: Verso.

Nonet, Philippe and Philip Selznick. 2001. *Law and Society in Transition: Toward Responsive Law*. New Jersey: Transaction Publishers.

North, Douglas. 1981. *Structure and Change in Economic History*, New York: W. W. Norton & Co..

Pan, Zhihua. 2010. 休谟与〈人性论〉 [*David Hume and The Treatise of Human Nature*]. Beijing: People's Press.

22 Reconstructing Legal Ideology in China 〔Ji Weidong〕

Pang, Pu. 1993. 对立与三分 ["Antagonism and Trichotomy"] 1993(2) *Social Sciences in China* 79.

Pang, Pu. 1995. 一分为三 —— 中国传统思想考释 [*Trichotomy* —— *Examination of Traditional Chinese Thinking*]. Shenzhen: Haitian Press.

Pashukanis, Evgeny. 2002. *The General Theory of Law & Marxism, Translated by Barbara Einhorn*. New Brunswick, NJ: Transaction Publishers.

Polanyi, Karl. 1944. *The Great Transformation*. Boston, MA: Beacon Press.

Rousseau, Jean-Jacques. 1999. *Discourse on Political Economy and the Social Contract, Translated by Christopher Betts*. Oxford: Oxford University Press.

Schaff, Adam. 1982. 马克思主义的异化理论及其对社会工程学的影响 ["The Effect of Marxism Alienation Theory on Social Engineering Science"]. 1982(1) *Dynamics of Overseas Social Science Study*.

Schwartz, Benjamin I. 1996. *China and Other Matther*. Cambridge, Mass.: Harvard University Press.

Simmel, Georg. 1999. *Conflict and the Web of Group Affiliations, Trans. By Kurt H. Wolff & Reindhard Bendix*. New York: The Free Press.

Tan, Peiwen and Baishun Zhang. 2010. 马克思主义国家异化理论及其当代启示 ["Marxism Theory of State Dissimilation and Its Contemporary Implications"]. 2010(5) *Journal of Socialist Theory Guide* 4.

Tanaka, Shigeaki. 1986. 日本法文化の現状と課題 —— 権利主張と裁判利用について ["The Status Quo and Research Tasks of Japanese Legal Culture: On Rights Claims and Litigations"]. 744 *Thoughts*.

Teubner, Gunther. 1983. Substantive and Reflexive Elements in Modern Law. *Law & Society Review* 17: 239-285.

Trubek, David M. 1986. Max Weber's Tragic Modernism and the Study of Law in Society. *Law and Society Review* 20: 573-598.

Unger, Roberto Mangabeira. 1977. *Law in Modern Society*. NY: The Free Press.

Wang, Zhihua. 2009. 苏联法学家的命运（二）—— 维辛斯基非同寻常的一生 ["Jurists' Fate in Soviet Union No. 2 —— The Extraordinary Life of Vyshinsky"]. 2009(2) *Tsinghua Journal of Rule of Law* 482.

Weber, Max. 1974. *Rechtssoziologie* [*Sociology of Law*], Koshiro Sera tran. Tokyo: Sobunsha Press.

Weyl, Moniques, and Roland Weyl. 1968. *La Part du droit dans la réalité et dans l'action*. Paris: Éditions sociales.

Wu, Shihuan. 1987. 四论我国法学现代化 —— 关于划清马克思主义法学与维辛斯基法学的界限问题 ["Fourth Discussion about the Modernization of Law in China —— On Drawing A Line between Marxism Laws and Vyshinsky Laws"]. 1987(4) *Journal of*

Political Science and Law 1.

Xu, Zhangrun ed. 2004. 萨维尼与历史法学派 [*Savigny and The School of Historical Jurisprudence*]. Guilin: Guangxi Normal University Press.

Yasuda, Nobuyuki. 1987. アジアの法と社会 [*Asian Law and Society*]. Tokyo: Sanshindo Press.

Yu, Keping. 2014. 推进国家治理体系和治理能力现代化 ["Modernizing State Governance System and Governance Competence"]. 2014(1) *Frontline*.

Zhang, Zonghou. 1989. '功臣'还是罪人？——评苏联 30 年代大清洗中的总检察长维辛斯基 ["Hero or Sinner? ——Comments on Vyshinsky, Attorney-General in the 1930s Great Purge in Soviet Union"]. 1989(2) *Studies of History of International Communist Movement* 33.

23 定性的社会科学の新たな展開と課題
―― 質的比較分析と過程追跡

杉　野　　勇

Ⅰ　「量と質」「定量と定性」

1　二項図式の不適切さ

　社会学や政治学などの社会科学，あるいは心理学においても，「質的研究」と「量的研究」という二項図式が，しばしば対立的に，時には補完的に語られることが多い．この二項図式がいつ，どこで発生したのかについては筆者は知らないしここでは特に関心を向けないが[1]，この二項図式がもうかなり以前から頻繁に用いられてきた定型的意味論であることは疑いなく，日本に特徴的な現象でもない．英語圏では "Qualitative (Qual)" と "Quantitative (Quan)" をめぐる文献は枚挙にいとまがない．KKV もしくは DSI と呼ばれる[2]『社会科学のリサーチ・デザイン』（King et al. 1994=2004）とそれが引き起こした社会科学方法論についての論争（Brady and Collier eds. 2004=2008; George and Bennett 2005）は社会科学の世界に大きな影響を及ぼし，日本でも特に政治学においてはよく知られている（久米 2013；保城 2015；野村 2017）．日本では「質的／量的」のほか「定性的／定量的」という表現も用いるが，特に明確に使い分けられてはいない．佐藤健二を一例としてすでに多くの論者（筆者含む）が，「質

---

(1) 日本における歴史的・学史的検討は佐藤健二（2011）に詳しい．

(2) ３人の著者 King, Keohane, Verba のイニシャルから KKV と呼ばれたり，*Designing Social Inquiry* という書名を略して DSI と呼ばれたりしている．同じ研究者でも主張が変化することはありうるので，本稿では必要な場合には書籍名の略称の DSI で指すこととする．なお，定性的方法論の論争の中では DSI は計量研究陣営として強く批判されているが，少なくとも著者たちは，副題にもあるように，定性的研究の基準として議論を展開している．

『法の経験的社会科学の確立に向けて』村山眞維先生古稀記念〔信山社，2019年 3 月〕　　*501*

23 定性的社会科学の新たな展開と課題〔杉野　勇〕

／量」といった二項図式は社会調査や社会学的研究を理解するために適切では
ないことを論じてきている（佐藤 2011；盛山 2004；轟=杉野編 2017；杉野 2017）．

2　質的研究内部の大きな多様性

「質的調査（研究）／量的調査（研究）」という二項図式が不適切である理由
はいくつかある．「質的変数／量的変数」「質的データ／量的データ」「質的調
査／量的調査」「質的分析／量的分析」「質的研究／量的研究」といった表現上
類似性の高い二項図式群がかならずしも明確かつ整合的に対応していないこと
や，社会科学としての準拠問題は共通であることなどはその理由の一部である
（轟・杉野編 2017：30-32；杉野 2012；杉野 2017：217）．しかしそれ以外に，「量
的調査，量的方法」と呼ばれるものはその指示対象が比較的同質的であるのに
対し，「質的調査，質的方法」と呼ばれるものは極めて多様で異質なものを含
みうるという問題がある（轟・杉野編 2017：20-22）．それゆえ，「質的研究」や
「質的調査」について論じているものの中には，そうとは気づかずに，実際に
はかなり異なった調査方法・研究方法について同じ言葉で語ってしまっている
ものがある懸念がある．言いかえれば，実際には「質的方法」はその内部分散
が非常に大きいにもかかわらず，それぞれの論者はそのことを認識せず誤って
同質的な概念として論じてしまっている可能性がある．そしてこのことが，互
いに異質な「質 vs 量」論争を識別し損ねさせているかもしれないのである．

　日本の社会学でこれまで「質 vs 量」として論じられてきた場合に暗黙のう
ちに「質的方法」として想定されていたのは，インタヴューや参与観察，
フィールドワークといったスタイルの研究であった．「事例研究，ケース・ス
タディ」という呼び方がされることも多いが，個々の事例についての深くて詳
細な理解を目指し，用いる方法は非定型的かつ解釈的なものであり，またその
ことが肯定的に捉えられていることも少なくない．現在そうした研究スタイル
の代表的なものはライフ・ストーリー研究と言えるだろう（桜井・石川編 2015
など）．

　これに対して，英語圏の政治学や歴史学などの社会科学で「定量 vs 定性」
論争が繰り広げられる場合に想定されている「定性的研究」は，上述のような
インタヴューの社会学のようなものとは相当に異なっている．ブール代数・質
的比較分析で有名なチャールズ・レイガンは，かつてから「変数志向型研究

vs 事例志向型研究」などの表現を用いて，大規模データの計量分析を痛烈に批判し，ケース志向型の定性的分析の意義を主張してきたが（Ragin 1987, 2000, 2008），彼の提唱する研究方法は，事例研究や定性的研究といっても，方法の手続化や知見の一般化，そして理論構築への志向性の強さといった点で，ライフ・ストーリー研究のような「質的調査」とはむしろ対極的にすら見える．日本（語）では，インタヴューの社会学や参与観察を，「質的」ではなく「定性的」と呼ぶことは非常に少ないし，それらを「社会科学」と呼ぶことも稀であるように思われる[3]が，ここには暗黙のうちに，両者の営みの性質の違いが感じ取られて反映しているとも思える．比較的最近の齋藤（2017）は，「定量と定性という区分が便宜的なものにすぎないとして一応の決着がついたと考えられている」（齋藤 2017：387）と楽観的に述べている点にも同意しかねるが，何よりも「質的調査」と「定性的研究」，言いかえれば「質 vs 量」論争と「定性的 vs 定量的」論争のすれ違いを把握し損ねているように思われる．

3　KKV 論争と「二つの文化」

　ゲルツ（ガーツ）とマホニィの『二文化物語』[4]では，定性的研究と定量的研究を 2 つの異なる文化として，その異質性や独立性を強調している（Goertz and Mahoney 2012: 5）．しかし，彼らが明言しているように，その場合に定量的文化とは異なる文化として主張されている定性的文化は，DSI 同様に科学的手法を用いて一般化可能な因果推論を目指すものであり，ブール代数分析や定性的比較分析（QCA）がそれに該当する．現在の日本の「量 vs 質」論争で思い浮かべられるようなライフ・ストーリー研究的なものが考えられているのではない．それどころか彼らは冒頭で，解釈アプローチは取り上げないと宣言しており，「解釈アプローチは，通常，因果分析にあまり関心を寄せず，行動の意味の解明や権力行使への批判など，別の研究目標に重点を置く．その研究伝統の模範と進め方は独特であり，それは定量的研究・定性的研究のパラダイムとは根本的に異なる．」（Goertz and Mahoney 2012: 5）とまで述べている．つま

---

(3)　逆に，ライフ・ヒストリー，ライフ・ストーリー研究の成果は（文化人類学的なエスノグラフィ同様に）「作品」と呼ばれることがあるが，「定性的社会科学」の成果を「作品」と呼ぶことは，少なくとも日本語ではあまりない．

(4)　チャールズ・ディケンズの『二都物語（A Tale of Two Cities）』をもじっている．

23 定性的社会科学の新たな展開と課題〔杉野 勇〕

り彼らは，定量と定性は一つの文化ではなく二つの異なる文化として捉えるべきだとしつつ，（インタヴュー調査やライフ・ストーリー研究のような）解釈アプローチはもっと根本的に違うと述べているのである．彼らの見方にはおおよそ同意するが，であるからこそ，日本の「質的調査／量的調査」論争を見ているものとしてはなおさら，定量的社会科学と定性的社会科学は非常に共通性の高い一つの文化なのではないかと考える（それどころか，彼らが根本的に異なるとしている解釈的アプローチですら，社会についての経験的な研究である限りは，準拠問題を共有していると見るべきではないのかと筆者は考えている）．

本稿では計量分析と解釈アプローチの（規範的もしくは理想的）共通性を本格的に論じることはとてもできないので，定量的社会科学と定性的社会科学の比較の観点を重視しつつ定性的社会科学の射程と限界について中心的に論じていく．しかし日本の，あるいは解釈的アプローチの質的調査においても，事例研究，特に単一事例研究の意義や価値という論点に関しては，定性的社会科学でなされるのと同様の主張が展開されることがある（→Ⅲの4）．その限りでは，本稿の検討は解釈的アプローチの質的調査と定量的社会科学の比較検討にも関連性を有すると言える．

4 相関と因果

すでに触れたように，定量的社会科学と定性的社会科学は，いずれも因果推論・因果説明を研究目的とし，その知見を（もちろん，適切に限定された範囲で）一般化することや，理論を構築することをはっきりと志向している．研究の目標，あるいは研究の局面を，探索／記述／説明の3つに区別するやり方があり，特に「記述／説明」の区別は広く用いられる図式であるが，この場合の「説明」とは因果説明のことであり，原因と結果の関係を解明することを意味している．記述や説明といった表現も，さまざまな異なった使用法があるので，この点は明確にしておく必要があるだろう．

この，記述や（因果）説明といった目的を達成するために，定量的社会科学は確率論に基づいた統計学を活用し，それに対して定性的社会科学は，論理学や集合論を活用する．確率論に基づいた統計学は必然的に確率論的認識論を採用するが，それに対して定性的研究は決定論的認識論に立つと見なす論者（例えば Brady and Collier eds. 2010=2014; Lucas and Szatrowski 2014）は多い（決定論

504

についてはⅡの3で論じる).

　因果関係については初級統計学で必ず学ぶことがある. それは, 相関関係と因果関係は異なる, という基本的理解である. 表層的相関 (spurious correlation), いわゆる疑似相関 (疑似無相関) の問題である. 少し話がそれると思われるだろうが, spurious correlation を「疑似相関」と訳すのはあまり適切ではない. 日本語の疑似相関という表現だと, 「本当は相関関係ではないのだが誤って相関関係のように見えている」というニュアンスが生じてしまう. 英語で表現すると pseudo-correlation とでもいうようなイメージである. しかし, 統計学的には相関関係や相関係数の意味・定義は極めてはっきりしており, ゼロ次の相関と偏相関の区別はあるにしても, 相関関係は相関関係であり, それ以上でもそれ以下でもない. 「ほんとうの相関」と「相関もどき」があるわけではない. 表層的相関というのは, 必ずしも直接的な影響関係や因果関係が存在しないと思われる要因間での相関関係のことを意味しており, 表層的ではあるかも知れないが, 相関関係であるには違いない. だからこそ「相関と因果は別物」なのであり, 因果関係を意味しない相関関係を「偽物の相関」「相関もどき」のようにイメージしてしまうのは, まさに相関と因果を混同しているとすら言える. このことはまさに, 統計学を学ぶものや定量的社会科学に従事するものの間ですら, 相関と因果を明晰に識別して考えることが容易ではないことを示している.

　相関概念と因果概念の歴史についてはパールの講演が簡潔に要約している (Pearl 2000=2009: 350-357). パールの描く通り, なんらかの社会現象の原因を解明することが社会科学の目標だと素朴に —— かつ, 筆者に言わせれば, 正しく —— 志向している研究者が多い一方で, 現在の標準的な統計学は, 記述的な相関関係とは異なる説明的な因果関係を扱うことがほとんどできない. パールの独創的な "do" 記号や, 「因果推論の根本問題」の考えに基づく統計的因果推論の理論 (宮川 2004；星野 2009；岩崎 2015), あるいは (これも独創的な) 統計的因果探索の理論 (清水 2017) など, いくつかの卓抜した研究が進められているが, そのことは, 単にデータの多変量解析を行った結果をそのまま因果関係として読み取ることが本質的には誤りであることを示している. そしてこのことは, 心理学に多い実験データよりも社会科学に多い観察データの場合により強く当てはまると言えるだろう. 比喩的に言うならば, 因果関係の解明は, 本

23 定性的社会科学の新たな展開と課題〔杉野 勇〕

来は SF 的なパラレルワールドの観察を行えない限り不可能であるという強い断念（根本問題）から出発しているのであり，原理的に不可能であるにもかかわらず何とかそれを適切な手続きを用いつつ近似的に解決しようという営みである[5]．我々の日常的で素朴な思考はこの本質的困難さを常にやすやすと"乗り越えて"しまうのであるが，認知心理学，進化心理学，ヒューリスティクスなどの知見を考えれば，そうした直観が常にあてになるとはとても言えない．我々に必要なのは，"自分自身"に欺かれないような周到な分析手段である．

5 記述と説明，一般化

相関と因果の区別に加えて，概念の識別に関してもう一つ述べておくべきなのは，記述概念の複数性である．これも初級統計学において学ぶ事柄に「記述統計／推測統計」という区別がある．手元にあるデータ（標本データ）を特徴付けるだけなのが記述統計なのに対して，標本データから，直接観察できない母集団について推論するのが推測統計である．この記述／推測の区別を安易に記述／説明の区別に重ね合わせてしまうと推測統計が行っているのが（因果）説明に見えてしまうが，これは正しくない．推測統計が標本データから母集団について行うのは，正確に言えば母数（母平均，母相関係数，母偏回帰係数など）の推定であり，これは原因と結果の関係について明らかにするものではまったくない．相関関係が因果関係と違うと言われるのと同じで，母数の推定は因果関係の解明とは異なる．これは重回帰分析のような多変量解析であっても変わらない．重回帰分析などでは，「説明変数／被説明変数」，あるいは「要因／帰結」といった用語を使うが，その分析結果が示しているのは本質的には相関関係やそれに類するものであり，因果関係が明らかになることを保証するものではない．分析者がその相関関係を因果関係と見なして解釈するに過ぎない．DSI はこれを「記述的推論」と呼んで「因果的推論」と正しく区別している．母数の推論のことを「一般化」の一種として考えてしまうことがあるが，"標

---

(5) 統計的因果推論に関する著作や論文は近年非常に多いが，まさに社会学者ならではのものとして佐藤（2017）がある．ビッグデータや統計的因果推論，ベイズ理論から"意味学派"，そしてマックス・ヴェーバーの適合的因果の考え方にまで広がりつつそれらを説得的に関連付けて論じている．本稿ではこれを十分に理解して反映させることができなかったが，社会学者が因果推論について理解する際の基本文献となろう．

506

本調査の結果を母集団に一般化している”と表現するよりは，“標本データを
用いて母数について推論している”と表現する方がより適切であり，これを
「一般化」と呼ぶのはむしろ正確な意味をぼやけさせてしまう．もしも，“首都
圏の住民を母集団として標本調査を行って統計的推測を行い，その結果を日本
全体に当てはまるかのように論じる”とすれば，それは首都圏の調査結果を全
国に一般化していると述べるのが適切であり，しかもそれは必ずしも統計学的
な裏付けがあるとは言えない（大学生実験の結果を日本人全体にあてはるかのよ
うに論じるのもこの意味の一般化である）．こうした場合は，統計学以外の方法
で，一般化が可能／適切であることを正当化する必要がある．要約すると，記
述統計と推測統計が行っていることはいずれも「記述／説明」の枠組みで言え
ば記述であり説明ではない．そして，標本から母集団に向かって行うことは一
般化というより記述的推論であり，「標本で見られたことを母集団にも当ては
めている」と「一般化」のように理解することはあまり適切ではない．ちなみ
にゴールドソープは，この意味での記述と説明を，可視性（visibility）と透明
性（transparency）と表現している（Goldthorpe 2016）．可視性というと記述的
推論を含意しえなくなる懸念もあるが，見えていることと見通せることという
表現は，特に社会科学の探究目標が「因果メカニズム」であると考える場合に
は，直観的にも非常に分かり易い．

　質的調査であれ，定性的社会科学であれ，定量的社会科学と比べて論じる際
には，定量的社会科学の営みについての以上のような正確な理解が不可欠であ
る．その上で次節以降では，現在の経験的な社会科学において注目を集めてい
る二つの潮流である質的（定性的）比較分析（Qualitative Comparative Analysis）
と過程追跡（Process Tracing）について，具体的にその正しい射程の境界付け
を検討してゆきたい．

II　質的比較分析（QCA）

1　必要十分条件，多元結合因果，INUS

　質的比較分析（定性的比較分析）は，以前はブール代数アプローチという呼
び名で知られており，レイガン（Ragin 1987=1993）が社会科学に本格的に導入
して以降，いわゆる "Qualitative" approach において大きな潮流をなしてきた

23 定性的社会科学の新たな展開と課題〔杉野 勇〕

(Ragin 2000, 2008; Ragin and Amoroso 2011). 日本の社会学にも導入の機運が高まったことがあるが（鹿又=野宮=長谷川編 2001），かならずしも日本の「質的」研究に広く受け入れられるには至らなかった．しかし近年再び，日本の社会学でも関心が高まっている（石田 2017；齋藤 2017）．

ブール代数アプローチは，社会事象の帰結と要因群の関連を，記号論理学的な操作で定式化するものであり，帰結と要因はすべて「該当する(1)／しない(0)」の二値で表現し，どんな要因の有無の組合せ（configuration）が帰結の生起(1)に関連しているか否かを，記号を用いた式で表現し，因数分解のような手順で式を変形する．発想の根幹には，要因群のさまざまな組合せを比較し，必要条件や十分条件を発見するという考えがあり，また原因となる組合せをなるべく簡潔に表現する（縮約する）志向性を持つ．記号や数式のような論理式が頻出するため，まったくの門外漢からは計量分析と似たような「量的」分析，数学的分析に見えるかもしれないが，レイガンらは計量研究や統計的分析との根本的相違を強調し，むしろ統計的分析を強く批判する．

比較法の基礎にはジョン・スチュアート・ミルの一致法や差異法があるが，レイガンは単純な必要条件や十分条件の考え方では不十分であることを詳細に論じ（Ragin 1987=1993），多元結合因果（multiple conjunctural causation）の考え方の重要性を強調する．多元因果とは，日本語では等結果性・等帰結性・同一結果帰着性（equifinality）などとも言われるが，同じ結果をもたらす要因には，まったく異なるもの，異なる経路が複数ありうるということである．また，複数の要因はそれぞれが独立に・バラバラに結果の生起に影響するのではなく，複数の要因の特定の組合せがはじめてある結果をもたらすのであり，個々の要因を別々に検討しても因果関係は解明できないという考え方が結合因果の考え方である．レイガンらは，重回帰分析のような統計的分析は，この多元因果も結合因果も扱うことができず，それぞれの要因（独立変数）が，それぞればらばらに，かつ単純加法的に（線形に）結果に影響すると不適切に前提しているのだと批判する．この批判自体は，単純な重回帰モデル（一般線形モデル general linear model）を想定する限りは，それほど的外れではない[6]．

数多くの要因のパタン（組合せ）の比較から必要条件や十分条件を明らかにしようとする方向性からは，MSDO/MDSO の考え方が導かれる．これはそれぞれ，Most Similar but Different Outcome, Most Different but Same

Outcome の略であり，多くの要因が共通であるのに結果が異なるならば，わずかに異なる要因がその原因である可能性がある，多くの要因が異なっているのに結果は同じであれば，わずかに共通する要因がその原因である可能性がある，という考え方である（George and Bennett 2005=2013; Rihoux and Grimm eds. 2006; Rihoux and Ragin eds. 2009=2016）．この考え方自体は，単純な必要条件や十分条件の考えに近いので，あくまで精緻な分析をする準備段階における，特に着目する要因の選別に役立てるのが良いとも言われる（Rihoux and Ragin eds. 2009=2016: 43-46）．

なお，多元結合因果の考え方からは，単純な必要条件でも十分条件でもない，INUS の重要性も主張される．INUS とは，Insufficient but Necessary (Non-redundant) part of an Unnecessary but Sufficient condition の略であり，結果発生の為には必要とは言えないが十分な要因組合せの中で，十分ではないが必要な部分，という意味である．十分ではないが必要な要因組合せの中の，十分だが必要ではない部分は SUIN と呼ばれる（Lucas and Szatrowski 2014: 7）．

2 QCA の新展開と課題

ブール代数アプローチは，社会科学方法論として，統計分析とは異なる非常に魅力的な代替案であり，さまざまなケースパタン・ヴァリエイションの比較の重要性を強調する点でもその意義は高い（今の日本の社会学業界の中では，比較なくして知見なし，の考え方が必ずしも受け入れられていないと思われるのでなおさらである）．しかし他方で，いくつか深刻な課題も有する．すべての要因と帰結を二値コード化する点や，それぞれの組合せに該当するケース数の多寡の

---

(6) ただしあまり強調し過ぎるのも間違いであり，単純な多元結合因果は，一般線形モデルにおいても交互作用項を用いて表現できる．ごく単純な例であるが，d をダミー変数とすると，$y = x^* d + w^* (1 - d)$ という回帰モデル（係数は省略）は，XD + Wd = Y という QCA の式にほぼ相当する（むしろ x と w について有無ではなく程度の差を表現できる点でより性能が高いとも言える）．一般線形モデルは交互作用項をたくさん入れることには向いていないが，しばしば重要な交互作用を発見することは一般線形モデルによる分析の醍醐味の１つでもあり，回帰モデルにおいては多元結合因果をまったく考慮することができないという批判は適切とは言えない．また，回帰分析は要因の線形の効果しか分析できないと思っている批判者もいるようだが，線形結合は独立変数についてではなく係数（パラメタ推定値）についてを意味し，曲線的関係などのいわゆる非線形な関係を分析することも不可能ではない．

23 定性的社会科学の新たな展開と課題〔杉野　勇〕

違いを基本的には考慮に入れない点，要因が多くなるにつれて，すべての組合せについて実際のケースを観察・収集することが困難な点（限定された多様性），基本的に静的で時間的経過の次元を分析に組み入れることが困難な点などである．時間の問題については，日野愛郎（Hino 2009）などによって，二値コード化の厳しさについては，多値コード化（multi-value QCA）やファジィ集合の活用によって（Ragin 2000; Rihoux and Ragin eds. 2009=2016），対応が試みられている．特にファジィ集合論の導入によって，それまでの，要因をすべて二値コード化するタイプの QCA はクリスプセット QCA（csQCA）と呼ばれるようになり，ファジィセット QCA（fsQCA）と合わせて QCA と考えられるようになった．しかし，fsQCA も最終的な知見の導出の際には結局二値的に発想している側面があり（Ragin 2008; Rihoux and Ragin eds. 2009=2016: 126-142），そうしないためには非決定論的な，つまり偶然の作用を考慮に入れた確率論的認識論に移行する必要がある．さらに，ケース数の多寡の違いを考慮に入れない点や，すべての組合せについてのケースを収集することが困難な点は，簡単には解決しない．後者はそもそも実際にそうしたケースが実在しない場合もあるので，これは QCA の問題を超える．しかし，100 の該当ケースがある組合せと，1 つのケースしか観察されていない組合せを，いずれも「結果を生起させる組合せである」として等しく考慮することは本当に適切なのかどうかは検討を要する．これには，同じ要因組合せ（パタン）に該当する複数のケースのうち，一部は結果が生起しており，他は結果が生起していない場合（矛盾を含む組合せ）の問題も関係してくるだろう．

3　決定論的方法論の限界

まず，調査結果の中に，ABCD という組合せが 100 ケースあってそのすべてが結果 Y を生起させているが，ABCd という組み合わせも 1 ケースだけあり，そのケースで結果も生起しているとする．これに単純に csQCA を適用すると，ABCD + ABCd = Y となって，縮約すると ABC = Y になる．D は存在しようがしまいが Y が生起しているので，D は Y の生起には関連しないと結論するのである．しかし，「偶然に例外的な事象が起こることもある」という考え方を受け入れる場合には，ABCd = Y はあくまで例外的で不規則な事象であり，考慮に入れるべきではない（つまり，要因 D の存在も Y の生起のた

510

めには重要だ）という判断もありうる．QCA はケース志向だと自称しているが
実際にはケースそれ自体に志向しているのではなく要因の組合せ（configura-
tion，配置構成）に志向しているのだという批判（Lucas and Szatrowski 2014:
65, "configuration oriented", "cell-oriented"という表現を用いている）は的確であろ
う．

　また，"矛盾を含む"組合せ，すなわち同じ要因組合せが結果の生起につな
がっているケースとつながっていないケースを含む場合に，その組合せのどの
くらいの割合のケースで結果が生起しているか（閾値）を基準にして結果を二
値化する場合にも，確率論的認識論に立脚した"セル"志向の考え方となろう．
あくまで決定論的認識論に立つ場合は，矛盾を含むのは要因の検討が不十分な
ためであり，真の要因を考慮に入れれば矛盾は解消されると考える．いわばそ
れは我々の認識や探究が不完全であることによる矛盾だと考えるのであるが，
それが完全になることは常に期待できるとは限らない．その場合は，「世界は
本当は決定論的に出来ているのであるが，我々の認識能力が不完全であるため
に，確率論的に探究せざるを得ない」かもしれない．ゴールドソープはこれを
「本質的偶然 essential chance」と「操作的偶然 operational chance」と呼ぶが
（Goldthorpe 2016: 45），いずれであっても偶然を考慮しなければならないならば，
我々の探究手段は確率論的にならざるをえない．

　"社会的事象の生起（の認識）には偶然が寄与する"ということを認めると，
次のような問題が現れる．手元のデータ（サーヴェイであれば標本データと呼ぶ
ところのもの）に偶然が寄与している場合，言いかえれば，社会内で作動して
いる因果メカニズムから外れた稀なケースが含まれている場合，そのデータへ
の適合度を最大化することは，たまたま入手されたデータに過度に適合させて
しまうという過剰適合（over-fitting）をもたらしてしまうということである[7]．
データへの過剰適合は分析結果の不安定性をもたらすこともある．ルーカスと
ザトロウスキィはかなり広範かつ詳細に QCA のさまざまな問題点を検討し

---

[7]　データの統計分析においてはこうした過剰適合は明確に問題として認識されており，
　　データへの適合を最重要視するのではなく，予測性能を重要視する．計算で考慮に入れ
　　る要因が多ければ多いほど，手元のデータへの適合度はわずかであっても向上するが，
　　それは母集団への推測や将来の予測を悪化させる恐れがある．したがって，予測力を表
　　す場合には，説明力の低い要因を計算に含むことにサンクションを課す．それが「情報
　　量基準」の考え方である（久保 2012 : 75-86）．

23 定性的社会科学の新たな展開と課題〔杉野　勇〕

（それゆえレイガンや QCA の支持者から激しい反批判を受け）たが，この問題点もその論点のうちの一つである（Lucas and Szatrowski 2014: 52-57）.

　逆に偶然の寄与を認めない場合には，別の困難が生じる．既にふれたように，矛盾を含む組合せが観察された場合には要因の検討が不十分であることを意味することになるので，要因候補の探索を広げなければならない．つまり，矛盾が生じるかどうかが，要因候補の決定に重要な意味を持つ．しかし，ある組合せにおいて矛盾が生じるか否かは，その組合せに該当する有資格ケースをすべて調べ上げなければ分からないはずである．すなわち全数調査が必要になる．これは国単位の分析などかなりマクロな現象でかつ時代確定が明確であれば可能かもしれないが，実際の社会科学において全数調査が可能なものはおそらく少ない．

　定性的研究の多くは，従属変数もしくは独立変数が１つの値しか取らなくても因果メカニズムを適切に解明できると主張する（Brady and Collier eds. 2004=2008; Goertz and Mahoney 2012=2015: 204-208）．従属変数が１つの値しかとらないケースのみを収集するというのは，例えて言えば，大学進学の規定因を研究する場合に，大学合格者のみを調べるということである．独立変数が１つの値しかとらないケースのみを収集するというのは，進学塾に通っていた生徒のみを研究対象にするということである．「大学合格者はすべて進学塾に通っていた」（必要条件）と確証するためには大学合格者を全数調査する必要がある．進学塾に通っていた生徒がすべて大学に合格しているか否か（十分条件）についても同じである．全数を調べているのではないならば，結局は確率論的言明と見なさざるをえない．さきに QCA はケース志向というよりはセル志向だという批判に触れたが，実は調査対象となったケースから，調査対象に限られないセル（ヴェン図中のゾーン）を推論する手段は QCA の中には明示的には存在しない．これは，実際には収集したケース群の中でしか思考していないということを意味している．しかしその困難を別としても，いずれの場合でも，大学合格者を調べたら皆進学塾に通っていたからといって進学塾通塾が大学合格に有効かどうかは分からないし，進学塾に通っていた生徒が全員に大学に合格していたからといってそこに関連があるかどうかは分からない．極端な場合，大学合格者はすべて進学塾に通っていたが大学不合格者も進学塾に通っていた場合や，進学塾生徒は確かにすべて大学に合格していたが進学塾に通っていな

Ⅱ　質的比較分析（QCA）

かった生徒もすべて大学に合格していた場合は，通塾は大学合格に関係がない[8]．比較の観点からは，あくまで“そうでない場合”にどうであるかを知らない限りは，事象間の関連は判断できない．そうでない場合を自分で調べるか既存研究で補うかはこの場合は本質的な問題ではないので，既存研究で明らかになっているならば自分が“そうでない場合”を調べる必要はないが，これは研究上“そうでない場合”を考慮しないこととは異なる．事例内分析（within-case analysis）や因果プロセス観察では事情が異なると主張するものもいるが，それについては過程追跡のところで論じる（→Ⅲ）．

　定性的研究においてはしばしば，最適合事例（Most Likely case），最不適合事例（Least Likey case），決定的事例（Critical case）といった分析概念が提唱される（George and Bennett, 2005=2013: 138）．ある理論にとっての最適合事例とは，理論的予測の条件によく適合し，それゆえ理論が正しければある結果が強く予測されるような事例である．簡単にいえば，その理論的予測にとって最も有利な条件の事例である．最不適合事例はその逆で，その理論的予測にとっては極めて不利な条件の事例である．理論志向の事例研究においては，こうした事例はそれぞれ単独であっても一方向的には意義があるという．最適合事例が理論的予測通りの帰結を有していてもその理論に有利な経験的テストを通過したというだけなのであまり認識利得はないが，最適合事例の帰結が理論的予測に反していれば，その理論は自らに有利なテストも通過できなかったということになり，その理論は否定される．最不適合事例の帰結が理論的予測通りでなくてもそれは仕方がないが，最不適合事例でさえ理論的予測に従っていれば，その理論は不利な経験的テストにも合格したということで確証される．こうして，単一事例研究であっても，理論志向の定性的研究においては重要な意義を持ちうるのだと主張される．しかし，こうした考え方が厳格に成り立つのはやはり因果メカニズムが決定論的な場合であり，偶然を許容する場合には，1つの事例がそうであったからと言って，理論を棄却したり確証されたと見なした

---

(8)　ゲルツとマホニィは，些末な必要条件のふるい落としの場合にのみ従属変数の分散（この場合は大学不合格者のケース）が必要になると考えているが（Goertz and Mahoney 2012=2015: 206），それは大学不合格者のケースでどうなっているかが調査をしなくてもある程度分かっていることを（言ってみれば常識的に）前提にしており，論理的にはいかなる場合でも“そうではない”ケースの知識が必要である．こう考えることはのちに触れる証拠能力の評価やベイズ理論の考え方にも沿っている．

23 定性的社会科学の新たな展開と課題〔杉野　勇〕

りするのは，偶然の結果を不当に重視している危険性がある．偶然の寄与を考慮するのであれば，最適合事例や最不適合事例によって言えるのは，ある理論の信憑性が下がるとか上がるとかいうことに留まる．この考え方自体はまったく適切であり科学的探究において重要であると考えられるが，この考え方がより明瞭に表現できるのはベイズの定理に従って定式化される場合である．それゆえ，近年の定性的研究の方法論においては，ベイズ理論が重要なものとして援用される（→Ⅲの3）．

4　記述的研究としてのQCA

　ブール代数アプローチ・QCA は，多元結合因果の解明に優れていると主張される．そこで目指されている社会科学の目標は，原因と結果の関係の解明，説明的研究である．しかしながら，QCA は，観測された要因間の相関を記述するだけで，それ自体では因果関係の分析であるとは主張できない．csQCAで要因 X と結果 Y の結びつきが確認されたとしても，それは実は隠れた（そこでは考慮されていない）要因 Z が要因 X を規定し，かつ結果 Y も規定しているだけで，要因 X と結果 Y の間には何のメカニズム上のつながりもないということはありうる．これはまさに「表層的相関（疑似相関）」と同じ事態である．相関係数行列や重回帰分析がそれ自体としては本質的に記述でしかありえず，因果関係を保証するものではまったくない[9]のと同様，QCA による分析結果も，観測された要因間の関連状況を記述したものでしかなく，それが因果関係であると主張することは（何らかの仮定を置かない限り）できない．逆に言えば，QCA が多元結合因果の主張をできるのであれば，重回帰分析にもそれができると考える余地が生じる．ここには本質的な違いはなにもない．計量的社会階層研究の権威であったゴールドソープはしばらく前から計量分析（QAD; Quantitative Analysis of large-scale Dataset）の限界を強調し，それが出来るのは経験的規則性の存在を記述することだけであり，因果メカニズムの研究たるには合理的行為理論（RAT; Rational Action Theory）などと結び付く必要が

---

(9)　本来であればここで，計量社会学と数理社会学の論争にも触れるべきところであるが，紙幅の都合上割愛する．"質 vs 量"とはまったく異なった対立であるが必ずしも広く認識されているとは言えない．しかしそのエッセンスは，ゴールドソープのいう統計学と理論の峻別に対応していると考えられる．

II　質的比較分析（QCA）

あると論じている（Goldthorpe 2016）．これは統計的データ分析の限界についてのとても潔い主張であり，この観点からすれば DSI が理論構築に対して何の示唆も与えていないという批判はその通りかもしれない．しかし同時に，QCA が多元結合因果の研究たりうるというのもかなりナイーヴな考え方と言わざるを得ない．論理式に表面的に現れている以外の部分で研究者がケースについての深い知識に基づいてそれが因果関係であることを確認するかも知れないが，同じことが計量研究者に不可能であるというのは公平性を欠く．一言で言えば，定性的比較研究者は，観察されない隠れた要因や因果推論の根本問題を軽視していることになる[10]．

　QCA には論理残余（logical remainder）という用語がある．該当ケースが観察されていない要因組合せのことである．研究者によっては，この論理的残余の帰結の値に関して積極的に仮定をおいて分析結果をより簡潔にしようとすることがあるが（Rihoux and Ragin eds. 2009=2016: 181-185），これはそれ自体でまさに反実仮想と同じことをやっているのであり（「もしこれこれこういう要因の組合せが存在していたとしたら，このような結果が生じていたであろう」），すでに問題の因果メカニズムについてかなり分かっているか，あるいはあたかもかなり分かっているかのように見なすことが必要になる．そうした論理残余の活用によってより簡潔な結論を得るとしてもそれは誤った簡潔さである危険性を否定できず，正当化することはなかなか難しい．これもまた，因果推論の根本問題（実在するものと実在しないものを比較することの不可能性）の軽視といえよう．心理学実験や統計的因果推論は，実在するものと実在しないものの困難な比較を，一定の仮定を置くことによって実在するもの同士（実験群と統制群）の比

---

[10]　最近の日本での QCA への着目に貢献している一人に石田淳がいるが，QCA を活用した彼自身の研究を注意深く見ると，多元結合因果の考え方にはまったく依拠していない．彼自身は QCA を一貫して，指標作成や類型構成のための記述的研究にのみ利用しており，原因と結果の解明には用いないことで，上のような批判や論争には距離をおいている（石田 2017）．やや意外にも思えるが，有名な QCA のテクストにおいても，QCA の目的は結果に対する「説明」をもたらすことではないとか，QCA はメカニズムを説明することをまったく目標としていない，デザインから言ってプロセスを記述するものではないと明言されているところがある（Rihoux and Ragin eds. 2009=2016: 190）．これはある意味では，QCA は要因と結果の連関状況を記述するが，それが因果関係であるとはそれ自体としては主張しないということである．そうであればますます，データの計量分析との相違は非本質的で小さなものであることになるだろう．

515

較に置き換え，元の不可能な比較を近似的・集合的に解決する戦略であるが，論理残余の積極的な活用は実在しないものの内容を単純に仮定している．

定性的研究の反実仮想においては，最小書き換え規則（minimum rewrite rule）というものが提唱されている（George and Bennett 2005=2013: 136-140）．ジョージとベネットは，原因の探究とは，Xの状態が違っていたらYの状態はどうなっていたのかを考えることであると適切に理解している．最小書き換え規則を分かりやすく言い直せば，歴史上実際にも十分に起こり得たと思われる反事実的状態を仮想するにとどめる，ということである．2016年の合衆国大統領選挙でドナルド・トランプではなくヒラリー・クリントンが当選していたら移民政策はどうなっていただろうかと考えるのはこの規則に従っていると考えられるのに対して，2016年に合衆国が大統領制を廃止していたらと仮想するのは，この規則からはかなり逸脱している．この規則自体は非常に理にかなっている．しかし問題は，この規則に従った反実仮想をどのように活用するのかである．ジョージとベネットは「定性的研究者は，特定の要因が仮説通りの役割を果たしたのかを判断すべく，反実仮想の想定のもとで事例の歴史を再演する．このような反実仮想という実験によって得られた分析結果は，事例比較分析によって導き出された知見に大きな影響を及ぼしうる．」（George and Bennett 2005=2013: 140）と主張する．これは言ってみれば実際に生起したケースと反実仮想ケースとのマッチングに等しく，その比較結果によって特定の要因の効果を明らかにすると言うのだが，実際にはこの反実仮想の歴史の再演を行うために要因の効果は仮定され，考慮に入れられているのであり，反実仮想の結果によって要因の役割が解明されるのではなく，要因の効果の理解によって反実仮想の内容が構築されるのである．ここで行われていることは（反実仮想という）実験でも分析（結果）でもなく，論点の先取である．そもそも，トランプ／クリントンの書き換えが最小であると言えるかどうかも確実ではなく，それを最小と呼ぶ時点で，（より広い）因果メカニズムについてのかなりの理解を前提としている．でなければ我々はどうやってそのことを「十分に起こりえた」ことだと考えられるのであろうか．彼らの考え方は先に述べた論理的残余についての仮定とまったく同型であるが，反実仮想を実験と呼んだり，その想定内容を分析結果と呼んだりするところには，やはり因果推論の根本問題に対しての軽視が表れている．彼らは計量分析を批判してこうした議論を展開し

ているが，論点先取の反実仮想よりは，実際のデータの中でできるだけ類似の
ケースをマッチングさせるケースコントロール研究の方がまだ妥当性の高い研
究手続きであろう（そしてこの通常のマッチングは MSDO の考え方とも共通して
いる）．

Ⅲ　過 程 追 跡

1　事例間分析と事例内分析

定性的比較分析は，比較の必要性や分析手続きの透明性をつよく重視する点
で意義のある研究動向であるが，Ⅱで述べたようにいくつかの問題をかかえて
いる上，定量的社会科学との論争は双方にとってあまり生産的な成果をもたら
していないように見える．定性的研究の内部からも，事例と事例の比較，数多
くの事例の比較といった事例間分析（cross-case analysis，事例比較分析）より
も，個々の事例をより深く詳しく掘り下げて研究する方向性（事例内分析，
within-case analysis）がふたたび重視されるようになってきている．近年の定
性的社会科学の基本文献では必ず過程追跡について論じた章が含まれており
（George and Bennett 2005=2013; Brady and Collier eds. 2010=2014; Goertz and
Mahoney 2012=2015），過程追跡をタイトルに掲げた書籍も複数刊行されている
（Beach and Pedersen 2013; Bennett and Checkel eds. 2015）．

統計分析が多数事例の比較，共変関係の解明を中心としているのに対し，過
程追跡は，1つの事例における原因と結果の具体的なつながり，いいかえれば
特定の因果メカニズムを解明することを目標としている．統計分析が，独立変
数と従属変数の間の関連を明らかにしたとしても，一体その二つの要因がどの
ように結び付いているかという具体的な関連の内実についてはブラックボック
スにしているとの批判は従来から強く存在する．例えば，社会階層と社会移動
研究において，出身階層（父の主な職業）と到達階層（本人の現職）の間に強い
関連が認められたとする．これをもって，社会階層が閉鎖化しているとか，階
層再生産が生じていると結論することが多いが，一体，（しばしばかなり過去の
事実である）父親の主職がどのように本人の現在の職業に影響を及ぼすのかは
これだけではまったく明らかではない．経済資本が直接有利に働くメカニズム
があるのか，人的資本・学歴資本に転換されて職業達成に有利になるのか，親

517

23 定性的社会科学の新たな展開と課題〔杉野　勇〕

や家族の社会関係資本が影響するのか，具体的な関連の仕方については（これだけでは）何も分からない．こうした点に統計分析のブラックボックス批判がなされる[11]．この点では，QCA も本質的に違いはない．QCA が説明に用いる要因と計量分析の独立変数は同じ位置を占めており，要因を詳細に検討することによって QCA がブラックボックス批判を免れることができるなら，計量分析の独立変数にも同じことが言える．

　これらに対して過程追跡は，独立変数と従属変数の間にある因果プロセス（因果連鎖，因果メカニズム）を明らかにしようとするものである．一つの出来事の経過を詳しく追いかけるため，歴史的説明との共通性も指摘されている（George and Bennett 2005=2013: 227-230）．しかし，具体的にどのように特定事例の因果メカニズムを明らかにすることができるのかという点については必ずしも明らかではない．はっきりしているのは，事象の連鎖の各部分を丁寧かつ詳細に観察するという姿勢であり，調査データの計量研究が行うデータ収集をデータセット観察（data-set observations, DSOs），過程追跡のような個別事例研究が行うデータ収集を因果プロセス観察（causal-process observations, CPOs）（Goertz and Mahoney 2012=2015: 107）と呼び分け，後者の意義を強調している．しかしながらその概念の定義は，「文脈やメカニズムに関する情報をもたらし，因果的推論に異なった種類の説得力を与えるような洞察あるいは情報のこと」（Brady and Collier eds 2010=2014: 201）という程度にしかなされず，因果プロセス情報と言ってもよいと述べられているだけで，それがどのような情報で，ど

---

(11)　実際には，計量分析の世界においてこうしたブラックボックスの中身を解明しようという研究は少なくない．ほんの一例として，進学格差を生み出すものが何であるか／何でないかを探求する鹿又（2014）を挙げるが，優れた計量研究とはむしろこうしたものである．単一事例研究であるか多数事例研究であるか，また用いる証拠の種類がどのようなものであるか，そして，媒介要因・媒介変数をどの程度行為主体とそれが従事する活動という形で表現するかという点に違いはあるかもしれないが，統計分析においてもブラックボックスの中を開いていくこと，因果連鎖や因果メカニズムを詳しく明らかにしていくことの重要性は十分に認識されており，「因果推論とは交絡変数・媒介変数を探す旅である」（甘利ほか 2002：124）とか「こうした発生源の探索は，発生源と目された要因の発生源は何か，と芋づるをたぐるように続くのかもしれない」（鹿又 2014：95）と述べられたりしている．こうした点で定性的研究と定量的研究を過度に対比的に措定するのでなく，むしろそれぞれの方法で社会科学として同じ問題に取り組んでいるという側面を重視すべきだろう．

のように収集され，どのような分析が可能なのかといった点は明らかとは言えない．特定の事例を詳しく調べなければ正しい理解は得られにくいという主張はその通りだと思われるが，詳しく・細かく調べればおのずから因果メカニズムが明らかになるということは決してない．記述的研究であれば一つの事例を詳しく調べればそれに応じて成果が上がるということは比較的期待できるにしても，因果説明的研究において同様であると考えることはあまりに素朴な態度であろう．事物や出来事は観察可能だと考えることができるが，因果プロセスや因果メカニズムが"目に見える"かのようなニュアンスをもつ概念はややミスリーディングである．記述と説明，可視性と透明性の区別，そして因果推論の根本問題をより深刻に受け止める必要がある．

2　3つの過程追跡と一般的な知識の位置づけ

　分析手法が必ずしも明瞭ではないことから，同じく過程追跡といっても性質の異なる研究が混在して来たと考えられるが，現在はそれを3つのタイプに分類する試みが現れている．ビーチとペデルセンは，過程追跡の中でも理論中心的なものとケース中心的なものがあるとし，理論検証型過程追跡（Theory-Testing Process-Tracing），理論構築型過程追跡（Theory-Building Process-Tracing），結果説明型過程追跡（Explaining-Outcome Process-Tracing）の3つに区分している（Beach and Pedersen 2013）．前二者は基本的に一定の一般性のある理論的知識の獲得・確認を目指すのに対して，最後のものは具体的な特定の出来事の理解を目標とする．

　理論検証型過程追跡はかなり分かりやすい．原因 X と結果 Y をつなぐ経路について，既存の理論から概念化を行う．その際のポイントは，何らかの実体（entity，行為主体）とそれが従事する活動（activity）として概念化することである（Beach and Pedersen 2013: 40，後にこの点に立ち戻る）．このように概念化されたものを操作化（operationalize）して観察可能な現れ（observable manifestation）とし，特定の事例から収集された証拠とそれが合致するかどうかを確かめ，理論が妥当であるかどうかを判定するのである．この考えは明快である反面，実体と活動として概念化するという方針以外は，経験的な理論検証の考えを述べているだけでもある．DSI では"理論の観察可能な含意（observable implication）の経験的なテスト"が重要視されているが，上の考え方はほとん

23 定性的社会科学の新たな展開と課題〔杉野　勇〕

どこれと等しい．また，因果メカニズムの内実を実体とその活動として概念化
する方針は，ゴールドソープが合理的行為理論（RAT）によって因果メカニズ
ムの説明を行おうとするのとほぼ等しく見える．少なくとも理論検証型の過程
追跡に関しては，DSI や（合理的行為理論と組み合わされた）計量研究との差異
を強調すべきような研究方法と考えるべきではない[12]．

　理論構築型過程追跡は理論検証型よりはやや分かりにくい．理論検証型が演
繹型の構造を持っているのに対し，理論構築型は具体的な証拠の方から帰納的
に仮説的な因果メカニズムを推論しようとする．仮説生成型／仮説検証型とい
う概念対で言えば仮説生成型の研究であり，探索／記述／説明の区別で言えば
かなり探索的研究の側面が強い．もちろん，研究の探索的局面において仮説生
成型研究は必須であり，その意味でこのタイプの研究に存在意義があるのは間
違いないが，逆に言えば，因果プロセスを実体とその活動の連鎖として概念化
するという部分を除けば，経験的な社会科学の一般的原則に従っているだけで
あり，実体と活動の部分は合理的選択理論や合理的行為理論とかなり共通する．
つまり，特別な研究プログラムを提唱している訳ではなく，極めて健全な経験
的社会科学の営みを述べていると言える．また，仮説的に生成／構築された理
論は，理論構築に用いられたデータ〔ケース〕とは別のデータによって検証さ
れる必要もあるだろう（validation，妥当化）．

　これら理論志向の過程追跡に対して，結果説明型の過程追跡はかなり異質で
ある．具体的な帰結がなぜ生じたのかを説明するために場合によってはいくつ
もの（既知の）因果メカニズムを動員し，（必要最小限の）十分な説明を与える
ことを目的とする．ここでは，理論は構築されるものでも検証されるものでも
なく，具体的な事例の展開の個々の因果連鎖を説明するために動員されるもの
であり，その意味で先行する／既知の一般的知識に依拠している．さまざまな
知識の助けを借りて，因果の鎖の一つ一つをつないでゆき，最終的に原因 X
と結果 Y の具体的な特定の連鎖を完成させるのであるが，複数のプロセス・

---

[12]　ゴールドソープは，調査データの統計的分析と合理的行為理論を相補的に組合せる点
に特徴がある．つまり証拠のタイプとして統計データ分析から導かれた経験的な規則性を
活用する．しかしこの証拠の形態を問わなければ，合理的選択理論の理論検証研究はほ
ぼ，この理論検証型過程追跡と同様の研究方法と言える（Hechter 1987=2003; Kiser
and Hechter 1991）．

メカニズムが併存する中には，どうしても“偶然”という要素を排除することができないだろう（Goldthorpe 2016: 48）．つまり，その特定事例については深い理解に到達できるかもしれないが，まさにそれゆえに，他のケースにも一般化できるような，言いかえれば，他のケースの理解にも役立つような知識は得られにくい．個別事例の理解を通じて一般的な知識に到達するのでは決してなく，一般的な知識を利用して個別事例を理解するのである．よく，個別事例を通して一般的な知識を獲得するところに単一事例研究の意義があるとか，個別事例の中に一般的な傾向（社会と言っても時代と言ってもよい）が表れていると主張されることがあるが，結果説明型過程追跡のような研究によってなんらかの一般性のある知識に到達する理由は示されていない．また，個別事例の中に，個別性を超えたものが反映していると言う場合，個別の理解を通してその一般性に到達しているのではなく，一般性の知識によって個別事例を理解していることが認識される必要がある．その個別事例が何らかの理由でそれ自体として非常に重要なものである場合，その研究にはそれに応じた意義が認められるだろうが，その個別事例そのものに第一義的な関心があるわけではない場合には，こうした研究にどのような意義があるのかは慎重に検討される必要がある．

3　ベイズ理論の台頭

過程追跡の議論には，それまでの定性的研究には見られなかった特徴がある．それは，自らの方法論の基礎としてベイズ理論を極めて重要なものとして位置付けている点である．すでに言及した過程追跡の文献でベイズ理論に触れていないものはない．それどころか，自らの研究方法の妥当性や有効性を示すために大幅にベイズ理論に依拠している．

ベイズ理論については近年ますます多くの研究書・入門書が刊行されているので詳しい紹介は省くが，そのエッセンスを簡単に述べると，（直接観測不可能な）事象が生起しているかどうかについての事前確率を，証拠を収集することによって事後確率へと更新する手続きである．「大学入試の合否判定で不当な男性優遇がある」を H，合格率の男女差などの観察可能な事実を e とすると，事前確率とは，事実 e（証拠と呼んでもよい）が観察される以前に H が正しい確率 $p(H)$ である．H が正しい時に e が生じる条件付き確率は $p(e|H)$，H が正しくない時に e が生じる条件付き確率は $p(e|\bar{H})$ とすると，e が生じる確率 p

23 定性的社会科学の新たな展開と課題〔杉野　勇〕

(e) は p (H)*p (e|H)+p (~H)*p (e|~H)=p (H)*p (e|H)+{1-p (H)}*p (e|~H) となり，かつ p (H)*p (e|H)=p (e)*p (H|e) から，事実 e が観察された時に H が正しい条件付き確率は，p (H|e)=p (H)*p (e|H)/[p (H)*p (e|H)+{1-p (H)}*p (e|~H)] と表現されることになる．H の事前確率と H が正しい時と H が正しくない時のそれぞれで事象 e の生じる条件付き確率を与えることができれば，H が正しい確率を，新しく得た証拠によって更新することができるのである．

　定性的社会科学や過程追跡の議論では，証拠能力を区別して論じることが一般的になっている．よく用いられるのが「選別するためのテスト（hoop test）」「動かぬ証拠によるテスト（smoking gun test）」「兆候を示すテスト（straw in the wind test）」「二重に決定的なテスト（doubly decisive test）」である（Brady and Collier 2010=2014: 232-233，訳語は変更した）．hoop test は十分条件ではないが必要条件ではあるもの，smoking gun test は必要ではないが十分であるものを，straw in the wind test は必要・十分いずれの意味でも決定的ではないが有益ではあるものを，doubly decisive test は必要十分であるものを，それぞれ明らかにするとされる．証拠能力の軽重を区別するという考え方はまったく妥当であると考えられるが，どんなデータ・観察結果がどの証拠に該当するのかを判断すること自体が往々にして難しく，それを判断するためにすでに因果メカニズムについてのある程度の理解が必要となるかも知れない[13]．その判定の困難さを別としても，ベイズ理論を導入した時点で，これまでやや直感的に理解されて来た証拠評価のこれらの考え方は，条件付き確率によってより明確に表現されることになる．H を入試における不当な男女差別の存在，e をそれについての何らかの証拠とすると，hoop test は p (H|~e) = 0（かつ p (H|e) ≧ 0），smoking gun test は (p (H|~e) ≧ 0 かつ) p (H|e)=1，straw in the wind test は p (H|e) が p (H) から多少変化する場合（要するに多少なりとも情報価値がある／証拠能力があるということ），doubly decisive test は p (H|~e) = 0 かつ p (H|e) = 1，と表現できる[14]．また，確率で表現するということは当然，決定論的認識論に留まる必要はないということになる[15]．

---

[13]　比喩にこだわるのは重要ではないが，現場で煙の出ている銃を手にしていたから，血まみれのナイフを握っていたからと言って殺人の真犯人とは限らないというのは，推理ドラマでは陳腐なまでにお馴染みのケースである．それが「動かぬ証拠」といえるのは，さまざまな競合仮説を棄却できるか否かにかかっている．

III　過程追跡

統計学においては近年，統計的検定を代表とするこれまでの頻度論的統計学への批判がますます高まり，かわってベイズ統計学への支持がかつてないほど強まっている．その中で，頻度論的統計学，特にゼロ仮説（帰無仮説）有意性検定の考え方は背理法の考え方同様我々の自然な思考法に逆らっていて理解しにくく（杉野 2017），専門家の間でも誤って理解されていることが少なくないと指摘されている．それに比べてベイズ統計学の考え方は不自然さなく理解することが可能であると主張される．ベイズ統計学が本当に自然に理解できるものかどうかはここでは問わないこととするが[16]，明確に定式化することで実際の適用における難しさも同時にはっきりとする．それは，仮説 H の事前確率 p(H)や，仮説 H が正しい時に事象 e が観察される条件付き確率 p(e|H)，仮説 H が正しくない時に事象 e が観察される条件付き確率 p(e|¯H)にどんな値を与えることが可能／適切なのかという問題である．これらにある程度の精度をもった数値を代入しない限り，証拠 e によって仮説 H の確率（信憑性）が高まるのか低まるのかすら言えないが，しかし恣意的であると批判されずに具体的な数値を与えることは実際にはかなり難しい[17]．そうなると，考え方としては非常に明快で説得的であっても，実際の研究ではあまり役立てられない道具立てということにもなりかねない．今のところ過程追跡の文献はベイズの考え方

⒁　このように定式化して精緻に考えていくと，過程追跡が何の確率を求めようとしているのかについての疑問が生じてくる．"一般性を持つと考えられるある仮説的な因果メカニズムが成立する確率"を，具体的なケースから得られる証拠によって更新していく（理論検証型過程追跡）というのはベイズ理論的にも非常に分かりやすい．それに対して結果説明型過程追跡は"具体的なケースにおけるある仮説的な因果関係の存在の確率"を，既存の理論的知識やそのケースから得られる証拠によって更新していくということになりそうだが，一つのケースに対して考えうる複数の競合仮説（これは多元因果論の立場から考えうる）の取捨選択を行うということ以外にはなかなか考えにくい．

⒂　ただし，定量的分析の命題は「X が Y の生起に一定の影響を及ぼす」という蓋然的／確率論的なものであるのに対し，ベイズ的な定性的研究の主張は，「X が Y を帰結する」という決定論的な命題が正しい確率を定量的に評価するということであるので，確率論的な主張が導入されたからと言って同じになるわけではない．

⒃　仮にゼロ仮説有意性検定の条件付き確率の考え方が自然ではないとしても，母平均や母比率のような母数が，未知・不可知ではあっても何らかの定数として存在すると考えることは(国民における内閣支持率など)むしろ多くの人にとって"自然な"発想であり，ベイズ統計学のように母数を確率変数として考える方が素人にとっては不自然であるとも言える．

23 定性的社会科学の新たな展開と課題〔杉野　勇〕

の説明や，それが定性的研究を正当化しうるという側面は積極的に論じるが，具体的な事例においてどのように確率を付与することができるのかについてはあまり論じられていない.

　以上のような課題はあるにせよ，ベイズ理論の導入はそれまでと比べれば確実に議論を前進させているとは言えるだろう．ベイズ理論の導入に問題があるならば，それ以前の議論はもっと問題をはらんでいたといえるかもしれない．そして，定量的研究と定性的研究のいずれもが，因果メカニズムの探究を重視し，ベイズ的考え方を中心的な要素として採用しはじめているという2つの点で収斂して来ているように見える．やや戯画的に誇張して言えば，いずれ定量か定性か（質か量か）といった論争が意味をなさなくなり，ベイズ一強時代がやってくるのかも知れない.

4　単一事例研究の意義

　定量的社会科学と定性的社会科学の大きな考え方の違いの一つは，少数事例（small-N）研究にどのような意義を認めるのかであろう．究極的には単一事例研究にどのような意義があるのかという問題である．定性的社会科学の中でもレイガンらの QCA は少数事例研究の意義に消極的である．それは，QCA が社会科学の目的として一般化を重視しているためである（Rihoux and Ragin eds. 2009: xviii）．QCA が事例比較研究であるのも一般化の目標に由来していると言えるが，単一事例研究では一般化，言いかえれば，自らが調査しているのとは別の，他の事例の理解にも役立つ知識を得ることが難しいという．それに対して，日本のライフ・ヒストリーやライフ・ストーリー研究，英米の過程追跡は，単一事例研究の意義にはるかに積極的である．紙幅の都合上具体的な引用は割愛するが，一つの事例の個性を深く掘り下げることによって普遍的もしくは一般的な認識に到達しうるという考え方は日本に限らずさまざまなところで繰り返されてきた．しかし実際に行われていることの多くは，個別ケースを理解する為に，全国あるいは他の地域について分かっている一般的な傾向の（と想定

---

　(17)　頻度論統計学を批判するベイズ統計学に関しても，社会科学においては，恣意的でない説得的な事前分布を与えることが困難であることがしばしば指摘されるが，この場合は無情報事前分布を与えることで問題が回避される．ただしその結果，頻度論の計算結果と大差ない結果を得ることになってしまう場合も多い.

524

Ⅲ　過程追跡

されている）知識を活用することであり，つまりこの個別ケースの理解にも一般的な知識の適用が有益であると示す論述の構造になっている．あくまで，日本全国では，あるいは他の地域ではどうなのかという知識が，この個別ケースの調査研究の外ですでに得られており，それとの共通性を見出しているというのが正しい．個別ケースの理解から一般的知識に拡張しているわけではない．先に紹介した結果説明型過程追跡もまさにこのようなものとして理解される．

　言うまでもなく「ある X について〜〜だ」という主張と「任意の（多くの）X について〜〜だ」という主張は当然異なる．単一事例研究といえども，社会科学の本来の目的が前者の主張で留まることはあるだろうか．例えばある不当な差別の犠牲者を詳細に調べる単一事例研究を遂行したとする．とりあえずの目標はその事例についての深い理解であるとしても，その先に目指されているのは，そのような差別を生みだす社会的メカニズムの解明であり，それによって，他にも（少なからず）いるであろう被抑圧者の境遇の理解と改善，差別の根絶に寄与することではないだろうか．社会的・実践的な関心が強ければ強いほど実際にはそうしたことを追求しているのであり，自分が調査している一事例だけに留まる知識を得ることで完結できるとは思えない．これはまさに，限定された範囲であれ一般的な知識・洞察の獲得への志向性であり，だとすれば，単一事例や small-N からどのようにそれが達成できるのかを方法論的にもっと明示的に考察しなければならない[18]．このことは，「当事者の主観的な意味付け」といったものを研究課題にしたとしてもまったく同様に問われる．誰が・どんな人が，どれくらいの人が，そうした意味付けをすると言えるのか．「〜〜という意味付けをする人が，少なくとも一人は存在した」という認識でとどまることが研究目標に適うのか．そうでないならば，どのように他のケースについての理解につなげうるのか．決定論的認識論に立つ場合でも QCA のような事例比較研究が要請されそうであるし，そこに偶然の考慮が必要になるならケース選択におけるバイアスの回避方法なども必要になるかもしれない．「なぜそのような意味付けをするのか」という問いや「その意味付けをすることでどのような帰結が生じるのか」といった問いを扱うならなおさらである．

　計量分析だけでは因果関係の解明は不可能であると主張するにいたったゴー

---

[18]　自分で調査をするのは単一事例でも，すでに明らかにされている別の事例・知識との比較が行われるならば，複数事例比較研究デザインである．

23 定性的社会科学の新たな展開と課題〔杉野　勇〕

ルドソープは，単一の具体的事例（出来事）の説明すら，社会科学には困難であると考え，集合において存在する経験的規則性を対象とする「集団の科学（population science）としての社会学」を主張するにいたった（Goldthorpe 2016）．この点で，同じく合理的選択理論に深い洞察をもち，個別の出来事の説明を社会科学の目的とするエルスターとは大きく異なっている（Elster 2015）．ゴールドソープによれば特定の出来事・事例の説明は複数のメカニズムのタイミングの共時化など偶然の要素を含まざるをえない．それは "歴史的説明" であり "社会学的説明" ではない．先にふれたようにこの歴史的説明は結果説明型過程追跡と同じ考え方と言えるだろう．よく「歴史に if は無い」という慣用句が口にされる．その意味を考えると，具体的な歴史的事象に関しては，実際に辿った歴史的経路と異なる反実仮想を適切に行うことはできないという主張と言え，個別の出来事の因果的説明はできないとするゴールドソープの立場と一致すると思われる．

Ⅳ　社会科学のあるべきミクスト・メソッド

　日本の社会学ではまだ十分な関心を集めていないと思われる "定性的"（質的）社会科学の射程と，それが抱える問題点をごく概括的に論じてきた．それぞれの論点はより具体的で詳しい論考を必要にするだろうが，理論，より正確に言えば，限定的であれある程度の一般性を有する仮説的知識を，社会についての経験的な観察やデータでテストする（つまりそれがあてになるのかならないのかを確かめる）のが社会科学の目標であると考えるなら，この点について，質的調査と量的調査の位置づけに本質的な違いはない．そして発見した知識を，政治的立場はもちろん，学問的な主義主張の異なる人間同士の間でも同意可能なものにしうる手続きもいずれにとっても必要である（山口 2017）．それらが，両者にとっての共通の準拠問題である（杉野 2012）．もちろん，現在は，そしてこの先も当分は，定量的研究と定性的研究の特徴の違いは存在し続けるだろう．原理的に不可能ではないとはいえ，個々人の意味付けや主観的意味世界を深く探るには質問紙調査は明らかに不向きである．しかしインタヴュー調査は知見・主張の根拠づけと異質な研究者間コミュニケイションに課題を残す．また，ゴールドソープの言うように個人の行動レヴェルで見られる経験的規則性

IV 社会科学のあるべきミクスト・メソッド

に対しては計量分析が強いが，統計学的推測に可能なのは，対象となったその社会（母集団）についての推論だけである．そのようにして見出されたある社会における規則性を，研究対象としていない他の社会との比較の上で，社会という集合性の水準でさらに研究するには，多くの場合 small-N の研究にならざるをえず，無作為標本研究になることも期待できない．その点では QCA は，統計学とはまた別の，要因間連関の要約的記述の有効な道具にはなりうるかもしれない[19]．さらに，定性的であれ定量的であれ，経験的調査によって "目に見える" のは相関関係をはじめとした経験的な連関であり，そうした記述的知識から因果メカニズムを推論するには，合理的行為理論かそれに代わる何らかの理論が必要である（Kiser and Hechter 1991; 盛山 2004）．近年の社会科学では，定性的研究と定量的研究のミクスト・メソッド（Mixed Method，混合研究法）という表現が流行している．この言葉が使われるようになるはるか以前から，大規模標本調査とインタヴューなどの個別事例研究の併用は特に珍しいものではなかったと思われる．単にこれまでも行われて来たものに新しいバズ・ワードを冠するにとどまらないためには，"量" と "質" の社会科学として持つべき準拠問題の共通性と，にもかかわらずよって立つ前提の違いを適切に認識しつつ，いずれにとっても因果メカニズムについての "理論" がさらに要請されることを踏まえた3項の組合せが必要と言える．

〔文 献〕

甘利俊一・狩野裕・佐藤俊哉・松山裕・竹内啓・石黒真木夫（2002）『多変量解析の展開——隠れた構造と因果を推理する』岩波書店．

Beach, Derek, and Rasmus Brun Pedersen (2013) *Process-Tracing Methods: Foundations and Guidelines*, The University of Michigan Press.

Bennett, Andrew, and Jeffrey T. Checkel (eds.) (2015) *Process Tracing: From Metaphor to Analytic Tool*, Cambridge University Press.

Brady, Henry E., and David Collier (eds.) (2004) *Rethinking Social Inquiry: Diverse Tools, Shared Standards*, Rowman & Littlefield. =2008, 泉川泰博・宮下明聡訳『社会科学の方

---

[19] それ以外にも，本稿では触れられなかったが，"ケース・事例" は最初から所与のものとして何かの1ケース・事例として存在しているわけではないというレイガンの "Casing" の考え方（Ragin and Becker eds 1992: 217）などは，質・量を問わず重要な批判的指摘である．比較の考え方の徹底やケースが持つ理論的意義の検討など，日本の社会学の "質的" 研究がもっと参考にできる議論も多い．

23 定性的社会科学の新たな展開と課題〔杉野 勇〕

法論争 —— 多様な分析道具と共通の基準』勁草書房.

—— (2010) *Rethinking Social Inquiry: Diverse Tools, Shared Standards*, Second Edition, Rowman & Littlefield. =2014, 泉川泰博・宮下明聡訳『社会科学の方法論争 —— 多様な分析道具と共通の基準〔原著第 2 版〕』勁草書房.

Cooper, Barry, Judith Glaesser, Roger Gomm, and Martyn Hammersley (2012) *Challenging the Qualitative-Quantitative Devide: Explorations in Case-Focused Causal Analysis*, Continuum.

Elster, Jon ([2007]2015) *Explaining Social Behavior: More Nuts and Bolts for the Social Sciences*, Revised Edition, Cambridge University Press.

George, Alexander L., and Andrew Bennett (2005) *Case Studies and Theory Development in the Social Sciences*, The MIT Press.=2013, 泉川泰博訳『社会科学のケース・スタディ —— 理論形成のための定性的手法』勁草書房.

Goertz, Gary, and James Mahoney (2012) *A Tale of Two Cultures: Qualitative and Quantitative Research in the Social Sciences*, Princeton University Press. =2015, 西川賢・今井真士訳『社会科学のパラダイム論争 —— 2 つの文化の物語』勁草書房.

Goldthorpe, John H. (2016) *Sociology as a Population Science*, Cambridge University Press.

Hechter, Michael (1987) *Principles of Group Solidarity*, University of California Press. =2003, 小林淳一・木村邦博・平田暢訳『連帯の条件 —— 合理的選択理論によるアプローチ』ミネルヴァ書房.

Hino, Airo (2009) "Time-Series QCA: Studying Temporal Change through Boolean Analysis," 理論と方法 24 巻 2 号, 247-265 頁.

星野崇弘 (2009)『調査観察データの統計科学 —— 因果推論・選択バイアス・データ融合』岩波書店.

保城広至 (2015)『歴史から理論を創造する方法 —— 社会科学と歴史学を統合する』勁草書房.

石田淳 (2017)『集合論による社会的カテゴリー論の展開 —— ブール代数と質的比較分析の応用』勁草書房.

岩崎学 (2015)『統計的因果推論』朝倉書店.

鹿又伸夫 (2004)「社会科学における比較の問題 —— コンテキスト vs. 一般原理」知能と情報 16 巻 3 号, 208-214 頁.

—— (2014)『何が進学格差を作るのか —— 社会階層研究の立場から』慶應義塾大学出版会.

鹿又伸夫=野宮大志郎=長谷川計二編 (2001)『質的比較分析』ミネルヴァ書房.

King, Gary, Robert O. Keohane, and Sidney Verba (1994) *Designing Social Inquiry: Scientific Inference in Qualitative Research*, Princeton University Press. =2004, 真渕勝監訳『社会科学のリサーチ・デザイン —— 定性的研究における科学的推論』勁草書房.

Kiser, Edgar, and Michael Hechter (1991) "The Role of General Theory in Comparative-historical Sociology," *American Journal of Sociology* 97(1): 1-30.

IV　社会科学のあるべきミクスト・メソッド

久保拓弥（2012）『データ解析のための統計モデリング入門 —— 一般化線形モデル・階層
　ベイズモデル・MCMC』岩波書店.

久米郁男（2013）『原因を推論する —— 政治分析方法論のすすめ』有斐閣.

Lucas, Samuel R., and Alisa Szatrowski（2014）'Qualitative Comparative Analysis in
　Critical Perspective,' *Sociological Methodology* 44(1), pp. 1-79.

宮川雅巳（2004）『統計的因果推論 —— 回帰分析の新しい枠組み』朝倉書店.

野村康（2017）『社会科学の考え方 —— 認識論，リサーチ・デザイン，手法』名古屋大学
　出版会.

Pearl, Judea（2000）*Causality: Models, Reasoning, and Inference*, Cambridge University
　Press. =2009, 黒木学訳『統計的因果推論 —— モデル・推論・推測』共立出版.

Ragin, Charles C.（1987）*The Comparative Method: Moving Beyond Qualitative and
　Quantitative Strategies*, University of California Press. =1993, 鹿又伸夫監訳『社会科学に
　おける比較研究 —— 質的分析と計量的分析の統合にむけて』ミネルヴァ書房.

—— , 2000, *Fuzzy-set Social Science*, The University of Chicago Press.

—— , 2008, *Redesigning Social Inquiry: Fuzzy Sets and Beyond*, The University of Chicago
　Press.

Ragin, Charles C., and Howard S. Becker（eds.）（1992）*What is a Case?: Exploring the
　Foundations of Social Inquiry*, Cambridge University Press.

Ragin, Charles C., and Lisa M. Amoroso（[1994]2011）*Constructing Social Research: The
　Unity and Diversity of Method*, Second Edition, Sage.

Rihoux, Benoît, and Charles C. Ragin（eds.）（2009）*Configulational Comparative Methods:
　Qualitative Comparative Analysis (QCA) and Related Techniques*, Sage.=2016, 石田淳・
　齋藤圭介監訳『質的比較分析（QCA）と関連手法入門』晃洋書房.

Rihoux, Benoît, and Heike Grimm（eds.）（2006）*Innovative Comparative Methods for
　Policy Analysis: Beyond the Quantitative-Qualitative Divide*, Springer.

齋藤圭介（2017）「質的比較分析（QCA）と社会科学の方法論争」社会学評論 68 巻 3 号,
　386-403 頁.

桜井厚=石川良子編（2015）『ライフストーリー研究に何ができるか —— 対話的構築主義の
　批判的継承』新曜社.

佐藤健二（2011）『社会調査史のリテラシー —— 方法を読む社会学的想像力』新曜社.

佐藤俊樹（2017）「データを計量する —— 社会を推論する」社会学評論 68 巻 3 号, 404-
　423 頁.

盛山和夫（2004）『社会調査法入門』有斐閣.

清水昌平（2017）『統計的因果探索』講談社.

杉野勇（2012）「『量』と『質』の共通の準拠問題」米村千代=数土直紀編『社会学を問う
　—— 規範・理論・実証の緊張関係』勁草書房, 125-147 頁.

——（2017）『入門・社会統計学 —— 2 ステップで基礎から〔R で〕学ぶ』法律文化社.

529

23 定性的社会科学の新たな展開と課題〔杉野　勇〕

轟亮=杉野勇編（［2010］2017）『入門・社会調査法 ── 2ステップで基礎から学ぶ（第3版）』法律文化社.

山口一男（2017）『働き方の男女不平等 ── 理論と実証分析』日本経済新聞出版社.

24 経験科学的な法概念に向けて

高 橋 　 裕

I　はじめに

　「法とは何か」という問いは理論法学における枢要な主題であり続けているが，この20年ほどの間に，この問いをめぐって新たな見方が生まれてきている．その背景に，ウルリッヒ・ベック（Ulrich Beck）が「世界の形態転換 metamorphosis of the world」と表現した事態，すなわち，国民国家を基本的かつ唯一の準拠点として議論を組み立てるという「方法論的ナショナリズム」の自明性の喪失（ベック 2016=2017：2-12），があることは明らかであろう．「グローバリゼーション」や「法多元主義」，また "global legal pluralism" や "non-state law"，"stateless law"，"transnational law" などさまざまな枠組みないしラベルのもとで，多くの論者がこのような事態を把握し[1]，国家法 ── なかでも，西欧的なそれ ── を範例とするのではない〈法〉[2]の概念化に取り組んでいる．「「法とは何か」という問いは，哲学におけるエベレストのようなものである」（Berman 2015：2）などと，ときに登頂の難しさにも擬えられながら，適切な解答に到達することの困難さが指摘されるこの法の概念の問題であるが，それには，〈法〉をめぐる事実的・認識論的状況の変化，そしてそれらに伴う問

---

(1)　法概念論に限られず，広範に亘る法現象をそうした視角から把握しようとする試みも膨大だが，最近のものをいくつか挙げるならば，Berman 2012/ Helfand 2015/ Dedek & Van Praagh 2015/ Baxi (et al.) 2015/ Cotterrell & Del Mar 2016/ 特集 2017/ 特集 2018/ 山元ほか 2018 など．また，こうした視角に関する言及は入門書のレベルでの記述にも及ぶ（Glligan 2007：Chs. 9 & 10/ Murphy 2014：145-182/ Freeman 2014：Ch.18 など）．

(2)　高橋 2018 におけるのと同様に，本稿において〈法〉と記す場合には，「法」の概念によってそれと判定される形象を意味することとする．

『法の経験的社会科学の確立に向けて』村山眞維先生古稀記念〔信山社，2019年3月〕

24 経験科学的な法概念に向けて〔髙橋 裕〕

題設定自体の拡大が密接にかかわってもいるのである．

　このような議論の活性化が法社会学的・経験科学的な法概念論に刺激を与えることには不思議がない．国家法や西欧的意味での法システムに限られないものとしての〈法〉への関心は，法社会学のほとんど出発点であった[3]し，法史学・比較法学の重要な関心事であり続けてきたのだから．本稿は，そのような文脈のもと，法概念論の近時の展開を意識しながら[4]，しかし既往の議論にも一定の目配りをしつつ，とりわけ経験科学的な観点から法の概念を設定するうえで留意するべきと考えられるいくつかの論点について，検討を加えるものである．筆者は先に，マックス・ヴェーバー（Max Weber）の法概念論の検討を通じて今日的な経験科学的法概念への見通しを得る作業に従事したうえで，今後取り組むべき若干の課題を指摘した（髙橋 2018）が，本稿は，前稿の作業にとって前提となって然るべきであった問題にいったん立ち戻るものと位置づけられる．

　なお，「法とは何か」という問い自体が多義的である（森村 2015：34）が，それを細密化する作業は以下でなされることであり，さしあたりは大まかに，《法という社会形象の性質ないし定義的意味を明らかにしようとする問い》と理解し，それを文脈に応じて「法概念論」とも言い換えることとする．また，「グローバリゼーション」globalis（z）ation にしても「（法）多元主義（legal）pluralism」にしてもさまざまな意味を持ちうる論争的な概念である[5]が，以下では，ベックのいう「世界の形態転換」という事態を指すものとして，「多元

---

(3)　Selznick 1968：51 はこのようなモティーフをまさに「多元主義 pluralism」と表現する．

(4)　法社会学的・法理論的観点から興味を惹くいくつかを例示するならば，Teubner 1997/ Tamanaha 2001：Ch. 7/トイブナー 2006/ Twining 2009：Ch. 4/ Krygier 2009/ Kingsbury 2009（それに関連して Somek 2010/ Kuo 2010）/ Culver & Giudice 2010/ von Daniels 2010/ Schultz 2011（それに関連して Michaels 2011）/ Ladeur 2011/ 近藤 2012-2013/ 横溝 2013/ Donlan & Urscheler 2014 所収の諸論文/那須 2014/ 興津 2015/ Michales 2015/ Michales 2017/ 田中 2017/ Cotterrell 2018 所収の諸論文，など（ただし，猛烈なスピードで進む法概念論の蓄積の全体を視野に収めることは至難であり，筆者が参観したのはそのごく一部に過ぎない）．法哲学的観点からの法概念論について邦語で概観するものとしては森村 2015：33-238/ 田中 2017 の記述が詳しく，また，淺野 2011 が，近時の法哲学的法概念論の中核的問題を的確に整理するものとして参看されるべきである．

主義的状況」という語を用いる[6].

Ⅱ 本質主義批判の復活

　法概念論にかかわりかつて議論が積み重ねられた論点の一つに, 本質主義 essentialism 的立場をめぐるものがあった. ここでの本質主義とは,「すべての事物には, そのものをしてまさにそのものたらしてめているところの諸性質, すなわち本質がそなわっている」という発想 (碧海 1963：120) を指す. 法の概念を論じるにあたってそのような発想を前提とすることが適切か, が問題となったのである.《「法」の概念をめぐる問題とは〈法〉の実質的な性質にかかわるものでなく, 単にことばにかかわる論争 verbal dispute に過ぎない》というグランヴィル・L. ウィリアムズ (Glanville L. Williams) の挑発的な問題提起 (Williams 1945/ ウィリアムズ 1949=1966) に端を発したこの論点は, よく知られているとおり, 日本では碧海純一と加藤新平とのあいだでの論戦を生みながら (加藤 1963/ 碧海 1963 を参照), やがて, 〈法〉に共通する重要な属性の探究の意義を承認し,「両者を統合しようとする方向に収斂」した (田中 2011：35). 状況は欧米語圏においても同様であったといってよかろう[7].

　本質主義の否定は, しかし, 近時再び法概念論の文脈において主張されるようになっている[8]. たとえば, その主唱者の一人であるブライアン・Z. タマナハ (Brian Z. Tamanaha) の議論を見てみよう[9]. 彼は, 従来の法社会学的法概念論とはもっぱら社会的機能を以て〈法〉の普遍的属性を規定しようとする試みであったと理解 (Tamanaha 2001：135ff) したうえで, それは, 一方では, たとえば家庭内や企業内において生じる社会的統御作用全般までも「法」に含

---

(5)　さしあたり, グローバリゼーションをめぐる研究状況についての概説として Ritzer & Dean 2015 を, 多元主義の諸相を通覧させるものとして Bevir 2012 を, それぞれ参照. グローバリゼーションおよびそれとかかわるものとしての法多元主義についての簡潔な見取り図としては浅野 2015a：85-99 がある.

(6)　以下において, 他の論稿からの引用を行なう際には, 元の文に付された強調は, 断わりのない限り省略する.

(7)　デニス・ロイド (Dennis Lloyd) が示し加藤新平もこれを肯定的に引用する (加藤 1963：23)「適切な good 定義」(Freeman 2014：10) は, 同書初版 (Lloyd：1959：34) からまったく変わらずに維持されているものである. 実質定義の設定を行なうという意味での法概念論の意義については加藤 1963：51-56 を参照.

24 経験科学的な法概念に向けて〔高橋　裕〕

みうることになるという意味で広汎に過ぎ，他方では，「多くの人々が法と認める qualify であろうもの」を排除するといった意味で狭きに失する，と批判する（ibid：192-193）．〈法〉をそれ以外の社会形象から区別・識別する単一の概念を定式化することはできない，というのが彼の考えであり，代替案として示されるのが，法を"whatever people identify and treat through their social practices as 'law' (or recht, or droit, and so on)"と把握するべきという主張である（ibid：194）．そして，"non-essentialist view"と自称されるこの提案は，国家法一元主義では現在の世界における〈法〉の多元性という状況に社会科学的に適切に接近することができない，という認識をその基礎に置く（ibid：Ch. 7）[10]．

　ただし，このように法概念論における「本質主義」的態度からの離隔が再び要請されるに至っている・その方法論的理由は，従来とは異なる．過去の本質主義批判の主眼は，《「本質」という概念を用いることが間主観的な議論を妨げる可能性が高い》という，いわば手続的観点からのものであった（碧海 1963：126-127）．それに対して，タマナハが本質主義に対して寄せるのは，《〈法〉に普遍的な属性・「本質」を想定することは，法多元主義的理解のもとでの〈法〉の多様性を把握することを妨げる》という，より実体的な観点からの批判なのである．

　そうであれば，このような観点からの本質主義批判は，〈法〉の多様性を正面から受け止めようとするうえでの根本的な問題提起と理解するべきであろう．

⑻　すぐに後述するタマナハに加えて，Berman 2012：54-56 などを参照．また，中国法制史研究の実践の蓄積に基づく「西であれ東であれ，歴史貫通的な「法の本質」を捜しそれに基づく自己完結的な説明を作ろうとする努力は，かえって知らない内に人を出口の無い場所に導いてしまうものらしい」という寺田浩明の指摘も参照（寺田 2018：264-265）．なお，本稿本文で採用する「本質主義」の定義は，たとえば田中 2017：26におけるそれと着眼点を異にすることに留意されたい．

⑼　タマナハの法理論への多角的な論評として，Nasu 2017 所収の諸論稿を参照．また，彼の法概念論に関する邦語での紹介として橋本 2018 がある．

⑽　なお，タマナハのように，〈法〉を社会構成員の実践のみによって基礎づけようとする発想は，自己の関心に応じて概念を一方的に設定したり「事実」を記述したりしうるという特権的な地位に研究者がいるわけではない，と考える社会構築主義的観点とも親和的である（Tamanaha 2001：195-197 参照）．

Ⅲ　社会学的方法 対 哲学的方法

　本質主義批判が多元主義的状況のもとで復活することには，さらに，方法論的な理由もあるように思われる（以下に関連して田中 2017：24-33 参照）．ハーバート・ハート（H. L. A. Hart）についての精妙な伝記（Lacey 2004）への書評の中で，トマス・ネイゲル（Thomas Nagel）は著者ニコラ・レイシー（Nicola Lacey）に対して，痛烈な批判を寄せた．レイシーが社会学への傾斜を見せつつハートの社会学への理解不足を批判的に指摘するのに対して，ハートの法理論・法概念論は彼が哲学的方法を用いたからこそ達成できたのだ，とネイゲルは指摘するのである（Nagel 2005：3. 関連して Twining 2009：59-60 も参照）．なるほど，社会学的な記述を積み重ねたとして，そこから〈法〉の重要な属性に到達することを保障するものはない．法にかかわりうる事実的事態の蓄積から〈法〉の中核たる要素として何を抽出するにしても，おそらくそれは最後には研究者の判断・決断に拠ることになるだろう[11]．ネイゲルの批判は，経験科学的法概念を展開しようとする際に致命的でありうる．

　しかし，経験科学の発想を重視する者は，これに対して次のような反批判をしたくもなろう．社会学的方法が法の確かな概念に到達するための保障がないというのはそのとおりだ．しかしそれは哲学的方法を用いたとしても同様ではないか，と（Tamanaha 2011/ Lacey 2006/ Halpin 2014：169-170/ 田中 2017：22, 30）．たしかに，ハートが示した法の概念は以後の法概念論のコンステレイションを一変させ，かつその影響は現在にまで及ぶ．それほどに説得力を持つ彼の法概念を生んだ方法は哲学的なそれかもしれない．しかしそのような達成は，彼が，国民国家を前提とした西洋的な国内法システムを〈法〉のモデルにした（ハート 1961=2012=2014：46）からこそ，可能であったのではないのか？　そうした前提的枠組みが存在しない多元主義的状況において哲学的方法を利用したとして，同様の説得力を有するような法概念に至るのか，は明らかではあるまい．もしも，そのような状況において哲学的方法を通じて導き出される「法」の概念が恣意的ないし決断的なものになるとするならば，むしろ法の

---

[11]　ただしそのような発想への批判として，Leiter 2005=2007 がある．「自然主義的転回 naturalistic turn」に関してより一般的に，Twining 2009：54-56 も参照．

24 経験科学的な法概念に向けて〔高橋　裕〕

「本質」という想定を取り払い，社会の現実を記述することにしたほうが，今後の議論にとっての確固たる基盤を設けることにつながるはずではないか．

Ⅳ　非本質主義の困難

このように，近時の本質主義批判の復権にはいくつかの尤もな理由がある．しかし非本質主義には同時に，別の方法的な難点が伴っているように筆者には思われる．

いったん本質主義の発想へと引き返してみよう．本質主義の眼目は，〈法〉を〈法〉たらしめている普遍的な属性が存在するという想定にあるわけだが，そのような想定は，本質主義を採用することによって，〈法〉とそれ以外とを区別することが可能になるはずだ，ということを含意する．別言すれば，法概念を設定することの一つの機能は，〈法〉の識別にある．それでは，私たちは，なんのために，どのような機会に，〈法〉を識別する必要があるのか？

筆者はここまで「概念」の語を特に分節化せずに論じてきたが，法の概念の設定にいくつかの相があることは，かつて，本質主義批判ともかかわりながら，法理論家の間で注意深く議論されてきたことであった．その際に手がかりとされたのはよく知られるとおり「定義」の意味である．或る時期の法理論において哲学的出発点というような地位を占めたこの論点である[12]が，ここでは，碧海純一の議論を思い出そう．周知のとおり碧海は，法概念論を展開するにあたって次の三つの区別の必要性を説いた．法の名目定義（「法」ということばの望ましい用法についての約束）・実質説明（「法」と呼ばれる対象の持つ重要な諸性質についての主張）・記号説明（「法」ということばの現実の用法についての主張）の区別である（碧海 1959：37-46）[13]．それを承けて，さらに，加藤新平は，実質

---

[12]　たとえば，Lloyd 1959 は，冒頭での法理学の性質をめぐる説明に続いてただちに定義論を置き，最新版である Freeman 2014 も同様である．分析哲学の観点からハートが定義の問題に強い関心を寄せたことも周知であろう（ハート 1954=1966/ ハート 1961=2012=2014：40-46）．これに関連して，分析哲学と法学との関係をめぐる歴史的・学説史的検討として Postema 2011：Ch. 1 を参照．

[13]　碧海自身の表現の仕方が時期によって異なる（たとえば，碧海 1963：113-114/ 碧海 2000：45-53 など参照）が，ここでは『法哲学概論』の初版での用語法に従う．碧海の問題提起を踏まえ行なわれた，定義をめぐる詳細な検討として加藤 1963：27-49 も参照．

536

Ⅳ　非本質主義の困難

説明の探求は研究上の最終的な目標として位置づけられるものであるのに対して，名目定義は，研究の開始点として，なされるべき研究を適切に導くべく設定されるものという性質を持つことを指摘した（加藤 1963：50，54-55[14]）．名目定義がときに「規約定義」と言い換えられる場合もあることに示されるように，その設定とは，研究開始時点で「法」をこのように規定することにしようという，約束事を定める行為であるというのである．

この指摘は，とりわけ経験科学的研究との関係で重要な意味を持つ．経験科学的な法学研究の対象とは何らかの意味で「法」現象であるはずだが，その研究に取りかかる際になにが「法」現象であるのかについての理解が伴っていなければ，当該研究はあるいは対象が無制約に拡散し，あるいは比較困難な対象を同時に中に含むものになりかねないからである[15]．そうした前提的な理解なしに法現象の研究を経験的に行なうことが可能となるのは，ごく限定された場合のみであろう[16]．経験科学的に法現象を分析しようとするうえでは，ほとんどすべての場合において，〈法〉にかかわる適切な名目定義を前提として規約的に設定しないわけにはいかないのである[17]．

かくして，本質主義を完全に否定したうえで，経験科学的な法現象研究を行なうことは，至難であると言わざるを得ない．非本質主義的立場は，多元主義的状況を正面から受けとめようとするものという性質を持つが，しかしそれを徹底するうえでは根本的な方法的困難を内に含むものである[18]．

---

[14]　なお，加藤は自身の「定義」の理解に基づき，「実質説明」に代えて「実質定義」の語を用いる（加藤 1963：40-42 参照）．

[15]　時間的・空間的な比較という観点から検討を行なおうとする場合には，〈法〉を適切に設定することはいっそう明確かつ喫緊の課題となろう．法制史の観点からの叙述として，たとえば石井 1986：382 参照（ちなみに石井紫郎はそこで，「日本人が歴史的に「法」という言葉で捉えてきたものだけがそれでないことは，それまでの方法論的模索の過程で，私にとっては自明のことであった」とも述べる．別のところでは非本質主義的な立場を示す（石井 1971：185）彼の問題意識は，まさに私たちが今直面するものでもある）．注(8)において非本質主義への親和性という文脈でその叙述を引用した寺田浩明も，「法の定義」を否定しない（彼の「法の定義」とは広がりのあるものであり，法というものの把握の仕方—ドゥウォーキンの用語で言えば法の「構想」conception（ドゥウォーキン 1986=1995：112-117，154ff．同訳書は conception に「観念」の訳語を当てる）—に当たるだろうか．法の構想をめぐっては後出注(25)も参照）．

V　経験科学的な法概念をめぐるいくつかの要件

そのように名目定義的に法概念を定めることが――少なくとも経験科学的観点

---

(16)　経験科学的に成立する可能性があるのは，〈法〉が社会的慣習として成立していると考える場合に，その様相を記述する，というものであるが，これも多くの場合は方法論的難点を含むように思われる（たとえば，タマナハの意味での〈法〉を探究するという作業は，日本語でいえば仏教上の意味としての「法」や「方法」の意味での「法」をもその視野に収めることになりそうである――探究の作業の過程で，もしそうした意味を除外するとすれば，それは法学の主題となるべき〈法〉に特有の属性を想定していることになり，非本質主義的想定と矛盾するだろうから――が，しかしそうしたものを法学研究の文脈において「法」の概念のなかに数え上げることは適当か？　この問題も既に加藤新平によって「論議領界」の想定の必要性として，指摘されていることである（加藤1963：13-14））．

　　あらかじめ法についての前提を置かずに経験的な法現象研究を行なう可能性を，方法論的精査を伴いつつ探っているのは，エスノメソドロジーである．「人々が法という現象を生み出したり維持したり利用したりしている」事柄には，それらの人々によって「共有された，日常的な方法論」が「内在している」と考える（樫村2004：144）この視角は，法の定義を研究実践にとって不要と考える（樫村2015：26）．この方法論は非常に興味深いものだが，後述するように「法」の概念の有用性を研究者として目的合理的に判断するという観点を一定程度重視する本稿の問題関心からは，そうした方法論を通じてどのような研究が達成されるか，が重大な関心事となるとともに，分析の対象となる「法的行為」の選定を，法の定義を置かずに行なうことが方法論的に矛盾なく可能であるか，も興味の焦点となる（エスノメソドロジー的視角からの法現象研究の性質をめぐっては，山田2017が的切な見通しを与える．また，法現象の比較研究の遂行を視野に収めながらエスノメソドロジーの視角と法の言語論的探求とを接続しようとするDupret 2014は，タマナハのような発想を方法論的に確固たるものにする試みの一つと位置づけられよう）．

(17)　さらにいえば，少なくとも経験科学的な法現象研究においては，法の実質説明の達成を研究の最終目標とすることは稀であろう．いったん実質説明を得たとしても，それを手がかりにしてさらに，具体的な現象を分析したり仮説を検証したりと，個別研究にその成果を環流させることが一般的である．そしてそうした個別研究から得られた知見は，〈法〉の実質説明の再精錬に利用されうるのであって，その意味で実質説明と名目定義とは相互反照的な関係に立つ．G．L．ウィリアムズのように名目定義を白紙状態から設定することが可能であるという考え方もありうる――著者（マーフィ）自身がそれに賛成しているわけではないが，しかし，Murphy 2014：61に見られるように，法概念論において今なお木霊する声である――が，それが現実的ではないということはおおむね受け入れられていると考えてよく，それは，本文で述べたように「本質主義」をめぐる論争のひとまずの帰着点でもあった．

V　経験科学的な法概念をめぐるいくつかの要件

からは—必要であるとするならば，しかし再び，先に述べた問題点が前面に出てくることとなる．法概念を設定するために，どのような方法をとればよいのか？　事実に即した記述が〈法〉の重要な特徴を浮き彫りにするという確証はどこにもない．さらに近時は，「事実」の自明性すら前提にできない[19]．しかも，多元主義的状況は，〈法〉のモデルを予め想定することへの抵抗を生み出す．

　そうした状況のもと，法の概念の適切性をせめて高める要素があるとすれば，それは次のようなものであろう（六本 1979-1983：(1) 1-4/ 田中 2017：24-25 参照）．一つは，導出方法の説得性，一つは，人々が〈法〉をめぐって積み重ねてきた経験との合致，一つは，具体的な研究プログラムにとっての有用性，そしてもう一つは，既存の法概念論の知見との接続可能性である．

　概念の導出方法はさまざまでありうる．事実そのものが〈法〉の適切な記述を導かないのと同様に，特定の方法論や理論が〈法〉を適切に浮かび上がらせるという保障もないが，それでも，方法論的ないし理論的省察がなされたうえでの取組み[20]は，その成果として導かれる概念の社会科学的適切性を —— たとえば反証可能性を高めるというかたちで —— 強めるだろう．〈法〉をめぐる人々の経験との合致は，かねてより強調されてきた要素[21]であり，それはまた，概念が現実から遊離しないようにすることへの担保でもある．研究プログラムにとっての有用性，すなわち，研究上の問題関心への適合性は，経験科学的な法概念が規約的なものであることとかかわる．当該研究プログラム —— それは，個別研究の遂行を志向するものである場合もあろうし，蓄積された（あるいは，されるべき）個別研究の体系化を志向するものである場合もあろう —— を適切に導く法概念でなければ，法概念の設定はほとんど無意味である[22]．なお，経験

---

[18]　以上から，タマナハの法概念に伴う問題点も明らかになると思われる．碧海が強調した名目定義・実質説明・記号説明の区別を念頭に置くならば，タマナハは，多元主義的状況における法の実質説明の意義を疑問視したうえで，記号説明を定義として採用することを主張していることになるが，そのような記号説明を名目定義として用いようとするならば，それを出発点としてどのような研究を有意義に行なうことが可能となるというのか？　他方，記号説明の解明を研究の終着点とするというのなら，そこから帰結するのはおそらく，「法」およびそれに相当すると思われる語の膨大なカタログの作成だけであろう．タマナハの法概念に対する批判が幾人かの論者から示されている（たとえば Culver & Giudice 2010：144-147/ von Daniels 2010：192-196/ Halpin 2011/ Cotterrell 2017=2018：85）が，それは故ないことではない．

[19]　筆者の理解として高橋 2018：72 を参照．

24 経験科学的な法概念に向けて〔高橋 裕〕

的な分析に耐えうる操作化可能性を備えているかどうか，ということもこの観点から重視されよう[23]．名目定義として研究の開始時点において設定される「法」は，目的合理的な概念である．そして，経験科学が過去の研究の蓄積の上にさらに知見を積み上げていくという性質のものであることに照らせば，既存の法概念論に対して——賛成するにせよ，反対するにせよ——応接するようなものであることが望ましいのは，当然である．その観点からは，「法」の概念を探究する問題関心自体にさまざまなものがあり[24]，また，法の構想 conception もさまざまでありうる[25]，ということを意識しながら自己の研究関心にあった〈法〉の概念を精錬させていくということが肝要であるように思われる．

【補論】法概念を論じる際のいくつかの問題意識について

　この点に関しては，ロナルド・ドゥウォーキン（Ronald Dworkin）による整理が明快である．ドゥウォーキンによる法概念の整理の仕方は論稿によっても異なるが，本稿の問題関心にとっては *Justice in Robes* における四分法，すなわち，分

----

[20]　ハートの法概念論がここまで長くまた大きな影響力を保っていることには，本文第Ⅲ節でも若干触れたように，それが，言語哲学を中核とした方法論的基盤を有していることが関係していよう．社会学的な理論構築を通じて法の概念に接近するこれまでの重要な業績としては，六本 1979-1983 および六本 1986：第 2 章/ ルーマン 1972=1977：第 2 章などが挙げられる．また，木庭 2009 などの木庭顕の一連の業績は構造主義的方法を細心に用いながら西欧法の歴史的淵源に迫る試みである．西川 2018a/ 西川 2018b：56-61 は国制史学研究の近年の展開について紹介するが，そこで「パフォーマティブ・ターン」と呼ばれている動向は，社会認識論的次元での理論展開が法制史研究の対象設定に影響を及ぼす状況を示す（認識論的次元が法現象の把握にとって枢要な意味を有していることについて，あわせて阿部 2017 の問題意識も参照）．経験科学的法概念の設定にとって理論的支柱が重要なことについては六本 1979-1983：(1) 2-3/ Halpin 2014 参照．

[21]　Lloyd 1959：34/ 碧海 1959：47/ 加藤 1963：6-9/ 六本 1979-1983：(1) 2．ハートが用いた言語哲学的方法も，conventional と表現される（Tamanaha 2001：135ff）ようにこの系に属すると理解でき，タマナハも自己の法概念をその点ではハートの驥尾に付すものであると規定する（ibid.：192-194）．

[22]　碧海 1959：47/ Cotterrell 2014=2018：99/ Halpin 2014：173-174．トワイニングは，自己の法の概念が，研究目的に応じて変化しうることを明言する（Twining 2009：117）．あわせて越智 2007：325-326 も参照．

[23]　この点は不思議とあまり指摘されないが，経験科学的研究に法の概念を適用するうえでは極めて重要なことである（齋藤 2005：178-179 にはその問題意識が見てとれる）．

[24]　本文で後続する【補論】を参照．

類志向的 taxonomic，社会学志向的 sociological，解釈論志向的 doctrinal，そして理想志向的 aspirational な法概念という区分が有用と思われる[26]．

ドゥウォーキンのいわゆる分類志向的な法概念とは，実践的な志向性から離れて，道徳その他の種々の規範的な基準から法的基準を区別するための道標を設定しようとするもの，社会学志向的な法概念とは，「法」と呼ぶに相応しい・制度化された社会的機構のうちの特定のものを同定しようとするもの，解釈論志向な法

---

[25] たとえば，複数の〈法〉が同時に同地点で併存することを前提としたうえで，(a) それらの〈法〉がネットワークを成すという状況を叙述しようとするアプローチ（ここでは，〈法〉の概念は必ずしも一つである必要はない．'Interlegalität'（トイブナー 2006：7-8）や'interlegality'（de Sousa Santos 2002：437）などの概念は，そうした発想と親和的であるように思われる）と，(b) 複数の法が併存する状況自体を概念化しようとするアプローチ（たとえば，ラルフ・マイケルズ（Ralf Michaels）の"We no longer need a concept of *law*. We need a concept of *laws*"（Michaels 2017：5．強調は原文）という主張をみよ．そこで探究されるのは結局 a concept 単一の概念である）とは，法の構想の違いと理解できるが，それぞれのもとで構築される法の概念はおそらく異なるものになろう（このような観点からすると，近年の理論的達成として注目すべきカルヴァ（Keith Culver）とジュディチェ（Michael Giudice）の'inter-institutional theory of legality'（Culver & Giudice 2010：Chs. 4 &5）は，一群の「法的性質 legality」を措定したうえでその併存を重層的に捉えようとするものであり，その理論的戦略は概念構築と構想提示との複合である，と理解される．また，近時フォン・ダニエルズ（Detlef von Daniels）や横溝大が着目する「連携ルール」（von Daniels 2010：160-162/ 横溝 2017：80）とは，異なりうる〈法〉をネットワーク化する装置を単一の法の概念の中に取り込もうとする試みと位置づけられよう）．

近時の日本の法社会学における試みを例にとるならば，今日的状況と課題に応じたコモンズ研究を遂行するうえでの「新たな「法」の概念［の］構築」として，「権利義務関係の法」・「組織内の法」・「政策的法」という三つの種類のものを「三層の「法」」として捉える高村学人の試み（高村 2009：91ff）は，本稿の用語法で言えば，法の「概念」というよりは法の「構想」を，コモンズの分析に用いるうえでの規約として提示しているものと理解でき，また，「法現象」を把握するために，法を「国家の法」と「社会の法」（後者はさらに「社会的組織の内部秩序」および「国家法を基礎づける現実の社会関係」をあわせたものとされる）の複合として把握すべきという東郷佳朗の提案（東郷 2007）も，同様に，法の構想を名目定義的に設定する試みと理解できる．

[26] Dworkin 2006，特に ibid：2-5, 9-21．あわせて Kornhauser 2015：5-9 も参照．訳語はドゥウォーキン 2006=2009 におけるものと異なる．とりわけ'doctrinal'の訳語は悩ましく，ここでの「解釈論志向的」という語は法実務を含む「法解釈」との関連性を明示しようとしたものであるが，ことドゥウォーキンとの関係では彼の「解釈としての法 law as interpretation」をめぐる議論とかかわって混乱を招く可能性があるかもしれず，暫定的である（なお，"doctrine"の概念は多義的であり，たとえば大陸法系の地域とコモンロー系の地域とで異なる意味を持つことについては吉田 2011：86 注(1)に言及がある）．

541

24 経験科学的な法概念に向けて〔高橋 裕〕

概念とは，法の解釈・適用の場面においてなにが「正しい法」であるのかを指し示そうとするもの[27]，そして，理想志向的な法概念とは，達成されるべき〈法〉の理想的状態を提示しようとするもの，をそれぞれ指す．これらのうち，後二者は規範的状態を指し示そうとする法概念であるのに対して，前二者は〈法〉を記述しようする概念と理解することができる[28]．そのうえで，さらに分類志向的法概念と社会学志向的法概念との違いは，経験科学的観点からすると，〈法〉を，準則 rule を含む諸種の規準の束とみるか，規準および／あるいは諸制度・人員の複合的な仕組みとみるか，に求められよう[29]．

この枠組みを用いて，例示的にいくつかの法概念を整理するならば次のようになる：ドゥウォーキンが取り組んできたのは，自身が強く主張するとおり解釈論志向的な法概念の提示である —— Dworkin 2006 の叙述全体がそのことの弁証といえる —— のに対して，ハートの法概念は，その位置づけが複雑であり，一方で，社会学志向的ないし分類志向的な法概念の定立を目指しつつしかし同時に解釈論志向的な法概念としての性質も有する面がある．

ニクラス・ルーマン（Niklas Luhmann）や六本佳平，また，ウィリアム・トワイニング（William Twining）やニール・マコーミック（Neil MacCormick）など，ハート以降の論者による社会学的な法概念の多く[30]はドゥウォーキンのいうところでも「社会学志向的」であるが，ロジャー・コトレル（Roger Cotterrell）の「制度化された規準 institutionalised doctrine」という法概念[31]は分類志向的なものに相当接近したものと言えよう[32]．

なお，近時の法理論はとりわけ〈法〉の「制度」的性質への注目を行なう[33]傾向が

---

(27) Kornhauser 2011：§ 2.3 はこの意味での法概念を"professional concept"と言い換える.

(28) 規範的法概念と記述的法概念という区別は Cotterrell 1983=1995：24-28 にも見られるが，ドゥウォーキンの整理のほうがより細密である．なお，この二分法への批判として田中 2017：6-7 も参照.

(29) ただし，法哲学的観点からすれば，分類志向的法概念とは，法と道徳との関係に関心を寄せる法実証主義的関心の帰結でもありうることは，もちろんである.

(30) 注(20)で挙げたルーマン 1972=1977：第 2 章／六本 1986：第 2 章，に加えて，"Law-Job" Theory を掲げる Twining 2009：116 や，法を「制度的な規範的秩序 institutional normative order」と定義する MacCormick 2007：1-37 を参照.

(31) Cotterrell 1983=1995：31-32, 37-40／Cotterrell 2017=2018:86-88. ここでも'doctrine' の訳は容易ではないが，コトレル自身の説明を聞けば，それは"particular way of reasoning and problem-solving"であって"relatively developed institutional mechanisms for their creation／revelation／discovery, interpretation, or application"によって他から区別される社会的準則だとされる（Cotterrell 1983=1995：32）.

(32) また，コトレルにおいて，自己の法社会学を実践的な営みとして位置づける志向性も明確であり（たとえば Cotterrell 2011），その点に照らせば，解釈論志向的な概念への近接性もある．関連して Nelken 2014：28-32 も参照.

(33) すぐ前で挙げた MacCormick 2007／Cotterrell 2017=2018 に加えて，田中 2013／Culver & Giudice 2010／近藤 2017：39-41 などを参照.

542

あるが，そのことに照らした時，〈法〉の社会学的領域を制度性という要素に直接に依拠せずに画定しようとする試みのユニークスが際立つ．それはときに精妙なものでありえ，そうしたものとして，ロン・フラー（Lon L. Fuller）による有名な法の概念化[34]や，越智啓三が示した・儀礼を媒介とする《ことば＝観念＝行為の連帯》の一定のもの（越智 2007：3-17, 325-331）という法概念が挙げることができる．

　近時「グローバル行政法」の概念を提唱するベネディクト・キングズベリ（Benedict Kingsbury）の法概念（Kingsbury 2009）は，明確に実践的志向性を有する解釈論志向的な法概念であるが，「グローバル行政法」たるべきものが具備すべき属性として"publicness"という要件を強く打ち出し，いわば来たるべきグローバル行政法の理想を追求するという性質をも備える[35]．それに対して，現時点で自身の明確な法の定義を提示しているわけではないが一貫して法概念に強い興味を寄せている横溝大の問題関心は，「ある規範乃至規範秩序が法乃至法秩序であるかどうか……［について］の決定の際の指針」にある（横溝 2017：83）ようであり，そこに解釈論への志向はみられるが，理想への志向は希薄である．

　このように「法」の概念を探究する問題関心にさまざまな志向のものがあるとすれば，法概念に接近するうえでは，自己の志向と，先行する法概念の志向するところとを明確に意識し分節化することが，建設的な議論を行なううえで有益であろうというのが，筆者の理解である．

Ⅵ　おわりに

法の概念にかかわる検討は日本においても近年とみに増えているが，そこには或る特徴が見られる．一つはその多くが実定法学者によって担われている

---

(34)　「人間の行為を準則による規律に服させようとする企て」（Fuller：1969：106／フラー 1964=1969：141）．フラーは周知のとおり「法に内在する道徳」の理論（フラー 1964=1969：第2章）もあわせて提示しているわけだが，そこでの"legality"（法的性質）とは理想志向的性質を持つものであり（フラー自身が用いる'morality of aspiration'という表現をあわせて想起せよ（Fuller 1969：5）），その意味で，彼の法概念は社会学志向的でかつ理想志向的と位置づけるべきであろう．なお，フラーはさらに別のところでは「黙示の法 implicit law」の概念も提示するなど（フラー 1970=1968：第2部．本稿の関心にかかわるものとして Michaels 2011 も参照），非常に多角的な法把握を行なうが，ここではこれ以上は触れない．

(35)　Kingsbury 2009：31-33．関連して Kuo 2010:998 の"Hart Read through Fuller's Lens"という評も見よ．グローバル行政法 global administrative law のプロジェクトについては興津 2015 を参照．なお，興津征雄は，グローバル行政法の「規範的基礎を提供する法原理」として「アカウンタビリティ」の要請を析出させる（興津 2015：55-72）．

24 経験科学的な法概念に向けて〔高橋　裕〕

（齋藤 2005／横溝 2009／興津 2015／横溝 2017 など）ことであり，一つは解釈論志向的な法概念の探究に傾斜していることである[36]．その二つはもちろん密接にかかわっていることだろう．解釈論志向的な法概念と経験科学的検討とを接合することは必ずしも容易ではない[37]が，しかしそうした法概念，そしてそのような法概念から帰結する法的判断も，現実的な基盤を備えていなければおよそ空疎である以上，経験的検討が生み出す知見への関心を持たざるをえないであろうし，また，経験科学の側からしても――分類志向的ないし社会学志向的な法概念との親和性が強いことはその性質上自然であるが，そのうえで――解釈論志向の法概念，あるいは理想志向の法概念から多くの刺激と示唆を得られるはずである[38]．

　その際に重要なのは，さまざまな「法」の概念を相互につきあわせながら，〈法〉への理解を深めていくことであろう．前節でも述べたように概念的有用性の大小は判断されうるが，しかしそのことは，法の概念をなにか一つに収斂させるべきという要請は導かない．前述のとおり，非本質主義の立場は経験科学的探究の実践という観点からは徹底しえないと思われるものの，しかし，法の概念を常に開かれたものとして扱い論じるという形で，本質主義批判の主張を受けとめることが可能だと，筆者は考える．

---

[36]　そのような法概念の探究に呼応して，基礎法学の側でも，実定法的関心に呼応する観点から法の概念を論じようとする動きが見てとれる（たとえば浅野 2013/ 浅野 2015b を参照）．また，最近刊行された法哲学の教科書のなかで法概念論を国際法との関係で扱うものが現われている（郭 2016）こともこうした動向とかかわっていよう．

[37]　たとえば，ドゥウォーキンの法の概念を経験科学的な法現象研究に利用する試みはほとんどないが，そのことは，彼の法概念が規範的なものと捉えられるからであろう．しかし，彼が常に裁判の場面を想定しながら自己の法概念を練磨してきた以上，それは，法解釈者の実践の記述を試みたものと捉えることもできる（たとえば，最高裁判事も経験した中村治朗は，「現存する裁判制度は［裁判官による主観的な］評価と選択が正しく行われることを志向するものとして成立しており，このような制度の有意義性を前提としてその運営に参与する者のいわば内部的視点という立場からしますと，そこには当然正しい選択，すなわち問題に対する正しい答えが存在すると考えるべきであるというドゥウォーキンの見解は，大変魅力的です」と，ドゥウォーキンの法概念論への強い親近感を隠さなかった（中村 1984=1989：413-414．ただし中村 1970：200 での「唯一の正しい決定なるものは，一個の理想的な到達目標たるにとどまるというべき」という記述もあわせて参照））．そこからは，法的推論の場面の経験的検討のためにドゥウォーキンの法概念を活用するという可能性が生まれてくる．

[38]　たとえば，フラーの法概念論の経験科学的意義を指摘する六本 1976：96-98 を参照．

VI おわりに

　ただし，一つ留意しなければならないことがある．先に触れた名目定義の研究遂行上の位置づけなどともかかわり加藤新平はかつて「私自身のとる法哲学観によれば……開始点での法概念の決定は本来あり得ない」と述べた（加藤1964：54-55）．しかし，探究の最終的な目標として法概念に到達したとして，その適切性を確認していく作業が伴わなければ，その概念は有意味ではあるまい．概念の探究自体を自己目的化するのではなく，いったん到達した法の概念を暫定的なものと捉えて，さまざまな角度から，さまざまな方法 ── それには，哲学的・形而上学的なものも含まれるし，経験科学的なものも含まれる ── によって，その概念をテストしていくことこそが必要なことであろう[39]．概念の多様性を尊重するだけでは十分ではないのである．「法とは何か」という問いに取り組む者は，法の概念を提示するばかりでなく，それを実際に使っていかねばならない．使われない概念は，命脈を保ちえない．

〔謝辞など〕本稿執筆にあたっては，樫村志郎教授と議論を行なう機会を得るとともに，グローバル行政法をめぐる研究状況および文献について興津征雄教授からご教示をいただいた．また，校正の段階では水林彪教授・寺田浩明教授から重要なコメントをいただいた．記して謝意を表します．もとより本稿の内容上の責任は執筆者が負う．本研究は日本学術振興会科学研究費補助金（課題番号 15H01925/ 16H01975）の助成を受けたものである．

〔文　献〕

　筆頭編著者の姓のアルファベット順に並べ，同一著者の作品については原書──翻訳書の順で，それぞれ公刊年順に並べる．

阿部昌樹（2017）「企画趣旨説明 ──《法》を見るとはどのようなことなのか」，日本法社会学会編『《法》を見る〔法社会学 83 号〕』有斐閣，1-10 頁．

碧海純一（1959）『法哲学概論』弘文堂．

碧海純一（1963）「「法の概念」についてのおぼえがき」，日本法哲学会編『法の概念〔法哲学年報　1963（上）〕』111-129 頁．

碧海純一（2000）『新版　法哲学概論〔全訂第二版補正版〕』弘文堂．

淺野博宣（2011）「ドゥウォーキンの法実証主義批判について」，公法研究 73 号 162-170 頁．

---

[39]　概念の構築と利用とをめぐる方法については看護学の領域で積極的に論じられているものと見受けるが，たとえばその一つの代表である Walker & Avant 2005=2008：89-115 などが ── やや図式的なところはあるが ── 参考になる．

浅野有紀（2013）「法多元主義と私法」，平野仁彦＝亀本洋＝川濵昇編『現代法の変容』有斐閣，127-151頁．

浅野有紀（2015a）「法理論におけるグローバル法多元主義の位置付け」，浅野ほか2015：85-108．

浅野有紀（2015b）「私法理論から法多元主義へ――法のグローバル化における公法・私法の区分の再編成」，浅野ほか2015：303-332．

浅野有紀＝原田大樹＝藤谷武史＝横溝大編著（2015）『グローバル化と公法・私法関係の再編』弘文堂．

Baxi, Upendra/ Christopher McCrudden/ Abdul Paliwala (eds.) (2015) *Law's Ethical, Global and Theoretical Contexts: Essays in Honour of William Twining*, Cambridge University Press.

ベック，ウルリッヒ（2016=2017）『変態する社会』（枝廣淳子＝中小路佳代子訳）岩波書店．

Berman, Paul Shiff (2012) *Global Legal Pluralism: A Jurisprudence of Law beyond Borders*, Cambridge University Press.

Berman, Paul Shiff (2015) "Non-State Lawmaking through the Lens of Global Legal Pluralism", Helfand 2015：15-40.

Bevir, Mark (ed.) (2012) *Modern Pluralism: Anglo-American Debate since 1880*, Cambridge University Press.

Cotterrell, Roger (1983=1995) "The Sociological Concept of Law", Roger Cotterrell, *Law's Community: Legal Theory in Sociological Perspective*, Clarendon Press, pp. 23-40.

Cotterrell, Roger (2011) "Justice, Dignity, Torture, Headscarves：Can Durkheim's Sociology Clarify Legal Values?", *Social & Legal Studies* 20：3-20.

Cotterrell, Roger (2014=2018) "A Concept of Law for Global Legal Pluralism", Cotterrell 2018：89-102.

Cotterrell, Roger (2017=2018) "Why Lawyers Need a Theory of Legal Pluralism", Cotterrell 2018：75-88.

Cotterrell, Roger (2018) *Sociological Jurisprudence: Juristic Thought and Social Inquiry*, Routledge.

Cotterrell, Roger/ Maksymilian Del Mar (eds.) (2016) *Authority in Transnational Legal Theory: Theorising across Disciplines*, Elgar.

Culver, Keith / Michael Giudice (2010) *Legality's Border: An Essay in General Jurisprudence*, Oxford University Press.

von Daniels, Detlef (2010) *The Concept of Law from a Transnational Perspective*, Ashgate.

Dedek, Helge/ Shauna Van Praagh (eds.) *Stateless Law: Evolving Boundaries of a Discipline*, Routledge.

Donlan, Seán Patrick/ Lukas Heckendorn Urscheler (eds.) (2014), *Concepts of Law:*

Comparative, Jurisprudential, and Social Science Perspectives, Ashgate.

Dupret, Baudouin（2014）"The Concept of Law: A Wittgensteinian Approach with Some Ethnomethodological Specifications", Donlan & Urscheler 2014：59-74.

Dworkin, Ronald（2006）*Justice in Robes*, Harvard University Press.

ドゥウォーキン，ロナルド（1986=1995）『法の帝国』（小林公訳）未来社.

ドゥウォーキン，ロナルド（2006=2009）『裁判の正義』（宇佐美誠訳）木鐸社.

Freeman, M. D. A.（2014）*Lloyd's Introduction to Jurisprudence*〔9th ed.〕, Sweet & Maxwell/ Thomson Reuters.

Fuller, Lon L.（1969）*The Morality of Law*〔revised ed.〕, Yale University Press.

フラー，L．L．（1964=1968）『法と道徳』（稲垣良典訳）有斐閣.

フラー，ロン・L（1970=1968）『法と人間生活』（早川武夫監修，藤倉皓一郎訳）エンサイクロペディアブリタニカ日本支社.

Galligan, D. J.（2007）*Law in Modern Society*, Oxford University Press.

Günther, Klaus（2008）"Legal Pluralism or Uniform Concept of Law?: Globalisation as a Problem of Legal Theory", *No Foundations: An Interdisciplinary Journal of Law and Justice* 5：5-20.

Halpin, Andrew（2011）"Conceptual Collisions", *Jurisprudence* 2：507-519.

Halpin, Andrew（2014）"The Creation and Use of Concepts of Law When Confronting Legal and Normative Plurality", Donlan & Urscheler 2014：169-192.

ハート，H. L. A.（1954=1966）「法理学における定義と理論」（大谷実訳），恒藤 1966：113-161.

ハート，H. L. A.（1961=2012=2014）『法の概念〔第3版〕』（長谷部恭男訳）筑摩書房.

橋本祐子（2018）「リーガル・プルーラリズムと法概念 —— B．タマナハによる議論を手がかりにして」，龍谷法学 50 巻 4 号 555-570 頁.

Helfand, Michael A.（ed.）（2015）*Negotiating State and Non-State Law: The Challenge of Global and Local Legal Pluralism*, Cambridge University Press.

石井紫郎（1971）「法の歴史的認識について —— 歴史と近代主義」，『理論法学の課題 —— 法哲学・法社会学・法史学〔ジュリスト増刊　基礎法学シリーズⅢ〕』174-185 頁.

石井紫郎（1986）『日本人の国家生活』東京大学出版会.

郭舜（2016）「国際社会に法は存在するか」，瀧川裕英編『問いかける法哲学』法律文化社, 255-272 頁.

樫村志郎（2004）「法現象の分析」，山崎敬一編『実践エスノメソドロジー入門』有斐閣, 143-157 頁.

樫村志郎（2015）「法社会学の対象と理論 —— エスノメソドロジーの社会学的形成の観点から」，法と社会研究 1 号 3-29 頁.

加藤新平（1963）「法の概念規定について若干の論理学的，方法論的考察」，日本法哲学会編『法の概念〔法哲学年報　1963（上)〕』1-62 頁.

Kingsbury, Benedict（2009）"The Concept of 'Law' in Global Administrative Law", *The European Journal of International Law* 20：23-57.

木庭顕（2009）『法存立の歴史的基盤』東京大学出版会.

近藤圭介（2012-2013）「法体系の境界をめぐって —— H・L・A・ハートの法理論・再考（1）〜（3・完）」,法学論叢 172 巻 2 号 38-62 頁/ 173 巻 1 号 26-47 頁/ 173 巻 2 号 44-69 頁.

近藤圭介（2017）「グローバルな公共空間の法哲学 —— その構築の試み」,特集 2017：36-42.

Kornahauser, Lewis A（2011）"The Economic Analysis of Law", *Stanford Encyclopedia of Philosophy Archive* [Summer 2015 edition],〔https：//plato. stanford. edu/archives/sum2015/entries/legal-econanalysis/（2018 年 10 月 6 日閲覧）〕.

Kornhauser, Lewis A（2015）"Doing Without the Concept of Law", New York University School of Law Public Law & Legal Theory Research Paper Series, Working Paper No. 15-33.

Krygier, Martin（2008）, "Philip Selznick: Incipient Law, State Law and the Rule of Law"〔https://papers.ssrn.com/sol3/papers.cfm?abstract_id=1219022（2018 年 10 月 6 日閲覧）〕.

Kuo, Ming-Sung（2010）"The Concept of 'Law' in Global Administrative Law: A Reply to Benedict Kingsbury", *The European Journal of International Law* 20：997-1004.

Lacey, Nicola（2004）*A Life of H.L.A. Hart: The Nightmare and the Noble Dream*, Oxford University Press.

Lacey, Nicola（2006）"Analytical Jurisprudence versus Descriptive Sociology Revisited", *Texas Law Review* 84：945-982.

Ladeur, Karl-Heinz（2011）"The Emergence of Global Administrative Law and Transnational Regulation", IILJ Working Paper 2011/1 [https://www.iilj.org/publications/the-emergence-of-global-administrative-law-and-transnational-regulation-2/（2018 年 10 月 6 日閲覧）〕.

Leiter, Brian（2007）"Beyond the Hart/ Dworkin Debate: The Methodology Problem in Jurisprudence", Brian Leiter, *Naturalizing Jurisprudence: Essays on American Legal Realism and Naturalism in Legal Philosophy*, Oxford University Press, pp. 153-182.

Lloyd, Dennis（1959）*Introduction to Jurisprudence, with Selected Texts*, Stevens & Sons Ltd.

ルーマン,ニクラス（1972=1977）『法社会学』（村上淳一＝六本佳平訳）岩波書店.

MacCormick, Neil（2007）*Institutions of Law: An Essay in Legal Theory*, Oxford University Press.

Michaels, Ralf（2011）"A Fuller Concept of Law Beyond the State? Thoughts of Lon Fuller's Contributions to the Jurisprudence of Transnational Dispute Resolution: A Reply to

VI おわりに

Thomas Schultz", *Journal of International Dispute Settlement* 2：417-426.

Michaels, Ralf (2015) "What is Non-State Law?: A Primer", Helfand 2015：41-58.

Michaels, Ralf (2017) "Law and Recognition: Towards a Relational Concept of Law", Nicole Roughan/ Andrew Halpin (eds.), *In Pursuit of Pluralist Jurisprudence*, Cambridge University Press, pp. 90-115.

水林彪＝青木人志＝松園潤一朗編 (2018)『法と国制の比較史 —— 西欧・東アジア・日本』日本評論社.

Murphy, Liam (2014) *What Makes Law: An Introduction to the Philosophy of Law*, Cambridge University Press.

森村進 (2015)『法哲学講義』筑摩書房.

Nagel, Thomas (2005) "The Central Questions", *London Review of Books*, 3 Feb, 2005, pp. 2-3.

中村治朗 (1970)『裁判の客観性をめぐって』有斐閣.

中村治朗 (1984=1989)「「裁判」について考える」, 中村治朗『裁判の世界を生きて』判例時報社, 397-432 頁.

那須耕介 (2014)「グローバル化は法概念の改訂を求めているか？」, 社会科学研究〔東京大学社会科学研究所〕65 巻 2 号 113-128 頁.

Nasu, Kosuke (ed.) (2017) *Insights about the Nature of Law from History: The 11th Kobe Lecture, 2014*, Franz Steiner/ Nomos.

Nelken, David (2014) "Why Must Legal Ideas Be Interpreted Sociologically? Roger Cotterrell and the Vocation of Sociology of Law", Richard Nobles/ David Schiff (eds.), *Law, Society and Community: Socio-Legal Essays in Honour of Roger Cotterrell*, Ashgate, pp. 23-38.

西川洋一 (2018a)「「パフォーマティブ・ターン」の中の中世国制史」, 国家学会雑誌 131 巻 1 =2 号 1-56 頁.

西川洋一 (2018b)「国制史学の対象と方法」, 水林ほか 2018：38-69.

越智啓三 (2007)『家族協定の法社会学的研究』東京大学出版会.

興津征雄 (2015)「グローバル行政法とアカウンタビリティ—国家なき行政法ははたして, またいかにして可能か」, 浅野ほか 2015：47-84.

Postema, Gerald J. (2011) *Legal Philosophy in the Twentieth Century: The Common Law World*, Springer.

Ritzer, George & Paul Dean (2015) *Globalization: A Basic Text* [2nd ed.], Wiley Blackwell.

六本佳平 (1976)「フラーの法理論について」, 日本法哲学会編『法と倫理〔法哲学年報 1975〕』83-99 頁.

六本佳平 (1979-1983)「法の社会学的理論 (1) (2)」, 法学協会雑誌 96 巻 12 号 1-39 頁/ 100 巻 4 号 1-36 頁.

六本佳平 (1986)『法社会学』有斐閣.

24 経験科学的な法概念に向けて〔高橋　裕〕

齋藤民徒（2005）「国際社会における「法」観念の多元性 —— 地球大の「法の支配」の基盤をめぐる一試論」，社会科学研究〔東京大学社会科学研究所〕56 巻 5 = 6 号 165-195頁．

Schultz, Thomas (2011), "The Concept of Law in Transnational Arbitral Legal Orders and some of its Consequences", *Journal of International Dispute Settlement* 2：59-85.

Selznick, Philip (1968) "The Sociology of Law", David L. Shills (ed.), *International Encyclopedia of the Social Sciences*, Vol.9, The Macmillan Co. & The Free Press, pp. 49-59.

Somek, Alexander (2010) "The Concept of 'Law' in Global Administrative Law: A Reply to Benedict Kingsbury", *The European Journal of International Law* 20：985-995.

de Sousa Santos, Boaventura (2002) *Toward a New Common Sense. Law, Globalization, and Emancipation* [2nd ed.], Butterworths LexisNexis.

高橋裕（2018）「マックス・ヴェーバーにおける法の概念 —— 経験科学的法概念の再構成に向けて」，水林ほか 2018：71-107．

高村学人（2009）「コモンズ研究のための法概念の再定位 —— 社会諸科学との協働を志向して」，社会科学研究〔東京大学社会科学研究所〕60 巻 5=6 号 81-116 頁．

Tamanaha, Brian Z. (2001) *A General Jurisprudence of Law and Society*, Oxford University Press.

Tamanaha, Brian Z. (2011) "What is 'General' Jurisprudence? A Critique of Universalistic Claims by Philosophical Concepts of Law", *Transnational Legal Theory* 2：287-308.

田中成明（2011）『現代法理学』有斐閣．

田中成明（2013）「実践理性の法的制度化再考——「議論・交渉フォーラム」構想の再定位のための覚書」，平野仁彦＝亀本洋＝川濱昇編『現代法の変容』有斐閣，3-49 頁．

田中成明（2017）「法の一般理論としての法概念論の在り方について——現代分析法理学への二方向からの批判を手がかりに」，法と哲学 3 号 1-37 頁．

寺田浩明（2018）「中国法史から見た比較法史——法概念の再検討」，水林ほか 2018：237-266．

Teubner, Gunther (1997) "Global Bukowina: Legal Pluralism in the World Society", Gunther Teubner (ed.), *Global Law Without a State*, Dartmouth Publishing, pp. 3-28.

トイブナー，グンター「グローバル化時代における法の役割変化 —— 各種のグローバルな法レジームの分立化・民間憲法化・ネット化」（村上淳一訳），ハンス・ペーター＝マルチュケ＝村上淳一編『グローバル化と法 ——〈日本におけるドイツ年〉法学研究集会』信山社，3-23 頁．

東郷佳朗（2007）「国家の法と社会の法 —— 法社会学における「法」の概念」，神奈川法学 39 巻 2=3 号 254-279 頁．

特集（2017）「グローバルな公共空間と法」，論究ジュリスト 23 号 4-85 頁．

特集（2018）「政策実現過程のグローバル化と法理論改革」，社会科学研究〔東京大学社会

科学研究所〕69 巻 1 号 1-201 頁.

恒藤武二編訳（1966）『現代の法思想 —— 米英独仏論集』ミネルヴァ書房.

Twining, William（2009）*General Jurisprudence: Understanding Law from a Global Perspective*, Cambridge University Press.

Walker, Lorraine Olszewski/ Kay Coalson Avant（2005=2008）『看護における理論構築の方法』（中木高夫＝川﨑修一訳）医学書院［邦訳においても著者名はアルファベット表記である］.

Williams, Glanville L.（1945）"International Law and the Controversy Concerning the Word "Law"", *British Yearbook of International Law* 22：146-163.

ウィリアムズ，G．L．（1949=1966）「「法」という言葉にかんする論争」（恒藤武二訳），恒藤（1966）：73-112.

山田恵子（2017）「エスノメソドロジー・会話分析は〈法〉をどう見るのか」，日本法社会学会編『《法》を見る〔法社会学 83 号〕』有斐閣，132-141 頁.

山元一＝横山美夏＝髙山佳奈子編著（2018）『グローバル化と法の変容』日本評論社.

横溝大（2009）「抵触法の対象となる「法」に関する若干の考察 —— 序説的検討」，筑波ロー・ジャーナル 6 号 3-30 頁.

横溝大（2013）「紛争処理における私的自治」，国際私法年報 15 号 111-129 頁.

横溝大（2017）「グローバル法多元主義の下での抵触法」，特集 2017：79-85.

吉田克己（2011）「法教義学の性格とその現代的意義 —— フランス・モデルを念頭に置いて」，法律時報 83 巻 3 号 86-91 頁.

村山眞維先生 略歴

1948 年 11 月 6 日　福島県大沼郡会津高田町(現・美里町)生まれ

〈学　歴〉
1968 年 4 月　東京大学文科 I 類入学
1973 年 3 月　東京大学法学部卒業（法学士）
　　　　 4 月　東京大学大学院法学政治学研究科修士課程入学
1975 年 4 月　東京大学大学院法学政治学研究科博士課程入学
1978 年 8 月　カリフォルニア大学バークレー・ロースクール LL.M.プログラム入学
1979 年 5 月　カリフォルニア大学バークレー・ロースクール LL.M.プログラム
　　　　　　　修了（LL.M.取得）
　　　　 8 月　カリフォルニア大学バークレー・ロースクール Jurisprudence &
　　　　　　　Social Policy プログラム入学
1981 年 9 月　カリフォルニア大学バークレー・ロースクール Jurisprudence &
　　　　　　　Social Policy プログラム単位取得（M.A.取得），Ph. D. Candidate
　　　　　　　東京大学大学院法学政治学研究科博士課程単位取得退学
1987 年 3 月　法学博士（東京大学）

〈職　歴〉
1981 年 10 月　千葉大学法経学部助手
1987 年 4 月　千葉大学法経学部助教授
1993 年 2 月　千葉大学法経学部教授
2005 年 4 月　明治大学法学部教授
2019 年 3 月　明治大学法学部退職

〈客員研究歴〉
1996 年 4 月　オックスフォード大学 Centre for Socio-Legal Studies 客員研究員
　　　　　　　（〜97 年 4 月）
1997 年 4 月　パリ CNRS 組織社会学研究所客員研究員（〜97 年 6 月）
　　　　 7 月　ベルリン自由大学法社会学研究所客員研究員（〜98 年 3 月）
2012 年 4 月　コロンビア大学ロースクール客員研究員（〜14 年 3 月まで）

村山眞維先生 略歴

〈非常勤講師〉

1988 年	立教大学
1989 年～1995 年	上智大学
1989 年	北海道大学
1991 年	立教大学
1991 年～1992 年	法政大学
1992 年	一橋大学
1999 年	東京都立大学
2000 年	立教大学
2005 年	千葉大学
2005 年～2011 年	横浜国立大学
2006 年	東京大学
2006 年	新潟大学
2009 年	新潟大学

〈所属学会〉

法社会学会

理事 (1993 年～2014 年), 編集委員長 (1993 年～1996 年), 渉外委員長 (1999 年～2002 年), 事務局長 (2002 年～2005 年), ベルリン大会準備委員長 (2005 年～2007 年), 理事長 (2008 年～2011 年), 学会奨励賞選考委員長 (2011 年～2014 年)

国際法社会学会 International Sociological Association Research Committee on Sociology of Law

Board Member (2000～2014), Chair of the Working Group on Civil Justice and Dispute Resolution (2007～2014), Chair of the Podgorecki Prize Committee (2013), President (2014～2018)

法と社会学会 Law and Society Association

Board of Trustees (2008～2010, 2012～2014), Chair & Co-Chair of the International Research Collaborative Committee for Honolulu Meeting (2011～2012), Chair of International Activities Committee (2012), Co-Chair of the Program Committee for Mexico City Meeting (2016～2017)

司法アクセス学会

刑法学会

犯罪社会学学会

理事 (1990 年～1997 年, 2002 年～2005 年), 渉外委員長 (1990 年～1996 年, 2002 年～2005 年), 企画委員長 (1994 年)

日本社会学会

村山眞維先生 略歴

〈委員会等の主な仕事〉

1999 年 4 月　千葉大学法経学部法学科長

1999 年 4 月　法律扶助協会評議員

2000 年 4 月　千葉大学法経学部法科大学院設置検討委員会委員長

2003 年 10 月　千葉地方裁判所委員

2010 年 4 月　明治大学国際連携本部副本部長

2015 年 4 月　科学研究費委員会審査・評価第一部会人文・社会系小委員会委員

2016 年 1 月　国立大学教育研究評価委員会専門委員

2016 年 4 月　明治大学研究知財機構研究推進本部副本部長

村山眞維先生 主要業績一覧

〈編著書〉

1990 年 『警邏警察の研究』成文堂，482 総頁

2003 年 （共著）『法社会学』有斐閣，203 総頁

2009 年 （共編著）『法社会学の新世代』有斐閣，371 総頁

2010 年 （編集代表）『現代日本の紛争処理と民事司法』〔全 3 巻〕東京大学出版会

2019 年 （共著）『法社会学（第 3 版)』有斐閣，225 総頁

〈論　文〉

1992 年 「刑事国選弁護の実証的検討」財団法人法律扶助協会編『リーガルエイド
の基本問題』法律扶助協会，307-338 頁.

"Postwar Trends in the Administration of Japanese Criminal Justice:
Lenient but Intolerant or Something Else?," *Journal of Japan-
Netherlands Institute*, No. 4, pp. 221-246.

1993 年 "Patrol Police Activities in Changing Urban Conditions — The Case of the
Tokyo Police," in Vincenzo Ferrari and Carla Faralli (ed.), *Laws and
Rights*, Giuffre, Vol. 2, pp. 133-160.

1994 年 "The Right to Counsel: Deficit and Opportunity for Criminal Justice in
Japan," in *Precaire Waarden: Liber Amicorum voor Prof. mr. A.A.G.
Peters,* pp. 325-333.

「法律家と正義の実現」棚瀬孝雄編『現代法社会学入門』法律文化社，
207-236 頁.

1996 年 「法律業務の社会組織と刑事弁護 —— 札幌・青森調査から」千葉法学論集
10 巻 3 号 161-312 頁.

「国選弁護活動の現状と課題」季刊刑事弁護 6 号 22-29 頁.

「犯罪の認知・検挙と警察裁量」宮澤節生他編『法社会学コロキウム 石
村善助先生古稀記念論集』日本評論社，373-391 頁.

1997 年 「弁護士活動とその社会的基盤」岩村正彦他編『岩波講座現代の法 第 5
巻 現代社会と司法システム』岩波書店，129-160 頁.

1998 年 「日本型刑事司法過程の特徴 —— 比較的観点から」芝原邦爾=西田典之=井
上正仁編『松尾浩也先生古稀祝賀論文集 下巻』有斐閣，25-46 頁.

「経験的比較法社会学の可能性 —— 家事調停を主な素材として」日本法社

村山眞維先生 主要業績一覧

　　　　　会学会編『法社会学の新地平』有斐閣，115-124 頁.

1999 年　"Does a Lawyer Make a Difference? ― Effects of a Lawyer on Mediation Outcome in Japan," *International Journal of Law, Policy and the Family*, Vol. 13, pp. 52-77.

　　　　　"The Penal Control of Traffic Accidents in Japan," in Ewoud Hondius (ed.), *Modern Trends in Tort Law*, Kluwer Law International, pp. 113-133.

2000 年　「法化社会の離婚調停」家族〈社会と法〉16 号 159-190 頁.

　　　　　"Protecting the Innocent Through Criminal Justice: A Case Study from Spain, Virtually Compared to Germany and Japan," (With Johannes Feest) in David Nelken (ed.), *Contrasting Criminal Justice: Getting from Here to There*, Ashgate Publishing, pp. 49-75.

2001 年　"The Role of the Defense Lawyer in the Japanese Criminal Process," in Malcolm Feeley and Setsuo Miyazawa (eds.), *The Japanese Adversary System in Context: Controversies and Comparisons*, Palgrave, pp. 42-66.

2006 年　"Employment Problems and Disputing Behavior in Japan," (With Isamu Sagino) *Japan Labor Review*, Vol. 3, No. 1, pp. 51-67.

2007 年　"Experiences of Problems and Disputing Behavior in Japan", *Meiji Law Journal*, Vol. 14, pp. 1-59.

2008 年　「問題経験と問題処理行動の国際比較 ―― 日米英のデータから」伊藤眞他編『民事司法の法理と政策 小島武司先生古稀記念論集 下巻』商事法務，1119-1149 頁.

2009 年　「日本における弁護士利用パターンの特徴 ―― 法化社会における紛争処理と民事司法：国際比較を交えて」法社会学 70 号 23-46 頁.

　　　　　「法現象の経験科学」太田勝造他編『法社会学の新世代』有斐閣，3-22 頁.

　　　　　「司法制度改革前の刑事弁護」太田勝造他編『法社会学の新世代』有斐閣，160-173 頁.

　　　　　「紛争行動インターネット調査の基本集計(1)・(2)」（田巻帝子・前田智彦・杉野勇・南方暁と共著）法政論集 41 巻 3・4 号 205-240 頁；同 42 巻 1 号 157-180 頁.

　　　　　"Convergence from Opposite Directions? Characteristics of Japanese Divorce Law in Comparative Perspective," in Harry N. Scheiber and Laurent Mayali (eds.), *Japanese Family Law in Comparative Perspective*, Robbins Collection, pp. 61-98.

村山眞維先生 主要業績一覧

"Japanese Disputing Behavior Reconsidered," in Kuo-chang Huang (ed.), *Empirical Studies of Judicial Systems 2008*, Academia Sinica, pp. 261-298.

"Expanding Access to Lawyers: The Role of Legal Advice Centers," in Rebecca L. Sandefur (ed.), *Access to Justice*, Emerald, pp. 167-201.

2010 年　"The Origins and Development of Family Conciliation in Japan: A Political Aspect," *Journal of Social Welfare & Family Law*, Vol. 32, No. 2, pp. 143-153.

「離婚問題当事者のための自治体相談ネットワーク」法律論叢 82 巻 2・3 号 375-407 頁.

「わが国における法律相談利用の実態」（守屋明・石田京子・前田智彦・三木恒夫・小野理恵と共著）法律論叢 83 巻 1 号 411-458 頁.

2011 年　"Is There the Japanese Way of Dispute Resolution? ― Disputing Process in Traffic Accident and Divorce Cases ― ", *SOCIETAS/COMMUNITAS*, Vol. 12, No. 2, pp. 137-153.

2012 年　"Reconsidering Japanese Dispute Resolution: What is it and Why," in Tom Ginsburg and Harry N. Scheiber (eds.), *The Japanese Legal System: An Era of Transition*, Robbins Collection, pp. 67-87.

2013 年　"Kawashima and the Changing Focus on Japanese Legal Consciousness: A Selective History of the Sociology of Law in Japan," *International Journal of Law in Context*, Vol. 9, No. 4, pp. 565-589.

2014 年　"Culture, Situation and Behaviour," in Dimitri Vanoverbeke, Jeroen Maesschalck, Stephan Parmentier and David Nelken (eds.), *The Changing Role of Law in Japan*, Edward Elgar Publications, pp. 189-205.

2015 年　"Cassandra, Prometheus, and Hubris: The Epic Tragedy of Fukushima," (With Lloyd Burton) in *Special Issue Cassandra's Curse: The Law and Foreseeable Future Disasters, Studies in Law, Politics, and Society*, Vol. 68, Emerald, pp. 125-153.

2016 年　"What Counts in Navigating Behaviour ― Do General Attitudes Really Matter? ―", *SOCIETAS/COMMUNITAS*, Vol. 22, No. 2, pp. 235-252.

2017 年　「日本人の紛争行動 ―― 問題処理行動を規定する要因」法律論叢 89 巻 4・5 号 273-310 頁.

2018 年　"The Role of Lawyers for Recovery from Disasters", (With Reilly Morse and John Jopling) *Meiji Law Journal*, Vol. 25, pp. 1-15.

村山眞維先生 主要業績一覧

〈その他〉

1993年 「アメリカの警察と市民・人種問題」ジュリスト 1033 号 28-34 頁.

森岡清美他編『新社会学辞典』有斐閣（「エールリッヒ」，「パウンド」ほか 4 項目担当）.

1995年 「現代社会と検察・弁護・裁判」宮澤浩一=藤本哲也=加藤久雄編『犯罪学』青林書院，349-361 頁.

1997年 "British and Japanese Mediation", *Family Law*, July 1997, pp. 419-421.

1998年 「決定過程：概観」所一彦他編『日本の犯罪学 8・Ⅱ 対策 1978-95』東京大学出版会，46-49 頁.

「弁護士理念の再検討」自由と正義 49 巻 12 号 86-97 頁.

2001年 "Japan", (With Shintaro Kato) in Japanese Association of Sociology of Law (ed.), *The Role of the Judiciary in Changing Societies*, pp. 7-36.

2002年 「司法国際シンポジウムを終えて」法社会学 56 号 252-257 頁.

2003年 三井誠他編『刑事法辞典』信山社（「刑事法社会学」ほか 24 項目執筆）.

2006年 村山眞維=松村良之共編『紛争行動調査基本集計書』有斐閣学術センター，445 総頁.

2007年 "Conciliation", *Encyclopedia of Law and Society: American and Global Perspectives*, Sage Publications, Vol. 1, pp. 235-239.

2008年 「法社会学界のグローバル化 —— 法社会学ベルリン国際大会を振り返って」法社会学 68 号 231-238 頁.

2012年 「世界の学界動向・法と社会 2012 年国際大会について」法社会学 77 号 217-221 頁.

村山眞維編『災害と法 —— 複合災害から私たちは何を学ぶことができるのか』56 総頁，明治大学国際連携本部.

2013年 村山眞維編『原子力損害賠償の現状と課題』60 総頁，明治大学・法と社会科学研究所.

2014年 村山眞維編『原子力損害賠償の現状と課題（続）』101 総頁，明治大学・法と社会科学研究所.

2015年 「資料　川島武宜　第六章　罪と罰についての意識」法律論叢 87 巻 6 号 271-288 頁.

"Introduction —— The Problem of Law in Response to Disaster", (With Charles D. Weisselberg) *Issues in Legal Scholarship*, Vol. 11, pp. 1-4.

2017年 村山眞維編『震災からの復興における弁護士の役割』81 総頁，明治大学・法と社会科学研究所.

Masayuki Murayama, "Learning from Precursors, Shaping it from

Experiences", *Law & Society Review*, Vol. 51, Issue 3 (2017), pp. 525-532.

2018 年　「法社会学研究の国際化・グローバル化 —— 20 年の回顧と展望」法社会学 84 号 82-95 頁.

〈翻　訳〉

1976 年　L.メイヒュー & A.J.リース Jr.「法接触と社会組織」石村善助=六本佳平編『法社会学教材』東京大学出版会，52-69 頁.

W.A.ウェストレイ「警察と暴力」石村善助=六本佳平編『法社会学教材』，東京大学出版会，148-164 頁.

1984 年　ドナルド・ハリス（六本佳平共訳）「英国における紛争解決の法過程に対する社会福祉制度の影響」法学協会雑誌 101 巻 4 号 127-150 頁.

1988 年　ニール・マコーニック「制度，アレンジメント，および実際的情報」法学協会雑誌 105 巻 4 号 1-19 頁.

1990 年　ジェローム・H・スコールニク「『警察官の意識と行動』再訪（1）（2・完）」警察研究 61 巻 9 号 15-27 頁；同巻 10 号 23-33 頁.

エアハルト・ブランケンブルク「比較法文化論」ジュリスト 965 号 80-85 頁.

1999 年　アンヌ・ブワジョル「フランス司法官職への女性の進出」千葉大学法学論集 14 巻 2 号 159-174 頁.

2000 年　ヘーゼル・ゲン「イギリスにおける代替的紛争処理」千葉大学法学論集 15 巻 2 号 276-288 頁.

2001 年　アンヌ・ブワジョル「フランスにおける家事調停とその争点」法社会学 52 号 82-87 頁.

2007 年　ロバート・A・ケイガン（北村喜宣他共訳）『アメリカ社会の法動態 —— 多元社会アメリカと当事者対抗的リーガリズム』慈学社，412 総頁.

〈学会報告〉

1988 年 5 月　「都市の警邏警察 —— その機能と役割」日本法社会学会（神戸大学）

1988 年 6 月　"Patrol Police Activities in Changing Urban Conditions —— The Case of the Tokyo Police" 国際法社会学会（International Sociological Association Research Committee on Sociology of Law）（ボローニャ大学，イタリア）

1989 年 11 月　"Intra-Organizational Control of Patrol Activities in Tokyo" アメリカ犯罪学会（American Society of Criminology），（レノ）

村山眞維先生 主要業績一覧

1994 年 5 月　「東京における刑事弁護活動」日本法社会学会（香川大学）

1995 年 8 月　"The Structure of the Japanese Criminal Justice Administration"
　　　　　　　国際法社会学会（東京大学）

1997 年 4 月　"Effects of a Lawyer on Mediation Outcomes in Japan"
　　　　　　　The Socio-Legal Studies Association（カーディフ大学，イギリス）

1999 年 5 月　「家事調停の法社会学的一考察」日本家族〈社会と法〉学会（専修大学）

2001 年 7 月　"The Legal Regulation of Divorce in Japan" 国際法社会学会（ブダペスト，ハンガリー）

2002 年 7 月　"Public Views and Attitudes of the Law and Dispute Resolution:
　　　　　　　Reconsidering the Japanese Legal Consciousness"
　　　　　　　共同報告（太田勝造・濱野亮）国際法社会学会（ブリスベーン，オーストラリア）

2004 年 7 月　"Judicial Reform in Japan: Different Dreams in the Same Bed?"
　　　　　　　国際法社会学会（サンホアン，プエルトリコ）

2005 年 7 月　"Legal Problems and Their Resolution — Disputing Behavior in Japan",
　　　　　　　共同報告（南方暁・濱野亮・上石圭一・尾崎一郎・杉野勇）国際法社会学会（パリ，フランス）

2006 年 5 月　"Civil Justice Research Project", 法と社会学会（ボルティモア）

2006 年 7 月　"Disputing Behavior in Comparison"，国際社会学会世界大会（ダーバン，南アフリカ）

2007 年 7 月　Co-authored with Yoshiyuki Matsumura, "Disputing Behavior in a
　　　　　　　Comparative Perspective — The Japanese Disputing Behavior
　　　　　　　Reconsidered", 法社会学国際大会（フンボルト大学，ドイツ）

2008 年 5 月　「法化社会における紛争処理と民事司法」日本法社会学会（神戸大学）

2008 年 6 月　"The Expansion of Legal Service Network in Japan: The Role of Legal
　　　　　　　Advice Centers"，法と社会学会（モントリオール，カナダ）

2008 年 7 月　"Who Use Lawyers? Social Connections and the Japanese Legal Service
　　　　　　　Market", RCSL Annual Meeting in Milano. 国際法社会学会（ミラノ大学，イタリア）

2009 年 5 月　"What Facilitate Problem Solving Behavior?", 法と社会学会（デンヴァー）

2010 年 5 月　"How Do Subjective Variables Affect Contacting and Claiming?", 法と社会学会（シカゴ）

村山眞維先生 主要業績一覧

2011 年 6 月　"Differences in Responses between an Interview Survey and an Internet Survey: Can an Internet Survey Solve Problems of an Interview Survey?", 法と社会学会（サンフランシスコ）

2012 年 6 月　"Human Resources for the Recovery from East Japan Disasters", 法社会学国際大会（ホノルル，アメリカ合衆国）

2013 年 5 月　「BP オイル漏れ事故における損害賠償の概要」ミニシンポジウム「原子力損害賠償の現状と課題(1)：ＢＰオイル漏れ和解プログラムと原子力ＡＤＲ —— 公正な和解手続きの条件は何か」日本法社会学会，青山学院大学

2013 年 5 月　「これまでの弁護士活動と賠償問題における役割の変容 —— 相談から代理へ」ミニシンポジウム「原子力損害賠償の現状と課題(2)：賠償申立への法的サポートをどう拡大するか」日本法社会学会，青山学院大学

2013 年 5 月　"Japanese Legal System and Compensation for Nuclear Accident", 法と社会学会（ボストン）

2014 年 7 月　"'There Are Few Cases around Here': Lawyers' Response to Nuclear Compensation and Structural Problems of the Japanese Legal System", 国際社会学会世界大会（横浜）

2015 年 5 月　"From a Local Question to a Universal Quest: Transformation of the Kawashima's Idea of the Japanese Legal Consciousness", 国際法社会学会（カノアス，ブラジル）

2016 年 7 月　"Looking Back at the Nuclear Compensation Process – Five Years after the TEPCO Nuclear Plant Accident", 国際社会学会フォーラム（ウィーン，オーストリア）

2018 年 9 月　"Transformation of the Japanese legal profession – globalization, stratification and the emergence of mass legal service providers —", 国際法社会学会（リスボン，ポルトガル）

〈研究会・シンポジウム報告〉

1997 年 3 月　"The Japanese Legal Profession in Transition" ダイワ日英セミナー（ロンドン）

1998 年 4 月　"The Role of Defense Lawyer in the Japanese Criminal Justice Process", Sho Sato Workshop on Adversary System in Comparison, University of California, Berkeley

1998 年 7 月　"Role of a Lawyer in Divorce Disputes", RCSL WG Meeting on

村山眞維先生　主要業績一覧

Comparative Studies of Legal Professions, Payresq, France

2001 年 6 月　"The Role of the Judiciary in Changing Societies: Japan", (With Shintaro Kato) 日本法社会学会主催国際シンポジウム（学習院）

2004 年 7 月　"The Public Consultation Service for Divorce-Related Problems in Tokyo", RCSL WG Meeting on Comparative Studies of Legal Professions, Berder, France

2008 年 5 月　"Convergence from the Opposite Directions? Characteristics of Japanese Divorce Law in a Comparative Perspective" at the 2008 Sho Sato Conference on Japanese Family Law in Comparative Perspective, Berkeley, California

2010 年 3 月　"Are Japanese Really Exceptional? -Problem Experiences and Disputing Behavior in Japan-", at International Seminar at the K.U. Leuven, Belgium

2010 年 7 月　"Individual Behaviour and Institutional Conditions: How Could We Measure Institutional Factors in Survey?" at the Workshop on Current Socio-Legal Perspectives on Dispute Resolution

2011 年 10 月　"Legal Compensation Scheme for Nuclear Disasters", The 2011 Sho Sato Workshop on the Problem of Law in Response to Disasters, Berkeley, California

2014 年 10 月　"What Matters in Navigating Behaviour", Maria Ossowska Memorial Conference, Warsaw, Poland

2015 年 3 月　"Myths and Realities of the Japanese Disputing Behavior", Conference to Commemorate Professor Volkmar Gessner, International Institute for the Sociology of Law, Onati

2016 年 3 月　"Reconsidering 'Legal Culture'", Staff Seminar, University of Milano

2016 年 7 月　"The Japanese Legal Profession: Lawyers in Society — 30 Years After-" at WG on Comparative Studies of Legal Professions Biennial Meeting, Andorra la Vella, Andorra

2017 年 9 月　"Stratification and Diversification of the Japanese Legal Profession", Workshop on Lawyers in 21st Century Society, Onati

事項・人名索引

あ 行

碧海純一‥‥‥‥‥‥‥‥‥‥‥‥536
アカウント‥‥‥‥‥‥441, 442, 455, 458-460
アクセス‥‥‥‥‥‥‥‥‥‥‥236, 238
アクセス障害‥‥‥‥‥‥‥‥‥‥218
アドルノ，テオドール‥‥‥‥‥‥86
アミカス・ブリーフ‥‥‥‥‥‥67, 71, 72
安全衛生規制‥‥‥‥‥‥‥‥‥348
萎縮効果‥‥‥‥‥‥‥‥‥‥‥332
一元配置分散分析‥‥‥‥‥‥‥193
一般化可能な因果推論‥‥‥‥‥503
依頼の合理性‥‥‥‥‥‥‥‥224, 230
医療過誤訴訟‥‥‥‥‥‥‥‥‥415
因果関係‥‥‥‥‥‥‥‥‥‥‥505
因果推論‥‥‥‥‥‥‥‥‥‥‥504
因果説明的研究‥‥‥‥‥‥‥‥519
因果プロセス観察（causal-process
    observations, CPOs）‥‥‥‥518
因子分析‥‥‥‥‥‥‥‥‥‥94, 393
インタヴュー‥‥‥‥‥349, 502, 504, 526
インターネット調査‥‥‥‥‥‥179
上野千鶴子‥‥‥‥‥‥‥‥‥‥289
ヴォルシュレーガー，クリスチャン‥‥‥255
内田貴‥‥‥‥‥‥‥‥‥‥‥‥435
エスグラフィー調査‥‥‥‥‥‥343
エスノメソドロジー‥‥‥‥426, 439, 443
エフォート‥‥‥‥‥‥‥‥‥‥139
援助規範意識尺度‥‥‥‥‥‥‥388
エンパワー‥‥‥‥‥‥‥‥‥‥430
応報的公正‥‥‥‥‥‥‥‥‥‥39
大岡裁き‥‥‥‥‥‥‥‥‥‥‥368
大川小学校訴訟控訴審判決‥‥‥414
越智啓三‥‥‥‥‥‥‥‥‥‥‥543
オーディエンス‥‥‥‥‥‥‥427, 428
オーディエンス・デザイン‥‥‥320, 321, 323

か 行

解決の見込みのなさ‥‥‥‥‥228, 230
介護保険‥‥‥‥‥‥‥‥‥‥‥281
解釈的アプローチ‥‥‥‥‥‥‥504
外集団‥‥‥‥‥‥‥41-43, 45, 49, 52, 54-58

外集団群‥‥‥‥‥‥‥‥‥‥‥49
灰白質‥‥‥‥‥‥‥‥‥‥‥‥67
加害者‥‥‥‥‥‥40, 42-44, 51, 52, 54, 56, 58
書かれた法（law on the books）‥‥‥‥342
ガーゲン，ケネス‥‥‥‥‥‥‥422
家事調停‥‥‥‥‥‥‥‥‥‥‥270
過少包摂‥‥‥‥‥‥‥‥‥‥302, 309
過剰包摂(性)‥‥‥‥‥‥‥302, 309, 367
過程追跡‥‥‥‥‥‥‥‥517, 519, 522
カテゴリー化‥‥‥‥‥‥‥‥‥41
加藤新平‥‥‥‥‥‥‥‥‥‥‥536
過払金事件‥‥‥‥‥‥‥‥‥256, 265
カブロウ，ルイス‥‥‥‥‥‥‥301
仮釈放なしの終身刑‥‥‥‥‥‥66
川島武宜‥‥‥‥‥‥‥‥‥‥‥361
環境規制‥‥‥‥‥‥‥‥‥‥‥346
環境(的)要因‥‥‥‥‥‥‥‥78, 370
観　察‥‥‥‥439, 440, 442, 451, 453, 454, 505
完全成功報酬‥‥‥‥‥‥‥‥‥248
完全報酬‥‥‥‥‥‥‥‥‥‥‥246
カンファレンス‥‥‥‥‥‥‥42, 44
カンファレンス手続‥‥‥‥40-42, 44-46, 48,
                    49, 52, 53, 55, 57-59
疑似相関‥‥‥‥‥‥‥‥‥‥505, 514
記　述‥‥‥‥‥‥‥504, 506, 519, 520
記述的研究‥‥‥‥‥‥‥‥‥514, 519
規制緩和‥‥‥‥‥‥‥‥‥‥‥251
規制コンプライアンス部門‥‥‥342
規制法システム‥‥‥‥‥‥‥‥337
起訴便宜主義‥‥‥‥‥‥‥‥‥8
期待利潤‥‥‥‥‥‥‥‥‥‥243, 245
規　範‥‥‥‥‥‥441, 453, 455-457, 459
帰無仮説有意性検定‥‥‥‥‥‥13
金銭関係事件‥‥‥‥‥‥259, 261, 265, 266
グラウンド・レベル‥‥‥‥‥‥341
　　──での法‥‥‥‥‥‥‥‥355
クラスター分析‥‥‥‥‥‥‥‥184
クリティカルシンキング‥‥‥‥428
クリニック‥‥‥‥‥‥‥444, 458, 459
黒い羊効果（Black sheep effect）‥‥‥‥57
グローバリゼーション‥‥‥‥‥532
経済理論‥‥‥‥‥‥‥‥‥‥‥237

565

事項・人名索引

刑事裁判手続……………………………40
刑　罰………………………39, 40, 42, 59
刑罰機能の評価……………………………40
刑罰の機能評価………………………40, 42
刑罰の社会的機能…………44, 48, 55, 57
契約における融通性……………………361
ケース・スタディ………………………502
結　合……………………………………439
ケネディ……………………………303, 311
ゲーム………………………………456, 457
ゲーム理論…………………………237, 241
権威主義スコア……………………375, 377
権威主義的パーソナリティ………………86
研究方法…………………………………502
言語行為論………………………………318
厳罰志向スケール………………………365
権利意識…………………………………310
語彙ネットワーク分析…………………328
交　渉……………………………………343
交渉シミュレーション…………………433
交通事故…………………………………41, 42
交通事故損害賠償…………265, 266, 269
高弁護士率地域…………………………113
合理的行為理論……………………514, 520, 527
高齢者のトラブル経験率・専門機関相談率
………………………………………283
高齢者法（Elder Law）………………278
高齢者をめぐるトラブル………………275
個人主義……………………………303, 311
コスト………………………………228, 230
子供が健やかに育つ環境………………305
子供の声………………297-299, 304, 306-309
コトレル，ロジャー……………………542
コーパス化………………………………316
困りごと解決行動………………………187
ゴールドソープ……………507, 511, 525
コロラド会議………………………448, 461
混合研究法………………………………276
コンピタンス……………………………434

◆さ　行◆

最小書き換え規則（minimum rewrite rule）
………………………………………516
裁判員制度…………………………………84
裁判管理説………………………………411

裁判所法…………………………………252
サクラ………………………………452, 453
産　出………………………439, 452-454, 458
参与観察…………………………………502
時間的順序………………………………191
シグナリング……………………………241
事件類型…………………………………258
自己負罪型………………6, 9, 10, 19, 20, 26, 27
自生的ルール……………………………359
自宅で平穏に暮らす権利………………309
自治体……………………………………235
　――の法律相談………236, 239, 248, 249
質的研究……………………………501, 508
質的調査……………………………504, 526
質的比較分析……………………………507
質問票調査………………………………351
司法アクセス………………………216, 219
　――を阻むバリア……………………287
司法試験合格者数………………………119
司法政策の費用便益分析………………289
司法制度改革………………………235, 251
司法統計…………………………………258
司法取引……………………………………5
　捜査協力型………6, 9, 10, 19, 20, 26, 27
　捜査公判協力型…………………………6
　捜査訴追協力型…………………………6
司法取引制度利用可能…………………10
司法取引的行動………6-10, 19, 20, 22, 26-28
司法へのアクセス…………………235, 249
市民参加……………………………………83
社会共通の利益…………………………309
社会構造……………439, 440, 445, 451, 454
社会諸構造………………………………446
社会的態度…………………………………89
社会的ルール……………………………359
重回帰分析…………………94, 205, 390, 514
終身刑………………………………………66
集　団……………………………………439
集団規範……………………………39, 40, 59
集団要因………43, 44, 47, 48, 51-58
修復の司法……………………………39, 40
受忍限度……………………………298, 310
少額訴訟……………………………252, 254
常識的知識…………………………445, 446
少年の刑事責任……63, 65, 66, 68, 69, 72, 73, 75

事項・人名索引

少年法‥‥‥‥‥‥‥ 63, 64, 68, 73, 75-79
情　報‥‥‥‥‥‥‥‥‥‥‥‥‥‥‥‥ 237
情報収集行動‥‥‥‥‥‥‥‥‥‥‥‥ 191
助言への納得感‥‥‥‥‥‥‥‥‥ 222, 230
事例間分析（cross-case analysis，事例比較
　分析）‥‥‥‥‥‥‥‥‥‥‥‥‥‥ 517
事例研究‥‥‥‥‥‥‥‥‥‥‥‥ 502, 504
事例内分析（within-case analysis）‥‥‥ 517
人事訴訟‥‥‥‥‥‥‥‥‥‥‥‥ 253, 254
人身事故‥‥‥‥‥‥‥ 43, 45, 51, 55, 56, 59
人身事故実験‥‥‥‥‥‥‥‥‥‥‥‥ 48
心理学‥‥‥‥‥‥‥ 39, 41, 57, 67, 505
髄　鞘‥‥‥‥‥‥‥‥‥‥‥‥‥‥‥‥ 67
数値基準‥‥‥‥‥‥‥‥‥‥‥‥‥‥ 297
スタンダードに依拠した規制
　‥‥‥‥‥‥‥‥‥‥ 298, 299, 311, 312
生活騒音‥‥‥‥‥‥‥‥‥‥‥‥‥‥ 295
政策論‥‥‥‥‥‥‥ 63, 68, 73-76, 78, 79
政策論（争）‥‥‥‥‥‥‥‥‥‥‥‥‥ 77
政治的自己効力感スコア‥‥‥‥‥‥‥ 375
制度説‥‥‥‥‥‥‥‥‥‥‥‥‥‥‥ 412
成年後見‥‥‥‥‥‥‥‥‥‥‥‥‥‥ 281
生物学的な要因‥‥‥‥‥‥‥‥‥‥‥ 78
説　明‥‥‥‥‥‥‥‥ 504, 506, 519, 520
説明的研究‥‥‥‥‥‥‥‥‥‥‥‥‥ 514
善　意‥‥‥‥‥‥‥‥‥‥‥‥‥‥‥ 384
前頭前皮質‥‥‥‥‥‥‥‥‥‥‥‥‥ 67
専門弁護士‥‥‥‥‥‥‥‥‥‥‥‥‥ 145
総合法律支援（制度）‥‥‥‥‥‥ 177, 282
相談行動‥‥‥‥‥‥‥‥‥‥‥‥‥‥ 191
組織性‥‥‥‥‥‥‥‥‥‥‥‥‥‥‥ 462
組織内アクター‥‥‥‥‥‥‥‥‥ 340, 350

◆ た 行 ◆

第三者検証委員会‥‥‥‥‥‥‥‥ 403, 413
対審手続‥‥‥ 40-42, 44-46, 48, 49, 52, 53, 55-59
第二の災害‥‥‥‥‥‥‥‥‥‥‥‥‥ 396
大脳辺縁系‥‥‥‥‥‥‥‥‥‥‥‥‥ 66
多元結合因果‥‥‥‥‥‥‥‥‥‥ 508, 515
多元主義‥‥‥‥‥‥‥‥‥‥‥‥‥‥ 532
他者告発型司法取引‥‥‥‥‥‥‥‥‥‥ 6
多重共線性‥‥‥‥‥‥‥‥‥‥‥‥‥ 391
多値コード化（multi-value QCA）‥‥‥ 510
建物関係事件‥‥‥‥‥‥‥‥‥‥‥‥ 259
多変量解析‥‥‥‥‥‥‥‥‥‥‥‥‥ 505

多変量分散分析‥‥‥‥‥‥‥‥ 46, 49, 52
タマナハ，ブライアン・Z‥‥‥‥‥‥ 533
ためらい‥‥‥‥‥‥‥‥‥‥‥‥‥‥ 218
単一事例研究‥‥‥‥‥‥‥‥‥‥‥‥ 524
段階的飽和仮説‥‥‥‥‥‥‥‥‥‥‥ 121
探　索‥‥‥‥‥‥‥ 237, 248, 504, 520
　——のモデル‥‥‥‥‥‥‥‥‥‥‥ 240
地域分布‥‥‥‥‥‥ 261, 265, 266, 269, 273
チープトーク‥‥‥‥‥‥‥‥‥‥‥‥ 241
超高齢社会‥‥‥‥‥‥‥‥‥‥‥‥‥ 275
「超高齢社会における紛争経験と司法政策」
　プロジェクト‥‥‥‥‥‥‥‥‥‥‥ 276
調査方法‥‥‥‥‥‥‥‥‥‥‥‥‥‥ 502
聴衆の二重性‥‥‥‥‥‥‥‥‥‥ 322, 331
直接受任‥‥‥‥‥‥‥‥‥ 236, 238, 248
ツイッター‥‥‥‥‥‥‥‥‥‥‥‥‥ 383
津波（事故）被災者遺族‥‥‥‥‥‥ 400, 401
津波訴訟‥‥‥‥‥‥‥‥‥‥‥‥ 399, 401
定性的研究‥‥‥‥‥‥‥ 512, 516, 517, 526
定性的社会科学‥‥‥‥‥‥‥‥ 501, 507, 522
定性的比較分析‥‥‥‥‥‥‥‥‥‥‥ 517
低弁護士率地域‥‥‥‥‥‥‥‥‥‥‥ 113
定量的研究‥‥‥‥‥‥‥‥‥‥‥‥‥ 526
定量的社会科学‥‥‥‥‥‥‥‥‥ 505, 507
手形（・小切手）訴訟‥‥‥‥‥ 252, 254, 259
適切性‥‥‥‥‥‥‥‥ 440, 442, 458, 460
適用年齢‥‥‥‥‥‥‥‥ 63, 64, 73, 75-79
データセット観察（data-set observations,
　DSOs）‥‥‥‥‥‥‥‥‥‥‥‥‥ 518
手続要因‥‥‥‥‥ 43, 44, 46-49, 51-54, 57, 58
デモグラフィック要因‥‥‥‥‥‥‥‥ 370
土居健郎‥‥‥‥‥‥‥‥‥‥‥‥‥‥ 366
同一弁護士への再依頼意欲‥‥‥‥‥‥ 225
ドゥウォーキン，ロナルド‥‥‥‥‥‥ 540
東京都環境確保条例
　‥‥‥‥‥‥‥ 295, 296, 299, 305-308, 312
統計学‥‥‥‥‥‥‥‥‥‥ 505, 523, 527
道徳感情スケール‥‥‥‥‥‥‥‥‥‥ 365
道徳性スコア‥‥‥‥‥‥‥‥‥‥ 375, 377
常磐山元自動車学校訴訟第一審‥‥‥‥ 414
督促事件‥‥‥‥‥‥‥‥‥‥‥‥‥‥ 270
トラブル‥‥‥‥‥‥‥‥‥ 235, 237, 239

◆ な 行 ◆

内集団‥‥‥‥‥ 41-43, 45, 48, 51, 52, 54-59

567

事項・人名索引

内集団群······49
名取市震災犠牲者を悼む会(名取市遺族会)
······403
名取市閖上訴訟を支援する会
······404
ナラティヴアプローチ······422, 426, 431
ナラティヴ理論······425
二重の聴衆······333
日米(比較)······43, 57
2ちゃんねるコーパス······328, 330
日本司法支援センター······236
日本の民事訴訟率の少なさの理由······411
認知経路······178
認知度······178
脳画像······68
脳画像研究······67
脳神経科学······63, 65-79
脳の発達······64
野口祐二······424
ノース, ダグラス······359
野蒜小学校訴訟第一審判決······414

◆ は 行 ◆

パーソナリティ······85
パーソナリティ要因······370
発達心理学······68, 70, 76
発話行為······318
発話内行為······318, 322, 332
発話媒介行為······318
ハート, H.L.A.······535
パブリック法社会学······399
場面想定法······387
パール, ジューディア······505
犯罪者······39
被害者······39, 40, 42-44, 51, 54-56
——によるずらし······334
東日本大震災(津波)······383, 399
被規制者内アクターの多様性······340
被規制者内での法を巡るダイナミクス······347
被規制者モデル······338
非対称性······237
被調査者と調査者の関係······399
非道徳的合理主義······355
批判的人種理論······318
表層的相関······505, 514

日和幼稚園訴訟第一審判決······414
頻出語······325
ファジィ集合······510
フィールドワーク······502
物損事故······43-45, 48, 51, 55-59
物損実験······52
フラー, ロン······543
ブール代数アプローチ······508, 514
プルーニング······67
文　化······460
文化説······411
文化的意義······441
紛争行動調査······192
米　国······51
ベイズ推定······13
ベイズ統計学の手法······12, 22
ベイズ理論······514, 521
ヘイト・クライム······317, 318
ヘイト・スピーチ···· 315-319, 321, 322, 330-334
ヘイト・スピーチ解消法······323
弁護士······257
——としての信頼感······222, 230
——との信頼関係······224, 230
——に対する満足度······206
——に対する満足の規定因······230
——の一括見積······249
——の業務分野······138
——の所得······142
——の所得格差······142
——の専門化······144
——の地域進出······135
——の地域分布······133
——の報酬······241
弁護士会の法律相談······235, 236, 239
弁護士急増······108
弁護士業務における関係的側面······210
弁護士業務の性質······137
弁護士人口······272
弁護士数······258
弁護士増加率······111
弁護士探索ゲーム······242
弁護士費用······237
弁護士評価······210
弁護士分布······109
弁護士率······111

事項・人名索引

弁護士利用のインセンティブ……………… 230
　　——の低さ…………………………… 228
「法化社会における紛争処理と民事司法」
　プロジェクト……………………………… 276
報酬金……………………………………… 245
法遵守……………………………………… 341
法曹人口…………………………… 251, 257
法テラス…………………………… 177, 236
　　——へのアクセス……………………… 197
法の概念…………………………………… 532
法の構想…………………………………… 540
法の実施・執行…………………………… 337
法律業務の種類…………………………… 137
法律相談…………… 235-240, 243, 247, 248
法律相談センター………………… 202, 219, 235
本質主義…………………………………… 533

◆ ま 行 ◆

マジョリティ・オーディエンス…………… 331
ミクスト・メソッド……………… 526, 527
民事訴訟…………………………… 251, 272
民事訴訟事件数…………………… 251, 264
民事調停…………………………… 270, 272
民事紛争解決行動………………………… 410
民事紛争全国調査………………………… 276
無行動……………………………………… 191
無情報事前確率分布……………………… 13
村山眞維………………………………… 416
模　型…………………… 442, 450, 451, 455, 458
モンテ・カルロ・エラー………………… 14

◆ や 行 ◆

融通性…………………………… 341, 343
　法の適用における——………………… 361
融通性許容度…………… 371, 373-375, 377-380
融通性志向スケール……… 363, 365-367
閾上訴訟………… 401, 402, 405, 410-414
要件—効果図式…………………………… 299
予測可能性説……………………………… 411

◆ ら 行 ◆

ライフ・ストーリー研究………………… 503
リスク……………………………………… 247
利他主義…………………… 304, 311, 395
立法事実…………………………………… 28

流言・デマ………………………………… 383
留保利益…………………… 241, 243, 245, 247
量刑判断…………………………………… 94
量的研究…………………………………… 501
量的調査…………………………… 504, 526
理論的予測………………………………… 513
臨床性……………………………………… 427
臨床法社会学…………… 424, 431, 432
ルーマン，ニクラス……………………… 341
ルール適用の融通性……………………… 360
ルールとスタンダードの違い…………… 298
ルールに依拠した規制…… 298, 299, 311, 312
レイガン，チャールズ……………… 502, 508
連　携……………………………………… 198
ローカリティ……………………… 426, 427
六本佳平…………………………………… 542

◆ わ 行 ◆

和田仁孝…………………………………… 423

◆ 欧 文 ◆

ADR………………………………… 272, 413
altruism …………………………………… 470
Attorneys Act …………… 154-156, 163, 165
bar exam ………………………………… 167
Burke, Edmund………………… 478-479
commonality ………… 478-480, 482, 490, 494
commons ………………………………… 485
communitarianism……………… 467, 481, 483
DSI ………………………… 501, 506, 519
Engels……………………………… 480, 486-490
Europe …………………………………… 484
formality ………………………… 467, 470, 493
Garfinkel, Harold ………… 441-443, 445, 447-450,
　　　　　　　　452, 455, 456, 458, 460-462
gender …………………………………… 164
George and Bennett …………… 516, 518
government bodies ……………………… 168
Hattori, Takaaki ………………… 153, 155, 169
Himawari law firms ……………………… 160
historical materialism…… 485, 487-490, 492, 493
Hobbes …………………………… 471-473, 488
Hume, David ……………………… 478-479
Hart, H.L.A.……………………………… 470
individual……… 467-470, 473-476, 482, 488

569

事項・人名索引

individual liberty ·············· 469, 480, 481, 494
institutional reform ····························· 468
international institutions ······················ 167
INUS ·· 509
in-house ····························· 155, 163, 168
Japan Federation of Bar Associations（JFBA）
 ································· 157- 158, 160
Japan Legal Support Center ····················· 159
Justice System Reform Council
 ······················· 153, 156- 163, 166- 169
Kennedy, Duncan ······························· 469
KKV ·· 501, 503
Korea ·· 168
labor unions ·································· 167- 168
large law firms ······························· 88, 162
law of resistance································· 490
lawyer population ·························· 154, 157
lawyer scarcity ···························· 158, 168
legal ideology
 ······ 465- 469, 481, 482, 484, 490, 492, 493
legal positivism ································· 477
Locke, John ································· 473- 475
Luhmann, Niklas ·························· 482, 483
Mao, Zedong································· 476
market economy ····· 466- 468, 475, 482- 487, 493
Marx, Karl ··········· 474, 480, 487- 489, 491, 492
modernisation
 ············· 466, 468, 470, 479- 481, 493- 494
MSDO/MDSO ································· 508
natural law································· 469- 475
non-profit organizations ····················· 167

Parsons, Talcote························· 443- 444, 448
Paths to Justice ································· 275
preventive lawyering ···························· 161
Provisional Justice System Investigation
 Council································· 154, 158
public bodies ······························ 165, 166
QCA ················· 510, 512, 514, 518, 524, 527
quasi-lawyers··························· 155, 162, 169
rationality ·· 466- 468, 471, 475, 479, 481, 487, 490
reciprocity ····························· 477- 478, 482
republicanism···················· 477, 481, 492- 494
Rose, Edward L. ··········· 441, 448- 450, 457, 462
Rousseau, Jean-Jacques ············· 475- 477, 480
rule of law······················466- 469, 476- 477,
 481, 486, 488, 491- 494
Shavell, Steven······························· 236, 237
shōgai jimusho ······························ 155, 169
social contract
 ······ 471- 473, 475, 477, 480- 481, 490, 493
sociology of knowledge ························ 465
state governance
 ············· 467- 468, 478- 479, 481, 492, 494
Teubner, Gunther································ 482
traditions··························· 482- 484, 491- 492
twitter ······································ 324, 325
Unger, Roberto ···························· 482- 484
universal ······························ 456, 468, 474
Vyshinsky ······························ 466, 485, 489
Weber······························ 467, 468, 483
Western Europe························ 469- 471, 478
Yasuda, Nobuyuki ······························ 484, 485

法の経験的社会科学の確立に向けて
―― 村山眞維先生古稀記念 ――

2019(平成31)年3月9日　第1版第1刷発行

編　集	ダニエル・H・フット
	濱野　亮・太田勝造
発行者	今井　貴　今井　守
発行所	株式会社 信 山 社

〒113-0033　東京都文京区本郷6-2-9-102
Tel 03-3818-1019　Fax 03-3818-0344
info@shinzansha.co.jp
出版契約 2019-6032-8-01010 Printed in Japan

ⓒ編著者，2019　印刷・製本／亜細亜印刷・牧製本
ISBN978-4-7972-6032-8 C3332　分類321.300-a021 法社会学
6032-01011：012-040-005《禁無断複写》.p.592

JCOPY　〈（社）出版者著作権管理機構　委託出版物〉
本書の無断複写は著作権法上での例外を除き禁じられています。複写される場合は、
そのつど事前に、(社)出版者著作権管理機構(電話 03-3513-6969，FAX 03-3513-6979，
e-mail:info@jcopy.or.jp) の許諾を得てください。

◆法と社会研究　太田勝造・佐藤岩夫　責任編集

◆民事紛争解決手続論　太田勝造

◆ADRの基本的視座　早川吉尚・山田文・濱野亮　編

◆現代日本の法過程　宮澤節生先生古稀記念
　　　　上石圭一・大塚浩・武蔵勝宏・平山真理　編

◆和解は未来を創る　草野芳郎先生古稀記念
　　　　豊田愛祥・太田勝造・林圭介・斎藤輝夫　編

◆21世紀民事法学の挑戦　加藤雅信先生古稀記念
　　　　加藤新太郎・太田勝造・大塚直・田髙寛貴　編

◆環境保護と法〔日独シンポジウム〕
　　　　松本博之・西谷敏・佐藤岩夫　編

◆システム複合時代の法　G・トイブナー　著, 瀬川信久　編

◆法的支援ネットワーク──地域滞在型調査による考察
　　　　吉岡すずか

◆国籍法違憲判決と日本の司法　秋葉丈志

◆民事紛争交渉過程論　和田仁孝

◆民事紛争処理　民事手続法論集3　谷口安平

◆民事訴訟・執行法の世界　中野貞一郎

信山社